김인식

중앙대학교 사학과 대학원에서 「안재홍의 신민족주의 사상과 운동」으로 문학박사 학위를 받았고, 한국근현대사를 전공하면서 신간회와 해방 전후 정치세력들의 국가건설론 등을 중심으로 공부하였다. 현재 중앙대학교 다빈치 교양대학에 재직하면서 민세안재홍기념사업회·신간회기념사업회 학술이사 및 한국민족운동사학회 편집위원으로 활동 중이다.

저서로는 『안재홍의 신국가건설운동』(2005), 『중도의 길을 걸은 신민족주의자: 안재홍의 생각과 삶』(2006), 『광복 전후 국가건설론』(2008), 『대한민국정부수립』(2014), 『애산 이인 평전』(2021) 등이 있다. 한국 근현대인물의 평전 집필을 비롯해 인물사에 집중하여 연구하고 있다.

조소앙

평전

趙素昂

조소앙 평전

독립운동 이념의
기틀을 세운 민족지성

김인식

민음사

머리말

　삼균주의 연구의 단초를 연 홍선희는, 조소앙이 제창한 삼균주의를 "현재로서는 가장 독창적인 한국정치사상", "한국사상사의 맥락 속에서 삼균주의는 역시 한말 이래 끊임없이 생멸해 온 개인적·단편적인 정치사상들과는 달리, 가장 체계적이고 논리적이며 역사적인 것"이라고 평하였다.[1] 삼균주의를 '가장'·'유일' 등 최상급의 말로 평가함은, 이 분야의 연구를 개척한 학자의 주관이 반영되었겠지만, 조소앙이 한국민족운동의 이념을 체계화한 이론가이자 사상가임을 부정하는 논자는 아무도 없다.

　한국민족운동사의 범주를 넘어 한국근현대사 전반에서 차지하는 위상을 볼 때, 조소앙은 다각도에서 조명을 받은 독립운동가였다. 조소앙에 관심을 기울인 많은 연구자들은 현재 대한민국 안에서 심화된 불평등 현상을 극복하고, 나아가 남북한의 통일을 달성해야 하는 한국사의 과제를 논의하면서 삼균주의에서 유용한 단서를 찾으려고 시도하였다.

그런데도 조소앙을 다룬 평전다운 평전이 없으며,[2] 전기류의 저작도 한 권에 불과한 실정은 놀랍고 의아스럽다. 그의 민족운동과 삼균주의 사상이 대한민국임시정부와 밀접하게 연계되어 이루어졌건만, 임시정부에서 활동한 민족운동가들의 전기를 비롯해 심도 있는 전기·평전이 다수 발간된 사실과 대비된다.

김교식이 편저한 『조소앙』(계성출판사, 1984. 5)은 제목 자체가 전기의 인상을 풍긴다. 서론에서도 "민족적 혁명가로, 일생을 일관한 조소앙의 일대(一代)를 살펴봄"을 밝혔으나, 실제로는 8·15해방 후 조소앙의 행적이 내용의 대부분을 차지하였다. 이 책은 8·15해방 후 납북되기까지 조소앙의 사상과 행동을 중심으로, 납북된 후 타계하기까지 그의 행적을 덧붙여 서술한 다큐멘터리 형식의 증언록에 가깝다. 저자 자신이 '편저'라고 이름 붙인 이유도 여기 있다고 보인다.

김교식은 『광복20년』(전 25권), 『제1공화국』에 이어 『제3공화국』, 『제5공화국』 등의 장편 다큐멘터리를 저술할 만큼 한국현대사에 관심을 기울인 지명도 높은 방송작가이지만, 『조소앙』이 역사학의 방법론에 입각한 평전은 아니었다. 책 머리말에는 사실과 다른 오류도 여럿 보인다.

김기승의 역저 『조소앙이 꿈꾼 세계』(지영사, 2003. 8)는 평전이라기보다는, 기존에 발표한 연구 논문을 단일한 제목 아래 수정·보완하여 묶은 연구서이다. 김기승이 집필한 『대한민국임시정부의 이론가 조소앙』(역사공간, 2015. 12)이 조소앙을 다룬 유일한 전기이다. 김기승은 국내외 연구자를 통틀어, 조소앙을 가장 심도 있고 광범위하게 연구해왔다. 필자가 이 평전을 쓰는 데에는 김기승의 상기 두 저서와 다수의 논문이 길잡이가 되었다. 이 책에서 1차 자료로 활용한 사료도 김기승의 논저에서 참고하여 재확인한 부분이 많음을 미리 밝혀 둔다.

김기승은 조소앙을 다음과 같이 총평하였다.

조소앙은 민족의 통일 독립과 세계평화라는 꿈을 실현하기 위해 일생을 바친 실천적 지성이었다. 그는 민족과 인류에게 부닥친 고난을 자신의 것으로 받아들였다. 식민지시기의 지식인 조소앙은 제국주의 시대에 가해진 인류의 고통을 구제하는 성인이 되기를 결심했고, 일체의 차별이 없는 완전한 평등사회의 실현을 꿈꿨다. 그의 보편주의적 인류애는 한민족의 독립운동과 통일운동을 추동하고 이끌었던 동력이었다. 그는 인류적 보편과 민족적 특수를 통합하고, 독립운동과 통일운동의 실천을 뒷받침하기 위한 지적 노력을 멈추지 않았다.[3]

조소앙이 사고하고 실천하였던 온삶을 집약한 적실한 평이라 생각한다. 몇 마디 단어로 조소앙의 전모를 드러내기는 어렵겠지만, 그의 삶의 범주는 민족을 중심으로 인류까지 확장되었다. '민족의 통일 독립'·'세계평화'·'보편주의적 인류애'가 삶의 근저를 이루면서, 그는 한국사를 넘어서 인류사에 '완전한 평등사회의 실현'을 이루고자 일평생 일관되게 생각하고 실천하였다.

조소앙은 '민족적 특수'에 '인류적 보편'을 '통합'하려는 '지적 노력'을 멈추지 않았던 민족지성(民族知性)의 전형이었다. 그는 식민지와 민족분단의 현실이 연속하였던 한민족의 구성원으로서, 한국의 민족사를 기반으로 세계의 사상과 조류를 흡수하면서 민족과 세계의 진로를 함께 모색하며 실천 방도를 제시한 지성이었다. 식민지 피압박민족이라는 특수한 역사 조건에서, 인류사의 현재와 미래까지 고민하면서 '보편과 특수의 조화'를 추구한 식민지 지식인은 많지 않았을뿐더러, 더욱이 그러한 사상의 체계를 완결한 지성은 매우 드물었다.

필자가 조소앙을 민족지성으로 강조하는 이유는, 그의 사상과 실천의 체계가 한민족이 당면한 특수성에서 출발하여 인류사의 보편성을 반영·결합하려 하였으며 보편성에 특수성을 종속시키지 않았다는 사실을 중시하기 때문이다. 그가 창안한 삼균주의는 공산주의 사상을 일정하게 수용하였지만, 보편성에 입각한 공산주의와는 입론의 방식이 애초 달랐다. 그가 공산주의혁명의 역사성을 인정하면서도 모델로 추구하지 않은 줏대는 여기서 기인하였다.

조소앙은 청년 시절에 세계종교를 구상하면서 일신교를 창안하였고, 이때 보편성에 특수성을 접목시키려 시도한 적이 있었다. 그러나 이후 사회과학의 논리를 다지면서 이러한 미숙함을 스스로 청산하였고, 한민족의 특수성 안에서 사회주의를 수용·접목하는 성숙함으로 나아갔다. 조소앙은 특수성에서 보편성의 요소를 찾아 세계화하려 하였다는 점에서 민족지성이었다. 보편성을 내포한 '지성'이란 말에 '민족'을 선행시킨 까닭도, 그가 식민지 민족 현실을 극복하는 이념·이상과 방법론을 추구하는 과정에서 인류사회가 당면한 보편 과제를 해결하는 방책도 함께 모색하는 실천론을 추구하였기 때문이다.

이러한 점을 염두에 두면서, 이 평전은 크게 세 가지에 초점을 두어 서술하였다.

첫째, 조소앙이 삼균주의를 창안하여 실천한 사상가요 행동가로서 민족지성이었다는 점을 강조하였다. '조소앙' 하면 가장 먼저 떠오르는 말은 의당 삼균주의이다. 삼균주의는 '실천적 지성'으로서 그의 삶과 사상 전체를 관통하는 핵심어이다. 조소앙의 생애와 민족운동에서 삼균주의가 발전해 나가는 과정을 추적하는 데 첫 번째 역점을 두었다.

둘째, 조소앙과 대한민국임시정부(이하 임시정부로 줄임)의 관계성을 또 하나의 축으로 삼았다. 1920년대에 조소앙이 임시정부에서 잠시 이탈한 적이 있었지만, 1919년 4월 상하이에 임시정부가 수립되고 1948년 8월 대한민국정부가 수립되기까지, 조소앙의 민족운동은 임시정부와 밀접한 관련을 맺고 전개되었다. 1948년 끝 무렵에 한국독립당에서 이탈하여 사회당을 창당함으로써 김구와 노선 분리를 선언하였을 때에도 그는 여전히 임시정부의 법통을 중시하였고, 임시정부 자체와 절연하지는 않았다.

1917년 조소앙이 기초한 「대동단결선언」이 임시정부 수립을 촉구하였음을 고려한다면 그는 임시정부의 역사와 궤를 같이하였다. 정확히 말하면 그는 사회당을 결당하는 순간에도 자신이 임시정부 법통성을 계승했다고 자부했다.

셋째, 삼균주의와 임시정부라는 두 축을 설정하여 조소앙의 사상과 활동의 영역이 발전하는 과정을 추적하면서, 임시정부의 법통성 — 현행 제9차 개정헌법의 전문(前文)에 명시된 — 을 계승한 현

대한민국의 정체성을 확인하는 데에 방점을 두었다. 이 책은 삼균주의를 통하여 대한민국의 현주소를 확인하면서, 미래로 나아가는 지향점을 생각해 보자는 바람도 지니고 있다.

첫째·둘째 문제는 과거의 문제라고 말할 수 있겠지만, 셋째는 오늘날 대한민국의 정체성과도 연관되는 중요한 문제이므로 좀 더 언급할 필요가 있다.

임시정부에서 대한민국을 잇는 법통은 무엇인가. 그것은 임시정부의 국시(國是)로 표현된 「대한민국건국강령」과, 헌장(憲章) 또는 약헌(約憲)이라 명명한 임시헌법에 반영하였던 균등주의(均等主義)의 이상이었으며, 이를 뒷받침한 삼균주의 이념이었다. 이러한 대한민국의 정신사를 확립하는 데에는 조소앙이 중요한 자리를 잡고 있었다.

3·1민족운동 → 임시정부 → 대한민국으로 이어지는 역사의 계기성·연속성과 발전상을 법통성으로 인식하는 역사의식은, 일부 극우 경향을 제외하면 오늘날 대한민국의 보편 의식이지만, 대한민국의 출범을 민족사의 정통성으로 긍정하는 조소앙의 현실 인식에서 비롯한 당위론이었다. 그는 균등주의 이념을 기반으로 남한의 민주화를 실현한 뒤 북한과 통일하는 민족통합을 완성하고, 이로써 세계문화에 기여하려는 보편주의와 이상주의를 함께 표출하였다.

이 평전은 제헌헌법의 전문에 명시된 임시정부와 대한민국의 연속성, 균등주의에 입각한 민주주의 이념, 나아가 민족통합을 실현하여 대한민국의 국격을 세계 속에 선진화함이 현 대한민국의 정체성이라는 역사의식에서 출발하였다.[4] 따라서 조소앙의 내면세계와 사상의 발전이 민족운동으로 발현되는 과정을 통해서, 현 대한민국의 정체성을 확인하는 데에 초점을 두려 한다.

이 책은 '평전(評傳)'이라는 말뜻과 책임감에 부합하는 방향으로 서술하려 노력하였다. '평전(critical biography)'은 영어를 그대로 직역하여 '비평적 전기'로 정의하며, "평론을 곁들여 개인의 일생을 적은 전기"로 풀이한다. 비평이란 통상 어떤 대상이나 현상을 해석하고 평가하는 행위를 말하고, 사물의 옳고 그름이나 아름다움과 추함, 의미와 가치 등을 따지는 행위를 포함한다. 이런 의미에서 비평은 인물을 숭앙의 대상으로 미화하거나 흑백논리로 판단하는 단순화를 넘어서야 하는 의무를 지닌다.

역사 속 인물의 삶에는 복잡한 요소들이 개입하기 마련이므로, 이들 인물을 평가하는 일은 그가 살았던 시대사의 사실을 정확하게 이해하는 데에서 출발해야 한다. 이를 기반으로 무엇보다도 인물의 내면세계인 정신상(精神像)을 심도 있게 파악하고, 나아가 인물과 얽힌 주변의 관계사를 통찰해 내는 능력이 요구된다. 이때 관계사는 가족·친구·지인을 비롯한 주변 사람들뿐만 아니라, 갈등 관계에 있는 인물들까지 포함해야 한다.

평전은 해당 인물의 업적뿐만 아니라 실패와 좌절, 고난과 오점 등을 종합해서 다루어야 한다. 즉 인물의 출생부터 죽음과 사후(인물이 사후에 끼친 영향, 후세 사람들이 해당 인물을 평가하는 시각 등)에 이르기까지 인물의 총체상(總體像)을 서술·평가해야 한다. 이 점에서 평전은 전기의 일종이지만, 연대기식으로 인물을 묘사하는 단순한 전기가 아니라, 시대와 인물을 연관시켜 총체화하는 인물 비평이자 인물사를 통

한 시대사의 조명이기도 하다.[5]

물론 한 인간의 내면세계를 '있는 그대로' 정확하게 그려 내기는 쉽지 않다. 더욱이 해당 인물이 직접 자료를 남기지 않은 시기와 영역에서는, 내면상(內面像)을 고증할 자료가 많지 않으므로 객관성의 가닥을 잡기 어렵다. 이러한 경우에는 그가 살았던 시대의 맥락에서 형성된 사상과 실천활동에 초점을 두고, 참여·가담한 단체 또는 조직의 이념·활동과 연결시켜 사상과 활동상을 파악해야 하는 한계가 따른다.

형언하기 어려운 고난을 동반하였던 독립운동가들의 삶을, 연구실의 연구자가 평하는 괴리감에서, 평전의 방향이 신화와 역사를 오가다가 신화로 빠지는 경우가 종종 보인다. 한 인물을 선양하기 위한 이분법식 논단은 수많은 전기나 평전류에 흔히 나타나는 사례이지만, 위대성이 마치 시대를 초월한 초인인 양 강조하는 연구 경향은 결코 역사과학의 방법론이 아니다. 한 개인의 올곧았던 인생이 한 시대의 전체상을 대변하기에는, 한국근현대사의 범주와 흐름이 그리 좁지도 단순하지 않았다.

냉전 시기의 반공주의에 매몰되었던 무렵에는, 이 이념에 충실하였던 인물들은 과도한 긍정 평가를 넘어 우상화·신비화된 반면, 반대쪽에 선 인물들은 맹목 일변도로 부정 평가되었다. '글로벌'을 수 없이 외치는 21세기에 특정 인물을 '반신반인(半神半人)'으로 칭송하는 시대착오가 다시 등장하는 현실이야말로, 대한민국이 아직도 떨쳐 내지 못한 부끄러운 자화상이다.

삼균주의는 이상주의에 입각하여 당면한 역사현실을 헤쳐 나가려 하였으므로, 이상론과 실천론을 결합한 하나의 '주의'였을 뿐, 신앙에 입각한 '교리'가 결코 아니었다. 조소앙 자신이 삼균주의를 교조화(敎條化)하려는 성향이 강하였다 하더라도, 오늘날의 평가자는 이 점까지 객관화시켜 보아야 한다. 과거 항일운동 시기와 시차(時差)가 커진 오늘날, 비평자가 조소앙과 자신이 처한 시대 조건이라는 시차와 의식상의 시차를 사상(捨象)한 채 양자를 동일시한다면, 삼균주의를 무오류(無誤謬)한 신앙체계로 숭상하는 오류에 빠지고 만다.

필자는 조소앙이 자신의 생각과 사상에 남다른 자부심을 지니고 있었고, 이것이 때로는 교조화 성향으로 나타났음도 서술하려 한다. 많은 연구자가 지적하였듯이 삼균주의의 이념 정향은 사회민주주의에 가깝다. 그러나 8·15해방을 전후한 시기에 삼균주의는 대한민국임시정부의 법통 개념과 접합하면서 모든 정치 이념·노선을 통할하는 위상으로 기능하려 하였고, 이러한 독존성(獨尊性)은 역으로 삼균주의가 우익의 이념으로 편중되는 결과도 가져왔다.

이러한 필자의 시각에는 논의의 여지도 있겠으나, 해방정국에서 충칭임시정부의 각료 위치에 있던 조소앙의 일련의 정치 행태가, 임시정부의 법통노선과 결합하여 우익 편중의 성향을 띠었음은 분명한 사실이었다. 정치이상이 법통이라는 헤게모니 성향과 결합할 때, 의도하지 않았던 편향이 생길 수 있음을 여기서 확인하게 된다.[6]

이 책은 이러한 점들까지 포함하여 서술하려 한다. 한국근현대의 인물을 다룬 전기 또는 평전들은 한결같이 해당 인물의 희생과 헌신을 귀감으로 삼자고 강조하였지만, 그들의 집합이었던 한국민족운동사가 왜 이렇게 분열로 치달았는지는 냉정하게 반성하지 않았다. 한 인물의 공적을 긍정 평가하는 기준으로써 과거 민족운동의 분열상을 비판·재단하려는 시각은 연구자의 주관일 뿐이다.

책을 쓰면서 몇 가지 염두에 둔 사항이 있다. 조소앙의 세세한 행적을 나열하여 서술하기보다는, 그의 인생에서 전환기가 되는 굵직한 사건들을 중심으로 엮었다. 이 과정에서 일어나는 작은 사건들은 책 뒤에 배치한 해적이(연보)에서 일지(日誌)의 형식으로 자세히 정리하였다. 해적이에 많은 분량을 책정한 이유이다. 전기 서술에서 연대기를 작성하는 일은 중요하다. 다수의 전기류가 권말에 인물의 연표를 작성하여, 인물의 삶을 명료하게 이해하도록 돕는다. 간단한 연표보다 일지라는 방법을 도입한다면, 더욱 구체성 있고 일목요연하게 인물을 밀착해서 바라보는 느낌을 주리라 생각한다.[7]

이 책을 쓰면서, 학술논문과 달리 교양도서의 성격을 겸한 책을 쓰는 일이 힘들고 두렵다는 생각이 줄곧 들었다. 독자로서 전기·평전 등을 읽으면서 사실관계에서 많은 오류를 발견하고는 하였다. 오류가 전혀 없는 책은 세상에 없을 터이지만, 비전공 연구자가 자신의 저서에서 그 오류를 다시 인용하는 오류를 재발함도 확인하였다.

20여 년의 공력을 들여 총 4권으로 『여운형 평전』[8]을 완결한 고 강덕상(姜德相, 1931. 6. 26~2021. 6. 12) 선생님의 학문 자세도 수없이 떠올렸다. 선생님의 노작에는 미치지 못하더라도, 오류를 재생산하는 인소(因素)는 되지 말아야겠다는 생각에서, 조소앙과 관계있는 사건과 행적들은 일일이 1차 자료를 찾아서 확인하였다. 주석이 많아 딱딱한 면이 없지 않으나, 역사학의 방법론에 입각하여 번거롭더라도 1차 자료의 출처를 제시하였다.

학술논문처럼 주석에 세세하게 자료의 제목들까지 밝히지는 않았으나, 중요한 출처와 자료집의 쪽수를 명시하였다. 신문 자료는 제목과 부제가 보도 내용의 본질을 짚는 경우가 많은데, 분량 관계로 신문명과 날짜만을 밝힌 아쉬움이 남는다. 조소앙의 글 및 중요한 문건들은 발표 당시의 느낌과 어감을 살리기 위하여, 한자를 한글로 바꾸어 괄호 안에 한자를 병기하고 맞춤법과 띄어쓰기 등 표기법을 원문 그대로 살려서 인용하였다.

이상에서 서술한 목표와 의도 아래, 사상가이자 실천가인 조소앙의 전체상을 이해할 수 있도록 책의 편제를 설정하고 연대를 따라 기술하였다. 편년체를 유지하면서 시간의 흐름에 따라 조소앙의 삶과 민족운동의 매듭과 매듭 사이를 연결해야 했는데, 고리를 찾는 일이 쉽지 않았고 추적하는 데에도 꽤 많은 시간이 걸렸다. 책을 쓰면서 가장 큰 난점이었다. 새로운 자료를 찾아 확인하거나, 연구자들의 연구성과에 의존하는 일 또한 오랜 시간이 필요했다.

굳이 변명하자면, 경기문화재단과 약정한 기한 내에 책을 완성하지 못한 사유이기도 하다. 경기문화재단의 담당자께는 한없이 죄송할 뿐이다. 오랜 시간이 걸렸는데도 책이 상재되기까지 감내해 주신 경기문화재단의 김명우·채치용·이지훈 선생님께 깊이 감사드린다.

조소앙의 일본 유학 시절을 쓰면서 유지아 교수(원광대학교)께, 난해한 한문 원자료를 해독하는 데에서 이선희 교수(중앙대학교 다빈치교양대학)께 많은 도움을 받았다. 오영섭 교수(연세대학교 이승만연구원)는 이승만 관련 자료를 제공해 주시고, 조소앙과 이승만의 관계를 서술하는 데에 많은 시사를 주셨다. 독립기념관의 조은경, 국사편찬위원회의 서일수 두 분 선생님께도 귀중한 자료를 제공받았다. 적지 않은 분량의 책을 꼼꼼하게 교열해 주신 민음사 편집부에도 고마운 마음을 전한다.

2022년 2월

김인식

차례

조소앙(독립기념관 제공)

출생과 가풍[1]

소앙(素昻) 조용은(趙鏞殷)은 1887년 정해년(丁亥年, 단기 4220년, 고종 24년) 음력 4월 10일(양력 5월 2일) 오시(午時)에 경기도 교하군(交河郡, 현 경기도 파주시) 월롱면(月籠面)에서 부친 조정규(趙禎奎)와 모친 반남 박씨(潘南朴氏) 필양(必陽)의 6남 1녀 중 2남으로 태어났다. 본관은 함안(咸安)이고, 본명은 용은(鏞殷)으로, 자는 경중(敬仲)이며 소앙(素昻)은 그의 아호(雅號)이다.(이하 조소앙으로 표기함)[2]

대개의 인물전이 첫머리를 이러한 형식으로 시작하여 가계(家系)를 서술하는데, 조소앙의 경우는 그의 인생 첫출발인 출생일과 출생지부터 명확함을 요한다. 조소앙을 소개하는 간단한 인물평부터 가장 최근 출간된 『조소앙 평전』[3]에 이르기까지, 다수의 논자들이 조소앙의 출생일을 음력 4월 8일로 기술하였다. 또 인터넷으로도 제공되는 일부 백과사전류에는 조소앙이 경기도 양주군(楊州郡) 남면(南面) 황방리(篁芳里, 현 양주시 남면 황방리)에서 출생하였다고 서술하는 경우도 종종 보인다. 조소앙이 파주에서 출생하였는데, 그의 생가와 기념관이 왜 양주시 남면에 소재하는지도 설명해야 한다.

조소앙이 출생한 날은 음력 4월 8일이 아니라 음력 4월 10일이다. 지금까지 음력 4월 8일로 오인한 이유는, 조소앙 자신이 1943년 5월 이후 작성한 「자전(自傳)」에 "1887년 정해 4월 8일 교하에서 태어났다.(以一八八七年 丁亥四月八日, 生於交河)"[4]라고 기록한 데에서 비롯되었다. 『동유약초(東遊略抄)』를 읽은 연구자들조차도 이 「자전」을 근거로 조소앙이 음력 4월 8일에 출생하였음에 의문을 품지 않았다.

그런데 조소앙은 21세 때인 1907년 2월 13일 자 『동유약초』에 조부가 적어 준 형제들 7남매의 자호(字號)·사주(四柱)·나이를 기재하면서, 자신을 "용은, 자 경중, 호 아은, 정해 4월 10일 오시생(鏞殷 字敬仲, 號亞隱, 丁亥四月十日午時生)"이라고 분명하게 기록하였다.[5] 1887년 음력 4월 10일을 양력으로 환산하면 5월 2일이다. 『동유약초』는 조소앙의 출생일이 음력 4월 10일임을 일관되게 증명한다.

조소앙은 1904년 10월 대한제국의 황실특파(皇室特派) 유학생으로 도일(渡日)한 이후, 1912년 귀국하기 전까지 일기체로 『동유약초』를 남겼다. 그는 일본에 유학할 동안 1909년 한 해를 제외하고는 해마다 음력 4월 10일이 되면 이날이 자신의 생일임을 적으면서, 부모의 은혜를 생각하고 지금까지 살아온 바를 반성하는 등의 내용을 담아, 때로는 길게 때로는 간단하게나마 소회를 남겼다. 『동유약초』는 처음에는 양력 날짜 옆에 음력을 병기하다가, 1910년부터는 양력

일만 적고 음력일은 병기하지 않았으나, 이 경우에도 음력 4월 10일에 해당하는 날에는 반드시 자신의 '생일' 또는 '구력생일(舊曆生日)'임을 본문 안에 명기하고 속생각을 남겼다.

조소앙은 경기도 교하에서 태어나 경기도 양주군 남면 황방리에서 유년 시절을 보냈다. 「부록 연보」에서는 조소앙이 6세 때인 1892년부터 양주군에서 할아버지에게서 한문을 수학하기 시작하였다고 기술하였는데,[6] 그렇다면 조소앙이 6세가 될 무렵을 전후하여, 조정규 내외는 양주군으로 이주하여 살고 있었다. 현 경기도 양주시(남면 양연로 173번길 87) 소재 조소앙의 생가(生家)로 불리는 곳 바로 옆에 조소앙기념관이 자리 잡고 있는 연유이다. 그래서인지 대부분의 인명사전들은 조소앙을 비롯해, 그의 형 조용하(趙鏞夏, 1882~1939)와 아우 조용주(趙鏞周, 1891~1937)가 모두 경기도 양주군 남면 황방리에서 태어났다고 소개하였다. 그러나 조용하도 1882년 3월 3일 경기도 교하군 월롱면에서 출생하였다.[7]

조용하·조소앙 형제가 교하에서 출생한 까닭은, 부친 조정규가 공릉참봉(恭陵參奉)을 지낸 데에서 연유한다고 생각한다. 조소앙의 부친 조정규는 조선 세조(世祖) 때 생육신(生六臣)의 한 사람이었던 어계공(漁溪公) 조려(趙旅)의 16대손으로, 1864년 경기도 교하에서 정3품 통정대부(通政大夫) 황파(篁坡) 조성룡(趙性龍, 1828~?)의 외아들로 출생하였다.[8] 당시로서는 많이 늦은 늦둥이였다. 조정규의 자는 치상(致祥)이고 호는 이화재(理化齋)이다. 그는 15세 되는 1878년에 조선 태종 때의 공신 박은(朴訔, 1370~1422)의 후손 1863년생 박필양을 배필로 맞아 혼인하였으며[9] 벼슬로는 공릉참봉을 지냈다.[10]

공릉은 공릉·순릉(順陵)·영릉(永陵)으로 이루어진 파주삼릉(坡州
三陵)[11]의 하나로, 조선 제8대 왕 예종(睿宗, 1450~1469)의 원비(元妃) 장
순왕후(章順王后) 한씨(韓氏, 1445~1461)의 무덤이었다. 수능참봉(守陵參奉)
으로도 불리는 능참봉(陵參奉)은 조선시대의 품관(品官) 관원 중 가장
하위직인 종9품직이었지만, 임금의 능을 수호하고 제사를 지내는 책
임을 맡고 있었기 때문에 신성한 직임(職任)으로 인식되었다.

능참봉직은 정식 과거를 거치지 않는 음직(陰職)이었으므로 임용
에서 인맥이 크게 작용하였다. 연소(年少)하지 않은 자, 경륜(어느 정도의
지식과 업무 능력)이 있는 자 두 가지가 능참봉으로 차정(差定)되는 조건
이었다. 각 능에는 두 명의 참봉을 두고, 두 사람이 한 달에 15일씩
나누어 30삭(朔)을 근무해야만 다른 벼슬자리로 옮기는데, 실제는 서
로 근무를 조정하여 한 사람이 한꺼번에 3~4개월 또는 4~5개월을
근무하였다.[12]

능참봉은 종9품의 미관말직이지만 30개월간 재직하면 중앙 관
직으로 전임(轉任)함[13]이 관례였다고 하는데, 조정규는 공릉참봉을 지
낸 뒤 중앙으로 진출하지는 못한 듯하다. 능참봉이 그가 오른 벼슬의
끝이었다. 조용하·조소앙 형제가 성장기에 출사(出仕) 의욕이 강하였
던 데에는, 조부에 비해 미관에 그친 부모의 여한도 반영되었으리라
생각한다. 조정규는 공릉참봉의 임기가 끝난 뒤 조소앙의 나이 6세
를 전후한 무렵 현 양주시로 이주한 듯하다. 조소앙이 성장기를 양주
에서 보내고, 조용한(趙鏞漢) 등 아우들이 이곳에서 출생한 연유였다.

조정규는 고관 경력은 없었지만, 생육신 조려의 영훈(靈訓)을 평
생 지침으로 삼을 만큼 가통의식(家統意識)이 강하였다. 그는 조송(趙

松) 이후 7대 종통(宗統)을 이었으며, 태어난 뒤 10여 년의 소년기 동안 할아버지와 아버지에게서 가학(家學)과 가풍을 익히고 생활화하였다. 함안 조씨(咸安趙氏) 종가의 가학·가풍을 한마디로 말한다면, 충의(忠義) 즉 의리와 절개를 최고의 가치로 여겨 후손들에게 가르치는 것이었다. 조정규는 "도리로 교화 또는 감화하는 집"이라는 뜻의 이화재를 아호로 삼았다. 그는 도의를 몸소 실천하는 삶을 살면서, 사리사욕을 멀리하고 공공의 도덕을 중시하는 멸사봉공의 의리정신과 극기정신을 자식들에게도 일관되게 가르쳤다.[14]

조소앙은 부친의 가르침과 생활 자세를 함안 조씨 가문의 유풍(遺風)이라고 여겼으며, 이를 계승하려는 의식이 매우 뚜렷하였다. 그는 함안 조씨가 1000년 동안 대대로 지켜 온 가르침을 "충효에 뛰어나며, 참됨을 지키고 명분에 편안하며, 지극히 공평하여서 더욱 독실하다.(長於忠孝, 守眞安分, 至公而尤篤)"라고 요약하였다.[15] 이 말은 그의 자세에 그대로 내면화하여 고된 망명 생활을 감내하고 이겨 낸 버팀목이 되었지만, 명분을 중시하는 태도는 독립운동 전선에서 때로 고답한 행태로 나타나기도 하였다.

조정규 내외는 자식들에게 함안 조씨의 전통이자 가풍인 충절을 오롯하게 전수함으로써, 함안 조씨를 한국근현대사에서 명실상부한 독립운동의 명문가로 자리 잡게 하였다. 1910년 국망(國亡)한 이후 맏아들 조용하가 미주(美洲)로, 둘째 아들 조소앙과 3남 조용주도 중국으로 망명하여 독립운동에 투신하였다. 조정규 내외는 향리(鄉里)에서 이들의 뒷바라지에 힘쓰다가, 마침내 1928년[16] 5남 조용진(趙鏞晉)만을 남겨 두고 일가권속을 이끌고 중국으로 망명하였다.

조정규 내외의 이러한 용단은 자녀손(子女孫)에서 10인이 넘는 독립유공자를 배출하였다. 세세하게 따져 보면 조소앙 대(代)에서 9명, 그의 자식 대에서 5명으로 모두 14명이었다. 대한민국정부가 이들의 공훈을 포상한 내용을 정리하면 다음과 같다.('대한민국정부'가 주어이다.) 장남 조용하 1977년 독립장(獨立章), 2남 조소앙 1989년 대한민국장(大韓民國章), 3남 조용주 1991년 애국장(愛國章), 4남 조용한 1990년 애국장, 장녀 조용제(趙鏞濟) 1990년 애족장(愛族章), 6남 조용원(趙鏞元) 1963년 독립장을 추서(追敍)하였다. 자부(子婦)인 이순승(李順承, 조용원의 부인)과 오영선(吳英善, 조소앙의 부인)에게도 각각 1990년 독립장, 2016년 애족장을 수여하였다. 다음 대인 손자 조인제(趙仁濟, 조소앙의 3남)에게 1963년 독립장을 수여하였고, 조시제(趙時濟, 조소앙의 2남)에게는 1990년 애국장을 추서하였다. 또 손녀 조순옥(趙順玉, 조용원과 이순승의 장녀)에게 1990년 애국장, 손서(孫婿)인 안춘생(安椿生, 조순옥의 남편)에게도 1963년 독립장을 수여하였다. 나아가 조소앙의 외처(外妻) 최형록(崔亨祿)과 딸 조계림(趙桂林, 조소앙과 최형록 사이의 장녀)에게도 1996년에 애족장을 추서하였다.[17]

조정규 내외는 망명 생활 중 중국 각지를 전전하는 고된 생활 속에서도 의연함을 잃지 않았으며, 심혈을 기울여 자녀들의 독립운동을 지원하였다. 이들 내외는 4남 조용한(1933년 사망), 3남 조용주(1937년 사망), 장남 조용하(1939년 사망)[18]를 민족독립의 제단에 바친 뒤, 1939년 같은 해에 쓰촨성(四川省) 치장현(綦江縣)에서 20일 간격으로 영면하였다.[19]

조정규 내외의 자녀는 모두 6남 1녀였다. 장남 조용하, 2남 조용은, 3남 조용주, 4남 조용한(1894~1933), 장녀 조용제(1898~1948), 5남 조용진(1901~?), 6남 조용원(1904~1982)으로 이어지는 형제들 가운데, 조소앙은 둘째 아들로 위의 형과 다섯 살, 바로 밑의 남동생과는 네 살 차이가 난다. 이들 6남 1녀는 항렬자로 모두 용(鏞)을 사용하였고, 첫째 아들 조용하의 이름을 중국 최초의 나라인 하(夏)에서 따왔듯이, 중국 역대 왕조의 이름에서 빌려와 이름을 지었다. 조용은의 이름은 중국의 두 번째 왕조인 은(殷)에서 가져왔다.

유교의 기본 경서인 『예기(禮記)』는 "자식의 이름을 지을 때 나라의 이름으로 짓지 않고, 해와 달로 짓지 않으며, 은질(隱疾)로써 짓지 않고, 산과 하천의 이름으로 짓지 않는다.(名子者不以國, 不以日月, 不以隱疾, 不以山川)"[20]라고 강조하였다. 『왕씨자묵(王氏子墨)』은 『예기』의 이 구절을, "아들에게 이름을 명하는 것은 가르침을 보이는 것이다. 그런데 나라 이름으로 이름 짓는 것은 겸손함을 가르치는 것이 못 되며, 해와 달로 이름 짓는 것은 공정함을 가르치는 것이 아니며, 은질로써 명명하는 것은 덕에 진취하는 것을 가르치는 것이 못 되며, 산천으로 이름 짓는 것은 자기 몸에서 구하라는 것을 가르치는 것이 못 되기 때문에 그런 것으로서 명명하지 않는 것"이라고 설명하였다.[21]

유학자 집안에서 분명 이를 읽었을 터인데, 굳이 중국 왕조의 이름을 따와서 자식들의 이름을 지은 이유가 궁금하다. 하·은·주 삼대(三代)를 정의·윤리와 덕치(德治)가 실행된 이상형으로 믿고, 이를 현실 사회에 재현하려는 유교의 상고주의(尙古主義)[22]가 반영되지는 않았을까. 그렇기 때문에 나름 신념을 갖고, 기휘(忌諱)하는 나라 이름으로 자손들을 작명하였다고 추측해 본다.

조동걸도 조소앙 집안 형제들의 이름이 유교 이상주의 시기인 하·은·주의 이름을 따왔다고 추정했다. 그는 용진(鏞晉) 다음의 아들을 용송(庸宋)이라 하지 않고 용원(鏞元)이라 작명한 데 주목하면서, 조선 성리학자들이 특별히 숭상하던 송나라의 이름을 빠뜨린 이면에는, 조소앙의 가학이 선진유학(先秦儒學)·한유학(漢儒學)은 높이면서 송유학(宋儒學) 즉 주자성리학(朱子性理學)은 크게 중시하지 않았음을 시사한다고 해석했다.[23]

나라 이름을 택한 이유를 또 한 가지 추론한다면, 겸손함과 대칭되는 덕목 때문은 아니었을까. 이름에서 중국 대륙이 연상되듯이, 큰 뜻(大義)을 지니고 당당하게 살라는 뜻이 담겼다고 생각한다. 이름이 운명을 예고하였는지, 조소앙의 형제들은 모두 국권을 빼앗긴 조국을 위하여 미주와 중국 대륙을 전전하며 독립운동에 헌신하였다.

조소앙의 형제들은 형제애가 매우 돈독하였고, 이는 다시 구국 활동으로 환원되었다. 장남 조용하는 독일 베를린에서 대한제국의 외교관으로 근무하면서도, 1904년 일본에 유학 중인 조소앙에게 『손문전(孫文傳)』과 막심 고리키(Maxim Gorky)의 작품을 보내 주었고, 이후에도 자주 편지를 보내어 격려하였다. 『손문전』과 고리키의 작품이 조소앙이 사회주의를 처음 접한 계기가 된 예에서 보듯이,[24] 조용하는 아우 조소앙의 지력(智力) 성장에서 각별한 관심을 기울였다. 그는 1919년 12월 미국으로 망명한 이래 주로 하와이에 거주하며 17년간 이곳의 독립운동을 지도하면서, 조소앙과도 긴밀한 연락을 주고받았다. 자동차회사 등에 취업하여 근근한 수입에 내핍 생활까지 감수하며 조소앙에게 경제상의 후원까지 자담하였다.[25]

조소앙의 동생 조용주는 중국에서 조소앙과 함께 독립운동에 참가했다. 그는 조소앙이 「대동단결선언(大同團結宣言)」과 대한민국임시정부(이하 임시정부)의 「대한민국임시헌장」을 기초하는 데 조력하였고, 1919년 5월 조소앙이 유럽으로 외교 활동을 떠나자, 이를 후원할 목적에서 국내로 들어와 비밀결사 대한민국청년외교단(大韓民國靑年外交團)을 조직하는 등 국내외를 비밀리에 출입하면서 형의 독립운동을 도왔다. 1939년 10월 임시정부 임시의정원의 경기도 신도의원으로 선출되어 형 조소앙과 함께 임시의정원의 의원으로 활동하기도 하였다. 조소앙의 여동생 조용제는 조경순(趙慶順)이라는 이름을 사용하기도 하였으며, 1929년에 중국으로 망명하여 조소앙과 함께 한국독립당 당원으로 활동하였다. 막냇동생 조용원은 조시원(趙時元)이라는 이름을 사용하면서 주로 중국에서 활동하였는데, 한국독립당 간부와 광복군으로 복무하였다.[26]

조소앙 형제들의 자(字)를 보면, 장남에서 4남까지 각각 충백(忠伯), 경중(敬仲), 문숙(文叔), 문계(文季)라고 지었는데, 형제의 순서(順序)를 백(伯)·중(仲)·숙(叔)·계(季)로 일컬었던 전통의 예를 그대로 적용하였다. 이를 다시 5남과 6남에게도 되풀이한 데에서 보듯이, 가풍에 유교의 서열의식이 매우 강하였다. 또 충(忠)·경(敬)·문(文)·의(懿)로 자를 지어 준 데에서 가풍이 지표로 삼는 바를 짐작할 수 있듯이 충이 우선이었다. 한편 7세의 조용진에게 의백(懿伯)을, 4세의 조용원까지 문중(文仲)이라고 자를 지어 주었음에 비해, 10세인 장녀 조용제에게는 자를 지어 주지 않았음을 보면 전통의 남존(男尊) 의식도 나름 작용하였던 듯하다. 조소앙 연배의 민족지사들이 대개 그러하였듯이,

그도 유교의 엄격한 가풍이 자연스럽게 내면화하여 일생을 지탱하는 힘이 되면서도 때로는 넘어야 하는 한계로 작용하기도 하였다.

조소앙의 가풍을 이야기할 때 첫손으로 꼽아야 하는 것은 할아버지 조성룡의 영향이다. 그는 손자들을 훈육하는 데 깊은 관심을 가졌고, 여느 할아버지처럼 자상하면서도 엄격함을 잃지 않았다. 조소앙은 6세인 1892년부터 경기도 양주군 자택에서 할아버지에게서 한학을 배우기 시작하여, 16세인 1902년 성균관에 입학하기 전까지 유교의 기본 경서인 사서오경을 비롯하여 제자백가를 두루 익혔다. 이렇게 배운 한학 실력과 유교의 소양은 그의 정신과 사상에 깊이 녹아들어 삼균주의를 창안하는 밑거름이 되었다.

이 점에서 할아버지 조성룡은 조소앙에게 최초의 스승이었으며, 가학으로 배운 유교는 그의 정신세계를 형성하는 첫 디딤돌이 되었다. 조소앙은 가족들을 떠나 일본 유학 생활을 하면서도 할아버지의 가르침을 항상 유념하였다. 할아버지의 안부를 염려하면서 생신날에 함께하지 못하는 애틋함과 장수를 기원하는 그리움의 정을 『동유약초』에 표현하기도 하였다.

1906년 8월 조소앙이 여름방학을 맞아 귀국하여 집에 있을 때 일이었다. 79세인 조성룡은 자신이 연로하므로, 조소앙이 다시 일본으로 떠나면 만날 수 없을지도 모른다는 안타까움에 눈물을 흘리면서, 조소앙에게 건강하라고 당부한 뒤 닭을 예로 들어 일종의 유훈을 남겼다. 조소앙은 이를 『동유약초』에 다음과 같이 기록하였는데, 가풍을 비롯해 조부가 훈육한 요체(要諦)를 확인할 수 있다.

닭에는 네 가지 덕이 있느니라. 울음에 때를 잃지 않으니 신(信)이
요, 적을 보면 반드시 싸우니 용(勇)이요, 머리에 화려한 관을 쓰고
있으니 문(文)이요, 먹이를 보고 벗을 부르니 의(義)다. 이것들을
이름이니라.[27]

79세의 할아버지가 약관(弱冠)에 이른 손자에게 눈물 흘리며 당
부하는 모습에서 손자를 향한 깊은 애정이 느껴진다. 사실 조성룡의
가르침은 중국 전한(前漢) 때의 경학자인 한영(韓嬰)이 지은 『한시외전
(韓詩外傳)』에 전하는 교훈이다. 한영에 따르면 닭이 지닌 덕은 문(文)-
무(武)-용(勇)-인(仁)-신(信) 5가지로[28] 닭의 5덕은 문무를 겸비함에 있
는데, 조성룡은 무(武)를 빼고 신·용·문·의 4덕만을 설명하였다. 또
『한시외전』이 문-무-용-인-신의 순으로 강조한 반면, 조성룡은 인
을 의(義)로 바꾸어 신·용·문·의로 신(信)을 앞세웠다. '무'를 뺀 이유
는 아마 가문의 전통과 일치하지 않았기 때문이라 생각한다.

조소앙이 할아버지의 가르침을 얼마나 엄격하고도 깊이 새겼는
지는, 이때부터 약 4년 6개월여 지난 무렵 할아버지 꿈을 꾼 데에서
도 드러난다. 꿈이 너무도 생생하였으므로, 조소앙은 이를 선명하게
기록하였다. 그가 평소에도 할아버지의 가르침을 실천하겠다는 마음
가짐이 단단하였음을 보여 준다.

1911년 2월 9일 자 『동유약초』에 따르면, 전날 밤 꿈속에 관의
(寬衣)을 입은 백발의 할아버지가 지팡이를 짚고 근엄한 모습으로 "너
는 어찌하여 바깥세상(外界)에만 마음을 두고 독서를 하지 않느냐?"
라고 꾸짖으면서, 이내 버럭 화를 내고 언성을 높였다. 그런 후 지팡

이로 조소앙을 몰아서 울안(圈中)으로 들이밀고 마음을 흐트러뜨리지 말고 오로지 학문하는 데 뜻을 두라고 훈시하였다. 조소앙은 두렵고 송구스러워 어찌할 바를 알지 못하였고, 곧 울안에 들어가서 『시경(詩經)』과 또 한 권의 책을 읽었는데, 할아버지가 잠시 뒤에 또 와서 감시하였다. 조소앙은 할아버지에게 또 꾸지람을 당할까 두려워 마음을 더 모아 책을 읽었다.

조소앙은 아침에 깨어나 꿈임을 알았으나, 어떤 의미인지를 그다지 깊게 생각하지 않았다. 그러다 오전 8~9시경에 우연히 가방을 열었다가 책 한 권을 발견하였는데, 바로 전날 사 두었던 『논어(論語)』였다. 조소앙은 곧바로 읽어 내려가다가 문득 큰 깨달음(大覺)을 얻어 마음을 가라앉히고 "나는 공자(의 학문)를 배워서 이 세상의 목탁이 되겠다"고 결심하였다. 그는 쉬지 않고 밤을 새워 다음 날까지 『논어』를 일독(一讀)하였으며, 한결 얻는 바가 많았으므로 옛사람의 글에 담긴 진리는 썩지 않음을 새삼 알았다. 조소앙은 이날의 일들이 필시 인연이 있으리라 생각하고 마음속으로 홀로 기뻐하며 일기에 적었다.[29]

조소앙은 다음 날인 2월 10일에도 『논어』를 다시 필독(畢讀)하였고, 오후에 외출하였다 돌아와서는 『시경』을 꺼내어 「주남(周南)」, 「소남(召南)」 두 편을 읽었다. 아마 이틀 전 꿈속에서 일어난 일을 현실에서 재현해 보려는 의도였으리라.

꿈 이야기를 길게 인용한 이유는 조소앙이 다른 날의 일기에 비하여 많은 양을 기록하였기 때문이기도 하지만, 여기서 그의 정신세계의 근저를 확인할 수 있기 때문이다. 그는 할아버지가 자신에게 끼친 영향을 주공(周公)과 공자의 관계로 비유하였는데, 주공을 흠모하고 사숙(私塾)한 공자가 유교를 발현시켰듯이, 유년기부터 할아버지에게서 배운 유교의 이상주의는 조소앙에게 내면화하여 일본 유학 시기에 큰 깨달음으로 이어졌다. 1911년 25세 때에는 아직 막연하여 가시화된 실체는 없었지만, 조소앙의 정신사에서 첫 번째 큰 깨달음이었다.

위의 꿈 이야기에서 대각, 공자, 목탁, 진리라는 단어를 중시해야 한다. 이는 사회과학의 언어가 아니라 종교 용어이다. 조소앙의 첫 번째 큰 깨달음은 25세의 나이에 공자와 『논어』에서 비롯되었는데, 자신도 진리를 선포하여 세상 사람을 깨우쳐 인도하는 목탁이 되겠다는 발심(發心)과 다짐이었다. 이러한 사상의 발아는 3년여가 지나 1914년 1월 일신교(一神敎)를 제창하면서 꽃봉오리를 폈다. 이후 1930년대 들어 제창되는 삼균주의는 조소앙 사상의 꽃부리였다. 유교는 삼균주의의 바탕을 이루는 첫 번째 기저 사상이었으며, 민족의식과 세계주의가 결합된 일신교의 구국(救國)과 구세(救世)의 주의는 삼균주의의 두 번째 밑바탕이 되었다.

조소앙은 할아버지 꿈을 꾸기 전부터, 자신만의 세계를 구축하여 조국과 민족을 선도하는 지도자가 되겠다는 결의를 이미 다졌고 행동으로도 표출하고 있었다. 그는 1910년 5월 18일 스물네 번째 생일을 맞아, 자신이 살아온 24년간의 과거사를 되돌아보았다. 안으로 정신을 수양하는 데에서나 바깥으로 사회 행동에서도 뚜렷하게 드러난 바가 없었음을 자탄하면서, 그날을 심리상(心理上)의 신기원일(新紀元日)로 삼아 정신을 새로이 하겠다고 결심하였다.

이렇게 조소앙은 독자(獨自)한 사상을 확립해야 한다는 긴장감

속에 고뇌하면서 탐구를 게을리하지 않았다. 그가 할아버지 꿈을 꾸기 전날 『논어』를 구입하여 가방 속에 넣어 두었음은, 자신만의 사상 체계를 모색하는 과정에서 유교의 첫 번째 경전으로 꼽히는 『논어』를 재해석하려고 시도하였음을 보여 준다. 꿈은 의식세계의 반영이었다.

아호의 변화와 의미[30]

한 시대의 선두에 서서 민중을 선도한 선각자들이 자신의 이름 앞에 항상 따라다니거나 또는 자신을 바로 가리키는 아호를 지을 때는, 아호가 허물없이 불릴 호칭임을 염두에 두면서도, 삶의 방향을 결단하는 결의와 지향점도 함께 담았다. 김구가 백범(白凡)이라고 자호(自號)한 데에서 보듯이, 아호에는 한 인물의 인생을 획시기(劃時期)하면서 관통하는 중요한 메시지가 담겨 있기 마련이다.

이러한 의미에서, "호(號)는 선비가 자신의 뜻을 어디에 두고 마음이 어느 곳에 가 있는지를 나타내는 이른바 사회적 자아를 표상한다고 할 수 있다. 따라서 호를 살펴보면 그의 사람됨과 더불어 그 삶의 행적과 철학을 어렵지 않게 짐작해 볼 수 있다. 더욱이 호는 그 사람의 내면세계(자의식)를 강렬하게 드러내고 있는 경우가 적지 않기 때문에, 그들의 뜻과 의지 역시 읽을 수 있다."[31]는 인식은 조소앙에게도 그대로 적용된다.

교과서에서도 조용은(趙鏞殷)이라는 본명 대신 조소앙으로 표기하는 이유는, 그가 1919년 임시정부를 수립하는 데 참여하면서 조소앙(趙蘇昻)을 자신의 이름으로 처음 사용하였기 때문이다. 그런데 백범 김구가 자호의 내력을 직접 설명한 바[32]와 달리, 조소앙은 일본 유학 시절부터 여러 가지 아호와 필명을 순차로 사용하였는데도, 이들의 유래와 의미가 정확하게 알려져 있지 않다. 그 의미를 추적하려는 이유는, 필명과 아호가 독립운동 과정에서 고뇌와 결단 및 운동의 방향을 보여 주는 독립운동가로서의 내면사(內面史)이기 때문이다.

조소앙은 일본 유학 시절부터 아호 또는 필명으로 여러 가지를 사용하였는데, 아호·필명을 구분하지 않고 시기 순으로 적으면 상담생(嘗膽生)·아은(亞隱)·아은거사(亞隱居士)·소앙(嘯卬)·소앙생(嘯卬生)·소해생(嘯海生)·무명여사(無名女史)·소앙(嘯仰)·소앙(蘇卬)·조소앙(趙蘇昻/蘇昻)·소앙(素卬)·조소앙(趙蘇卬/蘇卬)·소앙(素昻)·한살임(韓薩任)·아나가야후인(阿那伽耶后人) 등이 차례대로 나타났다.

조소앙은 「을사늑약(乙巳勒約)」이 체결된 직후인 1905년 12월 16일자 《대한매일신보(大韓每日申報)》에 상담생(嘗膽生)이라는 필명으로 「비보비보(悲報悲報)라」[33]를 발표하였다. 상담생은 그가 공개된 지상(紙上)에 19세의 나이로 처음 사용한 별칭이었다. 상담생은 굳이 설명하지 않아도 누구나 와신상담(臥薪嘗膽)의 고사를 떠올리게 마련이며, 나라가 망한 후 비분강개하면서 반드시 독립을 이루고야 말겠다는 구국의 다짐이 담겼음을 쉽게 짐작할 수 있다.[34]

조소앙의 최초의 아호는 아은(亞隱)으로, 20세인 1906년 8월에 이미 아은을 사용하였다. 활자화된 지면에서는 아은을 발견하지 못하였는데, 아마 『동유약초』에 한정하여 사용한 듯하다. 아은은 조소앙의 19대조로 고려 말의 은자(隱者)였던 조열(趙悅)과 직접 관련이 있다. 조열은 여말삼은(麗末三隱)으로 불리는 이색(李穡)·정몽주(鄭夢周)와 교유하였다. 이성계(李成桂)가 조선을 개국하려 하자, 당시 공조전서(工曹典書)로 재직하던 조열은 정몽주·이색 등과 고려왕조에 절개를 다하기로 결의한 뒤, 고향인 함안으로 돌아와 그림을 그리고 거문고(琴)로 비가애영(悲歌哀詠)하는 세월을 보냈다. 태조(太祖) 이성계와 태종(太宗) 이방원(李芳遠)이 그를 회유하면서 벼슬을 권하였으나 나아가지 않았으므로 절개가 은나라의 백이숙제(伯夷叔齊)에 비유되었다고 한다. 조열의 아호가 바로 금은(琴隱)으로, 그의 유저(遺著)는 『금은실기(琴隱實記)』였다.[35]

'아'가 '버금', '다음 되는 자리'라는 뜻이므로, 아은은 19대조 할아버지가 은자로 살았던 전례를 본받아, 대한제국이 몰락하는 시대 상황 속에서 은자가 되어 일제의 침략에 타협하지 않겠다는 다짐이었다. 아은은 19대조 삶을 직접 염두에 둔, 절의를 중시하는 조소앙의 가풍에서 태생한 아호였다.

아은에 이어 두 번째로 사용한 아호이자 필명은, 조소앙이 23세 되는 1909년 6월부터 나타난 소앙(嘯卬)이었다. 이후 한자 표기는 여러 차례 바뀌면서도 '소앙'이라는 아호가 본명을 대신한 시초였다. 현존하는 자료들에서 소앙(嘯卬)은 조소앙의 일본 유학 시절에 가장 많이 나타난다. 소(嘯)는 넓게 펼쳐지는 바다에서 울부짖듯이, 호연(浩然)한 기개(氣慨)·대지(大志) 즉 높은 이상을 실천하겠다는 결의를 표현하였다. 앙(卬)은 바다와 같이 새롭게 펼쳐질 넓은 세계와 같은 뜻의 자아였다. 1인칭 대명사로 '나'의 의미는 이후 소앙(蘇卬)에도 이어졌다.

불의한 시대를 만나 절개를 지키려는 사람에게 은거방언(隱居放言)은 오히려 쉽게 할 수 있는 행동이지만, 시대를 책임지려는 적극성과는 거리가 먼 도피일 수도 있었다. 조소앙은 이러한 소극성을 떨쳐 내고, 높은 기개·대지로 떨쳐나서는 자아를 소앙(嘯卬)으로 표현하였다.

조소앙은 1913년 중국 상하이로 망명한 이후 동제사(同濟社)에서 활동하는 동안 소앙(蘇卬)을 아호로 사용하였다. 춘원 이광수가 회고한 바에 따르면, 소앙(蘇卬)은 "야소(耶蘇)가 내라"는 뜻으로,[36] 소(蘇)는 예수(Jesus)라는 의미로 출발하였고, 앙(卬)은 '나'라는 1인칭 대명사였다.

조소앙이 중국 망명을 실행한 동기와 목적이 민족의 독립에 있듯이, 소앙(蘇卬)은 쇠망한 민족과 조국을 소생·재건시키겠다는 의지를 표출한 아호였다. 야소(耶蘇)의 '소'와 소생(蘇生)의 '소'가 함께 담긴 중의(重義)는, 마치 예수가 유대민족과 인류를 모두 구원하려 희생하였듯이, 예수를 체현한 자신이 한민족과 인류를 소생시키겠다는 소앙(蘇卬)으로 표현되었다. 소앙(蘇卬)보다 민족의 소생과 부흥을 더 강조한 표현이 1919년 사용한 소앙(蘇昻)이었다.

조소앙은 1919년 4월 임시정부 수립에 참여하면서 성(姓)과 소앙(蘇昻)을 결합한 조소앙(趙蘇昻)을 이름으로 처음 대용하였다. 조소앙(趙蘇昻)은 3·1민족운동이 일어나고 임시정부가 수립되는 한복판에서 생성된 이름이었다. 앙(昻)은 1919년 처음 등장하여 그의 최종 아호로 귀결되는데, 앙(卬)과 마찬가지로 '나'라는 뜻을 포함하면서, 1919년 3·4월에 앙양(昻揚), 고양(高揚)되는 민족 현실과 이상을 담아낸 중의법이었다. 여기에는 3·1민족운동과 임시정부 건립으로 이어지며 앙양·고양된 민족의식, 이를 이어 민족의 소생 즉 독립과 재건을 이루겠다는 의지가 그대로 투영되었다.

조소앙은 유럽에서 외교 활동을 펼치던 중, 한국사회당의 존재를 알릴 목적에서 1919년 12월 프랑스 파리에서 사회당 명의로《적자보(赤子報)》를 창간하여 책임 편집·발행하였는데,[37] 이곳에 '소앙(素卬)'이란 아호가 보인다. 소앙(嘯卬)에서 소앙(素昻)으로 변하는 과정에서 소(素)가 사용된 최초의 사례였다.

소(素)에는 조소앙 자신이 '신의 아들(신자, 神子)'임을 자각한 초심으로 돌아간다는 의미와 함께, 한국민이 독립운동의 주체인 '신자'로 다시 태어나기를 바라는 염원이 담겼다. 이때 '소'는 '신자'와 '독립'을 함께 뜻하면서, 소앙(素卬)은 '신자인 나'로 민족의 독립을 위해 희생하는 자아를 가리켰다. 소(素)의 형질(形質)은 '민족의 독립'과 이를 위한 '희생'이었다.

한국근현대사에서 조소앙의 아호로 기록되는 소앙(素昻)이 최초로 사용된 예는 1922년 5월 발표한 「독립당(獨立黨)과 공산당의 전도(前途)」이다. 40여 일 지나서 「독립당의 계급성(階級性)」(1922. 6. 14)에서도 소앙(素昻)을 필명으로 사용하였다. 두 글 모두 조소앙이 유럽 외교 활동을 마치고 상하이로 돌아와서 임시정부로 복귀하기 직전에 발표되었다. 두 글의 초점이 '독립당'에 있음은 쉽게 짐작할 수 있고, 글을 집필한 동기 및 큰제목과 논지에서 소앙(素昻)의 의미를 유추함이 가능하다. 소(素)에 '독립'의 의미가 일관하면서, 앙(昻)에는 '신자'로서의 자아라는 의미는 후퇴하고 '앙양'의 의미가 강하였다. 이때 소앙은 민족독립(의식)을 앙양·고양하는 자아를 의미하였다.

조소앙(趙素昻)이 공식 이름으로 사용되기는, 1930년 1월 상해한국독립당(上海韓國獨立黨)을 결성하고 당의 간부로 활동한 이후로 추정된다. 1931년 이후 《대한민국임시정부공보(大韓民國臨時政府公報)》는 조소앙을 줄곧 조소앙(趙素昻)으로 기명하였고, 1934년경부터는 독립운동계에서 조소앙(趙素昻)으로 일원화·정착된 듯하다.

이 외에 조소앙이 중국에서 저서를 출간하면서 필명으로 한살임(韓薩任)과 아나가야후인(阿那伽耶后人)을 사용한 예가 보인다. 세상에 출간된 조소앙의 첫 저서는 『김상옥전(金相玉傳)』이다. 이 소책자는 한살임을 저자 겸 발행자로 삼아 1925년 1월 출간되었는데,[38] 한살임은 그가 1922년 3·4월경 상하이에서 창당한 아나키즘 성향의 비밀결사였다. '한살림'은 공산(共産)·공생(共生)을 뜻한 '한살림'의 한자 음역으로, 한살임당은 프롤레타리아 독재도 넘어서 무계급사회를 실현한 무치(無治)라는 구경의 경지를 지향하였다.

1929년 조소앙은 『한국문원(韓國文苑)』이라는 저서를 간행하고자 하였는데 사정상 발간하지 못하였고, 1932년 10월 발행하면서[39] 1929년 2월 써 두었던 책의 「서(序)」에 '아나가야후인(阿那伽耶后人)'라는 필명을 적었다. 아나가야후인은 조소앙이 가장 늦게 사용한 별칭이었다. 조소앙의 본관이 함안이고, 그의 조상들이 이곳에서 은거하였기 때문에 옛 지명인 아나가야를 별호(別號)로 사용하였다.

관원이 되기 위하여 성균관으로

조소앙은 1902년 7월 상경하여 성균관 경학과(經學科)에 입학하였다. 이 무렵 성균관은 7월에 전기(前期) 학기를 시작하였다. 그는 16세의 나이에 집이라는 울타리를 처음 떠나서 더 넓은 세상으로 나아갔다. 가학(家學)에서 벗어나 당대의 최고 교육기관이었던 성균관으로 확장된 학업 공간은 새로운 학문을 접하는 기회였고, 청년기라는 성장 과정 속에서 조국의 현실을 체험하는 역사의 현장이었다.

조소앙이 성균관에서 마주친 시공(時空)에는 청운을 펼칠 탄탄대로와는 정반대의 험로가 놓여 있었다. 국망으로 치닫는 민족 현실은 그에게 수많은 질문을 던졌고, 세계의 대세와 연관시켜 해법을 찾아야 했다. 그는 성균관에 재학하는 동안, 역사의 한복판에서 민족의 진로를 고민하는 지식인으로서 자아정립을 모색하기 시작했다. 이 시기는 그에게 삶의 영역을 민족으로 확대하는 첫 번째 전기(轉機)였다.

조소앙이 16세에 집을 떠나 서울로 유학하는 행로는, 형 조용하와 시점·동기·목적이 모두 동일하였다. 조용하는 15세까지 향리에서 할아버지에게 한학을 수학하였고, 16세 되는 1897년 관립법어학교(官立法語學校)에 입학해서 4년 과정을 3년 만에 수료하였다. 이어 법관 양성소인 관립법무학교(官立法務學校)에 입학해서 수학하던 도중인 1901년 12월 독일 주재 한국공사관의 서기(書記)로 임명되어 해외 근무를 떠났다. 그는 다음 해인 1902년 10월에는 동(同) 공사관에서 3등 서기관으로 승진하여 근무하다가, 1905년 11월 「을사늑약」으로 대한제국의 외교권이 박탈당함에 따라 공사관이 폐쇄되자 귀국 조치되었다.[40]

조용하가 서울로 유학하면서 어떤 동기와 목적에서 관립법어학교에 입학하였는지는, 그 자신이 직접 밝힌 바가 없으므로 확인되지 않는다. 다만 이후 외교관으로 입사(入仕)하는 진로를 보면, 집안 어른이 바라는 바에 따라 관직에 뜻을 두었음은 분명하다. 부친 조정규가 종9품인 능참봉을 지냈음을 참작한다면, 자손들이 좀 더 고관현직(高官顯職)으로 입신양명하기를 바라는 집안의 분위기는 짐작하기 어렵지 않다.

조용하가 외국어를 공부한 동기에는 종숙(從叔)의 선례가 작용하였으리라 보인다. 조용하의 종숙인 조원규(趙元奎, 1874~?)는 15세에 진사시(進士試)에 합격한 후, 1895년 일본에 유학하여 신학문을 배웠다. 그는 일본에서 귀국한 후에 대한제국의 관료가 되어 법부(法部)와 탁지부(度支部) 주사를 지내다가 관립일어학교(官立日語學校)를 졸업하였으며, 1900년대에는 외국어학교 부교관과 교관 등을 지냈다.[41] 그는 1898년 10월 20일 관립일어학교를 졸업한 11인의 졸업생 가운데 한 사람으로,[42] 관직 생활을 하던 중 관립일어학교에 제1회로 입학하여 졸업한 기록을 남겼다.[43] 이러한 경력은 조용하·조소앙에게도 선례가 되었을 뿐 아니라, 조원규 자신이 두 형제의 진로에 직간접으로 상당한 도움을 주었다.

조용하가 관립법어학교에 진학한 1897년, 조원규는 이미 대한제국의 관원으로 재직하면서 관립일어학교에 재학하고 있었다. 외국어를 배워서 관원으로 진출한 사례는 조용하에게 입사의 꿈을 이루는 길로 비치었음 직하다. 관립법어학교는 이능화(李能和)를 비롯해 당대의 신지식인들이 거쳐 간 엘리트 코스였다. 조용하도 외국어에 이어 법률을 더 공부한 뒤 외교관으로 진출하였다.

조소앙이 상경한 때는, 형 조용하가 이미 독일에서 외교관으로 복무하던 중이었다. 15세까지 향리에서 할아버지에게 한학을 배운 뒤 16세에 서울로 유학한 과정은 조용하와 동일하였지만, 외국어학교가 아니라 전통교육기관인 성균관에 입학한 점에서 다소 달랐다. 조소앙 역시 출사(出仕)에 목적이 있었지만, 형과 달리 국내에서 근무하는 방향을 선택한 듯하다.

성균관은 조선시대 전 시기에 걸쳐서 최고의 교육기관으로 위치하면서, 현재의 대학에 비유되는 학문의 전당이자, 국가기관에서 일할 관원들을 배출하는 관원 양성소이기도 하였다. 조소앙이 입학할 당시에도 성균관은 국비(國費)로 운영되는 유교 교육의 최고학부이자 관원 양성소의 기능을 유지하였다.

성균관은 시대사조에 맞추어 신학제(新學制)를 수립하려는 조선정부의 방침에 따라, 1895년 7월 2일 「성균관 관제(官制)」를 제정하였다. 이후 「성균관 관제」는 1911년 성균관이 경학원(經學院)으로 개편되기 전까지 총 8회에 걸쳐 개정되었다.[44] 조소앙이 성균관에 재학하던 시기의 정국은 보수 세력이 다시 집권한 때였으므로, 성균관을 최고의 신식 고등교육기관으로 개혁하려던 시도는 주춤하였고, 종래 성균관을 운영하던 관행이 부활함에 따라 유생들에게 관직을 제공하는 기능도 다시 작동하였다.

조소앙이 성균관으로 진학한 동기에는, 이러한 성균관 교육의 성격과 내용이 크게 작용하였음은 분명하다. 조선왕조의 관원 임용 방식이었던 과거제가 1894년 폐지되자, 당시 최고학부인 성균관 졸업생의 진로는 당사자인 졸업생은 물론, 정책 실행자인 정부에게도 큰 고민이었다. 오늘날과 달리 벼슬길이 입신양명의 유일한 출구였던 시대에 관직이 지니는 의미는 그야말로 절대였다. 조선정부로서도 국비로 양성한 인재를 요로(要路)에 등원시켜 활용함은 필요하고도 당연한 조처였다.

1896년 7월 16일 개정한 「성균관 경학과 규칙」 제21조에서, 연종시험(年終試驗)에 급제한 자의 성명을 학부(學部)에 보고하고, 궁내부(宮內府)와 내각의 각부(各部)에 보고하여 상당직(相當職)에 등용하도록 요구하는 규정[45]을 둔 방침에는 조선정부의 고민이 깊게 반영되었다. 이 조항은 성균관 졸업생들이 관료로 진출할 제도상의 기반을 마련하려는 데 목적이 있었으며, 이후 성균관 경학과 졸업생은 판임관(判任官)으로 임용되기 시작하였다.[46]

이러한 조처에도 성균관 유생들이 관직에 진출하는 길이 원활하지 않자, 조선정부는 졸업생들의 관로(官路)를 더욱 열어 주기 위하여 1898년 5월 26일 다시 「성균관 관제」를 개정하였다. 이에 따르면, 성균관에 판임 6등의 박사 3인을 신설하고, 박사는 경학과 유생 가운데에서 뽑힌 자로 순차 서임(敍任)하고 평상시에는 교수가 겸임하도록 하였다.[47] 성균관 경학과 졸업생에게는 박사로 서임된 뒤에 실직(實職)이 보장되었다.[48] 이렇게 과거제도가 폐지된 이후, 성균관을 졸업함은 관료로 진출하는 통로 즉 사로(仕路)의 하나였고, 조소앙이 입학할 당시에도 이러한 기회와 특권은 여전히 유지되었다. 그래서인지 성균관 입학 요건은 1년 뒤에는 훨씬 강화되었다.

조소앙이 성균관에 입학한 사례는 요즈음 말로 하면 특례입학에 해당하는데, 당시 사회의 관행과 성균관의 규정이 이를 허용하였으므로 불법은 아니었다. 당시 성균관 경학과의 입학규정을 보면, 연령은 20세 이상으로 품행이 방정하고, 지기(志氣)가 확고하며, 의리에

밝고, 시의(時宜)를 잘 아는 자 중에서 입학시험에 합격한 자였다. 단 관장이 학업과 품행이 우수하다고 인정할 때에는 입학시험을 면제하였다.[49]

여기서 품행·지기·의리·시의 등에는 평가자의 주관이 반영되게 마련이므로, 추천인의 영향력 또는 관장과 연결된 친분으로 긍정 평가를 받을 수 있었다. 이 점이 바로 조소앙이 성균관에 입학하는 데에 크게 작용한 요소였다. 그렇더라도 '20세 이상'이라는 기준은 주관이 반영될 여지가 일절 없으므로, 호적을 위조하지 않는 한 변동할 수 없는 엄격한 객관 지표였다. 위의 규정이 그대로 적용되었다면, 16세(만으로 15세)의 조소앙은 입학적령(入學適齡)에서 네 살이나 모자라므로 연령 미달의 사유로 입학할 수 없었다.

조소앙이 규정에 어긋나는데도 입학할 수 있었던 이면에는, 당시 성균관을 입학하는 데에서 연령을 규정한 조항이 문자 그대로 준수되지 않은 관행(물론 여기에도 추천인의 영향력이 작용하였다.) 때문이었다. 나이 규정에 예외를 적용한 사례는 조소앙만이 아니었으므로, 특례 입학이 부정한 방법을 동원한 불법은 아니었더라도 편법이자 특혜임은 분명하였다.

이를테면 조소앙이 성균관에 재학하는 동안 친밀한 관계를 형성한 신채호(申采浩, 1880~1936)나 변영만(卞榮晩, 1889~1954)도 20세라는 규정에 얽매이지 않고 각각 성균관과 법관양성소(法官養成所)에 입학하였다. 조소앙보다 일곱 살 위인 신채호의 경우는, 학부대신·법부대신 등을 지낸 대한제국의 고위 관료 신기선(申箕善, 1851~1909)이 추천하여 1898년 가을 성균관에 입학하였는데, 이때 신채호의 나이는

19세였다.[50] 조소앙보다 두 살 연하인 변영만도 20세 이상이 입학할 수 있는 법관양성소에 1904년인 16세에 입학하였다.[51]

아마 조소앙의 경우도 신채호와 마찬가지로 보증·추천하는 제도를 확대 적용한 사례라고 생각한다. 조소앙이 성균관에 입학할 당시에는, 「성균관 경학과 규칙」이 제정될 때(1895. 8. 9)에 비해 입학 요건 규정이 더욱 까다로워졌는데 보증인 제도도 그러하였다. 1896년 7월 16일 개정된 조항에서는 학부에 소속된 관원들(대신·협판·국장·과장·관장·교수)들이 보증·추천하도록 규정이 강화되었다.[52] 이는 입학 자격 요건을 이전에 비하여 좀 더 특권층으로 제한하는 규정이었다.

이미 말하였듯이, 조소앙이 성균관에 입학할 때 종숙 조원규가 학부에 소속된 외국어학교 부교관으로 재직하였는데, 이는 학부에 소속된 교수급(級)이었다. 신채호가 신기선이라는 대신급 고위 관원의 추천을 받아 성균관에 입학하였듯이, 조원규의 관력(官歷)이 조소앙을 보증·추천하는 배경이 됨으로써, 조소앙은 연령 규정을 예외로 하여 성균관에 입학할 수 있었다.

성균관 경학과는 '경학'이라는 명칭이 말해 주듯이, 조선정부가 학생들에게 경학을 익히고 덕행을 쌓도록 함으로써, 이들이 "문명(文明)한 진보"[53]를 이룩하는 주체가 되도록 양성할 목적으로 개편한 최고 교육기관이었다. 이에 따라 전통 학제를 중심으로 근대 학제를 혼합하여, 신지식을 습득한 유학 전공자를 국가의 자원(資源) 즉 관원으로 양성함이 경학과의 교육 목표였다. 교육을 통하여 관원으로 진출함은 전통사회의 유습(遺習)이면서, 양반 자제의 청년들에게 부여된 기득권이자 특권이었으므로, 조소앙이 성균관에 입학함은 당시로는 의당한 선택이었다.

조소앙이 대한제국의 제도교육에서 최고학부에 속하는 성균관에서 무엇을 배웠는지는, 이것이 앞으로 그의 사상과 행동에 어떠한 영향을 끼치며 내면화하였는지를 이해하는 중요한 자료가 된다. 그가 유학을 구학(舊學)이라 표현하면서 일본 유학(留學)을 결행하였음을 보면 성균관의 교육내용에 만족도가 높지 않았다. 그렇더라도 그는 이곳에서 최초로 근대식 학문을 접하며 체계 있게 지식의 외연을 넓히기 시작하였다.

개정된 「성균관 경학과 규칙」(1896. 7. 16)의 교육과정에서 사서삼경과 사서삼경 언해(諺解) 및 사서(史書), 본국사(本國史), 작문은 여전히 필수과목이었고, 이전에는 선택과목이었던 본국지지(本國地誌), 역사, 만국지지(萬國地誌), 산술이 필수과목으로 지정되어 강화되었으며, 타(他) 경전과 사(史), 문(文)이 선택과목으로 추가되었다.[54] 여기서 타 경전이 무엇을 가리키는지 명시하지 않았지만, 갑오경장 이전에는 유교 경전 이외에 노장(老莊) 사상이나 불교 서적을 탐독하지 못하도록 엄금하였던 실정을 감안한다면, 비록 선택과목에 포함시켰지만 타 경전을 개방한 조처는 의미가 컸다.[55] 조소앙에게 국한하여 말하더라도, 유교 경전 이외의 동양 고전에도 교양을 쌓음으로써 사상의 범위가 확장되는 계기가 되었다.

당시 성균관 교육과정에서 중심을 이루는 교과목은 전통 유학 교육에서와 마찬가지로 경사(經史)류였다. 사서삼경을 비롯하여 역사 과목에 해당하는 사서(史書)로 『춘추좌씨전』, 『사기』, 『자치통감강목』, 『속자치통감강목』, 『명사(明史)』 등을 배웠다. 기타 학과목을 보면, 역사는 한국사와 세계사, 지리도 한국지리와 세계지리, 작문은 일용 서류와 기사·논설을 작성하는 법 및 경의(經義) 즉 경전의 뜻을 논술하는 법, 산술의 경우 가감승제(加減乘除)와 비례차분(比例差分)을 배웠다. 이를 보면 조소앙이 성균관에서 배운 교육 수준은 경서와 중국 역사를 제외한다면 일본의 중학교에도 미치지 못하였으므로 최고학부의 교육과정이라기에는 빈틈이 많았다. 성균관 교육은 전통 유교 교육을 최고 수준으로 체계화한 기반 위에, 초등·중등 수준의 근대 지식을 교육과정에 추가한 정도에서 관직으로 진출하는 길을 일정하게 열어 준 데 특징이 있었다.

이 무렵 성균관에서 경서를 강의할 때 언해본을 병행한 점이 특이하였는데, 조소앙은 이를 통하여 국한문혼용체를 사용하는 훈련을 쌓았다.[56] 조소앙이 성균관에 입학할 무렵 문어체의 국한문혼용은 지식인 사회에는 이미 정착되어 있었다. 당시 발행 부수가 가장 많았던《대한매일신보》(1904년 7월 창간)도 국한문혼용체였고, 신채호·박은식(朴殷植)·장지연(張志淵) 등 당대의 영향력 있던 문필가들은 국한문혼용체로 대중을 계몽하였다. 일본 유학 시절 조소앙이 발표한 글들도 국한문혼용체를 사용하였는데, 그가 근대 지식인으로 변모하는 과정을 반영한다.

성균관에서 이루어진 유교 경서와 중국사 중심의 교육과정은 16~17세 청년 조소앙의 세계관을 비중 있게 채웠다. 앞으로 그의 사상이 발전하면서, 유교와 중국 중심의 사고 틀을 극복하는 과제가 남았지만, 이때 배운 경서와 중국 역사는 이후 근대사상 안에서 재해석되어 삼균주의의 한 부분을 이루는 소중한 자료가 되었다.

성균관의 교육이 경사(經史), 즉 경서와 역사를 중시하는 경향이 강함에 비하여, 비중은 작았지만 자국의 역사와 지리를 독립시켜 교육한 부분도 눈에 띈다. 세계의 역사와 지리 과목은 통합하여 가르친 반면 한국사와 한국지리를 분리·독립시켰음은 자국의 역사와 지리가 중요함을 강조한 특징 있는 교육과정이었다.[57]

조소앙의 삼균주의가 민족이라는 특수성에 세계라는 보편성을 접목시킨 사상이라 할 때, 기저에는 한국민족사를 이론의 근거로 삼는 사고와 방법론이 깔려 있었다. 성균관에서 배운 자국사(自國史)는 이후 그의 역사지식이 확장되면서, 역사관이 민족을 중심으로 세계화하는 이론 기반이 되었다. 성균관의 교과목에서 세계의 역사와 지리, 산술 등은 전통교육보다는 그래도 진일보한 신지식이었다.

「항일성토문」, 최초의 민족운동

조소앙이 근대인으로 재탄생하려면 전통에서 이탈하는 과정이 요청되었다. 성균관은 그가 중세에서 근대로 넘어가는 이행기(移行期)에 해당하였다. 그 길목에서 길라잡이가 되어 준 사람이 바로 신채호였다. 조소앙이 근대와 마주치는 첫 번째 계기는 성균관의 교육과정보다는 신채호를 비롯한 교유(交遊) 관계에서 비롯되었다.

조소앙이 재학할 당시 성균관의 교육과정이 근대성을 다소 가미하였다 하더라도, 한성사범학교나 외국어학교에 비하면 여전히 보수 색채가 강하였다. 그가 성균관을 졸업하지 않은 채 일본 유학을 결심한 행동을 뒷날 "구학(舊學)을 버리고 신학(新學)을 배우기로" 결심하였다고 표현한 이유였다.[58] 여기서 구학과 신학은 조소앙의 인생에서 확연히 분리된 영역으로, 이를 가르는 계선(界線)은 성균관에서 마련되었다. 이 점에서 신채호는 첫 번째 전환점을 마련해 준 선배이자 스승이었다.

신채호는 1905년 26세에 성균관 박사가 된 뒤, 바로 그해에 황성신문사 사장 장지연이 초청하여 논설기자가 되기까지 성균관의 생도들에게 사상을 선도하는 리더였다. 신채호는 신기선이 적극 추천하여 1898년 가을 19세의 나이로 성균관에 입학하였는데, 조소앙이 입학하기 4년 전이었다. 신채호는 이해 10월 무렵 독립협회에 가입하여 민권운동을 전개하다가, 11월 5일 430여 명의 동지와 함께 체포되어 옥고를 치렀다.[59] 이를 보면 그는 성균관에 입학하기 전부터 신지식과 신사상을 깊숙이 흡수하였으며, 이러한 계기는 신기선을 만난 인연에서 비롯되었다.

신채호는 성균관에 입학한 뒤 관내의 남재(南齋)에 주로 기거하면서, 전국 각지에서 서울로 올라온 성균관 생도 이외의 유생들과도 폭넓게 교류하였다. 이 시기 그는 격변하는 국내외 정세 속에서 무엇보다도 전통 민족문화를 계발하는 한편, 서구의 과학기술과 근대국가 건설을 위한 신제도를 수용함으로써 개화자강(開化自强)해야 한다는 결론에 도달하였다.[60]

신채호는 입학한 그해부터, 신지식을 탐구하는 폭을 넓히면서 곧바로 실천 운동에도 뛰어들었다. 경서를 위주로 하는 전통교육 중심의 성균관에서 그의 학구열과 실천력은 조소앙을 비롯한 젊은 유생들에게 깊은 영향을 끼쳐 신학문을 탐구하는 분위기를 주도하였다. 조소앙이 일본 유학을 결심한 동기에는 당시 시대 상황 즉 쇠망해 가는 국운과 아울러, 이러한 성균관의 분위기가 큰 자극이 되었다.

조소앙이 구학을 버리고 신학을 배우기 위하여 일본 유학을 처음 결심한 때는 1904년 2월 무렵이었는데, 동월 23일 조인된 「한일의정서(韓日議定書)」가 계기가 되었다. 일제는 한국과 만주의 이권을 둘러싸고 러시아와 각축을 벌이던 중, 마침내 1904년 2월 8일 일본의 연합함대가 뤼순항(旅順港) 밖에서 러시아 함대를 기습 공격함으로써 러일전쟁을 일으켰다. 두 나라가 개전(開戰)하기 전 대한제국정부는 이미 엄정중립을 선언했으나, 일제는 무시하고 수도 한성에 침입·진주하였으며, 전세가 유리하게 돌아가자 대한제국에 협력을 강요하였다. 이어 2월 23일 주한일본공사 하야시 곤스케(林權助)가 외부대신 서리 이지용(李址鎔)에게 조약을 강요하여 조인하기에 이르렀다.

제6조로 구성된 「한일의정서」의 핵심은 제4조와 5조였다. 일본군이 한국 내의 군사 요충지를 언제든 수용할 수 있으며, 대한제국은 일제의 이익에 반(反)하는 조약을 제3국과 체결할 수 없다는 내용이었다. 이후 일제는 침략을 더욱 가속화하여, 러일전쟁의 승리를 유도하고 궁극에서는 한국을 식민지화하기 위해 경의선(京義線)과 경부선(京釜線) 철도부설권을 군용으로 탈취하여 강제 착공하였다. 1904년 6월 4일에는 「한일양국인민어로구역(韓日兩國人民漁撈區域)에 관한 조약」을 체결해 충청·황해·평안 3도 연안의 어업권(어로권)도 강제로 획득하였다. 6월 17일 하야시는 궁내부 산하 어공원(御供院)이 관장하던 산림·천택(川澤)과 황무지의 개간권을 대한제국정부에 요구하였다.

황무지개간권을 획득하려는 기도는, 한민족이 거세게 반대 투쟁을 전개함으로써 일시 좌절되었지만, 이를 계기로 일제는 한국을 식민지화하려는 군사 침략을 더욱 노골화하였다. 8월 22일 「외국인 용빙(傭聘)협정」(이른바 「제1차 한일협약」으로 「한일협정서」라고도 한다.)을 강제함으로써 1904년도의 일제 침탈은 정점에 이르렀다. 이렇게 1904년의 대한제국은 일제의 침략 앞에서 속수무책으로 무너져 갔다. 침략을 가속화하는 일제와 무기력한 대한제국정부를 향한 한민족의 분노와 저항이 전국으로 확산되었고, 젊은 유생 조소앙은 대한제국의 중심지인 한성에서 이러한 현실을 목도하고 있었다.

치욕스러운 「한일의정서」가 1904년 3월 8일 자 관보(官報)에 실리자, 한국민의 저항이 거세게 나타나기 시작하였다. 당시 언론들이 「한일의정서」를 강하게 비판하면서 정부의 처사를 반대하는 운동을 자극하였다. 한국민들은 의정서를 체결하는 데 관여한 외부대신 서리 이지용과 외부 교섭국장이자 통역관이었던 참사관(參事官) 구완희(具完喜)를 매국노로 규탄하였고, 구완희의 집에 폭탄까지 투척하면서 (1904. 3. 2) 의정서를 폐기하라고 요구하였다.

「한일의정서」로 치솟은 반일 감정이 채 가라앉지도 않았는데, 일제는 한국의 국토를 약탈할 목적으로 황무지개간권을 요구하였고, 이 소식이 알려지자 반일 투쟁은 다시 고조되었다. 당시 독자들이 각각 '암(雌)신문'과 '수(雄)신문'으로 불렸던 민족지 《제국신문(帝國新聞)》 (한글전용)과 《황성신문(皇城新聞)》(국한문혼용)이 이를 폭로하면서 유생들을 중심으로 격렬한 반대운동이 일어나기 시작하였다. 뒷날 조소앙은 이 무렵의 자신을 다음과 같이 회고하였다.

1903년에 이하영(李夏榮)이 산림천택(山林川澤)을 일본인에게 매도하려는때 성균관 거재생(居齋生)은 정부에 장서(長書)를 보내였다 학생운동의 초기는 17세였다 1904년2월한일(韓日) 의정서가 이지용의 손으로 조인되여 황성신문에 발표되니 구학(舊學)을버리고 신학(新學)을 배우기로 정부에응선(應選)한 동기(動機)였다[61]

위의 인용문은 게재문의 첫 문장이자 첫 문단이므로, 조소앙의 전체 인생사에서 첫 번째 중대사였음을 뜻한다. 그런데 여기에서 사실의 오류(일자와 선후 관계)가 명백하게 눈에 띈다. 조소앙의 이 시기를 언급한 논저들이 이에 근거하여 동일한 잘못을 반복하는 예가 많으므로, 두 가지 사실관계부터 명확히 해서 바로잡을 필요가 있다.

첫째는 조소앙이 일본 유학을 결심한 시점이며, 둘째는 그가 '장서'라고 표현한 「항일성토문(抗日聲討文)」을 대한제국정부에 발송하며 저항한 시기이다. 이 둘은 그의 인생에서 모두 '처음'의 의미를 지녔으므로 세심하게 살펴보아야 한다. 일본 유학은 그가 '신학'을 배우기 위하여 스스로 결심·결행한 첫 행위였고, 「항일성토문」은 그에게 민족운동의 출발점이자 최초의 '학생운동'이었다.

한편 이 회고에 앞서, 조소앙이 이른바 통합(중경)한국독립당의 중앙집행위원장(1943. 5. 8~1945. 12)으로 재임할 당시 작성한 「자전(自傳)」에도 '유학(留學)' 부분을 기술한 바 있다. 이에 따르면, 조소앙이 18세 때였던 1904년 2월 망국조약(亡國條約)인 「한일의정서」가 체결되었으며, 《황성신문》에 실린 기사를 보고서 분함을 느껴 퇴학하였고, 나라를 떠나 유학하기로 뜻을 결정한즉, 황실 유학생에 피선되었다고 적었다.[62] 이 「자전」도 자신의 이력을 매우 간단하게 기술하였을 뿐 세세하게 월일(月日)을 명기하지 않은 채 많은 부분을 생략하였으므로 공백을 유추해야만 한다.

앞에서 인용한 회고와 「자전」을 사실에 입각하여 정리하면 이렇다. 조소앙은 「한일의정서」(1904. 2. 23)가 조인됨을 계기로 일본 유학을 결심하였고, 일제가 황무지개간권을 요구(1904. 6. 17)함에 대항하여 「항일성토문」을 정부에 발송하였으며, 황실특파유학생 선발시험(1904. 7. 28~29)에 응하여 일본 유학을 떠났다(1904. 10. 9). 조소앙이 일본 유학을 결심한 때와 떠난 시점에는 다소 시차가 있었고, 「항일성토문」으로 항거한 때는 이 사이에 위치한다. 달리 말하면 황무지개간권 요구가 그가 성균관을 자퇴하고 일본 유학을 떠나도록 결정지은 자극이 되었음을 뜻한다.

조소앙은 《황성신문》[63]을 보고서 「한일의정서」가 체결되었음을 알았다. 그가 성균관에 재학하던 무렵에는 《제국신문》과 《황성신문》이 일간으로 발행되었으므로, 이를 통하여 국내뿐만 아니라 해외의 소식들도 매일 접하였다. 그는 「한일의정서」가 체결되자 통분해하면서도, 신학문을 배우기 위하여 일본에 유학해야겠다는 결심을 세웠다. 이후 일제가 황무지개간권을 강압하자 성균관 유생들과 합력(合力)하여 일제와 매국 관원을 성토하는 집단행동에 나섰다.

신채호·조소앙을 위시한 성균관 유생들은 황무지개간권 요구에 항의하는 장문(長文)의 「항일성토문」을 작성하여 대한제국정부에 발송하였다. 신채호가 기초한 성토문은, 일제가 한국을 침략하려는 음모와 간계를 폭로하면서, 황무지개간에 동의한 이하영·현영운(玄暎運)

등의 매국 행위를 맹렬하게 규탄하였다. 나아가 성균관 유생들은 기한부 동맹휴학에 돌입하였다. 성균관 유생이 국왕에게 상소함은 조선사회의 오랜 전통이므로, 항일 성토 활동은 이러한 관례를 재현한 투쟁이었지만, 조소앙에게는 '최초'의 민족운동이자 학생운동이라는 의미를 지녔다.

조소앙이 「자전」에서 '퇴학'이라고 표현한 단어는 자퇴를 뜻하는데, 자퇴한 시점을 정확하게 밝히지 않아 혼동을 준다. 「자전」과 54쪽의 회고는 조소앙이 자퇴한 시점이 「한일의정서」가 체결된 직후였다는 오해를 불러온다. 그런데 성균관의 규정에 따르면, 무단이탈하는 등 강제 퇴학에 해당하는 사유[64]가 아니라면, 보천인(保薦人)이 연서(連署)해야 하는 규정이 있었으므로,[65] 조소앙이 자퇴하려면 그를 추천한 종숙 조원규에게 동의를 구해야만 했다.

54쪽의 회고에서 '성균관 거재생'이라는 구절은, 조소앙이 「항일성토문」을 정부에 제출하는 1904년 6월 중하순까지는 성균관에 재학하였음을 말해 준다. 성균관의 학사 일정을 보면, 1895년의 「성균관 경학과 규칙」에서는 수업연한이 3년으로 능력별 반 편성을 하였고, 전후(前後) 2학기제를 시행하였다. 1학기에 해당하는 전기는 7월 21일에 시작하여 12월 25일에 마치며, 후기는 1월 16일부터 6월 10일까지였다.[66] 그러다가 1896년 7월 16일 개정된 규칙에서는 "학생의 수업연한은 연종시험 급제를 기준으로 한다."[67]라고 하여, 졸업시험에 합격하기만 하면 6개월이든 1년이든 언제든지 단기로 졸업할 수 있도록 하였다.

이로써 추측하면, 조소앙은 1902년 7월 전기 학기에 입학하여

1904년의 후기 학기를 6월까지 마쳤으며, 졸업시험(연종시험)을 치르지는 않고 1904년의 전기 학기가 시작되는 7월 21일 전후에 자퇴하였으리라 생각한다. 그가 성균관을 자퇴하는 직접 계기는 황실특파유학생 선발과 관련이 있었다.

조소앙의 종숙 조원규는 선발된 유학생을 일본으로 인솔한 유학생동솔위원(留學生董率委員)이었는데, 아마 그가 유학생을 선발하는 과정에도 관여하였으리라 보인다. 그렇다면 유학생 선발시험이 정식으로 공고되기 전에, 조소앙은 다른 지원자들에 앞서 정보를 먼저 입수하였을 터이고, 조원규의 조언을 받아 가족들과도 자신의 진로를 상의하면서 고심한 끝에 일본 유학을 결심하였다. 황실특파유학생에 선발된 뒤에는 성균관을 퇴학해야 하므로, 성균관 규정에 따라 퇴학이 허락되는 '부득이한 사고'에 해당하였다. 즉 조소앙은 일본 유학이라는 대안이 확정된 뒤 성균관을 자퇴하였다.

황실특파유학생 선발시험은 러일전쟁이 일본의 승리로 마감되는 무렵인 1904년(광무 8년) 7월 28~29일 시행되었다. 법부대신 이지용은 한국 대관(大官)의 자제 가운데 준재(俊才) 50명을 선발하여 일본에 유학시키는 건을 의정부에서 논의한 뒤 6월 30일 고종 황제에게 상주(上奏)하였고, 고종도 쾌히 동의하여 학부대신에게 곧바로 칙령을 내렸다. 이는 7월 5일 자 《황성신문》에 "근일 정부에서 칙임관의 자제 중 연 16세 이상으로 25세까지 90인가량 선택하야 일본에 파송유학케 하기로 의정(議定)하얏다더라"[68]라고 보도되어 세상에 공개되었다. 황실특파유학생을 발의한 이지용이 "향후 한국 유신의 골수가 될 수 있는 자"를 선발해야 한다고 취지를 정한 데에서 보듯이, 황실유학생은 대한제국이 일본의 근대교육제도를 활용하여 한국을 개혁하고 중흥시킬 인재와 관료를 양성하기 위한 계획의 일환이었다.[69]

고종 황제의 칙령에 따라, 내장원(內藏院, 황실의 경리 기관)이 지출한 경비로써 지원하는 일본 유학생을 선발하는 과정에 들어갔다. 학부가 주관하여 칙임관(勅任官)과 주임관(奏任官)의 아들·사위·아우·조카(子壻弟姪)와 본종(本宗) 4촌 이내 가운데 700명을 먼저 모집한 뒤, 신체검사(28일 시행)와 작문 시험(29일 시행)을 거쳐 50명의 유학생을 최종 선발하였다. 작문 시험은 "유학은 반드시 충효를 근본으로 해야 함(留學必以忠孝爲本)"이라는 순 한문 논제로 치렀다.[70]

조소앙은 '칙주임관(勅奏任官)의 아들·사위·아우·조카와 본종 4촌 이내'라는 기본 조건에 부합하였을 뿐 아니라, 매우 유리한 조건에서 시험에 응시하였다. 작문 시험의 논제는 일본에 유학하는 목적과 의미를 유교의 '충효'라는 관점에서 논술하라는 취지였다. 조소앙은 성균관 경학과에서 4개 학기, 즉 2년 동안 유교 경전의 의미를 시대 상황에 맞게 해석하면서 시의성 있는 논설문을 작성하도록 훈련받았으므로, 이 논제는 그에게 그다지 어렵지 않았으리라 생각한다.

게다가 종숙 조원규가 일본에 유학한 경험이 있었고, 외국어학교에서 일본어를 가르치는 교관이었다는 점도 유리하게 작용하였다. 조원규가 주일공사관 영사관 겸 황실특파유학생 동솔위원으로 임명되어 학생들을 인솔하는 책임을 맡은 사실[71]로 유추해 보면, 황실특파유학생 제도가 시행되는 데에서 일정한 책임을 맡아 선발 과정에도 관여했음은 분명하다.[72] 조소앙은 평소 조원규에게서 일본 유학과 관련된 지식을 많이 습득했을 터이고, 유학생을 선발하는 사실도 남

들보다 미리 접할 위치였다.

조소앙이 황실특파유학생에 지원했음은, 대한제국의 관원으로 진출하려는 꿈을 지녔음을 뜻한다. 결과론에서 귀납된 판단이지만, 일본 유학 시절 그다지 적성에 맞지 않는 법학을 전공한 데에서 보듯이, 그는 종숙 조원규와 형 조용하를 뒤좇아 신지식을 배움으로써 근대 관료가 되어, 쓰러져 가는 조국을 재건하려는 목표를 세우고 일본 유학을 결심하였다. 이러한 입지(立志)는 황실특파유학생을 선발한 대한제국의 취지와도 일치하였다. 조소앙이 성균관이라는 국비 교육 기관에 입학한 데에서도 그러하였듯이, 황실특파유학생에 선발되는 기회도 가문의 배경에 힘입었다.

조소앙은 황실특파유학생에 선발되어 성균관을 자퇴함으로써 성균관 생활을 2년으로 마감하였다. 그 자신이 일본 유학을 "구학을 버리고 신학을 배우기"라고 표현하였음을 보면 청년 시절에 신학문을 접하면서 유학을 낡은 학문으로 인식한 때도 있었지만, 성균관 재학이 도로(徒勞)한 시간은 아니었다. 일본에 유학 간 뒤 공자의 도(道)가 진리임을 새삼 다시 깨닫는 데는 그리 오랜 시간이 걸리지 않았다.

당시의 지식인들이 모두 한학이라는 공통된 지식 자원을 가졌지만, 조소앙에게도 유학(儒學)은 자신의 사상을 형성하는 데 매우 중요한 자산이 되었다. 성균관에 입학한 뒤 당대의 최고 유학자들에게서 체계 있고 심도 있게 배운 유학 지식은 내면화하여, 이후 삼균주의를 정립하는 원천이 되었다. 성균관에서 선배 신채호가 신학문을 탐구하는 동시에 민족문화와 실학자들을 재발견해 내었듯이, 조소앙도 유교를 비롯한 전통 학문과 민족문화를 중시하였으며 이를 새롭게 재해석해서 근대사상으로 전환시켰다. 전통을 근대로 전환함은, 그가 사상가·이론가로서 앞으로 추구할 과제였다. 일본 유학은 그가 근대 지식인으로 전생(轉生)하는 가교(架橋) 구실을 함과 동시에 직업 혁명가로 투신하는 예비훈련 과정이었다.

도쿄부립제일중학교에 첫발을 내딛다

조소앙이 황실특파유학생을 선발하는 시험에 응시하였음은, 대한제국정부가 내세운 취지에 호응하여 대한제국을 중흥시킬 근대 관료를 지향하였음을 뜻한다. 일본 유학에서 법률 공부를 선택한 이유도 여기에 있었다. '황실'·'특파'라는 말 자체가 평범함과 극명하게 대조되듯이, 그는 대한제국 황실이 베푼 특혜에 탑승하여 일본행 선박에 승선하였다. 그러나 조소앙이 대한제국에서 받은 혜택은 여기까지였다. 대한제국이 멸망함으로써 황실이 조소앙에게 보장한 기득권은 해체되었고, 그는 일본 유학 시절 망국민의 현실을 온몸으로 체험하면서 민족운동가로 첫발을 떼었다.

조소앙은 결의에 차서 일본으로 향하였다. 그는 조국을 떠나는 1904년 10월 9일부터 일기를 쓰기 시작하였는데, 새롭게 펼쳐질 미래에 포부가 컸던 만큼 각오도 단단하였다. 유학 생활이 2년여 흐른 1906년 11월 12일, 스무 살의 조소앙은 자신의 일기에 『동유약초』라는 제목을 달고 아은(亞隱)이라는 아호를 사용하여 「서(序)」를 썼다.

기록함은 일을 기록함이다. 동쪽(일본을 가리킴 — 인용자)으로 유학하였으니 어찌 큰일들이 많이 있겠는가. 학교에 가서 강의를 들은 후 기숙사에 돌아와서 학과목을 학습하는 일 등에 지나지 않았을 뿐이다. 그런즉 어찌 기록해서 세상에 남길 만하겠는가. 비록 그렇다 하더라도 날마다 경험하는 바는 같지 않은 바가 있고, 해마다 배우는 바는 같지 않은 바가 있으며, 또 비록 사소한 행동이라고 하더라도 매번 과오가 많으니, 만약 그것을 기록하여 거울로 삼지 않는다면, 50세가 되었을 때 어찌 지난해의 잘못을 알겠는가. 이것이 기록하지 않으면 아니 되는 까닭이다. 이에 기록한다.

광무 10년 11월 12일

음(陰) 9월 5일 아은(亞隱) 자제(自題)[1]

조소앙이 일본 유학 생활을 어떠한 자세로 일관하였는지 그의 각오를 충분히 읽을 수 있는 대목이다. 『동유약초』라는 제목에서 보듯이, 그는 황실특파유학생으로 선발되는 과정부터 일본 유학을 마치는 시기까지 8년간의 일을 세세하게 기록하였다.

황실특파유학생들은 한성을 떠나기 하루 전인 1904년 10월 8일, 학부대신 이재극(李載克)과 함께 고종 황제를 알현하고 인사를 드렸다. 《황성신문》이 보도한 바에 따르면, 이날 하오 2시 이재극은 유학생 47명을 불러 모아 권면서(勸勉書)를 낭독하면서, 실용 학업을 강구하여서 대한제국의 독립을 공고히 하고 애국의 뜻을 세워 세계의 문명을 학습하여 나라의 영예를 증진시킴이 학생들에게 기대하는 정부의 뜻임을 당부하였다. 유학생들은 복장 1건씩을 출급받았으며, 소집식이 끝난 뒤 각기 집에 돌아가 여정을 준비하였다. 이날 저녁에는 유학생들을 인솔할 정부 인사들을 위하여 송별회가 열렸다.[2]

다음 날인 1904년 10월 9일(음력 9월 1일)[3] 상오 8시, 황실특파유학생으로 선발된 47명[4]의 젊은이들은 대한제국정부의 참정대신 이하 고관들과 친척·친우들이 전송하는 가운데 서울역을 출발하여 인천항으로 향하였다. 유학생을 인솔하는 최고 책임자는 학부대신 이재극이었으며, 이하 군부협판 민형식(閔衡植)과 참리관(參理官) 현백운(玄百運) 등의 관료와 조소앙의 종숙 조원규가 유학생동솔위원으로 동행하였다.

황실특파유학생들이 나라를 떠날 때, 대한제국은 이재극이 낭독한 권면서, 즉 "비장처측(悲壯悽惻)한 면사(勉詞)"를 모든 학생에게 나누어 주었다. "총준(聰雋)을 선발하여 인국(隣國)에 파견함은 문명과 학술을 수득(修得)하야 아대한(我大韓)의 독립을 공고게함이니 제군(諸君)은 면전(勉旃)할지어다." 조소앙이 환갑이 넘은 나이에도 이 구절을 잊지 않았음을 보면,[5] 그는 '대한의 독립'을 목적으로 관직에 나아가기 위해 유학에 임했다. 1910년 8월 나라가 망했을 때는 불에 타 죽을 듯한 고통 속에서도 "나는독립을 공고케할 책임을 가진인간이었다"는 책임감으로 자신을 다잡았다.

유학생 일행은 10월 15일 도쿄에 도착하였다. 일본 문부성은 대한제국정부의 위탁을 받아, 당시 도쿄의 히비야공원(日比谷公園) 서쪽에 위치한 도쿄부립제일중학교(東京府立第一中學校, 이하 제일중학교로 줄임)에 특설한국위탁생과를 특별 속성과로 설치하여 황실특파유학생들을 입학시킨 후, 공인 기숙사도 설치하고 11월 2일(음력 9월 2일) 일동을 입사시켰다.[6]

제일중학교는 1879년에 창립된 명문 중학교로, 조소앙이 입학하였을 당시는 학생 800여 명, 교사 50여 명의 규모였다. 조소앙은 11월 5일 입학식을 치른 뒤 유학 생활을 시작하였다. 입학식에는 대한제국의 주일공사와 학부대신을 비롯하여 여러 명의 관원, 일본 문부성 대신을 대행하여 관원 한 사람, 교사 50여 명이 참석하였고, 교장 가쓰우라 도모(勝浦鞆雄)가 연설하였다.

이때 조소앙의 나이는 18세였다. 44명의 입학생 가운데 그보다 어리거나 동갑인 사람은 5명뿐이었고 대부분은 연상이었는데, 최연장자는 아홉 살 연상인 27세의 최린(崔麟, 1878~1958)이었다.[7] 최린은 나이에 비례하여 대인관계의 폭이나 경험도 풍부하였으므로 제일중학교 내 한국인 유학생들을 선도(先導)하였다.

이렇게 조소앙의 일본 유학 생활이 본격 시작되었으나, 제일중학교의 학창 생활은 순탄하지 않았다. 그를 비롯한 황실특파유학생들은 학교생활에 만족하지 못하고 학교 측과 갈등을 빚다가 끝내는 동맹휴학이라는 집단행동에 나섰다. 조소앙에게는 두 번째 학생운동에 해당한다. 황실특파유학생이 동맹휴학까지 단행한 데에는 복합된 원인이 작용하였는데, 근인(根因)은 대한제국정부가 황실특파유학생을 파견한 동기와 목적에서 말미암았다. 이는 이후 대한제국정부·학생·

학교 삼자가 서로 갈등하는 양상으로 나타난다.

이재극이 낭독한 권면서에 나타난 '실용학업'이라는 말에서 보듯이, 대한제국정부는 특파유학생들이 일본의 각 전문학교에서 실용학문을 습득하는 데 목표를 두고, 이를 위하여 일본 교육 당국과 협의하여 우선 기초 과정을 이수할 필요성에서 학생들을 제일중학교에 입학시켰다. 그러나 이러한 방침은 대한제국의 고등 관료로 진출하려는 유학생들의 실제 유학 동기와 크게 배치되었다. 실제 연령이 중학교 취학연령을 훨씬 상회하는 데다, 한국 내에서 자칭 타칭 '준재(俊才)' 소리를 듣는 유학생들은 상급학교인 전문학교로 신속하게 진학하려는 성취욕이 강하였고, 중학교 단계의 교육과정에 불만을 표출하였다.

그러나 황실특파유학생들은 한국에서 근대식 초등 교육과정조차 이수하지 못한 상태였으므로, 학생들의 성취욕구(동기)와 실제 학업능력 사이에 괴리가 매우 컸다. 이는 학생들에게 다시 학습 의욕을 떨어뜨리는 소이(所以)로 작용하는 한편, 학교 측이 의욕을 갖고 교육에 임하려는 일관성을 저해하면서 황실특파유학생들을 낮게 평가하는 요인으로 역작용하였다. 여기에 제일중학교의 교육방침과 교육과정도 한국 유학생과 갈등을 빚었다. 특파유학생들이 동맹휴학하게 된 직접 원인 가운데 하나는, 제일중학교가 유학생들을 감독하는 방식이었다.

황실특파유학생들은 입학 첫날부터 기숙사에서 단체 생활을 시작하였다. 조소앙이 기록한 개요를 보면, 오전 5시 기상, 오전 6시 식사, 오전 7시 등교하여 오후에 귀사(歸舍)하였다. 매일 기침(起寢)과 취침을 검사하였고, 일요일 이외에는 외출을 허락하지 않았으며, 병이 있으면 사감(舍監)에게 알리고 병원에 가서 진료를 받았다.[8]

조소앙의 경우는 이미 성균관에서 거재(居齋) 생활을 하였으므로 제일중학교의 기숙사 생활에 적응하기 어렵지 않았으리라 보인다. 그러나 단체·규율 생활을 경험하지 못한 대다수 한국인 유학생들에게는, 유학 생활 첫날부터 강제되는 '군대식'(최린의 표현) 규율에 불만이 쌓여 갔다. 최린의 경우는 외출이 허락된 일요일을 활용하여, 당시 일본에 망명하여 오사카(大阪)에 체류하던 손병희와 교류하는 융통성을 부렸다.[9] 이를 보면, 황실특파유학생들이 한국인 망명객들과 접촉하지 못하도록 통제하려는 일본 외무부의 방침[10]을 제일중학교가 그다지 엄격하게 준수하지 않았거나, 감시의 눈을 요령껏 피할 만큼의 틈새는 있었다.

제일중학교가 개교한 이래 유학생을 입학시킨 경우는 한국인 황실특파유학생이 첫 사례였다. 교장 가쓰우라는 이를 충분히 인식하였으므로, 대한제국과 일본 두 정부의 한국 유학생 교육방침을 수용하였고, 교수 여러 명을 새로 충원할 만큼 사명감과 열성을 갖고 황실특파유학생들을 교육하였다. 가쓰우라는 도쿄제국대학(東京帝國大學)의 고교수(雇敎授)로 일본 중등교육계에서 활발하게 활동하면서 지명도가 높았던 인물로, 자신만의 교육철학과 이념이 확고하였다.[11]

제일중학교의 교육이념은 한국 유학생들에게 그다지 낯선 도덕률이 아니었다. 입지(立志), 존사(尊師), 경장(敬長) 등의 교훈은 유교국가인 조선왕조의 전통 도덕교육에서도 강조하였으므로, 조소앙을 비롯한 한국 유학생들에게는 오히려 친숙한 덕목이었다. 황실특파유학생을 선발·파견한 목적이 국가에 충성하는 보국(報國)을 전제하였으므로, 제일중학교의 국가주의 교육이념도 유학생들이 거부감을 느낄 만큼 파격이 아니었다. 또 통제 위주의 학교 분위기는 한국인 유학생 뿐만 아니라 일본인 학생들에게도 마찬가지였다. 문제는 제일중학교의 교육이념 자체가 아니라, 이에 입각한 교육과정을 비롯하여 통제된 학교생활, 무엇보다도 군대식 기숙사 생활 등이 피침략국가인 한국인 유학생들에게 어떻게 체감되었느냐에 있었다.

조소앙이 제일중학교에 입학한 직후인 1904년 말에 이수한 교과목은 수신(修身, 주 1시간)·일어(日語, 주 9시간)·일한비교문법(日韓比較文法, 주 3시간)·산술(算術) 및 이과(理科, 주 7시간)·도화(圖畵)·창가(唱歌)·체조였다. 1905년 이후에는 위의 과목 이외에도 일본지리·박물(博物)·대수(代數)·위생·생리(生理) 등을 배웠다. 여기서 보듯이, 교과목 가운데 가장 큰 비중을 차지한 과목은 주당 12시간 수업하는 일본어였으며, 다음이 산술과 이과였다. 한국 유학생의 학급 편성도 일본어 능력을 기준으로 이루어졌는데, 시험 성적에 의거해 갑·을 2조로 나누어 일본어를 가르쳤다.[12]

대부분의 한국인 유학생들은 일본어를 처음 배웠으므로 당연히 어려워하였고, 산술과 이과 과목(조소앙의 경우는 성균관에서 접하기는 하였지만)도 생소하기는 매한가지였다. 그렇더라도 일본에 유학하려면 일본어는 당연히 배워야 했고, 고등교육을 받으려면 산술과 이과도 중학교 교과에서 의당 학습해야 하므로, 유학생에게 부담을 주려고 일부러 개설한 과목은 아니었다. 외양으로 본다면, 제일중학교는 황실특파유학생들에게 나름대로 책임감을 가지고 수준 있는 교육을 제공하려 노력하였다.

제일중학교의 『창립 50년사(創立五十年史)』에 따르면, 황실특파유학생들은 3년의 수업연한 동안 일본어를 주로 배웠고, 일본인 학생들의 중등과정에도 미치지 못하는 기초를 배우는 수준이었다. 이는 대한제국이 유학생들을 위탁한 교육목적에 부합하도록 학교 측이 설정한 교육과정이었다. 학교 측은 한국인 유학생들이 졸업한 이후 농상공업·의학 등 실용 학문 쪽으로 진학하도록 지도하였다. 반면 학생들은 법률 등 문과 방면의 교육을 더 선호하였으므로, 교육과정에 적응하지 못하여 학업성취도는 낮으면서 불만은 높았다.[13] 바로 여기에 학교 측과 한국인 유학생들 사이에 갈등 요인이 처음부터 잠재하였다.

조소앙 개인의 교과 성적에 한정하여 판단하면, 제일중학교의 교육과정이 갈등 요인으로 작용하지는 않은 듯하다. 그는 입학 초기인 1905년 1월에는 일본어가 미숙하여 저급반인 을조에 편성되었으나, 곧이어 시행된 조편성 시험에서는 성적이 향상되어 상급반인 갑조로 승급하였으며, 3월에 시행된 시험에서는 8등을 하였다. 그는 나이 든 학생들에 비해 일본 유학 생활에 매우 빠르게 적응한 편이었다.[14] 무엇보다도 그의 일본어 실력은 교지에 글이 실릴 수준으로 발전하였다.

1906년 7월 16일부터 31일까지 제일중학교의 교사 세 명이 조소앙을 포함한 황실특파유학생 20여 명을 인솔하여, 보름간 시즈오카(靜岡)와 아이치(愛知)현을 돌며 각종 공장과 학교, 휴양지 등을 견학하였다. 조소앙은 이를 다녀온 뒤 학내 잡지인 《학우회잡지(學友會雜誌)》 48호(1907년)의 131~132쪽에, 본명 조용은(趙鏞殷)으로 「나고야

수학여행기(名古屋修學旅行記)」라는 간단한 보고문을 실었다. 조소앙이 일본어로 쓴 글로는 유일하게 현전하는 문장이다. 이 글은 한국의 국한문혼용체에 해당하는, 한문에 일본어를 섞어 풀어쓰는 한문훈독체(訓讀體)로 작성되었다. 조소앙이 이 글을 쓴 시점은, 1904년 11월부터 개시한 일본어 공부가 2년도 채 되지 않았을 때였다. 이를 전제한다면, 같은 잡지에 게재된 한국인 유학생 3인의 한문훈독체 여행 일기에 약간씩의 잘못들이 발견됨에 비해, 조소앙의 보고문은 일본어로서는 완벽한 문장으로 평가된다. 당시 조소앙의 일본어 학습능력이 매우 높은 수준이었음을 짐작게 한다.[15]

조소앙의 여행기는 "여행이라 함은 반드시 일정한 목적을 지님과 동시에, 일정한 장소가 없어서는 안 된다."로 시작하여, 출발일부터 여행 종료일까지 경유한 곳들을 일자별로 간단하게 기록하였다. 여행지에는 온천과 벤텐지마(弁天島)의 팔경(八景)도 포함되었지만, 제일중학교가 황실특파유학생을 교육하는 목적에 부합하게, 농림학교·농사시험장 등을 비롯해 각종 공장과 회사 등 주로 일본 문물의 발전상을 한국인 유학생에게 각인시킬 만한 곳들이었다. 조소앙은 일본의 공장들을 둘러보고서 "이처럼 여러 공장이 발달한 것은 실로 지난 십수 년 안쪽의 일이라 하니, 이는 일본의 오늘날 상황을 나타내는 요소이다. 그렇다면 일국의 흥망성쇠를 논한다 할 때, 그 원인은 먼 곳에 있지 아니하고 가까운 것에 있다 아니할 수 없다."라는 소감을 적었다.[16] 에둘러 심경을 표현하였다는 여운을 남긴다.

동맹휴교, 두 번째 민족운동

제일중학교의 『창립 50년사』가 "본교에서는 가능한 한 소정의 목적에 가깝게 가기 위해 수업의 여가가 있을 때마다 여러 공장의 참관, 기타 각 방면의 견학을 시켰다."라고 기술한 바로 판단하면, 조소앙이 다녀온 수학여행도 이러한 목적의 일환이었다. 그러나 조소앙의 소감을 보면, 제일중학교의 견학 교육에는 황실특파유학생을 친일화하려는 의도가 분명 개재하였다. 제일중학교의 교육은 대한제국과 비교하여 일본을 우등국으로 이상화하였으므로, 설사 의도하지 않았다 하더라도 황실특파유학생에게 은연히 또 공공연히 민족 열등감과 친일화를 조장하게 마련이었다. 최린·조소앙 등 황실특파유학생이 제일중학교의 교육과정에 반발한 이유의 하나였다.

더욱이 국망으로 치닫는 조국의 정세는 황실특파유학생들에게 씻을 수 없는 치욕과 좌절감을 심어 주었다. 이들이 도쿄에 도착한 지 1년 1개월여, 제일중학교에 입학한 지 1년 10여 일 만인 1905년 11월 17일 「을사늑약」[17]이 체결되었기 때문이다.

조소앙을 비롯한 제일중학교의 한국인 유학생들은 「을사늑약」이 체결된 사실을 이틀 뒤에 알았다. 『동유약초』에 따르면, 조소앙은 11월 19일 기숙사에서, 이토 히로부미(伊藤博文)가 '보호조약'이 이미 이루어졌다고 운운하였음을 보도하는 신문 기사를 읽고서 애통해하였다. 신문 보도를 통하여 「을사늑약」의 전문을 확인한 날은 11월 24일이었다. 그는 조약문을 읽으면서 오장이 끓는 듯 타는 듯 통탄함을 금할 수 없었고, 뒷날에 반기(反起)할 자료로 삼기 위하여 조약의 전문을 일기에 적었다.

조소앙은 며칠 동안 학교와 기숙사를 오가는 일상을 반복하였지만, 침체한 기운 때문이었는지 12월 2일 병이 나서 기숙사에서 조리를 하던 중, 호외(號外)를 보고서 민영환(閔泳煥)과 조병세(趙秉世)가 강개함을 이기지 못하여 자결 순국하였다는 소식도 알게 되었다. 기운은 더욱 쇠진하여 3일에는 병을 핑계로 학교 내의 보증인회(保證人會)와 수업도 참여하지 않은 채 기숙사에 머물렀고, 4일에야 억지로 등교하였다. 그러다 5일 가쓰우라 교장의 인터뷰 기사를 읽었다.

문제가 된 기사는《호치신문(報知新聞)》1905년 12월 2·3일 자에 연재된 「한국유학생(韓國留學生, 勝浦府立第一中學校長談話)」[18]이었는데, 가쓰우라 교장이 1년 동안 한국인 유학생들을 교육한 회고와 소감을 기자가 정리한 내용이었다. 기사는 ① 서(序)에 해당하는 부분, ②「수용 학생」, ③「장점과 단점」(이상 12월 2일 자), ④「무기력과 불규칙」, ⑤「무기력과 불규율」(이상 12월 3일 자)로 구성되어 있었다.

주요 내용을 보면, 「장점과 단점」에서는 한국인 유학생들의 과목별 수준 등을 언급하면서, "일본어의 진보는 놀랄 만큼 빨랐지만, 수학 기타의 과학에서는 도저히 가능성이 없다(그렇더라도 두세 명의 수재가 없지는 않지만). 그 뒤떨어져 있는 정도를 비교해 보면, 25~26세에서 32~33세에 이르는 혈기 있는 장년자(壯年者)의 수리(數理)의 두뇌는 우리 일본의 고등과 2~3학년 정도의 소년에도 미치지 못한다고 말해도 괜찮다고 생각한다."라고 말하였다. 또 「무기력과 불규칙」에서는 "그들이 어느 정도까지 교육을 받을 수 있는가를 말하면, 종래의 자신의 실험에 따르면 유감스럽지만 이대로는 고등교육에는 가망이 없다고 말할 수밖에 없다."라고 지적하였다. 여기서 "고등교육에 가망이 없다"고 단정한 부정 평가는 한국인 유학생들에게 가장 강하게 반발을 산 대목이었다. 「무기력과 불규율」에서는 한국인 유학생이 무기력한 근본 이유를 나름 진단하면서 일본과 비교하여, "벌족(族閥)과 임관(任官)의 제도가 나쁜 점이 가장 중요한 근인(近因)임에는 틀림이 없다. (……) 금후의 착안점은 차라리 서민의 자제에서 선발함이 득책(得策)이 아닐까."라는 대안도 제시하였다.

가쓰우라가 한국인 유학생들의 수학(修學) 능력과 결과를 평가한 내용은 객관의 시각에서는 귀담아들을 점이 많았다. 황실특파유학생 대부분은 양반 또는 중인에 속하는 기득권층의 자제로서 전통한문교육을 받았으므로, 수학(數學)을 비롯해 근대 과학 과목들을 선행학습하지 못하였다. 어려서부터 이들 과목을 학습한 일본인 중등과정 학생들에 비하여 뒤떨어짐은 당연한 현상이었다. 후술하듯이 최린·조소앙 등은 제일중학교에서 퇴학 처분을 받은 뒤, 곧바로 메이지(明治)대학 법률과에 입학원서를 제출하였지만, 조소앙은 석 달도 되지 않아 자퇴해야만 했다. 가쓰우라가 지적한 그대로, 고등교육을 받으려는 한국인 유학생들의 욕구가 그들의 수학(受學) 능력을 동반하지 않은 조급함이었음을 냉정하게 증명해 준다.

문제는 「을사늑약」이 체결된 직후의 분위기에서, 학령에 비하여 연령대가 훨씬 높은 한국인 유학생들을 일본 소년과 비교하는 피드백이, '황실특파'의 자부심을 가진 준재들의 자존심에 커다란 상처를 주면서 민족차별의 발언으로 인식되었다는 데 있었다. 1905년 12월 한·일 양국 모두 민감한 시국에서, 일본의 유력지인 《호치신문》이 독자의 관심을 전혀 끌지 못하는 제일중학교 내 한국인 유학생을 기사화한 저의는 분명하였다. 가쓰우라의 시각은 이 의도에 부합하는 결과가 되었다.

당시의 신문 기사는 중요하다고 생각되는 부분에 방점(傍點)을 찍었는데, 가쓰우라의 담화를 실은 기사에서도 "한국 학생은 수학이 모자란다", "고등교육은 무리다", "규율이 없다", "지능이 낮다" 등 한국인 유학생들이 열등하다는 부분에 방점이 집중되었다. 한국에서 선발되어 온 우등생조차 이 정도이니 한국인의 능력은 일본인에 비하여 절대로 열등하다, 이러한 나라는 일본의 피보호국이 되어서 지도를 받아야 마땅하다. 가쓰우라의 인터뷰 기사는 이러한 논리로 한국의 피보호국화(被保護國化)를 정당화하려는 의도로 비치었다. 이는 비슷한 시기에 《아사히신문(朝日新聞)》이 청나라 유학생을 '방종 비열'하다고 비난한 기사[19]와 맥을 같이하였다.

가쓰우라 교장의 발언에도 일본은 일등국이고 한국인이 열등하다는 오만함이 엿보였다. 그가 한국인 유학생들을 평가하는 내용에는, 청일전쟁·러일전쟁에서 승리한 이후 일본인 일반의 정서가 그대로 반영되었다. 그 역시 일본이 일등국이라는 우월의식에서 출발하여, 청나라와 한국의 국민을 멸시하고 차별하는 의식을 분명 지니고 있었다.[20] 한국인 유학생 가운데 최연장자로서 동맹휴학을 주도하였던 최린이 가쓰우라 교장의 담화를 "고등교육이 필요없다"는 일언(一言)으로 요약하였음은[21] 매우 중요하다. 조소앙도 가쓰우라의 담화를 이 한마디로 집약하였음을 보면, 황실특파유학생들이 무엇보다도 이 구절에 반발하였음을 알 수 있다.

12월 5일 자 『동유약초』는 당시의 상황을 다음과 같이 기록하였다. 《호치신문》에서 「유학생」이란 제목의 가쓰우라 교장의 담화를 읽었는데, 한국인 유학생들에게 고등교육을 시킬 수 없다고 운운한 말이 게재되었다. 이에 30여 명의 학생들이 모두 모여 회의를 열고 교장의 발언을 규탄하면서, 퇴교하여 타 학교를 다시 찾기로 하고 동맹휴교를 결의했다. 이날의 사감이었던 와타나베(渡邊)가 학생들을 백방으로 효유(曉諭)하려 하였으나 소용이 없었다. 이날 학생 일동은 주일 한국공사관을 찾아가 자신들의 뜻을 알렸는데, 공사는 이에 찬성도 금지도 하지 않았다. 학생들(모두 37명이었다.)은 일인의 야심에 분개하여 기숙사로 돌아가 짐을 싸서 나가자고 말하였으며, 기숙사를 나와 장정구(糀町區) 3번정(番町) 9번지(番地)에 소재한 소금루(小金樓)로 기숙사를 옮겼다. 이날 밤 공사관의 참서관(參書官) 한치유(韓致愈)가 학생들을 찾아와 돌아가라고 백반으로 효유하였으나 학생들의 태도는 완강하였다.

가쓰우라 교장의 진의가 무엇인지는 차치하더라도, 「을사늑약」의 소식을 접한 지 2주일 지나서 인터뷰 기사를 본 황실특파유학생들은 이 기사로 폭발하였고, 학생 신분으로서는 가장 강한 저항 방식인 동맹휴학과 동맹퇴학을 선택하였다. 당시의 상황에서 민족운동의 성격을 띤 학생운동이었다. 이와 관련하여, 최린의 회고록에서 "「고종」 황제께서는 우리들이 다시 보호조약을 반대하다가 퇴학 처분까지 당한 것을 기특히 여기시어 부디 공부 잘하여 진충보국하라신 황송한 분부까지 나리시었다."[22]라는 구절에 주목해야 한다.

황실특파유학생들은 가쓰우라의 담화에 반발하여 동맹휴교에 돌입하면서, 「을사늑약」에 반대하는 태도를 표명하지는 않았지만, 동맹휴학에 이어 복교 반대 투쟁으로써 「을사늑약」 자체에 저항하였다. 고종이 이들을 황실유학생으로 복귀시키는 특혜를 베푼 까닭도 학생들의 의도를 인지하고 격려하는 차원이었다. 달리 말하면, 일본의 교육 당국이나 제일중학교 측이 주동 학생들에게 완강하게 대응한 조처도, 학생들의 동맹휴학을 교장 일개인을 향한 반발감의 표출이 아니라, 「을사늑약」에 저항하는 집단행동으로 인식한 데에서 비롯되었다. 조국이 피보호국화하는 민족 현실에 저항하여 황실특파유학생들도 물러나지 않았다. 이 점에서 제일중학교 내 한국인 유학생들의 동맹휴교 사건은 규모도 작았고 공공연하게 피보호국화를 반대하는 구호를 외치지도 않았지만, 한국사에서 커다란 의미를 지니는 학생운동의 시초였다고 평가할 만하다.[23]

한국 유학생 감독, 일본의 외무성·문부성 관계자들은 동맹휴교한 학생들을 상대로 전방위 설득에 나섰으나 무위로 돌아갔다. 각 당국자들은 학생들을 여러 방향으로 만나 학교에 사죄하고 복교하라고 설득하였다. 그러나 학생들은 불친절한 교장 밑에서는 더 이상 가르침을 받을 수 없다고 거부하면서, 만일 전학을 시켜 주지 않으면 그대로 귀국하겠다는 강경한 태도를 고수하였다. 가쓰우라 교장도 한국인 유학생의 동맹휴교가 일본인 생도들의 훈육에도 미증유의 나쁜 전례를 만들게 된다고 주장하면서 강경한 태도를 취하였다. 그는 수모자(首謀者)로 인정되는 자에게는, 수년간 일본과 한국에서 관공립학교에 입학을 금지하고, 또 한국정부에 이첩하여 몇 년간은 관리에 임용될 수 없도록 하는 등의 특별한 제재를 가하여야 한다고 주장하였다.

학교 측은 12월 22일 자로 위탁학생 37명 전원에게 퇴교를 명한다는 사실을 도쿄부지사(府知事)에게 알렸고, 도쿄부지사는 문부성에 알렸다. 결국 대한제국정부가 사태를 수습하기 위해 통감부(統監府)의 일본인 관료들과 협의에 나선 끝에 다음과 같은 결정을 내렸다. 사건의 수모자 7명을 포함하여 10명에게는 징벌을 위하여 귀국을 명하고, 나머지 26명 중 22세 이하의 경우는 문부성이 지정하는 중학 정도의 학교에 입학시킨다. 23세 이상인 경우는 실업학교에 입학시켜 속성교육을 받게 하며, 10명의 결원은 이미 도쿄에 유학하고 있는 사비 유학생 가운데 성적이 양호한 학생과 학부에서 선발하는 학생으로 보충한다 등. 이때가 1906년 3월 28일이었다.

이 결정으로 귀국을 명령받은 학생은 최린·유승흠(柳承欽)·한상우(韓相愚)·이승근(李承瑾) 등 10명, 잔류를 명령받은 학생 중 22세 이하는 조소앙을 비롯해 14명, 잔류를 명령받은 학생 중 23세 이상은 구자학(具滋學)·김성목(金聖睦)·양치중(楊致中) 등 12명이었다. 22세 이하의 학생 14명의 수용 문제는, 문부성과 외무성이 협의한 끝에 다시 제일중학교에 위탁하기로 결정하였다. 이로써 제일중학교는 퇴학 조치를 단행한 이후 100여 일이 다 되어 가는, 1906년 3월 28일 자로 위탁 기간 1년을 조건으로 한국인 유학생들을 다시 받아들여야만 했다. 이후 약간의 인원 조정을 하여, 5월 1일 자로 제일중학교 내 한국인 유학생 수는 26명이 되었다. 이때부터 이들 위탁 한국인 유학생의 신분은 황실유학생이 아니라 관비(官費)유학생이 되어, 학자금의 송금원이 내장원(內藏院)에서 탁지부(度支部)로 바뀌었다.[24]

76

제일중학교 내 사상 초유의 동맹휴교 사태는 이렇게 일부 학생들의 부분 복교로 일단락되었고, 조소앙은 이에 해당하여 1906년 3월 28일부로 복교가 허락됨에 따라, 4월 28일 제일중학교의 입학일을 계기로 복교하였다. 복교를 거부하며 강경하게 버티었던 한국인 유학생들을 굴복시킨 강제력은 역시 유학 비용이었다. 대한제국정부는 학비라는 무기로 유학생들을 설득하였다.

1906년 1월 31일 대한제국 학부의 참서관 시데하라(幣原坦)가 도쿄에 와서, 퇴교한 한국인 유학생이 제일중학교로 복교하지 않으면 관비유학생 자격을 잃게 됨에 따라 관비 지급이 중단된다는 방침을 전달하였다. 압박식 통첩에 20여 명의 학생들이 중학에 입학하겠다고 서명하였으나, 조소앙은 처음에는 복교하지 않겠다는 뜻을 굽히지 않았다.[25] 그는 제일중학교로 복교하지 않고 다른 방도로 학업을 계속할 의사였지만, 결국에는 복교하지 않을 수 없었다.

1906년 2월 26일 학부(學部)는 조소앙을 비롯해 복교를 거부한 학생들에게 관비 지급을 중단한다는 전훈(電訓)을 보냈고, 이들은 귀국하는 외에는 방도가 없게 되었다. 학비가 떨어진 학생 중에는 숙박비조차 없는 경우가 많았으므로, 조소앙도 10여 명의 학생과 함께 유학생 감독청(監督廳)에서 유숙하였다. 이러하던 차에 3월 3일 궁핍한 생활을 견디지 못한 한국인 유학생 중 일부가 학부에 복교를 청원하였고, 조소앙도 부득이 날인하는 데 참여하였다. 조소앙은 3월 28일의 복교 조치를 당일 전달받았고, 중도에 입학하였던 메이지대학에 퇴학서를 제출하였다. 이어 4월 28일 입학일을 계기로 제일중학교에 복교하였으며, 산술 시험과 일어 시험을 치른 뒤[26] 5월 4일 갑조(甲組)에 편입되었다.

　제일중학교가 한국인 유학생들에게 퇴학 처분을 내린 1905년 12월 이후, 복교가 최종 결정되는 1906년 3월 28일까지 조소앙은 시행착오를 거쳐 자신을 객관화하는 시간을 가졌다. 이 시행착오는 그가 제일중학교로 복교해야만 하는 또 하나의 이유를 제공했다.

　조소앙은 제일중학교에서 퇴학당한 뒤, 최린 등과 함께 진로를 상의하면서 메이지대학 법률과에서 수학하기로 결정하였다. 메이지대학 법률과에 입학원서를 제출한 다음 날 추운 날씨에도 곧바로 강의를 듣기 시작하였음을 보면, 조소앙의 의욕은 넘쳐났다. 그러나 그의 수학(修學) 능력은 교재를 준비하는 데에서부터 한계를 드러내기 시작하였다. 그는 1월 14일에 1학년 강의록을 사서 읽기 시작하는 등 며칠 동안 교재를 구입하였는데, 19일에는 전날 구입한 『물권법』이 『물권편(物權篇)』의 착오였음을 알고 반환하면서 『형사소송법』 1권을 구입하였다. 그는 교재를 혼동할 만큼 대학 강의를 소화할 만한 능력이 뒷받침되지 못하였으므로 1월 말 들어서는 거의 등교하지 않았다.[27] 제일중학교에 복교해야만 했던 속사정이었다.

　동맹휴교 사건 이후 복교한 한국인 유학생들은 이후 학교 측의 교육방침에 순응하면서 학업을 계속하였고, 1년 뒤인 1907년 3월 31일 졸업한 뒤 상급학교로 진학하였다. 가쓰우라 교장은 이들의 졸업식에서 황실유학생의 입교와 동맹휴교 사태를 언급한 뒤, "이후 한 해가 지나 수업예정의 기한이 차서 졸업증서를 수여하기에 이르게 된 것에 제군들과 함께 본교가 만족하는 바이다."라고 치사하였다.[28] 동맹휴교 사건은 조소앙을 비롯한 한국인 유학생들에게 성취욕구와 학업능력 사이의 간격을 절감하는 계기가 되었고, 학업 의지에 비례하여 학업능력도 향상시킨 결과를 가져왔다.

조소앙이 제일중학교에 복교한 뒤의 학교생활[29]에서, 그가 보충수업에 참여하였음이 눈에 띈다. 제일중학교는 매주 화·목·토의 3일에, 정규수업이 시작되는 오전 8시 30분 이전에 한 시간씩 보충수업을 실시하였는데, 수십 명의 학생이 이를 수강하였다. 조소앙도 이를 청강하기 위해 오전 7시 30분에 학교에 등교하였다.[30] 수십 명이 보충수업을 들었음을 보면, 한국인 유학생들뿐 아니라 일본인 학생들도 참여하였다고 짐작되는데, 고등교육을 받기 위하여 중학 과정을 충실히 이수하려는 의지를 엿볼 수 있는 대목이다.

마침내 1907년 3월 31일 조소앙은 우여곡절 많았던 제일중학교를 졸업하였다. 동맹휴학 사건으로 학교에 등교하지 않은 시기까지 포함하여 계산하면, 1904년 11월 5일 입학한 지 약 2년 5개월여 만이었다. 이후 1년여 대학 입학 준비를 한 뒤 메이지대학 예과(豫科)에 입학한 때는 1908년 3월이었다.

메이지대학에 진학하다

조소앙은 제일중학교를 졸업하기 직전 진학할 대학을 탐색하기 시작하였다. 우선 그는 졸업 40여 일 전인 1907년 2월 14일 도쿄제국대학을 방문하여 규칙서를 열람하였다. 이는 이 학교에 곧바로 입학하려는 의도[31]였다기보다는, 규칙서에 학교의 편제, 입학요건, 전형

요강, 교육과정 등이 적시되어 있음을 볼 때 아마 일본 최고 대학교를 기준으로 자신이 갖추어야 할 학력과 학업능력 등의 요건을 확인하는 작업이었다고 생각한다. 그런데 도쿄제국대학에 입학하려면 선결 요건으로 동교의 교양과정에 해당하는 고등학교를 졸업해야만 했다. 조소앙은 일본 최고의 관립학교인 제일고등학교(First Higher School, 현 도쿄제국대학 교양학부의 전신)에 진학하려는 계획을 세웠는데,[32] 도쿄제국대학으로 진학하려는 전 단계의 계획이었던 듯하다. 제일고등학교는 메이지대학 예과보다도 수준이 높은 학교였으므로, 그는 학업능력을 보강할 필요를 더욱 느꼈다.

조소앙이 제일중학교를 졸업한 직후인 1907년 4월 6일, 때마침 한국 유학생 감독부가 보습과(補習科)를 개설하자, 그는 이를 수강하여 9월 29일에 이수증을 교부받았다. 보습과의 수업은 일요일을 제외하고 매일 오전 8시부터 정오까지 4시간 동안 진행되었으며, 과목은 영어가 2시간, 대수·기하가 각 1시간씩이었다.[33] 조소앙은 제일중학교에 복교한 뒤에도 수학(數學) 과목에서 부진함을 보였는데, 상급학교에 진학하기 위해서 영어 등 기초과목을 보완해야 했다. 이전에 의욕이 앞섰던 행동에 비하면, 이제 그는 자신을 객관화시킬 만큼 성숙하였다.

조소앙은 보습과를 수료한 뒤 나름 자신감이 생겼는지, 동년 10월 들어 제일고등학교의 1부 법학과에 입학할 의향으로 결원(缺員) 여부를 타진하였다. 학교 측이 무성의하게 답변을 지체하자,[34] 그는 참다못해 10월 24일 유학생 감독을 찾아가 제일고등학교 법과에 결원이 없음을 확인하였다. 애초 계획에 차질이 생기자, 조소앙은 곧바로 진로를 수정하였다. 그는 다음 해에 메이지대학 예과에 입학하기로 결심하고 당일 메이지대학을 방문하여 규칙서 1매를 청구하여 돌아왔다. 이를 보면, 조소앙은 여러 대안을 가지고 상급학교 진학을 세심하게 준비하였다.

당시 메이지대학 예과는 1년 6개월의 3학기 과정이었는데, 중학교 졸업자에게 입학자격이 부여되었으며, 1학기 입학자는 무시험으로 전형하였으나 2학기 입학자는 소정의 입학시험을 거쳐 선발하였다. 조소앙은 1908년 3월 3일 무시험으로 메이지대학 예과 1학기 과정에 입학하였다. 그는 메이지대학 예과에 재학하면서도, 1908년 9월 쯤에는 제일고등학교로 진학하려는 희망을 포기하지 않고 학업에 더욱 정진하였다.

조소앙은 전년도인 1907년 11월 1일부터 세이소쿠영어학교(正則英語學校, 야간)의 보통 2년급(年級)에 입학하여 이미 영어 공부에 전념하고 있었다. 세이소쿠영어학교에 입학한 수순도, 우선 메이지대학교 예과에 입학하였다가 같은 해 9월에 다시 제일고등학교에 입학하겠다는 계획에 따른 행동이었다. 이것이 여의치 않을 경우 메이지대학에 계속 재학함은 차선책이었다. 제일고등학교에 진학하기 위해서는 영어 실력을 배가할 필요가 있었다.

1908년 3월 3일 조소앙은 메이지대학 예과에 입학한 뒤, 개학일인 4월 10일부터 등교하기 시작하고 세이소쿠영어학교에서도 수강을 계속하다가, 6개월 뒤인 10월 6일에는 메이지대학 예과 법부(法部)에 입학하였다. 그는 메이지대학에서 1학기를 성실하게 수학하였으므로 시험을 치른 뒤 제2학기에 동교의 예과 법부에 진급하였는데, 이는 메이지대학 예과의 제2학기에 해당하였다.[35] 이 날짜 『동유약초』에는 예과의 2학기 1주 과정표(課程表)를 기록하였는데, 월요일부터 토요일까지 총 28시간 가운데 영어(영어와 독일어 가운데 택1)가 무려 16시간을 차지하였다. 조소앙이 왜 세이소쿠영어학교에 입학하였으며, 메이지대학 예과에 입학한 뒤에도 세이소쿠영어학교의 야학을 병행하였는지 이해가 된다.

조소앙은 메이지대학 예과 법부에 입학하기 전후, 동교에서 계속 수학하느냐, 아니면 제8고등학교(第八高等學校)로 전학하느냐는 방향을 놓고 잠시 고민하였으나[36] 메이지대학 예과 법부를 최종 선택하였다. 이유는 정확히 알 수 없지만, 후술할 메이지대학 법과의 학풍 및 타 대학에 비하여 학비가 싼 여건도 작용하였으리라 생각한다.[37] 조소앙은 메이지대학 예과 법부에서 1년 6개월 동안 기초 교육을 수학한 뒤, 1909년 9월 13일 동교의 법학부 본과에 입학함으로써 원하던 법학과에 첫발을 내디뎠다. 23세의 나이에 일본에 유학 온 목적의 일단이 마침내 성취되었다.

메이지대학은 1881년 창립된 메이지법률전문학교가 1903년 학제개혁에 따라 '종합 전문학교'인 대학으로 발전한 학교였다. 이 학교의 학풍은 창립자이면서 초대 교장이었던 기시모토 다쓰오(岸本辰雄, 1851~1912)에게서 비롯되었는데, 그는 조소앙이 재학할 당시에도 교장으로 재직하였으므로 조소앙에게도 일정한 영향을 미쳤다.

기시모토는 일본 법조계에서 프랑스 법학파를 대표하는 인물로 자유와 인권을 중시하는 자유주의·민권주의에 입각하여 국권주의 법학파를 비판하였다. 여기서 메이지대학 법학과가 도쿄제국대학 법학파의 국권주의 경향을 비판하는 학풍이 형성되었다. 국권보다 민권을 중시하는 자유주의·민권주의 학풍이 조소앙에게도 직접 영향을 미치었음은, 그가 바바 다쓰이(馬場辰猪, 1850~1888)의 『천부인권론』을 번역한 데에서 확인할 수 있다. 바바 다쓰이는 메이지대학 초기의 교수로서 자유민권운동을 중시하는 메이지대학의 민권주의 법학의 학풍을 수립하는 데 일조한 인물이었다. 『천부인권론』은 도쿄제국대학 총장을 지냈으며 도쿄대 법학부의 국권주의 학풍을 수립한 가토 히로유키(加藤弘之, 1836~1916)를 비판한 저서였다.[38]

기시모토는 조소앙이 일본 유학 생활을 마치는 1912년 4월 5일 지병으로 사망하였다. 이 소식을 접한 조소앙은 슬픔을 금할 수 없었으며, 9일 비감한 심정으로 장례식에 참석하여 조의를 표하였다. 그는 이날 장례식에 메이지대학의 재학생들이 모두 참석하였다고 기록하였는데, 기시모토가 학생들에게 매우 존경을 받았음을 보여 준다.

조소앙은 법학과를 지망하여 3년간 법학을 전공하게 되었지만, 막상 법과에 입학한 뒤에는 법학 공부에 주력하지 않았으므로 1학년의 학업 성과는 민망할 정도로 부진하였다. 그는 『동유약초』에 1학년 때의 수업 과정을 기록하지 않았는데, 대학의 수업이 만족을 주지 못하였고 그의 성취동기도 강하지 않았기 때문인 듯하다.

조소앙은 이후에도 『동유약초』에 학과 시간표나 시험 문제 등을 기록하였을 뿐, 기시모토 교장을 위시한 교수진의 학문 성향을 비롯하여 법학의 이론·쟁점 등의 문제는 전혀 기록하지 않았다. 그가 간절하게 희망하였던 바와 달리 법학이 적성에 맞지 않았음을 반증한다. 그는 이 무렵 오히려 철학이나 종교에 관심을 집중하였는데, 시국과 맞물려 고민이 깊었던 사정도 법학에 열중하지 않은 이유였다.

쇠망해 가는 조국의 현실은 조소앙이 오로지 법률 공부에만 몰입하도록 허락하지 않았다. 그가 법학부 본과에 입학한 1909년 9월은 대한제국이 일제에 병합되기 11개월 전이었다. 그는 제일중학교에 재학하던 1905년 12월 말 대한유학생구락부(大韓留學生俱樂部)를 조직하는 데 참여하여, 1909년 9월 메이지대학 법학부 본과에 진학할 때에는 이미 일본 내 한국인 유학생 단체의 핵심 인물로 활동하였다.

구락부(俱樂部)·학회의 형식을 띤 한국인 유학생 단체들은, 한국인 학생들이 민족의식으로 연대한 민족운동의 예비과정이었다. 더욱이 1910년 8월의 경술국치는, 법학을 배워 대한제국의 관료로 직진하려던 일본 유학의 근본 동기와 목적을 퇴색시킨 근본 요인이었다. 조소앙은 출세지상주의자가 아니었으므로, 「을사늑약」이 체결된 이후의 시대 상황에서 인생의 목표를 근본에서 재정립해야 하는 고민에 맞닥뜨렸다.

조소앙은 1910년 들어 『동유약초』 제4(第四)의 '소언(小言)'을 작성하였다. 여기서 자신이 일본에 유학한 지 7년의 세월이 흘렀고 이제 나이 24세가 되었다고 시작하면서, 고국의 비운(否運)과 관련하여 심경을 적었다.[39] 그러나 일제에 병합되어 가는 고국의 참담한 현실 속에서, 다짐한 바와 달리 학업에 열의가 생기지 않았다. 동년 3월 10일 자 『동유약초』에는, 60여 일 앞둔 시험을 "멀지 않았다"고 표현하면서, 이에 미처 준비하지 못하여 합격할 희망이 없지만 "닥쳐올 일은 좇아갈 수 있다(來者를 猶可追라)."[40]라고 자위하는 구절이 나온다. 조소앙이 법대 공부와 시험에 얼마나 압박감을 느꼈는지 짐작된다.

조소앙이 1학년 때 수강한 과목은 법학통론·헌법·형법총론·민법총칙·물권·친족(親族)·영법급인도계약(英法及印度契約)·형사소송(刑事訴訟) 8과목으로 법학 가운데 기초에 해당하였다. 그러나 6월 10일부터 18일 사이에 시험을 치르고, 7월 10일 확인한 성적은 간신히 낙제를 면한 수준이었다. 5월 31일부터 '졸지공부(猝地工夫)'한 시험 결과는 61.9점으로 26명 중 25등이었다. 조소앙은 힘쓰지 않은 결과를 자탄하면서 세상에 얼굴을 들 수 없음을 부끄러워 할 뿐이었다.

조소앙은 초라한 성적표를 받아 든 뒤, 자신의 본질이 나약하여 이 지경에 이르렀음을 인정하고, 수양이 부족하여 외물(外物)에 유혹을 받아 도심(道心)을 잃었기 때문이었음을 반성하면서, '개심(改心)'하자고 맹서하는 글을 징표로 남겼으나[41] 곧바로 마음을 다잡지는 못하였다. 그는 심기일전하기 위하여 7월 24일 교회 예배에 참석한 뒤부터 겨우 생기를 찾기 시작하였고, 이틀 뒤인 26일 대한흥학회(大韓興學會) 일을 수행하면서 일상으로 복귀하였다. 조소앙에게 학회 활동은 개인 심리에 앞서는 공사(公事)였고, 침체한 그를 일으켜 세우는 활로였다. 그는 한국인 유학생 사회에서 이미 선공후사(先公後私)하는 위치에 있었다.

조소앙이 침체 상태에서 벗어나고자 분투하는 동안, 8월 들어 대한제국의 최후가 진행되는 소식이 잇달아 보도되었다. 그는 신문을 통하여 '한일합방 문제'가 이미 충분히 이루어졌으며, 국내에서는 인민의 자유가 속박을 당하고, 귀국한 유학생들이 경찰에 체포되는 사태 등을[42] 계속하여 접하였고, 귀국하였다 돌아온 유학생들에게서 '합방'이 박두하였음을 확인하였다.[43]

마침내 8월 22일 자 호외는 '합방'[44]이 곧 발포됨을 전하였다. 조소앙은 4000년 역사의 조국이 사라짐을 확인하고, 대한흥학회의 총회를 소집하려고 다른 동료들과 분주히 움직였다. 그는 '합방'이 장차 발포된다는 소식을 접한 당일, 문상우(文尚宇)와 함께 24일 대한흥학회의 총회를 개최하기로 논의하고 비밀리에 추진하였으나, 이내 일경에 포착당하여 감시와 방해를 받았다. 23일부터 학회의 중심인물들은 일제 경찰에 미행과 감시를 당하였다. 조소앙의 경우는 2명이 전담하여 미행하였고, 오후에는 경찰서에 동료 몇 명과 함께 호출당하여 서장에게서 총회를 개최하지 말라는 위협을 받았다.

8월 24일 예정하였던 회장(會場)에는 40여 명의 회원이 모였으나, 형사들이 더 많이 보였고 집회는 곧 해산당하였다.[45] 다음 날인 25일 집회를 주동한 조소앙을 비롯해 수 명은, 관할경찰서에 호출되어 문초를 당하면서 대한흥학회를 산회하라는 압박을 받았다. 풀려난 이후에도 20여 일 가깝게 수시로 불려가 신문을 받았다. 조소앙은 이러한 분위기에서 혹 수사에 단서가 될 수 있으므로 20여 일 동안 일기도 쓰지 않았고, 일기장을 옆방의 옷상자에 감추어 두었다.[46] 그는 이로 인한 심리상의 고초를 겪으면서 식사와 수면을 제대로 하지 못하였고, 용모도 초췌해지는 등 심신에 균열이 생길 정도였다. 이후에도 조소앙에게는 순사가 뒤를 따라다니면서 미행과 감시를 지속하였다.[47]

1910년 9월 들어 개학한 지 20일이 지났는데도 2명의 순사가 조소앙을 교대로 뒤따라다녔다. 이들은 조소앙이 문밖으로 나서기만 하면 원근(遠近)을 불문하고 10보 이내에서 따라붙었으므로, 조소앙은 모든 행동이 부자유스러웠다.[48] 이렇게 곤란을 겪던 차에, 9월 말

들어서는 병까지 들어 수차에 걸쳐 병원을 찾으니 약값으로 들어가는 비용도 적지 않았다. 나라는 망하고 몸까지 병이 드니 '설상가상'이라는 탄식이 저절로 나왔다.[49]

조소앙은 망국의 참상을 날마다 절감하였지만, 좌절하지 않고 자신을 곧추세웠다. 뒷날 그는 이때를 "필경합방(合邦)이라는 망국의 비운은 유학제7년에법과대학생인 24세의 청춘을거위 소살(燒殺)하려 하였다 나는독립국(獨立國)정부○(한 글자 불명 — 인용자) 보낸 책임감을갖은것이다"라고 회고하였다.[50] 나라가 망하자, 그는 청춘이 불에 타 죽을 듯한 고통을 느꼈지만, 일본 유학을 출발할 때 대한제국이 황실특파유학생들에게 나누어 주었던 면사(勉詞)를 떠올리면서 자신의 책임을 재삼 다짐하였다. 「자전」에 따르면, 그는 이때부터 철학 연구에 몰입하여,[51] 종교와 철학을 탐구하면서 구국의 길을 모색해 나갔다.

이 무렵의 『동유약초』는 놀라운 반전을 보여 준다. 그는 계속 병원을 내왕해야 할 정도로 심신이 피로한 상태에서도, 영어를 배울 필요성을 느껴 9월 29일 세이소쿠영어학교에 가서 과정표를 열람하였고, 10월 1일부터는 영어 숙어 책을 하루에 10쪽씩 읽기로 일과(日課)를 정하였다. 메이지대학 법과 2학년 과정에 개설된 「영국법」이 원서 강좌였기 때문에, 영어의 필요성이 더욱 강했으리라 생각한다. 일요일에는 기독교청년회가 주관하는 예배에도 몇 차례 참석하였다.[52] 이 무렵 학회 활동이 금지된 상태에서 기독교는 조소앙에게 또 다른 대안이자 활로였으며, 국망의 현실 속에서 상실감을 극복하는 데에도 커다란 도움을 주었다.

조소앙은 1910년 10월 말 들어서 완전히 안정을 되찾았다. 국망의 현실이 그를 침체케 하였으나, 바로 그 현실이 좌절할 수 없는 이유이기도 하였다. 그는 민족을 되살릴 활로를 찾기 위하여, 자신의 사상을 근원에서 정립해야겠다고 다짐하면서 평상으로 복귀하였다. 나라를 잃음으로써 대한제국의 관료로 진출하는 수단인 법학은 이제 의미를 상실하였지만, 심신을 회복하자마자 학업에도 정진하였다.

조소앙이 법과 2학년 때 수료한 과목은 형법각론·상행위·민법물권·상법총칙·민사소송법·법리학·행정법·민법채권·영국법·회사(會社)·평시국제법·전시국제공법 등으로[53] 1학년 때에 비하면 상당히 강도 높은 세부 전공이었다. 법학부 2학년 시험은 1911년 6월 16일부터 24일까지 시행되었는데, 조소앙은 시험을 5개월여 앞둔 1월 12일부터 "시험 일자가 멀지 않았다"는 긴장감을 보이면서 세밀한 계획을 세워 철저히 실행하며 공부에 몰두하였다. 7월 10일 확인한 시험 결과는 총점 76.7로 3등의 석차였고 12일 성적 우수상을 받았다. 마침 이날은 메이지학교 설립 56회 졸업증서 수여식도 있었으므로, 그는 한국인 졸업생 등 서너 명과 함께 취포(醉飽)하여 귀가하였다.

조소앙이 3학년에 진급하여 수강한 과목으로는 채권·민사소송법·국제사법(國際私法)·상속법·재정학·형민율(刑民律)·보험·수형(手形)·해상·파산법·영국법 등 11과목이었다.[54] 『동유약초』는 1912년 5월 31일자로 끝나므로, 그가 남긴 기록으로는 성적과 귀국 일자를 정확하게 확인할 수 없다. 뒷날 "졸업시험후 즉시반국(返國)한즉"[55]이라고 회고한 구절을 그대로 유추하면, 그는 시험이 끝난 6월 27일 뒤인 7월 입새에, 졸업식(전년도에는 7월 10일)에도 참석하지 않고 곧바로 귀국하였다. 조소앙이 메이지대학 졸업장에 별 다른 의미를 부여하지 않았음을 보여 준다.

이로써 조소앙은 대한제국의 관원으로 출사할 목표 아래, 1904년 10월 황실특파유학생으로 도일한 이후 순탄치 않았던 8년간의 유학 생활을 마감하였다. 쇠망하는 조국의 현실은 관료로 진출하겠다는 꿈을 굴절시키다가 끝내 좌절시켰다. 이제 법학은 조소앙에게 청운(靑雲)의 수단이 아닌 다른 의미로 전환하였다. 결과론이기는 하지만, 「대동단결선언(大同團結宣言)」(1917. 7)·「대한독립선언서」(1919. 3)에 이어 대한민국임시정부의 헌법이나 헌장·건국강령 등을 작성할 때, 법률 지식은 독립운동의 중요한 자산으로 활용되었다.

민족운동을 예비한 학회 활동

조소앙은 대한제국의 관원으로 출사하기 위하여 일본 유학을 결정하고 법학을 전공으로 선택하였지만, 그를 비롯한 황실특파유학생들이 신지식을 배운 뒤 귀국하여 복무할 조국은 이미 없었다. 이들이 선택 가능한 진로는 조선총독부와 산하의 관공리가 되어 일제 식민지 지배에 협력하는 길, 평범한 지식인으로서 식민지 조선사회에 일정하게 기여하면서 살아가는 길, 일제에 저항하여 독립운동에 뛰어드는 길, 이 세 가지로 크게 나눌 수 있었다. 그중 다수가 선택한 길은 첫 번째와 두 번째였고, 세 번째는 극소수였다. 세 번째의 길을 걸어간 사람으로 조소앙·최린·최남선(유학 생활을 마치지 못하였다.)·김지간(金志侃) 4인을 들 수 있지만, 조소앙을 제외하고는 모두 항일운동에서 이탈하였다. 황실특파유학생 가운데 각각 최연장자·최연소자였던 최린·최남선의 반민족행위는 다 아는 바이다.

김지간은 1909년 도쿄제국대학 농과 실과를 졸업한 뒤 귀국하여 1910년 신채호와 함께 중국으로 망명하였으며, 한때 블라디보스토크에서 독립운동가들과 접촉하였으나, 곧 돌아와 평안남도 평원에서 과수 농사를 지었다. 이후 그는 일제에 협력하지는 않았지만, 이렇다 할 사회활동을 하지 않은 채 8·15해방을 맞았다. 일본 유학을 마친 뒤 8·15해방 때까지 일관되게 일제에 저항하였던 유일한 인물은 조소앙이었다.[56]

구락부·학회의 형태를 띤 한국인 유학생 운동이 민족의식으로 연대한 민족운동의 예비과정이었다면, 조소앙에게 일본 유학은 민족운동가로 자기 성장을 꾀하는 훈련 과정이었다. 실지 그는 유학 초기부터 한국인 유학생들을 규합하여 구심점을 형성하려는 노력을 기울였고, 귀국할 무렵에는 한국인 유학생 사회의 지도자로 성장하였다. 그의 유학 시절이 지니는 의미는 바로 여기에 있었다.

일본 유학 기간 동안 조소앙은 민족 현실을 마주하면서 무력한 자아를 수없이 탄식하였다. 그가 이를 극복하고 민족지성으로 성장하였던 동력은 두 가지였다. 첫째는 끊임없이 자신을 성찰하는 유교의 가풍에서 비롯한, 종교·철학·윤리 등 다방면에 걸쳐 심도 있게 독서함으로써 자신을 심화시키는 자세였다. 둘째는 한국인 유학생들과 일체감·연대감을 형성하여 민족 현실을 함께 고민하면서 때로는 행동으로 표출한 학회 활동이었다. 신·우주(자연)·인생의 삼자를 관통하려는 의욕에서 몰두한 독서가 안의 에네르기였다면, 학회 활동은 침체된 자아를 책임감으로 추스르게 하는 바깥의 에네르기였다. 이 무렵 조소앙은 법학을 전공하는 사회과학도였지만, 정치학·경제학 등 사회과학을 기반으로 하는 사고에는 그다지 관심을 기울이지 않았다. 이러한 성향은 그가 한동안 민족독립의 문제를 종교철학의 관념론과 신비주의로 접근하는 경향을 낳았다.

아직 단체라고까지는 할 수 없지만, 조소앙이 일본 유학 기간 동안 소(小)모임을 결성하여 활동한 첫 사례는, 제일중학교에 입학한 지 7개월여 되어 결성한 독서회였다. 한국인 유학생들이 각각 10전씩을 갹출하여 긴요한 책자를 구입하여 도서실 내에 별치하고, 필요할 때 가서 읽을 수 있도록 하자고 논의하다가, 1905년 6월 1일 정식으로 진수회(進修會)라는 독서 모임을 조직하였다. 이 회는 사감(舍監)이 관리하고, 교장이나 교사들이 강연 또는 훈화를 하기도 하였는데, 이를 보면 완전히 자유로운 학생 자치 조직이 아니라 학교의 통제를 받은 듯하다.

조소앙이 제일중학교 밖에서 최초로 유학생회 활동을 시작한 때는, 제일중학교의 황실특파유학생들과 동맹휴교를 결행(1905. 12. 5)한 뒤, 학교 측이 학생들에게 퇴학 조치를 내린(1905. 12. 22) 직후였다. 어수선한 분위기에서 조소앙이 일본 유학 2년 차를 마감하고 있던 12월 30일, 유학생 감독관 한치유가 섣달 그믐을 맞아 제석회(除夕會)의 의미로 동포지의(同胞之誼)를 나누고자 한국인 유학생들을 불러서 술과 떡국을 베푸는 자리를 마련하였다. 이날 130~140여 명에 이르는 학생들이 모였고, 이것이 연장되어 감독과 유학생 수 명이 단결을 공고히 하고, 질병과 재액을 서로 구제하며, 학업을 권면하자는 취지에서 대한유학생구락부를 조직하였다. 조소앙은 19세에 나이로 이에 참여하였는데, 그가 교외(校外)에서 한 첫 대외 활동이었다. 군대식 기율을 강요한 제일중학교에서 출교되었으므로 이러한 활동이 가능한 여건이었다.

대한유학생구락부가 조직되기 앞서 태극학회(太極學會)·낙동친목회(洛東親睦會)·한금청년회(漢錦靑年會)·호남학회(湖南學會) 등이 생겨났지만, 대한유학생구락부는 관사비(官私費)는 물론이고 한국 전역의 한국인 유학생 전체를 포함하는 단체였다. 조소앙은 중학교에 재학하는 어린 나이였지만, 일요일에 개최되는 정기 모임 및 총회·운동회 등에 꾸준하게 참석하였으므로, 1906년 1월 6일 사무원 선거에 참여해 3인의 총무 가운데 1인으로 피선되었고, 6월 25일에는 서기(書記)로 선임되었다. 이때는 그가 제일중학교에 복교하였으나, 학교 측도 학생들의 요구 사항을 상당히 받아들여 이전에 비해 많은 자유를 허여하였으므로 교외 활동에 간섭을 받지 않은 듯하다.

대한유학생구락부는 한금청년회와 통합하여, 1906년 9월 2일 유학생 감독부에서 대한유학생회 창립(제1회)총회를 개최하였는데, 조소앙도 이 자리에 참석하였다. 이후 그는 임원직을 맡지는 않았지만, 일반 회원으로 정기 모임에 일정하게 참여하였고, 학회지인 《대한유학생회학보(大韓留學生會學報)》의 창간호(1907. 3. 3)에 본명 '조용은'으로 「신교론(信教論)」을 발표하기도 하였다.

대한유학생회가 창립총회를 개최한 지 1주일 뒤인 1906년 9월 9일, 조소앙을 비롯한 한국인 관비유학생 50여 명이 대한공수회(大韓共修會, 공수학회로도 불리었다.)를 조직하였다. 조소앙은 이날 강전(姜荃) 등과 함께 규칙 기초위원으로 선임되어 회의 규칙과 세칙을 작성하는 데에 직접 참여하였다. 공수회는 명칭에서 보듯이, "강술(講述) 토론으로 피차의 지식을 교환"할 목적으로 조직되었는데,[57] 조소앙은 대한유학생회보다는 대한공수회에서 더 적극 활동하였다.

조소앙은 10월 14일 김진용(金晉庸)과 함께 대한공수회의 서기로 선임되어 임원으로 활동하기 시작하였다. 1907년 1월 13일에는 평의원으로 선임되었고, 학회지인 《공수학보》 편찬위원·주필 등을 역임하면서 글을 발표하기도 하였으며,[58] 학회에서 개최하는 각종 토론회에도 적극 참여했다. 1907년 1월 31일 자로 창간된 《공수학보》(매년 4회 발행)는 편집인이 강전, 발행인이 조용은이었는데,[59] 조소앙이 학회의 대표 격으로 부상하였음을 보여 준다. 이렇게 조소앙은 1906년 12월에는 20세의 나이로 어느새 관비유학생 사회에서 중심인물로 부각되어 있었다.

재일본 한국인 유학생들은 분립된 각 단체들의 통합을 끊임없이 추진하였다. 이러한 움직임은 광무황제가 퇴위를 당하고 대한제국 군대가 강제 해산당하는 1907년 말부터 다시 본격화하여, 대한유학생회·낙동친목회·호남학회·광무학회가 연합하여 1908년 2월 9일 대한학회(大韓學會)를 창립함으로써 불완전하나마 통합의 일단락을 이루었다. 조소앙이 임원으로 활동하였던 대한공수회와 태극학회는 논의가 진행되는 도중 탈퇴하였다.[60]

이후 일제의 국권 침탈이 가속화하는 민족 현실은 유학생 단체들 간에 통합운동을 더욱 촉진시켰다. 조소앙은 공수회의 대표로서 통합운동에 적극 참여하였다. 이 결과 분립한 유학생 단체의 통합운동은, 1909년 1월 10일 대한학회를 중심으로 태극학회·공수회·연학회(研學會) 등 4개 학회가 통합함으로써 전(全) 유학생 통합단체인 대한흥학회를 결성하는 성과를 거두었다.[61]

대한흥학회는 창립일에 임원 선출을 실시하여 회장에 채기두(蔡箕斗), 부회장에 최린이 선출되었다. 조소앙은 이후 상하이 망명 시절 동숙하면서 동제사(同濟社) 활동을 함께하였던 벽초(碧初) 홍명희(洪命熹, 1888~1968)와 아울러 25명의 평의원 중 1인으로 선임되어 이날부터 임원회에 참여하였다. 또 이날 회계부 등 7개 부서를 구성하고 실무진도 선출하였는데, 조소앙·홍명희는 편찬부의 일원으로 선임되어 3월부터 월간(月刊) 《대한흥학보》의 편집인으로 학보의 편집을 주도하였다.[62] 홍명희는 조소앙보다 1년 연상의 동년배로서, 이때부터 두 사람의 깊은 동지애와 우애가 형성되기 시작하였다.

조소앙이 대한흥학회의 기관지인 《대한흥학보》의 편집인으로 활동한 사실은 주목해야 한다. 《대한흥학보》는 '대한흥학회'의 명의로 발간되면서, '조용은'을 편집인으로 명기하여 발행(발행인은 고원훈(高元勳))하였다.[63] 조소앙은 1909년 10월 3일 《대한흥학보》의 편찬부장으로 피선된 뒤, 1910년 2월 7일 신임 편찬부장 이득년(李得年)에게 업무를 인계할 때까지 편찬부장의 임무도 수행하였다.[64] 그는 학회지의 편집인이자 편찬부장으로서 학회의 창립 취지에 부응하는 글을 다수 발표함으로써 활발하게 애국계몽운동을 펼쳤다. 필자가 확인한 바로, 조소앙은 《대한흥학보》 창간호에 본명인 조용은으로 게재한 「신한국인(新韓國人)은신한국열(新韓國熱)을요(要)흘진뎌」를 비롯하여, 모두 일곱 차례(번역문 1회) 논설을 발표하였다. 소앙생(嘯卬生)으로 발표한 「갑진이후열국대세(甲辰以後列國大勢)의변동을논(論)홈」[65]이 《대한흥학보》에 발표한 마지막 글인데, 편찬부장을 그만두는 때와 일치한다.

조소앙의 왕성한 필력은, 그가 23세의 나이로 한국인 유학생 사회에서 이념을 선도하는 위치에 서게 하였다. 그를 비롯한 유학생들은 선진 문명과 사상을 한참 수용하는 학생이었지만, 쇠망하는 조국의 현실은 이들에게 조기 성숙을 재촉하면서, 신문명을 국내로 전파하는 선도자의 역을 자임케 하였다.

대한흥학회는 애국계몽운동을 전개할 목적으로 《대한흥학보》를 발간하였는데, 선두에 조소앙이 있었다. 별도의 인쇄 기계까지 갖춘 《대한흥학보》는 매월 2000부 가량 발행하여 재일 유학생들뿐 아니라 국내의 동포 지식인들에게 유료로 판매·배포하는 등 국내까지 영향력을 미쳤으므로, 일제가 주목하는 감시 대상이 되었다. 일본 경시청은 1910년 5월에 간행된 《대한흥학보》13호를 신문지법 위반으로 압수하여 사실상 종간시켰고, 6월 6일에는 강제 정간시켰다. 일제가 대한흥학회에 압박을 가중하던 7월 3일, 조소앙은 대한흥학회 정기 총회의 보궐선거에서 총무로 선임되어 중책을 맡았으나, 망국의 추세는 대한흥학회라고 비켜 가지 않았다. 마침내 8월 28일 일제는 대한흥학회를 강제 해산시켰다.

그러나 조소앙과 유학생들은 이러한 현실에 좌절하지 않고 저항하였다. 1909년 12월 4일 일진회(一進會)가 '일한합방(日韓合邦, 뒤의 상주문에 나오는 용어임)'을 청원하는 「상주문(上奏文)」·성명서 등을 발표하였다. 이에 대항하여 국내에서 언론기관과 사회단체를 비롯하여 전국에 걸쳐 반대운동이 전개되자, 대한흥학회 역시 적극 동참하였다. 대한흥학회는 임시평의회를 개최하고, 일진회의 매국 행위를 규탄하며 국내의 여론을 환기하는 글들을 성명하기로 결정하였다. 조소앙도 일진회 성토문 저술위원으로 선정되어 문건 집필에 참여하였다. 이렇게 작성된 「삼탁문(三度文)」은, 고원훈이 전국 국민에게 보내는 「포고 13도문(布告十三道文)」을, 이승근(李承瑾)이 내각에 건의하는 「내각서(內閣書)」를, 조소앙이 일진회를 규탄하는 「토일진회문(討一進會文)」을 각각 기초하였다.[66]

정확한 일시는 확인하기 어렵지만, 일진회는 '일한합방론'을 수창(首唱)한 수천 자의 장전(長電)을 일본정부에 보낸 뒤, 도쿄까지 와서 군중대회를 열어 대회 석상에 낭독하였다. 조소앙은 일진회의 책동을 파괴할 의도에서 이 "매국당(賣國黨)의 연극(演劇)"을 방청하였다. 그리고 국내 각계에 향하여 일진회의 음모를 폭로하는 동시에 대중의 반공(反攻)을 격발시키고자, '합방 음모'의 기사를 실은 일본 신문을 국내로 대량 밀수입하려고 시도하였으나, 고등계 밀정으로 활동하는 유학생 전종오(全鍾五)가 밀고함으로써 실패하고 말았다.[67]

앞에서 서술하였듯이, 일한병합(日韓倂合)이 다가오면서 일제는 대한흥학회에도 압박을 가하기 시작하여, 우선 《대한흥학보》를 정지처분 내렸다. 그러나 조소앙은 이에 굴하지 하고 1910년 8월 22일 일한병합을 전후하여, 대한흥학회 차원에서 '합방' 반대운동을 추진하였다. 『동유약초』에는 8월 19일 유목(劉睦)·문상우와 함께 무엇인가 '방침'을 '상론(詳論)'하고 20일에는 '기초(起草)'하였다. 또 21일에는 윤치호(尹致昊)·김규식(金奎植)에게 파견되는 유학생이 소지할 위임장을 작성하였음을 보면, 아마 재동경 유학생을 파견하는 형식으로 이들과 연계하려 한 듯하다.

조소앙은 1910년 8월 22일 호외를 통하여 '합방'이 장차 발포된다는 소식을 접한 뒤, 대한흥학회의 총회를 개최하여 대책을 논의하려 하였고, 이로 인해 겪은 고초는 앞의 절에서 이미 서술하였다. 일한병합 이후 일제가 모든 한국인 유학생 단체를 강제 해산시킴에 따라 대한흥학회도 8월 24일 해산되었다. 조소앙은 10월 2일 오전 대한흥학회의 청산보고회(淸算報告會)에 참석하여, 재정(財政) 여액(餘額)과 활판기계 등을 인계함으로써 잔무를 최종 마감하였다.

이 무렵 조소앙은 자의든 타의든 한국인 유학생 사회에서 지도자의 위치에 있었으므로, 그 자신은 기독교청년회로 활동의 거점을 옮기는 한편, 한국인 유학생들의 구심체를 재건하려는 노력도 포기하지 않았다. 1911년 2월 5일에는 관비유학생 의사회(議事會)의 임원 개선 시 의장으로 선출되었고, 이날도 예배에 참석하였다.

재동경조선인유학생친목회(在東京朝鮮人留學生親睦會)의 기관지《학계보(學界報)》의 「회록(會錄)」에 따르면, 대한흥학회가 해산된 후 근 반년간 500여 유학생이 흩어진 상태가 지속되었다. 그러다가 1911년 5월 21일 삼남친목회(三南親睦會)·황평친목회(黃平親睦會)·청년구락부(靑年俱樂部) 등 3개 단체가 모여 유학생친목회를 조직하고 유학생 감독부에서 창립총회를 열었다. 이날 구성된 임원진에서 조소앙은 회장으로 선출되었다.[68]

조소앙은 이렇게 출신지별 친목단체로 다시 뭉치기 시작한 유학생들을 결집하는 구심점이 되었다. 재일본 조선인 유학생 단체들은 총회를 열어 임원진을 자주 교체함이 특징이었는데, 유학생친목회도

10월 1일 조선인유학생친목회 정기총회를 개최하여 임원진을 재선임하였고, 이날 조소앙은 문일평(文一平)·안재홍(安在鴻) 등과 함께 평의원에 피선되었다.[69] 두 사람은 이 무렵 조소앙과 가장 가까운 위치에서 교류한 친구이자 동지였다.

유학생친목회가 조직된 이후 조소앙은 기독교청년회와 동 단체에서 활동을 병행하였다. 재동경 한국인 학생단체들이 해산됨에 따라 이 단체들의 기관지와 학회지도 강제 폐간당하였다. 유학생친목회는 기관지를 부활시킬 계획 아래, 1911년 12월 26일 조소앙을 편찬부장으로 선임하였다. 이 무렵 그는 일경의 감시와 미행이 혹심하였으므로 사임할 수밖에 없었으나, 유학생친목회의 학보인 《학계보》를 발간하는 데 조언과 조력을 아끼지 않았다.

1912년 1월 3일 유학생친목회 임시총회에서 인쇄기 수습위원으로 조소앙을 비롯해 문일평·조만식(曺晚植) 등 5인을 선임하였다.[70] 유학생친목회는 학보 발간을 본격 추진하면서 가장 중요한 문제인 인쇄소 교섭 건을 조소앙에게 위임하였고, 그는 도쿄 중앙부의 번화가 긴자(銀座)에 소재한 교문관(教文館)을 섭외하였다. 《학계보》는 마침내 교문관 인쇄소에서 4월 1일 자로 창간호를 발간하였다. 《학계보》는 표지에 '1년4회발행(一年四回發行)'이라고 박았으나, 더 이상 속간되지 못하였고,[71] 조소앙도 이곳 지면에 두 편의 글을 발표함으로써 유학생 시절의 집필을 마감하였다. 「부인론(婦人論)」은 무명여사(無名女史)를, 파울젠(Friedrich Paulsen, 1846~1906)의 『윤리학 대계(System of Ethics)』의 제2편 제8장을 번역한 「도덕과 종교의 관계」는 소앙(嘯仰)을 각각 필명으로 사용하였다.[72]

일본 유학 시절 조소앙에게 학회 활동은, 학회 내의 평의원·총무 등 임원으로 활동함으로써 민족운동의 선두에 서게 하였다. 그는 이때 한국인 유학생들과 교류한 인맥을 통하여 민족운동의 동지를 형성하였으며, 학회지에 열정으로 투고한 집필은 그를 민족운동의 이론가로 성장시키는 과정이었다. 조소앙이 유학생친목회를 조직한 뒤 유학생들 사이에 활동의 구심점이 생겼고, 그가 귀국한 이후 일본 내 한국인 유학생의 최대 단체였던 조선인유학생학우회(朝鮮人留學生學友會)가 결성되는 기반이 되었다.

학회 활동의 대안으로 기독교회에 입회하다

1910년 8월 22일의 일한병합에 이어, 8월 24일 대한흥학회가 강제 해산당하자, 조소앙은 재동경 조선기독교청년회로 활동의 무대를 옮겼다. 기독교에 입문(入門)함은 내면세계의 변화에 상응하는 과정이기도 하지만, 한국인 유학생들이 구심체였던 대한흥학회가 해산당한 상황에서 활동 거점을 새롭게 확보하려는 방편의 일환이었다.

기독교는 조소앙이 창안하는 일신교(一神敎), 나아가 삼균주의의 한 구성 요소를 이룬다는 점에서, 그가 기독교에 입문한 배경과 동기는 매우 중요하다. 일신교가 구국종교로 창안되었듯이, 기독교 신앙은 그 개인의 정신세계에 한정되지 않고 민족과 인류를 포함하는 '구세(救世)'의 영역이었다. 일신교를 창도할 무렵 사용하였던 소앙(蘇昻)이라는 아호에는, 궁민(窮民)을 구민(救民)하기 위하여 스스로를 희생한

예수와 자신을 일체화시킨 결단의 의미가 담겼다.(제3장 참조)

조소앙은 『동유약초』 및 기독교를 주제로 쓴 글이나 기타의 회고 등에, 자신이 기독교 신앙을 수용한 동기나 신앙생활의 내면을 기록하지 않았다. 그에게서는 기독교 교리의 골자인 이른바 회개를 비롯해, 예수의 구속(救贖)에 감사하며 구원을 확신하는 등 신앙인 일반의 고백을 찾기 어렵다. 『동유약초』의 1910년 11월 6일 자에 적은 '회개'라는 단어는, 조소앙이 자신의 죄를 참회하였다는 뜻이 아니었다. 이날 예배에 참석하여 이틀 전 학습문답을 받은 15~16인과 함께 지난날의 잘못을 회개하겠다고 맹세하였다는, 예배의 진행 절차였을 뿐이다. 기독교를 믿음으로써 생겨난 내면의 변화를 기록하지 않은 사실은, 조소앙이 이른바 정통 기독교 신자와는 거리가 멀었음을 의미한다. 그가 '입교(入敎)'가 아니라 '입문'·'입회'라고 표현하는 이유였다.

조소앙은 망명을 결심한 동기로 "모든단체의간부노릇도 명의(名義)가합방(合邦)과함게 해산되고 잡지의논문쓰는 직업도국내정당(國內政黨)과 사회를위하야 선전하고 격려하는 애국운동도 다시할수없게된것이다"라고 회고하였는데,[73] 여기에 그가 기독교청년회의 교회에 '입회(入會)'한 계기와 동기가 그대로 드러난다. 그가 기독교회에 입회하여 활동한 뒤 점차 기독교인이 되어 가는 과정은, 일반 기독교 신자와 형식상 동일하나 의도에서는 커다란 차이가 있었다.

『동유약초』에 따르면, 조소앙이 기독교의 예배라는 형식에 처음 참석한 때와 장소는 1909년 9월 12일 '동경한국기독교청년회(東京韓國基督敎靑年會)'에서 집행한 '예배'였다. '예배'에 참석한 사실만을 간단히 기록하였으므로, 그가 왜 참석하였는지는 확인할 수 없지만, 이후 8개월여 동안 교회나 예배에 참석하지 않았음을 보면 신앙상의 동기는 분명 아니었다.

『동유약초』에서는 '교회'에 참석했다는 기록에 앞서 '예배'에 참석했다는 구절이 먼저 보이는 사실에 주목할 필요가 있다. 조소앙이 다시 '예배'에 참석한 기록은 1910년 5월 8일 나타나며, 7월 24일에는 '교회'에 참석한 뒤 침체된 마음 상태에서 벗어나기 시작하였으나 지속해서 교회에 출석하지는 않았다. 이후 그가 교회에 참석했다는 기록이 10월 2일에야 다시 나타남을 볼 때, 5월 8일이나 7월 24일까지도 기독교에 입교할 의사가 없었거나 크지 않았다.

조소앙이 기독교에 입문하기로 결심하고 예배에 참석한 날은 10월 2일이었다. 이때부터 신도에 입문하기로 결심하고 기본 의무인 일요예배(교회) 참석이 대체로 상시화하였다. 조소앙이 기독교에 입문하는 배경과 동기를 확인하기 위해서는, 이 무렵 시국의 추이와 그 개인의 상황을 이해해야 한다.

1910년은 일한병합이 목전에 다가온 시기로, 6월 6일 《대한흥학보》가 정지 처분당하는 등 대한흥학회도 존립의 위기에 맞닥뜨리고 있었다. 바로 이 무렵인 7월 3일 조소앙은 대한흥학회의 총무로 선출되었다. 시국의 악화, 이에 대응해야 하는 학회 임원으로서 중책뿐만 아니라, 학교생활도 그에게는 커다란 부담으로 다가왔고 학업의 부진으로 나타났다.

이러한 상황에서 7월 10일 확인한 시험 성적은 자괴감을 느낄 만큼 참담하였다. 조소앙은 이러한 삼중의 난관에 처하여, 자책감과 무력감을 극복하고 분발을 재촉해야만 하였다. 그는 바로 이 지점에서 기독교회에서 활로책(活路策)을 찾았다. 그가 교회 예배를 비롯해, 기독교 단체가 주관하는 집회에 본격 적극 참여하기 시작한 시점은 일한병합 이후인 1910년 10월부터였다.

『동유약초』 1910년 10월 2일 자를 보면, 조소앙은 오전 9시에는 대한흥학회의 청산보고회에 참석하여 잔무 등을 처리하였고, 오후에는 '기독교청년회의 예배'에 참석하였다고 적었다. 여기에는 하루 일정을 시간 순서대로 기록한 일기 이상의 중대한 의미가 담겨 있다. 대한흥학회의 최종 집회가 있던 바로 그날에, 일반 교회가 아닌 기독교청년회의 '예배'에 참석하였다는 사실도 눈살피어야 한다. 대한흥학회의 해산과 기독교청년회 사이에 개재하는 연관성이 '예배' 참석의 계기로 작용하였다.

일한병합을 전후하여 일제가 일본 내의 한국인 유학생들의 학회 활동을 탄압하고 해산시키자, 조소앙을 비롯한 유학생들은 미국을 위시하여 국제 연대로 활동하는 기독교청년회와 연계하는 방향으로 활동 공간을 이동하였다. 종교단체가 다른 단체들에 비하여 집회와 활동의 자유가 그나마 다소 낫다는 여건을 고려한 행동이었다.

도쿄에 한국인 유학생이 증가하자, 황성(皇城)기독교청년회(YMCA, 한국YMCA의 전신)는 1906년 8월 부총무 김정식(金貞植)을 파견하였고, 그는 재일본 한국YMCA 분회(分會)로 동경조선기독교청년회를 창설하여 이 안에 유학생 교회를 설립하였다. 조소앙이 동경조선기독교청년회[74]에 나가서 처음 대면한 인물은 김정식과 강매(姜邁)였다. 두 사람은 기독교를 통한 민족운동을 도모하려는 인물로, 동경기독교청년회

안에 설립된 한국인 유학생 교회를 이끌었으므로, 조소앙이 기독교에 입회하는 데 일정한 영향을 미쳤다.

신민회(新民會)의 회원이었던 강매는, 조소앙이 동경기독교청년회에 출입하면서 가장 많이 접촉한 사람으로, 한학에도 조예가 깊었으므로 서로 기맥이 통하였고, 조소앙에게 성경과 기독교의 진리를 설명하였다. 조소앙은 강매와 교류하면서 이전에 부정 시각으로 보았던 기독교 신앙을 점차 이해해 갔다.[75]

대한흥학회가 완전히 해산한 뒤인 1910년 10월 2일부터, 조소앙은 일요예배 참석을 대체로(2주 불참함) 상시화하는데, 모두 기독교청년회가 집행하는 예배였다. 이후 10월 9일에도 '예배'에 참석하였다가 11월 4일에는 기독교청년회에서 수험(受驗=학습문답=교리문답)을 받았는데, 이때를 전후하여 기독교회에 입회하기로 결심한 듯하다.

이 기간 동안 '예배'와 직접 상관은 없어 보이지만 한 가지 눈에 띄는 사실이 있다. 10월 22일 토요일 저녁 조소앙은 동경기독교청년회관에서 개최된, 경성기독교청년회의 총무인 길례태(吉禮泰)[76] 환영회에 참석하였다. 이를 보면, 조소앙은 이미 동경기독교청년회의 인사들과 나름 교분이 쌓였고, 이후 그가 이곳에서 활동할 의지를 굳혔음을 확인하게 된다.

11월 4일 조소앙은 기독교인으로서 세례를 받기 위한 전 단계인 수험을 치렀다. 그가 예배 참석을 정례화한 뒤, 두 주의 공백을 낀 채 한 달여 만에 학습문답이 진행되었음도, 빠른 시간 내에 이루어져야 할 필요성이 있었던 듯하다.

이 날짜의 『동유약초』에 따르면, 조소앙이 수험을 위해 참석한

'야소교회(耶蘇敎會)'는 '신전구(神田區)' '서소천정(西小川町)'에 소재한 '대한기독교청년회(大韓基督敎靑年會)'였다. 또 이날 "나는 본디 이 교(是敎)에 반대하였는데, 수년 이래로 입회(入會)할 생각을 가졌으나, 매주 예배에 참석하지는 못하다가 근래에 학문생(學聞生)으로 추천받았다."라고 기록하였다.

기독교를 '시교(是敎)'라 지칭하면서도, 기독교 신앙에 입문함을 '입교'가 아닌 '입회'라 표현한 이유는, 그가 참석한 교회가 재동경 조선기독교청년회 내의 교회였기 때문이다. 달리 말하면, 조소앙이 기독교청년회에서 활동한 뒤 기독교 신앙에도 관심을 갖기 시작하였다는 뜻이기도 하다. '학문생'이라는 구절은, 1910년 10월을 전후한 무렵에 기독교청년회 내에서 활동하는 지인들이 그를 추천하였음을 보여 준다. 이는 기독교청년회에 입회하기 위해서는 일요예배 참석과 이의 연장인 세례 등이 필요했기 때문이라 생각한다.

조소앙은 11월 4일로 예정된 수험일에 지인의 추천으로 참석하였고, 10여 인과 함께 본국에서 파송된 박영일(朴永一) 장로에게서 신교(信敎) 연수, 예수는 어떤 사람인가 등을 문답하는 수험을 치렀다. 그가 기독교회에 입회한 첫출발이었다. 이어 11월 6일 일요일 역시 '서소천정 교회(西小川町敎會)'에서 '예배'에 참석하였고, 이후 아주 특별한 일이 아니고는 일요예배 참석을 일상화하였다. 12월 18일부터는 기독교청년회에서 열리는 독경회(講經會)에도 성의를 갖고 참석하였다. 조소앙이 기독교에 입문하려는 노력을 인정받았기 때문인지, 수험만 치렀을 뿐 아직 세례도 받기 훨씬 전인 1910년 12월 30일, 그는 동경기독교청년회의 임원회에서 편집부와 교육부의 임원으로 선임되어 활동하기 시작하였다. 학습문답을 신속하게 받은 이유를 짐작게 하는 대목이다.

조소앙이 기독교청년회 편집부의 임원으로 선임됨은 과거 《공수학보》의 편집위원과 《대한흥학보》의 편집인·편찬부장 등을 지낸 경력 등을 인정받았기 때문이다. 기독교인으로서 신앙의 연륜이 적은 데도 교육부의 임원으로 피선된 이유에는, 그가 유학생 사회에서 차지하는 위상이 작용했으리라 생각한다.

1910년 12월 25일에는 기독교청년회에서 크리스마스를 축하하기 위하여 성대하게 모임을 개최하였는데, 무려 200여 명의 유학생들이 모여서 연극과 여흥까지 즐기다가 오후 11시에야 폐회하였다. 『동유약초』에는 이날 사람들이 몰려든 이유로, 대한흥학회가 해산한 이후 집회의 기회가 전혀 없었던 사정을 들었다. 기독교청년회는 당시 한국인 유학생들에게는 유일한 합법 공간이었고, 조소앙에게도 활동이 가능한 유일한 단체였다. 물론 이날도 다수의 일본인 순사가 집회를 감시하였는데, 조소앙은 이 무렵에도 일경들에게 미행·감시를 지속해서 당하였다.

기독교 신앙과 관련하여 조소앙의 변화 과정은 『동유약초』에도 뚜렷하게 나타난다. 그는 12월 25일을 "주야소강생지(主耶蘇降生之)1천9백10년지(之)기념일야(也)"라고 표현하였는데, 처음으로 예수를 '주야소(主耶蘇)'로 지칭하였다. 나아가 1911년 1월 1일의 『동유약초』를 "즉주후(卽主後)1천9백11년, 즉공자(孔子)탄강후(誕降後)2천4백61년, 즉단군개국(開國)4천2백44년, 즉대한개국(大韓開國)5백20년, 즉여지(卽余之)25세지원일야(歲之元日也)"라고 시작하였다. '주후(主後)'라는 단어를 처음 사용하면서, 공자의 탄생과 단군·대한제국의 개국에 선행시켰다.

『동유약초』에 '주야소'·'주후'라는 단어가 이때 처음이자 마지막으로 등장한다는 점에서, 이러한 표현은 기독교도 일반의 관용어를 따랐을 뿐, 예수를 '주님'으로 받아들이는 신앙 고백과는 내용을 달리한다. 그렇더라도 기독교를 반대 또는 배척하였던 이전의 태도를 크게 바꾸어, 자신의 세계관 안에 기독교를 수용하여 용해하기 시작하였음을 뜻한다.

조소앙이 세례를 받은 날은 학습문답을 치른 지 거의 1년여가 지난 1911년 10월 22일이었다. 유학을 마치고 귀국하기 9개월여 전이었다. 기독교 신자에게 세례는 중생(重生)의 의미를 지닌 매우 중요한 절차인데, 『동유약초』에는 "오후에 예배에 참석하였다. 서(徐) 목사와 전(全) 목사에게 세례를 받고서 많은 사람들에게 맹서하였다."라고 지극히 간단하게 사실만 적는 데 그쳤다. 1910년 11월 4일 학습문답을 기록한 바에 비교하더라도 매우 빈약하다.

학습문답이 15~16인이 모여 날을 잡아 따로 진행되었음에 비해, 이날 세례식은 예배 도중 이루어졌고, 피세례자는 조소앙 1인뿐이었던 듯하다. 학습문답은 이미 예정된 날에 조소앙이 갑작스럽게 참여하였던 반면, 이날 세례식은 서원보(徐元甫, 미국인 선교사 스웨어러(W. Swearer)의 한국명)·전덕기(全德基) 목사가 방일하여 잠시 체류하는 기회에 맞추어 급하게 추진된 듯하다.

조소앙은 10월 20일 기독교청년회가 주최한 서원보·전덕기 목사 환영식에서 대표 환영사를 행하였고, 24일에는 유학생친목회의 총대(總代)로서 귀국하는 전덕기·서원보를 전송하였다. 이외에도 전덕기가 일본에 체류하는 동안, 유학생친목회가 주최한 환영회 등에서 거의 매일 전덕기와 대면하였다. 이를 보면, 조소앙은 한국인 유학생 사회는 물론 기독교청년회에서도 유수(有數)한 지도자 위치였다.

조소앙이 기독교청년회의 핵심 인물로 활동하였음은, 1912년 이승만이 미국으로 망명하던 중 일본을 경유할 때 환영사를 한 데 에서도 확인된다. 1912년 이른바 105인 사건이 터지자, 이승만은 미 국 미니애폴리스(Minneapolis)에서 5월에 개최되는 국제감리교대회에 한국의 평신도 대표로 참석한다는 명목으로 3월 26일 서울을 떠났 다(제2차 도미이자 망명). 그는 3월 29일 도쿄에 도착하였으며, 당일 저 녁 YMCA회관에서 개최한 환영회에서 67명의 한국 유학생들과 만났 다.[77] 이날 환영회는 백남훈(白南薰)이 사회를 보았고, 조소앙은 총대로 서 환영사를 하였다.

이승만이 일본에 체류하는 동안 기독교청년회에서는 청년회관 건축비 모금의 일환으로 4월 6일 밤 기독교청년회관에서 연설회를 개최하였다. 이날 조소앙을 비롯해 내빈으로는 이승만·길례태가 연 사로 참여하였고, 즉석에서 1300여 원의 의연금이 모금되었다.

이승만이 도미(渡美) 중 일본을 방문하였을 시, 한국인 유학생들 가운데 많은 이들이 이승만의 연설에 감동하였다고 전하지만, 이 무렵 조소앙은 이승만에게 그다지 감응을 받지는 않은 듯하다. 조소앙은 이승만과 세 차례 상면하면서도, 『동유약초』에는 12년 연상의 선배인 이승만을 '이승만군(李承晩君)'으로 지칭하였다. 조소앙은 4월 10일 이승 만이 일본을 떠나 미국으로 출발할 때에도 전송하였는데, 이날의 『동 유약초』에도 '이승만군'이라고 적었다.[78] 이는 이후 1920년대에 그가 이승만의 통신원으로 활동하면서 서신을 주고받을 때의 호칭과는 전혀 달랐다.

조소앙은 우리가 상식으로 인정하는 범주의 기독교 신자는 아니었다. 정확히 말하면 그는 기독교 신자가 될 목적에서 기독교청년회 내의 교회에 나가지 않았으며, 교회에 다니면서도 기독교 교리상의 신앙, 이를테면 예수의 대속과 구원 등을 추구하지도 않았다. 그가 1911년 10월 세례를 받은 뒤, 1914년 1월 일신교를 제창함으로써 기독교에서 정면으로 이탈하기까지는 채 3년도 걸리지 않았다. 조소앙에게 기독교는 일신교를 구성한 하나의 요소였을 뿐이다. 그가 기독교를 '믿었다' 또는 '귀의하였다'고 표현하지 않고, 기독교회에 '입회하였다'고 말하는 이유이다. 비록 세례는 받았지만, 정통 기독교 신앙의 기준에서는 이단으로 규정될 만큼 기독교 '신자'와 거리가 멀었다.

조소앙에게 기도교가 차지하는 의미는, 그가 상하이로 망명한 뒤 "야소(耶蘇)가 내라"라는 자의(字意)의 소앙(蘇昻)으로 개호(改號)한 데에 그대로 함축되어 있다.[79] 『동유약초』에 의거하면, 일본 유학 시절 그의 과외(課外) 독서는 교리문답(1910. 11. 4)을 치른 뒤인 1911년에 집중되었다.[80] 여기에는 물론 『성경』도 포함되었지만, 『논어』 등의 유교 경전을 비롯해 『노자도덕경』 등 동양의 경서, 『석가모니 소전(小傳)』·『선학(禪學)』 등 불교 관련 서적 및 철학 서적이 주를 이루었다.

이와 관련하여 1911년 2월 말부터 주목할 사실이 하나 눈에 뜨인다. 『동유약초』에는 1911년 2월 28일 '공자왈(孔子曰)'로 시작하여 공자의 말을 인용(총 10회)한 뒤, 이후에도 '맹자왈(孟子曰)'·'야소왈(耶蘇曰)' 등 동서양의 성인·아성 등 성현과 사상가들의 말을 인용하다가,

3월 7일부터 '소앙왈(嘯卬日)'로 시작하여, 3월 20일까지 모두 아홉 차례에 걸쳐 자신의 말을 간단하게 적었다.

이 글귀는 자신의 사상을 논리를 갖추어 표현[81]하였다기보다는 단상(斷想) 또는 경구(警句)라 할 만한 한 줄 정도의 짧은 문구였다. 1910년 말 '주야소'라고 표현한 예수의 말을 공자·맹자·베이컨·톨스토이와 병렬하면서, 더욱이 맹자의 말이 3회인 데 비하여 예수의 말은 1회에 그쳤다. 무엇보다도 성현·사상가들이 말한 개개의 단문(短文)이 모두 합쳐 10회인데, 조소앙 자신의 말이 9회씩이나 됨은, 25세의 나이에 이들 성현·사상가들에 비견할 독자한 사상의 경지에 이르겠다는 다짐의 표출이었다. 멸망한 조국을 소생·재건시키겠다고 자신을 다죄는 결심이기도 하였다.

조소앙은 세례를 받은 지 5일 만인 1911년 10월 27일에 『석가모니 소전』과 『선학』 등 불교 관련 서적을 구입하여 읽는 특이함을 보였다. 그는 『석가모니 소전』을 구입한 지 4일 만인 10월 31일, 자신이 범신설(汎神說)에 서 있음을 말하면서, "신의(神意)는 곧 자연계(自然界)의 이법(理法)"이라고 단언한 뒤, '불조석가씨(佛祖釋迦氏)'가 염세(厭世) 사상으로 동기를 삼아서 절대 위업(偉業)을 마침내 달성했다고 평하였다.

이러한 생각은 신의 뜻이 불교에도 존재한다는 믿음으로, 불교에 내재한 진리를 인정하고 수용하였음을 뜻한다. 『선학』을 구입한 데에서, 그가 참선에 가까운 명상을 추구하였음도 확인할 수 있다. 이 점에서 조소앙은 종교 다원주의자로서 기독교회에 입회하였고, 애초부터 정통보수 기독교를 추구하지 않았다.

신의를 자연계의 이법과 동일시하는 종교관은, 조소앙에게 기독교가 어떻게 수용되었는가를 단적으로 보여 준다. 그의 기독교관은 세례를 받기 전후에 탈고하였으리라 추측되는 「야소(耶蘇)의 일관주의(一貫主義)」[82]에 그대로 드러난다. 이 글은 '신앙적 견지'가 아닌, '보통안목(普通眼目)'과 '정당(正當)한 이성(理性)'에 입각해서 "감(敢)히 야소(耶蘇)의 주의여하(主義如何)를 단언"하는 데 목적이 있었다. 조소앙은 대도덕가(大道德家) 공자가 '충서(忠恕)' 2자(字)로, 불교조(佛敎祖) 석가여래가 '자비(慈悲)' 2자로 일관주의를 삼았다면, 예수의 일관주의는 '박애(博愛)'·'구세(救世)'도 아닌 '희생'이라고 단언하였다.

조소앙은 예수가 '일관'한 희생이 박애와 구세까지 가능케 하는 근본 주의였음을 인식하고, 예수의 '주의'로써 '평생행동(平生行動)의 원동력'으로 삼고자 각오하였다. 그의 기독교관과 종교관은 1912년 1~2월경에 썼으리라 추정되는 「하배재창간(賀培材創刊)」[83]에서 더욱 뚜렷하다. 이 글은 당시 기독교학교 배재학당의 교사로 재직하는 지기(知己) 강매가 요청하여 집필하였는데 조소앙은 신앙·종교의 효력을 사회·국가와 연관 지어 피력했다. 그는 비단 기독교 신앙뿐만 아니라 모든 신앙·종교가 구국과 밀접한 연관성이 있다고 생각하였다. 그는 천국 – 개인의 '영적 생활' – 지상의 국가, 이 3자를 분리하지 않았으며 신앙과 종교를 구국운동의 방편으로 인식하였다. 구국 즉 민족구원은 이렇게 '하나님의 나라(신국)'라는 종교의 영역과 자연스럽게 접목하였다. 조소앙이 기독교회에 입회하면서 종교구국의 사상이 싹터났고, 이러한 각성은 그대로 구국종교(救國宗敎) 일신교로 이어졌다.

조소앙은 자신의 책무와 사명감을 신의 명령 또는 하늘의 계시라는 형태로 파악하였고, 이에 바탕을 둔 민족의식과 구세의식은 하

늘의 계시를 실천하는 사명감으로 이어졌다.[84] 『동유약초』가 마무리
될 무렵인 1912년 5월 29일, 그는 "하느님이 나에게 궁민(窮民)을 구
하라고 명하였다.(帝命我救窮民)"라는 사명을 다시 한번 자각하였다. 그
에게 신앙은 고백이 아니라 구국의 행동이었다. 예수의 일관주의 희
생은 조소앙에게 구국의 사명감으로 일체화하여 이후 일신교로 녹
아들었고, 십자가의 고난을 자처한 메시아 예수의 행적은 민족독립
을 위해 희생하는 직업혁명가의 삶으로 일체화되었다.

동제사, 직업혁명가로서 출발지

1910년 8월 대한제국은 멸망하였고, 대한제국의 관료로 진출하겠다는 조소앙의 청운지지(靑雲之志)도 사라졌다. 그는 식민지 현실에서 기득권의 활로를 새롭게 모색하는 대신, 주저하지 않고 민족운동의 길로 직행하였다. 당시 일본 유학생들 가운데에서도 흔치 않았던 선택이었다. 그는 일본 유학 생활 동안 학회 활동에 주력하면서 진작부터 기득권의 방향과는 거리가 멀어졌고, 남은 선택지는 구국의 방법이었다. 그는 고민한 끝에 중국 망명을 선택하였다.

조소앙이 중국 망명을 처음 결심한 시점은 알 수 없으나, 「을사5조약」·「정미7조약」과 일합병합 등의 '매국계약(賣國契約)'들이 계속 닥쳐오자, 그는 '고민 분통'하는 마음에서 중국으로 망명하여 항일운동에 투신하기로 결심을 굳혔다.[1] 그러던 차 중국에서 신해혁명이 발발함을 계기로, 마음속에 있던 결기를 실행에 옮기려고 4년 후배인 안재홍(安在鴻) 등과 함께 계획을 구상하였다. 이 시기는 신해혁명이 한창 진행되던 1911년 12월 하순 이후에서 1912년 2월 중순 사이로 추정된다.

우한(武漢) 삼진(三鎭)의 하나로 불린 우창(武昌)에서 1911년 10월 10일 폭발한 신해혁명(제1혁명이라고도 함)은 순식간에 중국 전역으로 퍼져 나갔고, 불과 1개월 이내에 중국의 성(省) 대부분이 민주주의혁명에 호응하였다. 마침내 1912년 1월 1일에는 쑨원(孫文)을 임시 대총통으로 추대하여 난징(南京)정부를 수립하고, 그가 제창한 삼민주의(三民主義)를 지도이념으로 삼아 중화민국(中華民國)을 출범시켰다. 신해혁명으로 청(淸)왕조는 멸망하였고, 이로써 중국은 2000년간 계속된 전제정치를 끝내고 민주공화정의 정치체제를 지향하는 새로운 변혁의 단계에 들어섰다.

신해혁명은 전 세계의 이목이 집중된 일대 사건이었으므로, 도쿄의 한국인 유학생들도 술렁이면서 일본 언론을 통하여 혁명의 진행 과정을 예의 주시하였다. 신해혁명은 이 무렵 재일본 한국인 유학생들에게는 최대 관심사였고, 『동유약초(東遊略抄)』에도 10여 차례 넘게 신해혁명의 진행 과정을 기록하였다. 조소앙은 중국이 변화하는 대격동을 관망하면서, 1911년 12월 초 들어서는 구국의 행동을 결심하였다. 이는 두 가지 방향으로 나타났는데, 하나는 일본 내의 한국인 유학생 대표를 중국에 파견할 목적으로 필요한 자금을 모집하는 한편, 자신이 중국으로 직접 망명하려는 계획도 구상하였다.

안재홍에 따르면, 신해혁명이 일어나자 재일 한국인 유학생들은 유학생 단체를 중심으로 들썽대며 의견을 나누었고, 유학생 대표를 중국에 파견하기 위하여 자금을 모았다. 이 활동은 유학생 가운데 친일 스파이가 밀고하여 중도에 그치고 말았는데, 모금 활동을 주도하거나 참여한 이들은 헌병대에 불려 가 문초를 받았다.[2] 조소앙이 『동유약초』에 기록하거나 뒷날 회고한 바를 보면, 조소앙은 이 무렵 중국으로 향할 계획을 추진하였다.

이 시기 『동유약초』는 일경의 감시를 의식하면서 기록하였으므로 사실을 그대로 적기하지는 않았으나, 자신의 심경과 구국의 결단을 암시하는 대목은 여러 곳에 나타난다. 1911년 12월 20일 자 『동유약초』에는 한시(韓詩) 2수(首)의 전문을 기록하였는데, 이 중 하나가 「거국시(去國詩)」였다. 이 시는 도산(島山) 안창호(安昌浩)가 1910년 일한 병합 이전 미국으로 망명하면서 자신의 심정을 읊은 가사인데, 그가 조국을 떠난 뒤 신도(新島)라는 필명과 「거국행(去國行)」이라는 제목으로 《대한매일신보》(1910. 5. 12)에 게재되었다. 조소앙이 이 시들의 지은이는 알 수 없지만 진의(眞意)를 상상할 수 있다고 평한 데에, 그의 단안(斷案)이 이미 이입되어 있었다.

1911년 12월 하순 무렵부터 조소앙은 중국 망명의 결심을 굳히고 안재홍 등과 논의를 진행하였으나 밀정에게 발각되었다. 1912년 2월 24일에는 안재홍과 함께 관할 헌병대에 연행되어 신문을 받았다. 이날은 국내에서 신민회(新民會)가 발각된 뒤 윤치호(尹致昊)가 구금된 사건[3]이 신문에 보도된 날이었다. 이날 아침 조소앙은 서류 일체를 찢어 가방 속에 넣어 두고 소화(燒火)할 기회를 기다리면서 학교에 갔다가 돌아왔는데 헌병대장 다치카와(立川)에 잡혀가서 문초를 당하였고, 가택도 수색을 당하였다.[4] 『동유약초』에 따르면, 심문의 중점은 중국으로 건너가려 한 일이었다. 조소앙·안재홍은 사실을 모두 부인하였고, 오후 10시가 되어서야 풀려나 서로 바라보며 눈물을 흘렸다.

이후 조소앙은 "소위(所謂) 갑종 배일자(甲種 排日者)인 귀중한 신분"이 되어, 매일 오전 5시부터 자정까지 2인의 형사에게 미행을 당하였다. 그는 활동할 영역을 확보하기 위하여 기독교회에 입회하였지만, 일경에게 줄곧 감시를 당하는 처지에서 더 이상의 합법 공간은 없었다. 대학 졸업을 눈앞에 두고, 강요된 부자유는 그에게 망명을 재촉하였다.

조소앙은 지인들에게서 "중국으로 갈 음모를 실행하자면 1차 귀국하는 것이 필요하다"는 조언을 듣고서 일단 귀국하기로 결정하고, 졸업시험이 끝난(6월 27일) 즉시 서둘러 귀국하였으나, 미행·감시는 국내에서도 계속되었다. 그는 "무직업자(無職業者)는 취체(取締)가 심하다"는 말을 듣고서, 경신학교(儆新學校)·양정의숙(養正義塾)[5]·대동법률전문학원(大東法律專門學院)[6] 등에서 일시 교편을 잡았다. 조소앙은 상하이에서 동제사(同濟社)를 결성하여 활동하던 신규식(申圭植)과 연락을 취하면서 망명할 시기를 기다렸다.[7]

1913년 조소앙은 마침내 상하이로 밀항을 결행하였다. 양쯔강(揚子江) 하구에 위치한 상하이는, 1840년대 초 아편전쟁을 계기로 정식 개항한 이래 영국을 비롯한 서구 자본주의 열강이 진출하기 시작하여, 1910년대에는 이미 '동양의 런던'으로 불릴 만큼 국제화한 무역도시로 발전하였다. 상하이는 해상교통의 요지로서 국제정세를 파악하기 용이한 데다, 제국주의 열강들의 조계지(租界地)가 많아 중국의 다른 지역에 비해 활동이 자유로운 장점도 있었으므로 독립운동을 추진하는 데 매우 유리한 입지 조건을 갖추었다. 1919년 4월 대한민국임시정부(이하 임시정부)가 이곳에서 수립되고, 이해 9월 이곳으로 임시정부가 통합된 이유도 여기에 있었다.

조소앙도 아마 상하이의 이러한 입지 조건을 고려하였으리라 생각한다. 그가 망명한 1913년 무렵 상하이는, 인도·베트남·말레이시아 등 동남아 각국의 혁명운동가들이 집결하여, 아시아 피압박민족의 혁명운동의 거점이 되기에 충분한 여건을 갖추고 있었다. 상하이는 신해혁명을 전후한 시기에 이미 혁명의 근거지로 부상하였다. 무엇보다도 이곳에서 신규식이 중국혁명가들과 함께 활동하면서, 동제사를 조직하여 독립운동의 거점을 마련하여 놓은 터였다. 블라디보스토크에서 활동하던 신채호(申采浩)가 상하이로 이동(1913년 8월 19일 도착)하게[8] 된 직접 계기가, 신규식이 초청·주선한 데에서 비롯되었듯이, 조소앙이 상하이로 망명함도 신규식과 연관이 있었다.

조소앙이 언제 출국하여 언제 상하이에 도착하였는지는, 1913년이라는 연도 이외는 정확한 일시가 알려져 있지 않다. 정원택이 저술한 『지산외유일지(志山外遊日誌)』에 그의 이름이 처음 등장한 날은 1913년 8월 11일이었다. 정원택이 난징(南京)에 체류하다가 전장(鎭江)을 거쳐 상하이에 도착한 뒤, 프랑스조계 바오창루(寶昌路)에 있는 김규식(金奎植)의 숙소를 찾아갔을 때 조소앙·한흥(韓興)·홍성희(洪性熹, 홍명희 아우)·송전도(宋荃道) 등과 '상봉'하여 환담하였다. 이를 보면 조소앙은 1913년 8월 초에는 이미 상하이에 도착해 있었다. 그러나 동년 6월 22일 상하이에 체류하는 홍명희(洪命熹)·문일평(文一平)(두 사람

은 일본 유학 시절부터 지인이다.)·정인보(鄭寅普) 3인이 난징으로 정원택을
방문하였을 때[9] 조소앙이 없었음을 보면, 이때까지는 상하이에 도착
하지 않았다.

조소앙이 상하이에 도착했을 무렵은, 리례쥔(李烈鈞)이 상하이에
서 장시성(江西省)에 들어와 7월 12일 후커우(湖口)에서 독립을 선언하
며 제2혁명의 봉화를 올린 뒤였으므로 중국혁명의 분위기가 다시 고
조된 때였다. 이러한 혁명의 열기 속에서, 그가 처음 가입한 독립운
동 단체는 동제사였다.

동제사(별칭 재상하이한인공제회)[10]는 1912년 7월 4일(음력 5월 20일) 신
규식이 주도하여, 때마침 상하이에 도착한 박은식(朴殷植)과 함께 결
성하였다. '동제'는 '동주공제(同舟共濟)'라는 성어에서 따온 말로, 모두
한마음 한뜻으로 같은 배를 타고 피안(彼岸)에 도달하자는 뜻이었다.
동제사는 이 말 그대로 한인 동포 사회의 친목융화·환난상구(患難相
救) 등 상호부조를 표방하였지만, 실상은 국권회복을 목적하는 비밀
결사였다.

동제사에서 활동한 인사들이 1919년 임시정부를 수립하는 핵
심 역을 자담한 데에서 보듯이, 동제사는 크게 보면 임시정부 수립의
모체가 되었다. 본부 조직에는 이사장과 총재직을 두었는데, 박은식
이 상징성이 큰 총재직을, 신규식은 이사장으로서 실제 운영을 담당
하였다. 조소앙이 망명한 뒤에도, 동제사는 신규식·박은식·김규식을
비롯하여 신채호·박찬익(朴贊翊)·문일평·홍명희·변영만(卞榮晚)·신석
우(申錫雨) 등 15명이 중심인물이었다. 이들 대부분은 조소앙과는 이
전부터 친분이 있었으며, 이후의 독립운동 과정에서도 조소앙과 연

계하였다.

동제사는 최성기(最盛期)에는 회원이 300여 명에 달하는 등 명실상부한 독립운동 단체로 발전하여, 중국 본토에서 한인 독립운동의 구심체가 되었다. 조소앙은 자신이 동제사의 간부를 지냈다고 회고하였는데[11] 직책을 확인하기는 어렵지만, 동제사는 망명한 그에게 독립운동의 첫 출발지였다.

신규식은 중국혁명의 지도자들과 협조할 필요성에 따라, 동제사의 조직을 기반으로 삼아 천치메이(陳其美)와 함께 한·중 양국의 혁명운동의 호조(互助)기관으로서 비밀결사 신아동제사(新亞同濟社)를 창립하였고, 조소앙도 가담하여 활동하였다. 이 단체는 1912년 말~1913년 초에 창립되었는데, 조직의 취의(趣意)는 한국독립을 위한다는 기본 목적 아래, 한국과 중국의 혁명운동가를 연결하고 두 국민 간의 우의를 증진시킴으로써 상호 협조하여 혁명운동을 전개하자는 데 있었다. 동제사가 창립될 무렵은, 신해혁명이 성공한 뒤 천치메이가 상하이 군정부 도독(都督)으로 선출되는 등 쑨원 계열의 인사들이 크게 세력을 떨칠 때였으므로, 신규식은 이들에게서 재정상의 도움을 받아 동제사를 지탱하였으리라 추정한다.

천치메이가 감독을 맡음에 따라 중국국민당 내 다수의 혁명파가 신아동제사에 가담하였다. 쑹자오런(宋敎仁)·후한민(胡漢民)·다이지타오(戴季陶)·랴오중카이(廖仲凱)·쩌우루(鄒魯)·쉬첸(徐謙)·장지(張繼)·우톄청(吳鐵城)·천궈푸(陳果夫)·황줴(黃覺, 黃介民) 등이었다. 이들 가운데는 조소앙이 일본 유학 시절부터 친분을 쌓았던 인사들도 있었다.

조소앙은 일본 유학 시절 중국 유학생들이 주최하는 정치 문제 집회나 강연회에도 참석하는 등 중국 문제에 깊은 관심을 보였는데, 이러한 계기로 중국 유학생들과도 교류를 가졌다. 유학 시절 장지와 면식이 있었는지는 확인되지 않으나, 장지가 번역한 『무정부주의(無政府主義)』를 읽었고, 그의 활동상도 이미 인지하였다.[12]

다이지타오와는 직접 친분을 쌓았다. 중국 유학생회의 대표인 다이지타오는 니혼(日本)대학의 법과 출신으로 쑨원을 도와 중국의 혁명운동을 추진했던 인물이었다. 조소앙은 1908년 11월 그의 집을 방문하기도 하였다. 이렇게 중국 유학생들과 교류함으로써 중국혁명운동에 이해의 폭을 넓혀 갔고, 이들의 애국 활동을 본받아야 한다는 글을 한국 유학생 잡지에 싣기도 하였다.[13] 중국혁명을 향한 관심은 그가 상하이로 망명하게 되는 중요한 동기로 작용하였다.

한편 후술하듯이, 신아동제사 운동을 통하여 조소앙과 황줴 사이에 형성된 동지애는, 1916년 조소앙이 국내에서 활동하는 동안 한국을 방문하였던 황줴를 매개로, 신아동맹당(新亞同盟黨) 조선 지부를 결성한 뒤 다시 상하이로 망명하는 계기로 이어졌다. 조소앙은 이후에도 중국혁명운동의 지도자들과 끊임없이 교류를 확대·지속하면서, 중국 내에서 활동의 동력도 증대시켜 나갔다.

동제사는 장차 독립운동의 활성화를 위해 자체 교육기관을 두어 청년교육에도 주력하였다. 1913년 국내에서 망명하여 온 청년들에게 중국어를 가르치기 위해 강습소를 설치하였으나, 언어 문제가 해결되지 않자 좀 더 체계 있는 교육을 하기 위해, 상하이 프랑스 조계지 내 명덕리(明德里)에 박달학원(博達學院)을 설립하고 1914년 1월 12일 개원식을 가졌다. 신규식이 명덕리로 이사한 날이 1913년 11월

8일이었는데, 이곳에 학생들이 많이 거주하면서 박달학원으로 발전하였다.

박달학원은 중국과 구미 지역에 유학할 학생들의 입학 예비과정으로 특설되었는데, 과정은 1년 6개월이었으며, 교과목은 영어·중국어·지리·역사·수학 등이었고,[14] 3기에 걸쳐 졸업생 100여 명을 배출하였다. 이들 졸업생은 지원하는 바에 따라 중국의 각 학교와 구미로 유학을 갔으며, 이러한 결과는 이후 임시정부를 건립할 때 실무진을 구성하는 자산이 되었다. 이 학원에는 중국인 혁명지사 눙주(農竹), 미국 국적의 화교(華僑) 마오다오웨이(毛大衛)도 교사로 참여하였고, 조소앙은 박은식·신채호·문일평·정인보·홍명희 등과 함께 학원의 교사가 되어 청년들의 민족교육에 전념하였다.[15]

조소앙은 동제사에 가담하여 박달학원의 교사로 활동하는 동안, 선배 지사인 신규식·박은식·신채호에게서 상당한 영향을 받았으리라 생각한다. 신규식·박은식은 대종교(大倧敎) 신자로 대종교의 기반을 다지며 확장에 노력해 온 인사들이었다. 조소앙이 상하이로 망명한 뒤, 단군을 6성자(聖子)의 1인으로 내세우는 일신교를 창도하는데에는 대종교를 접한 영향도 컸다. 신채호는 조소앙이 성균관에 재학할 당시부터 친분을 쌓았던 선배였다.

신규식·박은식·신채호 3인은 국학(國學)과 민족사에 조예가 깊어 이 방면의 저술을 남겼다는 공통성이 있으며, 이러한 성향은 조소앙에게도 깊은 영향을 끼쳤다. 박은식은 대동(大同)사상에 입각하여 1909년 9월 장지연(張志淵) 등과 함께 대동교(大同敎)를 창건하여 유교개혁을 주장하였고, 1915년 신규식과 함께 대동보국단(大同輔國

團)을 조직하였다. 조소앙이 이 단체에 가입하여 활동하지는 않았지만, 대동사상은 1917년 조소앙이 「대동단결선언」을 기초하는 데에도 영향을 미쳤고, 이후 삼균주의의 기저 사상으로 녹아들었다.

상하이 시절, '국사적 자랑'을 잃지 않고

백범 김구는 1926년 임시정부의 국무령으로 취임한 무렵을, "그림자나 짝하며 홀로 외롭게 살면서 잠은 정청(政廳)에서 자고 밥은 직업 있는 동포들 집에서 얻어먹으며 지내니, 나는 거지 중의 상거지였다."라고 회고하였다.[16] '거지 중의 상거지'라는 표현은 결코 과장법이 아니었고, 비단 1926년뿐만 아니라 독립운동 전 시기에 걸쳐 독립지사·혁명가들의 생활상을 나타낸 직설이었다. 상하이 시절 조소앙의 생활도 궁핍하다 못해 비참할 만큼 김구와 다르지 않았다.

1913년 조소앙이 박달학원의 교사로 활동하는 동안 문일평·홍명희·정인보 등과 함께 동거동생(同居同生)하던 때가 있었다. 조소앙은 이때의 기록을 남기지 않았지만, 문일평은 다음과 같이 담담하게 회고하였다.

동조계(同租界, 프랑스조계를 가리킴 — 인용자) 내(內) 애문의로(愛文義路)에잇는 홍가인방(洪可人方)으로 옮겨갓다 가인은 홍명희씨(洪命熹氏)의 그때별호(別號)로 그집엔 홍가인외(外)에 조소앙(趙嘯卬)과 정위당(鄭爲堂, 위당 정인보를 가리킴 — 인용자)이 동거하엿는데 나는 거기가티가잇섯다 그집은 불근 벽돌의 2층양제(洋制)로 적이소쇄(瀟灑)하엿스며침대에서 자고매화분(梅花盆)에뒤보고중국인의 다방(茶房)을두고 밥을 지여먹으며 우리손으로 조선김치를 맨드러 먹엇다[17]

조소앙·정인보·홍명희가 먼저 '동거'한 곳에 문일평이 합류하여 4인의 공생이 시작되었다. 문일평이 회고한 동거 생활은, '침대'·'다방'이 나오는 등 언뜻 보면 평범한 생활인 듯하나, 1913년 말[18] 한 달여간 홍명희 등에게 신세를 지게 된 이광수의 묘사는 사뭇 달랐다.

당시 23세의 이광수는 무전여행으로 세계일주를 할 요량으로 4년간 근무하던 오산학교(五山學校, 평안북도 정주에 소재) 교사를 사직하고 안둥(安東, 단둥(丹東)의 전 이름)현에 도착하였다. 그는 여기서 '천만의외'로 귀국하는 정인보를 만나 권유를 받고서, 홍명희·문일평·조용은(조소앙을 이렇게 지칭했다.)이 '동거'하는 '백이부로(白爾部路) 22호'에 도착하였다. 이광수가 상면한 첫 모습은 궁색함 자체였다.

동금(同衾)
상해에서 백이부로 22호인가 홍명희 문일평 조용은군등이 동거하는 집에 갓다. 내게도돈이 한푼도 없지마는 그 양반들도 강목을 츠는판인데 정인보군이 본국서 돈을 얻어가지고 오기를 기다리고 침을 삼키고 앉엇는 꼴이라고한다. 그러케 궁(窮)한판에 내라는 식객이 하나 늘었으니 걱정이다.[19]

그들은 꽤 궁하게 지내는 모양이엇다. 다섯 사람이 모자 둘을 가지고 번갈아쓰고 나간다는 것 외투와 동복들이 없어서 불란서 공원 까지밖에는 출입을 못한다는것을 알고는 나는 여기 온것을 후회하 엿다. 나 하나 더 군식구가 늘기때문에 다들 불편할것을 생각한것 이엇다.[20]

'군식구' 이광수는 조소앙 등의 '궁한' 생활을, 자신이 찾아간 주 소까지 정확히 기억하며 회고하였는데 숙연한 마음마저 든다.

나는 홍명희군과 한 침대에서 한 이불을 덮고 잣다. 침대란게 지질 한가. 종려(棕櫚)노로 얽은것울에다가 얇단 돗자리하나를 깔앗으니 무거운 궁둥이 둘이 누우면 마치 햄목에 누운것모양으로 밑이 용수 와 같이 움쑥 빠져버린다. 자다가 깨어보면 우리 둘은홍이 궁둥이 를 맞대고 낯을 반대방향으로 향하고 자던것이었다.

가끔 량식이 떠러저서는 이제는 고인(故人)이된 예관(睨觀) 신정씨(申 檉氏, 신규식을 가리킴 — 인용자)헌테 얻어다가 먹은일도 잇다고 기억된 다. (……)

그러나 조선ㅅ사람 가는곳에 궁(窮)이 따른다. 법조계(法租界)일우(一 隅)에 모혀잇는 조선인망명객들에게는 가끔절량(絶糧)의 액(厄)이 왓 다. 우리는 하로 종일 즐기는 담배를 굶다가 밥지어주는 중국인하 인(下人)의 호의로 자전차료(自轉車票) 한각을 얻어 소생(甦生)의 기쁨 을 찬양한것이든지 조용은군이 모자와 구두가 없어서 맨머리 슬립 바 바랑으로 프란스공원(公園)에 볏쪼이러 다닌것밧게 출입을 못한 것이라든지다 그때ㅅ생활을 대표할 재료들이다.[21]

침대라면 우리에게는 썩 사치한것으로 들리지마는, 기실 이원내외로 살수잇는, 값싼 침대여서 나무깨비로 네 기둥을 하고 역시 나무깨비로 틀을 짜고는 종려 노로 그물뜨듯이 얽어맨것이엇다. 이집에서 매트레스를 간 침대는 성인S(소앙의 영문 이니셜 — 인용자)뿐이오 그 밖에는 다 요하나를 깔고 잣다. K와 나와 둘이서 자는 침대도 이러한 침대엿다.[22]

이광수가 주소를 정확하게 기억하였다면, 이 무렵 조소앙·문일평·홍명희 등은 애문의로에 얼마 거주하지 않고 곧 백이부로로 이사하였는데 경제상의 이유가 컸으리라 생각한다. 이들은 1914년 들어 다시 박달학원이 소재한 명덕리로 이주하여[23] '박달학원 식구'가 되었다. 이들 모두 박달학원의 교사였던 이유도 있었겠지만 궁핍함이 가중된 때문으로 짐작된다.

이렇게 박달학원은 조소앙 등에게는 독립운동의 장소이자 생활근거지가 되었다. 정인보가 귀국길에 오른 날이 1913년 10월 29일이었으니, 조소앙 등은 이때까지 애문의로에 거주하였다가, 이광수가 상하이에 도착한 1913년 11월 29일에는 백이부로로 이사하였고, 다시 1914년 1월 4일 이전에 명덕리로 이주하였으니 '전전'하였다는 말이 전혀 무색하지 않았다.

1914년 1월 초승에 이광수는 상하이를 떠났고, 1914년 봄 순성(瞬星) 진학문(秦學文)이 이곳을 찾아와 5월 초입까지 머물렀다.[24] 7년여 세월이 흐른 뒤, 진학문은 홍명희·조소앙 등 '박달학원 식구'들과 동거하며 함께 겪은 고단한 생활상을 되돌아보면서 눈물을 흘렸다.[25]

이광수는 한 달 남짓 홍명희 등과 머물다가 해가 바뀌어 1914년 양력 설을 쇠고 1월 초승에 미국으로 향하기 위하여 황푸탄(黃浦灘) 부두에서 러시아 의용함대의 배 포르타와호에 올랐다. 부두에는 홍명희와 문일평이 배웅을 나와 전송하여 주었다.[26] 이광수는 이때 이들의 마지막 모습을 자전(自傳)인 「그의 자서전」에서 이렇게 남겼다. "모두 인제 떠나면 언제 만나나! 망연하게 생각하엿다. 그러면서도 마음에는 모두 국사적 자랑을 높이 가지고 있엇다."[27] 조소앙·홍명희·문일평이 가슴속에 품었던 '국사적(國士的) 자랑'이야말로, 이들의 일생을 관통하며 민족양심과 항일민족운동을 견인한 근원이었다. 이광수다운 적실한 표현이었다.

뒷날 일제에 협력하는 길로 나섰던 이광수와 진학문의 회고담을 길게 인용한 이유는, 민족운동가 자신들이 직접 남기기 민망스러운 고초의 기억이, 주관이 개입하지 않은 제3자의 시점(視點)에서 '있는 그대로'의 객관이기 때문이다. 모든 항일 독립운동가들과 마찬가지로, 말로 표현하기 어려운 궁핍함은 조소앙에게도 항일운동 내내 수반하는 일상이었다. '항일'의 대의와 지사(志士)의 의지로 이러한 고난을 감내하려면, 독립운동에서 '자금'은 독립운동가들의 생존에 필수조건이기도 하였다.

조소앙은 이 무렵 외처(外妻)이자 동지 관계인 최형록(崔亨祿)을 처음 만났다. 『지산외유일지』에 따르면, 최형록이 베이징에서 상하이에 내도(來到)한 날은 1914년 4월 9일이었다. 그는 3일 뒤인 4월 12일에는 박달학원에서 다과회를 특설하고, 함께 체류하는 인사들에게 상담지의(覺膽之意)로 강연하여 충고하였다.[28] 특출한 지식을 겸비한

독립지사들 앞에서 강연할 만큼 식견이 넓고 의지가 강고하였음을 짐작게 한다. 조소앙과 최형록은 1918년 7~8월 무렵 서간도에서 재회하였다.

구국종교의 뜻을 품고 일신교를 창도하다

조소앙을 비롯한 '박달학원 식구'는 궁핍한 생활을 감내하면서, 반만 년 역사의 한민족을 재건시키겠다는 '국사적' 자부심을 잃지 않고 각기 구국의 방도를 모색하였다. 이 무렵 조소앙은 종교로써 구국·구세할 목적에서 일신교(一神敎)를 창도하였다. 그는 동제사에 가담하고 박달학원 교사로 활동하면서도, 자신만의 사상과 이념을 정립하는 데 몰두한 끝에 마침내 1914년 1월 15일 일신교라는 통합세계종교를 창안하였다.

조소앙이 일신교를 창도하는 시원은 일본 유학 시절까지 거슬러 올라간다. 그는 침략국의 적도(敵都)에서 유학하는 동안 국망의 과정을 처절하게 목도하면서, 민족구성원으로서 감당해야 할 책무와 사명감을 신이 자신에게 내리는 명령이자 계시로 자각하였다. 이러한 자의식은 그에게는 메시아의식으로 발전하였다. 그는 1910년 8월 국치(國恥)로 인한 좌절과 절망감을 극복하는 과정에서, 새로운 종교를 창도하는 쪽으로 민족의 활로를 찾았고, 구국의 사명감은 일신(一神)의 계시와 명령을 구현한 일신교로 가시화하였다.

한말의 일부 지사들이 그러하였듯이, 이 무렵 조소앙 역시 절망한 나머지 구국종교(救國宗敎)를 통해서만 독립이 이루어질 수 있다고 믿었다.[29] 일신교는 이와 같은 구국의 목적으로 창안되었으나 궁극에 서는 세계종교를 지향하였으므로, 일신교를 '민족종교'로 규정함[30]은 적절하지 않으며, 조소앙이 사용한 바 없는 '육성교(六聖敎)'라는 용어 도 옳지 않다. 그가 자신의 깨달음을 표현한 경문을 「일신교령(一神敎 令)」으로 반포한 자체가, 이 종교를 '일신교'로 명명하였음을 단적으 로 보여 준다. 일신교는 '6성자(聖子)'를 통하여 나타나는 하나의 신(一 神)을 강조하려는 명칭이었다.

8·15해방 후 이광수는 1913년경 상하이에 머물던 시절을 회고 하면서, 함께 지냈던 홍명희·문일평·조소앙의 특징을 묘사한 적이 있다. 조소앙에게서는 아호와 일신교(이광수는 육성교라 지칭하였다.)를 다 음과 같이 떠올렸다.

아레층에는 호암 문일평(湖岩文一平)이 혼자 있고 이층에는 홍명희, 조용은(趙鏞殷), 그리고 또 두 사람이 있었다. 조용은은 지금의 조소 앙(趙素昂)이다. 그때에 『蘇印』이라고 하였다. 나는 홍명희와 한 침대 에서 잤다. (……)

조용은은 그때에는 날마다 『코란』을 읽고 있었다. 그의 호 『蘇印』 은 『耶蘇가 내라』하는 뜻이었다. 후일에 그가 『六聖敎』라는 것을 주장한 일이 있거니와 그때에도 그는 종교적 명상을 하고 있는 모 양이었다. 그는 침대 우에 가만히 앉아서 코란을 읽거나 그렇지 아 니하면 눈을 반쯤 감고 몸을 좌우로 흔들흔들하고 있었다.[31]

위의 회고가 점잖은 어조인 반면, 1937년 이광수가 집필한 장편 자전소설에서는 조소앙을 '성인'으로 지칭하면서, 조소앙이 일신교를 창안하는 데 골몰하는 모습 및 일신교의 요체를 다소 이기죽대듯이 표현하였다.

낮에는 성인S(소앙의 영문 이니셜 — 인용자)는 마호멥교를 연구하노라고 코란을 읽고 앉엇고,(……)[32]

그리고 그때 생활에 또 한 가지 잊히지아니하는것은 S의 종교론이 엇다. 그는 불교와 예수교와 회회교와를 한데 뭉처서 새 종교를 만 든다고 자칭하고 잇엇다. 기실 불교에 관해서는 별로 책도 읽지아니 하는 모양이엇으나 성경과 코란은 늘 들고앉어잇엇다. 그가 침대우 에 눈을 반쯤 나려깔고 앉어서 몸을흔들흔들하고 잇는것은 방금 세게 각종교를 한솥에 넣고 끓이는것이엇다. 그것들이 녹아서 마치 족편같은 젤리가 되기를 기다리는 모양이엇다. 그러나 아직도 덜 끓은 모양인지 오늘에 이르러도 아무 소식이 없다.[33]

1913년부터 1914년 사이 반년 남짓한 시간을 조소앙과 함께 보 낸 문일평에게도, 이 무렵의 조소앙을 회고하면서 가장 강하게 남는 기억은 역시 일신교였다. 문일평과 조소앙은 일본 유학 시절부터 교 분을 쌓았다. 문일평이 상하이에서 조소앙과 동거하는 동안 "인생에 대한 비관이 생겨 한참동안 남모르게번민하고 잇섯"는데, 이때 조소 앙과 함께 프랑스공원을 '소요(逍遙)'하기도 하고, 또 김옥균이 피살된 장소인 미국조계 내의 동화양행(東和洋行)을 찾아가기도 하였다.[34] 문일평에게 조소앙은 내면을 공유할 수 있었던 말 그대로 지기(知己)였다.

이광수는 조소앙이 완성한 '젤리'를 맛보지 못한 채 상하이를 떠났지만, 문일평은 조소앙이 일신교를 창안하는 과정을 목격하였고, 그의 설법을 반복해서 들었으므로 나름 일신교의 종지(宗旨)를 터득하여 남겼다.

그런데 조소앙(趙嘯卬)은 몃칠동안 침사묵고하드니 1일은 육성자종(六聖子宗)을 발명하얏다 그의설(說)에 의하면 6성자란 석가 공자『쏘끄라테스』기독(基督)『모하멛드』『조로아쓰터』와가튼하느님이 인간에 보내신 여섯성자를 이름이니 비록그 출생한 시지(時地)가 다르고 그 설법한 종지가 다르나 그근본진리에 이르러는무엇이 다르랴 우리는 이6성자의 근본진리를 잘파악하는데서만 광명과행복을 어들 수 잇다는 것이다 나는소앙(嘯卬)의 이설교를 듯고서 비록 거츠로는 우숨이 북배처서 겨우 참앗다 근묵자흑(近墨者黑)으로 소앙의설교를 하도 여러번 드르니까그만 (……) 장자(莊子)를 버리고서 다시 불경(佛經)을 사다가 읽기 시작하엿다[35]

이광수나 문일평은 일신교의 본질을 그들다운 통찰력으로 파악하였다. "세계 각 종교를 한솥에 넣고 끓이는 것"이라는 지적은 다소 불편하게 들릴 비유이지만, 통합종교로서 일신교가 여러 종류의 종교 교리와 성인들의 가르침을 하나로 연결하는 목적성과 방법론을 적절하게 꿰뚫었다. 6성자는 하나님(一神)이 인간 세상에 보낸 신의 아들(神子)이므로, 그들이 태어난 장소·시간 및 종지가 달랐더라도 근본진리는 일치한다는 문일평의 이해도 일신교의 요체를 올바로 짚었다. 이광수와 문일평이 회고한 바를 종합하면, 조소앙은 일원론과 종교다원주의에 입각하여 일신교를 창안하였다.

조소앙이 대각한 날짜는 1914년 1월 15일이었다. 이날은 조소앙이 일신교를 창도하고 「일신교령」[36]을 집필한 날이었다. 그는 이때를 "갑인(甲寅)정월(正月)15일을 가려육성일체(六聖一體)사해동포의 영각성(靈覺性)을 대규(大叫)하야 조국동포의 심리개혁과 각계의 단결을 고조하였다."[37]라고 회고하였다. 간결한 이 한 문장은 조소앙 자신이 깨달은 일자를 포함하여, 전반부와 후반부에 각각 일신교의 종지와 목적을 함축하였다.

'고조'라는 단어가 자신의 말을 듣는 타자의 존재를 전제한다면, '고조하였다'는 표현은 조소앙이 자신의 깨달음을 내면 상태에 그치지 않고, 민족구성원들뿐만 아니라 인류에게 전도할 목적에서 글의 형태로 표현하였다는 의미를 내포한다. 이는 "6성이 하나이고 모든 인류가 또한 하나로 실재한다"는 일신교의 요체를 경문화(經文化)하였다는 뜻으로 해석된다. 「일신교령」에는 '동포'와 같은 한민족(韓民族) 구성원을 뜻하는 단어가 보이지 않고 '아종도(我宗徒)'로 일관하는 데에서, 이것이 애초 민족종교가 아니라 세계종교를 지향하였음도 확인하게 된다.

조소앙이 일신교를 창도한 목적은 한민족 구성원의 심리를 개혁하여, 이를 바탕으로 독립운동계를 비롯해 민족구성원의 단결을 성취하는 데 있었다. 이 점에서 일신교는 구국의 목적으로 창도된 구국종교이다. 그가 뒷날 일신교를 발전시켜 대동종교를 새롭게 창립할 때에도 일관한 목적성이었다. 그는 한민족의 분열과 분파가 인간의 심성에 기인하는 바 크다고 일찍부터 인식하였으므로, 지구상의 모든 인간이 실천해야 하는 근본진리인 6성자(단군, 부처, 공자, 소크라테스, 예수 그리스도, 마호메트)의 가르침으로써 목적한 바를 이루고자 하였다. 이것이 구국을 목적하면서도 세계종교의 외형을 띤 이유였다.

조소앙이 자신이 창안한 종교를 '일신교'로 칭한 이유가, 1911년 10월 세례를 받은 이후 기독교를 일정하게 수용한 데에서 기인함은 분명하다. 이때 일신교는 우리가 흔히 다신교(多神敎)의 상대개념으로 표현하는 의미가 아니라, 그가 이해한 기독교 본질의 중요한 측면이었다. 예수가 인간을 구원할 목적에서 성육신(成肉身, Incarnation)하여 이 세상에 왔고, 자신을 희생한 하나님의 아들이라는 기독교 신앙의 핵심은 일신교에서 확장된 개념으로 변형·수용되었다.

기독교에서 성육신은 인류사에서 1회로 그치는 유일한 사건이었고, 기독교의 삼위일체 교리에서 예수는 하나님의 아들이면서 곧 하나님이기도 하다. 반면 일신교에서 일신은 인류사의 여섯 성현의 모습으로 여섯 차례 현현하였다. 「일신교령」에서 언급하는 6성자의 수순이, 인류사의 성현을 태어난 순서대로 배열하였다는 점을 주목해야 한다. 또 한 가지 중요한 점은, 6성은 신자(神子)일 뿐이지 결코 신이 아니다. 이 점은 일신교가 대동종교(大同宗敎)로 변형되는 과정에서 매우 중요하다.

「일신교령」이 단군을 일신의 제1자로 서열한 특징은, 홍선희가 조소앙이 중국으로 망명한 뒤 대종교를 접하면서 생겨난 결과임을 지적[38]한 뒤 더욱 강조되었다.[39] 물론 조소앙이 동제사에 가입하여 활동하면서 대종교의 영향을 직접 깊게 받았음은 부인할 수 없는 사실이나, 단군을 '특기'한 기록은 유학 시절인 1911년 벽두부터, 단군을 6성자의 제1자로 세우는 단초는 이미 1912년부터 보였다.[40] 일본 유학 시절 단군을 성인의 반열에 위치시키지는 않았지만 개국의 시조이자 민족사의 시원으로 인식하는 데에서, 일신교를 창도한 뒤 단군의 가르침을 '독립자강(獨立自强)'으로 설파하는 기저(基底)를 깔았다. '단군개국'은 국망을 현실로 인정하지 않으면서 민족사가 지속되고 있다는 저항의 표출이었다.

여기서 다시 "영각성을 대규"했다는 의미를 생각해 보아야 한다. '영각'이란 인간이 본래 '영(靈)'으로서 존재하므로 자신에게 내재한 영성(靈性)을 깨달음, 즉 모든 인간이 영으로서의 아버지(靈父) 하나님 (일신)의 아들로서 영성을 지닌 존재(生靈)임을 자각함을 가리킨다. 조소앙은 일본 유학 시절 망국의 현실을 지켜보면서, 인간존재의 근원을 탐구하며 일찍부터 전 인류를 포함하는 통합종교를 모색하였다. 이 점에서 일신교는 대종교의 종교민족주의와 달리 종교보편(세계)주의에서 출발하였다.

한편 '대규'라는 말에는 조소앙의 메시아의식이 자리 잡고 있었다. 모든 기성종교가 그러하였듯이, 새로운 종교를 창도하는 데에는 이를 선포하는 주체가 따르기 마련이고, 일신교에서는 육성일체라는 영각성을 선포하는 주체는 바로 조소앙 자신이었다. 그는 1914년 1월 15일 자신의 깨달음을 「일신교령」으로 경문화(經文化)한 뒤, 이를 대외에 선포하기 위한 글을 4월 8일에 탈고하였다. 이 글을 「학지광에 기함」이란 제목으로, 일본 유학 시절 사용하던 아호 소앙(嘯卬)을 필명으로《학지광(學之光)》1915년 2월호[41]에 발표하였다.

《학지광》은 1914년 4월 2일 창간호를 발간한 재(在)동경조선유학생학우회의 기관지로, 단체와 기관지 모두 한국인 유학생 사회에서 지니는 영향력이 매우 컸고 국내의 지식 청년에게도 파급되었다. 조소앙이《학지광》을 매체로 선택하여 일신교를 선포한 이유였다. 이 글에서는 일신교라는 표현을 사용하지 않았지만, 자신의 깨달음을 '신교리(新教理)'로 규정하고, 이를 선포하는 주체인 자신을 '진인(眞人)'으로 선언하면서 6성자와 동등한 반열에 위치시켰다.

조소앙은《학지광》에 일신교를 '신교리'로 선포한 이후, 이를 더욱 체계화하여 대동종교 또는 진선도법교로 발전시키면서 「대동종교신창립 ─ 진선도법교(大同宗教新創立 ─ 贐膳道法教)」[42]를 집필하였다. 이 글의 정확한 저술 일자는 추정하기 어렵지만,[43] 「학지광에 기함」보다 늦게 작성되었음은 확실하다. 대동종교의 요체도 중요하지만, 조소앙이 대동종교를 신창립하면서 자신을 신의 사자(神使)로서 진리를 선포하는 교제(教帝)로 뚜렷하게 자리매김하였다는 사실이 주목할 만하다. 그는 스스로를 교조화(教祖化)하면서, 자신의 주장도 신비주의화시켜 교조화(教條化)하였다. 대동종교의 기념일 가운데에는 노자(老子)가 화신(化身)하여 세상에 내려와서 북두경(北斗經)을 전한 날도 있는데, 대동종교가 도교의 요소를 받아들이면서 더욱 신비화하고 있음을 보이는 단적인 증거이다.

「일신교령」, 「학지광에 기함」, 「대동종교신창립」의 순으로 작성된 종교 경문에서 한 가지 뚜렷한 방향이 확인된다. 구국의 결심을 동반한 개인의 자각이, 새로운 종교를 모색하려는 사명감과 메시아의식으로 발전하였고, 일신교를 창안하여 자신을 성자화(聖子化)함으로써 한국 지식인 사회의 각성을 촉구하였다. 조소앙은 여기서 더 나아가 자신을 교조화(敎祖化)한 뒤, 신종교의 외연을 더 넓혀 민중까지 포함하는 대중종교를 구상하면서 대동종교를 창립하였다. 그는 구국의 결의와 깨달음을 종교의 경지로 절대화하였다.

이광수가 자전소설에서 조소앙을 '성인'으로 지칭한 바는 그렇게 인정했다는 뜻이 아니라, 문일평을 '광생(狂生)'이라 표현하였듯이[44] 다소 희화화한 별명이었다. 이광수가 조소앙을 '성인S'로 표현하였음은, 한 달여 동안 함께 생활하면서 느낀 소감이었지만 1910년대 조소앙의 전체상이 들어 있는 통찰이었다. 조소앙은 일본 유학 시절부터 성인이 되기를 결심했고, 직업혁명가로 뛰어들어 망명 생활을 하면서도 종교 탐구를 지속하며 성인이 되기를 추구하였다. '성인'은 그의 지향점이기도 했지만 주변의 지인들에게도 인지된 특징이었다. 조소앙은 새 종교를 창안함으로써 스스로 자신을 성인의 반열에 올렸다.

문일평의 회고를 다시 보면, 시간이 흐른 탓인지 그는 일신교의 세세한 교의를 망각하여 육성자 가운데 제1자인 단군을 빼고 조로아스터를 넣었다. 이광수가 일신교를 다소 희화화한 반면, 조소앙의 지기인 문일평은 조소앙의 '설교'를 웃음을 참으면서 들었지만, 설교의 결과는 불교에 관심을 갖는 엉뚱한 방향으로 나타났다. 구국종교로 출발한 대종교가 나름 대중성을 확보하여 전승된 반면, 일신교와 대동종교는 목적한 바와 달리 제창될 당시부터 한국 지식인 사회에 반응을 일으키지 못한 채 조소앙 한 사람의 1인 종교로 끝났다.

그 자신이 언제까지 일신교·대동종교를 신봉하였는지도 확인하기 어렵다. 조소앙의 종교신비주의 색채는, 그가 유럽을 순방하며 사회·공산주의를 현지에서 경험하는 1920년부터 점차 탈색되기 시작하였으나 1920년대에도 지속되었다.

「대동단결선언」, 민족운동이론가로서의 첫 선언

정확한 시점과 목적은 확인할 수 없지만, 1915년 조소앙은 국내에서 활동할 계획으로 만주를 거쳐 국내로 잠입하려 하였다. 그는 안둥에서 홍수를 만나 체류하다가 국내 밀사의 연락을 받고 입국하던 중 일본 경찰에 검거되었고, 풀려난 뒤에는 경성에 머물렀다.

조소앙은 이해에 인촌(仁村) 김성수(金性洙)가 운영하는 중앙학교(中央學校)에서 교장직을 제의받았으나 거절하고, 이종소(李鍾韶)[45] 등과 함께 항일운동 단체를 조직하였다.[46] 1915년에는 조소앙의 유학 시절 후배였던 안재홍이 중앙학교의 학감으로 재직하고 있었으므로, 교장직을 제의받은 데에는 안재홍이 관여하였으리라 생각한다. 조소앙이 교장직을 사양한 데에는 국내에서 활동할 방향이 달랐기 때문이다.

조소앙이 이종소 등과 함께 조직한 단체는 사회주의 성향을 지닌 비밀결사 무명단(無名團)이었다. 이 무렵 조소앙은 일신교를 주창하고 있었는데, 무명단은 종교 일색의 결사는 아니었고, 종교를 포함한 정치·경제의 혁명을 추구하는 노동운동 단체였다.

조소앙이 후에 유럽에서 사회주의자를 자처하면서 외교 활동을 하던 1919년 12월, 파리에서 사회당의 기관지로 《적자보(赤子報)》를 직접 편집·발행한 행적을 보면, 그의 사회주의 성향은 무명단이라는 노동운동 단체에서 처음 표출되었다. 그가 《적자보》 제2호에 게재한 「사회주의자로서 보고(속)」[47]에 따르면, 그는 1915년 이살음 등과 사회주의 노동단체를 비밀리에 조직하여, '한살림'을 주장하면서 사회주의를 전파하였다.

이살음은 조소앙의 유럽에서의 독립외교 활동을 지원하기 위해 1919년 12월 대한노동사회개진당(大韓勞動社會改進黨)을 조직하고, 기관지 《동무》를 간행한 인물이었다. 미국 캘리포니아에서 간행한 《동무》 1호에 게재된 「대한인로동샤회개진당─본당창립의 연혁개요」는 다음과 같이 기록하였다.

쏘한 을묘(1915년을 가리킴 ─ 인용자)에 소앙(穌卬).활공(活公).삼송(三松) 등[48] 졔형이 무명단(無名團)을일으키여 로동균평(勞働均平)쥬의로 종교.졍치.경졔등삼종일톄의 혁명을촉진하여대동평화의신건셜을향하고[49]

이 글 바로 앞에, 이종소 등이 1910년 8월 "구국활민의 정신으로 활명단(活命團)을조직하여 조국광복과평권균산의운동을전력"하였다고 기술하였음을 보면, 무명단이 주장한 노동평균주의는 균산주의(均産主義)의 이념과 일맥상통한다. 이는 조소앙이 1915년 '한살림'을 주장하였다고 보고한 바와 일치한다.

한편 조소앙 자신이 기록한 바에 의거하면, '한살림'을 최초로 주장한 사람은 이살음(이종소)를 비롯한 그의 동지들이었다. 「사회주의자로서 보고(속)」의 첫머리는 'K.S.나(羅)'(나경석(羅景錫))이 최초로 사회주의 성향의 운동을 전개하였지만 실패하였음을 기술한 뒤, "비밀한 가운데 한살림을 주장하며 골방 전도를 시작한 첫 장수는 살음군과 누리빛과 호믜꾼들이다. (……) 물론 독립을 첫 수로 쓸 수밖에 없다마는 최후 목적은 쏘시알니즘인 줄을 알아들을 만큼 되었다."라고 밝혔다. 이에 따르면, '한살림'이라는 구호 또는 이념을 처음 제창하면서, 독립을 제일의로 표방하며 사회주의 이상을 추진한 비밀결사를 주도한 사람은 이살음 즉 이종소였다.

이종소는 활명단에 이어 무명단으로 활동을 이어가면서, 균산·노동평등 등의 사회주의 성향의 이념을 이미 소지하고 있었으므로, 무명단은 이종소 등이 발의(發意)하여 조소앙과 연계하였으리라 생각한다. 이 활동을 계기로, 일신교를 주창하면서 종교색에 몰입하던 조소앙에게 노동평등의 사회사상 등이 접목되어 갔으리라 생각한다. 이후 1920년 11월 조소앙이 코민테른에 가입을 신청한 한살림당이나, 1922년 초 상하이에서 창당한 한살임(韓薩任)이라는 당명도 여기에서 연유하였음을 알 수 있다.

「대한인로동샤회개진당―본당창립의 연혁개요」 중 인용한 부분에서 '삼종 일체의 혁명'이 특이하면서도 무엇을 뜻하는지는 확연하지 않으나, 정치·경제 혁명에 더하여 종교를 통한 정신혁명까지 추구하는 이상을 지녔음을 보여 준다. 조소앙은 무명단 활동을 통하여, 노동평등이 이루어진 공생 사회의 이상을 처음으로 표출하였다.

조소앙은 「사회주의자로서 보고(속)」에서, 자신의 활동과 나경석이 국내에서 추진한 노동운동이 구체한 결실을 거두지는 못했으나, 이 두 가지로써 1915년을 한국사회운동사에서 첫 번째로 기념할 만한 해로 평가하였다. 조소앙의 견해에 의거하면, 무명단은 조소앙이 최초로 사회주의 성향을 보인 활동이었다. 삼균주의는 이때부터 균산주의와 노동평등의 이념으로 발아하고 있었다. 1915년 형성된 조소앙과 이살음의 동지 관계는, 이후 1919년 12월 이살음이 조소앙을 지원할 목적으로 노동사회개진당을 조직하는 직접 계기가 되었다.

조소앙과 이살음(이종소)의 동지 관계가 이전부터 있었던 교분에서 비롯되었는지, 아니면 교분이 동지 관계로 발전했는지는 확인할 수 없지만, 두 사람의 친분은 조용하·조소앙 형제가 종로경찰서 투탄의거(1923. 1. 12)의 주인공 김상옥(金相玉)과 이어지는 연결 고리가 되었다. 조소앙의 형 조용하는, 조소앙이 1925년 1월 발행한 『김상옥전(金相玉傳)』의 「서(序)」에, "옛날 내가 재동(齋洞)의 살음가(薩音家)에서 은거하였을 때 김군(金君) 상옥이 흰 말총모자(白驄帽) 2개를 선물했다. 나와 아우 소앙(素卬)은 그것을 즐겨 썼는데, 국산이고 수제(手製)였다."[50] 라고 적었다.

조용하가 1914년 베이징에서 귀국하여 국내에서 활동하다가, 일경의 감시가 심하여지자 단신으로 미국행을 결심하고 상하이로 떠난 때는 1916년 10월이었다.[51] 그러면 조용하가 이살음의 집에서 은거할 때는 1916년 10월 이전 조소앙이 아직 국내에 체류할 때였다. 조소앙과 이살음은 형을 은닉시킬 정도의 친분이 있었고, 이때 조소앙과 김상옥도 처음 알게 되었다.

이 무렵 김상옥은 자신이 개업·운영하는 영덕철물점에서 말총

모자를 만들어 보급하고 있었다.[52] 그는 1917년 들어 이살음·임용호·김동계(金東溪)·손정도(孫貞道, 후에 임시정부 임시의정원 의장이 됨) 등과 사회계몽·민족독립의 일을 의논한 끝에 백영사(白英社)를 조직하고 금주·단연운동을 전개하기도 하였다.[53] 이를 보면 기점은 확인할 수 없지만, 조소앙·이살음·김상옥 3인의 친분과 동지 관계는 서로 연결되어 1915년부터 1917년 사이 국내에서 계속 이어지고 있었다. 이후 김상옥이 종로경찰서 투탄의거를 거행하기 전 상하이로 건너와 준비 중(제2차 망명)일 때, 조소앙이 창당한 한살임(韓薩任)에 입회하고 작탄거사를 의논하는 단계로 이어졌다.

조소앙은 1916년 봄, 일본에서 신아동맹당을 결성한 후 한국을 방문한 황줴와 연대하여 국내에 신아동맹당 조선지부를 조직하였다. 신아동맹당은 1916년 봄 도쿄에서 결성되었는데, 중국 측 인사로는 유학생이었던 황줴 등이 참여하였고, 한국 유학생으로는 최익준(崔翼俊)·하상연(河相衍)·김철수(金錣洙) 등이 참여하였다. 이 자리에서 황줴는 모임의 대표로 "아세아에서 일본제국주의를 타도하고 새 아세아를 세우는 데 전력을 다할 것"을 선언하고, "검을 빼어들고 엄숙히 맹서"했다. 신아동맹당이라는 명칭에는 이러한 취지가 반영되었다. 이들은 조선·중국 외에 베트남 등 아시아 약소민족의 동지도 가맹시키기로 결의했다.[54]

신아동맹당과 신아동제사의 취지가 '새로운 아시아'에 있듯이, 신아동맹은 신규식 등이 신아동제사를 결성할 때 표방하였던 신아주의(新亞主義)와도 관련이 있었다. 황줴가 하상연에게 신아주의를 달성하기 위해 신아동맹당을 만들자고 제의함으로써, 신아동맹당 결성이 논의되기 시작하였다. 황줴가 말한 신아주의는, 조선·타이완(臺灣)·베트남(安南)·미얀마(緬甸)·인도·태국(暹羅)·페르시아/이란(波斯)·일본·중국 등 아시아 모든 민족이 각각 독립하여 민국(民國)이 되어 서로 도와주자는 취의였다. 황줴는 일본에서 신아동맹당을 결성한 후 곧바로 하상연과 함께 경성을 방문하여 안재홍을 면회하였다. 그 자리에는 조소앙도 와 있었다. 이들은 모두 일본 유학파로서, 신아동맹당 조선지부를 만들고 대회를 열었다.[55]

황줴와 하상연이 한국으로 와서 안재홍을 방문한 배경에는, 일본 유학 시절에 함께 활동한 연고가 있었다. 조소앙이 동석하여 신아동맹당 조선지부 결성에 참여한 데에는, 황줴와 조소앙 두 사람이 신아동제사 활동을 공유한 이력 등이 두루 작용하였다. 조소앙이 신아동맹당 조선지부를 조직한 시기와 전후 관계는 확인할 수 없지만, 그는 1916년 들어 몸에 큰 종기가 나서 반년 동안이나 입원·통원 치료를 받아야만 했고, 완치 후에는 다시 상하이로 망명하는 길을 선택하였다.[56]

조소앙은 상하이로 복귀한 뒤, 한국독립을 위해서는 아시아 민족의 연대가 필요하다는 인식에서, 아우 조용주와 함께 아세아민족반일대동당(亞細亞民族反日大同黨) 결성을 추진하였다. 그는 이 단체로써 장지·황줴[57]·천궈푸 등 중국 인사들과 연대함을 비롯해, 인도·필리핀·타이완·베트남·미얀마 등 7개국과 연계하려 하였다.[58] 뚜렷한 성과는 이루지 못한 듯하나, 이러한 활동은 신아동맹당의 취지·목표와 일치하였다.

조소앙은 1916년 아시아 민족의 대동단결을 추진한 데 이어,

1917년에는 한민족 구성원의 대동단결에 전력을 기울였다. 그는 8·15해방 뒤 3·1민족운동과 자신을 회고하는 글에서 "나의정치신념(政治信念)이라할가 나의정치활동의목표는일직부터 대동단결이엿다"[59]라고 말하였는데, 「대동단결선언(大同團結宣言)」을 협의·기초하고 임시정부 수립을 도모한 일은 이 목표를 실천한 첫 번째 시도였다.

「대동단결선언」은 상하이 지역에서 활동하던 신성(申檉, 신규식의 이명)·조용은(조소앙의 본명)·박은식·신채호 등 14명이 공동 명의로 발표한 선언서[60]였다. 이 선언서의 선포 배경은 러시아혁명과 제1차 세계대전 등으로 약소민족 해방의 기회가 고조되는 국제정세의 변화에 있었다. 국내외 독립운동가들은 이러한 정세에 대응하였고, 「대동단결선언」은 신규식을 중심으로 놓고, 조소앙 등 소장 인사가 국민주권설을 이론으로 정립하여, 박은식·신채호 등 종래의 신한혁명당(新韓革命黨) 선배의 지도를 받아 작성한 문건이었다.[61]

조소앙은 자신이 이 문건을 '수초(手草)'[62]·'기초(起草) 발포(發布)'[63]하였다고 표현하였지만, 31세의 그가 독립운동계에서 차지하는 위상을 볼 때 그만의 창의에 의거한 '기초'는 아니었다. 이 무렵 조소앙은 일신교를 주창할 때인데, 「대동단결선언」에 종교색이 보이지 않는 점도 선언서를 협의하는 과정에서 탈색되었으리라 생각한다.

그러나 「대동단결선언」은 조소앙이 기초하였으므로, 삼균주의로 귀결되는 그의 사상이 강하게 반영되어 있었다. 이 선언서는 그가 민족운동의 이론가로서 모습을 드러낸 첫 문건이니만큼 그의 첫 주장들이 여러 가지로 나타났다. 「대동단결선언」을 삼균주의와 관련시켜 한마디로 말한다면, 민족혁명을 함축하면서 이를 달성하는 최고 전략으로 임시정부수립론을 제기한 데에서 의의가 컸다.

조소앙이 회고한 바에 따르면, 「대동단결선언」은 "독립획득에는 무엇보다도 대동단결이 필요하다는 취지하에 국내외(國內外)대표회의를 소집하야 무상법인(無上法人)이라는기구, 말하자면 정부를 조직하자는 선언서"였다.[64] 「대동단결선언」의 요체는 '국내외 대표회의'를 소집하여 '무상법인' 즉 임시정부를 조직하자는 데 있었다. 조소앙은 이 선언서를 통하여 독립운동의 최고기관인 임시정부를 수립함으로써 '대동단결'을 완결 짓자고 촉구하는 한편, '독립평등'의 개념으로 민족혁명을 함축하면서, 이를 달성하는 최고 전략으로 임시정부수립론을 처음 제기하였다.

조소앙은 이 선언서를 기초함으로써 민족운동의 '대동단결'이 지향해야 할 방향과 목표를 명확히 제시하였고, 1919년 4월 수립될 대한민국임시정부의 태반을 다졌다. 선언서에 보이는 국민주권설은 법리상의 타당성을 여부를 떠나, 앞으로 수립해야 할 임시정부가 민족사의 정통성을 지니고 있음을 확인하려는 이론이었다. 이 점에서 「대동단결선언」의 중심 내용 가운데 이른바 '국민주권설'이라고 해석하였던 부분을 달리 해석할 필요가 있다.

이 선언은 '국가상속(國家相續)'이라는 국제법상의 용어를 사용하면서, 주권의 '수수(授受)'에서 융희황제가 주권을 포기함으로써 주권을 '계승'·'상속'하는 주체를 '국민' 전체가 아닌 '오인동지(吾人同志)'·'아국민동지(我國民同志)'·'아동지(我同志)'인 독립운동자로 설정하였다.

융희황제(隆熙皇帝)가 3보(寶)를 포기한 8월 29일은 즉 오인동지가

3보를 계승한 8월 29일이니 (……) 오인동지난 완전한 상속자이니 (……) 고로 경술년 융희황제의 주권 포기난 즉 아국민동지에 대한 묵시적 선위(禪位)니 아동지난 당연히 3보를 계승하야 통치할 특권이 잇고 쏘 대통(大統)을 상속할 의무가 유(有)하도다

이 구절에 따르면, 고종 황제가 생령(生靈, 인민)·구강(舊疆, 영토)·주권의 3보를 포기한 경술국치일은 한국의 독립운동자가 이를 계승하여 '주권수수'와 '국가상속'이 이루어진 날이다. 즉 주권을 상속하는 주체를 일반 인민 전체가 아니라 '오인동지'로 설정하여, 주권을 융희황제에게서 곧바로 독립운동자에게 귀속시켰다.

이러한 논리는 이후 조소앙이 직접 작성한 「대한민국임시정부 선언」(1931. 4)에서 "고로 국토광복(國土光復) 전에 민족주권은 당인(黨人, 한국독립당원을 가리킴 — 인용자)에게 있고, 행사하는 권한은 정부에게 있다."는 선언으로 나타났다.[65] 또 「대한민국건국강령」(1941. 11)의 제2장 복국(復國) 5항에서 "복국기의 국가의 주권은 광복운동자 전체가 대행할 것임"[66]이라고 명시하였다. 독립운동자가 주권을 계승한다는 이론은 「대동단결선언」을 작성할 무렵부터 이미 형성되었다.

인용한 구절에서 '주권'보다 더 큰 범주의 '3보', 즉 국가를 계승하여 '통치할 특권'·'대통'을 상속함은 바로 '국가상속'을 뜻하며, 통치권을 가진 정부형태의 조직으로 완성되어야만 한다. 독립운동자들이 '대동단결'하여 '일대(一大) 유기체'·'총단체(總團體)'·'무상법인'·'대법인(大法人)'·'총기관(總機關)'으로 표현한 임시정부를 수립함으로써 국가상속을 완료해야 한다. 이는 다음 구절에서 명백하다.

여시(如是)히 (······) 3보를 상속하난 자(者)난 완전한 통일조직을 대
(待)하야 시(始)로 기(其)권리의무의 행사가 가능할지니 (······) 금자(今
玆)오인동지난 내외정세에 감(感)한 바이 심절(深切)하여 법리상 정
신상으로 국가상속의 대의를 선포하야 해외동지의 총단결을 주장
하며 국가적 행동의 진급적(進級的) 활동을 표방하며 (······)

'삼보의 상속' 즉 '국가상속'의 대의는 '통일조직'으로 '총단결'하
여 '국가적 행동'을 행하여만 가능하다. 지금 곧바로 국가를 광복할
수는 없더라도, 정부를 조직하여 '국가적 행동의 진급적 활동'으로써
'국가상속'을 완성해야 한다. 이를 위해서 「대동단결선언」은 「제의(提
議)의 강령(綱領)」 7개 항 가운데 첫 번째로 "해외각지에 현존한 단체
의 대소은현(大小隱顯)을 막론하고 규합통일하야 유일무이의 최고기
관을 조직할 것"을 제안하였다. 「대동단결선언」이 주장하는 '총단결'·
'일치단결'·'대동단결'은 '유기적 통일'을 의미하였다. 이의 논지는 바
로 임시정부를 수립하여, 이로써 독립된 국가의 기초를 이루고, 끝내
는 이상국가를 완성하자는 데 있었다. 조소앙은 20여 개월 뒤 작성
한 「대한독립선언서」(1919. 3)에서 임시정부를 조직하자는 대업을 다
시 제기하였고, 1919년 4월 대한민국임시정부 수립을 주도함으로써
이를 완수하였다.

한편 「제의의 강령」의 제4항에서는 "독립평등(獨立平等)의 성권(聖
權)을 주장하야 동화(同化)의 마력(魔力)과 자치(自治)의 열근(劣根)을 방
제(防除)할 것"을 제창하였는데, 여기서 '독립평등'은 민족혁명의 목표
를 나타내는 최초의 개념이었다. 「대동단결선언」은 경술국치 이래 국

내의 상황을 가리켜, 잔혹한 일제 식민지 지배로 인하여 "반일반한(半日半韓)의 괴물이 일증(日增)"하는 '정신합병(精神合倂)'의 단계까지 이르렀다고 개탄하였다. 그리고 '정신합병'의 양상으로, 교육을 빌려 동화정책의 선봉에 서고, 정치 문제에서는 자치를 논하는 '요얼(妖孼)'들이 등장하였음을 지적하면서, '독립평등의 성권을 주장'하여 이를 방지하자고 주장하였다. 철저한 혁명수단을 강조하면서 자치론을 타협주의로 배격하는 조소앙의 민족혁명론은 이때부터 싹트기 시작하였으며, '독립평등'의 개념은 「대한독립선언서」에서 '민족평등'의 개념으로 좀 더 발전·구체화하였다.

국제사회주의자대회에 참가를 요청하다

1917년 조소앙의 활동과 관련하여, 「대동단결선언」에서 만국사회당(萬國社會黨)을 언급한 데 주목해야 한다. 「대동단결선언」은 러시아혁명과 만국사회당을 긍정 평가하면서, 이를 한국독립의 여건이 조성되는 호기로 파악하여 활용하려는 정세 인식을 지니고 있었다.[67] 선언문 가운데 "만국사회당은 계절존망(繼絶存亡)의 대의를 선포하야 인류 화복(禍福)을 재정(裁定)하난 현상이니 시일(是日)이 복일(福日)이라"는 구절은, 조소앙이 제1·제2치머발트(Zimmerwald)대회를 인지하고 있었으며, 이후 개최될 만국사회당대회에 기대를 가졌음을 말한다. 이러한 정세 인식은 곧바로 만국사회당을 한국독립의 기회로 활용하려는 행동으로 표출되었다.

「대동단결선언」에서 거론한 만국사회당은, 이미 개최된 제1·
제2치머발트대회를 포함하여, 1917년 9월에 스웨덴의 수도 스톡홀
름(Stockholm)에서 개최될 국제사회주의자대회(International Socialist
Congress, 당시 만국사회당대회·국제사회당대회로도 불렸다.)[68]를 가리켰다. 신규
식과 조소앙은 「대동단결선언」의 논리에 입각하여 동 대회를 향하여
한국독립을 호소하였다. 이 부분은 기존의 연구들에서 조선사회당이
조직되고 만국사회당대회가 개최되는 시기 등을 혼동하거나, 이때 최
초로 사회주의자를 자처한 조소앙의 활동을 다소 과장 또는 과소평
가하는 경향도 많으므로 좀 더 분명하게 언급하려 한다.

조소앙은 1917년 7월 「대동단결선언」을 작성·공포한 데 이어, 8월
상하이에서 신규식을 주동으로 하여 조선사회당[69]을 함께 상의하여
조직하였다. 두 사람은 스톡홀름에서 개최되는 만국사회당대회의 조
직사무국에 동당(同黨)의 명의로 조선독립을 지원하라고 촉구하는 청
원서를 작성하여 전문(電文)으로 발송하였다. 나아가 한국대표단을
구성하여 참가하려고 시도하였으나 여권이 거절되어 출발할 수 없었
으므로 좌절되었다.(제5장 206~207쪽의 서신 자료를 참조) 조소앙 자신에 따
르면, 그는 1917년 7월을 전후하여 「대동단결선언」과 「제2국제당전문
(第二國際黨電文)」의 두 문건을 '수초'하였는데,[70] 「제2국제당전문」이 바
로 만국사회당대회에 발송한 독립청원서였다.

조소앙은 1919년 12월 《적자보》 제2호에 게재한 「사회주의자로
서 보고(속)」에서, 1917년을 한국 사회주의운동사에서 두 번째로 기
념할 만한 해로 평가하면서, 상하이에서 한국사회당을 결성하여 스
톡홀름 평화회의에 참가를 신청한 사실의 전말을 다음과 같이 기록

하였다. "1917년에는 예관, 헌민 양군과 입은 옷을 벗어 천애만리에 동지자대회를 찾아 전보하였다. 곧 서전(瑞典) 서울 스톡홀름에 사회당대회가 열린다 하야 우리 한국사회당 대표 명의로 장문 전보와 공함을 겸하여 보냈다."

이에 의거하면, 1917년 한국사회당을 조직한 사람은 예관·헌민·조소앙 3인이었다. 예관(睨觀)은 신규식의 아호이고, 헌민은 「대동단결선언」에도 서명한 '신헌민(申獻民)'을 가리키는데 우창(于蒼) 신석우[71]의 이명이었다. 신규식·신헌민·조소앙은 「대동단결선언」에 서명한 14명에 포함되었는데, 동제사에서 함께 활동한 공통점이 있었다.

동제사에 속한 인사들은 「대동단결선언」을 발표한 뒤, 일한병합 선포일인 8월 29일을 맞아 상하이에서 신성(申檉, 신규식의 이명)이 주도하여 30여 명이 모인 가운데 망국기념회(亡國記念會)를 개최하고, 조선사회당 명의로 스톡홀름의 국제사회당대회에 전문을 보내기로 결의하였다.[72] 조소앙은 「사회주의자로서 보고(속)」에서 전문의 내용을 다음과 같이 다섯 가지로 정리하였다.

첫째, 중립국인 벨기에를 구제한다면 중립국인 한국을 부숴버린 일본도 징벌하자. 우리는 정의와 인도와 평화를 위하여 우리 세계가 올 1917년 내에 평화 극복되기를 바란다. 둘째, 한국의 독립을 평화회의에서 승인하게 하자. 셋째, 세계 만국에 국제재판소를 두어 국제간 불법 무도를 감시하게 하자. 넷째, 동양사회당과 서양 사회당이 연합하여 세계혁명을 함께 일으키자. 다섯째, 우리가 완전히 독립하거든 우리나라는 만국 동지자의 정책을 특별히 환영하겠다.

조선사회당이 국제사회주의자대회에서 한국독립을 요구하기 위해 급조한 당이었음은[73] 분명하다. 이 때문인지 조선사회당은 동제사를 개명하여 "하룻밤사이에 졸속히 만들어진 이름만의 사회당"[74]이나 '지상(紙上) 정당'[75]으로 평가되기도 한다. 뒷날 조소앙 자신은 「제2국제당전문」을 "비록 당시에는 성공을 이루지 못했으나, 국내외에 자못 반향(反響)이 있었으며, 3·1운동이 일어났을 시에는 일부 효과를 거두었다."[76]라고 평가하였는데, 자평이지만 새길 만한 대목이다. 이 무렵 신규식·조소앙 두 사람은 전술상 사회주의자였을 뿐이다. 그렇더라도 한국독립운동사에서 '사회당'의 이름을 내건 첫 번째 전술상의 시도가, 전혀 메아리 없이 무의미한 결과로 끝나지는 않았다.

첫째, 조선사회당이 발송한 전보는 미약하나마 반향이 있었다. 조선사회당이 스톡홀름 국제회의에 전보를 발송한 사실은 일제 관헌에게도 곧바로 포착되었는데, 일본공사는 9월 1일 자 스톡홀름발(發) 스웨덴 전보통신사(電報通信社)의 보도에 의거하여 외무대신에게 보고하였고, 이 전보의 내용이 보도된 9월 2일 자 기사를 첨부하였다.[77] 스톡홀름발 통신사의 보도는 독일의 일간지에도 즉각 보도되었다.

독일의《노르트도이체 알게마이네 차이퉁(Norddeutsche Allgemeine Zeitung)》의 1917년 9월 2일 자 기사는, 한국 사회주의자들이 스톡홀름의 국제사회주의자대회에 전보를 발송한 사실 및 전보의 내용을 보도하였는데, 구식(舊式) 독일어 활자체로 된 이 기사의 내용은 다음과 같다.[78]

1917년9월1일 「스톡홀름」의 「스벤스카」통신국에따르면 상해 한국사회주의자들이「스톡홀름」의 국제사회주의자 회의에 전보를 발송했다. 한국인들은 이 전보에서 지금의 전쟁(제1차 세계대전)이「발칸」반도문제로 인해 발생된 것임을 밝히고 한국이 일본의 노예상태로 머무르게 된다면 한국의 문제로 인해 미래에 또다른 전쟁이 야기될 것이라고 주장했다. 아울러 그들은 다음과 같은 문제를 회의일정에 반영시켜줄 것을 요구했다. 모든 민족의 정치적 균등, 국제정의의 실현, 피압박민족의 원상복귀, 국제적인 독립 한국의 실현.[79]

조선사회당이 스톡홀름 평화회의에 전문을 발송하고 참가를 신청한 사실은, 영국의 신문에도 보도되었다. 일제 관헌 자료가 인용하는 영국 신문《모닝 포스트(The Morning Post)》에서는 전문을 보낸 주체를 'Shanghai President and Representatives of the International Socialists Association of Corea'라고 명시했다.[80] 조소앙은 상하이 주재 일본 영사가 외국 신문들의 보도에 놀라서 한국사회당의 활동을 조사하였으나 끝내 실체를 파악하지 못했다고 기술하였다.[81]

둘째, 조선사회당은 사라지지 않았으며, 당의 명의는 2년 뒤에 의미 있게 부활하였다. 1917년 한국문제가 해결되지 않을 경우 또 다른 세계대전이 발발하리라고 경고한 짧은 전보는, 1919년 8월 스위스 루체른(Luzern)에서 개최된 국제사회당대회에 직접 참가하여 한국독립의 결정서를 제출하여 통과시키는 성과로 이어졌다.(제5장 참조)

러시아의 공산주의혁명이 한국독립에도 유리하게 작용하리라는 조소앙의 인식은 공산주의혁명을 긍정하는 사상의 진전을 보였다. 독립을 세계열강에 호소하려는 외교 전술의 측면이 강하였지만,

이때 그는 한국민족운동사에서 신규식과 함께 최초로 사회주의자를 자처하며 나섰다. 이러한 사상과 전술상의 태도는 이후 삼균주의에 사회주의가 융해되어 수용될 가능성을 예비하였다. 삼균주의는 조소앙의 말을 빌려 표현하면, "한국에 적합한 신(新)사회주의"[82]였다.

조소앙은 국제사회당대회에 전문을 발송한 지 10여 일 뒤인 1917년 8월 15일, 미국에서 활동하는 안창호에게 한 통의 편지를 보내서 상하이에 청년회를 설치하자고 제안했다. 그는 독립운동의 근거지로서 3년 전에는 남북 만주, 2년 전에는 러시아가 적합했지만, 최근에는 상하이가 가장 적합지임을 강조했다. 또 자신이 상하이의 선교사·독지가들과 함께 교회(예배당), 어학강습소와 도서열람실, 병원 설립 등을 추진하고 있는데, 재원이 부족하므로 지원을 요청한다고 적었다. 조소앙은 이렇게 기독교를 매개로 독립운동의 기초를 모색하기도 하였으나, 이와 관련한 활동상이 나타나지 않는 바를 보면 상하이에서 청년회를 결성하려는 운동도 성과를 거두지 못한 듯하다.[83]

조소앙은 「대동단결선언」을 상하이에서 인쇄하여 국내외의 각계를 초청하였으나, 각자 영웅으로 할거한 각 단체는 여기에 하나도 호응해 오지 않았다. 그는 1918년까지 직접 지린(吉林)·펑텐(奉天, 선양의 옛 이름) 등 중국의 각 성을 두루 돌아다니면서, 각 독립운동 단체에 참가를 호소하였으나 역시 메아리가 없었다. 그는 한국민족이 단결성을 결여하였음에 개탄하며 적이 실망하였다.[84]

당시는 제1차 세계대전이 진행 중이었으므로 국제정세의 향방을 가늠하기 어려웠기 때문인지,[85] 중국을 비롯한 해외 독립운동계는 「대동단결선언」에 반응하지 않았다. 1917년에는 임시정부를 수립하려는 움직임은 전혀 가시화하지 않았다. 1918년 9월 불가리아가 항복한 뒤, 10월에 오스만 제국이 항복함에 따라 제1차 세계대전은 비로소 종막이 가까워지고 있었다. 마침내 11월 들어 오스트리아에 이어 독일이 같은 달 11일 항복함으로써, 제1차 세계대전은 사라예보(Sarajevo)에서 총성이 울리고(1914. 6. 28), 오스트리아·헝가리제국이 세르비아에 선전포고(1914. 7. 28)한 지 4년여 만에 끝났다.

제1차 세계대전이 종막을 거두어 갈 무렵, 아마도 1918년 9월을 전후하여 조소앙은 단신으로 만주를 향하였다. 세계정세는 급변하여 가는데도, 한인 사회는 단결의 희망이라고는 털끝만큼도 보이지 않았으며, 국내의 대중도 고요하기만 한 채 아무런 소리를 내지 않자, 그는 초조한 마음이 들었다. 그는 동북 지역의 한인들을 규합할 목적으로 이곳까지 달려왔으나, 교포 사회의 지도자들은 군웅할거하고 있었다. 조소앙은 윤세복(尹世復)·이시영(李始榮)·윤기섭(尹琦燮) 등과 협의하여 상하이에서 추진했던 임시정부 수립운동을 촉진시키고자 하였으나, 각계의 반대로 통합운동은 실패하고 통일은 무망하게 되었다.

조소앙은 이로 인해 크게 낙심하고 실의에 빠졌다. 그는 1919년 2월 대한독립의군부(大韓獨立義軍府)를 조직하기 직전의 자신의 모습을, "초연히 지린성에서 독서하였다(悄然讀書於吉林省城)."라고 짧게 회고하였는데[86] 여기에는 많은 의미가 담겨 있었다. 독립운동으로 분주한 때에도 수불석권하는 조소앙에게 독서는 일상일 터인데, 굳이 "초연 독서"를 운운함은 이 무렵의 심경과 생활상을 말해 준다.

조소앙은 동지들과 관계도 단절하고 은둔·칩거한 채 독서로 소일하면서 내면생활에 몰입하였다. 「대동단결선언」과 달리 「대한독립선언서」에 일신교의 색채가 짙게 깔려 있음을 보면, 이 무렵 종교와 철학 등의 사고에 더욱 몰입하였다. 필자가 「대동종교신창립」이 집필된 시기를 1918년에서 1919년 사이 지린에서 칩거할 무렵으로 추정하는 이유이다. 조소앙이 지린에서 칩거하는 동안 한때 최형록이 동반한 듯하다. 이후 조소앙과 최형록 사이에서 조계림(趙桂林, 1920~1965)이 출생하였고, 최형록·조계림은 조소앙과 함께 독립운동에 헌신하였다.

대한독립의군부, 3·1민족운동을 준비하다

1918년 들어 제1차 세계대전의 종결이 가까워 오고 있었다. 무엇보다도 1918년 1월 8일 미국의 윌슨(Woodrow Wilson) 대통령이 의회에서 행한 연설 가운데, 세계평화를 위해 "유일하게 가능한" 계획으로 제시한 '14개조 평화원칙'에 민족자결주의(Principle of National Self-determination)를 포함함으로써 식민지 약소민족을 고무시켰다. 이로써 고양되기 시작한 민족독립운동의 정세는 언론을 통해 전 세계에 알려졌다.

제1차 세계대전이 끝난 뒤에도, 파리강화회의의 14개 원칙 중에서 민족자결주의는 재확인되었다. 국외의 한국인 망명 지도자들 사이에서도 이러한 국제정세의 변화를 포착하고, 한국독립의 기회로 활용하려는 움직임이 활발하게 나타났다. 만주 지역에서도 이 지역

민족운동의 지도자 신규식(申圭植)이 앞장서서 기민하게 움직였고, 조소앙도 이에 합류하였다.

3·1민족운동이 일어나기 전해인 1918년 무오년, 조소앙은 실의에 빠진 채 서간도와 지린성에 체류하고 있었다. 그를 심기일전시킨 계기는, 3·1민족운동으로 향하는 조류의 한 갈래로 신규식에게서 발단한 독립의군부를 조직하는 활동이었다. 조소앙은 신규식의 연락책을 담당하였던 정원택(鄭元澤)을 통하여 신규식의 계획을 확인하고서 떨쳐 일어나 동참하였으며, 이후 후퇴 없이 한평생을 직업혁명가로 매진하였다. 그가 대한독립의군부의 일원으로 기초·작성한 「대한독립선언서」는 그 자신에 한정하여 말하면 자기 결단의 선언이기도 하였다.

신규식·김교헌(金敎獻)·김규식(金奎植)·김동삼(金東三) 등 해내외의 민족운동자 39명의 공동 명의로 발표한 「대한독립선언서(大韓獨立宣言書)」는, 조소앙이 「대동단결선언」에 이어 한국민족의 대동단결을 촉구한 두 번째 활동이자 민족운동 이론가로서의 진면목을 보여 준 문건이었다. 이 선언서에는 뒤에 삼균주의를 정립하는 주요한 개념과 용어들이 말 그대로 '배태'되어 있었다. 조소앙은 이 무렵을 다음과 같이 짧게 회고하였다.

3·1운동 전 무오년에는 길림성에 체류하면서 대한독립의군부의 조직과 『한국독립선언서』를 작성하여 30여 재외 거두(巨頭)로 더불어 공동 서명하여 선포하였다.

이것은 삼균주의의 배태기였다. (……)

기미년 4월에는 길림에서 대한독립의군부 부령(부주석)을 사임하고 상해에 파견되는 대표가 되어 상해에 다시 돌아왔다.[1]

대한독립의군부는 곧이어 상하이에 대한민국임시정부(때에 따라 임시정부로 줄임)가 수립됨과 때를 같이하여, 조선독립군정사(朝鮮獨立軍政司, 별칭은 길림군정사)로 명칭을 바꾸어 조직을 확대 개편하면서 군사 조직화를 시도하였고, 이후 의열단(義烈團)의 원류가 되었다.[2] 대한독립의군부는 '의군부'라는 명칭에서 보듯이 무력투쟁으로 독립을 달성하려는 항일단체였다. 이 단체가 지린 지역에서 결성된 데에는, 지리상의 특징과 결합된 이 무렵 만주 지역 한국민족운동의 동향과 관계가 깊었다.

지린성은 만주지방 한복판, 쑹화강(松花江) 상류에 위치하면서, 동북만주 또는 북간도와 연해주 쪽, 남만주 또는 서간도와 중국 관내 쪽 두 방향으로 갈림길을 이루는 교통의 요지로 유서 깊은 성곽도시였다. 이러한 지리상의 특징 때문인지, 이 지역은 1906년경부터 국외 독립운동 기지의 구축을 목표로, 특히 서간도 지방에 정착할 목적으로 고국을 떠난 인사들의 중간 기착지 겸 연락 거점이 되어왔고, 1910년대 후반에 이르러서는 망명 지사들의 집결지이자 국외 독립운동의 주요 근거지 가운데 하나로 부상하였다.

그러던 차 제1차 세계대전이 종결됨과 동시에 세계정세가 크게 변화하는 가운데, 국내외에서 민족독립의 열망이 운동으로 고조되는 분위기에서 지린 지역도 예외는 아니었다. 1919년 초 지린에 재류하고 있던 한국인 망명 지사들도 이곳에서 새로이 운동의 대오를 조직화하고 무장투쟁을 전개하려는 준비 작업에 착수하였다. 최초의 계기는 상하이에 체류하던 독립운동의 지도자 신규식이, 펑톈(奉天) 인근에서 중국인 개척농장을 경영하고 있던 정원택에게 비밀서신을 발송한 데에서 발단하였고,[3] 대한독립의군부를 결성하여 「대한독립선언서」를 선포하는 성과로 귀결되었다.

1919년 1월 21일(음력 1918년 12월 20일) 정원택은 신규식에게서 일봉(一封)의 비밀서류를 받았는데, 내용은 다음과 같았다.

> 방금 구주전란이 종식되고 미국 통령 월슨이 민족자결을 제창하며, 파리(巴里)에서 평화회의를 개최하니 약소민족의 궐기할 시기라, 상하이에 주류하는 동지들이 미주에 있는 동지와 국내 유지를 연락하여 독립운동을 적극 추진하며, 일면으로 파리(巴里)에 특사(特使)를 파송중인데, 서간도(西間島)와 북간도(北間島)에 기밀을 연락치 못하였으니, 군이 길림에 빨리 가서 남파(南坡, 박찬익을 가리킴 ─ 인용자)와 상의하여 서간도에 있는 동지와 연락하고, 각방면으로 주선하여 대기 응변(待期應變)하기를 갈망하노라. 만일 길림에 직접 가지 못할 경우이면 적당한 인사를 택하여 대행하든지, 그도 못할 경우에는 이 서류를 소각하고 사정을 지적해서 알려 달라.[4]

이 밀서에 보이는 '상하이에 주류하는 동지들'과 '파리에 특사 파송' 운운하는 대목은, 신한청년단(新韓靑年團)이 파리강화회의에 김규식을 대표로 파견한 사실 및 신한청년단의 구성원들이 이와 연계하여 국내외에 자금 모집 등을 위하여 파견된 사실을 가리켰다. 신규식은 지린 지역과도 연대할 의도에서 밀서를 보냈으므로, 정원택은 대한독립의군부로 귀결되는 조직을 결성하고 독립선언서를 발표하는 일련의 운동을 출발시킨 일종의 연락책이었다. 신규식이 그를 지명하여 밀서를 보낸 이유도, 그가 중국인과 농장을 함께 경영하는 등 발이 넓은 편이었고 나름의 자금 동원 능력도 평가한 때문으로 추측된다. 그는 대한독립의군부에서 서무의 직책을 맡았다.

정원택은 위의 밀서를 받은 지 이틀 뒤인 1월 23일 지린으로 출발·도착하여, 24일 박찬익을 왕방하고, 휴대한 신규식의 밀서를 내보이면서 미주·상하이와 국내 유지의 비밀활동을 언급하고 서북간도 사이에 연락 방법을 토의하였다. 이어 26일에는 조소앙을 방문하여 자신이 찾아온 목적과 박찬익·조소앙의 중책(重責)을 말하면서 하루속히 활동하기를 요청·재촉하였는데, 조소앙은 의외로 주저하는 태도를 보이면서 다음과 같이 사양하였다.

내 서간도로부터 여기 올 때에 뜻을 정한 바 있으니, 그 뒤로는 도관(道舘)에 숨어 있어서 세간 일에는 간섭을 아니하였으며, 남과 논쟁도 하지 않고 다만 자기 수양만 하기로 결심하였으니, 나는 내버려 두고 나 스스로에 맡기라. 내가 길림에 온 지 수개월이 되어도 알든 모르든간에 한 사람의 동지도 찾아온 일이 없으니 스스로 부끄럽기도 하나, 널리 용서해 주기를 바라노라.

이에 정원택은 동지들이 만리 절역에서 고생하는 이유와 파리강화회의·민족자결 등의 국내외 정세를 설명하면서 조소앙을 설득하였다. 정원택은 1919년 1월 26일에 조소앙과 주고받은 대화를 꽤나 상세히 기록하였는데, 얼마나 가필이 되었는지는 확인할 수 없지만, 이 무렵 조소앙이 동지들과도 고립한 채 생활하던 중이었음은 조소앙 스스로도 기록하였다.

이날 26일 시당(時堂) 여준(呂準)의 집에 여준·박찬익·정원택·조소앙 4인이 모여 서로 인사한 뒤 진행 방침을 토의하였다. 28일에도 상기 4인 이외의 몇 사람이 더 모여 토의하면서 지린의 사정을 상하이에 수신 보고하였다.[5] 이들은 이후에도 동지들을 규합하여, 2월 24일에는 여준·박찬익·조소앙·황상규(黃尙奎)·김좌진(金佐鎭)·박관해(朴觀海)·정운해(鄭雲海)·송재일(宋在日)·손일민(孫一民)·성낙신(成樂信)·김동삼 등이 여준의 집에 모여 독립운동 방법을 토의하였다. 이들은 2월 27일(음력 1월 27일) 다시 여준의 집에서 회합하여 대한독립의군부를 조직하였는데, 여준이 정령(正領)으로 추대되고, 조소앙이 부령(副領),[6] 총무 겸 외무에 박찬익, 재무에 황상규, 군무에 김좌진, 서무에 정원택, 선전 겸 연락에 정운해가 피선되었다.

『지산외유일지』에 따르면, 대한독립의군부를 조직한 인사들은 2월 28일 부서를 정하고 서무에 착수하여 긴급회의를 개최하고 다음과 같은 진행 방침을 결의하였다. "첫째는 상하이에 길림 대표를 파견하여 민속하게 연락을 취할 것, 둘째는 마필(馬匹)과 무기를 구입할 것, 셋째는 근지 각처와 구미(歐美) 각처에 선언서를 발송할 것, 넷째는 서북 간도와 아령(俄領)에 민속한 연락을 취할 것, 다섯째는 자금 모집을 위하여 비밀히 국내에 인원을 파견할 것 등"을 비롯해 기타 여러 항이었다. 상하이 대표로는 조소앙이 선정되었고, 마필·군기 매입은 김좌진이 중국 친구 수 명을 대동하고 러시아 땅으로 향하기로 하였다. 선언서는 조소앙이 기초하며, 정원택이 인쇄와 발송의 책임을 맡았다. 서북간도와 연락함은 성낙신·김문삼이, 국내에 들어가 자금을 조달하는 운동은 정운해가 담당하기로 결정하였다. 조소앙이 「대한독립선언서」를 작성하기 시작한 시점은, 대한독립의군부가 조직된 뒤 개최한 회의에서 결의한 방침에 따라, 1919년 양력 2월 28일 이후였다.

대한독립의군부의 인사들은 3월 1일에는 상하이에서 발송한 전보를 접하고서 한성이 이미 움직였음을, 또 임시정부를 수립할 목적으로 각계 지사들이 운집하였음도 알았다. 이들은 이렇게 국내외 민족운동의 긴박한 동향을 확인하고, 2월 28일 결의한 사항들을 즉각 실행에 옮겼다. 3월 2일에는 조소앙의 동생인 조용주(趙庸周)가 본국에서 돌아와 독립선언서를 기초하는 데 합류하였다. 마침내 3월 11일(음력 2월 10일) 선언서 4000부를 석판으로 인쇄하여 서북간도·러시아령과 구미 각국 및 베이징(北京)·상하이와 국내·일본에 우편으로 발송하였다.

2월 28일의 결의사항은 3월 31일까지 그대로 이행되었다. 3월 15일에는 장전(長電)을 파리평화회의에 송전하여 한국독립 원조를 호소하고 청원하였다. 3월 18일에는 조소앙을 지린 대표로 상하이에 파견하면서, 상하이임시정부 수립의 찬조금으로 2000원을 함께 기송(寄送)하였다. 3월 21일에는 박의병(朴義秉)의 부인 정여사(鄭女史)가 그의 동지 5~6인을 규합하여 여준의 승인을 얻어 낭자군(娘子軍)을 조직하였다. 3월 31일에는 박찬익이 무기를 구입하기 위하여 중국 친구를 대동하고 대련으로 출발하였다.[7]

이상이 문헌으로 확인할 수 있는 대한독립의군부의 활동상이다. 조소앙은 3월 18일 상하이로 향하였고, 이후 5월에 파리로 출발할 때까지는 상하이 대한민국임시정부에서 활동하였으므로 재편된 길림군정서에는 직접 참여할 수 없었다. 대한독립의군부는 단기간 존속함으로써 명칭에 부합하는 군사활동을 전개하지는 못하였지만, 애초이 단체가 신속하게 조직된 데에는 당장 군사행동을 실천하려는 데일차 목표가 있지는 않았다. 이보다는 3·1민족운동을 전후한 국내외정세에 부응하여, 지린 지역의 지리상·독립운동상의 특징을 살려 만주 지역의 독립운동가들을 결집하려는 구심점이 되려는 데에서 출발하였다. 이는 이후 국내와 상하이의 동향을 확인한 뒤, 이들 운동과연결할 지린 지역의 대표자 구실을 자임하려는 데로 진전되었다.

이러한 움직임의 중심 활동이 바로 대한독립의군부가 주체가 되어 만주 지역의 독립운동가를 결집시켜 독립선언서를 국내외에 선포하는 일이었다. 대한독립의군부는 독립선언서를 공포하기 위해 조직되었다고 할 만큼, 「대한독립선언서」는 대한독립의군부의 가장 가시화된 활동 성과였다. 그리고 조소앙은 대한독립의군부의 부령으로 「대한독립선언서」를 기초하는 중책을 수행하면서 한국독립운동의 중심인물로 부상하였다.

「대한독립선언서」를 작성하다

「대한독립선언서」의 기초자가 조소앙임은 정원택이 쓴 『지산외유일지』에도 기록되어 있으므로, 동 선언서의 초안 작성자가 조소앙이라는 데에는 이론의 여지가 없다.[8] 현전(現傳)하는 「대한독립선언서」 원본은 본문, 선언 일자, 서명자 순으로 구성되어 있는데, 문제는 「대한독립선언서」의 발표 시기이다. 선언문 끝에 선언 일자를 '단군기원4천2백5십2년2월 일(檀君紀元四千二百五十二年二月 日)'로 적고 '가나다 순(順)'임을 밝히면서 김교헌·김규식·김동삼 등 39인이 연명하였는데, 선언서를 공포한 날짜를 명기하지 않았다. 단기 4252년이 1919년 기미년임에는 이론이 없지만, '2월'이 음력이 양력이냐를 두고 의견이 크게 둘로 갈려 왔다.[9]

송우혜는 「대한독립선언서」가 1919년 양력 3월 중순에 발표되었고, 국내 「기미독립선언서」의 영향을 받았다는 요지의 음력설(說)을 주장하였다.[10] 반면 조항래는 송우혜의 견해를 반박하면서, '2월'을 양력 2월 8일보다도 빠른 2월 초순으로 해석하는 양력설을 제기하면서, 「대한독립선언서」가 「2·8독립선언서」나 「기미독립선언서」의 선구였다고 평가하였다.[11] 현재 학계는 대체로 송우혜의 설에 입각하여 논지를 전개하고 있다.

「대한독립선언서」의 발표 시기는 단순히 사실관계의 규명만이 아니라, 한국독립운동사를 연구하는 시야와도 관련이 있으므로 이부터 정리하고자 한다. 이 문제는 한국민족운동사라는 큰 틀에서 접근한다면 논점이 자연 해소되리라 생각한다. 무엇보다도 독립운동의 이념에서 조소앙의 선도성(이를 긍정하든 부정하든)에 초점을 두거나, 「2·8독립선언문」·「대한독립선언서」·「기미독립선언서」의 발표 시기상의 선후 관계로써 삼자 사이의 연관 관계 즉 영향력의 여부를 해석하려

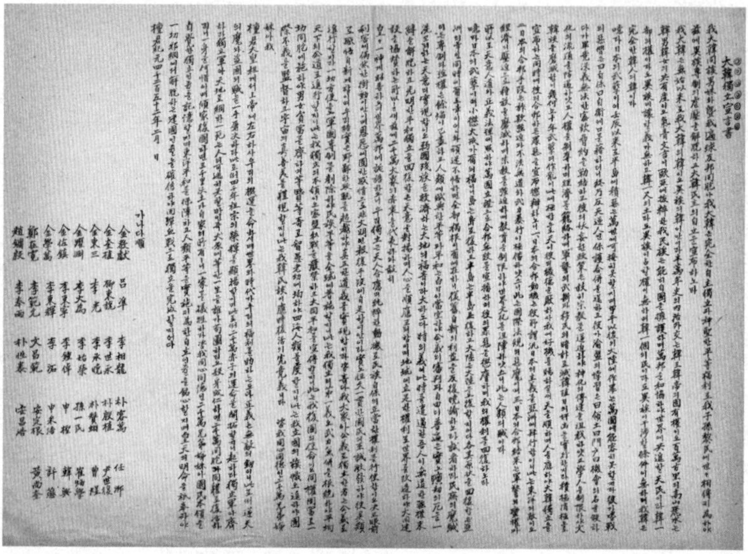

대한독립선언서(독립기념관 제공)

는 시각에서 벗어날 필요가 있다.

전자는 연구자의 주관이 반영되기 마련이다. 더욱이 후자는 당시의 통신 및 교통수단의 수준과 실정을 고려한다면, 선후 관계를 따지려는 시도 자체가 어쩌면 객관성을 잃은 입론이 되어 버린다. 세 독립선언서는 통신상의 연계성이 없어도, 당시 국내외 정세와 동향에 부응하여 저마다의 독립론을 표출하였으므로, 각 독립선언서가 지닌 특징과 의의를 평가해야 한다.

「대한독립선언서」의 작성 시기도 이러한 전제 아래 조소앙과 정원택이 남긴 자료를 꼼꼼하게 검토하면 분명한 결론에 이르게 된다. 조소앙은 『지산외유일지』에 매우 자주 등장하는데,[12] 조소앙과 정원택의 교분은 깊고 잦았다. 음력설에 입각한 연구자들은, 앞서 인용한 조소앙의 회고에 나오는 '무오년에는'이라는 구절을 한 문장 전체를 한정하는 의미로 받아들여, 「대한독립선언서」가 작성·공포된 시점을 음력 무오년으로 해석하면서 이를 「무오독립선언서」로 명명하기도 하였다.

『지산외유일지』에 따르면, 정원택은 1918년 12월 13일(음력 11월 10일)에 조소앙이 서간도에서 발송한 편지를, 1919년 1월 1일(음력 11월 29일)에는 지린에서 '우편함 주소'로 발송한 서신을 각각 받았다.[13] 이를 보면, 조소앙은 이 사이에 지린으로 이동하였고, 기미년 1919년 1월 1일(양력) 이후에는 이미 지린성에 체류하고 있었다. 또 대한독립의군부가 독립선언서를 작성하여 선포하기로 결정한 날은 1919년 2월 28일(음력 1919년 1월 27일)이었다. 따라서 음력·양력 어느 쪽으로 따져 보더라도, 무오년에 「대한독립선언서」를 작성하였다 함은, 더욱이 선포하였다 함은 성립되지 않는다.

조소앙이 남긴 기록들에는, 자신이 기초한 「대한독립선언서」가 「2·8독립선언서」나 「기미독립선언서」보다 시간상으로 앞섰음을 언급하지 않았다. 만약 그러하였다면, 이념·사상을 선도한다는 자존 의식이 누구보다도 강한 그가, 이를 언급하지 않았을 리 없다. 그는 이들 독립선언문의 시간상의 선후 관계를 중시하지 않았으며, 이 점에서 『지산외유일지』도 마찬가지였다.

조소앙의 글에서 확실한 바는, 대한독립의군부와 연관지어 「대한독립선언서」를 언급하였는데, 이 선언서가 대한독립의군부가 결성된 이후 단체 차원에서 결정한 활동의 일환으로 작성되었음을 뜻한다. 그의 회고는, 「대한독립선언서」는 1919년 2월 28일(양력) 대한독립의군부가 결성된 직후에 열린 긴급회의에서 결의한 바에 따라 작성되었다는 『지산외유일지』와도 일치한다.

조소앙이 남긴 기록들의 문맥을 따져 보면, 「대한독립선언서」는 국내의 「기미독립선언서」와 무관하게 작성되었다. 나경석(羅景錫)이 국내에서 지린으로 파송되어 이곳의 독립운동자들에게 기미독립선언서를 건넬 때, 조소앙은 그를 통해 국내정세를 알게 되었는데, 이때는 「대한독립선언서」가 이미 작성되어 있었다.

김기승이 이미 지적하였듯이, 3·1민족운동 이후 조소앙은 자신이 기초한 「대한독립선언서」보다도 국내에서 발표된 「기미독립선언서」의 대표성을 인정하였으며, 자신의 글에서는 「대한독립선언서」를 언급하지 않았다.[14] 나경석이 지린에서 조소앙 등과 접촉한 일자는 3월 1~2일 사이로 추정되는데,[15] 조소앙의 이러한 태도를 보면, 그가 「기미독립선언서」에 자극을 받아 「대한독립선언서」를 작성하였더라도 굳이 이 사실을 감추지 않았으리라 생각한다. 『지산외유일지』도 나경석을 언급하지 않았는데, 이는 국내의 「기미독립선언문」을 접하기 이전부터 「대한독립선언서」를 기초하기 시작하였음을 말해 준다.

조소앙은 대한독립의군부의 부령(부주석)을 사임하고 3월 18일(음력 2월 17일) 지린 대표로 상하이에 파견되었는데,[16] 이는 상하이에서 연락이 왔기 때문이지만, 나경석에게서 국내의 동향을 전해 듣고 시일의 촉박함을 느꼈기 때문이기도 하다.

이상을 정리하면, 대한독립의군부를 결성하고 「대한독립선언서」를 작성·발표하는 과정은, 대한독립의군부가 임시정부 내에서 지린 대표로 대표성을 확보하려는 방편이었다. 「대한독립선언서」가 완성된 날은 빠르면 1919년 3월 1일(음력 1919년 1월 29일)이며, 늦어도 3월 11일(음력 2월 10일)로 추정된다. 이때는 1919년 3월 초순(음력 2월 초순)이었다.

「대한독립선언서」는 원래 국한문을 혼용하여 모필(毛筆)로 작성한 문건을 석판(石版)으로 인쇄하여 공표하였는데, 모두 35행 1725자로 이루어졌다. 선언서에 연명한 인사들은 당시 세계 도처에서 활동하는 저명한 민족운동자로서, 만주(24명)·중국 본토(6명)·러시아령(4명)·미주 지역(4명)·국내(1인)를 포괄하였다. 만주 지역에서 활동하던 인사가 24명으로 서명자 가운데 다수를 차지한 이유는, 동 선언서가 만주에서 발표된 데에서 기인한다.[17] 이들 39명은 세계 각지에 흩어져 있는 각 지역 교포 사회에서 지도급 명망가들이었다. 당시 통신 수단 등의 한계를 고려할 때, 이들 39인 전체의 동의를 얻었다고 보기는 어렵겠지만, 전 세계에 흩어져 거주하는 동포 사회의 대표 인물들을 선언서 발표

의 주체로 내세운 점은 탁월한 선택이었다.[18]

「대한독립선언서」의 내용은 크게 일곱 가지로 요약할 수 있다.

첫째, "대한민주(大韓民主)의 자립을 선포하노라"라는 구절에서, 이전의 복벽주의(復闢主義)와 완전히 단절함으로써 전제군주국가를 종식시키는 대신 공화정체(共和政體)의 근대민주국가를 수립해야 한다고 밝혔다.

둘째, 대한의 주권과 영토는 한민족의 고유권(固有權)이며 공유산(共有産)으로 절대 이족(異族)에게 양도하거나 간섭받을 수 없음을 주장함으로써, 한국이 자주독립국임을 다시 강조하였다.

셋째, 일제의 죄악을 고발하였다. 일제의 침략 근성을 동양의 적이라 규정하고, '한일합병'은 한민족 전체의 의사와는 관계가 없는 불법이었으므로 국제법상 무효라고 주장하면서, 일제가 한국을 강점한 후의 악랄한 식민통치의 실상을 보면 일제는 인류의 적이라고 선언하였다.

넷째, 동양 3국의 원상회복을 요구하였다.

다섯째, 시의(時義)를 따라 광명한 평화독립을 회복하여 세계 개조 대동건설(大同建設)에 협찬하자고 주장하였다.

여섯째, 한민족 전체에게 앞으로의 행동 강령을 다음 5가지로 제시하면서 호소하였다. ① 일체의 방편(方便)으로 일제의 식민통치를 물리치고 민족평등을 전 세계에 알림이 독립의 제일 큰 뜻(第一義)이다. ② 독립의 본령은 무력겸병(武力兼倂)을 근절하여 '평균 천하의 공도(公道)'로 진행한다. ③ 우리나라를 복국(復國)시킴이 절대 사명이다. ④ 복국 후에 건설하고자 하는 새로운 '입국의 기치'를 내세웠다. ⑤

세계정세가 한민족에게 유리하게 전개되고 있는 당시가 한민족이 복국할 수 있는 최대의 기회로 이때를 놓치지 말고 자주독립을 이루자고 호소하였다. 나아가 국제 불의를 감독하고 우주의 진선미(眞善美)를 체현(體現)하자는 구경의(究竟義)를 제시하였다.[19]

일곱째, 선언서 최종 부분에서 '육탄혈전'으로 독립을 쟁취하자고 주장함은, 다른 독립선언서들이 다소 환상이라 할 만큼 국제 외교 처리에 의지한 독립을 갈구하였음과 대조된다. 일제를 구축할 수 있는 방략으로 독립전쟁을 강조하여 독립군의 궐기를 제창한 「대한독립선언서」가 갖는 의미는 대단히 크다.[20] 이 선언서는 인간은 누구나 한번 죽음을 피할 수 없는데, 개·돼지같이 구차하게 목숨을 부지하기보다는 나라를 위해 죽음이 더욱 가치 있지 않겠느냐고 호소하면서, 독립전쟁에 참가하자고 거듭 주장하였다.

「대동단결선언」과 「대한독립선언서」는 모두 조소앙이 기초하였으므로 이념의 측면에서 하나의 맥락으로 이어졌다. 일제의 침탈에 대항하여 한민족의 독립을 선포하는 동시에, 앞으로 달성할 한민족의 독립이 '자주독립과 평등복리'의 실현을 통해서 근대 민주주의 공화정체의 민족국가를 수립해야 한다고 천명하였다. 두 선언서는 무엇보다도 공통으로 한국 고유의 주권은 한인 자신들에게 있으므로, 이족 즉 일제에 양도할 수 없음을 강조하였다. 독립 이후 건설하는 국가의 이념으로서는 대동론(大同論)에 기초한 평등과 평화가 가장 기본 요소를 이룬다. 이 무렵 조소앙의 사상은 대동 평등사상으로 표현되었다.[21]

조소앙 스스로 「대한독립선언서」를 작성할 때를 '삼균주의의 배태기'라고 표현하였듯이, 이 선언서에는 삼균주의의 주요 개념과 용어들이 싹트고 있었으므로, 삼균주의가 정립되는 데에서 절대 중요한 위치와 의미를 갖는다. 삼균주의가 조소앙의 민족운동론의 총체를 가리킨다고 한다면,[22] 「대한독립선언서」에는 이와 같은 전체상이 이미 움텄다.

「대한독립선언서」는 일본이 대한제국을 '합방'한 동기·수단·결과를 각각 가리켜 '동아(東亞)의 적'·'국제법규의 악마'·'인류의 적'이라 규정하여 일제 침략의 실상을 폭로·규탄하면서, 먼저 '합병무효'와 '대한독립'을 선포하였다. 나아가 민족의 독립을 달성해야 하는 논리·방법, 독립 후 한국민족의 진로와 민족국가 건설의 방향, 이로써 세계평화를 달성하려는 이념이 소박한 형태로 보인다. 다음 구절은 삼균주의의 태아(胚芽)라고 할 수 있다.

공의(公義)로 독립한 자는 공의로 진행할지라, ㉠일체방편(一切方便)으로 군국전제(軍國專制)를 삭제(削除)하야 민족평등을 전구(全球)에 보시(普施)할지니 차(此)는 아(我) 독립의 제일의(第一義)오, ㉡무력겸병을 근절하야 평균천하(平均天下)의 공도(公道)로 진행할지니 차는 아 독립의 본령(本領)이오, 밀약사전(密約私戰)을 엄금하고 대동(大同)평화를 선전할지니 차는 아 복국(復國)의 사명이오. ㉢동권동부(同權同富)로 일체동포에 시(施)하여 남녀빈부를 제(齊)하며, 등현등수(等賢等壽)로 지우노유(知愚老幼)에 균(均)하야 사해인류를 도(度)할지니 차는 아 입국(立國)의 기치오, ㉣진(進)하여 국제불의를 감독하고 우주의 진선미를 체현(體現)할지니 차는 아 대한민족의 응시부활(應時

復活)의 구경의(究竟義)니라.[23](원 문자는 인용자)

「대한독립선언서」는 구체한 실현 방법까지 적시하지는 않았지만, 위에서 보듯이 '동권'·'동부'·'등현'·'등수'로 민족국가를 건설하는 방향을, '민족평등'·'평균천하'를 실현함으로써 사해인류에 기여하는 방안을 제시하였다. 이 선언서에서는 위의 낱말과 함께 '복국'·'입국'이라는 용어도 중요하다.

㉠은 모든 수단을 동원하여 일본군국주의의 전제정치를 타도하여 '민족평등'을 전 세계에 실현함에 독립의 '제일의'가 있다고 선포하였다. 이러한 논리는 뒤에 삼균주의의 토대를 이루는 민족혁명의 개념으로 구체화한다. 여기서 군국전제는 이족전제의 학정 즉 강권(强權)·속박을 뜻하며, 민족평등은 대한민주의 자립 즉 평화독립을 뜻하였다.

㉠·㉡·㉢·㉣의 각 단계는 서로 계기하면서 이어지는 과정인데, 앞 단계가 다음 단계를 예비하고 있다. ㉠은 ㉡·㉢·㉣를 실행하는 전제이다. 이러한 논리는 「대한민국건국강령」(1941. 11)에서 복국 → 건국 → 치국(治國) → 세계일가의 각 단계가 다음 단계를 준비하면서 나아가는 논리와 일치한다.

㉡은 일제의 무력겸병을 근절하여 국가평등의 이상을 실현함이 '독립의 본령'이라고 선포하였다. 일제의 무력겸병을 근절함은 일제 지배를 한국민족의 무력으로 타도하는 1단계 복국의 과정인데, '평균천하'·'대동평화(민족평등 또는 국가평등. 이때는 국가 사이의 밀약과 전쟁이 없다.)'로 나아가는 단계를 준비하면서 진행된다.

「대한독립선언서」는 '민족혁명'이란 용어를 사용하지는 않았지만, 한국민족이 무력으로 일제 지배를 타도하여 민족평등을 실현함을 복국의 단계로 규정함을 볼 때, 민족혁명의 개념이 발아하고 있었다. 「대한민국건국강령」의 '복국' 개념은 이때 이미 자리 잡았다. '민족평등'의 용어는 1920년대 초에는 '민족혁명'이란 용어와 함께 더욱 발전하며, ㉠·㉡을 합치면 1931년에 개념화하는 '민족균등주의'로 귀결된다.

㉢은 ㉠·㉡의 복국 과정을 거친 다음의 입국 단계이다. 삼균주의가 정립된 뒤에 용어로 대치해 보면, 동권은 균권(均權, 정치평등)에, 동부(同富)는 균부(均富, 경제평등)에, 등현은 균지(均智)·균학(均學, 교육·문화의 평등)에 해당한다. 등수는 「대한독립선언서」에서 보이는 특징으로, 인간의 생명·건강과 관련 있는 의료 수혜의 균등을 포함하는 의료보장 또는 노령보장을 염두에 둔 복지의 개념이라고 생각한다.

조소앙은 뒷날 삼균주의를 실천하는 단계에 들어서, "정치·경제·교육상의 신민주주의(新民主主義)"가 실현된 사회를 쉽게 설명하며, "한 사람의 병자가 치료받을 병실을 가질 수 있어야 하며 학생이 각기 공부할 수 있는 책상을 가질 수 있어야 하고"[24]라고 언급한 바 있다. 또 한국독립당 당책(黨策)의 제17항·제18항에서는 각각 "국민보건시설을 보급할 것", "양로제도를 확립하여 실시할 것"[25]을 명시하였는데, 이러한 국민보건·양로제도 등이 등수의 개념에 해당한다고 볼 수 있다.

'남녀노소'·'빈부귀천'이라 말하는 일반어 대신, '지우'를 넣었음은 교육·문화의 균등을 주장하는 탁견(卓見)으로, 삼균주의에서 균지·균학의 독창성으로 이어졌다. '등수'까지 포함하여 '동등'을 실현해야 할 영역을 넷으로 나누어 '4균(四均)사회'를 표방하였다.[26] '등수'의 개념은 더 발전시키지 못한 아쉬움이 있지만 「대한독립선언서」에서 보이는 특징이다. '동권동부'·'등현등수'의 균등(평등)을 실현하는 제2단계 입국의 과정에서도, "사해인류를 도"함이라 하여, 뒤에 '세계일가'의 개념으로 정리되는 3단계의 과정을 예비하고 있다. '입국'의 개념은 삼균주의에서는 '건국'으로 정립된다.

ⓡ은 세계일가가 실현되는 3단계의 과정인데, 우주의 궁극 목표를 실현하는 궁극의 단계를 담고 있다. 삼균주의와 마찬가지로 여기서도 세계일가의 보편주의 이상을 보인다. 「대동단결선언」에는 아직 '치국'의 개념이 보이지 않으므로 3단계로 마무리되지만, 「대한민국건국강령」에서 복국 - 건국 - 치국 - 세계일가의 네 단계로 정립된다. 민족 안의 '동등'을 실현한 입국의 과정을 거친 후 민족평등·평균천하의 세계평화로 나아간다는 인식 틀은 삼균주의로 이어지며, 이와 같은 세계일가의 보편주의·이상주의는 삼균주의의 귀결점이었다.

「대한독립선언서」에서는 아직 '평(平)' 또는 '균(均)'이라는 용어를 주로 사용하지 않고 '동'과 '등', 즉 동등의 개념을 사용하여, 기본이념을 균등·평등이 아닌 '동등'으로 설정하였다. 또 일률로 '동' 또는 '등'의 어느 하나로 표현하지 않고, '동권'·'동부', '등현'·'등수'로 표현하였다. 이 네 가지 영역으로 민족국가를 건설하는 방향과, '민족평등'·'평균천하'를 실현함으로써 사해인류에 기여하는 방안, 삼균주의의 건국 - 치국 - 세계일가의 이상을 내포하였다. 삼균주의를 서구의 사회민주주의로 비견한다면, 조소앙에게는 1919년 초 무렵 사회민주주의 개념이 정착되었다고 할 만하다. 이는 그가 1915년 무명단을 조직하여 활동하고, 또 1917년 조선사회당의 일원으로 최초로 사회주의자를 자처한 이래, 사회주의 사상을 일정하게 수용해 나갔음을 보여 주는 대목이다.

그러나 「대한독립선언서」의 "황황일신(皇皇一神)께 소고(昭告)하오며", "아 단군대황조(大皇祖)께서 상제(上帝)에 좌우(左右)하사 우리의 운명을 명하시며", "황천(皇天)의 명운(明命)을 지봉(祗奉)하야 일체 사망에(邪網)서 해탈하는 건국인 줄을 확신하야"라는 등의 구절과 사고에는, 일신교(대종교)의 색채가 짙게 배여 있다. 이러한 구절들은 「대한독립선언서」가 거의 조소앙 독력(獨力)으로 작성되었음을 반증하면서, 대한독립의군부의 인사들도 대종교 신자가 다수였으므로 여과되지 않았으리라 생각한다. 독립과 건국의 문제를 사회과학에 입각한 분석과 전망이 아니라, 일신의 의지에서 확인하고 도덕·종교의 영역에서 추구함은, 삼균주의가 정립되기 위해서는 반드시 극복해야 할 요소였다. 조소앙이 독립·건국의 당위성과 목적성을 관념화·신비화하는 경향은 1920년대 초까지 지속되었다.

임시정부 수립의 예비 회의, 분열에서 단결로

일제는 1910년 8월 대한제국을 병합한 뒤, 다른 식민지배사에서도 찾아볼 수 없는 가혹한 헌병경찰정치를 실시하였다. 1919년 3월 한민족은 일제의 무자비한 폭압에 온 겨레가 온 나라를 들어 저항하였고, 민족독립의 열기는 한국 역사상 최초의 민주공화정부인 대한민국임시정부를 수립하는 도약으로 이어졌다.

3·1민족운동의 진행 과정 중 한민족은 국내외의 여러 곳에서 임시정부를 세웠다. 1919년 4월 중국 상하이에서 수립된 대한민국임시정부가 한국사에서 최초의 민주공화정 체제의 정부였으며, 비슷한 시기 블라디보스토크와 서울에서 각각 수립된 대한국민의회·한성정부도 모두 민주공화제를 선포하였다. 또 국내외에서 전단으로 살포된 임시정부도 여럿 존재하였다. 이들 임시정부는 9월 상하이의 대한민국임시정부를 중심으로 다시 대한민국임시정부로 통합하였다. 이후 민족운동의 과정에서 복벽주의는 도태되고 '주권재민'의 공화제가 지향점이 되었음은, 3·1민족운동과 이후 민족운동의 의의로 반드시 지적되는 대목이다.

박은식은 『한국독립운동지혈사(韓國獨立運動之血史)』에서 3·1민족운동을 러시아혁명, 윌슨의 민족자결주의를 계승한 "세계 개조를 지향하는 혁명운동"이라고 이해하면서, 책의 결론에서 3·1민족운동을 가리켜 "세계혁명사에서 하나의 신기원(新紀元)을 열었다"[27]고 평가하였다. 3·1민족운동은 박은식·신채호를 비롯해 한국의 민족지성에게 '코페르니쿠스의 전환'을 가져왔다. 조소앙도 예외는 아니었다.

3·1민족운동의 영향으로 좁게는 한국민족운동, 크게는 한국사에서 민주주의는 당연한 지향점이 되었다. 조소앙도 이 점을 분명하게 지적하여, "3·1운동은 민주주의를 그 중심조류로 한 혁명운동"·"현대 민주주의적 각성의 발로"인 점에서, 이것이 "우리 민족 발전사상의 한 가지 의의 있는 일"이며, 이로써 "민주주의적 사상은 실로 당

시 운동의 모든 방면에 침투되었던 것이다."라고 극찬하였다.[28]

조소앙은 이처럼 '3·1운동'과 민주주의 사상의 보급·발전을 연관시키면서, '3·1혁명'은 독립을 선포하여 한국민족의 자유로운 결정에 따라 정부수립의 권리를 행사함으로써, 대한민국의 민주정체를 건립하고 임시정부를 조직하였음도 잊지 않고 지적하였다.[29] 대한민국임시의정원이 임시헌장을 제정하여 민주공화국을 선포하였고, 대한민국임시정부가 우리 역사상 최초의 민주공화국이었음은 이제 재삼 말할 필요도 없다.

3·1민족운동은 조소앙에게 무엇보다도 한국민족이 단결력이 강한 민족임을 새롭게 일깨움으로써[30] 민족과 동포에 깊은 신뢰감을 갖도록 하였다. 그는 이전의 좌절감에서 벗어나 불굴의 의지로 혁명운동에 종사할 동력이 생겨났고, 임시정부 수립에 혼신의 힘을 기울였다.

1919년 3월 18일 조소앙은 대한독립의군부의 대표 자격으로 지린을 출발하여, 3월 하순에는 상하이에 도착하여 활동을 시작하였다. 정원택은 4월 4일 지린을 떠나서 4월 12일 이른 아침에 상하이역에 도착하였는데, 8일에 걸친 여정이었다.[31] 이로써 유추하면, 조소앙이 서둘러서 목적지 상하이로 향하였다는 가정 아래, 그는 3월 25일 이전에는 상하이에 도착하여 활동을 시작하였으리라 생각한다. 이후 그는 4월 한 달 동안 임시정부를 수립하는 역사의 한복판에서, 또 중심에 서서 임시정부를 조직하는 데 진력하였다.

3·1민족운동이 일어난 뒤 해외 각지에서 이 소식을 접한 독립지사들이 속속 상하이로 집결하였다. 3월 중순 이래 중국의 베이징·만주 및 노령에서 이동녕(李東寧)·이시영(李始榮)·조완구(趙琬九)·조성

환(曹成煥)·김동삼 등[32] 30여 명에 달하는 원로급 인사들이 상하이에 도착하였다. 각지로 파견되었던 신한청년당(新韓靑年團)의 특파원들도 속속 돌아옴으로써 상하이의 분위기는 더욱 활기를 띠었다. 이들은 3월 하순 이동녕이 처음 제창하여,[33] 독립운동가들이 모일 수 있는 공간으로 프랑스조계(租界) 바오창루(寶昌路) 329호의 허름한 집에 '독립임시사무소'를 설치하고 현순(玄楯)을 총무로 선출하였다.

독립임시사무소는 이름이 말해 주듯이, 독립운동을 이끌어 갈 최고기관을 세우기 위한 한시 기구였다. 그러나 3·1민족운동을 이어 나갈 독립운동가들이 한자리에 모일 수 있는 공간을 마련해 주면서, 앞으로 전개할 독립운동을 이끌어 갈 최고지도기관을 건설하는 준비 과정의 소임을 담당하였다. 독립임시사무소에 참여한 인사들은 조소앙(당시 조용은으로 활동)을 비롯해 이동녕·이시영·조완구·여운형(呂運亨)·현순·신익희(申翼熙)·이광수(李光洙)·신석우(申錫雨)·조동호(趙東祜)·신규식·신채호 등 30여 명으로 이들은 비밀회의를 계속하여 나갔다.[34]

노령과 만주 지역의 인사들이 상하이로 집결함에 따라 독립임시사무소는 중앙기관 수립 문제를 해결하기 위해 이동녕·이시영·조소앙·이광(李光)·조성환·신석우·이광수·현순의 8인으로 (특별)위원회를 구성했다. 8인 가운데 기호파(畿湖派) 인사 5인(이동녕·이시영·조소앙·조성환·이광)이 상하이임시정부를 출범시킨 핵심이었다. 최고기관을 수립하기 위한 움직임은 급류를 타기 시작했고, 4월 초 독립임시사무소는 내외 각지에서 상하이로 모여든 민족운동자들을 중심으로 많은 회의와 토론 후에 임시의정원을 세우기로 결정했다.[35]

이동녕을 의장으로 삼아 4월 1일부터 시작된 이 회의가, 협의에 협의를 거듭하면서 10여 일의 시간이 걸린 이유는, 참석자들의 의견 대립이 치열하였던 몇 가지 쟁점들 때문이었다. 참석자들은 수차례의 회의 때마다 총론과 각론에서 격론을 벌였으나, 임시정부를 수립하는 방향으로 의견을 모았고, 이를 위해 '임시의회'를 설립하기로 합의를 도출하였다.

핵심 쟁점은 독립운동 구심체의 성격을 당(黨)조직으로 하느냐, 임시정부로 하느냐는 문제였다. 요즈음 학계에서는 이를 정당설립론이냐 정부수립론이냐로 정리한다. 이 문제는 상하이에 독립운동 지사들이 집결하면서 점화되기 시작하였는데, 정부수립론자가 다수를 차지하였으므로 3월 말부터 임시정부를 수립하는 움직임은 대세를 이루고 급물살을 탔다.

조소앙을 비롯해 회의에 참석한 이들은 대부분 임시정부설을 따랐고, 당조직을 주장하는 사람은 여운형·이광수·최근우(崔謹愚) 3인 뿐이어서, 다수결의 방법을 취해 임시정부설이 대다수로 결정되어 임시정부의 명칭을 사용하게 되었다.[36] 가장 본질의 문제인 독립운동 구심체의 성격이 임시정부로 결정되자, 이제 임시정부 조직 방식과 주도권 등을 둘러싸고 첨예한 대립이 나타났다.

당시 상하이에 집결한 독립지사들은 오랫동안 국내외 각 지역에 분산되었다가 합류하였고, 또 한국 전래의 지방색·당색(黨色)에다가 신구(新舊) 간 세대 차로 인하여 노선상의 차이가 노정됨은 어쩌면 자연스러운 현상이었다. 의당 한 번쯤은 여과되어야 할 과정이었다. 수차례의 난상토론 끝에 합의된 결론을 도출하였으므로, 4월 10~11일의 임시의정원 회의는 감격스러운 분위기에서 임시정부를 조직하고 마침내 선포할 수 있었다.

조소앙도 이때의 격론을 '알력'이 아닌 '단결'의 시각에서 다음과 같이 회고하였다.

상해로부터 대표를 파견하라는 전보를밧고 내가대표로 상해에로 와보니 참으로 감격할풍정(風情)이엿다 종래의 동제사(同濟社)를 중심으로하는 독립운동자의 그룹을위시(爲始)하야 여러 그룹이 대립 상쟁(相爭)하든 알력은 일소되고 모다 한마음한뜻으로 단결되여 산 천초목까지도 모다 독립운동만으로 단합된것갓치보엿다 이광경을 보는중국(中國)각신문을 위시하야 각국정민각계(各國政民各界)는 모다우리를 동정(同情)격려하얏다[37]

조소앙은 이전의 분열상이 일소되었다고 감격스러워했지만, 과정은 뜨거운 논쟁을 동반하였다. 첫 번째 쟁점은 국내 세력과 해외 세력 사이의 주도권 문제였다. 국내·일본에서 참가한 인사들은, 국내에서 독립선언을 발표하고 전국에서 독립운동을 전개한 33인과 기타 지도자들을 중심으로 삼아야 한다고 주장한 반면, 해외파 인사들은 해외의 망명 독립운동자를 내세웠다. 논쟁의 과정에서 조소앙이 남긴 일화가 한 가지 전한다.

오랜 시간에 걸쳐 갑론을박이 반복되자, 해외 인사의 1인으로 양측의 논쟁을 듣고만 있던 조소앙이 벌떡 일어서면서 "여러분! 여러분의 존내심(尊內心) 때문에 아무것도 못하겠읍니다." 하며 말을 꺼냈다. 발언자인 조소앙이 창작해 낸 '존내심'이란 단어는 회의 참석자들 모두 처음 듣는 생소한 말인 데다가, 그가 '존내심'에 너무 힘을 주었기 때문에 발음이 이상했고 듣기에도 괴이했다. 만장이 웃음보를 터뜨리자, 조소앙 자신도 한바탕 웃고 난 뒤 정색을 하고 말을 이었다. "높을 존(尊) 안 내(內) 마음 심(心)의 존내심 즉 국내를 너무 존중히 여긴다는 말이올시다. 다시 말하면 33인을 과중히 생각한다는 말이올시다." '존내심'이란 단어는 국외 인사를 높이자는 뜻이었는데, 조소앙의 발언이 장내의 분위기를 다소 부드럽게 만든 탓인지 문제 해결에도 일조하였다.[38]

두 번째 쟁점은 임시정부의 수반을 선출하는 문제로 더 큰 고성이 오고 갔다. 일부에서 이승만이 적임자라고 발언하자, 신채호는 격렬하게 반대론을 폈다. 이때의 일화는 널리 알려진 이야기이다. 신채호는 "이승만은 이완용보다 더 큰 역적이다. 이완용이는 있는 나라를 팔아먹었지만 이승만이는 아직 우리나라를 찾기도 전에 팔아먹은 놈이다."라고 격하게 주장하였다. "그런 사실을 잘 알아보기도 전에 그렇게 단정 지을 수 없지 않은가."라는 반론이 제기되자, 신채호는 "너희 같은 더러운 놈들과는 자리를 같이 않겠다!"라고 대성노호(大聲怒號)하며 자리를 박차고 일어나며 나가 버렸다.[39] 신채호는 화가 나면 자리를 박차고 나가는 습관이 있었는데, 이때도 격분을 참지 못하고 퇴장하였다.

신채호가 이승만을 반대한 이유는, 이승만이 미국 대통령 윌슨에게 위임통치를 청원한 사실 때문이었다. 이 위임통치 청원 건은 이후 임시정부 내에서 두고두고 분란을 야기하였고, 임시정부가 분란에

휩싸일 때마다 다시 터져 나온 끝에, 1925년 3월 이승만이 임시의정원에서 탄핵을 당하는 요인으로도 작용하였으므로 내막을 정리하고 넘어간다.[40]

이승만은 3·1민족운동 직전인 1919년 2월 25일 병상에서, 정한경(鄭翰景)이 작성한 위임통치 청원서에 서명하여 정한경과 공동 명의로 3월 3일 윌슨 대통령에게 제출했다. 이 청원서에는 즉각 독립이 불가능한 한국의 상황을 감안하여, 장래 완전한 독립을 보장한다는 분명한 전제조건하에 한국을 일정 기간 동안 국제연맹의 위임통치 아래 두어 달라는 내용이 들어 있었다.

이승만과 정한경은 1919년 1월 중순부터 두 달 이상, 미국정부와 윌슨 대통령을 상대로 파리행 여권 취득과 한국독립을 호소하는 활동을 벌였으나 여의치 못했다. 이들은 3월 16일 워싱턴에서 기자회견을 자청하여, 자신들이 윌슨 대통령에게 보낸 「한국위임통치청원서」를 각 신문에 보도케 하였다. 이승만 등의 요청에 따라 《뉴욕 타임스》는 17일 자로 "대한인국민회는 윌슨과 파리강화회의에 대해 한국이 완전한 자치 능력을 갖췄다고 판단될 때까지 국제연맹이 한국을 위임통치해 주기 바란다는 내용이 담긴 청원서를 제출했다."라고 보도했다.

하와이에서는 본토에서 날아온 전보를 근거로, 3월 17일 자 영자 신문 《태평양상업신문(The Pacific Commercial Advertiser)》에 "워싱턴 3월 16일 전보(연합통신사). 대한인국민회에서 윌슨 대통령에게 요구하기를 한국독립의 장래를 위하여 파리강화회의에 주선하여 한국이 장래에 독립정부를 건설하기에 적당함을 국제연맹에서 인정하여 줄

때까지 미국의 지도를 받는 위임통치국이 되기를 바란다."라는 내용의 신문 기사가 나왔다.

하와이의 박용만(朴容萬) 세력은, 한국 독립운동가들이 몰려 있는 원동(遠東) 각지에 이승만의 위임통치 청원 사실을 전보로 알리며 이승만을 비판하였다. 이승만이 위임통치 청원서를 제출하였다는 사실은 상하이에도 전해졌다. 독립전쟁론을 주장하는 독립운동 단체들은 이승만을 거세게 비판했고, 위임통치 문제는 임시정부 수립 과정에서도 분란을 일으켰다.

이렇게 진통을 겪으면서 임시정부 수립을 위한 회의는 계속되었고, 국호(國號) 제정과 이왕가(李王家) 처우 문제 등에서도 논전은 이어졌다. 국호로는 '대한민국'·'조선공화국'·'고려공화국' 등의 의견이 나왔다. '대한민국'을 주장하는 의견은, '대한'은 일본에게 빼앗긴 국호이니 다시 찾아 독립한다는 의의를 살려야 하고, 또 중국이 신해혁명 후에 혁신의 뜻으로 '민국'을 칭하니 이를 따라 '대한민국'으로 하자고 주장하였다. 반면 여운형은 '대한'이란 국호를 적극 반대하였는데, '대한'은 이미 망한 나라의 국호이고, 일본에게 병합되어 버린 국호이므로, 이를 그대로 부름은 감정상으로도 용납될 수 없다는 논지였다. 그러나 다수가 대한민국을 선호하였으므로 국호는 대한민국으로 낙착되었다.[41]

여기서 중요한 점은, 국호로 '대한'·'조선'·'고려' 등이 논의되었지만, '민국'이라는 국가정체를 국호에 포함시키는 데에는 전혀 이의가 없었다는 사실이다. 3·1민족운동 이후 국내외에 선포된 정부(전단상의 정부를 포함하여)가 모두 민주공화국을 선포한 점에서 보듯이, 임시정부의 정체가 민주공화국임은 민족총의로 합의·결정된 상태였다.

임시정부 수립 회의에서 또 한 가지 쟁점은 구황실(舊皇室) 우대 문제였다. 조완구 등 선배 격의 인사를 비롯해 연로한 측에서는 민심 수습을 위한 방편 등의 논리로 구황실 우대론을 들고 나왔다. 반면 여운형을 비롯해 청장년 측은 망국의 책임론으로 이에 반대하였다. 이 또한 표결에 부친 결과 우대론이 다수였으므로, 「대한민국임시헌장」의 제8조에 "대한민국은 구황실(舊皇室)을 우대함"이라는 조항을 넣게 되었다.[42] 구황실 우대 문제는 당시의 민심과 민족감정을 반영하였을 뿐, 과거의 군주정치로 돌아가자는 복벽주의가 아니었으므로 논쟁은 일단락되었다.

대한민국임시정부, 민주공화제 정부의 탄생

독립임시사무소가 설치된 후 수많은 회의를 거쳐서 합의된 결과를 바탕으로, 마침내 1919년 4월 10일 밤 10시부터 프랑스 조계 진선푸루(金神父路) 60호의 한 셋집에서 임시정부를 수립하기 위한 '각 지방 대표회'가 열렸다. 회의에 참석한 독립지사들은 각 지방을 대표하는 총 29명이었고, 조소앙(趙蘇昻으로 기록됨)도 이 중 한 사람이었다.

29인으로 구성된 '각 지방 대표회'가 개회하자,[43] 조소앙은 벽두에 "본회의 명칭을 임시의정원이라 칭하기"로 동의(動議)하였고, 신석우가 재청하여 첫 번째 안건이 가결되었다. 통상 민주주의 정체를 지향하여 건국하는 역사상의 전례는, 제헌의회에서 헌법을 제정하여 국호·국체를 정한 뒤, 입법·사법·행정을 갖춘 정식정부를 수립·선포하여 주권국가의 체제를 완성하는 단계로 진행되었다.

당시 조소앙을 비롯해 근대교육을 받은 독립지사들에게, 이러한 건국 과정은 이미 일반화된 공리(公理)였다. 비록 '망명' '임시정부'이지만 의회부터 구성하여 헌법을 제정하고, 이에 근거하여 행정부·사법부를 세운 뒤, 국가 즉 넓은 의미의 정부를 선포함은 의당한 수순이었다. 「대한민국임시헌장」 제2조가 의회주의를 표방함도 민주주의의 원리를 반영한 명문(明文)이었다.

의회주의의 원칙에 따라 입법부를 구성하고 입법부의 명칭도 정하였으므로, 이제 입법부인 임시의정원 회의를 이끌어 갈 의장단을 선출해야 했다. 이 역시 조소앙이 "정식 의장 1인을 선거하자"고 동의하자, 이광수가 정식 의장 1인, 부의장 1인, 서기 2인을 선거하자고 재개의(再改議)하여 가결되었고, 여운형이 선거 방법은 무기명 단기식(單記式) 투표로 하자고 동의하여 가결되었다. 투표 결과는 의장에 이동녕, 부의장에는 손정도가 당선되었다.

임시의정원의 의장단이 구성되자, 최근우가 특청(特請)하여 임시정부 조직을 위한 의제에 들어갔다. 먼저 백남칠(白南七)이 본국에서 조직된 임시정부는 부인하자고 정식으로 동의하고, 이영근(李渶根)이 재청하였으나 부결되었다. 본국에서 보내온 정부조직을 인정하는 여부는 장시간에 걸쳐 진지하게 토의가 진행되었으나 결론에 이르지 못하였다. 이에 조소앙이 임시정부의 소재만 표명하고, 관제(官制)와 국무원(國務院)은 별도로 정하자고 동의하자, 선우혁(鮮于爀)이 재청하여 가결된 뒤 10일 회의가 끝났다. 백남칠의 동의가 부결되었음은,

이날 토의에 참석한 인사들 대부분이 감정에 치우치지 않았음을 말하며, 더욱이 조소앙은 이를 중재하여 타협안을 제시하였다.

회의는 날짜를 바꾸어 11일에도 계속되었고, 임시정부를 수립하는 의제에 본격 들어갔다. 현순이 국호·관제·국무원 문제를 토의하자고 동의하고 조소앙이 재청하여 가결되자, 먼저 국호를 '대한민국'이라고 칭하자는 신석우의 동의와 이영근의 재청이 가결되었다. 신석우는 조소앙과 동제사에서 함께 활동하였고,[44] 1917년에도 「대동단결선언」에 이어 조선사회당을 결성하며 조소앙과 기맥을 통하였던 인물이었다. 국호 문제에서도 조소앙·신석우는 일치하였다.

이렇게 '대한민국'이 「대한민국임시헌장」의 제1조에 국호로 명시됨으로써, 드디어 한국사에서 최초의 민주공화제 정부가 임시의정원을 통하여 선포되었다. 대한민국은 대한제국에서 '대한'을 이어받아 역사의 연속성을 강조하고 국권회복과 독립의 의지를 확인하는 한편, '민국'을 천명함으로써 황제가 아니라 인민을 나라의 주체로 내세운 민주정체의 신국가였다.

다음 관제 문제에 들어가서, 임시정부의 조직과 내각 구성원을 선출함으로써 정부조직을 완료하였는데, 이때도 정부의 수반인 국무총리를 선출하는 과정에서 분의(紛議)가 일었다. 먼저 국무총리는 한성에서 조직된 임시정부의 국무총리 이승만으로 선거하자는 신석우의 동의와 조완구의 재청이 있었으나, 신채호가 이승만은 이전에 위임통치와 자치문제를 제창하던 자이므로 신임할 수 없다고 주장하였다. 이때에도 조소앙이 중재안을 내었고, 안창호(安昌浩)·이동녕·이승만 3인의 후보자를 추천하여 선거한 결과 이승만이 임시정부의 초대 수반으로 당선되었다. 조소앙은 박영효(朴泳孝)를 후보자로 추천하였으나 부결되었는데, 이를 보면 이 당시 그는 이승만을 적극 지지하지 않은 듯하다.

내각 수반을 선출한 뒤 내각 구성에 들어갔다. 내무총장에는 한성정부에서도 내무총장으로 선출된 안창호가, 외무총장은 조소앙이 천거하여 김규식이 선임되었다. 재무총장은 후보자 3인을 공천하여 투표한 결과 최재형(崔在亨)이, 교통총장은 한성정부의 교통총장인 문창범(文昌範)이, 군무(軍務)총장에는 이동휘(李東輝)가, 법무총장에는 이시영이 선출되었다. 조소앙은 여운홍(呂運弘)이 법무총장으로 추천하였으나 부결되었다. 조소앙이 김규식을 외무총장으로 추천한 이유는, 당시 국내외의 독립지사들이 공통으로 인식하였듯이, 임시정부의 대표로서 파리강화회의에 집중할 적임자로는 김규식이 최적격자라고 판단하였기 때문이라 생각한다.

내각 책임자인 이들 6명의 총장 가운데, 안창호는 아직 미주(美洲)에 있었으며, 김규식은 파리에서 파리강화회의에 대비하여 활동 중이었다. 나머지 총장들도 빠른 시간 내에 상하이에 도착할 여건이 아니었다. 1919년 4월 11일 현재 상하이에 재류하는 인사는 이시영 1인뿐이었으므로, 내각의 업무 수행은 사실상 불가능하였다. 이에 상하이에서 활발하게 활동하는 젊은 층으로 차장을 구성하기로 결정하고 6명의 차장을 선출하였다.

제1차 임시의정원 회의가 폐회한 뒤인 4월 19일, 국무원(國務院)에 비서장(秘書長) 직을 설치하고 인원을 선정하자는 신석우의 동의에 현순이 재청하여 가결되자, 조완구(신석우가 천거)·조소앙(현순이 천거) 2인을 공천하여 투표한 결과 조소앙이 당선되었다. 이로써 국무총리 이승만을 수반으로 하는 국무원 안에, 내무·외무·재무·법무·군무·교통의 6부를 두고 각부에 총장·차장을 둔 대한민국임시정부가 건립되었다.

11일 임시의정원 회의는 국무원을 선거한 뒤, 마지막으로 임시헌장(臨時憲章)을 기초·토의하는 단계에 들어갔다. 먼저 심사위원으로 신익희·이광수·조소앙 3인을 추천하여 심사안을 30분 이내로 보고케 하자는 현순의 동의가, 신석우의 재청으로 가결되어 30분 후에 심사 보고를 거쳤다. 이로써 전문(前文)에 해당하는 선포문을 포함하여 전문(全文) 10개 조항의 「대한민국임시헌장」이 선포되었다. 끝으로 「임시의정원법」 기초 위원으로 신익희·손정도·조소앙·이광수를 선정하여 원법(院法)을 기초케 하자는 신석우의 동의를 가결한 뒤, 임시의정원 제1차 회의는 11일 오전 10시에 폐회하였다.

제1차 임시의정원 회의는 비록 12시간이라는 짧은 순간이었지만, 민주주의의 원리인 의회주의에 입각하여, 한국사상 최초의 의회와 정부를 구성하고 최초의 성문헌법을 선포하였다. 한국사에 한 획을 긋는 일대 혁명사(革命史)로 기록할 만한 업적이었다. 조소앙은 이 때를 감격스럽게 회고하면서 자신의 활동상도 뭉뚱그려 정리하였다.

나는 당시의 광업(光業)을 일생(一生)이즐수업다 우리는 의정원을 조직하고 임시정부를 조직하고 다시임시헌장을 만드는데 세밤을뜬눈으로 새엿스나 족곰마 피로도 늣기지안헛다[45]

나는 의정원의 창립자로 10조헌장의 기초자로 대한민국의 명명론
자(命名論者)로 위원제의 주창자로 제1회 비서장으로 분주하다가 동
년 5月에 파리로 가서(……)[46]

제1차 임시의정원 회의는 국호와 관제를 결정하여 국무원을 인
선한 뒤, 임시헌장을 제정하는 일련의 과정을 이틀 만에 완결하였
다. 이러한 신속함은 독립운동의 최고기관이 임시정부로 이미 결정되
었고, 국가정체와 정부형태 등과 관련한 문제들이 사전에 일정한 합
의에 이르렀음을 반증한다. 앞에서 보았듯이, 논의는 3월 말부터 여
러 차례 치열하게 이루어졌고, 4월 8~9에는 이를 최종 정리하여
10~11일의 임시의정원 회의에서 공식화하는 단결력으로 나타났다.
조소앙의 회고에서 '세 밤'이라는 표현에는, 독립임시사무소를 중심
으로 한 4월 8일부터 연속한 회의가, 8~9일의 밤샘 회의에서 일정하
게 합의되었고, 합의 사항들은 4월 10~11일 사이의 밤샘 회의의 토
대가 되었던 과정을 포함한다.

8·15해방 후 조소앙은, '기미 3·1대혁명(大革命)'의 의의로 1919년
4월 11일에 13도 대표로 구성된 임시의정원이 대한민국을 세우고 임
시정부를 창조하였음을 강조하면서, 임시정부 수립의 역사상 의의를
두 가지로 새겼다. 첫째는 "우리 민족이 이족 일본정부의 지점(支店)인
총독부를 부인하고 우리 조국의 국통(國統)을 확보한 투쟁"이었다. 둘
째는 "5천 년간 군주정치의 구각(舊殼)을 파괴하고 새로운 민주제도
를 건립하며 사회의 계급을 소멸하는 제1보에 착수"하였다.[47] 조소앙
의 역사의식에 따르면, 궁극에서 사회계급의 소멸까지 목적하는 삼

균주의의 이상은 3·1민족운동에서 연원한 임시정부가 출범함으로써 첫발을 내딛었다.

「대한민국임시헌장」을 기초하다

조소앙은 4월 10일 열린 '29인 회의'를 임시의정원 제1차 회의로 이어 나가며, 4월 11일 임시정부를 이룩함으로써 한국사에 한 획을 긋는 과업을 주도하였다. 그는 제1차 임시의정원 회의에서 신석우와 함께 가장 많이 발언하며 임시정부를 탄생시키는 데에서 중심의 활약상을 보였다.[48] 이 중에서도 가장 꼽을 만한 공적은 「대한민국임시헌장」(이하 「임시헌장」)을 기초한 일이었다. 조소앙은 186쪽의 회고에서 자신이 임시헌장을 기초하였다고 밝혔는데, 그가 임시헌장의 기초자임은 여운형의 신문 기록에서도 확인된다.

여운형은 검찰의 신문에서 "임시정부에는 대한민국임시헌장(10개조)이라는 것이 있는가?"라는 질문에, "그것은 임시정부 조직 직전, 즉 잠정 임시정부 시대에 만든 것으로, 조소앙이 기초했다."라고 답하였다.[49] 정원택도 『지산외유일지』에서, 1919년 4월 12일(음력 3월 12일) 저녁 조소앙이 자신에게 임시헌장의 초안을 보이면서 "이것이 우리 임시정부에 응용될 헌장(憲章)인데, 기초(起草)를 나에게 전임하는 고로 방금 동생(조용주를 가리킴 — 인용자)과 상의 중"이라고 말하며, 함께 토론하기를 청하였다고 기술하였다.[50] 조소앙이 임시헌법을 기초하는 중임(重任)을 맡은 이유는 분명하다. 그는 일본에 유학하여 근대 법학을 공부하였고, 「대동단결선언」과 「대한독립선언서」를 기초·작성한 이력 등이 이미 독립운동 사회에 인정되고 있었다.

당시 상하이 파견원이 보고하는 1919년 5월 3일 자 일제 정보 문건에는, 조소앙이 기초한 임시헌장으로 추측되는[51] '소위(所謂) 가헌법'이 「조선공화국가헌법(朝鮮共和國假憲法)」이란 이름으로 실렸다.[52] 여기서 조소앙이 최초 구상한 임시헌법의 내용을 확인할 수 있다. 그런데 이 가헌법은 영문으로 작성된 문건을 입수하여 번역하였으므로, 고유명사 등을 해석할 때 주의가 필요하다. 이를테면 일제 관헌들이 '임시정부'를 '가정부'로 표현함이 상례였듯이, '조선'이란 국호가 조소앙이 사용한 국호인지, 아니면 일제 관헌이 '대한'이란 국호를 자신들의 용례에 따라 '조선'으로 바꾸었는지는 확인하기 어렵다. 회고에서 조소앙 자신이 '대한민국의 명명론자'라고 하였음을 보면, 조소앙도 '대한'을 국호로 제안하였으리라 생각한다.

가헌법의 맨 끝에는 '조선공화국'이라는 국명을 사용하여 작성 일자를 '조선공화국 제1년4월10일'이라고 적었다. 국호가 대한이었는지 조선이었는지는 단정할 수 없더라도, '공화정'을 정체로 삼아서 임시정부가 출발하는 그해를 기년(紀年)으로 삼으려는 의도는 분명하게 확인된다. 이후 임시정부가 정식으로 출범한 뒤, '대한민국'을 원년(元年)으로 삼는 역사의식은 이러한 데에서 기원하였다.

「조선공화국가헌법」의 앞에는 「조선공화국가정부의 포고」라 하여 각료 명단을 적었는데, '수상 Dr. Rhee Sungman 이승만(李承晚)'으로, 각료로는 '내상(內相) Mr. Ahn Chngho 안창호(安昌浩)'의 형식으로 영문 이름과 한자를 병기하여, '외상 김규식'·'장상(藏相) 최재형'·

'육상(陸相) 이동휘'라고 명기하였다. 이승만을 수반으로 하여 4개의 부처로 구성된 이 임시정부는, 4월 11일 출발한 임시정부의 내각 구성과는 차이가 보인다. 이는 가헌법이 4월 11일 이전에 작성되었음을 나타내는 증거이면서, 임시정부의 내각 구성이 마무리되기 이전 상하이에 집결한 독립지사들 사이에 행정부를 구성하는 데에서 일정한 합의가 이루어지는 과정을 보여 준다.

관제의 명칭은 번역어이므로 정확하지 않더라도, 수상 이승만이 국무총리, 내상 안창호는 내무총장, 외상 김규식은 외무총장, 장상 최재형은 재무총장, 육상 이동휘는 군무총장으로, 조선공화국가정부의 각료는 임시정부 행정부의 최고 수반 및 각 부처의 장으로 선출되었다. 단 법무부와 군무부를 증설하여, 이시영과 이동휘를 각각 법무총장과 군무총장으로 선출하였다는 데 차이가 있다. 또 육상(교통총장)으로 예정한 이동휘가 군무총장으로 이동하고, 문창범이 교통총장을 대신하였다.

일제 관헌이 입수하여 번역한 「가헌법」은 다음과 같이 모두 7조로 되어 있다.

一. 조선공화국은 북미합중국(北米合衆國)을 본받아 민주적 정치(정부)를 채용함.

二. 조선공화국의 인민은 남녀의 구별, 사회상의 지위 혹은 재산에 따른 구별을 두지 않고 평등해야 함.

三. 조선공화국의 인민은 신교(信敎), 언론, 집회, 결사의 자유를 향유해야 함.

四. 조선공화국의 인민은 공민(公民)인 이상 모두 선거 및 관리가
　　되는 권리를 가져야 함.

五. 조선공화국은 세계의 평화와 문명을 기(期)하는 국제연맹에 가
　　맹해야 함.

六. 조선공화국은 이에 의거하여 공화국이 건설해야 할 국민의 이
　　상이 신의(神意)에 일치할 바를 표명함.

七. 국민회의(國民會議)와 가정부는 판도(版圖)가 완전히 회복된 후
　　1년 내에 의회를 소집해야 함.

국민회의는 의회가 소집될 때까지는 의회를 대행해야 함.

조선공화국제(第)1년4월10일

　　위의 7개 조항은 문구의 가감 등 수정을 거쳐, 4월 11일 제정된
「임시헌장」에 모두 포함된다. 한국사상 최초의 성문헌법인 「임시헌장」
의 전문(全文)은 다음과 같다.

대한민국임시헌장

제1조 대한민국은 민주공화제로 함

제2조 대한민국은 임시정부가 임시의정원의 결의에 의하야 차(此)
　　　를 통치함

제3조 대한민국의 인민은 남녀 귀천 급(及) 빈부의 계급이 무하고
　　　일체 평등임

제4조 대한민국의 인민은 신교·언론·저작·출판·결사·집회·신서
　　　(信書)·주소·이전·신체 급 소유의 자유를 향유함

제5조 대한민국의 인민으로 공민자격이 유(有)한 자는 선거권 급
　　　피선거권이 유함

제6조 대한민국의 인민은 교육·납세 급 병역의 의무가 유함

제7조 대한민국은 신(神)의 의사에 의하야 건국한 정신을 세계에
　　　발휘하며 진(進)하야 인류의 문화 급 화평(和平)에 공헌하기
　　　위하야 국제연맹에 가입함

제8조 대한민국은 구황실을 우대함

제9조 생명형·신체형 급 공창제(公娼制)를 전폐(全廢)함

제10조 임시정부는 국토회복 후 만 일 년 내에 국회를 소집함

「가헌법」과 비교하면, 「임시헌장」이 취지나 문구가 훨씬 구체화
하여 명확성을 띠었음을 확인하게 된다. 바로 이 점이 초안(草案)을
바탕으로 토론이 이루어진 결과이며, 여러 점에서 미흡하지만 임시
정부의 제1차 헌법에 해당한다. '헌법'이라 하지 않고 '헌장'이라고 한
데에는, 당시 조소앙을 비롯한 민족지사들의 시국관과 문제의식이
반영되었다.

　　파리강화회의 등 변동하는 국제정세에 대처하여 민족독립의 기
회를 조성하기 위해서는, 3·1민족운동으로 표출된 전 민족 구성원의
총의를 수렴한 민주주의 임시정부를 수립하는 일이 무엇보다도 시급
한 과제였다. 온전한 헌법 형태가 아니라 헌장의 형식으로 임시의정
원과 임시정부를 조직하는 근거를 마련한 뒤, 의회와 정부의 권위로
국내외 정세에 부응하면서 미비한 문제들을 보완하여 나가겠다는 의
지였다. 4월 11일 회의를 폐회하기 전 「임시의정원법」의 기초위원을

선정하여 곧바로 「임시의정원법」을 제정하는 작업에 착수하였음을
보더라도, 초대 임시의정원을 구성한 인사들의 민주주의 의식은 또렷
하였다.

　「임시헌장」은 전문(前文)에 해당하는 '선포문(宣佈文)'과 10조로 간
략하게 구성되었지만, 한국사상 최초로 민주주의의 원리에 의거하여
성립한 국가 기본법으로서 민주공화제 정부를 선포한 의의는 실로
크다. 「임시헌장」을 「가헌법」과 비교하여 의의를 생각하면서, 당시 조
소앙의 민주주의 의식도 가늠해 본다.

　「가헌법」의 1조를 보면 미국식의 대통령중심제 민주주의를 상정
하였으나, 「임시헌장」 제1조는 민주공화제를 명시하면서, 제2조에서
의회 중심의 대의민주주의와 내각책임제의 정부형태를 지향하였다.
「가헌법」 2조는 「임시헌장」 제3조에서 일체의 특권계급을 부인하는
인민의 평등권으로, 「가헌법」 3조는 「임시헌장」 제4조에서 인민의 기
본권으로 더욱 구체화하였다. 「가헌법」 4조는 「임시헌장」 제5조에서
시민을 뜻하는 '공민'을 그대로 사용하여, 선거권·피선거권이라는 용
어로 명문화하였다.

　서구 민주주의 국가에서 21세의 여성·남성들에게 동등한 선거
권을 부여한 시기는 미국이 1920년, 영국이 1928년이었고, 피선거권
은 이보다 더 늦은 시기에 부여되었다. 이를 고려한다면, 「임시헌장」
제5조는 비록 망명 임시정부의 '선언'에 머물렀다 하더라도, 여성에게
보통선거권에서 더 나아가 피선거권까지 포함해 온전한 참정권을 보
장한 조항으로, 미국·영국을 앞선 선진 조항이었다.

　「가헌법」 5조와 6조는 「임시헌장」에서는 제7조의 한 조항으로

편입되었고, '신의(神意)'라는 용어가 그대로 인용되었다. 이는 「임시헌장선포문」의 "신인일치(神人一致)로 중외(中外) 협응(協應)하야 한성(漢城)에 기의(起義)한 지……"라는 구절과 마찬가지로 조소앙의 일신교가 반영되었지만, 당시 임시정부 내의 대종교·기독교 신자들도 많았으므로 용인된 듯하다.

끝으로 「가헌법」 7조는 후반부를 제외하고 전반부만 「임시헌장」에 편입되었다. 「가헌법」의 '국민회의와 가정부'가 「임시헌장」에서는 '임시정부'로 일원화하고, 국토를 회복한 이후의 '의회'가 「임시헌장」에서는 '국회'라는 말로 구체화하였으며, 이후 임시정부의 개정된 임시헌법에서도 이 용어는 승계되었다. 현 대한민국의 입법부를 '국회'라 칭함은 「임시헌장」 제10조에서 기원한다.

「가헌법」 7조와 「임시헌장」 제10조는, 조소앙이 유럽에서 활동하는 동안 개정된 「대한민국임시헌법」(1919. 9. 11 공포)의 '제4장 임시의정원'의 제34조 "임시의정원은 완전한 국회 성립의 날에 해산하고 그 직권은 국회가 차를 행함"이라는 구절로 변형되었다. 이 조항에서는 1년 이내라는 시기를 못 박지는 않았지만, 정식국회가 성립할 때까지 임시의정원이 권한을 대행한다는 취지는 동일하였다.

「가헌법」의 7조에는 삼균주의에서 매우 중요한 비중을 차지하는 임시정부법통론이 최초로 명기되었다. 일본 관헌이 '국민회의'로 번역한 영문이 National Assembly가 맞다면, 이는 아마 프랑스혁명 당시 성립한 최초의 근대의회인 국민의회(Assemblée Nationale)와, 1871년에 성립하여 프랑스 제3공화정 헌법을 제정하고 1875년 12월 31일 해산한 국민의회를 동시에 상정하였으리라 생각한다. 프랑스혁명 당시의

국민의회는 곧바로 헌법을 제정하는 제헌의회의 성격을 지녔으므로 헌법제정국민의회로 명칭을 개칭하기도 하였다. 그러나 프랑스의 예와는 달리,「가헌법」에서 제헌의회에 해당하는 입법부는 국토를 회복한 후 1년 이내에 소집되는 '의회'이며, '국민회의'는 제헌의회가 아니라 (과도정부에 상응하는) 일종의 임시의회 또는 과도의회였다.

이러한 차이가 생기는 근본 이유는, 프랑스는 독립국인 상태에서 헌법을 제정하는 제헌의회로 곧바로 나아갈 수 있었지만, 식민지 조선의 경우는 일제를 타도하고 독립해야 하는 단계를 거쳐야 했기 때문이다. 이러한 특수성에서 독립한 후 제헌의회와 정식 행정부를 수립하기까지는 임시의회와 임시정부가 권한을 연장하여 대행할 수밖에 없었다.

이러한 논리는 임시정부(입법부와 행정부를 포함하여)가 정식정부를 수립하는 임무를 수행해야 하며, 정식정부는 임시정부의 기반 위에 성립되어야 한다는 임시정부법통론으로 귀결된다. 임시정부법통론은 1930년대부터 조소앙에게 매우 구체화하여 「대한민국건국강령」(1941. 11)에도 반영되었다. 나아가 8·15해방 후 임시정부가 환국(還國)하기 전, 충칭(重慶)에서 발표한 「임시정부 당면정책」 14개조에도 이어져, 개인 자격으로 입국한 임시정부가 과도정부를 자처하는 근거가 되었다.

「가헌법」에 없었던 「임시헌장」의 구성은, 헌법의 전문(前文)에 해당하는 「대한민국임시헌장 선포문」과 「임시헌장」의 제2·6·8·9조이다. 「선포문」은 임시정부의 근원을 3·1민족운동에서 확인된 '국민'의 신임에 두어, 임시정부가 3·1민족운동에서 표출된 독립 의지의 산물임을 대내외에 천명하였다.

「임시헌장」의 제2조는 권력구조를 규정하였는데, 임시의정원이 국정을 결의하고 행정부도 구성하였다. 이 조항은 의회와 행정부의 구별을 두었으나, 양자의 관계는 임시의정원을 상위에 두었으며, 임시의정원에 사실상 국정(國政)의 최고정책을 결정하는 기관으로서의 지위를 부여하면서 의회 만능의 내각책임제 정부형태를 지향하였다.[53]

제6조에는 오늘날 국민의 '4대 의무'에 포함되는 근로가 빠졌으나, 교육·납세·병역의 3대 의무를 규정하였다. 제9조에서는 인도주의에 입각하여 봉건 악법인 생명형·신체형를 폐지함으로써 근대국가의 형정(刑政)을 지향하였다. 또 제9조는 일제가 1916년 관련 법령을 공포하여 전국에 시행한 공창제도를 폐지함으로써, 일제가 한국사회에 만연시킨 악습을 제거하려 하였다.

제8조는 구황실 우대 조항이다. 구황실 우대 문제는 임시의정원 회의에 이르기 전의 비공식 회의에서도, 정부조직과 국호 문제와 함께 여러 날 치열한 논쟁을 거쳤던 3대 쟁점의 하나였다. 구황실 우대 조항이 「가헌법」에 없음을 보면, 조소앙은 이를 초안에 넣지 않는 듯한데, 조완구가 이를 강력하게 주장하자 재청하였고, 다수결의 원리에 따라 한국민의 민심 수습과 통합이라는 차원에서 「임시헌장」에 삽입되었다.

임시의정원 제1차 회의는 11일에 폐회하였으나, 조소앙은 이날 「임시의정원법」의 기초위원으로 선임되었으므로 이 법을 기초하는 작업에 들어갔다. 제1차 임시의정원 회의가 곧바로 「임시의정원법」을 제정한 동기는, 의정원 회의에 참석한 인사들 모두가 임시의정원과 임시정부가 급하게 수립되어 미비한 점이 많음을 인정한 데에서 출발하였다. 이를 위해서 무엇보다도 의회주의의 원칙에서 임시의정원부터 의회다운 모습으로 재정비할 필요성이 컸으며, 이러한 노력은 1919년 9월 통합임시정부로 재출발할 때까지 지속되었다.

조소앙은 임시의정원 제2차·3차 회의에도 참석하여 활동하였다. 제2차 임시의정원 회의는 4월 22일 오후 9시에 69명의 의원이 참석하여 개회하였다. 이날 첫 번째 의제는 '국무원 비서장 급(及) 4차장의 사면(辭免) 청원 수리'였는데, 이 안건은 바로 이어지는 '차장제 폐지와 위원제 사용의 결의'를 위한 선결 조치였다.

제1차 임시의정원 회의에서 결정한 임시정부의 정부조직은 국무총리와 6부 총장 밑에 차장을 둔 체제였는데, 6부 총장 가운데 법무총장 이시영만이 상하이에 도착한 상황이었다. 부처장이 부재한 상태에서 부처의 업무를 수행하기는 어려웠고, 그렇다고 청장년층인 차장들이 권위를 갖고 업무를 감당·전결하기에도 무리가 따랐다. 차장제로 정부를 운영할 수 없는 실정에서 정부조직 개편의 필요성이 곧바로 제기되었고, 임시정부를 조직한 지 10일 만에 차장제를 폐지하고 집단운영체제인 위원제를 채택하기에 이르렀다. 이를 위해 먼저 국무원 비서장 조소앙과 내무차장 신익희를 비롯한 네 차장의 사직 청원을 수리하였다. 이어 임시정부 관제에서 각부 차장제를 폐지하고 위원제를 채용하자는 서병호(徐丙浩)의 동의에, 김보연(金甫淵)이 재청하여 가결되자 곧바로 각부 위원을 인선하였다. 조소앙의 회고(185쪽)에 의거하면, 조소앙은 이러한 일련의 과정을 이면에서 제안한 듯하다.

각부 위원의 선거 방법은 선거위원 15인을 앞서 선정하고, 이들이 선천(選薦)한 인원을 임시의정원에서 의결하는 방식으로 진행되었다. 조소앙은 전(前) 비서장의 자격으로 15인의 선거위원 중 1인으로 선임되었다. 이렇게 국무원을 비롯해 6부의 위원이 선정되었는데, 조소앙은 조완구·조동호 등과 함께 5인의 국무원 중 1인으로 선임되었다. 내무부 위원은 신익희·김구 등 10인, 외무부는 여운형·이광수 등 6인, 재무부는 송세호(宋世浩) 등 8인, 법무부는 남형우(南亨祐) 등 3인, 군무부는 조성환 등 5명, 교통부는 선우혁 등 11인으로 모두 48명이었다.[54]

이후 조소앙의 유럽 외교 활동과 관련하여 제2차 임시의정원 회의에서 주목할 점은, 그가 4월 22일 국무원 비서장을 사임하고, 집단 운영체제였지만 차장급에 해당하는 국무원 위원으로 선임된 사실이다. 이는 조소앙이 유럽으로 향할 때의 자격이 임시정부 요인이었음을 말해 준다.

조소앙은 제3차 임시의정원 회의에 참석함을 끝으로 임시의정원에서 활동을 마무리하였다. 3차 회의는 4월 25일 조소앙을 비롯해 70명의 의원이 참석하여 오후 4시에 개회한 뒤 동일 12시에 폐회하였다.[55] 이날 조소앙 등이 작성한 전문(全文) 13장 57개조의 「대한민국임시의정원법」(이하 「임시의정원법」)[56]을 심사·통과시켰다. 3차 회의는 「임시의정원법」에 의거하여 4월 30일 이내로 의원을 선거하며, 선거 세칙과 임시정부 관제 제정에 관한 건(件)은 임시정부 국무원에 위임하기로 결의하고 폐회하였다.

이렇게 「임시의정원법」이 제정됨에 따라, 제1~3차 임시의정원이 임의로 구성되었음과 달리, 제4차 임시의정원부터는 법에 근거하여 지역별 대표로 의원을 선정하여 개회하였다. 「임시의정원법」의 제

1장 총령(總領)의 제1조는 "의정원은 각 지방 인민의 대표의원으로 조직함"이라 명시함으로써 지역대표로 구성함을 규정하였다.

조소앙은 1919년 5월 파리로 향하기 전인 4월 18일 정원택과 함께, 국내에서 상하이로 망명하여 오는 한국인 청년들을 단합시키는 한편, 그윽한 장소를 택하여 무기무예(武技武藝)를 교육시키고 제조도 가르칠 청년들의 집무처(執務處)이자 귀속 기관을 구상하였다. 두 사람은 다음날 이동녕·이시영의 처소로 찾아가서 동의를 얻은 뒤, 조소앙은 즉시 중국인 친구를 찾아가서 기사(技師)를 구하러 나섰고, 정원택은 그윽한 곳에 있는 가옥을 물색하였다. 이들은 4월 21일 상하이 공동조계에 있는 가옥 4간을 임대하였다. 또 중국인 기술사(技術師) 1명을 맞이하고 새로운 청년 9명을 선택하여, 이곳에서 기술사의 교수로 폭탄 제조를 연습케 하였으며, 여가를 이용하여 권술(拳術)도 가르쳤다.[57]

이러한 모습은 조소앙이 임시정부에 참여하면서도 무력항쟁 노선을 견지하였으며, 길림군정사와 연계하여 국내에서 대일 항쟁을 고무·추동하는 방안으로 '작탄투쟁'을 계획·구상하였음을 보여 준다.[58] 「대한독립선언서」에서 '육탄혈전'을 주장한 데에서 보듯이, 그는 외교독립론만을 중시하는 외교론자는 아니었다.

상하이에서 파리로, 파리한국대표부에 합류하다

제4차 임시의정원은 「임시의정원법」에 의거하여, 공식 절차를 거쳐 지역대표를 선임한 뒤 1919년 4월 30일 개회하였다. 그러나 망명지 상하이에서 51명의 지역별 의원을 선출함이 쉽지 않았으므로 일단 35여 명의 의원으로 개원하였다. 「임시의정원법」이 규정한 요건에 의거하여 임시의정원의 정족수를 구성함은, 윤봉길 의거(1932. 4. 29) 이후 대한민국임시정부(때에 따라 임시정부로 줄임)가 상하이를 떠나서 이동 생활을 할 시절에는 더욱 어려운 일이었다.

조소앙은 4월 22일 국무원 위원으로 선정되어 정부의 차장급 요인이었으나, 4차 임시의정원 회의에는 참석하지 않고 유럽으로 향할 준비를 하고 있었다. 이 무렵 임시정부 내에서 그를 파리강화회의로 파견하여 김규식과 합류·조력하게 하는 방침이 결정되었으리라 생각한다.

1918년 11월 11일 제1차 세계대전이 종전된 후 개최된 파리강화회의(Paris Peace Conference, 1919. 1. 18~1919. 6. 28)는 전후 세계질서를 재편하려는 국제회의였다. 독립을 열망하는 식민지·약소민족들은 이를 독립의 호기로 인식하였고, 한민족도 예외는 아니었다. 3·1민족운동이 일어나기 전후 국내외의 독립운동 세력들은 파리강화회의에 한국민의 대표를 파견하여 독립을 호소할 계획을 세우고 실행에 옮겼다. 상하이·노령1·국내2에서 독자로 전개된 이러한 움직임들은 김규식을 대표자로 지정하였다는 데 특징이 있었다. 상하이에서 여운형을 중심으로 신한청년당(新韓青年黨)3을 결성한 독립운동가들도 김규식을 파리에 파견하기로 결정하였다. 국내외의 다른 독립운동 단체들이 계획 또는 실행의 초기 단계에서 그쳤음과 달리, 김규식을 실지 한국 대표로 파리에 파견한 단체는 신한청년당이 유일하였다.

김규식은 1919년 2월 1일 프랑스 우편선 포르토스(Porthos)에 승선하여 상하이를 떠나 파리로 향했으며, 인도양을 거쳐 3월 13일 파리에 도착하였다. 그가 파리로 향하는 동안 국내에서는 3·1민족운동이 한창 일어나고 있었지만, 당시 파리는 제1차 세계대전 이후 통신 사정이 원활하지 못하여 연락 두절도 발생하였으므로, 4월 2일까지는 3·1민족운동을 비롯해 어떠한 뉴스도 전해지지 않았다. 이러한 사정 등으로 인해, 김규식은 임시정부에서 임명장을 전달받기 전에는 신한청년당 대표로 활동하였다.

김규식은 애초 1년간 파리에 체류할 예정으로 출발하였다. 가장 중요한 임무는 파리에 공보국(Public Bureau)을 설립해서, 파리강화회의를 향하여 일제의 압제에 신음하는 한국의 실정을 설명하고 한국독립의 정당성을 홍보하는 일이었다.[4] 3·1민족운동이 한창 열기를 더해갔고, 국내외 각지에서 파리강화회의에 주목하는 분위기에서, 임시정부도 파리강화회의에서 한국의 독립을 의제화하는 데 외교의 총역량을 기울였다. 4월 13일 임시의정원은 이미 파리에서 활동 중인 김규식을 임시정부의 외무총장으로 선임하고, 파리강화회의의 대한민국위원 겸 파리한국대표부의 대표위원으로 임명하여 신임장을 파리로 발송하였다.[5]

김규식은 4월 13일 임시정부에게서 외무총장 임명장과 파리강화회의의 전권대사 신임장을 전보로 발송받고 다음 날인 4월 14일 파리 9구 샤토덩 38번지(38 rue Châteaudun)로 이주·입주하였다. 그는 곧바로 임시정부의 공식대표로서 파리한국대표부(La Mission Coréenne à Paris)와 한국통신국(Bureau d'information Coréen)을 설치하고 홍보 활동에 들어갔다. 그는 파리를 떠날 때까지 이 주소지에서 머물면서 활동하였다.[6] 한국대표부에 통신국을 병설함은 김규식이 신한청년당 대표로 출발할 때부터 지녔던 구상에 따른 수순이었으나, 이로써 통신국의 활동은 한국대표부 활동의 일환이 되었다.

김규식은 임시정부의 외무총장으로서 전권을 위임받아 의욕 왕성하게 활동을 시작하였으나 사정은 녹녹지 않았다. 일제가 방해 공작을 일삼고 프랑스 당국도 김규식의 활동에 이해가 부족하였다. 무엇보다도 그를 도와주는 인력도 없이 홀로 외교 업무를 수행하기는 턱없이 버거운 일이었다. 그는 고군분투[7]하는 여건에서 외교 업무를 감당하기 어려웠으므로, 스위스 취리히대학에 유학하여 졸업시험 준비 중이던 이관용(李灌鎔, 5월 18일 파리 도착)에 급전(急電)하고, 독일에 있던 황기환(黃玘煥, 6월 3일 도착)을 불러 각각 파리한국대표부의 부위원장과 서기장의 임무를 맡겼다. 또 김탕(金湯)이 5월 초순[8]에 도착하였고, 여운홍(呂運弘)이 6월 초순,[9] 조소앙은 6월 그믐[10]에야 파리에 도착하였다. 조소앙이 5월 상하이를 출발하여 영국을 경유해 파리에 도착하였을 때에는, 아쉽게도 파리강화회의가 이미 종결된 뒤였다.

애초 파리강화회의는 전승(戰勝)한 제국주의 열강이 자국의 이권을 도모하려는 회의에 불과하였으므로 약소국의 의견은 무시되었다. 또 설사 열강이 한국을 동정하였더라도, 폴란드나 체코슬로바키아와 같이 독일을 비롯한 동맹국과 싸우지 않은 이상, 거론될 기회를 얻기란 처음부터 불가능하였다. 한민족이 열망하고 기대하였던 파리강화회의는 한국문제는 한마디 토론도 없이 6월 28일 종결되었다.[11] 이날 프랑스 베르사유궁전 '거울의 방'에서 「베르사유조약(Treaty of Versailles)」이라고 불리는 강화조약이, 주축국 독일과 연합국 사이에 체결됨으로써 제1차 세계대전도 사실상 종료되었다.

여기서 조소앙이 파리강화회의에 참석할 목적으로 상하이를 떠나는 정확한 시점과 자격 문제를 좀 더 짚어 보아야 한다. 『지산외유일지』에 따르면, 조소앙과 정원택이 1919년 5월 3일 청년 교육의 문제로 신규식을 방문한 날, 조소앙은 정원택에게 "나도 며칠 뒤에는 파리로 출발하고자 하니 이것으로 작별인 듯하오. 이는 나의 비밀이라 곁의 사람을 꺼리니 감히 발언치 못한 고로 지금 이렇게 쫓아 와서 고별하는 것이오."라고 작별 인사를 건넸다.[12] 이를 보면, 조소앙은 주변의 동지들에게도 말할 수 없는 중대 임무를 띠고, 5월 초순경 극비리에 상하이를 출발하여 파리로 향하였다.

위의 『지산외유일지』의 기록을 전거로, 조소앙의 유럽행이 임시
정부와 연관 없이 개인의 계획에 따라 개인 자격으로 외교 임무를
수행하러 유럽으로 향했다는 견해[13]는, 당시 여러 정황을 종합하여
판단할 때 수긍하기 어렵다. 우선 조소앙은 이때 차장급에 해당하는
국무원 위원이었다. 정부의 요원이 정부와 협의·상의도 없이 개인의
의지로 임지를 이탈하여 파리행을 결행하였다면, 독립외교 활동을
목적하였더라도 무책임한 일탈 행동에 가깝다.

조소앙이 파리에 도착하자마자 임시정부 산하의 파리한국대표
부에 속하여 활동함을 볼 때, 그의 파리행이 임시정부 내에서 논의
를 거쳐 이루어졌음은 정황상 분명하다. 임시정부의 외무총장 김규
식이 이미 파리한국대표부를 구성하여 활동 중이었으므로, 이를 지
원케 할 목적이었다. 조소앙은 임시정부의 관제상에서 차장급의 국
무원 위원이었으므로, 외무총장 김규식을 보좌하는 위치였다. 당시
국내에서 상하이의 소식을 전문(傳聞)하던 안재홍(安在鴻)은, 조소앙의
파리행을 가리켜 "당시 조소앙씨는 파리강화회의에 김규식박사를 보
좌키 위하여 갔었고"[14]라고 회고하였는데, 국내 인사들에게도 조소앙
의 파리행이 후문으로 들려왔음을 보여 준다.

조소앙이 구주로 향한 최대 목적은 파리강화회의에 있었지만,
그가 파리에 도착하였을 때 파리강화회의는 이미 종료된 상태였다.
결과상으로 보더라도, 조소앙이 상하이를 떠난 시점은 매우 늦은 편
이었는데도 임시정부는 그를 파견하였다. 여기에는 이 무렵 임시정부
내에서 조소앙이 주력한 활동 및 임시정부의 또 다른 복안이 복합해

서 작용하였다.

　조소앙이 임시정부를 수립한 직후 곧바로 유럽으로 향하지 못한 이유에는, 1919년 4월 한 달 동안 임시정부를 조직화하는 일에 집중하느라 매우 분망하였던 사정이 있었다. 「임시의정원법」(1919. 4. 25 제정)이 공포된 뒤에야 유럽으로 향할 여건이 조성되었다. 임시정부가 당시의 교통 상황 등을 고려하여 그를 파견하였을 터인데, 그렇다면 여기에는 파리강화회의뿐 아니라 유럽에서의 다른 외교 활동 즉 루체른(Luzern) 대회까지 의도하였음이 분명하다.

　파리강화회의에 이어 루체른 대회의 대응책으로 조소앙을 파견하는 방침은 빠르면 4월 하순경에는 확정되었고, 조소앙은 5월 초경 서둘러 상하이를 떠났으리라 추정된다. 임시정부 내 외무부의 위원으로는 현순(玄楯)·여운형(呂運亨)·장건상(張建相)·백남칠(白南七)·이광수(李光洙)·이광(李光) 등 6인이나 있었는데도,[15] 조소앙을 파견하였음은 파리강화회의와 함께 이 무렵 스위스에서 개최될 국제사회주의자 대회까지 목표하였기 때문이다. 이는 1917년 8월 조소앙이 신규식(申圭植)과 함께 조선사회당을 조직하여 만국사회당대회에 한국독립의 문제를 의제화해 달라는 전문을 발송하는 등의 활동이 고려된 결정이었다.

　유럽의 국제외교 무대에서 조소앙의 이와 같은 운동 경력이 유용하리라는 판단은 적중하였다. 실지 조소앙은 루체른에서 개최된 사회당대회에 참석하기를 요청하는 서한에서, 자신들이 2년 전에 이러한 활동을 일관되게 실천하였음을 상기시키면서 참가를 호소하였고, 마침내 참가하여 일정한 성과를 거두었다.

파리한국대표부의 일원과 함께(독립기념관 제공)

조소앙은 파리에 도착한 뒤, 파리 시내에 머물면서 유럽의 사회주의자들을 상대로 독립외교 활동을 전개하였다. 그가 교류했던 인사들로는 프랑스의 언론계와 정계에서 사회주의자로 활동하고 있던 피에르 르노델(Pierre Renaudel), 장 롱게(Jean Longuet), 마르셀 카생(Marcel Cachin) 등을 들 수 있다. 조소앙은 유럽의 사회주의자들에게서 1919년 8월 스위스의 루체른에서 만국사회당대회가 개최될 예정이라는 소식을 듣고서, 파리한국대표부의 위원장 김규식과 협의하여 루체른 대회에 참가하기로 결정하고 이를 추진하였다.[16]

파리한국대표부는 비록 파리강화회의에서 큰 성과를 얻지 못하였지만, 김규식을 수장으로 삼아 한국문제를 국제문제로 부각시키기위하여 선전 활동을 끈기 있게 지속했고, 제2인터내셔널이 주도하는 만국사회당대회에서 괄목할 만한 성과를 올렸다. 그리고 이 중심에서 조소앙의 활동이 크게 두드러졌다.

루체른 대회, 한민족의 독립 열망을 인정받다

파리강화회의가 끝나자, 김규식은 임시정부 대통령 이승만에게서 누차 소환 명령을 받아 오던 중, 1919년 8월 8일 김탕과 여운홍을 대동하고 미국으로 떠나면서 이관용에게 위원장 대리직을 맡겼다. 이후 파리한국대표부는 부위원장 이관용이 위원장 대리, 황기환이 서기장(書記長)으로 집무를 계속하였다.[17]

루체른에서 열리는 국제사회주의자대회는 김규식이 미국으로 떠날 때와 시기가 겹쳤으므로, 파리한국대표부는 부위원장 이관용과 조소앙 양인을 동 대회에 파견·참가하도록 결정하였다. 이에 1919년 7월 17일 조소앙과 이관용 두 사람은 공동 명의로 루체른 국제사회주의자대회의 의장에게 서신을 보내어 참가 의사를 밝혔다.

수신: 스위스 루체른 쿠르잘(Kursaal) 국제사회주의자대회 의장
Citoyen 의장님께
8월 1일 개최되는 국제사회주의자대회에서 한국대표단이 발표할 수 있는지를 알고 싶습니다. 한국문제는 암스테르담 대회에서 이미 프랑스 대표단에 의해 제기되었습니다. 1905년 이래로 유럽에서의 온갖 분쟁을 넘어서는 제국주의 야욕과 지배 수단을 가진 일본의

속박하에 시련을 겪고 있는 한국민들의 불행을 좌시하지 않으시길
바랍니다. (……)

이미 1917년 스톡홀름 대회의 조직사무국에 전보를 통하여 우리
의 청원서를 제출하였습니다. 하지만 한국대표단은 여권이 거절되
었기 때문에 출발할 수 없었습니다. (……)

현재 한국 민족들은 모든 힘을 다하여 한국의 독립을 위하여 싸우
고 있습니다. 우리는 우리의 독립 요구서에 동의하는 제 국가 사회
주의자들의 도의적인 지지를 확신하는 바입니다. 일본의 사회주의
자들은 한국독립을 위해 공공연히 연대하였습니다.

우리는 프랑스, 영국, 러시아, 벨기에 등의 사회주의자들 가운데 동
정적인 울림을 보았습니다. 부디 루체른 대회에 참가하여 이미 암
스테르담 국제사무국에 보냈던 우리의 독립요구서를 발표할 수 있
게 되기를 바랍니다.

애정 어린 인사를 보냅니다.[18]

趙鏞殷(Y. W. Tcho)

K. Lee[19]

위의 서한은 한국의 식민지 현실과 루체른 대회에 파리한국대표
부가 참가를 희망하는 이유가 담겨 있으며, 일제의 탄압과 착취 속에
한국의 노동자들과 임시정부가 국제사회주의자들과 연대해 독립을
쟁취하려는 간절한 열망을 호소하였다. 서한은 만국사회당대회에 참
가해 한국민의 요구 사항을 널리 알리고 지지를 확보하고 싶다는 뜻
을 강하게 피력했다.

이 서한에는 조소앙의 의견이 많이 반영되었음이 분명하지만, 그를 국제사회주의자대회에 파견하는 결정은 파리한국대표부의 차원에서 이루어졌으므로, 위원장 김규식의 의지와 의도도 크게 작용하였다. 지금까지는 루체른 대회에서 이룩한 성과를 조소앙 개인에게 초점을 두어 평가하는 경향이 강하였지만, 임시정부와 파리한국대표부의 활동 영역에서도 조명할 필요가 있다.

조소앙은 루체른 대회 비서장의 이름으로 참가 승인을 받자, 파리한국대표부에서 자금 지원을 받아 대표부 부위원장 이관용과 동반(同伴)하여 한국사회당의 대표로 대회에 참석하였다.[20] 그리고 마침내 1919년 8월 1일부터 9일까지 스위스 루체른에서 열린 국제사회주의자대회(Permanent Commission of Labour and Socialist International)에서 한국독립을 승인받는 결실을 거두었다.

루체른에서 개최된 국제사회주의자대회는, 25개국의 대표들이 참석하여 전후의 평화조약과 약소국가 문제 및 국제연맹 가입 문제 등을 논의하였다. 이관용과 조소앙은 '한국사회주의자 그룹의 대표(The Representatives of the Korean Socialists Groups)' 자격으로 8월 8일, 대회에 대한민국임시정부의 합법성과 한국독립의 당위성을 지적하면서 각국 대표들에게 지지를 호소하는 문건을 제출하였다.

「한국의 독립(The Independence of Korea)」[21]이라는 이 문건은 '한국사회주의자 그룹의 대표' 명의로 이관용과 조소앙이 서명(자필 영자 사인)하여 제출하였다. '한국의 현재 상황', '한국의 국민성', '일본과 세계평화', '피압박민족과 사회주의' 등 4개 장으로 구성된 4쪽 분량의 문건이었다. 「한국의 독립」의 전체 논지는, 월슨의 민족자결주의가 전

세계 피압박민족들의 해방과는 무관한 내용임을 지적하고, 참가국들에게 대한민국임시정부와 3·1독립선언을 승인하라고 촉구하였다.

4장 '피압박민족과 사회주의'에서는 윌슨의 민족자결주의를 비판하면서, 대한민국임시정부가 사회주의의 지향성을 지니고 있음을 다음과 같이 선언하였다.

전 세계 피압박민족들은 평화회의가 자유와 정의에 따라 인류의 운명을 좌우하리라는 정치가들의 선언이 있었을 때 보다 나은 미래를 꿈꾸었다.

그러나 14가지 윌슨의 약속 중에서 그 어느 하나도 실현되지 않았다. 결국 이것은 피압박민족들이 우리들 사회주의들에게 도움의 손길을 내밀게 한 것이 당연하다는 것을 말해 준다. 전세계 피압박민족들을 해방하라. 그러면 그대는 우리 사회주의의 주장을 얻게 될 것이다! 새로 구성된 한국정부는 볼셰비즘과는 다른, 사회주의사상과 핵심적으로 일치하는 정책들을 공포했다. 세계에 또다른 사회주의국가를 형성하는 것이 우리 사회주의의 이해관계가 아니지 않겠는가? 적어도 우리는 한국국민들의 주장을 도덕적으로 도와주어야 하지 않겠는가?[22]

25개국 대표들은 8월 9일 「한국의 독립」에 기초하여, 다음과 같이 만장일치로 「한국민족독립결정서(Resolution in behalf of the Independence of the people of Korea)」를 채택함으로써 한국민의 요구를 수용하였다.[23]

한국민족의 독립에 관한 결정서

그들 운명의 주인을 모든 민족들이 이해할 수 있게 하고 피지배 백성들과 억압받는 민족들의 권리와 이익을 보호할 수 있는 완전한 국제연맹의 창설에 의하여 정의롭고 항국적인 평화를 유지하고 모든 민족들의 자유로운 발전을 목표로 하면서;

루체른의 '국제사회주의자대회(Conférence Internationale Socialiste)'는 한국 민족의 권리에 가혹한 침해에 대하여, 그리고 한국 민족에게 명백한 민족자결의 권리가 있음에도 불구하고 한국에서 자행되고 있는 일본 정부의 압제에 대하여 항의하는 바이다.

'국제사회주의자대회'는 한국의 국제연맹 가입을 촉구하는 바이다.

'국제사회주의자대회'는 한국이 독립된 자유국가로서 인정받기를 원하고 외세의 모든 억압에서 벗어나길 희망하는 요구들에 굳게 연대함을 선언하는 바이다.[24]

「한국민족독립결정서」는 인터내셔널의 결정에 따라 민족자결의 견지에서 한국의 요구를 그대로 수용하여 표현하였다. 여기서 '그대로'라고 표현하는 이유는, 「한국독립결정서」가 「한국의 독립」의 4장 '피압박민족과 사회주의'의 마지막 부분과 거의 동일한 문구로 내용상 일치하기 때문이다. 25개국 참가국이 찬동하여 통과된 「한국민족독립결정서」는, 독립을 열망하는 한민족의 요구가 국제회의에서 최초로 인정받은 쾌거였다. 파리한국대표부가 고단하게 지속한 외교 활동의 성과였으며, 조소앙 개인으로서도 2년 전의 노력이 결실을 성취한 운동이었다.

미주에서 발행되는 대한인국민회(大韓人國民會)의 기관지《신한민보》는 루체른 대회가 종료된 지 한 달 뒤에 결과를 보도하였는데 조소앙의 활약상을 부각시켰다.[25] 또 임시정부의 기관지 구실을 한《독립신문》도 루체른 회의에서 이룩한 성과를 조소앙의 활동으로 연결시켜 보도함[26]으로써 중국의 독립운동계에도 알려졌다.《독립신문》의 기사는 만국사회당대회 비서장의 7월 30일 자 답전(答電)까지 인용하면서, 이 답전이 조소앙 앞으로 왔음을 '한국대표조소앙감(韓國代表趙蘇印鑒)'[27]이라고 명기하였다. 이어 조소앙이 8월 4일 이관용과 동발(同發)하여 대회에 참석하였고, 대회 중에 "조씨(趙氏)의활약이비상(非常)히효과를성(成)하야즉시좌기(左記)삼개조의결의안을제출"하였다고 보도하면서, 결의안의 내용을 3개조로 요약하여 큰 활자체로 뚜렷하게 적시하였다.《독립신문》은 이 결의안이 8월 9일 하오에 25개국의 만국대표 위원이 "상확협의(商確協議)를경(經)하야통과의결"되었다고 끝을 맺었다.

노동사회개진당의 대표로 독립외교 활동을 이어 가다

조소앙과 이관용은 괄목할 만한 외교 성과를 거두었지만, 루체른 대회 도중 노선상의 차이를 드러내면서 서로를 불신하게 되는 불미스러운 일도 발생하였다. 이관용이 루체른에서 현지 언론과 인터뷰한 내용이 불씨가 되었다. 두 사람 사이의 갈등은 파리한국대표부에도 파장을 일으켜 김규식에게 보고가 되었다. 이때 김규식이 도미한

상태에서, 서기장 황기환은 파리한국대표부의 유일한 주재자(駐在者)이자 실무자로서 대표부의 업무를 혼자서 담당하였다. 황기환은 김규식에게 보낸 서한에, 《라 푀유(La Feuille)》라는 신문에 게재된 이관용의 발언을 별지(別紙)로 동봉하였는데 기사의 내용은 다음과 같다.

> 그다음 한국 대표가 발언하기를 한국은 물론 동양을 위해서 연설하고 싶다고 말하였습니다. 현지의 사회주의자들은 자신들의 동포들에는 무정부주의자로 간주되었으나, 동아시아에서는 대규모 사회주의 운동이 있었습니다. 그들은 자신들의 사회적 문제를 자유롭게 해결할 수 있는 한 일본, 중국 혹은 다른 어떤 국가의 지배 아래 있더라도 개의치 않습니다.

황기환은 서신에서, 이관용이 루체른에서 열린 사회주의자 대회에서도 위의 내용을 연설하였다고 보고하였는데, 물론 이는 8월 16일 파리로 귀환한 조소앙에게서 들은 바였다. 황기환에 따르면, 조소앙은 이관용의 태도에 분개하였고, 이관용이 처음 대표부에 합류했을 때 이관용의 '정치적 견해'를 알고 있었는지 여부를 황기환에게 문의하였다. 조소앙은 황기환에게 두 사람 사이에 엄청난 의견 대립이 있었다고 주장하였다. 조소앙이 보기에 이관용의 위의 발언은, 만약 한국에서 자치(自治)가 허용된다면 외국의 식민지 지배도 용인될 수 있다는 뉘앙스를 풍겼다. 황기환은 만약 조소앙이 말한 바가 사실이라면, 무언가 '즉각적 조치'가 취해져야 한다는 의견도 덧붙였다.[28] 황기환이 언급한 '엄청난 의견 대립'은 조소앙과 이관용 사이의 '정치적 견해'의 차이에서 발단하였는데, 조소앙에게는 병립할 수 없는 견해 차였다.

조소앙과 이관용 두 사람은 반목한 끝에 루체른 대회가 종료된 뒤에 함께 파리로 귀환하지 않고, 조소앙만 8월 16일에 파리로 복귀하였다. 이관용은 개인 사정을 이유로 취리히로 홀로 떠나, 황기환과 송금 문제 등으로 연락하다가 한동안 파리한국대표부와도 연락을 두절한 채 9월 7일 이후에야 복귀하였으나, 학업을 계속한다며 10월 10일 자로 파리한국대표부의 부위원장을 사임하였다.[29]

이 사이에도 조소앙은 황기환에게 이관용을 비판하는 말을 수 차례 반복하였다. 이관용이 파리로 귀환하지 않는 동안 두 사람의 갈등은 오히려 깊어졌다. 황기환은 김규식에게 발송한 서한에서, "그 (조소앙을 가리킴 ― 인용자)는 이관용이 정한경보다 더 나쁜 사람이라고 주장하고 있습니다. 《아시아》에 기고된 글을 그가 언급하고 있습니다. 그는 모든 것이 옳지 않다고 주장하고 있습니다."라고 보고하였다.[30] 조소앙은 파리한국대표부에 머물기 위한 방편으로 이관용을 옹호하려는 태도를 취하지 않았다.

여기서 조소앙이 이관용을 정한경과 비교하여 비난한 사실을 주목해야 한다. 4장에서 서술한 바 있듯이 정한경은 「한국위임통치 청원서」를 기초·작성하여, 1919년 3월 3일 이승만과 공동 명의로 윌슨 미국 대통령에게 제출하였다. 이 위임통치 문제는 상하이에서 임시정부가 수립되는 과정에서 가장 큰 논쟁을 야기시켰다. 또 3·1민족운동이 폭발하였다는 소식이 미주의 한인 사회를 흥분시키고 있던 3월 중순에서 4월 중순까지, 정한경은 적어도 2회 이상 자치론(自

治論)을 폈다.[31]

친일 성향의 미국인 선교사 스펜서(Spencer)가 3월 20일 자《뉴욕 타임스》에, 한국은 자치 능력이 없어 일본의 통치를 받아야 한다는 내용의 기고문을 게재하자, 정한경은 다음 날 같은 신문에 스펜서를 논박하는 글을 게재하였다. 그는 이 반박문에서 "한국 모든 계층의 인민들은 한마음으로 파리강화회의와 서방 언론에 대해 국제연맹의 위임통치를 호소하고 있다."라고 주장하였다. 이어 그는 잡지《아시아》5월호에 「금일의 한국 — 일본 식민정책에 대한 어떤 한국인의 견해」라는 글을 발표했다. 여기서 그는 한국민을 공정하게 대하고 있다는 일본의 주장이 진실함을 입증하려면, 일본은 한국에 ①완전독립, ②자치, ③최소한의 참정권 등 3가지 중에서 하나를 허용해야만 한다고 주장했다.[32]

조소앙은 바로 정한경의 이러한 행태와 이관용의 태도를 비교하면서, 이관용을 정한경보다 더 나쁘다고 비난하였다. 이관용의 발언은 외국 언론을 상대로 외교상의 용어로 설사 완곡하게 표현하였더라도, '혈전'을 각오하며 절대독립론을 고수하는 조소앙에게는 도저히 용납될 수 없었다. 신채호나 조소앙에게 위임통치 청원과 자치론은 묵과하기 어려운 사설(邪說)에 불과했다.

조소앙이 이승만을 직접 거론하지 않고, 정한경을 지목한 이유는 정황상으로 보면《아시아》5월호에 실린 정한경의 주장에 있었다. 황기환이 완화시킨 표현인지는 모르겠지만, 그렇더라도 이관용을 정한경보다 더 나쁘다고 비난함은, 1919년 4월 임시정부 수립 과정에서 신채호의 발언을 알고 있는 그에게는, 이승만까지 포함하여 이완용에 비교하는 에두른 삼단논법이었다.

조소앙이 이관용을 정한경에 비교할 때, 하와이에서는 조소앙의 형 조용하(趙鏞夏)가 이승만과 정한경을 직접 겨누어 비난하였다. 1919년 8월 29일 국치일에 박용만(朴容萬)을 후원하는 단체인 하와이 대조선독립단 단원들과 이의 자매기관인 태평양시사 사장 조용하는 공동으로, 이승만의 위임통치 청원을 강하게 비난하는 성토문을 발표했다. 성토문은 "보호를 요청한 것은 나라를 팔아먹는 행위"라고 비난하였으며, 정한경이 1919년 5월호《아시아》잡지에 자치론을 거론한 행태까지 비판하였다.[33]

이렇게 조용하·조용은 두 형제는 같은 시기에, 이승만과는 전혀 다른 독립노선을 취하고 있었다. 그런데도 조소앙은 유럽에서 외교 활동을 마치고 상하이의 임시정부로 복귀한 이후에, 수년간 이승만의 통신원으로 활동하면서 미주에 체류하는 임시대통령 이승만의 원거리 통치를 보좌하였다. 이 모순된 행보를 이어 주는 연결 고리는, 바로 루체른 대회를 마친 뒤 조소앙의 외교 활동 및 이에 필연 부수되는 자금 문제에 있었다. 어쩌면 조소앙이 이승만을 직접 비난하지 않은 이면의 이유이기도 하다.

이 무렵 파리한국대표부 내에서 조소앙을 가장 힘들게 한 여건은 무엇보다도 그의 활동을 지탱할 재정 문제였다. 김규식이 '파리평화회 대표원' 명의로 임시정부 외무총장에게 "조용은군(趙鏞殷君)은 시정상(時政上) 후원이 무(無)흠으로 씨(氏)의 일반경비는 대표단에서 지출ᄒ얏나이다"라고 보고한 바를 보면,[34] 조소앙이 루체른 대회에 참석하여 활동할 때까지의 경비는 파리한국대표부에서 지원하였다.

이는 파리에 파견된 조소앙의 임무가 파리강화회의와 루체른 대회에 참석한 데에서 종료되었음을 시사한다.

조소앙도 이를 인지하고 있었다. 그는 향후 유럽에서 외교 활동을 이어 가기 위해 두 가지 복안을 지니고 있었던 듯하다. 첫 번째는 1915년 국내에서 무명단(無名團)을 함께 조직하였던 이살음(李薩音)과 연결하여 미주 사회에서 지원을 받는 방안이었다. 대한인노동사회개진당(大韓人勞動社會改進黨)의 기관지 《동무》 창간호에 게재된 동당의 연혁에는, 당이 창당된 계기가 조소앙의 보고에 있음을 명확하게 기록하였다. 이에 따르면, 조소앙은 국제사회주의 사무국 비서장 휘스만(Camille Huysmans)에게서 '출석통지'를 받고서 루체른 대회에 참석하여, "대한민국의독립을승인하며 그정부의존재를공인하여대한민족의 쟈결운동을원조하노라"는 결의를 가결시켰다. 그는 곧 결의 성사 보고와 제의 등 상세한 기록을 동지인 이살음에게 통지하였고, 이것에 기인하여 노동사회개진당이 창당되었다.[35]

조소앙의 또 한 가지 복안은, 외무총장 김규식에게 허락을 받아 파리한국대표부의 일원으로 잔류하는 방도였다. 김규식이 워싱턴으로 떠나고, 이관용도 만국사회당대회 이후 돌아오지 않은 상황에서, 조소앙은 혼자 파리한국대표부를 담당하고 있던 황기환과 파리한국대표부 내에서 자신의 지위 문제를 상의하였다. 조소앙은 제네바에서 열릴 다음 국제사회주의자대회에 참석하기 위해 1920년 2월까지 프랑스에 머물고 싶다고 요청하였다. 그동안 회의에 대표를 파견하기 위해, 극동에서 조직을 정비하여 정당을 결성하겠다는 구상도 피력하였다. 그는 상하이의 형제(조용주를 가리키는 듯)에게서, 기대하고 있는 자금이 오랫동안 마련되지 못하거나 아마도 결코 마련되지 못할 수도 있다는 내용이 담긴 서신을 받았으며, 자신의 구상을 후원하기로 하였던 사람이 감옥에 있다는 사정도 말하였다. 이에 황기환은 워싱턴의 김규식에게 이 문제에 대처할 방도를 주문하였다.[36]

　김규식의 확답은 매우 늦게 11월 말께야(서신을 받아 본 시기는 더 늦었겠지만) 들을 수 있었는데, 김규식은 재정의 어려움을 이유로 내세우며 조소앙의 파리한국대표부 참여를 반대하였다.[37] 그러면서도 김규식은 조소앙이 유럽 활동을 이어 갈 수 있도록 재정상의 방법을 강구한 듯하다. 김규식은 조소앙에게 서신으로, 미주 및 하와이 국민회(K.N.A)[38]가 조소앙(조용은으로 지칭함)과 다른 대표들을 지원하여, 다음번 국제사회주의자대회에서 한국 사회주의자 및 노동자 그룹을 대변할 준비를 해야 한다는 제안이 있었음을 알리면서 국민회와 교신하기를 충고하였다.[39]

　김규식의 제안은 조소앙의 첫 번째 복안과 합치되었다. 조소앙이 기록한 바를 보더라도, 그가 노동사회개진당의 후원을 받게 되는 이면에는 김규식이 노력한 바가 컸다. 조소앙이 《적자보(赤子報)》 제2호에 기고한 「살음군(薩音君)의 내전(來電)」에서는, 미주에서 노동사회개진당을 결성하여 조소앙의 활동을 돕고 있던 이살음이 조소앙에게 보낸 전문(電文)을 소개하였다. 이에 따르면, 조소앙이 김규식과 협의하여 미주 지역 이살음과 국민회에게서 지원을 받았다. 또 미주 샌프란시스코의 이종소(이살음)가 '재미한국로동회'를 발기하였고, 국민회가 내년 대회 준비를 위한 지원금을 조소앙에게 송부했다.[40]

　조소앙은 자신의 활동 결과를 이살음에게 신속하게 통지하였고,

또 그의 유럽에서의 활동은 대한인국민회의 기관지《신한민보》등 여러 경로를 통하여 미국에 있는 독립운동가들에게도 알려졌다. 이것이 계기가 되어, 이살음·임용호(任龍鎬)·임일(任日) 등이 제창하여 이순기(李舜基)·이범영(李範榮) 등의 동지를 규합함으로써, 1919년 12월 2일 북미 캘리포니아주 샌프란시스코에서 대한인노동사회개진당 창립총회를 개최하였다.[41]

노동사회개진당은 다음 날인 12월 3일에는 임원을 선임하였는데 이살음을 당의 수령으로, 조소앙을 대표로 선출하였다. 이어 7일에는 제1차 선포식을 샌프란시스코 한인 교당에서, 13일에는 캘리포니아 디누바(Dinuba)에서 제2차 선포식을 거행하였다. 수령 이살음은 당의(黨義)를 선포하고 대표 조소앙을 원조하는 운동을 책임지고, 캘리포니아주 남북 요처를 순행하여 당원을 모집함으로써 당세를 확립하는 한편 조소앙 원조 운동도 거의 성취하였다. 이에 1920년 2월 26일 일체 당무를 '공의규정(共議規定)'하기 위하여 연합협의회를 디누바에서 개최하여 13개조의 결의안을 통과시켰다. 이후에도 이살음은 시카고, 워싱턴, 뉴욕, 디트로이트 등을 순방하면서 당세를 확장하여 나갔다.

이렇게 노동사회개진당은 조소앙의 유럽 활동을 지원할 목적에서 조직된 단체였고, 그에게 당의 대표 자격을 부여하여 활동을 지원하였다. 조소앙은 현지 사정으로 변경된 일정을 급전(急電)으로 알리면서 추후 계획을 노동사회개진당과 상의하는 한편, 활동 상황도 즉시 보고하였다. 이는 기관지《동무》[42]에 게재되어 당원과 일반인들에게도 투명하게 공개되었는데, 이를 통하여 이 시기 조소앙의 유럽 행선과

유럽 외교 활동 중의 조소앙(독립기념관 제공)

활동을 알 수 있다. 이를테면 3월 11일에는, 2월경 제네바 회의는 변경되고 3월 13일에 네덜란드 로테르담(Rotterdam)에서 국제회의가 개회되니 참석 여부를 상의한다는 급보를 보냈고, 이에 응하여 노동사회개진당은 일반 임원의 긴급회의를 열어 참석하라고 타전하였다.

조소앙은 노동사회개진당을 통하여 임시정부 구미위원부의 일을 수행하기도 하였다. 노동사회개진당은 임시정부 구미위원부에게서 '피압민연맹회(League of Oppressed People)'에 대표를 파견하라는 요청을 받고, 김규식을 찬성장으로, 조소앙을 대표원으로 선정하였다.[43] 조소앙은 1920년 2월 국제인민연맹 이사회에 서신을 보내는 등 국제인민연맹대회 참가를 위해 노력하였으나,[44] 이 국제인민연맹이 결성되지 못하였으므로 성과를 거두지 못하였다.

노동사회개진당이 구미위원부와 연계한 데에서 보듯이, 이 당은 이승만 세력을 지지하며 구미위원부를 후원하였다. 노동사회개진당을 주도한 이살음은 목사로서 대한인국민회와 신한민보사에서도 활동하였지만, 이승만을 지지하여 동지회의 북미 총회장과 주미외교위원회 위원 등을 역임한 인물이었다. 1925년 임시대통령 이승만이 임시의정원에서 탄핵당하자, 노동사회개진당은 임시의정원에 성토문을 보내어 항의하는 등 임시정부와 대립하기도 하였다. 조소앙과 노동사회개진당(이살음), 구미위원부(이승만)의 연결 고리는 이렇게 형성되었다.

조소앙은 노동사회개진당과 대한인국민회 양쪽에서 동시에 활동 자금을 지원받았다. 그는 수령한 금액·날짜·송금처를 각 개로 명시하여, 1920년 3월 10일 자로 "총계(總計) 법화(法貨) 2만 6천 590프랑을 확실영수(確實領受)"하였다는 자필 영수증(조소앙(趙鮮印)으로 기명함)을 노동사회개진당에 발송하였고, 이는 《동무》에 투명하게 공개되었다.[45] 조소앙이 루체른 대회 이후 개인 외교 활동을 펼쳤던 사유는, 더 이상 파리한국대표부의 일원으로 잔류할 수 없었던 사정에서 연유하였다. 그러나 노동사회개진당과 국민회에서 자금을 지원받음으로써 유럽 외교 활동을 이어갈 수 있었고, 바로 이 자금 지원이 조소앙과 이승만을 연결시키는 고리가 되었다.

현전하는 서한들 가운데, 1920년 7월 4일 자가 조소앙이 이승만에 발송한 최초의 서신이다. 이 시기는 그가 1920년 5월 영국을 떠나서 11월에 러시아에 도착하기 전 사이로, 덴마크·단치히·리투아니아·라트비아·에스토니아 등지를 경유하고 있을 때였다. 서신의 첫 머리에서 이승만이 발송한 두 차례 서찰에 고마움을 표함을 보면, 그전에 이미 두 사람 사이에 서신 왕래가 있었다. 이 날짜 서신은 이 무렵 두 사람의 동향과 직접 관계된 내용이었고, 조소앙의 유럽 활동이 후반부를, 이승만의 상하이 부임 문제가 전반부를 이룬다.

제7회 임시의정원은 1920년 3월 22일 회의에서, 임시대통령 이 승만이 임시정부의 소재인 상하이로 '향후 2개월 내'로 부임해야 한 다는 건의안을 '종속(從速)'으로 수정 동의하여 통과시켰다.[46] 이승 만은 선뜻 결단하지 않고 상하이의 통신원·측근들 및 지지 세력과 빈번하게 의견을 주고받으면서 상하이임시정부의 동태를 살피다가 1920년 12월 5일에야 상하이에 도착하였다. 이 동안 상하이에서는 이승만 반대 세력이 이승만 퇴진 운동을 전개하려는 움직임도 일어 나고 있었다.

조소앙은 서신에서 임시의정원의 결의안을 "상해에 머물고 있는 여러분들의 성실하고 간절한 옹대(擁戴)로 이러한 훌륭한 거조(擧措)를 보게 되었습니다."라고 의미를 부여하면서, 이승만에게 상하이로 건 너가기를 권하였다. 그러면서 "만나서 하나의 규약을 정하면 모든 관 리와 유사(有司)들이 직책을 나누어 일의 체계가 서도록 하면 그만입 니다. 구태여 상해에 오래 자리 잡고 있을 필요가 있겠습니까?"라고 하면서, 상하이에는 오래 체류하지 말라고 조언하였다. 그리고 이승 만 반대 세력의 움직임에 "지역에 의거하여 당을 만들고 대국을 훼 손하기를 꾀하는 무리들이 있습니다. 이것 역시 어린 것들의 작란에 지나지 않습니다(亦稚孼所演). 억지로 다스려서는 안 되며 오직 성의를 베풀고 공정하게 감싸서 하나의 단체로 만들 따름인 것입니다."[47]라고, 비난과 대응책을 함께 제시하였다. 이를 보면, 조소앙은 유럽에서도 상하이임시정부의 동정을 자세히 전해 들으면서 이미 친(親)이승만 세력으로 기울어 있었다.

조소앙은 노동사회개진당의 지원을 적극 받음으로써 계속 유럽에 잔류할 수 있었다. 그리고 루체른 대회 때와 마찬가지로, 사회주의자를 자처하면서 한국사회당의 일원이자 대표로서 유럽의 사회주의 계열의 인사와 단체를 향하여 독립외교 활동을 집중하였다. 이때 그에게 한국사회당은 노동사회개진당을 가리켰으며, 동당의 대표 자격으로 활동하였으므로 자신의 활동상을 당에 보고하였다.

코민테른에 가입을 신청하다

1919년 8월 루체른 대회 이후 조소앙에게는, 1920년 3월 개최될 로테르담 대회를 비롯해, 유럽의 사회주의자들을 향하여 수행할 과제가 많이 남아 있었다. 그는 이를 위한 방편으로 한국에서 사회주의당이 존재하며 활동하는 중임을 홍보할 필요가 있었으므로, 사회당의 명의로 기관지 《적자보》를 창간하여 편집과 발행의 책임까지 도맡았다.[48]

조소앙이 프랑스 파리에서 사회당 명의로 부정기 간행물 《적자보》 창간호를 발행한 날짜는 1919년 12월 12일이었고, 동월 20일에는 제2호를 간행하였다. 《적자보》는 현재 2호만 남아 있으며, 3호 이후의 속간 여부는 확인되지 않는다.《적자보》제2호에 수록된 기사는 모두 33건인데, 이 가운데 필자가 명기된 기사는 6건뿐이며 나머지 27건은 모두 무기명으로 작성되었다. 조소앙의 이름으로 작성된 기사는 없으나, 무기명 기사 27건 가운데 17건이 조소앙의 글로 추정되므로, 이 글들을 통하여 이 무렵 그가 사회주의를 어떻게 이해·수용하였는지를 알 수 있다.

조소앙은 「사회당의 발기(發起)」라는 글에서 한국사회당의 발기 취지를 밝히면서 '독립주의'를 내세운 독립운동 단체임을 거듭 강조하였다. 이 글에서 "우리 민족 생활의 기초를 사회주의로 세우려면, 우리 국가의 뿌리를 한알님의 마음같이 거룩하게 심으려면 사회당을 발기하자."라고 주장한 구절이 눈에 띈다. 조소앙이 일신교라는 종교의 틀로 사회주의를 수용하고 있음을 보이는 대목이다. 「교리평론」에서 '교리'는 사회당의 교리를 지칭하는데, '한알님'의 사랑이 고루 살게 하심으로 구체화한다고 주장함으로써 사회주의에서 추구하는 경제평등을 일신교와 연관시켰다. 그는 사회당을 독립운동 정당이자 일신교의 '교리'를 실천하는 종교조직으로 등치시켰다.

「교리평론」보다 앞에 배치된 「독립경(獨立經)」은 명칭에서 보듯이, 한국사회당에 독립운동의 경전을 제시할 목적으로 저술하였다. 조소앙이 자신의 주의와 주장을 '경'의 차원으로 위치시킨 첫 번째 사례였다. 1925년 『김상옥전(金相玉傳)』을 발간하면서 「발해경(渤海經)」을 포함시킨 선례였다. 「독립경」은 독립운동의 주체를 한국민족·한국인민이 아니라 '신자(神子)'로 설정하였는데, 일신교의 사해동포 사상에 기초하여 신의 아들이 신의 명령에 따라 독립운동을 수행하는 주체였다.

「독립경」의 아홉 번째 구절에서는 "재산을 공유하고 권리가 평등하면 민덕(民德)이 두터워진다."라고 하여, 사회주의를 통한 평등사회의 이상을 동양의 전통에서 찾고 있음도 확인할 수 있다. '공산동권(共産同權)'의 주장은 사유재산을 배격하고 재산의 공유를 통해 인간의 권리를 동등하게 만드는 정치경제상의 영역이었다.

조소앙 스스로 사회당이 독립주의를 제일의 가치로 내세운다고 주장한 데에서 보듯이, 그는 사회주의의 이념과 이상을 목적하기보다는, 한국독립을 추구하는 전술 차원에서 사회주의를 수용하고 사회당을 창당하였다. 이후 그가 한살임당을 공산주의당으로 창당하여 코민테른에 가입을 신청한 맥락도 동일하였다.

파리라는 외국의 땅에서, 한국사회당의 사회주의 이념과 활동상황을 선전·홍보할 목적의 기관지에, 「교리평론」이라는 종교 색채의 글을 게재한 의도는 이해하기 어렵다. 자신이 창안한 일신교의 교리를 사회주의·사회당을 표방하는 기관지에 게재함이 적절한지 의문도 든다. 일신교의 교리로써 사회주의 대중정당에 종교색을 가미함은, 자신의 독립사상을 종교화하려는 종교 구국의 관념성에 머물러 있음을 보여 준다. 「독립경」에서 독립운동의 주체를 '신자(神子)'로 설정함은, 아무리 '신자'의 희생을 강조한다 하더라도, 독립투쟁의 대상과 주체를 모호하게 만드는 측면이 더 강하였다.

사회당의 기관지라면 일제의 침략상을 폭로하면서 일제와 투쟁하는 한국민의 실상을 적극 선전함이 본연의 소임일 터인데,《적자보》에는 조소앙 개인의 성향이 주로 반영되었다.《적자보》제2호에 게재한 조소앙의 글에서 사회당의 기관지다운 면모를 보인 글은 「사회주의자로서 보고(속)」가 두드러진다. 이 글은 한국 사회주의운동이 발전하는 과정과 상황을 조소앙 자신이 직접 관여한 사건을 중심으로 기술함으로써 자료상의 가치도 있다. 사회주의 이상과 일신교 신앙이 성글게 뒤버무려진 불협화음은, 이후 조소앙이 다른 독립운동 단체와 경합하는 과정에서 종교색을 탈색함으로써 극복된다.

1919년 12월의 조소앙은 일신교의 범주에서 사회주의를 이해하였지만, 사회주의자를 자처하면서 사회당 대표의 자격으로 활동을 이어 갔다. 그는 외국인을 상대로 한 활동뿐 아니라 프랑스에 거류하는 한인 동포 사회에서도 사회당 대표의 자격으로 참석하였다. 이를테면 1920년 3월 1일 프랑스 쉬프(Suippes)에서 재법한국민회(在法韓國民會)[49]가 주최한 독립선언 기념 축하식에서 한국사회당 대표로 축사하였다.[50]

1919년 8월 9일 루체른 대회에서 「한국독립결정서」가 통과되자, 조소앙은 이를 확정하기 위하여 1920년 3월 23일 네덜란드 로테르담에서 개최되는 제2인터내셔널 집행위원회(Aktionskomitee)에 참가하여 재차 「한국독립문제실행요구안」을 제출하는 등 유럽에서 활동을 계속했다. 이 요구안은 동 대회에 참가한 10개국 대표들이 각기 본국으로 돌아가면, 스위스에서 통과된 한국문제를 자국의 국회에서 통과시키고, 이 문제를 국제연맹에 제출해 달라는 내용이었다.[51]

제2인터내셔널 집행위원회는 1920년 7월에 열리기로 되어 있는 제네바 국제회의를 준비하기 위해 10개국 대표가 모여 진행되었다. 회의 보고서 중 한국에 관련한 구절을 보면, "한국대표(조소앙)의 청원에 따라 로테르담회의는 국제연맹에 보내기로 한 한국국민의 독립에 관한 루체른회의의 결정에 대해 다시 논의했다."라고 회의록에 기록되어 있다. 보고서에 따르면 조소앙은 집행위원회에 개인 자격으로, 10개국 12명 대표자의 한 사람으로 참석하였다. 그는 이러한 성과를 노동사회개진당에 보고하였다.[52]

조소앙의 요구안은 영국과 벨기에 대표가 적극 찬동하여 통과되었으며, 이듬해인 1921년 4월 제2인터내셔널에서는 국제연맹과 열강에 임시정부의 성립과 대한민국이 독립국임을 승인하도록 요구하게 되어 있었다. 이것은 비록 정부 차원에서 한국독립을 승인한 바는 아니었지만, 유럽 각국의 사회당이 연합한 국제조직이 한국의 독립을 지지했다는 점에서 의의가 컸다.[53] 이와 같은 조소앙의 외교 활동은 그때마다 상하이의 《독립신문》에 보도되었으며, 만국사회당 본부가 국제연맹과 열강에게 한국독립승인을 요구하자 《독립신문》은 호외까지 발간하기도 하였다.[54]

조소앙은 1920년 4월 영국을 방문한 뒤,[55] 런던 등지에서 영국노동당의 지도자 토머스(James Henry Thomas), 매켄지(Frederick A. McKenzie) 등과 만나 한국독립 방안을 논의하였으며, 토머스에게서 한국문제를 주선하겠다는 허락을 받았다. 이어 4월 27일 런던에서 토머스를 비롯해 노동당 의원 헨더슨(Arthur Henderson)·맥도널드(James Ramsay MacDonald) 등의 협력을 얻어, 영국 하원에서 한국의 국제연맹 가입, 일본의 한국인 탄압, 수원 제암리사건 등 한국의 독립문제에 관한 4개의 대정부 질문안을 각 의원들로 하여금 제출·질의케 하였다. 영국 하원에서 전개된 대정부 질의 원고를, 조소앙이 영국 런던에서 친한파 인사의 대표 격인 매켄지와 협의하여 작성하였

음도 특기할 만한 일이었다.[56]

대정부 질의에서 한국이 국제연맹에 가입하는 문제는 헤이데이(Hayday) 의원과 리스(Rees)경이 질문하고, 햄스워스(Hamsworth) 외무차관이 답변하였다. 일본의 한국통치와 관련한 질의에서는, 헤이데이 의원과 그룬디(Grundy) 의원이 한국인의 정당한 행동을 탄압하는 일본의 불법 처사를 강경하게 항의함으로써, 정부가 일본을 대하는 태도를 물었다. 영국 정부 인사의 답변은 만족스럽지는 못하였으나, 당시 일본과 동맹 관계에 있던 영국 의회에서 한국문제를 토의케 하여 일본을 규탄한 사실만으로도, 임시정부와 조소앙의 외교 활동이 성취한 큰 성과였다.

조소앙은 유럽의 사회주의자들과 제2인터내셔널을 상대로 외교 활동을 벌이면서 유럽 사회주의운동에 상당히 고무되었고, 자신의 활동 성과에도 매우 만족하였으나, 기대와는 달리 한국인들 사이에 우군을 얻지 못하였음을 안타까워하였다. 이는 그가 이승만에게 발송한 1920년 7월 4일 자 서신의 후반부에 그대로 드러나 있다.

구주(歐洲)의 민정(民情)은 3년 이내에 반드시 큰 변혁이 일어나 우리로 하여금 40만의 대군(大軍)을 갖도록 할 것입니다 그리하여 전 세계의 당수(黨首)와 함께 구주 혁명에 진출을 획책했다가 그 기세를 차고 동쪽으로 나온다면 일본의 한국 점령을 풀고 우리의 대권(大權)을 온전히 하는 일도 눈 깜작할 사이의 일이겠습니다.
아! 이를 이해할 사람이 누가 있겠습니까? 이미 알고 있는 사람이 없어서 믿을 만한 사람이라도 만나보고 싶었으나 이것도 결국은 이

루어지지 못했습니다. 다시 무엇을 한탄하겠습니까? 통 털어 이해
하시기만을 바라겠습니다.[57]

1920년 7월의 시점에서 조소앙은 당시 유럽의 사회주의운동이
3년 내에 유럽에서 사회주의혁명을 야기하고, 이 여파가 한국의 무
장 독립운동을 고조시켜 한국독립도 조속히 실현되리라고 전망하였
다. 그는 주변 한국 사람들이 이러한 추세를 이해하지 못하므로, 자
신의 활동에 동조하지 않음을 개탄하면서, 이승만이라도 이해해 주
기를 바랐다. 서신의 성격이 '3년 이내', '40만 대군'의 근거를 밝혀야
하는 보고가 아니었더라도, 이 숫자들은 과학에 근거한 신념이라기
보다는 염원에 가까웠다.

인용한 서신은 조소앙이 유럽 정세를 관찰한 총평이자 자신의
활동을 자평한 바로, 그가 왜 러시아로 향하였는지를 가늠할 수 있
는 대목이다. 그는 유럽의 사회주의운동에 고무되었고, "구주 혁명에
진출"하기 위하여 이미 혁명을 성공시킨 러시아로 발길을 재촉하였
다. 그가 제2인터내셔널을 떠나 제3인터내셔널로 방향을 바꾸는 전
술상의 변화가 "구주 혁명에 진출"하는 데 목적이 있었음은,《동무》
에 기고한 글에서 확인된다.[58]

조소앙은 발길의 목적지인 러시아의 공산주의를 평산주의로 일
괄하면서, 러시아혁명으로 러시아가 입국의 기초가 완전해졌다고 평
가하였다. 나아가 러시아의 주의가 유럽에 파급되면 일본도 이에 포
위되어 러시아의 사조에 반항할 수 없으므로, 한국문제는 유럽 공산
당의 수중에서 해결할 수 있으리라고 '낙관'하였다. 그는 적국 일본을

타도하기 위하여 러시아 사람과 가까이할 목적으로, 러시아를 유럽 활동의 종착지점으로 설정하였다.

조소앙은 1920년 5월 영국을 떠나 만국사회당 대표의 일원으로 벨기에·덴마크·단치히·발틱 3국 등을 경유하여 1920년 11월부터 1921년 5월까지 소련 지역을 여행하였다. 그는 에스토니아에 체류하는 동안 소련 입국증을 도득(圖得)한 뒤 1920년 10월경에 에스토니아를 출발하여 11월에 페트로그라드(Petrograd)에 도착하였다. 이때 마침 이곳에서는 11월혁명기념대회가 열리고 있었으므로, 조소앙은 공산당 본부를 방문하고 이 대회에서 잠깐 동안 연설을 하기도 하였다.

조소앙이 한살림당을 조직[59]한 정확한 시기는 확인할 수 없지만, 코민테른에 승인을 요청하려면, 페트로그라드에 도착하기 전에는 어떠한 형태로든 당헌·강령·당규 등을 완성하였으리라 생각한다. 코민테른 문헌에 따르면, 한살림당은 1920년 1월 25일 상하이에서 열린 집행위원회에서 당헌을 채택하고, 영어로 'Korean Socialist Party', 한국어로는 '한인사회당'이라고 하여 강령과 규약을 준비해왔다. 아마 코민테른에 가입 신청을 하려면, 당의 체계를 갖추었음을 입증해야 했기 때문에 조소앙이 사실을 과장해 보고했으리라 생각한다.

1918년 러시아에서 조직된 한인사회당에서 중앙위원 등의 간부를 역임한 이인섭(李仁燮)이 이 무렵 조소앙을 만났고, 한살림당과 관련한 중요한 증언을 남겼다. 당시 조소앙은 '공산'이 '한살림'을 의미한다고 주장하였으므로, 러시아 내 한인들이 러시아공산당 내 한인부를 '한살림부'라고 써 붙인 경우도 있었다.[60] 조소앙은 1915년 이종소 등과 주창하였던 '한살림'을 '공산'의 의미로 사용하여 한살림당을 결당하고 코민테른에 가입을 신청하였다.

1920년 11월 11일 자 코민테른(Communist International, 제3인터내셔널) 집행위원회 회의 기록에 따르면, 조선의 '동지 우(Gen-U)'가 조선사회당(die Sozialistische Partei Koreas, 한살림 Chansalim)을 보고하고 코민테른에 가입 승인을 요청했다. 그러나 이동휘(李東輝)·박진순(朴鎭淳) 등이 이끄는 한인사회당(Chansachwe)이 이미 코민테른에 가입하여 있기 때문에, 집행위원회는 소위원회를 설치하여 이 문제를 검토하기로 했다. 이를 보면, 1920년 11월 11일에는 이동휘 등의 한인사회당과 동명의 한인사회당이 일명 한살림당으로 코민테른에 가입 신청을 하였으므로, 조소앙은 이때 이미 페트로그라드에 도착해 있었다.

1920년 11월 28일 코민테른 집행위원회 소위원회의 보고에 따르면, 한인사회당(한살림)은 1907년 도쿄에서 결성되어 제2인터내셔널에 속해 있었다. 그러나 동 정책에 환멸을 느꼈기 때문에 1920년 4월 대회에서 제2인터내셔널에서 탈퇴하고 제3인터내셔널에 가입하기로 결정한 뒤, '동지 우'를 코민테른에 파견했으나 기술상의 곤란으로 겨우 이제야 도착했다. 코민테른 집행위원회는 한살림당에 한인사회당과 합동하도록 권유하고, 당장은 평의권을 가진 대표를 집행위원회에 보낼 권리를 인정하기로 했다. 집행위원회에서는 1920년 11월 28일자로 다음과 같은 결정서를 통지하였다.

코민테른 집행위원회는 한살림당을 환영합니다. 그리고 이 당이 코민테른 제2차 회의의 모든 결정을 받아들이고 반드시 실행한다는 조건에서 코민테른 가입을 승인합니다.

이와 함께 집행위원회는 한살림당에 이미 코민테른에 가입한 한인 사회당과의 연합을 제안합니다. 위 조건들을 이행하기 앞서, 집행위원회는 한살림당에 집행위원회 대표 심의권을 제공할 것입니다.[61]

조소앙은 한 해 전인 1919년 8월 루체른 대회에 「한국독립승인 결의안」을 제출하면서, 한국임시정부가 볼셰비즘과는 다르다고 강조하였다. 이제 공산주의당인 한살림당을 창당하여 코민테른에 가입 신청서를 제출하는 시점에서는, 제2인터내셔널에 환멸을 느낀다는 정반대의 태도를 표명하였다. 조소앙이 코민테른에 한살림당이 1907년에 결성되어 제2인터내셔널에 속해 있었다고 보고한 내용은 코민테른의 허락을 얻기 위한 과장이었다.[62]

조소앙은 1915년 이살음 등과 함께 무명단을 조직하였을 때 내걸었던 '한살림'을 당명으로 삼아서 공산주의당을 급조하고 코민테른에 가입을 신청하였다. 코민테른은 각국의 공산당에게 그러하였듯이, 한살림당에도 코민테른 제2차 대회 결의에 복종하라는 전제를 달았다.

조소앙이 도착하기 직전인 1920년 7월, 페트로그라드에서 개최된 코민테른 제2차 대회는 코민테른 가입을 위한 '21개 조건'을 통과시켰는데, 요체는 코민테른의 중앙집권식 철(鐵)의 기율에 복종함이었다. 조소앙이 사회주의자를 자처하면서 1인 정당에 가까운 사회당을 구성하였다가 다시 공산당으로 전환한 수준에서, 그가 애초 코민테른 가입을 의도하였으리라고는 생각하지 않는다. 또 코민테른의 조건이 그에게 수용 가능하지도 않았으므로, 한살림당은 코민테른을 향한 일회성 외교 활동으로 그치고 말았다. 그러나 이러한 활동 경력이, 1921년 12월 상하이로 돌아온 뒤 한때나마 그를 공산당원으로 인식하는 실마리를 제공하기도 하였다.

조소앙은 페트로그라드에 약 한 달여간 머물면서 재류 동포들을 방문하였으며, 1920년 12월에는 8개국 대표 25인으로 조직된 시찰단에 가입하여 약 2개월간 러시아 각지를 순방하면서 시찰하였다. 그는 이 여행을 통하여 페트로그라드와 모스크바를 중심으로 러시아 각지에 공산주의 제도가 보급되었음을 목격하면서 공산주의의 실상을 직접 확인하였다. 조소앙은 1921년 2월 말에 다시 모스크바로 돌아와서, 3월 초에 이곳에서 열린 공산당대회를 참관하였다. 그는 3월 말 모스크바를 떠나 이르쿠츠크(Irkutsk)와 치타(Chita)를 경유하여 5월경에 베이징(北京)에 도착하였고, 12월 하순 무렵 상하이에 당도하였다.[63]

조소앙이 소련의 영토 안에 체류하던 6~7개월은 소련 내에 공산주의 체제가 정비되는 과정이었지만, 내전으로 인한 혼란이 아직 진정되지 않은 상태였다. 그가 이르쿠츠크와 치타를 통과하던 1921년 4~5월은 그해 6월의 자유시참변(自由市慘變)을 앞두고 상하이파 고려공산당과 이르쿠츠크파 고려공산당이 충돌하기 직전이었으므로, 이 광경을 목격하였으리라 생각된다. 조소앙이 공산당과 공산주의에 경사하지 않은 이유에는, 이러한 실상을 직접 목도한 경험도 작용하였으리라 추측한다.[64]

조소앙이 루체른 대회에 이어 영국에서 노동당 인사들과 만나 이룬 외교 성과에 비하면, 소련 순방은 혁명 후 소련의 상황을 견문한 이외에는 그다지 외교상의 결실이 없었다. 그러나 공산주의혁명 후의 공산주의의 실상을 직접 목격한 체험은, 공산주의의 이상과 현실 사이의 한계를 명확하게 확인시켰고, 이후 그의 사상의 지형에도 중요하게 작용하였다. 1919년 8월부터 1921년 5월까지 유럽 순방을 마친 조소앙에게 가장 큰 변화는, 종교색을 완전히 탈색하지는 못하였지만, 관념론에서 점차 이탈하여 사회과학의 이론 틀을 갖추기 시작하였다는 데 있었다. 유럽 순방은 외교 활동의 성과에 비례하여 이념상의 변화와 발전의 계기가 되었다.

조소앙이 민족문화에 기울인 관심과 애착도, 유럽 순방 동안 자극받은 분발심에서 비롯된 바가 컸다. 그가 1932년 출간한 『한국문원(韓國文苑)』의 「서(序)」(1929 2. 21 작성)에 따르면, 영국에서 『삼강행실도(三綱行實圖)』가, 프랑스에서 『춘향전』이 번역되어 있음을, 상하이로 돌아와서는 광개토왕비문(廣開土王碑文)을 보게 되었다. 그는 "이러한 것들은 모두 진귀(珍貴)한 것들인데, 이를 내버려 두고 돌보지 않아 오히려 외국인들이 이를 보물로 여기고 있으니 어찌 된 일인가."라고 통탄하면서, 소중한 민족문화를 우리 스스로 보존하지 못함을 반성하였다.[65] 그가 『한국문원』을 편술한 동기는 이러한 자각에서 출발하였다.

상하이로 돌아와 임시정부에 복귀하다

베이징을 거쳐 상하이로

조소앙은 유럽 순방을 마친 뒤 1921년 5월경에 베이징에 도착하여, 12월 하순 상하이로 귀환하기까지 약 7개월여 동안 체류하였다. 이 동안 공산주의를 비판하는 「만주리(滿洲里) 선언」을 발표하고 범한독립당(汎韓獨立黨)을 발기하였으나 실패하였다는 사실[1] 정도만 알려졌을 뿐, 이조차 정확한 실상은 확인하기 어렵다.

「만주리 선언」은 조소앙이 소련 땅을 벗어나면서 공산주의를 비판한 첫 행보였고, 범한독립당은 '독립당'의 이념을 결당으로 추진한 첫 번째 시도였다. 후술하듯이 그는 상하이로 돌아온 뒤, 대한민국임시정부(이하 임시정부)에 복귀하기 직전 공산당과 대비시켜 '독립당'의 이념을 개진하였다. 이를 보면, 그가 유럽에서 사회당과 공산당을 경험하면서, '독립'을 제일의로 추구하는 민족주의당을 조직함이 최우선 과제라고 인식하였음을 짐작할 수 있다.

그런데 임시정부의 국무원 위원 자격으로 파리로 향했던 조소앙이, 왜 바로 임시정부로 복귀하지 않고 7개월여 동안 베이징에 머물렀는가 하는 의문이 든다. 조소앙이 베이징에 체류하는 동안의 활동상은 상하이로 귀환한 뒤의 운동 방향을 이해하기 위해서도 중요하므로, 주변 인사들의 동향을 통하여서라도 추정할 필요가 있다.

첫째, 조소앙은 이 무렵 통합임시정부(1919. 9 조직)를 비판하는 태도를 취하였으므로, 곧바로 임시정부로 복귀할 의사가 없었으리라 생각한다. 다 아는 바와 같이, 상하이에 건립된 임시정부와 블라디보스토크의 대한국민의회, 국내에서 선포된 한성정부는 여러 가지 난관을 극복하면서 상하이에 통합임시정부를 수립하였다. 그러나 여전히 분란의 불씨가 남은 불완전한 통합이었다.

상하이 임시의정원과 임시정부 수립에 전념하였던 조소앙에게도 통합임시정부는 만족스럽지 못하였다. 통합임시정부가 출범한 직후인 1919년 12월, 그는 파리에서 발행한 《적자보》제2호(12월 20일 발행)에 통합임시정부를 비판하는 두 편의 글을 게재하였다.「현정부의 책(責)」에서 '현정부'는 통합임시정부를 가리켰는데, 임시의정원의 결의를 거치지 않고 임시정부 수립을 공포한 절차상의 오류가 임시정부를 창립한 기초를 흔들었다고 유감을 표명하였다. 이어 「의정원(議政院)아」에서는 「대한민국임시헌장」을 폐기한 의정원을 '평등'의 시대에 어둡다고 비판하면서 해산하라고 주장하는 강경론까지 펼쳤다. 조소앙은 상하이임시정부를 조직한 기본정신, 이것이 반영된 「대한민국임시헌장」과 「정강」의 가치를 특별하게 중시하면서, 새롭게 출범

한 통합임시정부가 이를 계승하지 않았다고 비판하였다.[2]

　조소앙은 통합임시정부를 비판하였지만, 임시정부 자체를 부정하지는 않았다. 이는 그가 1922년 6월 통합임시정부의 임시의정원 의원으로 복귀함을 보더라도 증명이 된다. 또 그는 통합임시정부를 비난하면서도, 위임통치 청원의 선두에 섰던 이승만이 내각의 최고 수반으로 선출된 사실은 비판하지 않았다. 이러한 태도는 루체른 회의에 참석한 시기에, 이관용을 정한경에 빗대어 비난하면서도 이승만을 거론하지 않았음과 동일하였다. 독립운동의 노선만으로 본다면 조소앙은 이승만과 괴리가 큰데도, 1925년 이승만이 임시정부에서 탄핵될 때까지 이승만을 옹호하는 일관성을 보였다.

　조소앙이 베이징에 오랫동안 체류한 두 번째 이유는, 선배인 신채호(申采浩)·이회영(李會榮)의 동향과도 관련이 있으리라 생각한다. 그가 베이징에 도착하였을 때는, 신채호가 베이징을 중심으로 통합임시정부 반대 투쟁을 격렬하게 전개하면서 아나키스트로 사상의 전환을 꾀하던 시기였다. 베이징이 넓은 지역이라 하더라도 좁은 한인 교포 사회에서, 조소앙이 신채호를 중심으로 일어나는 움직임을 몰랐을 리는 없다. 그가 범한독립당을 추진하려 하였다면, 베이징에 체류하는 여러 지사들과 접촉하였을 터이므로 더욱 그러하다.

　이회영은 조소앙이 베이징에 도착하자, 조소앙이 내방하기를 기다리지 않고 즉시 조소앙을 찾아갔다. 그는 조소앙에게서 파리강화회의 소식을 비롯해, 러시아혁명과 혁명 뒤의 러시아 상황 즉 혁명의 득실·장단 등을 들었다. 그는 조소앙에게 많은 질문을 던지면서, "마치 새 왕조가 세워지면 전날의 천민이 귀족이 되듯이 신흥 지배 계급이 나타나지 않겠는가?"라고 반문하였다. 이 질문에 조소앙은 "그들은 그러한 현상이 과도기에 일어나는 피할 수 없는 현상이며 혁명이 제자리를 잡고 나면 해소되는 문제라고 변명한다."라고 답하였다.[3] 두 사람의 문답은 이 무렵 조소앙의 생각을 간접으로 증언한다.

　민족해방운동가로서 베이징에 온 사람치고 이회영의 집에 들르지 않은 사람이 없을 정도였고, 그에게 동참을 권하는 단체들도 많았다. 이 가운데 하나가 박용만(朴容萬)·신채호 등이 주도한 군사통일촉성회(軍事統一促成會)였다.[4] 1921년 무렵 이회영은 매일 아침저녁으로 신채호를 만나 토론할 정도였으므로 신채호의 동향을 누구보다도 상세히 알고 있었다.[5]

　이회영이 조소앙에게서 유럽 사회주의와 러시아 공산주의와 관련한 지식과 정황을 전해 들었듯이, 조소앙 역시 이회영에게서 상하이와 베이징의 분위기를 파악했음은 분명하다. 이회영은 30년이나 연하인 조소앙을 몸소 찾아가서 경청할 정도의 개방성을 지녔으므로, 조소앙과 민족운동의 노선과 방법론을 놓고서도 진지하게 토론하였을 터이다.

　이 무렵 조소앙은 신채호와 연대하지 않았지만, 이에 반대하였다는 행적도 보이지 않는다. 그가 1919년 「대한독립선언서」를 발표할 때까지도 행동을 함께하였던 선배 신채호와 연계하지 않은 데에는, 동조할 수도 반대할 수도 없었던 처지에서 연유하였다고 생각한다.

　신채호가 통합임시정부를 불신하여 반대운동을 주도한 가장 큰 이유는 반(反)이승만 노선에서 비롯되었다. 그는 1919년 4월 상하이 임시정부가 출발할 때도 이승만이 국무총리로 추대됨을 반대하였고,

통합임시정부가 수립될 즈음에도 이러한 태도를 끝내 바꾸지 않았으므로 임시의정원에서 해임되어 결국 임시정부를 이탈하게 되었다. 충청도 의원인 그가 회기 중에 의정원 의원직을 해임당한 직접 사유는, 1919년 9월 6일 행해진 임시대통령 선거에서 이승만이 선출된 데 격렬하게 반대한 데 있었다.[6]

이때부터 신채호와 임시정부 사이의 갈등은 평행선을 달렸다. 신채호는 1920년 초 상하이를 떠나 베이징으로 활동지를 옮겨 반(反)임시정부 운동과 통일된 군사기관 창설에 본격 나섰다. 그는 1920년 9월 박용만·신숙(申肅) 등 14명과 함께 군사통일촉성회를 발기하였고, 이를 발전시켜 다음 해 4월 19일 군사통일회를 조직하였다. 군사통일회는 임시정부를 비판·공격하는 일에 집중하였고, 1921년 6월 2일 박용만·신숙 등은 국민대표회주비원을 선출하면서 국민대표회를 소집하는 일에 주력하였다. 이 단체는 이후 국민대표회의에서 창조파를 형성한다.

신채호는 1921년 4월 19일 김창숙(金昌淑, 신채호와 함께 임시의정원 의원에서 해임됨)과 함께, 이승만·정한경 등이 미국정부를 향해 위임통치를 청원한 행위를 규탄하는 「성토문」을 작성·공표하였는데, 여기에는 김원봉(金元鳳) 등 54명이 서명하였다. 이 성토문은 이승만을 옹호하는 임시정부의 처사를 비판하면서, 위임통치 청원을 매국·매족이라고 규정하며 무효라고 주장하였다. 나아가 신채호는 군사통일기관을 설립하는 운동을 촉진하기 위하여 1921년 5월 21일 통일책진회(統一策進會)를 발기하였다. 이러한 신채호의 활동은 만족할 만한 성과를 당장 거두지 못하였지만, 이후 독립운동계에 미친 파장은 매우 컸다.[7]

이상이 조소앙이 1921년 5월 베이징에 도착하기 전후의 베이징 독립운동계의 동향이었다. 그가 추진하였던 범한독립당이 실패한 이유도 이러한 동향과 무관하지 않았으리라 생각한다. 베이징의 분위기는 통합임시정부와 화합하기 어려운 상황이었고, 조소앙은 신채호 등에 동조하지는 않았지만, 쉽게 상하이의 통합임시정부로 복귀할 여건도 조성되지 않았다.

조소앙이 상하이로 귀환하는 직접 계기는, 중국국민당의 간부로서 아나키스트인 장지(張繼)가 초청한 데에서 비롯되었다. 이와 함께 또 다른 계기를 추정해 보면, 베이징을 중심으로 반(反)임시정부 운동의 일환으로 국민대표회를 소집하자는 움직임이 더욱 구체화하자, 본래 임시정부수립론자였던 조소앙이 이에 반작용하여 상하이로 복귀하였을 가능성도 있다.

조소앙이 베이징에 체류하는 동안 사상의 방향에서 중요한 점은, 그가 상하이로 돌아가자마자 아나키즘을 표방하는 한살임당을 조직할 바탕이 자연스럽게 형성되고 있었다는 사실이다. 조소앙이 베이징에서 '범한'을 지향하는 독립당을 추진하는 과정에서 접촉하였을 수많은 사람 가운데, 이회영·신채호와는 수시 회합하였을 가능성이 충분하다. 조소앙이 신채호의 반이승만 노선에는 동조하지 않았더라도, 신채호가 이동하는 사상의 경로는 그에게도 숙고할 자료가 되었으리라 생각한다.

1921년 1월 신채호는 중국인과 항일연합전선을 형성할 목적으로, 김창숙·이회영 등과 함께 베이징에서 순한문지 《천고(天鼓)》를 창간하여 아나키즘을 선전하였다. 그는 이후 아나키스트 운동을 본격 전개하기 시작하여, 지식인들을 중심으로 흑색청년동맹을 국내에 창설하고, 베이징에 지부까지 설치하였다.[8] 1921년 5월 이후에 신채호·이회영 두 사람은 아나키즘에 이미 경도하였을 때이므로, 조소앙도 이들과 아나키즘을 토론하였을 가능성은 짐작하기 어렵지 않다. 이러한 교류가 조소앙이 장지의 초청을 받아 상하이로 온 뒤 곧바로 아나키즘 단체인 한살임당을 조직할 수 있었던 바탕이 되었다.

한국인 아나키스트들이 쑨원(孫文)과 연계하여 테러 활동을 전개한 전례는 이미 3·1민족운동 이후부터 몇 차례 있었다. 대표되는 예를 들면, 1921년 9월 27일 중국인과 한국인이 연합하여 아나키즘의 성향을 가진 중한협회(中韓協會)를 조직한 뒤, 쑨원은 신규식(申圭植)에게 암살대를 조직하라고 명하였다. 이 암살대는 중한협회를 기반으로 조직되었고, 한국인 단원 중 상당수가 아나키스트였으며, 후베이(湖北)·바오딩(保定)·베이징·톈진(天津) 등에서 테러 활동을 전개하였다.[9] 장지가 조소앙을 상하이로 초대한 이유도 이러한 연대의 가능성을 추정할 수 있다.

장지는 1899년 일본으로 유학하여 중국인 최초로 아나키스트가 된 인물로, 『무정부주의』라는 동명의 다른 책을 1903년과 1907년에 각각 번역·출간하여 중국에 아나키즘을 전파하였다. 조소앙은 일본에 유학할 때 장지가 번역한 책을 읽은 바 있었다.[10] 1913년 조소앙이 중국으로 망명하여 동제사에서 활동할 때에는 장지와 직접 연대하였다.

동제사는 한중 혁명운동의 연대를 위해 중국혁명 지도자들과 신아동제사(新亞同濟社)를 창립하였고, 조소앙과 장지는 이에 가담하여 활동하였다. 두 사람은 아세아민족반일대동당(亞細亞民族反日大同黨)을 추진할 때에도 함께 참여하였다. 또 조소앙이 유럽에서 사회당을 창당하여 외교 활동을 전개할 목적의 일환으로 발행한《적자보(赤子報)》에, 중국인 사회주의자 장지가 파리에 도착한 소식을 전하면서 장지가 한국의 독립운동을 위해 특별하게 힘쓰고 있다고 소개하였다.[11] 장지와 조소앙의 이러한 친분과 동지 관계가 배경이 되어, 장지는 조소앙과 연대할 의도로 상하이로 초청하였으리라 생각한다.

한살임당을 재창당, 아나키즘을 표방하다

조소앙과 장지의 연대는 1922년 초반(아마 3~4월경 전후) 한살임당을 아나키즘 성향의 단체로 재창당함으로써 가시화하였다.('한살임'은 한살림의 한자 음역인데, 이전의 한살림당과도 구별할 목적에서 1922년 조소앙이 재창당한 당을 '한살임당'으로 표현한다.) 장지의 소개로 중국 국민혁명의 영수 쑨원을 만난 일은 조소앙에게도 매우 중대사였을 터인데, 그 스스로 전말을 기록하지 않아 정확한 시기와 내용을 알 수 없지만, 시기는 1922년 8월 초 이후로 추정된다.[12]

현전하는 자료상으로 확인할 때, 조소앙이 상하이로 돌아와 공개 석상에 드러난 최초의 공식 행보는 공산당의 위원 자격이었다. 1922년 3월 1일 상하이에서 임시정부가 주도하여 한국인 약 400여 명, 중국인 40명이 참석한 독립기념일 축하회가 개최되었는데, 조소앙은 공산당 위원의 자격으로 참석하였다. 이날 행사는 임시의정원

의장 홍진(洪鎭, 홍진(洪震)의 이명)[13]의 개회사로 시작되어, 다시 홍진이 식사(式辭)를 마친 뒤, 국무총리 대리 신규식이 「독립선언서」(손병희 이하 33인이 연서하여 경성에서 배부된 선언서)를 낭독하였다. 그리고 신규식, 홍사단 안창호(安昌浩), 공산당 위원 조소앙 및 2명의 중국 인사를 포함하여 모두 5명의 축사가 이어졌다.

조소앙의 축사 내용과 아울러 주목할 점은, 일제 관헌이 보고한 조소앙의 소속과 자격이다. 일제 관헌 자료에서는, 이날 행사의 식순(式順)을 기록한 곳에서는 조소앙을 '공산당 원로(元老)'로, 축사 요지 등을 별지(別紙) 보고한 곳에서는 '공산당 위원(委員)'으로 적었다. 아마 개회사 · 식사와 축사를 행한 홍진 · 신규식 · 안창호 등이 조소앙보다는 선배 격으로 이 당시 독립운동계에서는 원로 대접을 받았으므로, 조소앙도 '원로'로 표현한 듯하다. 36세의 조소앙이 '원로'로 호칭되기에는 아직 이르지만, 신규식 · 안창호와 함께 축사를 행하였다는 자체가, 유럽 외교 활동의 공적을 인정받은 위상을 말해 준다. 한편 이 무렵 조소앙은 상하이에서 공산당원으로 인식되었다. 그의 축사에서도 러시아혁명을 높이 평가하였다.

세계혁명 성공국(成功國) 셋이 있는데 하나는 중국혁명이다. 중국은 4천년의 긴 제국을 하루아침(一朝)에 파괴하고 민국을 창설하였음은 민족혁명이라고 상찬(賞讚)받아야 한다. 둘은 서양○○의 공화혁명(共和革命)이고, 셋은 러시아공산혁명(露國共産革命)이다. 공산혁명은 세계혁명으로 각국 유식자(有識者)가 칭찬하는 바이다. 우리 한국은 이상의 세 혁명을 합체(合體)하여 하나의 기관(一機關)을 만든 삼일

혁명인 까닭에 역사상 일위를 점하는 미점(美點)으로 말해야 할 혁명이다.[14]

축사는 성공한 세계혁명의 유형을 민족혁명·공화혁명·공산혁명 셋으로 나누면서, 3·1민족운동을 '3·1혁명'으로 규정하였다. 그러한 이유를 '3·1혁명'이 세 가지 혁명을 '합체'하여 하나의 기관을 만든 사실에서 찾으면서, 이 때문에 '3·1혁명'이 세계 역사상 일위를 차지하는 미점을 지녔다고 평가하였다. 조소앙이 말하는 '일기관'은 분명 임시정부를 가리키며, 축사의 요점은 임시정부를 중심으로 3종의 혁명을 '합체'한 혁명을 완수하자는 메시지로 읽힌다. 또 러시아 공산혁명을 각국의 유식자들이 칭찬하는 세계혁명이라고 말한 대목도 눈에 띈다.

일제 관헌 자료가 조소앙을 공산당 '위원'으로 파악한 이유는, 소련 내에서 그의 활동상을 통하여 판단하였기 때문이라고 생각한다. 3월 1일의 독립기념일 축하회장에는 공산당선언서가 500매 가량 배포되기도 하였는데 조소앙과는 전혀 무관하였다.

조소앙이 '공산당'원으로 인식된 데에는 《독립신문》의 보도도 일조하였으리라고 생각한다. 그의 동향이 임시정부의 기관지인 《독립신문》을 통하여 처음 알려지기는 1922년 2월 20일이었다. 기사의 제목은 「구주로부터 귀한 조소앙씨의 담」이었는데,[15] '담(談)'이라는 형식에서 보듯이 조소앙과 인터뷰한 내용에 기초하였다. 이 기사의 첫머리는 조소앙을 "아(我)독립운동의일중견(一中堅)의인(人)"으로 소개하면서, 그가 '구주외교(歐洲外交)의중임(重任)'을 수행한 내용을 상세하게 보도하였다.

이 보도에는 조소앙이 만국사회당대회에 참여해 한국독립안을 통과시켰고, 미주의 노동사회개진당의 대표로 제2국제사회당(제2인터내셔널) 집행위원회에 출석하였으며, 영국에서 노동당 대표들과 연대하여 활동한 내용 등에 이어, 러시아에서는 혁명기념대회에 참석하고 "공산당총회를 참관"한 사실까지 보도하였다. 유심한 독자라면 그가 사회주의자에서 공산주의자로 변모해 갔음을 유추할 수 있었다.

그러나 조소앙의 전체 삶이 증명하듯이, 이 무렵에도 그는 마르크스레닌주의자로서의 공산주의자는 결코 아니었으며, 공산주의의 일부 요소가 그에게 용해되었을 뿐이다. 그는 아직도 일신교에 몰입하는 중이었다. 또 다음 절에서 서술하듯이, 이해 5월에 《독립신문》을 통하여 자기 스스로를 '공산당'과 분리시켰다.

1922년 3월 1일 독립기념일 축하회에 조소앙이 공산당 위원의 자격으로 기념식에 참석하였다면, 이때까지는 상하이에서 아나키스트 성향의 한살임당을 재조직하지 않았음을 의미한다. 이후 그는 곧바로 아나키스트를 자처하면서, 이전 코민테른에 가입 신청을 하기 위해 급조하였던 한살림당을 아나키스트당으로 재창당하였다.

조소앙은 1915년 무렵 사회주의 성향을 지닌 비밀결사 무명단(無名團)을 조직하여 '한살림'을 주의 또는 기치로 표방하였다가, 1920년 소련 방문을 전후하여 '한살림'을 당명으로 삼아 공산당을 조직한 뒤 코민테른에 가입을 신청하였다. 이때 조소앙은 전술상의 사회(민주)주의자에서 다시 전술상의 공산주의자로 변화하였으나, 1922년 초에는 아나키스트 정당으로 한살임당을 부활시켰다.

조소앙이 한살임당을 재창당한 목적은 장지와 연대하려는 데 있었으므로, 당강과 당규 등 조직 체계를 갖춘 아나키스트 정당을 표방·지향하였다. 그가 신채호와 마찬가지로 진정한 의미의 아나키스트로 변모하였는지는 의문이 들지만, 당강 등을 통하여 이 무렵 그의 사상과 이념을 가늠할 수 있다.

조소앙은 한살임당을 재조직하면서 당의 강령으로 「한살임요령 (韓薩任要領)」[16]을 집필하였는데, 여기에는 1922년 초 그의 민족운동론이 뚜렷하게 나타난다. 「한살임요령」은 제1장 본의(本義), 제2장 강목 (綱目), 제3장 당규(黨規)로 구성되었는데, 한살임당을 정강·정책은 물론 당규도 갖춘 당조직으로서 체계화하려는 의도가 엿보인다. 제1장 본의는 "한살임은 민주독립(民主獨立) 즉 광복만한(光復卍韓)으로써 제1보를 삼는다. 현재 한민족은 이중의 종살이멍에(二重奴軛)로 고통받고 있다. 그러므로 한살임은 빈주공생(貧主公生) 즉 계급혁명으로써 제2보를 삼는다."고 명시하였다. 본의는 "간단히 말하면, 독립은 출발점이요, 공생은 경로요 무치(無治)이면서 공생함은 구경(究竟)이다."고 끝맺음으로써, 제1보 독립이 제2보 공생과 제3보 무치의 출발점임을 분명하게 못 박았다.

위의 인용문에서 '한살임'이 공생의 의미를 지님[17]을 알 수 있는데, '공생'은 두 가지 의미를 함축하였다. 첫째는 빈주공생 즉 계급혁명의 단계를 거쳐서, '빈주'라는 프롤레타리아 독재도 넘어서 무계급 사회를 실현한 무치라는 구경의 경지를 뜻하였다. 「한살임요령」은 무치의 이상세계로 향하는 첫 단계로 민주독립 즉 광복만한을 강조하였다.

여기서 '독립' 앞에 '민주'를 앞세웠음을 주의해야 한다. '민주독립'은 일제 식민지에서 벗어나서 민주주의 정체를 가진 독립국가를 세운다는 뜻이다. '민주독립'을 한살임당이 추구하는 제2보인 '빈주공생' 즉 계급혁명과 대비시켜 파악하면, 이때 '민'은 '빈'으로 표현되는 노동자·농민 등 무산자로 통칭되는 특정계급이 아니라 국가사회의 구성원 전체를 가리킨다. 그것은 광복한 뒤의 한민족의 국가상(國家像)을 '만한'으로 표현한 데에서도 드러난다. 굳이 불교에서 사용하는 '卍'을 차용하여 나타내고자 하는 공덕원만(功德圓滿)·경복행운(慶福幸運)의 길상(吉祥)은 특정계급만을 포함하지 않는 한민족 전체였다. 이 무렵 조소앙은 사회주의 사상을 수용하였지만, 공산주의 체제의 국가인 '빈주'가 아니라 '민주'의 정치체제를 지향하였다.

「한살임요령」에서 "역사상의 국가는 편벽되게 소수가 군중을 억압하였다. 그러므로 한살임은 무치 즉 부원(府院)를 없앰을 구경으로 삼는다."라는 구절은, 구경의 이상으로서 제3보의 단계인 극락세계를 가리켰을 뿐, 아직 제1보인 독립도 달성하지 못한 상태에 적용되는 바가 아니었다. 행정부와 의회라는 국가권력 자체가 소멸함으로써 통치와 정치 자체가 존재하지 않는 세상은 극락의 세계였다.

「한살임요령」은 현재의 한민족이 이중의 노예상태에 있음을 지적하면서, 이에 근거하여 민주독립 즉 광복만한과 빈주공생 즉 계급혁명을 함께 인정하고, 이들을 각각 제1보와 제2보의 단계로 설정하였다. 이중의 노예상태는 일제의 식민지지배와 이로 인한 한민족 내부의 계급구조라는 이중성을 가리켰다. 이러한 점에서 「한살임요령」은 겉으로는 아나키즘을 표방하고 종교색도 짙게 보이지만, 본질은 민족주의 이념을 기저로 삼았으므로, 여기에는 삼균주의의 토대인 '민족혁명'의 개념이 발아하고 있었다.

제2장 강목에서는 7개 강령을 내걸고 한살임당이 추구하는 이상을 나열하였는데, 뒷날 삼균주의로 정립되는 균등의 이념이 드러난다. 1~5항까지는 남녀·귀천의 구분 없이 각자의 능력을 발휘하고 고르게 즐거움을 누려야 한다(1항), 일체의 계급과 사유의 특권을 폐지하여 어업·광업·농업·임업과 생산·소비·교환·유통의 기관을 공유함으로써 한살임을 실현한다(2항), 무릇 도덕·정치·경제·노동·예술 등에서 남녀가 반드시 권리와 의무를 균등하게 향유하여야 한다(3항) 등 민족구성원 내부의 균등 이상을 제시하였다. 6~7항에서 민족과 민족, 국가와 국가의 평등을 실현하여 '세계한살임'을 이룩한다는 이상을 표출하였는데, 삼균주의의 세계일가(世界一家)와 같은 내용이지만 '무치의 세계'로 규정한 차이가 있다.

「한살임요령」에서 눈여겨볼 바는, 조소앙이 이 무렵에도 혁명수단의 최고단계인 독립전쟁을 독립을 달성하는 방법으로 설정하였다는 사실이다. 제2장 강목 4항에서는 혁명의 방법으로 자강대(自强隊)를 편성한다고 밝혔는데, "낡음을 파괴하고 새로움을 건설하는 데에는 반드시 무력을 필요로 한다(破舊建新必需武力)"고 강조하면서, 모든 노동자들이 무장단체를 만들어 훈련한다고 규정하였다. 제3장 당규의 제14조는 중앙집행위원의 분직(分職)을 문사부(文事部)와 무사부(武事部)로 나누고, 무사부의 일로 군사훈련·군대조직·전략·전쟁·암살·작탄(炸破)·습략(襲掠)·정사·(偵査)·파공(罷工) 등을 들었다. 이를 보면 한살임당은 낡은 체제를 파괴하고 새로운 사회를 건설하는(破舊建新)

하는 혁명수단으로 '무력'을 사용하며, 이때 무력은 낮은 단계의 암살·파괴·습격·정탐·파업에서 더 나아가 군대조직과 군사훈련을 통하여 전쟁까지 계획하였다.

「한살임요령」 제3장 당규는, 제1조 "본당은 이름을 한살임으로 정한다"로 시작하여 23개조로 구성되었는데, 한살임당이 일정한 조직 체계를 갖춘 혁명전위당을 지향하였음을 보여 준다. 제3조에는 당기(黨旗), 제5·6·7조에는 당원과 관련한 규정을 두었다. 당원의 권리로서 '1. 세계혁명의 권리'와 '2. 구체제 파괴와 신체제 건설을 집행할 권리(執行破舊建新之權利)'를 명시하였음이 특이하다. 또 8조에는 당의 기관으로 본당대회(本黨大會)·지방대회·중앙집행위원회·지방집행위원회를 설치하고, 이하 8조부터 17조까지 이들 기관의 임무와 기능을 규정하였다. 18조에는 당원의 의무 사항으로 당비 납부를 명시하는 등 이하 조목에서는 한살임당의 운영과 관련한 세목을 규정하였다.

한살임당의 당규는, 당을 대표하는 존재로서 당수·총재·집행위원장과 같은 직위를 두지 않았으며, 당의 주요한 의사 결정은 당 대회에서 선출된 위원들이 위원회에서 협의를 통해 결정하도록 규정하였다. 이러한 특징은, 한살임당이 일체의 권력 지배와 예속 관계를 부정하는 아나키즘 단체이므로, 집행위원회 역시 위원 개개인이 자유롭고 평등한 존재이며 하나라는 공동체 의식이 반영되었다고 해석할 수 있다. 한살임당의 조직 원리는 아나키즘에 입각하여, 평등하고 자유로운 개인이 자유연합한 공동체임을 중시하였다.[18]

조소앙은 「한살임요령」과 함께 한살임당의 행동 강령으로 「발해경」도 집필하였는데, 아나키스트 정당의 문건으로 '발해'와 '경'을 조합하였다는 점이 두드러진다. 맨 끝에 실린 저술 동기에 따르면, 조소앙은 발해의 문장이 실전(失傳)되지 않을까 두려워하던 차에, 1922년 늦은 봄 꿈에 대조영이 나와 경전을 읊는 모습을 보고 깨어나 이를 기록하였다. 조소앙은 대조영의 몽중 계시를 받아적어 「발해경」으로 경전화하였다. 「발해경」은 40개 장 모두 용(勇)과 관련된 용기 예찬론이자 권장론이었다. 조소앙은 발해인들이 조국을 광복한 동력을 오직 '용기' 하나로 일원화하여 한살임당의 행동 강령으로 인용하였다.

조소앙은 1917년 조선사회당을 결성한 이래 여러 차례 이념정당을 조직하였고, 체계를 갖추고자 시도한 당은 한살임당이 처음이었으나, 성과는 의욕에 전혀 비례하지 못하였다. 코민테른에 가입을 신청한 공산주의 한살림당이 탄생하자마자 소멸하였듯이, 아나키스트 한살임당도 대중의 토대 위에 당원을 확보한 정당으로 성장·발전하지는 못하였다. 조소앙이 기술한 바를 종합하더라도, 한살임당은 조소앙과 김상옥의 2인 정당으로 끝난 느낌이다.

1922년 5월 김상옥은 상하이로 망명한 뒤 조소앙을 가장 먼저 찾아갔다. 두 사람은 1916년 조소앙의 형 조용하(趙鏞夏)가 이살음의 집에 은거할 때 상면하였던 구연이 있었다. 김상옥은 종로경찰서 작탄(炸彈) 거사를 위해 입국하기 전, 상하이에서 임시정부 재무총장 이시영(李始榮), 내무총장 김구(金九), 외무총장 조소앙 등과 거사 방안을 상의하다가 의열단장(義烈團長) 김원봉(金元鳳)을 소개받아 의열단에 가입하였다. 이러한 일련의 관계를 매개한 사람이 바로 조소앙이었으므로, 조소앙과 김상옥은 수시로 상의하였을 터이고 이 과정에서 김상옥이 한살임당에 가입하였으리라 생각한다.

다 아는 바와 같이, 김상옥의 작탄의거는 1922년 6월부터 김원봉과 이시영 사이에 협의·합의된 작탄투쟁 노선의 일환이었다. 김상옥이 임시정부 요원인 안홍한(安弘翰)과 함께 각각 폭탄 투척 실행과 의연금 징수 담당자로 선정된 뒤, 김원봉에게서 무기와 격문 등을 받아 휴대하고 선편으로 상하이를 출발한 때는 1922년 11월 중순이었다.[19] 이로써 추산하면, 김상옥이 한살임당에 가입한 시기는 1922년 5월부터 11월 사이였다.

조소앙은 「열사김상옥전」에서, 김상옥이 상하이에 온 뒤로 읽은 서적과 종류를 상세하게 열거하였다. 이에 따르면, 김상옥은 「자본론입문」을 비롯해 「소비에트연구(蘇維埃硏究)」·「러시아혁명기략(俄國革命紀略)」 등의 공산주의 서적 및 신채호의 「조선혁명선언(朝鮮革命宣言)」과 「한살임정강과 선언」 등 아나키즘 서적들도 탐독하는 등 사회과학에 근거한 인식의 지평을 상당히 넓혔다.

그러나 김상옥이 읽은 글로 「조선혁명선언」을 언급함은, 김상옥이 한살임당에 자진 입당하여 수개월도 되지 않아 깨달은 바가 많았던 아나키스트임을 강조하기 위하여 조소앙이 견강부회한 서술이었다. 순서는 확정할 수 없지만, 김상옥이 거의(1923. 1. 12)한 때와 「조선혁명선언」이 작성[20]된 시기는 모두 1923년 1월이었다. 조소앙은 김상옥이 1922년 10월경[21] 도한(渡韓)하였다고 기술하였는데, 이때를 음력으로 산정하더라도, 「조선혁명선언」은 아직 완성되기 전이었으므로 이를 읽었을 리 없었다.

조소앙이 「열사김상옥전」에서 김상옥이 한살임당에 가입하였음을 강조한 자체가, 종로경찰서 투탄의거가 한살임당과도 관계있음을 세인들에게 알리려는 의도였겠지만, 오늘날까지도 김상옥의 의거는 의열단원으로서 임시정부의 도움을 받아 거의(擧義)하였다고 기록되고 있다. 한살임당이 한국아나키스트운동사에 기록되지 못하였음인지, 김상옥이 한살임당에 가입한 사실은 조소앙 관련 논저 이외에 김상옥의 최근 전기류에도 서술되어 있지 않다.

아나키즘을 표방한 한살임당은 지속하지 못하였고, 조소앙도 이후 아나키스트를 자처하지 않았으므로 1922년이 한살임당의 종착점이었다. 그가 1922년 아나키스트로서 활동 범위를 어느 정도로 확장하였고, 장지와 어떻게 협력하여 어떠한 성과를 남겼는지도 현재로서는 확인하기 어렵다.

코민테른에 가입을 신청한 한살림당이 전술상으로 창당되었음과 마찬가지로, 한살임당도 조소앙의 사상에 내재된 논리에서 출발하였다기보다는 중국국민당과 '연대'해야 하는 전술상의 요청에 말미암은 측면이 강하였다. 이때까지 그에게서 자생·발전하는 이념은 사회주의·아나키즘이 아니라 일신교였다.

그렇다면 아나키즘의 조직 원리가 반영된 당규와 「발해경」에 표현되는 종교색 양자는 혁명전위당의 성격으로 양립할 수 있을까? 조소앙이 새로운 종교로서 일신교를 제창하며 내세운 교의·교리는 지인들에게도 공감을 얻지 못하여, 구국·구세종교의 목표와는 전혀 반비례한 채 1인 종교로 끝나고 말았다. 그는 유럽에서 사회주의자로서 자처하며 활동할 때에도 일신교의 종교 이상을 버리지 못하여, 「교리평론」·「독립경」을 집필하여 사회주의·사회당을 종교로 교리화하였다. 1922년 초 아나키즘을 표방하면서도 「발해경」이라는 경전을 제시하였다.

사회주의와 아나키즘을 종교화한 논리의 정합성 여부는 차치하더라도, 동일 지향성을 지닌 주의자들에게 이러한 자기모순이 설득력을 지니기에는 한계가 너무 뚜렷하였다. 조소앙은 광복이 된 이후의 한민족의 번영상을 '만한(卍韓)'이라는 불교의 상징성으로 표현하였고, 한살임당의 행동강령을 '용기'로 일관하는 도덕주의 경전으로 제시하였다. 아나키즘의 행동강령이라고 하기에는 신비주의와 설교식 교훈주의에 치우치고 말았다.

신채호가 「조선혁명선언」에서 제시한 민족혁명·민중직접혁명의 이념은 민족주의·아나키즘·사회주의 운동 계열 어느 쪽이든 수긍할 논지를 가졌으므로, 이념상의 차이가 있더라도 갈등이 불거질 요소는 별반 없었다. 오히려 의열단운동에서 더 나아가 전체 혁명운동 집단의 공통의 이념지표를 이루면서 조직 결속의 새로운 구심축이 될 논리를 지니고 있었다.[22] 1922년 초 무렵 조소앙의 아나키즘 투쟁론과, 1923년 1월 공표된 신채호의 「조선혁명선언」은 8개월여의 시차밖에 나지 않지만, 양자의 이념상의 간격은 매우 컸다.

조소앙은 1925년에 집필한 「열사김상옥전」에서, 김상옥이 상하이에서 사회·공산주의와 무정부주의를 접함으로써 종교·민족 혁명 노선에서 벗어나 물질·계급 혁명가로 진전하였고, 그의 민족운동은 구경목적(究竟目的)이 아니라 단지 계급혁명과 세계혁명의 제1보를 위한 방편일 뿐이라고 평가하였다. 그러나 김상옥이 기독교도라는 종교색에서 벗어나 세계혁명가로 나아갔음과 달리, 정작 조소앙 자신은 일신교라는 종교색을 아직도 탈피하지 못하였다. 1917년 배태되기 시작한 삼균주의가 국가건설론으로 정립되기 위해서는, 신비주의와 종교색을 떨쳐 내는 과정을 거쳐야만 했다. 1925년 초까지 삼균주의는 아직도 태아기(胎兒期)였지만, 1922년 통합임시정부로 복귀할 무렵을 전후하여 그는 순수민족주의자로서 정체성을 확립하기 시작하였다.

독립당의 이념을 제시하다

조소앙은 1921년 12월 하순 상하이로 귀환한 뒤 통합임시정부 (이하 임시정부라고 함)로 복귀할 준비를 하였다. 그는 2개월여 동안 상하이의 동향을 파악하고, 1922년 2월부터는 임시정부에 참여할 움직임을 보이기 시작하였다. 앞에서 서술하였듯이, 그의 동향이 임시정부의 기관지인《독립신문》을 통하여 처음 알려지기는 1922년 2월 20일이었다. 그는 3월 1일 임시정부가 주도한 독립기념일 축하회에 참석하여 공산당 위원의 자격으로 축사를 행하기도 하였다.

그런데 조소앙은 3월 1일 자《독립신문》에, 도저히 사회·공산주의자 또는 아나키스트의 글이라 볼 수 없는 정감록류(類)의 불가해한 글을 발표하였다. 어느 쪽이 그의 정체성인지 단정하기는 어렵지만, 이 무렵 그에게는 이러한 양면성이 공존하고 있었다.

조소앙은 3·1민족운동 직후 상하이에서 임시정부를 건립할 때 독립운동계가 일치단결하는 모습에 감격하였으나, 3년여 만에 돌아온 임정정부의 분열상은 실로 파국의 지경이었다. 1922년 3월 1일을 맞이하여, 조소앙은 《독립신문》을 매체로 한인 독립운동계를 향하여 일언을 고(誥)하였다. 「삼일절독립신고(三一節獨立神誥)」[23]는 제목에서 보듯이 '독립신(獨立神)'의 말씀을 대신하여 '가련한애국자'를 훈계하는 가르침이었다. 독립과 자유를 추구하는 애국자들이 서로 원한에 사로잡혀 동족(同族)과 반목하는 행태가 독립신을 거역한다는 독립신의 질타를, 조소앙은 신의 대언자(代言者)가 되어 전하였다.

이러한 논지 때문이었는지, 독립운동계의 분열상을 질타하려는 의도에서 작성한 이 글은, 유럽의 사회주의와 공산주의 운동을 두루 경험한 인물로 보기에 어려울 정도로 도교의 민간신앙과 동학의 궁을부(弓乙符) 및 정감록(鄭鑑錄)까지 인용하는 신비주의로 흘러 버렸다. '3·1절'을 맞아 《독립신문》의 같은 지면에 축사와 소회를 기고한 박은식(朴殷植) 등의 글과는 매우 대조되는 형식이었다. 조소앙의 훈계를 몇 사람이 이해하여 경각심을 가졌는지도 의문이 생긴다.

이 당시 독립운동 전선의 분열상은 얼키설키하여 몇 마디로 정리하기 어려울 정도로 심각하였다. 임시정부 내 서북파와 기호파의 지방색은 한국 전통의 지역 파벌에 기인하는 고질이었다. 이보다도 조소앙이 가장 심각하게 우려하였던 바는, 민족주의 진영과 공산주의 진영 사이의 주의·이념에 근거한 대립이었다. 그는 자신이 2년여에 가까운 21개월의 시간 동안 유럽의 사회·공산주의를 직접 체험하였으므로, 해결책을 제시할 필요와 사명감을 느꼈음 직하다. 그가 상하이로 복귀한 지 6개월여 만에 「독립당과 공산당의 전도」[24]를 발표한 이유였다. 조소앙은 글의 마무리에서 독립당을 향하여 다음과 같이 촉구하였다.

차(此)에면(勉)할바는독립당자체가자각하야강유력(强有力)한동맹체
를창조하며무력적실력을속히집중하야 (……) 계통적(系統的)「더오리」
(theory — 인용자)와「탁틱」(tactics — 인용자)을분명히기초하야해내외
(海內外)동지를산환결렬(散渙缺裂)치안도록노력하기를쌍수교기(雙手翹
企)한다

러시아 공산주의혁명의 실체를 몸소 체험한 자신부터, 이론과
전술을 갖춘 '주의'를 정립할 책임감을 절감한 말이었다. 그는 이 글
에서 일체의 종교색을 떨쳐 내고, 이론과 전술을 모색하는 민족운동
이론가로서 저다운 진면목을 처음 드러내었다.

조소앙은 1922년 5~6월 무렵, 공산당과 대비되는 민족주의 세
력의 조직체가 '당'으로 결속해야 하며, 그 당을 '독립당'으로 규정하
면서, '독립당'이 임시정부를 지지하는 구심점이 되어야 한다는 이론
을 처음 제시하였다. 임시정부와 독립당의 양립이라는 인식이, 당정
(黨政) 일체가 되는 볼셰비키당의 일당치국(一黨治國)의 원리를 수용하
였는지는 확언할 수 없지만, 이 무렵부터 그에게 이당치국(以黨治國)의
이론이 싹트고 있었다. 그는 '공산당'과 다른 민족운동의 노선으로
'독립당'과 '민족혁명'의 개념을 제기하면서, '순수민족주의'인 삼균주
의의 토대를 구축하기 시작하였다.

「독립당과 공산당의 전도」는 민족주의와 공산주의를 지양한 통
합이념을 추구한 글이 결코 아니었다. 글의 요체는 공산당과 독립당
이 서로의 차이점을 인정하고 공존하면서 '정면(正面)의 적(敵)'인 일제
에 대항하여 함께 투쟁하자는 데 있었다. 조소앙은 이 글을 통하여

자신을 '독립당'에 귀속시키는 정체성을 분명하게 드러내었다. 그는 사회·공산주의를 일정하게 수용하였으므로, 공산당·공산주의를 적대하지 않고 병립·공존할 민족운동의 한 축이자 영역으로 인정하였지만, 공산당과 분리하려는 의식이 이때 이미 강하게 형성되었다. '흑하사건(黑河事件, 자유시사변)'을 거론하는 곳에서는 공산당을 향한 경계심마저 내비쳤다. 이러한 태도는 공산주의와 차별성을 두어 독자의 '주의'를 구상하는 계기가 되었고, 삼균주의로 귀결되는 '순수민족주의'의 일관된 특징이었다.

「독립당과 공산당의 전도」는 독립당과 공산당을 비교하면서 양자의 발생사(發生史)에 나름의 근거가 있음을 인정하였다. 이 글은 독립당과 공산당의 정의를 내리는 데에서 시작하여 성격까지 규정하면서 민족혁명의 개념도 처음 제기하였다.

독립당은국민전체의정치적광복을위(爲)하야애국주의로조직된전투체(戰鬪體)니。민주정치의실행자로자거(自居)하며공산당은빈천(貧賤)계급의특권을정치경제군사에활용하기위하야성립한혁명군(革命軍)이니 (……) 직언(直言)하면전자(前者)는횡적독립(橫的獨立)인민족혁명의권화(權化)며。후자는종적(縱的)독립인계급해방의표현(表現)이다。 (……) 세계혁명의참모장(參謀長)『지내비엽(之乃飛葉)』군(君)이소약국(小弱國)급(及)식민지공산당의혁명방략을정(定)하되『부자귀자(富者貴者)의계급을막론하고외국기반(羈絆)을해탈하자는일체도당(徒黨)을휴수(携手)하야제일급해방(第一級解放)을시도(是圖)하고。연후에야공산전쟁을시(始)하라。제일급해방기에는주의전쟁(主義戰爭)의무대도업고권리도업다。

호조병행(互助幷行)하야광복을병모(幷謀)하라하엿다.』

여기서 독립당(여기서 독립당은 당시 조직된 특정한 '당'을 가리키는 고유명사
가 아니라 공산당과 구별되는 민족주의 성향을 지닌 한인 독립운동 집단 전체를 뜻하는
보통명사였다.)은 국민 전체를, 공산당은 빈천계급을 기반으로 삼아 대
변한다. 전자는 '민족적 정화'를 옹호하지만, 후자는 세계주의로 인
하여 '민족적 색채'를 없애려 하며, 궁극에서 민족혁명과 계급해방
을 각각 지향한다. 이러한 정식화는 양자의 공통성보다는 차별성을
지적하는 논법이며, 민족감정에 기대어 양자의 정당성을 가름하려는
도식이었다.

「독립당과 공산당의 전도」는 독립당과 공산당 사이의 상호비방
이 '정면의 적'인 일본을 도외시한 소모전임을 지적·비판하면서 양
당의 '공조협진'을 주장하였지만, 독립당과 공산당이 하나의 동맹체
로서 결합하는 방식의 통일을 주장하지는 않았다. '통일'을 위해서는
양자의 공통점을 찾아야 하는데, 조소앙은 양자의 주의와 이론에서
본질상의 합일점을 찾지 못하였다. 그는 독립당 자체도 부유계급이
아니라 빈천계급이며, 양자는 일본이라는 '정면의 적'을 마주하고 있
다는 외형상의 일치점 두 가지를 지적하였을 뿐이다.

이 글의 초점은 글의 마무리(255쪽 참조)에서 보듯이, '공조협진'
의 전제로서 오히려 "독립당 자체가 자각하야 강유력한 동맹체를 창
조"하자는 데 있었다. 그리고 한국의 공산주의자들을 향하여, 러시
아 10월혁명 이전까지 레닌의 최측근이었던 공산주의자 지노비에프
(Grigorii Evseevich Zinov'ev)의 말을 인용하여, 공산당도 계급해방을 추

진하기에 앞서 민족혁명을 완수해야 한다는 충고로 끝을 맺었다.

256~257쪽의 인용문에서 독립당을 '민족혁명의 권화'라고 규정한 데에서 '민족혁명'이라는 말이 처음 구체성을 보인다. 민족혁명은 공산당이 추구하는 계급해방과 대립하지는 않지만 구분된다. '종적 독립'이 민족 내부에서 계서화(階序化)된 계급들 사이의 불평등을 타도하려는 해방을 가리킨다면, '횡적 독립'은 민족과 민족 사이의 관계에서 평등주의를 실현함을 뜻하였다. 민족혁명은 "외국기반을 해탈"한 광복 즉 제일급해방을 가리키면서, 계급해방·공산전쟁 즉 사회혁명·공산혁명에 해당하는 개념과 분명하게 구분되었다. 여기서 민족혁명이 계급해방보다 우선함을 강조하였고, 주도체가 독립당임도 명시하였다. 민족혁명은 '민주정치 실행'이라는 차후의 과제까지 염두에 두었지만, 핵심 목표는 독립을 뜻하였다.

「독립당과 공산당의 전도」는 한국혁명에서 민족혁명과 계급해방을 대비시켰지만, 계급해방·공산전쟁의 필요성도 인정하였다. 다만 양자의 경계를 분명하게 설정하고 양자의 관계를 선후의 과제로 인식하면서, '정치적 광복'인 민족혁명이 계급해방을 위한 공산전쟁의 선행하는 단계임을 공산주의자들에게 설득하고자 하였다. 이러한 주장은 「독립당과 공산당의 전도」에 앞서서 아나키스트당의 강령인 「한살임요령」에서도 나타났다.

1920년대 초 조소앙은 민족주의정당을 '범한독립당'에서 '독립당'으로 표현하였고, 후술하듯이 이승만의 통신원으로 활동하던 1920년 중반에도 '범한독립당'의 이상을 지녔으며, 1930년에 와서 '한국독립당'이라는 고유명사로 구체화하였다. 또 「대동단결선언」에서 형성되기 시작한 임시정부 법통성의 개념도, 「독립당과 공산당의 전도」에서 일당통치의 개념으로 싹트고 있었다.

앞서 '강유력한 동맹체를 창조'하자는 말에 다시 주목할 필요가 있다. 임시정부가 이미 존재하는데 강력한 동맹체를 또다시 '창조'한 다면, 이 동맹체는 임시정부와는 별도의 조직체를 뜻한다. 조소앙은 임시정부가 현존하는데도 범한독립당을 조직하려 하였고, 이후 국민 대표회의에서 임시정부 고수파였으므로, 이 민족주의정당이 임시정 부와 무관하게 분리된 독자의 조직체는 분명 아니었다. 그가 「독립당 과 공산당의 전도」에서 지칭하는 독립당은, 현존하는 독립당이 아니 라 민족주의 성향의 독립운동 전체를 포함하여 앞으로 결성되어야 할 민족주의당을 의미했다. 그렇다면 '강유력한 동맹체'는 독립운동 의 역량을 마땅히 총집결한 미래의 정당으로서, 임시정부와 밀접한 관계를 맺고 지지 기반이 되는 단일 민족주의정당을 뜻하게 된다.

조소앙은 「독립당과 공산당의 전도」를 발표한 지 한 달여 지나서 임시정부에 복귀하기 직전, 《독립신문》을 통하여 좀 더 명확한 어조 로, 한인독립당이 임시정부를 구심점으로 삼아 '다수계급의 동맹조 직'이 되어야 한다고 제안하였다. 그는 「독립당의 계급성」[25]에서, 전통 의 동양사회가 소수계급이 지배하여 지우(智愚)·부빈(富貧)·관민(官民) 사이의 계급성이 뿌리박힌 사회였음을 근본에서 비판하면서, 한인독 립당이 소수자들의 책동으로 분열되어 있음을 통절하게 반성하였다. 그리고 임시정부가 독립운동상의 모든 논의를 집중하는 구심점이 되 어야 한다는 전제 아래, 분열을 극복하는 해법을 "다수 계급의 자립 적 결속"으로 제시하였다. 임시정부가 독립운동의 구심점이 되어야 하며, 이 안에서 독립운동의 시비와 파란을 논의하는 '다수계급의 자립적 결속체'로서 독립당이 존재해야 하며, 이것이 바로 독립당이 추구하는 민주주의여야 한다는 뜻이었다. 이렇게 조소앙은 1922년 중반 무렵에 들어와서는, 임시정부를 중심으로 하여 이와 일체화하는 민족주의정당을 '독립당'의 이름으로 결성하자고 촉구하고 있었다.

「독립당의 계급성」은 한마디로 임시정부의 기반이 되는 민족주의 정당으로서 독립당을 결성하여 강화하자는 '독립당 강화론'이었다. 아직 일당치국의 이념으로 구체화하지는 않았지만, 조소앙에게 당정 일체의 개념이 싹트고 있음을 보여 준다. 공산주의까지 포용하는 체계가 아니라, 공산당과 분립한 정부와 정당의 구도는, 독립당이 1930년 이른바 상해한국독립당으로 구체화되는 시점에 분명하게 확인되었다. 조소앙은 공산당을 '결속'과 '통일'이 아니라 '공조협진'의 상대로 규정하였다. 이러한 근본 시각은, 그가 민족혁명당에 가담할 때 잠시 이탈하였을 경우를 제외하고는 8·15해방 후에도 일관한 정치노선이었다.

조소앙이 일신교에 사회·공산주의나 아나키즘의 이념을 덧붙여 버무릴 때와 달리, 일체의 종교색을 거둬내고 공산당에 대비시켜 독립당의 이념을 제창하면서 이론의 정합성이 확보되었고, 독립당의 정체성도 비로소 확립되기 시작하였다. 독립운동이론가로서 조소앙의 진면목이 드러나면서 삼균주의도 지향할 궤도에 들어섰다. 삼균주의는 공산주의까지 포용하려는 통합이론을 목적으로 구상하였다기보다는, 민족주의운동을 단결시키려는 이론으로 구상되기 시작하였다.

무정부상태의 임시정부에 복귀하다

임시정부를 건립하는 주역의 한 사람이었던 조소앙이 임시정부로 복귀함은, 시기의 문제였을 뿐 예정된 수순이었다. 그는 1922년 6월 26일 제10회(2월 8일 개원) 임시의정원의 제60일 차 회의에서 경기도의 신도의원(新到議員)으로 피선됨으로써 임시정부로 복귀하였다. 그는 신도의원 자격심사를 거쳐 임시헌법 제19조에 의거해 적합하다는 판단을 얻었고, 손정도(孫貞道) 의원의 보고로 의원 임명 동의가 가결되어 경기도의 신도의원으로 선임되었다.[26]

조소앙이 복귀할 무렵의 임시정부는 내각이 와해되어 말 그대로 무정부상태였다. 간신히 임시의정원이 유지될 정도의 처참한 난맥상에서, 임시정부는 국민대표회의(國民代表會議) 소집이라는 난제에 맞닥뜨렸다. 1923년 1월 국민대표대회가 개최되었다는 사실 자체가, 임시정부가 정부로서 기능하지 못하였음을 증명하지만, 임시정부가 출범한 후 2년여 동안 정부 안에 혼재하였던 모든 문제점들이 터져 나왔다. 분규의 불씨는 이승만에게서 비롯되었고, 불길은 더욱 확산되었다.

임시대통령 이승만은 1920년 12월 5일 상하이로 왔지만, 임시정부의 분란을 수습할 능력도 의지도 없었다. 오히려 그는 반(反)이승만 세력에게 반(反)임시정부운동의 빌미를 거듭 제공함으로써 명분을 더욱 강화시켜 주고 반임시정부운동을 확산시켰다. 1921년 들어 임시정부를 비롯해 독립운동계의 내분과 갈등이 커지자, 안창호·여운형(呂運亨)은 국민대표회의를 소집하자는 박은식의 제안을 수용해서 사태를 수습해야 한다는 데 의견을 일치하고, 국민대표회의를 소집하기 위한 준비에 들어갔다. 이들은 1921년 3월 15일 대한국민대표회 준비촉진회의 이름으로 모임을 갖고 5명의 위원을 선출한 뒤, 임시정부를 "개조하는 동시 정부의 명칭을 폐하고 위원제도로 조직을 변경"하는 목표를 설정하였다.[27]

안창호는 5월 11일 의원면직(依願免職)의 형식으로 임시정부 노동국총판(勞働局總辦)을 사임[28]하였고, 1주일 뒤인 5월 19일 상하이에서 개최한 연설회(5월 12일의 연설에 이어 두 번째)에서 300여 명의 명단을 확보하여 국민대표회기성회(國民代表會期成會)를 조직하기로 결정하고, 조직위원 20여 명을 선거하였다. 조직위원 가운데에는 여운형·안창호·김규식(金奎植)을 비롯해 임시정부의 각원과 임시의정원 의원들이 다수 포함되었는데,[29] 임시정부의 분열상을 그대로 보여 준다. 국민대표회기성회가 베이징에서 조직된 군사통일회와 협의를 시작한 뒤, 만주와 러시아 흑룡주·치타 등을 비롯해 북미·하와이·멕시코·쿠바 지역의 한인 사회까지 국민대표회기성회 운동이 퍼져 나갔다.

이러한 상황에서 임시정부 안팎에서도 국민대표회의를 소집하라는 요구가 다시 터져 나왔고, 1922년 4월은 이러한 움직임이 점화되는 시기였다. 조소앙이 1921년 12월 상하이로 돌아온 뒤 임시정부 안팎의 상황은 이렇게 긴박하게 돌아갔고, 국민대표회의 소집안은 임시정부 안에서 먼저 제기되었다.

1922년 4월 3일 제10회 임시의정원 25일 차 회의에서 도인권(都寅權)·이유필(李裕弼) 등 5인의 의원은, 천세헌(千世憲) 등 상하이 교민 102인이 서명하여 국민대표회의를 개최하라고 요구하는 「인민의 청원안(請願案)」을 제출하였고, 도인권이 본안(本案)을 소개하는 취지를 설명함으로써 토의가 시작되었다.[30] 의정원 회의는 국민대표회의 지지파와 임시정부 옹호파 사이에 청원안의 적법성과 위헌 여부를 둘러싸고 수일 동안 격론을 벌였다. 청원안은 우여곡절 끝에 4월 14일 33일 차 회의에서 표결에 부친 결과 출석 의원 15인 가운데 찬성 10 대 반대 3으로 통과되었다.[31]

「인민의 청원안」을 둘러싸고 임시정부 내에서 격론이 벌어지던 4월 초는, 군무총장(軍務總長) 노백린(盧伯麟)를 제외하고는 국무원 전원이 총사직을 행한 상태였다. 이동녕(李東寧)을 비롯해 이시영·손정도·신규식 등은 총장 사직서를 제출하고 시무(視務)치 아니하였다. 임시의정원은 정부를 현 상태로 둘 수 없었으므로, 미국에 체류하는 임시대통령 이승만에게 수차례 전보를 통하여 선후책(善後策)을 재촉하였다. 이승만은 능장을 부리다가, 노백린을 임시총리로 임명하여 내각을 조직하라는 답전을 보냈고, 답전의 내용이 4월 26일 38일 차 임시의정원 회의에서 공개되었다.[32]

노백린이 우유부단한 태도로 사태를 수습하지 않자, 임시의정원은 5월 16일 제43일 차 회의에서 논의한 끝에 "각원조직(閣員組織)하지안음으로상금(尙今)○○○상태요각하(閣下)는속히책임이행하시요오일(五日)이내로답전(答電)하시오"[33]라는 최촉전(催促電)을 이승만에게 다시 발송하였다. 임시의정원이 표현한 그대로 임시정부는 실로 무정부 상태였다. 5월 22일 45일 차 회의에서 공개된 이승만의 답전의 대의(大意)는 "돈거두는일방해되니속히정돈하시오"[34]였다. 재정상의 문제로 임시의정원과 독립운동계를 협박하는 참으로 기막힌 말이었다.

임시의정원은 6월 9일 오영선(吳永善)·차리석(車利錫) 등 5인의 의원이 '인민의 신망 결여와 정국 수습 능력 부족으로 독립운동의 정체를 초래', '파리강화회의와 워싱턴회의의 외교 실패', '후계 내각을 조직하지 못하고 무정부상태 초래' 등의 이유로 「대통령급(及) 현임(現任)각원 불신임안」을 제출하였다. 불신임안은 6월 17일(58일 차 회의) 무기명 투표한 결과 찬성 12 대 반대 0으로 통과되었다.[35] 임시대통령과 임시의정원 사이의 분규도 이제 극으로 치달았다.

제10회 임시의정원이 1922년 2월 상순에 개회하여 6월 하순까지 무릇 61회의 회의를 계속하면서 국민대표회의 찬성안과 대통령 불신임안을 결의한 뒤, 7월 4일 신익희(申翼熙)·이유필·오영선 등이 제출한 사직서가 통과되었다. 이후에도 모두 10여 명의 의원이 사퇴함으로써 임시의정원 역시 만신창이가 되어 버렸다.[36] 더욱 심각한 문제는, 이승만 불신임으로 끝날 수 있었던 사안이, 임시정부 자체를 부인하는 사태로 발전한 데 있었다.

《독립신문》 6월 3일 자 사설은 "왈(曰)모각원(某閣員)이위임통치를 외국에청원하엿스니정부를부인"하는 현실을 지적하면서, "금일일이각원(一二閣員)의실정(失政)으로정부를부인하난풍조가극도에달(達)한지라엇지개탄치아니하리요"라고 탄식하였다. 이어 사설은 "기(其)책임을부(負)하고기(其)직위에셔사퇴하야신성한공기(公器)을오손(汚損)치말며"라고 지적하면서, 임시정부를 존속시키기 위한 방안으로 이승만의 사퇴를 돌려서 촉구하였다.[37]

임시의정원에서 국민대표회의를 둘러싸고 찬반 의견으로 나뉘었을 때, 정부 바깥에서 이를 적극 추진하는 움직임이 나타났다. 4월

20일에 개최된 국민대표회의주비회(籌備會) 총회에서는 대표 선거할 구역과 단체, 대표 인원수를 다시 규정하였고, 5월 10일 자로 국민대표회의주비회 선언서를 인쇄하여 각 지방에 발송함으로써 회의 소집을 선언하였다. 그러자 나라 안팎에서 활동하던 독립운동 세력의 대표들이 상하이로 모여들기 시작하였다.[38]

앞을 예기치 못하는 혼돈한 상황이 지속되는 가운데, 여운형이 중심이 되어 각방의 인사들이 연합하여 시국을 수습·전환하려는 시도로, 1922년 7월 13일 상하이에서 시사책진회(時事策進會)를 조직하였다. 이 단체는 독립운동의 전도에 통일의 길을 개진(開進)케 할 '공전절후(空前絶後)한 큰 효과'를 기대하면서,[39] 조소앙을 비롯해 홍진·노백린 등 이승만을 옹호하는 인물들도 상당수 포함하여 출발하였다. 그러나 시사책진회는 연일 회의를 진행하였는데도, 토론의 본 주제에 들어가 보지도 못한 채 아무런 공적 없이 무산되어 버렸다. 7월 28일 회의 성격을 논의하는 석상에서, 조소앙·연병호(延秉昊) 등 수 명이 '조리(條理)의 궤도(軌道)'를 주장하면서 이 회가 자기들의 의사에 적합하지 않다는 이유로 탈퇴를 성명하고 퇴거하여 버렸다.[40] 7월 29일에도 이승만 옹호파가 전부 탈퇴함으로써, 시사책진회는 논의다운 논의도 해 보지 못한 채 8월 1일 해산하였다.[41] 시사책진회의 결말은 국민대표회의 과정을 예고하고 있었다. 조소앙은 이때 임시의정원의 의원 자격이었고, 이승만을 옹호하는 세력에 가담하였다.

이 사이 1922년 4월 이래 후계 내각을 조직하지 못하던 임시정부는, 8월 말에 이르러 현상유지책으로 각원을 조직하고 임시의정원에서 통과되는 형식을 거쳤다. 이렇게 조직된 3기 내각은 노백린을 국무총리로 하고, 내무총장 김구, 외무총장 조소앙, 법무총장 홍진, 재무총장 이시영, 군무총장 유동열(柳東說), 학무총장 조성환(曹成煥), 노동국총판 이탁(李沰), 교통총장 김동삼(金東三) 등이었으나, 12월까지도 이시영·조소앙을 제외하고는 취임하지 않았다.[42]

국민대표회의와 임시대통령 탄핵, 이승만을 옹호하다

조소앙이 임시정부 3기 내각의 외무총장으로 선임된 이유는, 유럽에서 외교 활동을 펼친 경험과 성과를 인정받았기 때문이지만, 임시정부를 고수하려는 강한 성향이 반영된 결과이기도 하였다. 3기 내각이 조각되자마자 조소앙은 외무총장으로 활동하기 시작하였고, 이후 국민대표회의에서도 임시정부를 고수하는 강경 노선으로 일관하였다.

당초 국민대표회의는 1922년 9월 1일 개최로 예정되었으나, 교통상의 불편, 자금 문제 등으로 10월 10일에 이어 11월 21일로 연기되었다가, 마침내 1923년 1월 3일 상하이 프랑스조계에서 62명의 대표가 참석하여 개최되었다. 1923년 6월 초까지 5개월 넘게 진행된 국민대표회의는 국내외 각지의 거의 모든 독립운동 세력이 참가한 최대의 민족대표회의였다. 독립운동 노선을 통일하고, 현재의 임시정부를 중심으로 임시정부를 개조하자는 취지로 출발한 이 대회는, 5월 15일 공식 회의가 결렬되기까지 총 63회에 걸쳐 회의가 열렸다.

일제는 국민대표회의의 정식 회의가 개최되기 전부터 참가자들의 성향을 "1. 유지파(維持派): 현정부와 직원 모두를 전연 현상대로 유지하려고 하는 자. 2. 계통파(繼統派=개조파): 임시정부의 존재를 인정하고 이를 개조하여 독립운동 수행을 도모하려는 자. 3. 건설파(建設派=창조파): 현정부를 철폐하고 신규로 건설하려고 하는 자로서 헌법과 연호도 새로 제정하려고 하는 자"로 분류하였는데,[1] 3자의 교섭은 지루하기만 하였다.

여기에 기호파(畿湖派)와 서북파(西北派)의 알력이 겹친 데다가, 재만(在滿) 독립군 참의부(參議府)와 정의부(正義府)도 관여하여 국민대표회의가 진행되는 동안 분규는 난마처럼 얽혔다. 대체로 이동녕(李東寧)·조소앙·이시영(李始榮) 등의 기호파와 참의부는 임시정부 수호를 추진하였고, 안창호(安昌浩)·이유필(李裕弼)·조상섭(趙尙燮)의 서북파와 정의부는 임시정부 개조를 주장하였다. 황해도 출신의 김구(金九)는 기호파와, 경기도 출신의 여운형(呂運亨)은 서북파와 행동을 같이하였다.[2]

난항에 난항을 거듭하던 국민대표회의는, 6월 2일 창조파 39명이 자신들만의 회의에서 일방으로 국호를 한(韓), 연호는 단군 기원을 채택하고 국무위원을 조직하는 데까지 이르렀다. 이에 임시정부 국무총리 노백린(盧伯麟)은 6월 4일 오전과 오후 두 차례에 걸쳐 개조파·창조파의 주요 간부를 정부 사무실로 초청하여 비공식 '사후삼방회의(事後三方會議)'를 열어 마지막 타협을 시도했으나, 아무런 성과

없이 끝나고 말았다. 임시정부 옹호파가 임시정부의 어떠한 변동도 용납하지 않고 현상유지를 고집하는 상황에서, 임시정부 개조파나 신기관의 건설을 목적으로 하는 창조파의 타협안은 애초 성사될 수 없었다.[3]

조소앙은 임시정부 외무총장의 직임을 가지고 국민대표회의에 참여하였다. 그는 창조파와 개조파가 대립하는 와중에서, 조완구(趙琬九)·이시영 등 기호파의 원로들과 함께 국민대표회의에 대항하여, 임시정부를 현상대로 고수하려는 보수파로 '정부옹호파'[4]에 속하였다. 1923년 2월 15일의 회합은 이 무렵 조소앙의 성향과 노선을 단적으로 보여 준다.

이날 개조파의 김동삼(金東三) 등이 오영선(吳永善)을 매개로 임시정부 측과 모임을 성사시켰는데, 임시정부 측에서는 조소앙을 비롯해 장붕(張鵬)·이시영·노백린이 참석하였다. 이 회합에서 개조파 측은 임시의정원을 자발해서 해산하고, 모든 권한을 국민대표회의에 일임하라고 주장하였다. 그러나 임시정부 측은 이를 거절하면서, 임시의정원이 각도 대의사를 보선하여 결원이 없도록 하며, 임시정부와 임시의정원을 국민대표회의에 일임해서 계승케 하자는 등의 역제안을 하였다. 이번에는 창조파가 이를 거부함으로써 임시정부와 국민대표회의 측의 교섭은 무위로 끝나고 말았다.[5] 국민대표회의는 이와 같은 협상을 지루하게 반복한 끝에 하나의 합의안도 도출하지 못한 채, 1923년 6월 5일 자로 공식·비공식의 모든 교섭 통로가 단절됨으로써 최종 결렬되었다.

국민대표회의가 파국에 이른 뒤에도 막장은 계속되었다. 창조파는 곧바로 자신들의 계획대로 임시정부를 대체할 신정부 수립을 진행하였다. 이들은 6월 7일 국민위원회에 토대를 둔 위원제 정부를 조직한 뒤 임시헌법을 제정·공포하였고, 8월에는 블라디보스토크로 떠났다. 그러나 1923년 12월 말경 코민테른이 창조파의 신정부 건설을 지원하였던 방침을 바꾸어, 창조파의 국민위원회를 인정하지 않고 러시아령 국경 밖으로 퇴거하라고 명령하였다. 이들은 1924년 2월 15일 블라디보스토크에서 추방당하는 수모를 겪어야 했다.[6] 한국독립운동에서 두 개의 임시정부가 존립하는 사태는 다행인지 불행인지 코민테른이라는 외력으로 무산되었고, 거점을 잃은 창조파의 신정부는 자연 와해·분해되었다.

국민대표회의가 결렬됨으로써 임시정부는 창조도 개조도 이루지 못하였고, 정부로서의 위상도 회복하지 못한 채 만신창이 상태로 남았다. 1923년 후반의 임시정부는 국민대표회의 기간 동안 제기되었던 온갖 문제들을 복기해 보면서 스스로를 개혁해야 하는 과제에 직면하였다. 임시정부가 새롭게 재편되려면 무엇보다도 이를 추진할 지도체제가 존립해야 하는데, 임시대통령 이승만은 여전히 미국에서 혼란상을 불구경하고 있었다. 임시정부는 난국을 헤쳐 갈 방도를 찾지 못하고 혼란만 거듭할 뿐이었다.

임시정부의 지도체제를 정비하기 위해서는, 분란의 중심이자 뇌관이었던 임시대통령 이승만의 거취 문제부터 해결해야 했다. 이승만이 미국정부에 위임통치를 청원한 사실은, 그가 1919년 4월 임시정부의 수반인 국무총리에 선출될 당시부터 두고두고 임시정부를 분란케 하는 가장 큰 화근이었다. 이승만의 독립운동 노선과 집무 태도도 분쟁의 빌미를 제공했다.

이승만은 1919년 4월 국무총리에 이어, 9월 통합임시정부의 임시대통령으로 선출된 뒤 1925년 3월 탄핵될 때까지 약 6년 동안 임시정부의 최고 수반으로 재임하였다. 그런데도 그가 임시정부가 소재한 상하이에 체류한 기간은 1920년 12월부터 1921년 5월까지 6개월여에 불과했다. 이 기간을 제외하면, 그는 임지를 떠나서 줄곧 미국에서 외교 활동에 치중하였다. 무장투쟁론을 주장하던 인사들은 이를 문제 삼았다.

이승만은 임시정부의 최고 수반으로서 독립운동의 타개책을 강구하기는커녕 대통령직만 거머쥔 채 오불관하는 상태를 지속하였다. 「대한민국임시헌장」 이후 통합임시정부가 제정·공포한 「대한민국임시헌법」에도 임시대통령의 임기 규정이 없는 구도에서, 이승만을 퇴임케 하는 방법은 탄핵 이외에는 별다른 수단도 없었다.

1923년 제11회 임시의정원 회의에서는 4~5월에 걸쳐 「이대통령탄핵안(李大統領彈劾案)」이 상정되고 임시헌법을 개정하라는 요구가 이어졌다.[7] 5월 4일 회의에서는 문시환(文時煥)이 제출한 "국민대표회로 하여금대한민국임시헌법을개정(改定)케"하라는 긴급 제안을 다수결로 통과시켰다. 그러나 친(親)이승만 세력들은 의장 윤기섭(尹琦燮)으로 하여금 이 제안을 정부에 송달치 않게 하고, 노백린도 이 안을 국민대표회의에 이첩하기를 거부하였다. 긴급 제안에 찬성한 의원들이 의원직 사면청원서를 제출하는 등 혼란한 상황에서 제11회 임시의정원 회의가 5월 19일에 폐원함으로써,[8] 대통령탄핵안과 임시헌법개정안은 소강상태에 들어갔다. 국민대표회의가 무위로 끝난 결과도 이러한 소강상태가 지속하는 요인이 되었다. 그러나 두 가지 문제는 법의 절차를 거쳐야 하므로 쉽게 처리될 문제가 아니었을 뿐 곧 다시 불거질 사안들이었다.

대통령탄핵안이 답보된 상태에서 국무총리 노백린이 1924년 4월 9일 자로 사임하자, 내무총장 김구가 곧바로 국무총리를 임시대리하였다. 4월 16일에는 국무원들이 일괄 사임하였고, 4월 23일 이동녕이 국무총리에 취임한 뒤 6월 2일에야 조각이 완료되었다. 이렇게 구성된 각원 중 이동녕(국무총리 겸 군무총장), 노백린(참모총장), 김갑(金甲, 법무차장 겸 총장대리), 김승학(金承學, 학무차장 겸 총장대리), 김규면(金圭冕, 교통차장 겸 총장대리)이 새롭게 인선된 각료였다. 김구는 내무총장을 유임하면서 노동국총판을 겸임하였고, 조소앙과 이시영은 각각 외무총장과 재무총장을 유임하였다.[9] 얼핏 보아도 3개 차장이 총장을 대리하는 불완전한 내각이었다.

임시정부가 혼란을 거듭하는 동안, 1924년 2월 29일 제12회 임시의정원이 개원하였고, 6월 16일 조상섭(趙尙燮) 외 7인이 제의한 「임시대통령 유고안(有故案)」이 가결되었다. 이어 임시의정원은 8월 21일, 임시대통령이 직소(職所)에 귀환하기까지는 유고로 결정하고, 임시헌법 제17조에 따라 그 기간 동안 국무총리 이동녕으로 직권을 대리(代理)케 하기로 결의하였다. 이는 9월 1일 임시대통령 이승만과 국무원 일동의 명의로 「임시대통령령(臨時大統領令)」으로 공포되었다. 여기에는 국무총리 이동녕을 비롯해 모든 각원들이 서명하였고, 조소앙도 (趙素卬의 명의로) 외무총장의 직임으로 동참하였다.[10] 다음 절에서 서술하듯이, 조소앙 역시 당시의 대세를 거스를 수는 없었으므로, 동참은 이승만을 옹호하는 다른 형식의 선택이었다.

임시정부의 국무원은 이동녕이 대통령직을 대리하는 불완전한 체제를 유지하다가 12월 11일 그가 사임하자, 임시의정원이 그날로 박은식(朴殷植)을 임시대통령 대리로 선거하였다. 박은식은 12월 17일 국무총리를 겸임하면서 이날 새롭게 이유필(내무총장)·오영선(법무총장)·조상섭(학무총장)·이규홍(李圭洪, 재무총장 겸 외무총장)·노백린(교통총장 겸 군무총장)·김갑(노동국총판) 등으로 내각을 구성하였다. 신임 국무원이 구성되자, 조소앙과 이시영은 이날 의원면직의 형식으로 사임하였다.[11] 이러한 내각 구성은 노백린을 제외한다면, 이전 이승만을 지탱하였던 인물들이 대거 후퇴하고 반(反)이승만 세력이 전진하였음을 보여 준다.

임시의정원 의원 조완구를 비롯한 친이승만 세력의 강한 반발에도 사세는 이미 결정되었다. 박은식이 국무총리 겸 임시대통령 대리로 취임함은 이승만 탄핵을 알리는 전조였다. 그가 취임하자마자 임시대통령 탄핵과 임시헌법 개정 문제가 공론화하기 시작하였고, 1925년 3월 들어서는 그야말로 일사천리로 진행되었다. 이 무렵 이승만의 친위 세력은 이를 저지할 수 없을 만큼 약화되어 있었다.

임시의정원은 1925년 곽헌(郭憲)·나창헌(羅昌憲) 등 10인의 의원이 이승만을 탄핵하고 심판에 부의(附議)하자는 결의안을 제의하였다. 임시의정원은 탄핵 대상자인 이승만이 부재한 상태에서 탄핵안을 상정·심사하였다. 3월 18일부터 나창헌이 '임시대통령 이승만 심판위원장'이 되어 곽헌 등 4명의 의원과 심사에 들어갔고, 마침내 3월 23일 임시의정원은 이승만을 '심판 면직'시켰다. 「심판서(審判書)」의 주문은 '탄핵'이라는 말을 쓰지 않고, "임시대통령 이승만을 면직함"이라고 표

현하였다.[12]

「심판서」의 요점은, 임시대통령 이승만이 외교를 빙자하여 직무지를 마음대로 이탈하여 민심을 분산시켰고, 정부의 행정과 국고 수입을 저해·방해하였으며, 한성정부의 계통을 운운하며 임시헌법을 근본에서 부인하면서 임시의정원의 결의까지 부정하였다 등등이었다. 이로써 6년간 임시정부의 최고 수반으로 군림하였던 초대 임시대통령 이승만은 최초로 탄핵당한 임시대통령이라는 불명예를 기록하였고, 불행하게도 신생 대한민국에서도 이러한 역사는 되풀이되었다.

임시의정원은 이승만을 탄핵한 뒤, 곧바로 그 자리에서 박은식을 임시대통령으로 선출하였다. 박은식은 다음 날부터 전임 내각의 각원을 유임하는 방식으로 신임 내각을 조각하였다. 이렇게 구성된 국무원은 노백린(국무총리 겸 군무총장)·이유필(내무총장 겸 노동국총판)·오영선(법무총장)·조상섭(학무총장 겸 교통총장)·이규홍(재무총장 겸 외무총장)이었다. 이어 4월 7일, 대통령제를 폐지하고 국무령을 수반으로 하는 정부형태를 개정한 「대한민국임시헌법」이 임시대통령과 박은식과 국무원 일동의 명의로 공포되었다.[13] 전문(前文) 없이 6개 장 35개조로 구성된 이 헌법은 임시정부사에서 제2차 개헌으로 기록된다.

이승만의 통신원으로 활동하다

조소앙은 1922년 6월 임시정부에 복귀한 이후 줄곧 친(親)이승만 노선에 서 있었다. 이승만이 탄핵되는 시기를 전후하여 친이승만의 기호파 세력마저 모두 이승만을 떠날 때도, 그는 유일하다 할 만큼 이승만의 측근으로 남아서 이승만을 비호하였다. 이후 그는 탄핵당한 이승만의 복위를 위하여 임시정부 내의 쿠데타까지 계획하였다. 조소앙은 왜 이렇게까지 이승만을 엄호하였을까. 이 질문의 답은, 이승만이 미주라는 원거리에서 서신과 전보에만 의존하여, 어떻게 임시대통령직을 수행할 수 있었느냐를 해명해야 가능하다.

미주 지역이 임시정부의 독립운동 자금원이었고, 이승만이 자금줄이었음은 다 아는 사실이다. 이승만은 임시정부가 수립된 직후인 1919년 4월 25일 워싱턴에 정부대표사무소를 설치한 뒤, 8월 25일 이를 구미위원부(歐美委員部)로 개편하였다. 그가 구미위원부를 조직한 근본 이유는, 미주 한인 사회의 재정 관할권을 장악하려는 데 있었다. 구미위원부는 임시정부 산하의 기관인데도, 예산안 집행에서 감독이나 사후 승인을 받지 않았다. 통합임시정부가 출범한 이후에도 이승만은 구미위원부를 통해 주로 대미 외교에 노력을 집중했다. 이때도 구미위원부는 징세권의 독점을 통한 재정 출납 업무와 외교·선전 활동을 수행하였다. 구미위원부가 1922년 4월까지 징수한 총액은 14만 8653달러였고, 이 가운데 공채금은 8만 1352달러로 총액의 55퍼센트 정도였다. 구미위원부는 이 금액 중 약 18퍼센트가량을 임시정부에 송금했고, 거의 대부분을 사무실 유지비와 인건비에 지출했다.[14]

직접 왕래하거나 서신을 교환하려면 적어도 약 3~4주가 걸리는 상하이와 워싱턴의 원거리에서, 이승만은 자금력을 기반으로 통신원 제도를 고안하여 원격으로 임시정부를 운영하였다.[15] 이승만의 반(半) 공개된 비밀주의 운영 방식은, 독립자금의 모금과 분배 등에서 분파주의와 비밀주의를 견지했던 임시정부 지도자들의 국정운영 방식과 궤를 같이하는 측면도 있다. 1921년 6월경 일제에 탐지된 바에 따르면, 임시정부의 주요 요인들은 독립운동 자금을 국내외의 지지자들에게 개별로 받고 있었다. 1920년 이후 임시정부의 내분이 격화되자, 모금한 자금을 정부에 들이지 않고 자파 세력을 유지하는 데 사용하였음은 임시정부의 요인들에게 나타난 일반 형태였다. 이승만의 통신원이라는 원격 장치도, 이러한 분위기에서 비롯된 측면이 컸다.

자료상으로 확인되는 이승만의 통신원 5명은, 안현경(安玄卿, 1919. 6~1920. 6)이 '원동시찰겸통신원'이라는 임명장을 받은 데에서 비롯하여, 현순(玄楯, 1919. 6~1920. 6), 장붕(張鵬, 1920. 3~1922. 10), 이시영(1922. 12~1925. 3), 조소앙(1924. 1~1932. 12)[16]의 순으로 나타난다. 이들 통신원은 워싱턴의 이승만과 하와이의 대한인국민회·대한부인구제회 등이 보내 주는 활동 자금을 부정기로 수령하였다. 최초의 통신원인 안현경를 예로 들면, 통신비를 제외하더라도 보통 상하이 한인들이 지출하는 생활비의 3~4배 정도를 사용하였다. 1920년 여름 이후 국내외에서 자금 지원이 끊겨 가던 상황 속에서, 상하이에 체류하는 독립운동가들은 모두 생계의 위협에 시달리고 있었다. 비록 부정기 지원이더라도 상하이 생활비 일체를 보장받는 이승만의 통신원 자리는, 상당히 안정된 생활을 할 수 있는 여건을 마련해 주었다.

통신원들은 임시정부의 정보, 우호 세력과 적대 세력의 동향과 노선을 소상히 탐지하여 이승만에게 보고하고, 이승만 지지 성향을 지닌 인사들과 연대 활동을 벌였다. 또 현안을 둘러싼 해결책을 건의하고, 국내외에 연락망을 건설하는 한편, 이승만이 미주에서 수행한

독립운동을 홍보하는 등 임무는 다양하였다. 이승만은 서신과 전보를 통하여 통신원들과 연락을 취하였는데, 통신원은 미국의 이승만과 임시정부 내의 이승만 우호 세력을 연결시키는 정보원 겸 가교(架橋)의 역을 담당하였다. 통신원들은 기호 출신이라는 지역성을 기반으로 임시정부 내 인사들과 교분을 쌓고 연대하려 하였으나, 통신원들과 연대한 기호파 인사들은 임시정부 내에서 소수파에 불과하였다.

국민대표회의가 열리는 동안, 기호파는 국민대표회의를 지지하는 서북파와 일부 기호파 의원에 대항하여 임시정부 절대 유지와 옹호를 주장하였고, 이승만이 주도한 워싱턴군축회의(일명 태평양회의)에서 독립청원 외교에 주력하였다. 그러나 이승만이 전력을 기울였던 외교 독립운동이 무위로 돌아가자, 기호파는 이승만에게서 이탈하거나 반(反)이승만 세력에 편입되기 시작하였다.

이승만이 표현한 대로 "지심상신(知心相信)ᄒᆞᄂᆞᆫ 정의(情誼)"가 두터웠던 기호파의 영수 이동녕이 1924년 이후 이승만과 서신 왕래를 끊음으로써, 임시정부 내 이승만 지지 세력은 조소앙을 제외하고는 거의 사라졌다. 조소앙이 이시영의 뒤를 이어 이승만의 통신원으로 지명되는 시점이 바로 이 무렵이었다. 이후 조소앙은 기호파 인사들조차 이승만을 떠나는 상황 속에서, 이승만의 통신원으로서 혼자 꿋꿋이 임시정부와 관련한 모든 정보를 이승만에게 보고하였다.[17]

조소앙은 1924년 1월부터 이시영의 후임으로 통신원에 선정되었지만, 1922년 8월 임시정부의 외무총장으로 선출되기 이전부터 이미 이승만에게 큰 신임을 얻었다. 이승만이 이시영에게 쓴 편지에서 "뎌가 본리 소앙과 수차 면분은 잇셧스나 사업상 관계는 업셧고 다만 먼

리셔 추앙흐는 마음난 가지고 지니다가 정부 셜립 이후로 그의 활동을 보건디"[18]라고 한 바를 보면, 조소앙과 이승만의 '사업상 관계'는 임시정부가 수립된 이후에 형성되었다. 추정컨대 두 사람의 관계가 형성된 시기는 조소앙이 루체른 대회를 마친 이후였다.

제5장에서 확인하였듯이, 조소앙이 이승만에게 발송한 1920년 7월 4일 자 서신(227~228쪽 참조)을 보면, 그는 이승만의 처지와 시각에서 상하이임시정부의 동향을 판단하고 있었다. 또 1921년 5월 17일 자 서신에서 조소앙이 이승만에게 "모 결재건은 잠시 보류하기 바랍니다. 저번에 이미 두 번씩이나 부탁드렸으니 번거롭게 할 것이 없겠습니다마는"[19]이라고 말한 바를 보면, 1921년에도 조소앙은 이승만에게서 자금을 지원받아 모종의 일을 추진하였다. 이 서신에서 "저 역시 명을 어기니 죄스러움을 압니다(生亦方命 知罪)."라는 표현을 보면, 이승만과 조소앙 사이에 이미 상명하복의 관계가 형성되고 있었다.

이러한 정황은 조소앙 자신의 말에서도 확인된다. 그는 1927년 6월에 이승만에게 띄운 서한에서, 공공을 위한 자신의 활동조차 이승만을 위한 활동들로 비난받았음을 다음과 같이 토로하였다. "때로는 지적을 받아 누구누구는 어떤 수령을 위하여 선전하고 있다고 도리어 구실을 주게 되는데 7, 8년 이래로 이러한 공격을 많이 받았습니다. (⋯⋯) 오직 본인의 임무상 피할 수 없는 일이라고 믿었기 때문에 우직스럽게도 뜻을 굽히지 않은 지 이미 7, 8년이 지났습니다."[20] 조소앙은 이승만을 보좌하는 일이 "공공을 위한다는 견지"와 동일한 자신의 '임무'라고 인식하였다.

이 무렵 상하이임시정부 내에서 조소앙의 위상은 그다지 높지 않았다. 그는 '원로' 선배 격인 이시영·이동녕 등에게는 '청년' 취급을 당하였고, 이로 인한 생활고도 컸다. 조소앙은 이승만에게, 자신이 마련한 계책이 많은데도 노백린·이시영의 군림하는 태도 때문에 번번이 좌절되었음을 토로하면서, "계원(桂園, 노백린을 가리킴 — 인용자)·성재(省齋, 이시영을 가리킴 — 인용자) 양군이 원로라는 처지만 믿고" 연소자들의 예진(銳進)을 허락하지 않는다고 비난하였다.[21]

조소앙에 앞서 이승만의 통신원을 수행한 임시정부의 재무총장 이시영은, 1922년 12월 말경 이승만에게 장문의 서한을 보내어, 이승만이 조소앙을 총리로 임명하려는 의중을 극력 반대하였다. 이 서한에서 이시영은 김구를 천거하면서, "소앙은 인망을 완전히 잃어 노소를 막론하고 이 사람에 대해서는 한 푼의 돈도 빌려주려 하지 않습니다. 이러한 실정으로 어떻게 시국을 구제하겠습니까?"라고 조소앙을 폄훼하였다. 그러면서도 이시영이 "재무총장 자리는 소앙이 지정한 사람이면 만족하겠습니다."[22]라고 한 바를 보면, 이승만은 이시영을 대신할 재무총장 등 각원을 인선하는 데에서 조소앙의 견해를 중시하였다.

이승만이 조소앙을 신임한 이유는, 그가 조소앙을 통신원에 임명한 뒤 이시영에게 발송한 서한에서 분명하게 드러난다. 이승만은 이 서한에서 "나는 상히에 더 밋는 이도 업고 또 구흐지도 안이흐며"라고 말하면서, 자신과 뜻을 같이할 사람으로 이시영·김구·조소앙·노백린·신규식·이동녕·조완구 등을 거론하였다. 모두 임시정부의 현상유지를 주장하였던 인물들이었다. 이 가운데에서 조소앙을 향한 믿음은 더욱 각별하였는데, 이유는 이승만을 향한 일관된 충성심과,

보고 내용의 분석력에 있었다. 이승만은 이 두 가지를 높이 평가하여, 이시영과 협의하라는 전제 아래 조소앙에게 통신원의 임무를 '위임'하였다.[23]

이승만은 조소앙을 총리로 인선할 의향이 있을 만큼, 또 내각 구성에서 조소앙의 의견을 들을 만큼 신임하였으므로, 이시영·이동녕 등 임시정부 내의 기호파 '원로'들은 조소앙을 경계하였고, 기호파의 '청년' 조소앙도 이들에게 반감을 가졌다. 이승만을 옹호하는 기호파 내 갈등의 근원은 자금 문제였다.

조소앙이 1924년 1월 통신원으로 지명된 뒤, 이승만에게 발송한 첫 번째 현전(現傳) 서한에서 가장 크게 호소한 바 역시 자금 문제였다. 현전하는 서신 가운데 이승만이 조소앙에게 발송한 첫 편지인 1924년 1월 4일 자의 답신도, "6백 원을 전송해 달라는 (조소앙의 ─ 인용자) 부탁"에 부응하지 못하여 송구하다는 말로 끝맺었다.[24] 이를 보면, 조소앙은 이승만의 통신원으로 정식 지명되기 전부터, 자금을 요청할 정도의 '사업상 관계'를 맺고 모종의 임무를 이미 수행하고 있었다.

조소앙은 서신에서 자금의 용도를 상세하게 밝혔다. 그는 자신의 형인 조용하에게 빚 300원을 차용하여 세밑을 지낼 차비를 마련하였다는 생활상의 곤궁함과 함께, 경상비(經常費)와 특별 송금으로 장래의 일을 도모하기 어려움을 토로하면서, 자신에게도 자금을 송금해 달라고 주문하였다. 그는 임시정부의 조각 문제 등을 해결하기 위해서도 "송금의 유무가 전제조건"이며, "즉시 융통하여 비록 천 원이 못 되더라도 바로 987호 구좌로 회송(滙送)해야만 큰일에 차질이 없겠습니다."라고 강조하였다. 그러면서 "만일 재무총장한테로 보낸다면 시국 문제는 점점 더 회오리치는 와중(渦中)에 빠져들게 되어 결국은 수습할 수 없게 될 것입니다."라고 서신을 끝맺었다.[25]

위에서 인용한 서신은, 자금 문제를 둘러싸고 조소앙과 재무총장 이시영 사이의 갈등이 매우 컸음을 보여 준다. 조소앙은 이승만에게 이시영을 직접 가리키며 "수 삼년 이래로 재무총장(財務總長)은 한결같이 개인 의사로 마음대로 지출하기를 제 집안살림 하듯이 하여 왔습니다.", "만일 재무부의 명의로 보낸다면 필시 구습을 답습하여 사(私)가 섞임을 면할 수 없을 것이니 어떻게 한 가지 일인들 실시되겠습니까?"라고 보고하였다.[26]

이렇게 이승만은 미국에 머물면서, 통신원을 매개로 자금을 통하여 상하이의 지지 세력을 규합·결속하였다. 이승만의 통신원과 연대 세력에게도 이승만의 자금은 결속을 위한 가장 강력한 수단이었다. 이승만이 탄핵당한 1925년 3월을 기점으로 이승만 지지 세력이 해산하는 분위기에서도, 조소앙은 계속 통신원의 임무를 수행하면서 이승만이 임시정부의 최고 수반으로 '권토중래(捲土重來)'하는 방안을 모색하여 보고하였다.

조소앙이 이승만에게 보고하는 내용은 임시정부의 동향뿐 아니라, 추이를 예측·전망하는 수준까지 포함하여 꽤나 상세하였다. 이를테면 그는 1924년 5월 3일 자 서한에서 "추측에 불과하지만"이라는 단서를 달면서도, 이동녕이 대통령제를 폐지하려는 개헌운동에 나서고 있음을 보고하였다. 또 이동녕이 국무총리에 취임하여 자신을 외무총장으로 천거하는 전보에 연서(連署)한 행동을, "주위가 시기와 혐오에 둘러싸인 속에서 강박에 못 이겨 서명하게 된 것입니다.

아마도 후에 변동이 있게 된다 하더라도 연대했다고 꾸짖지는 말아 주십시오."라고 변명하였다.[27] 이를 보면, 조소앙이 1924년 9월 1일 「임시대통령령」에 외무총장의 직임으로 서명하여 동참한 행동도 이에 찬성하였기 때문이 아니라, 이승만 탄핵이라는 대의와 대세 앞에 주위에서 고립될 수 없기에 나온 어쩔 수 없는 선택이었다. 5월 3일자 서찰은 마치 이를 미리 변명하는 듯하였다.

이렇게 조소앙은 자신의 활동 및 거취와 관련한 일의 대부분(대체로 일정한 자금이 필요하였다.)을 이승만에게 "보고(報告) 승낙(承諾)을 대(待)"[28]한 뒤에 결정·실행하였다. 이승만은 조소앙의 1924년 5월 3일자 서한에서, 자신에게 답신도 하지 않는 이동녕의 행동과 개헌 문제가 논의됨에 불만을 나타내면서, 조소앙에게 "이런 때에 만에 하나도 퇴양(退讓)하실 생각일랑 마시고 내외의 정세를 세밀히 살피시고 수시로 적어 보내 주시기를 간절히 바라고 바랍니다."라고 부탁하였다.[29] 조소앙이 이승만 탄핵과 개헌 등의 논의로 임시정부 내의 반(反)이승만 운동이 점점 드세 가는 분위기에서도, 박은식 체제가 들어서기까지 임시정부에 잔류하였음은 이승만의 지시에 따른 바였다.

임시의정원에서 이승만의 면직을 의결하기 직전인 1925년 3월 10일, 임시정부는 「임시대통령령 제1호」로 이승만의 자금원인 구미위원부 폐지를 결정하여 공함(公函)을 이승만에게 통지하였다.[30] 이어 4월 10일 임시대통령 박은식은 「행정령 제1호」로 구미위원부 폐지령을 공포하였다.[31] 구미위원부가 국무원의 결의나 임시의정원의 동의를 거치지 않은 불법 기구라는 데에 근거를 둔 조치들이었다. 이에 따라, 미국과 멕시코의 재정 사무는 당분간 대한인국민회에 위탁하는 한편, 구미위원부의 외교·선전 사무 및 하와이의 재정 사무는 곧 이를 담당할 기관을 설립하겠다는 통지가 이승만에게 전달되었다.[32]

이승만의 생명줄인 구미위원부를 폐지하라는 명령은, 이승만에게 임시대통령직에서 파면당한 일보다 더 큰 타격이었으므로 그대로 이행될 리 만무하였다. 이승만은 이에 불복하여 구미위원부를 존속시켰고, 뉴욕·로스앤젤레스·하와이 등지의 이승만 지지 세력은 임시의정원과 임시정부를 반대하였다. 어제까지 임시정부의 신성을 부르짖던 사람들이 구미위원부 신성을 부르짖으면서 임시정부를 반대하는 기현상이 일어났다. 이승만은 1928년 재정난으로 스스로 폐지할 때까지 구미위원부를 계속 유지하면서[33] 미주 지역의 독립운동 자금을 여전히 거머쥐었다.

이승만의 복권을 시도하다

1925년 3월 이승만이 탄핵당한 직후에, 이시영은 이승만에게 임시정부 내의 동향을 전하였다. 그는 의정원이 이승만을 탄핵한 일을 '정변'이라고 표현하면서, "절차의 진행상 당연히 통칙"을 따라야 했는데도 의정원의 "몇 사람의 의원(議員)이 며칠 안에 제안하자 초조하게 몇 마디로 토론하여 느닷없이 면직시킨다는 문자를 반포"한 '행패'로 규정하였다. 그는 "조소앙은 비밀리에 동지회를 모으고 있는데 호응하는 사람이 몇이나 될지는 알 수 없고 또 결과가 어떻게 될지도 알 수 없습니다. 사람마다 간격이 막혀 있으므로 합치시킬 방법이 없으니 한탄"스럽다고 하면서, 상황이 역전하여 호전될 여건이 아님도 전하였다.[34] 기호파의 원로인 이시영은 아무런 행동도 취하지 않고 임시정부에서 퇴거하였다.

이시영이 이승만 탄핵을 '행패'·'정변'으로 규정한 이유는 바로 절차상의 정당성이었다. 그가 '몇 사람의 의원'이라고 표현하였듯이, 임시대통령을 탄핵하면서 의원의 정족수도 갖추지 못했으므로 위헌의 여지가 있었다. 이승만이 탄핵되기 전후 무렵, 조소앙이 비밀리에 동지회(同志會)의 회원을 모아 사태를 역전시키려 시도하였던 이유도 여기서 비롯되었다.

고립무원의 처지가 된 이승만은 미주에서 홀로 외롭게 반발하였다. 그는 여전히 임시대통령을 자처하면서 한성정부의 법통에 따라 구미위원부를 계속 유지하겠다는 의지를 강하게 내비쳤다. 개정 임시헌법이 공포(1925. 4. 7)된 직후인 4월 29일, 그는 '임시대통령 이승만'의 명의로 「대통령선포문(大統領宣佈文)」을 발표하였는데, 이른바 '한성정부 법통론'에 기대어 자신이 한성정부의 대통령임을 선포하였다.[35]

그러나 상하이에서 이승만을 뒷받침할 만한 측근은 조소앙을 제외하고는 더 이상 없었다. 조소앙은 이승만이 신임하는 유일한 인물로 남아, 이승만의 복위와 체제 복원을 위해 여러 가지 방안을 모색하였다. 그는 4월 22일 이승만에게 자신이 상하이에서 할 수 있는 일로 세 가지를 보고하였다.

우선 가장 손쉬운 방법이 이승만의 사조직인 동지회의 상하이 지부로 사람들을 규합함으로써 동지회를 확장하는 일이었다. 그러기 위해서 동지회의 명칭과 정강을 개정할 필요성도 제기하였다. 두 번째는 이승만을 지지·선전하고 방어하는 방편으로 《상해주간(上海週刊)》을 간행하여 보급하는 일이었다. 조소앙은 한두 동지들의 연조(捐助)에 힘입어 이미 간행에 착수하였음을 보고하면서, 매월 미화 50원씩 지원된다면 신문 한 면을 통하여 여론을 조성할 수 있다고 확언하였다. 마지막 세 번째는 범한독립당(汎韓獨立黨)을 조직하여 동지회 등의 외곽단체를 가입케 하여 임시정부 바깥에서 이승만의 지도권을 확립하는 방안이었다.[36]

조소앙은 동지회를 확장하기 위해서는 꾸준한 재정원으로서 일정한 사업이 필요하다고 판단하였으므로, 좀 더 장기인 계획안을 다시 내놓았다. 그는 독립운동 자금의 조달원으로 항저우(杭州) 방면에서 미화 3000원을 투자하여 옥답을 구입해서 경영하는 방안을, 경제 원리와 수지 타산까지 거론하면서 제시하였다. 조소앙은 안창호 등이 이미 난징(南京) 방면에서 토지를 구입하여 학교도 능히 경영하며 활동도 활발한 사례를 들면서, "우리 당은 이러한 설계가 없는 것이 한스럽습니다."[37]라고 적으면서 간곡하게 제안하였다. 이렇게 조소앙은 자신을 이승만의 '당인(黨人)'으로 위치시켰다.

또한 《상해주간》이라는 매체 수단으로써 이승만의 복권 도모를 홍보·선전하는 한편, 더 나아가서는 이를 자신이 제안한 범한독립당의 중앙 기관지로 발전시킬 의도까지 지니고 있었다. 《상해주간》은 현재까지 발간 사실만 알려져 있을 뿐 실물이 현전하지 않으나, 동지회 상하이 지부에서 발행한 주간신문으로 추정된다. 동지회 상하이 지부는 1925년 4월 결성되었는데, 동지회의 기관지인 《태평양잡지》 제7권(1925년 8월호)에 상하이 동지회에서 발행인 박경순, 편집인 황규성을 선정하여 기관보로《상해주간》을 발행키로 했다는 내용이 보인다.[38] 조소앙이 이승만과 주고받은 서신에서 보거나, 1925년 5월 9일 중국의 국치기념일에 발행한 특간호(特刊號)에 사설을 게재하였음을 보면,[39] 조소앙이《상해주간》을 발행하는 표면에 나서지 않았지만 직접 깊숙이 관여하였음은 분명하다.

일제 관헌의 보고에 따르더라도,《상해주간》은 1925년 5월 9일자 중국의 국치기념일[40]에 특별호를 발간하여 "중한의 호걸들이여 왜적과 맞서 국치(國恥)를 설욕하고, 공수동맹을 맺어 동아의 평화를 지키자(中韓豪傑 拒倭雪國恥 結共守同盟 保東亞平和)"는 사설을 게재하여 '중한협력'을 촉구하였다. 이날 조소앙·여운형 등 상하이의 독립운동자 30여 명이, 배일(排日) 중국인 단체가 개최하는 국치기념 집회에 참석하여《상해주간》특별호를 배포하였다. 특히 조소앙은 이 자리에서 "중한(中韓)이 합동하여 일본에 대항해서 제국주의를 배제하지 않으면 안된다. 현하의 중국정부는 그 세력이 미약하므로 외국에 대해 강경한 태도로 나가지 못하나 중국인의 본일(本日)의 행동은 곧 큰 무기이므로 이 결심으로 중한이 서로 제휴하여 배일에 진췌(盡瘁)하지 않으면 안된다."라는 내용의 군중 연설을 행하였다.[41]

조소앙은《상해주간》발간에 강한 애착을 보였는데, 40~50원의 월비로 유지하기 어려움을 토로하며, 이 주간이 중지되지 않게 해주기를 '천망복망(千望伏望)'한다고 호소하였다. 그는 만일 이 주간지가 정지된다면 "원동 방면은 아마 모두 흥사단(興土團)으로 바뀌고 말 것"이며, "그렇게 되면 수년 후에 비록 몇십 배의 심력을 쏟는다 해도 필시 회복하기 어려울 것"이라고 지적하면서,[42] 안창호를 향한 이승만의 경쟁심과 경계심을 자극하였다. 그러나 이승만이 《상해주간》을 지속해서 지원하지 않았으므로 발간은 지속되지 않았다.

조소앙은 이렇게 이승만의 지원을 받아 상하이에서 실행할 수 있는 방안 세 가지를 직접 시도하면서, 이승만이 미주에서 할 수 있는 방책을 세 가지로 제시하면서 택일을 충언하였다. 「구미위원부 폐지령」이 공포된 다음 날인 1925년 4월 11일 자로, 이승만은 조소앙에게 서신 한 통을 발송하였다. 이 서찰이 현전하지 않으므로 정확한 내용을 알 수는 없으나, 아마 이때는 임시정부의 구미위원부 폐지 결정(3월 10일부)이 이승만에게도 전달되었을 터이므로, 이승만의 차후 행동 방침 및 이와 관련한 지시 사항이 담겼으리라 생각한다. 조소앙은 이승만의 4월 11일 자 서신을 읽고 5월 16일 자로 답신한 서신[43]에서, 정부 문제 즉 이승만이 복권할 수 있는 상·중·하 방책을 제안하였다. 서신의 첫머리에서 제시한 상책(上策)은 다음과 같다.

정부문제에 대하야 방책이 삼(三)이온대 제일은 상해에서 동지회 중심으로 수회(收回)하도록 후원만 절실히 하야 쥬시고 전일 초정(草呈)한대로 선포문을 간발(刊發)하시면 상해 주간이 전후 내막을 폭로하야 내외 동지의 굴기(崛起)를 고취하며 일면(一面)으로 무사 기십인을 지휘하야 정부 급(及) 의정원의 문부(文簿)와 인장을 압수하고 즉시 내각을 발표하야 정령(政令)을 반포하면 현정부는 와해될 것이오니 소불하(少不下) 기천원이라도 임시로 보내쥬시도록 하야 7월 7일 신헌법 시행 전에 일체를 정돈케 하야 쥬시오.

이렇게 조소앙은 이승만이 복권·복위하는 최상책으로, 수십 명의 무사를 동원하여 쿠데타를 일으켜 박은식 체제의 임시정부를 전복시키는 방안을 제안하였다. 거사일은 1925년 7월 7일 이전으로 설정하였는데, 이는 1925년 4월 7일 개정된 「대한민국임시헌법」 제6장 35조가 "본(本)임시헌법은 대한민국 7년 7월 7일부터 시행하고 동시에 원년(元年) 9월 11일에 공포한 임시헌법은 폐지함"[14]이라고 명시하였기 때문이다. 즉 신헌법이 시행되어 효력을 발휘함으로써, 이승만이 모든 권력을 상실케 되는 7월 7일 이전에 모든 일을 마쳐야 나름의 명분을 획득할 수 있다는 계산이었다.

쿠데타는 두 단계로 진행되는데, 《상해주간》에 이승만의 「대통령선포문」과 함께 탄핵의 전말을 폭로하는 선전 활동을 통하여 여론을 환기한다. 이어 무력으로 임시정부와 의정원을 접수한 뒤 새 내각을 조각하여 정령을 발표함으로써 현 내각을 와해시킨다. 이 방식이 실기(失機)하지 않고 용이하게 목적을 달성하기 위해서는 결국 자금의 문제로 귀결되므로, 조소앙은 첫마디와 끝마디에서 일관되게 '후원'을 강조하면서 입금할 자신의 계좌까지 부기하였다. 인용한 서신을 보면, 이승만이 얼마나 채용하였는지는 차치하더라도, 조소앙이 「대통령선포문」도 발상해서 초고를 작성·발송하였음을 알 수 있다.

조소앙은 최상책이 불가능할 때의 '제2책(第二策)'으로 좀 더 시간을 요하는 방책을 다시 두 가지로 제시하였는데, 앞서 4월 22일 자 서신에서 제안한 바를 다소 진전시켰다. 첫 번째는 이승만의 사조직인 동지회를 확장 개편하는 방안으로, 원동(遠東)까지 동지들을 규합하기 위해 정강을 개정하여 "무력적 독립주의를 표방"한다. 둘째, 《상해주간》을 후원하여 앞서 자신이 제안한 바 있는 독립당의 중앙 기관지로 발전시킨다. 조소앙은 이 방법을 실행한다면 "기년(幾年)이 못 되야 권토중래가 비난(非難)의 사(事)"라고 확신하였다.

조소앙은 '상책'과 '제2책'이 불가능할 때의 '최후 하계(下計)'로, 하와이에서 임시의정원을 소집하여 임시정부를 재조직하는 방안을 제시하면서, 이승만에게 한성정부를 언급하지 말라고 당부하는 한편 이유도 명확하게 설명하였다. 조소앙은 "헌법을 옹호하게 되면 자연(自然)이 한성계통이 부활되고 동지들이 후원할 제목(題目)"이 되지만, "만일 한성문제만 고창하게 되면 헌법문제와 분리가 됨으로 원동후원에 중대한 타격"을 주게 됨을 염려하였다. 그는 이승만이 내세우는 한성정부법통론이 중국 방면에서는 지지를 얻기 어려움을 지적하면서, 상하이임시정부의 법통을 옹호하라고 조언하였다.

나아가 조소앙은 "헌법의 파괴를 좌시할 슈 업고 정부의 비법변동(非法變動)을 묵과할 슈 없음으로 비상판법(非常辦法)으로 (정부의 — 인용자) 위치를 잠시 포와(布哇, 하와이를 가리킴 — 인용자)에 옴기여 인심을 수습하고 대업을 촉진한다는 말로 반포하심이 조흐외다."라고 제안하였다. 사실상 하와이에 새로운 임시정부를 수립하는 대안이었다. 그는 이어 "조각 방면으로는 조완구·이시영 등의 가입이 조흐외다."라는 의견을 내면서, 기호파 중심으로 내각을 구성하는 구상까지 덧붙였다.

조소앙은 이러한 제안이 정부가 양립하는 결과를 가져옴으로써 초래할 혼란상도 짐작하였으므로, 기호파의 영수 격인 조완구·이시영과도 상의하였는데, 이시영이 찬부의 명확한 태도를 보이지 않았으므로, 조완구에게 '긴탁(緊託)'하는 방안을 제시하였다. 이시영은 조소앙의 방책이 가져올 파급을 우려하여 선뜻 응하지 않은 듯하며, 그러자 조소앙은 이승만에게 조완구를 통하여 이시영의 분명한 의사를 확인하라고 주문하였다.

조소앙이 이승만에게 무력 쿠데타를 제안한 서신을 작성한 날은, 1961년 5·16군사쿠데타가 일어난 날과 공교롭게도 일치하였다. 다행히 이승만은 수천 원의 거금을 동원하는 무력 쿠데타를 시도하지 않았으므로 상하이임시정부 내에서 무력 충돌은 발생하지 않았고, 하와이로 임시정부를 이전하지도 않았으므로, 두 개의 임시정부가 존재하는 불행사도 생기지는 않았다. 조소앙이 제시한 두 가지 방책은 무위로 돌아갔다. 이승만은 범한독립당을 조직하는 데에도 관심을 보이지 않았지만, 조소앙은 이 문제에서는 지속하여 이승만의 관심을 촉구하였다. 조소앙에게 범한독립당은 이승만을 복권시키는 마지막 방도였다. 그가 이후 민족유일당운동에 뛰어든 동기이자 이유였다.

민족유일당운동이 촉발되다

박은식이 임시대통령 대리로 재임할 동안 개헌·공포한 임시헌법이 시행되는 1925년 7월 7일 오전 9시, 임시의정원에서 '개정임시헌법 시행축식(祝式)'이 거행되었다. 이 임시헌법에 의거해 '자연 해직'된 임시대통령 박은식은, 이 자리에 참석하여 '국인(國印)'을 임시의정원

의장에게 전달하고 고별하였다. 이어 임시의정원이 회의를 열어 임시 헌법 제13조에 의거해 정부의 최고 수반인 국무령(國務領)을 선거한 결과, 이상룡(李相龍)이 초대 국무령으로 당선되었다.[45]

이렇게 임시정부는 이승만으로 인해 노출된 대통령제의 폐단을 시정하여, 임기 3년의 국무령제로 새 출발을 시도하였으나, 계속되는 지도부의 공백으로 인하여 내각책임제의 지도체제는 쉽게 정착하지 못하였다. 이상룡은 취임 후인 1925년 10월 10·12일 이탁(李沰)·김동삼·조성환(曹成煥) 등을 국무원으로 선임하였으나, 이들이 취임하지 않아 내각을 구성하지 못하였다.

임시의정원은 1926년 2월 18일 이상룡을 면직하기로 결의하였고, 취임치 않은 국무원들도 해직시켰다. 임시의정원은 당일 양기탁(梁起鐸)을 새 국무령으로 선출하였으나 취임치 않음으로써 임시의정원이 '무효 선포로 해직'시켰다(4월 29일). 임시의정원은 다시 5월 3일 안창호를 국무령으로 선거하였으나 역시 취임치 않음으로써 '무효 선포로 해직'시켰다(5월 24일). 이에 임시의정원은 7월 7일 홍진(洪震)을 국무령으로 선거하였다. 홍진은 취임한 뒤 8월 18일 김응섭(金應燮)·이유필·조상섭·조용은(조소앙)·최창식(崔昌植)을 국무원으로 추천하였고, 임시의정원은 전원 일치로 이들을 국무원으로 선임하였다. 이유필·조상섭·최창식 3인은 다음 날인 19일 취임 의식도 생략한 채 곧바로 취임하였지만, 김응섭은 격지(隔地)에 있음을, 조용은은 '신양(身恙)'을 이유로 취임하지 않았다. 홍진은 군무장 김응섭과 외무장 조소앙이 취임하지 않자, 9월 27일 외무장을 '겸섭(兼攝)'함으로써 조각을 마무리하였다. 조용은은 김응섭과 함께 12월 9일부로 "총사직(總辭職)

에 의하야 해임"되었다.[46]

조소앙이 외무장에 취임치 않은 사유에는, 이 무렵 그가 이승만의 통신원으로 활동하였으므로 임시정부에 몸담을 수 없는 사정이 있었다. 그는 홍진이 자신의 의사도 타진하지 않고 각원으로 임명하였음을 이승만에게 알리면서, 홍진 내각과 현 임시정부를 냉소하였다. "홍각(洪閣, 홍모(洪某)의 내각이란 뜻인 듯 — 편역자)이 생기지도 않고 없어지지도 않아 나의 이름을 끌어다가 스스로 장식하고 있습니다. 지금에 와서 놔두고 다스리지 않고 그 하는 바에 맡기는 것은 묵인이 아니라 도외시하기 때문입니다."[47] 조소앙은 홍진 내각도 실패하리라는 반감을 이렇게 표출하였다.

조소앙은 1924년 12월 임시정부의 외무총장을 사임한 뒤, 1930년 1월 한국독립당을 창당하고 6월에 임시정부의 외무장으로 취임하기까지 약 5년여 동안 임시정부와 거리를 두고 활동하였다. 국무령 홍진 내각에서 임시정부는 모처럼 지도체제를 갖추고 안정을 회복하기 시작하였으나, 이 무렵 조소앙의 관심사는 현 임시정부의 안정·강화가 아니라, 이승만의 지도체제와 지도권을 복원하기 위한 방편으로 '독립당'을 결성하는 데 있었다.

국민대표회의가 결렬된 데에 이어 이승만 탄핵으로 임시정부가 독립운동의 최고기관으로서 지위와 기능을 상실하자, 독립운동계는 당(黨) 형태의 결속을 추진하는 운동이 일어났다. 국민대표회의는 창조도 개조도 모두 무위로 돌아간 채 생채기투성이의 분열로 끝났으나, 독립운동계에 통합·단결의 중요성과 시급함을 뼈저리게 각인시켰다.

'민족유일당운동(民族唯一黨運動)'으로 통칭되는 통합정당운동을 추동한 첫 번째 힘은, 국민대표회의가 결렬된 이후 개조파 계열의 안창호에서 비롯되었다. 이후 상하이 지방 독립운동계 내부에서 '대동통일론'이 제창되고 조금씩 실천되었다. 여기에는 중국 국민혁명 과정에서 추진된 국공합작(國共合作)의 긍정 효과, 중국국민당이 그 지도체로서 위상이 부각되기 시작한 점, 또 코민테른이 식민지 민족운동 방침을 확정함으로써 통일전선 강화론이 줄곧 제기되었던 시대 배경 등이 함께 작용하였다.[48] 이 세 가지 요인 가운데에서도 한민족 내부에 내재된 당위성, 즉 독립운동의 이념과 방법의 차이를 뛰어넘어 전 민족의 역량을 항일투쟁으로 결집시켜야 한다는 대의가 가장 절실하였다.

'민족대당(民族大黨)'·'일대혁명당(一大革命黨)'·'대독립당(大獨立黨)'·'유일당' 등으로 표현된 통합정당 결성 운동은 임시정부의 안팎에서 동시에 본격화하였다. 안과 밖의 시발점은 각각 홍진과 안창호였다. 조소앙이 범한독립당을 결성하려는 시도는 이러한 분위기의 한 갈래로, 홍진·안창호보다 1년 이상이나 앞선 선견이었다.

조소앙이 임시정부의 각원을 사임한 뒤 이승만의 복권을 위해 제안한 세 가지 방책은, 이승만이 수용하지 않음으로써 모두 무산되었다. 그런데도 그가 미련을 버리지 못한 방책은, '범한독립당'이란 명칭의 통합민족주의정당을 결성함으로써 이승만의 지도권을 확립하는 방안이었다.

조소앙이 '독립당'의 명칭으로 민족주의 세력의 통합을 목적하는 계기와 단계는 크게 세 차례였다. 첫째는 유럽 외교 임무를 마치고 1922년 임시정부로 복귀하기 전후 무렵, 임시정부를 외곽에서 지원할 '독립당'을 제안할 때였다.(제6장 참조) 둘째는 이승만이 탄핵당한 뒤인 1925년부터 추진하였던 '범한독립당'이었는데, 이때는 현 임시정부를 독립운동의 구심체로 인정하지 않고, 이의 대안으로 이승만을 중심으로 한 통합민족주의정당을 구상하였다. 세 번째는 1930년 1월 이당치국(以黨治國)의 이념을 수용하여, 안창호·이동녕·김구 등과 임시정부를 지지하기 위한 상해한국독립당을 결성할 때이다. 이 셋 가운데 두 번째는 첫 번째·세 번째와 성격이 상당히 달랐다.

조소앙이 범한독립당을 주장하는 두 번째 단계는, 이승만이 탄핵당한 직후인 1925년 4월 무렵이었다. 이때 그는 임시정부의 외무총장직에서 물러났고, 박은식 체제의 임시정부와 대립각을 세우며 쿠데타로 이를 전복할 의도까지 표출하였으므로, 탄핵당한 이승만에게 제안하는 독립당이 현 임시정부를 지지하는 외곽단체는 분명 아니었다. 두 번째 '범한독립당'은 현 임시정부의 지도체제를 부인하는 결속체였으므로, 홍진·안창호가 주장하는 '전민족을 망라한 공고한 당체(黨體)'·'일대혁명당'과는 성격이 달랐다. 오히려 이들과 경쟁하여 주도권을 선점하려는 의도가 짙었다.

조소앙은 이승만이 임시정부 외곽에서 많은 독립운동가들이 선호하는, 그렇지만 아직 한 번도 당명으로 공식 채택·사용된 적이 없는 '독립당'이란 당명을 선점하라고 조언하였다. 그러면서 "독립당 세 글자 앞에는 모름지기 상당하는 형용사를 붙여야 하는데, 어리석은 소견으로는 범한(汎韓) 두 글자(Pan-Korean Independence Party)를 붙이는 것이 좋겠다고 여겨집니다."라는 의견도 덧붙였다. 조소앙은 영어 당명까지 부기하면서 방법도 제시하였다. 그는 탄핵의 혼란상이

어느 정도 진정되면, 이승만의 측근 한 사람으로 범한독립당을 제창케 한 뒤 동지회 회원이 여기에 가담하고, 이후 하와이 동포·지사들이 이를 전력 지지하는 단계로 추진하자고 제안하였다.[49]

조소앙이 이승만에게 범한독립당을 결성하라고 제안한 지 1년여 지나, 홍진과 안창호가 각각 임시정부 안팎에서 통합정당 결성 움직임을 본격화하며 나섰다. 1926년 7월 7일 임시의정원에서 의원 전원 일치로 국무령에 선출된 홍진은, 7월 8일 취임식에서 "일치한주의(主義)와정강하(政綱下)에서우리민족의일대조직을건립함이위선(爲先)우리부원동인(府院同人)들의절대책임"임을 강조하면서, 시정방침으로 '국무령3조정강(國務領三條政綱)'을 내걸고 취임하였다. 이 가운데 두 번째가 "전민족을망라한공고한당체(黨體)조직할일"이었다.[50] 취임 다음 날인 7월 9일 홍진은 《독립신문》 기자와 인터뷰하면서, "운동전선을일신개진(一新改進)할절대필요에서당적(黨的)조직이민족적으로건립됨이우리운동에기초가될것이며또운동자들에유일한사명"임을 강조하면서, '최대정강'으로 "대당(大黨)에결합(結合)"하자고 다시 호소하였다.[51] 그가 주장하는 통합민족정당은 한마디로 '민족대당'이었다.

홍진이 취임식을 갖던 날 밤, 상하이의 삼일당(三一堂)에서는 안창호가 '우리 혁명운동과 림시정부 유지칙에 대하야'라는 제목으로 연설하였는데, 연제 그대로 두 가지 문제에 견해를 피력하였다.[52] 그가 연설의 맨 끝 무렵에서 자신의 연설 내용을 "우리의 압길을 밟아 나갈 것"으로 "一 시로운 대혁명당을 조직할 필요"와 "二 지금 림시 정부를 유지할 필요와 방침"이었다고 다시 요약한 데에서 '대혁명당'과 임시정부의 상관성이 드러난다. 그는 이 연설에서 '민족혁명의 개념을 본격 제기하면서, 대혁명당과 임시정부 양자의 병립과 균형을 주장하였는데, 연설 도중 가장 많이 나온 단어는 단연 '대혁명당'이었다.

안창호의 연설은 다음과 같이 결론을 맺었다. "우리가 우리의 혁명 사업이 성공되도록 하는디는 데—은 대혁명당을 조직하여야 하겠고 데二로는 대혁명당이 조직되기까지 림시 정부를 엇더케던지 붓들어 가야 할 것이웨다." 오늘날 보아도 명연설이었다. 연설의 요지는 얼핏 들으면, 형식논리상 대혁명당을 우선시하고 임시정부를 이순위로 놓은 듯하다. 그러나 전체 논지는, 대안 없이 임시정부를 방기하거나 부인하면 독립운동의 몰락을 가져올 수밖에 없음을 직시하면서, 임시정부 부흥의 방편으로 대혁명당을 결성하자는 제안이었다.

안창호가 삼일당 연설을 행한 날은 홍진이 취임한 7월 8일이었다. '날짜'의 동일성이 갖는 의미는 우연의 일치가 아니라, 두 사람이 상동(相同)한 목적성을 공유하면서 의도한 행보였음을 보여 준다. 안창호가 국면을 수습하려는 방향은 홍진과 같았다. 그는 7월 8일 연설의 마지막을 임시정부 후원 문제로 끝맺었는데, 홍진 내각을 지원하기 위해 임시정부후원회를 즉시 조직하려는 의도가 다분하였다.

사실 7월 8일 안창호의 연설회 자체도, 안창호·진희창(秦熙昌)을 비롯한 십수 명의 인사가 "임시정부를 위하야 민중본위의 경제후원회를 조직할 필요"에서 7월 8일 신국무령 홍진의 취임일에 맞추어 삼일당에서 대회를 열었다. 안창호의 연설이 끝나자 그 자리에서 임시정부경제후원회(臨時政府經濟後援會)를 조직하기로 결의하고, 목적을 '정부재정후원'으로 정하였다. 이어 7월 19일 밤에 상하이 재류 동포 208인이 다시 삼일당에 회동하여 임시정부경제후원회를 창립하고 안창호를 위원장으로 삼아 임원 구성을 마쳤다.[53] 안창호는 이후에도 경제후원회 조직을 확산시켜 나갔다.

홍진은 임시정부의 국무령으로 취임하면서, '민족대당'과 임시정부의 연계성을 정립하여 임시정부를 강화하려 하였고, 안창호는 이에 보조를 맞추어 임시정부를 지지하는 방책으로 민족유일당운동을 촉발시켰다. 반면 임시정부 바깥에서 현 임시정부에 반감을 가지고 있던 조소앙은, 홍진·안창호와는 대척점에서 서서 이승만의 영도권을 재확립할 목적으로 민족유일당운동에 참여하였다.

홍진에 이어 국무령에 선출된 김구도 민족유일당운동을 가속화하는 데 일조하였다. 1926년 12월 9일 홍진이 국무령에서 물러나자, 다음 날인 10일 김구가 국무령에 선임되었다. 김구는 국무령에 취임한 뒤 정당통합운동에 상응하는 방향으로 개헌을 추진하였고, 마침내 전문(前文) 없이 5장 50개 조로 구성된 「대한민국임시약헌(大韓民國臨時約憲)」이 1927년 3월 5일 공포되어 4월 11일부터 시행에 들어갔다. 3차 개헌에 해당하는 개정 약헌은 발효한 이후 1940년 10월 9일까지 약 13년 6개월여 동안 임시헌법으로 기능하였으므로, 임시정부의 역사에서 가장 오래 유지된 임시헌법으로서 의의를 지닌다. 이 개헌안의 골자는 크게 두 가지였는데, 임시정부 지도체제의 개정과 일당치국 이념의 수용이었다.[54]

「임시약헌」에 따라, 임시정부의 지도체제는 이전의 단일지도체제에서 집단지도체제인 국무위원제로 바뀌었다. 국무위원제는 대통령이나 국무령과 같은 정부의 수반을 없애고 국무위원 가운데 한 사람을 주석으로 선출하되, 타 국무위원보다 특별한 권한을 갖지 않고 다만 회의를 주관하도록 규정하였다. 김구가 개헌을 통하여 국무위원제를 채택한 이유는, 매번 내각을 구성할 때마다 겪는 어려움을 극복하려는 데 있었다.

그러나 내각 구성은 여전히 쉽지 않았다. 1927년 4월 11일 이동녕을 주석으로 한 내각이 출범하려 하였으나 여의치 않았고, 넉 달이나 지난 8월 19일에 가서야 내각을 구성할 수 있었다.[55] 조소앙은 4월 11일 구성된 내각에서 외무장으로 이름이 올랐으나, 조각 명단에 오른 자체도 동의한 바가 아니었고 또 내각 자체가 구성되지 않았으므로 외무장에 취임하지는 못하였다. 8월 19일 구성된 내각은 주석 겸 법무장 이동녕, 내무장 김구, 외무장 오영선, 군무장 김철(金澈), 재무장 김갑이었다.

조소앙은 새 임시헌법하에 8월 19일 출범한 내각에도 불신을 넘어 극도의 혐오와 반감까지 드러냈다. 그는 이승만에게 보낸 서신에서, 1927년 12월 당시의 임시정부를 일개 분파의 패권의식의 소산이라고 비난하면서 이승만의 복귀를 촉구하였다.

근일 상하이 정국은 입에 올리고 싶지 않은데 석오(石吾, 이동녕)·성재(省齋, 이시영) 등의 일파가 분리한 뒤로 날마다 기치를 세울 기회를 엿보고 있습니다. 작년 겨울에 여씨(呂氏)의 일로 인연하여 한 덩이로 뭉친 뒤로는 여러 해 축적된 힘을 몰아 나란히 의정원(議政院)에 들어가고 재차 정부에 들어가서 대권을 쥘 것을 몽상하여 완연히 새로운 기호파(畿湖派)의 수령으로 자처하고 있습니다. 지금의 제 소견으로는 이러한 정부는 비록 백 개를 수중에 넣는다 해도 대업에 도움이 될 수 없습니다. 대개 정부의 위신은 떨어진 지 이미 오래인데 더구나 힘도 없는 사람이 점거하고 있으니 더욱 남의 비웃음만 사고 있습니다. 이제는 도리어 측면에서 힘을 길러 다음 기회를 기다리느니만 못하겠습니다.

균좌께서 기왕 주권을 포기하지 않으셨다면 권리를 유보하고 더욱 큰 힘을 몰래 길러 기회를 보아 부르십시오. 뭇 별이 달려와 북극성을 에워싸고 바다가 온갖 하천의 조종(祖宗)이 됨에 무슨 어려움이 있겠습니까?[56]

이시영은 1924년 12월 재무총장을 사임한 뒤, 임시정부와 임시의정원 관계의 일은 일절 관여하지 않았는데,[57] 조소앙은 임시의정원과 이동녕 주석 체제의 내각을, 이승만에게서 분리되어 이동녕·이시영을 영수로 한 새로운 기호파의 등장으로 몰아붙였다. 그리고 전근대 왕조시대의 표현법을 사용하여, 이승만이 힘을 길러 기회를 만듦으로써 임시정부로 복귀하라고 촉구하였다. 조소앙은 임시정부와 이승만의 관계를 '주권', 이승만의 위상을 뭇별들이 에워싸는 존재이자 모든 하천들의 조종으로 비유하였다. 이 무렵 이승만을 향한 그의 신뢰와 충성심을 단적으로 보여 주는 단면이다.

민족유일당운동에 동참하며 범한독립당 설립을 추진하다

일제 경찰 자료에 따르면, 독립운동 전선에서 파벌을 극복하고

전선을 통일하여 대동단결된 조직을 결성하자는 외침이 등장하기는 1925년 하반기부터였다. 이 자료는 안창호의 활동을 예시하면서 '대독립당조직북경촉성회(大獨立黨組織北京促成會)'를 기록하였다. 이에 따르면 안창호는 임시정부 바깥에서 활동하면서 대혁명당을 실현하기 위하여 베이징과 상하이를 오가며 적극 나섰다. 이는 일단 '대독립당'이란 명칭으로 가시화하였는데, 이것이 1926년 10월 16일에 창립하고 28일 선언서를 발표한 대독립당조직북경촉성회였다.

선언서는 "러시아의 무산혁명자는 계급적으로 유일한 공산당의 기치 아래 모였다", "중국의 국민혁명자는 전국적으로 국민당 기치 아래 모였다", "아일랜드의 혁명자는 민족적으로 주의(主義)정강에 기초한 유일의 쉰펜당(신페인당 — 인용자)에 모였다"는 사례를 들고서 "동서의 혁명자들이 각각 일정(一定)한 주의강령과 훈련규율하에 1당으로 결합했음을 명백히 보여 주는 것이다."라고 주장하였다. 나아가 "각지에 있는 동지들로 하여금 다수의 촉성회를 낳게 한 다음에 서로 연락·호응하여 우리 '대독립당'을 빨리 만들어 내기를 바라는 것"이라고 선언하면서 '대독립당' 결성을 촉구하였다. 북경촉성회의 창립은 일제 경찰 자료가 지적한 대로 중국 각지에 있는 독립운동계의 "통일운동에 각별한 자극"을 주었다. 다음 해인 1927년 3월 이후에는 상하이·광둥(廣東)·우한(武漢)·난징 각지에 촉성회의 창립을 보게 되었다. 뒤이어 중국본부 한인청년동맹이 성립하였으며, 만주에서도 통일촉성회 조직 운동과 중국 거주 한인청년총동맹이 조직되는 도화선이 되었다. 『고등경찰요사』는 이를 "재외 각지에서 대독립당의 촉성회가 조직됨에 따라, 민족운동은 하나의 신기원을 긋게 되었다."라고

평가하였다.[58]

1927년 3월 21일 민족주의자와 공산주의자들이 연합하여 한국 유일독립당 상해촉성회를 조직하였을 때, 조소앙은 25명의 집행위원 가운데 한 사람으로 선출되었고, "우리는 사활의 심절한 각오와 량심의 박급한 욕구를 늣기어 유일독립당의 촉성을 긔하고 회를 발긔하며 언을 션하노라"라는 선언서에도 이름이 올랐다. 상해촉성회는 "1. 본회는 한국의 유일한 대독립당의 성립을 촉성한다." 등 2개 강령을 결정하였다.[59]

'대독립당' 결성운동은 궁극에서는 결실을 맺지 못하였지만, 위에서 거론한 각지의 촉성회와 청년동맹은 북경촉성회가 출발한 이래 가시화된 조직체였다는 데에서 나름대로 인정할 만한 성과였다. 조소앙도 이러한 흐름을 거부할 수는 없었다. 그는 이보다 앞서 이승만에게 범한독립당을 조직하기를 권고하면서 '독립당'이란 명칭을 선점하기를 제안한 바 있었는데, 예견은 그대로 들어맞았다. 중국 관내에서 '독립당'을 '유일당'으로 삼으려는 촉성회가 결성됨으로써, 한인 독립운동계에서 '독립당'이란 고유명사는 이제 일반화되었다. 이후 1930년 1월 조소앙이 이동녕·안창호·김구 등과 함께 임시정부를 지지하는 한국독립당을 결성함도 이러한 조류의 연장이었다.

중국 관내 지역에서 유일독립당촉성회가 확산되어 나갈 때인 1927년 9월 26일, 조소앙은 이승만에게 서신을 띄웠다. 그는 중국 각지에서 근일 독립당촉성회가 발기했고, 가까운 시일 안에 상하이에서 연합하여 개회할 예정인데 동지회에도 통문이 갔을 터라 보고하였다. 또 상하이에서는 우한·베이징·광둥과 호응하여 독립당촉성회를 결성할 가망이 있다고 전망하면서 이승만에게 이에 참여하라고 제안하였다. 이승만은 이 제안을 받아들이지 않았지만, 조소앙은 1927년 3월부터 상해촉성회의 집행위원으로 선출되는 등 유일독립당을 촉성하는 운동에 이미 참여하고 있었다. 중국 관내 5개 도시에 독립당촉성회가 조직되었고, 이들 각지 촉성회가 연합하여 말 그대로 '유일독립당'으로 발전시키려는 움직임은 멈출 수 없는 대세였다.

조소앙은 한국독립당촉성회 각지대표연합회(各地代表聯合會)가 논의될 때에도 상해촉성회의 일원으로 독립당촉성운동에 적극 참여하였다. 상해촉성회는 북경촉성회와 교섭함을 계기로 9월 24일 대회를 열어, 촉성회연합기관 설치에 대처하는 방안을 집행위원회에 일임하기로 하고, 종전의 집행위원 25명의 수[60]를 15명으로 개정하여 재선출하였다. 또 연석회의에 출석할 대표로 이동녕·홍진·김두봉(金枓奉)·홍남표(洪南杓)·조소앙 5인을 선출하였다. 조소앙은 이날 51표를 얻어 집행위원에 선출되었다.[61]

독립당촉성회를 조직한 각 대표가 참석하는 연석회의는 몇 차례 연기되다가, 11월 14일에 상하이에서 본회의를 개최하여 11월 22일 폐회하였다. 연석회의는 대회를 폐회하면서 규약(부칙 포함 19개 항)과 선언 등을 발표하여 '독립당 조직'을 추진하기 위한 상설기구로 정립되었고, 이로써 '한국독립당 관내촉성회연합회'(이하 '관내연합회'로 줄임)라는 정식 명칭과 일정한 조직 체계를 갖추게 되었다. 조소앙은 홍진·진덕삼(陳德三)·현정건(玄鼎健, 이동녕 대신으로 보임)·김두봉 등 상하이 대표와 함께 집행위원으로 선출되었으며, 진덕삼·홍진과 함께 연합회의 잔무처리위원으로 선임되어 예산안 등을 처리하였다.

관내연합회의 선언은 이미 각지에서 '대독립당'·'유일독립당'·'민족단일당' 등을 주장하는 움직임을 상기시키면서, "아등(我等) 운동의 흥폐는 오직 당조직 여하에 있음을 깊이 인식하지 않으면 안된다."라고 끝맺었다. 이 선언은 '대독립당조직 북경촉성회'·'한국유일독립당 상해촉성회'·'대독립당조직 광동촉성회'·'한국유일독립당 무한촉성회'·'한국유일독립당 남경촉성회'의 대표연석회 명의로 발표되었다. 관내연합회는 선언과 함께 3개 항의 강령을 발표하였는데, 1항이 "본회는 한국의 유일한 독립당 성립을 촉성하는 각지 촉성회조직주비회(籌備會) 성립에 노력한다."였으며, 2·3항도 각각 혁명역량의 총집중, 독립당 조직과 관련한 내용이었다.[62]

이렇게 중국 관내에서 통합정당 결성 운동이 확산되어 나감에 따라 만주지역 무장단체들까지도 한때 통합운동에 가세하였다. 민족유일당촉성회가 북만주에 널리어 있는 독립운동 단체들과 서로 손을 잡기 위하여 노력하는 모습은 1928년 5월 초 국내 언론에도 보도될 정도였다.[63] 1926년 7월 홍진·안창호에게서 촉발된 정당통합운동은, 1928년 전반기까지 약 2년여 동안 중국 내 한인 민족운동의 대세를 이루면서 호조를 보이며 지속되었다.

1927년 11월 초 상하이에서 관내연합회가 곧 결성될 시점에서, 조소앙은 이승만에게 중국으로 건너와 정당통합운동의 결실로 결성될 통합정당을 '독립당'으로 지칭하면서 이를 주도하라고 제안하였다. 그는 "대체로 독립당의 출현이 곧 있을 것이나 군룡(群龍)은 우두머리가 없습니다."라고 지적하면서, 당시 민족유일당운동의 상황을 정리하여 이승만을 추동하였다.

혹 용호(龍虎)와 같이 풍운이 일자 기회를 잃지 않고 결연히 동쪽으로 건너와서 군호의 사이에서 주선하여 기미년(己未年)의 쾌거를 다시 일으킬 의향은 없으십니까? 아니면 혹 때가 아직 멀었다 여기시고 미일간(美日間)에 교전하는 한 때만을 기다리시겠습니까? (……) 본인의 어리석은 소견으로는 동으로 건너와서 얼굴을 나타내어 설득해야만 만절(晩節)이 더욱 빛이 나고 시사(時事)도 아마 풀려나갈 것입니다.[64]

이와 같은 양자택일식 반문은 이번 기회를 잃으면 또 다른 기회가 오지 않는다는 대조법으로, 조소앙이 민족유일당운동에 참여한 의도가 분명하게 드러난다. 그는 중국 내에서 촉성되는 정당통합운동이 거부할 수 없는 대세라고 인식하였으므로, 이승만이 고립되지 않고 오히려 이를 활용하여 범한독립당을 결성함으로써 독립운동계에서 지도권을 복원하라고 조언하였다. 현 임시정부의 체제를 부정하는 조소앙에게, 민족대당을 결성하려는 대의의 민족유일당운동은, 이승만이 재기하여 영도권을 재확립할 마지막 호기였다. 이승만이 임시대통령에서 탄핵되고 민족유일당운동이 아직 촉발되기 전부터, 조소앙은 범한독립당 결성이 이승만의 영도권을 복원하는 방책임을 일관되게 강조하였다. 인용한 서한은 더욱 긴박한 마지막 촉구였다. 이 서신에서 이후 조소앙이 이승만과 거리를 두게 되는 계기와 이유도 찾을 수 있다.

조소앙이 이승만에게 통신원으로 발송한 편지 가운데, 1927년 관내연합회가 결성되는 전후부터 1928년 초 사이의 서한이 가장 많이 현전한다. 그만큼 조소앙은 이승만에게 범한독립당의 이상으로 민족유일당운동에 참여하라고 강하게 권고하였다. 관내연합회가 폐회한 뒤에도, 조소앙은 만주 일대와 상하이에서 유일당운동이 진전되는 동향을 이승만에게 보고하였다. 그는 남만주 일대에서 유일당 촉성운동이 진전되는 상황을 전하면서 1928년 "음력 3월 이내에 상당한 결과가 있을 것"이며, 북만주 방면에서도 많이 찬동하고 있다고 적었다. 또 상하이의 의열단도 독립당이 결성되면 해산하기로 결의했으며, "흥사단(興士團)은 관망 중에 있으나 대세가 이미 결정된 것을 보았기 때문에 반드시 추종하여 고립을 면하려 할 것입니다."라고 전망하였다. "이러한 때를 당하여 상하이와 하와이에서 밀접하게 손을 잡는다면 대국을 좌지(左之) 우지(右之)할 수 있을 것입니다. 깊이 이해하고 특별히 도모하여 이러한 기회를 놓치지 않기를 천만 옹망(顒望)하는 바입니다."[65] 조소앙은 이렇게 흥사단까지 예시하여 이승만의 경쟁심을 자극하면서, 유일당운동에서 고립되지 말고 오히려 국면 전환의 기회로 활용하라고 재차 촉구하였다.

민족유일당운동의 파급력은 하와이까지 미쳤고, 그 중심에는 다름 아닌 조소앙의 형 조용하가 있었다. 민족유일당운동이 한창이던 1928년 2월 26일, 조용하가 중심이 된 29명의 인사가 하와이의 주도(州都)인 호놀룰루(Honolulu)에서 "한민족의 독립운동이 협동 일치"되기를 도모하기 위하여 호놀룰루 대한민족통일촉성회(大韓民族統一促成會) 준비회를 조직하였다. 이승만도 축하문을 보낸 이날 준비회에서는 조용하를 임시회장으로 선출하였다.[66] 이어 동 촉성회는 3월 중 「선언서」와 '3대강령'·「규약」도 발표하였다.[67]

조소앙은 《국민보(國民報)》를 통하여 이 사실을 알았다. 그는 1928년 3월 이승만에게 발송한 서신에서, 호놀룰루 촉성회의 발기가 "동서에서 호응함"이라고 평가하였다. 이 당시 조용하는 이승만과 대립관계에 있었는데도, 조소앙은 "만일 균좌(鈞座)께서 협력을 이끌어 내고 지도하심이 시의에 적절하지 못했다면 어떻게 이렇듯 성황을 이루게 되었겠습니까?"라며, 하와이 촉성회가 결성된 성과조차 이승만에게 돌리는 화법으로 다시 다음과 같이 간청하였다. "근래에 남북 만주에서 떨치고 일어선 모습은 탄복할 만하니 곧 통일을 보게 될 것입니다. 원컨대 적극 계발하여 이 마디마디 떨어진 키(舵)를 한 끈으로 꿰매 놓는다면 후세에 그 업적을 찬미할 사람이 어찌 없겠습니까?"[68]

1928년 전반기까지 조소앙은 민족유일당운동을 범한독립당으로 귀결시키려는 호기로 인식하고, 이를 활용하여 이승만을 복권시키려는 구상을 실천하였다. 그러나 이 무렵 이승만은 민족유일당운동에 관심을 기울일 형편이 아니었으므로, 조소앙의 '범한독립당'의 이상은 메아리도 없이 유야무야되었다.

민족유일당운동 결렬을 계기로 이승만의 당인에서 이탈하다

중국 지역의 '유일독립당' 촉성 운동은 1928년 중반을 고비로
더 이상 진전을 이루지 못하고 제자리걸음을 반복했다. 여기에는 여
러 가지 복합 원인이 있겠지만, 해외 혁명운동의 추이에 따른 한국인
사회·공산주의자들의 협동전선론의 변화가 주되게 작용하였다.

중국의 국공합작(國共合作)이 민족유일당운동을 촉진시키는 기폭
제였듯이, 국공합작이 파탄에 이른 중국 정세는 한국 독립운동에도
즉각 영향을 미쳤다. 1927년 장제스(蔣介石)가 4·12상하이쿠데타를
일으키자, 중국공산당이 국민당을 탈당하면서 국공합작은 결렬되었
다. 8월 1일 중국공산당이 난창(南滄)에서 봉기함으로써 시작된 국공
의 내전 및 1928년 들어 「12월 테제」로 표현되는 코민테른의 좌경화
노선도 한국인 사회·공산주의자들에게 커다란 영향을 미쳤다. 이들

은 노농(勞農) 대중을 기반으로 한 하층(下層)통일전선을 추구함으로써 부르주아지와 '당' 형태로 결합하는 협동전선을 포기하였다. 이는 국내의 신간회가 1931년 5월 해체되는 주인(主因)이기도 하였다.

유일당운동의 정체는 민족주의자들과 사회·공산주의자들 사이의 '민족 대 공산'이라는 대립 구도를 더욱 선명하게 생성시켰다. ML계 공산주의자들은 임시정부 내 민족주의자들의 반공주의 성향을 겨냥하여 '민족파시스트'라고 비난하였다. 강성의 민족주의자들은 소련을 '조국'이라 칭하는 격문을 낸 ML계 공산주의자들을 가리켜 '매모환조(買母換祖)'하는 '적귀충노(赤鬼忠奴)'[1]라고 공격하였다.[2] 마치 해방 공간에서 좌익과 우익이 날 서게 주고받은 상투어의 전조를 보는 듯하였다.

1929년 유일당운동이 정체되어 버린 상태에서 민족·공산 계열이 상호 반목하는 현상은, 1929년 10월 27일 한국유일독립당 상해촉성회가 상하이 프랑스조계 내의 혜중학교(惠中學校) 대강당에서 제4차 대회를 열어 자진 해체를 선언하는 상황으로 이어졌다. 공개리에 진행된 이날 회의에는 사회·공산주의 계열이 다수였고, 민족주의 계열에서는 이동녕(李東寧)·조완구(趙琬九)·최창식(崔昌植) 등 소수가 참석하였으며, 양자 합의에 의거해 「해체선언」을 발표하고 9시 30분에 폐회하였다.[3] 「해체선언」에 따르면, 해체의 주된 쟁점은 "유일당을 요(要)하는 것이냐 협동전선을 요하는 것이냐"라는 두 가지로 압축되는데,[4] 상설화된 당 조직으로서 '유일당'이냐, 변동하는 시국에 대응하는 비상설 '협의체' 조직으로서 협동전선체이냐 하는 양자택일의 문제였다. 「해체선언」의 표현을 빌리면, 「해체선언」은 사실상 상해촉성회의 해체를 넘어 "일국(一國)의 혁명을 지도할 대당(大黨)의 결성"이 실패하였다는 선언이었다.

이날 회의의 끝장은 이 무렵 한국 독립운동계의 막장 상황을 그대로 드러냈다. 상해촉성회가 해체를 결의하자마자, 쉴 틈도 없이 바로 그 장소 그 자리에서 사회·공산주의자들은 자파만의 조직 결성을 곧바로 시도하였다. 이들은 간담회를 열어, 운동을 진전하기 위하여 새로운 기관을 조직할 필요성을 제기하면서, 다시 '상해운동기관 창립대회'로 고쳐서 개회하고 명칭을 우선 '유호(留滬)독립운동자동맹'이라 결정하였다. 이어 토의에 들어가 강령·규약·선언까지 제정하여 집행위원에서 통과시키고, 날짜를 넘겨 12시 30분에 폐회하였다.[5]

상해촉성회가 해체를 선언함으로써, '민족유일당운동'이라 불리는 정당통합운동은 민족주의자와 사회·공산주의자들 사이에 갈등만 증폭시킨 채 사실상 마감되었다. 그러나 유일당운동이 전혀 도로무공(徒勞無功)하지는 않았으므로 민족운동에 중요한 과제를 남겼다. 관내연합회의 선언이 국내에서 신간회운동까지 염두에 두고, 국내외 각지의 정당통합운동을 '대독립당'·'유일독립당'·'민족단일당'이라고 정리하였듯이, 이를 뒷받침하는 통합이론으로서 주의(主義) 정립이 요청되었다.

민족유일당운동을 촉발시키고 이를 성사시키기 위해 선두에 서서 동분서주하였던 안창호(安昌浩)가, 무엇이라 명명하지 못하던 자신의 '주의'를 구상하던 시기도 이 무렵이었다. 이 '주의'는 뒷날 그의 측근들이 '대공주의(大公主義)'로 명명하여 윤곽만이 전하지만, 독립운동이 이론상의 체계와 기반을 갖추어야 할 필요와 당위성을 자극하는 계기로 작용하였다. 정당통합운동이 확산되어 가자, 이승만의 당인(黨人)으로서 서북파(西北派) 안창호에 경쟁심이 강하였으며, 독립운동의 이론가를 자담하였던 조소앙이 이러한 조류에 무관심할 리는 없었다.

조소앙은 「자전(自傳)」에서 "1926년에 이르러 한국유일독립당촉성회를 조직하고 「삼균제도」 일문(一文)을 지었고 『한국문원(韓國文苑)』을 저술하였다."[6]라고 적었다. 연도에는 기억상의 착오가 있지만, 그가 이 무렵 정당통합운동의 이념으로서 '삼균주의'로 귀결되는 '주의'를 구상하였음을 보여 준다. 또 1927~1928년 사이 "조소앙 등이 삼균주의를 창정(創訂)"했으며, 기본 구호는 "정치·경제·교육의 삼균제로써 균권(均權)·균부(均富)·균학(均學)의 민주국을 세운다"고 소개한[7] 중국 측의 기록도 보인다. 이 자료는 삼균주의를 조소앙 혼자가 아니라 여러 명이 '창정'하였다고 기술하였지만, 중국 내에서 정당통합운동이 한창 진행 중일 때 '삼균주의'가 구상되고 있었다는 방증이 된다.

그러나 민족유일당운동에 삼균주의 이론이 뒷받침되었다는 객관성 있는 자료는 아직 발견되지 않았다.[8] 이 무렵 삼균주의가 '구상' 중이었다고 표현하는 이유는, 삼균주의가 1930년 1월 창립된 상해한국독립당의 당의(黨義)·당강(黨綱)과 같은 형태로 구체화하지 않았기 때문이다. 민족유일당운동이 한창이던 1926~1928년 사이에, 조소앙은 이승만을 복권시키기 위한 방편으로 범한독립당을 추진하려 하였으므로 이를 뒷받침할 이념을 강구했을 가능성이 있겠지만, '3균'의 주의와 형태로 정립·제시하지는 못하였다.

    조소앙은 상해한국독립당이 창당되기 이전까지는 주의와 정책을 가진 혁명당이 존재하지 않았음을 솔직히 인정하면서, 상해한국독립당을 '일정한 주의'를 가진 최초의 근대식 혁명단체로 평가하였다. 이는 달리 말하면, 이전에 추구하였던 범한독립당을 비롯하여 국내외의 통합정당운동에 자신이 이론상의 기초를 제공하지 못하였으며, 상해한국독립당을 결성하면서 비로소 삼균주의의 체계로 한국독립당의 '주의'를 정립·제시하였다는 뜻이기도 하다.

    후에 조소앙은 모든 단체를 통일하려는 대당(大黨)조직운동이 여러 차례 시도되었지만, "그전보다 오히려 더 격심한 파당적 대립관계가 혹은 공공연한 투쟁의 형식으로서, 혹은 비밀한 음모적 작용"만을 발생시킨 채 끝났다고 지적하였다. 그는 "과거의 그 쓰라린 실패의 원인"의 첫 번째로 "일정공동한 주의정책이 없었던 것"을 들었다. 과거의 대당조직운동에서 '한국독립'·'타도일본'의 정강은 공동하였으나, "어느 때 어떤 집회를 막론하고 개인적으로나 단체적으로나 일정한 철학적 기초 위에 확립한 주의정책을 제출한 일이 없었으며 따라서 그것을 공동히 규정한 일은 더욱 없었다."라고 철저하게 반성하였다. 그리고 '주의정책'이 "어떤 일정공동한 인생관이나 사회관에 기초", "일정한 철학적 기초 위에 확립"되어야 한다고 강조했다.[9]

    민족유일당운동이 한창일 때 정당들의 통합을 견인할 '일정공동한 주의정책'을 확립하지 못한 근인(根因)은, 한인 독립운동의 사상(思想) 풍토를 비롯해 주객관의 여건이 성숙하지 못한 데 있었고, 조소앙에게도 그대로 해당하였다.

    1925년에서 1928년 사이 조소앙이 삼균주의를 정립하기 어려운 여건은 크게 두 가지였다. 첫째, 그는 임시정부 외곽에서 이승만의 당인이자 통신원으로서 범한독립당을 추진하였으므로, 당정(黨政) 일체의 당치주의(黨治主義)를 이론상으로 수용할 토양 자체를 갖추지 못하였다. 둘째는, 당시 한인 독립운동계도 민족유일당운동의 진행 과정에 있었지만, 임시정부를 비롯한 한국 독립운동의 침체라는 객관의 상황도 작용하였다.

삼균주의 이론 틀이 정립되기 위해서는 무엇보다도, 조소앙이 이승만의 '당인'(또 주종-상하 관계)에서 이탈하여, 현 임시정부와 연대하는 관계로 재정립되어 범한독립당의 이상을 임시정부 안에서 추구해야 했다. 조소앙은 이승만이 임시정부에서 탄핵되기 전까지는 이승만을 수반으로 삼는 임시정부를 유지·옹호하려 노력하였다. 그는 기호파(畿湖派)의 선배인 이시영(李始榮)·이동녕에게 경계심·거리감을 갖고 있었지만, 이러한 노선에서는 이들과 일치·동행하였다.

이승만이 결국 탄핵당하자, 조소앙은 스스로를 임시정부에서 완전히 분리시켰고, 임시정부와 전혀 연관이 없는 범한독립당을 구상하면서 이승만의 영도권을 다시 확립하려 강구하였다. 이 점에서 조소앙은, 이승만이 탄핵된 뒤의 임시정부를 유지·발전시키려는 안창호 계열과는 전혀 다른 노선에 서서 임시정부에 반감을 표출하였고, 임시정부에 참여한 기호파의 이동녕과도 완전히 소원한 관계가 되어 경계심을 드러내었다. 임시정부를 독립운동의 중심축으로 전제하지 않는 노선에서, 삼균주의는 입론의 조건 자체가 성립될 수 없었다.

그러나 1928년부터는 조소앙이 이승만의 '당인'을 이탈하게 되는 계기가 조성되었다. 현전하는 서신 가운데, 조소앙이 통신원의 자격으로 이승만에게 발송한 마지막 서한은 1928년 3월 22일 자로 추측된다. 이 서한 이외에 1930년 3월 7일 자 서신과 1932년도에 보낸 두 통의 서신이 남아 있으나, 문맥을 읽으면 통신원 자격의 서신이 아니었다. 현전하는 서신 가운데 이승만이 조소앙에게 보낸 서신은 1927년 7월 18일 자가 마지막이었다. 이는 서신이 산실(散失)된 이유도 있겠지만, 아마 이때를 전후하여 조소앙이 통신원을 그만두었기 때문이라 생각한다. 통신원을 그만둔 이유가 자의인지 타의인지도 확인할 수 없지만, 이 무렵 두 사람 사이의 독립운동 노선 차이와 자금 문제가 개재하였음은 분명하다.

조소앙이 이승만과 주고받은 서신을 세심히 살펴보면, 조소앙은 중국 내 독립운동계의 동향을 보고하면서 자신의 전망까지 덧붙여 매우 상세하게 전하면서 대안까지 제시하였으나, 이승만이 이를 흔쾌히 수용한 예는 거의 보이지 않는다. 조소앙이 1925년 4월 22일 자 서신에서 '범한독립당'을 제안한 뒤, 1927년 1928년 초 사이에 이승만에게 '독립당'·'유일독립당'에 참여하라고 조언한 서신은 현전 서한 22통 가운데 모두 4통이다. 조소앙이 '범한독립당'을 얼마나 중시했는가를 알 수 있다. 그는 1925년부터 3년여에 걸쳐 범한독립당 결성과 유일당운동에 참여하여 대국을 전환시키라고 충고하였지만, 이승만은 이를 수용할 처지도 아니었으므로 응답하지 않았다. 1928년 3월 22일 자 서신은, 1928년 2월 26일 조소앙의 형 조용하가 중심이 되어 하와이 호놀룰루 대한민족통일촉성회(大韓民族統一促成會) 준비회를 발기한 직후 발송하였다. 앞에서도 확인하였듯이, 이 서찰은 이승만에게 자신의 형과 연대하고, 중국 내에서 전개되는 민족유일당운동에도 관심을 기울이라고 간청하는 내용이었다.

조소앙의 반복되는 제안에도 이승만은 응답하지 않았다. 이 무렵 이승만은 민족유일당운동에 관심을 기울일 형편이 아니었으므로, 정확히 말하면 응답하지 못하였다. 1925년 이승만은 임시대통령에서 탄핵당하며 구미위원부까지 폐지하라는 조치에 강하게 반발하였고, 이로 인해 임시정부와 이승만의 관계는 1932년 국제연맹 회의 참가 문제로 복원되기까지 완전히 단절되었다.

이승만은 구미위원부를 고수하고자 하였으나 자금 사정이 녹록지 않았다. 그는 하와이로 돌아가 동지(同志)식산회사(Dongji Investment Co)를 중심으로 경제 실력양성운동에 몰두하였고, 구미위원부는 윤치영(尹致暎)·김현구(金鉉九) 등이 명맥을 유지하고자 노력하였으나 1928년부터는 사실상 폐쇄 상태에 들어갔다. 이승만은 1924년 11월 동지회 회원들에게 주식을 발행해서 1925년 동지식산회사를 설립하였다. 그는 하와이에서 나무가 울창한 땅 9900에이커의 토지를 1만 달러에 구입해서 목재 사업을 운영했으나, 1927년에 이르러 불입금 2만 2132달러에 부채가 1만 4164달러에 달해서 사실상 파산 상태가 되었다. 이승만은 1929년 하와이와 미주를 순회하면서 자금을 끌어오려 시도하였으나 결국 파산하고 말았다.[10] 이러한 상황이 1926년부터 1929년 사이 이승만의 독립운동 연표를 메울 수 없는 이유였다.

조소앙이 이승만에게 '범한독립당'의 이상을 표출하던 시기에, 이승만은 상당한 자금은 물론이거니와 소액의 자금조차 동원하기 버거웠으므로 조소앙의 제안들에 응하기 어려웠다. 조소앙이 이승만 계열에서 활동한 계기가 독립운동 자금의 문제에서 비롯되었듯이, 1927~1928년 사이 이승만의 침체 상황은 조소앙과 이승만의 관계를 자연스럽게 재정립하는 분위기를 조성하였다. 임시정부를 비롯해 중국 내 독립운동계와는 전혀 무관하게 실력양성운동에 전념해야만 했던 이승만의 경제상의 처지와, 중국 내에서 독립운동에 종사하는 조소앙의 입지점은, 양자 사이의 지리상의 간격만큼이나 커다란 간극이었다.

1928년 중반 들어 민족유일당운동이 시들해 가다가 결렬되는 결말은, 조소앙 개인에게는 정당통합운동을 호기로 범한독립당의 이상을 실현하려는 구도의 매개 고리가 끊겼음을 뜻한다. 조소앙이 기대하였던바, 이승만이 이를 통하여 재기할 가능성의 조건도 사라졌다.

조소앙은 독립운동가의 이론가임을 일관되게 자담하는 사람으로, 1922년 발아한 범한독립당의 이상을 독립운동 신념으로 유지하였다. 민족유일당운동의 결렬은 그에게는 커다란 좌절을 안겨 주면서 이승만과 분리되는 객관의 요인으로 작용하였고, 범한독립당의 이념과 이상을 실현하는 새로운 방도를 모색하는 계기로 작동하였다. 1930년 1월 조소앙이 대척 관계에 있었던 서북파의 안창호를 비롯해, 갈등 관계였던 기호파의 선배 이동녕·이시영 등과 손잡고 임시정부의 여당으로서 상해한국독립당을 창당한 사실은, 그가 이승만과 완전히 분리되어 자신의 길을 걸었음을 뜻한다.

1929년 11월 광주학생운동이 일어난 뒤, 조소앙은 관련 자료를 수집·인쇄하여 책자로 만들어 선전 활동과 역사로 삼고자 하였으나 비용을 구할 길이 없었다.(323~324쪽 인용문 참고) 그는 마지막 방도로 이승만에게 미화 100원을 요청하는 서한(1930. 3. 7)을 띄웠는데, 내용이나 형식이 이전과는 사뭇 달라졌다.

이때는 조소앙이 안창호와 함께 상해한국독립당을 결성하여, 그 자신도 상무이사로 선임되어 간부직을 수행하는 중이었으며, 임시정부에 재입각(1930. 6. 6)하기 석 달 전이었다. 이 서신에는 안창호를 비롯한 중국 내 한국 독립운동계의 동향이나 이승만의 권토중래를 위한 제언 등 이승만의 '당인'이자 통신원으로서의 보고는 전혀 보이지 않는다. 오히려 "이곳에서 진행된 크고 작은 일들을 추후 상세히 아뢰겠습니다."라고 글을 끝맺은 뒤, "미화 백원 내외면 아마 인출할 수 있을 것입니다."[11]라는 추신까지 덧붙였다. 이 서신은 광주학생운동 관련 책자를 발간하는 비용을 후원해 달라는 내용으로 일관하면서, 이전 통신원으로서 책무 관계는 전혀 풍기지 않았다. 이때도 이승만은 응답하지 않았다.

당치주의를 수용하다

1930년 삼균주의가 정립된 형태로 세상에 나올 수 있었던 여건은, 한인 독립운동계와 임시정부가 중국혁명의 진전에 비례하여 중국국민당의 당치주의를 수용한 동향에서도 조성되었다. 조소앙도 이러한 추세에 편입되어, 당치주의를 수용하여 범한독립당의 이상에 접목함으로써 상해한국독립당의 창당 이념으로 삼균주의를 정립하면서 임시정부로 복귀하였다.

1927년 4월 11일 발효된 「대한민국임시약헌(大韓民國臨時約憲)」은 당시 중국 내에서 진행되는 민족유일당운동에 부응하는 방향에서 중국국민당의 이당치국(以黨治國)의 이념을 수용하여 명문화하였다. 이당치국의 원리는, 당은 혁명의 이념과 이론을 잘 이해하고 적용시킬 수 있는 능력을 보유한 정수분자들의 집결체로서, 정부·군·학교 등 주요 기관 및 조직에 필요 인력을 공급하고 정책을 제시하며 그 집행을 감독하는 구실도 겸한다. 이는 당이 정부를 이끌어 가면서 운영하는 실질 주체가 됨을 뜻하였다.[12]

「임시약헌」은 이러한 이념을 수용하여, 제1장 총강(總綱)의 제2조는 "대한민국은 최고권력이 임시의정원에 있음 광복운동자의 대단결인 당이 완성된 때에는 국가의 최고권력이 당에 있음"이라고 명시하였다. 그리고 제5장 보칙(補則) 제49조의 후반부에서는 "광복운동자의 대단결인 당이 완성된 때는 이 당에서 (본 약헌을 — 인용자) 개정(改正)함"이라고 다시 못 박았다.[13]

「임시약헌」은 유일독립당이 결성된다는 전제 아래, 임시헌법의 개정권까지 가상의 당에 위임함으로써 임시의정원의 근본 기능조차 무력화시켰다. 이는 어찌 보면 임시정부가 출범할 당시부터 표방하였던 의회민주주의의 원칙을 포기하는 행태였다. 달리 말하면, 이 무렵 유일독립당을 결성하는 과제가 그만큼 절박하였고, 또한 대세였으므로 유일당운동의 전도를 낙관한 경향이 반영되었다. 총강 제2조의 전반부와 후반부는 모순·상충되는 조항이지만, 후반부가 지칭하는 '당'이 출현하지 않았으므로 충돌이 현실화하지는 않았다. 이후 임시정부는 민족주의 계열의 정당인 한국독립당이 여당 구실을 하면서 이당치국의 이상을 견지하였으나, 「대한민국임시약헌」(1940. 10. 9)

과 「대한민국임시헌장」(1944. 4. 22)에 이당치국은 명문화하지 않았다. 여기에는 임시정부가 한국독립당 이외에 다른 정당이 참여하여 다당제로 운영된 현실도 반영되었다.

조소앙은 「임시약헌」으로 구성된 임시정부의 지도체제에는 강한 반감을 드러낸 반면, 이당치국의 이념에는 전혀 거부감을 드러내지 않았다. 1927년 12월 무렵 조소앙은 범한독립당의 구상에서 유일당운동에 참여하였으나, 이때는 이동녕 중심의 임시정부 체제까지 부인하였으므로 당정 일체의 이상을 입론(立論)하는 한쪽 축의 조건을 결여하였다. 그의 반(反)임시정부의 태도는 당정 일체라는 일당치국의 이념과는 논리구조상 모순이 있었으므로 삼균주의를 완결할 수 없었다.

그러나 조소앙은 누구보다도 중국국민당과 관계를 중시하였으므로, 당치주의를 수용해 나감은 자연스러운 방향이었다. 그에게 당치주의는 1922년 「독립당의 계급성」을 논할 때 발아하여 내재되어 있었지만, 중국 내의 한국 독립운동계 일반이 그러하였듯이, 중국 국민혁명의 진전은 당치주의를 조소앙에게 접목시키는 강력한 동기였다. 국민혁명과 국민정부의 전도가 순탄하게 전개되는 1927년 1월 무렵, 조소앙은 이승만에게 이와 관련한 정세보고를 하면서, 중국국민당과 연결할 필요성을 강조하였다. 그는 이승만의 명의로 중국 국민정부 위원에게 중한동맹과 양국의 협동전선을 중시하는 서한을 발송하라고 제안한 뒤, 자신이 초안한 내용을 첨부하였는데 다음 구절에 주목해야 한다.

듣건대 귀국(貴國)의 국민정부(國民政府)는 당치(黨治)에 뿌리를 두고 민중을 기반으로 삼아 전도가 지극히 왕성하여 장차 천하의 약소국을 해방시킬 것이라고 하니 어찌 동아시아에 국한한다 하겠습니까? 귀 당의 강령과 의기는 이미 세계의 공감을 얻었으니 하물며 나 승만에게 있어서 이겠습니까?[14]

위의 인용문 가운데 '당치'라는 단어에서, 조소앙이 1927년 1월 무렵 일당치국에 주목하였고, 이를 수용하는 자세를 보였음을 확인하게 된다. 그는 당치주의를 수용함으로써 임시정부에 복귀할 수 있는 이론상의 근거를 형성하였다. '당치' 곧 당정 일체는 '당'의 대응체(counterpart)인 '정(政)'을 전제하므로, 당치주의의 이상을 실현하기 위해서 임시정부로 복귀함은 자연스러운 행보였다.

1930년 1월 한국독립당이 결성되어 임시정부의 여당을 자임하게 되는데, 조소앙이 이에 참여하여 당의·당강을 기초하였음은 임시정부로 복귀함을 전제로 한 행동이었다. 이 점에서 조소앙이 임시정부에 복귀할 수 있는 명분과 계기는, 역설스럽게도 그가 반(反)임시정부 노선에 서 있었을 동안 이루어진 임시정부의 개헌이 자연스럽게 마련해 주었으며, 삼균주의가 정립될 토양도 제공해 주었다.

이렇게 조소앙이 이승만에게서 분리되는 주객관의 계기가 조성되었고, 삼균주의의 이론 틀이 완결되는 여건도 형성되기 시작하였다. 그러나 1928년 중반부터 1929년 후반 한국독립당 창당에 관계하는 시기까지 조소앙은 독립운동의 중심에 있지 않았다. 1928년 중반 이후 이승만의 '당인'에서 이탈하여 새로운 진로를 모색하였음은 분명한데, 이 무렵 그는 난관에 봉착하였을 때 그러하였듯이, 스스로 고립한 채 정세를 주시하면서 독서와 사색으로써 돌파구를 모색하였다. 『한국문원』을 편술(編述)한 예가 이를 보여 준다. 조소앙은 1928년 난징(南京)에 체류하면서 이에 몰두하였다.[15] 1929년 2월 21일 서문을 썼음을 보면 이때에 편술 작업을 마쳤고, 2년 8개월여나 지나 1932년 10월에야 출간하게 되었다. 이 당시의 그의 경제 사정으로 보아 곧바로 발간하기 어려웠으므로, 편술 작업 자체에 목적을 두었고 출간은 후일에 이루어졌다.

『한국문원』은 고대 부여(扶餘)에서 조선후기에 이르기까지 2000여 년간 선조들이 남긴 명문수구(名文秀句)를 뽑아서 편집한 책이었다. 조소앙은 왜 이 무렵 독립운동과는 직접 관계도 없는 역대의 문집 등을 뒤져서 이 책을 편술하였을까?

편술의 목적은 '서'의 끝부분에서 "역대 정사(政事)의 손익(損益), 국교(國交)의 연혁, 문체의 변환(文體變換) 및 사조(思潮)의 변화(遞嬗) 역시 이 안에서 전람(展覽)할 수 있다."라는 구절에 그대로 들어 있다. 그는 이 책을 자손들에게 전할 목적으로 편술하였다고 했지만, 1928년 그의 처지와 심경은 세상사의 변화를 고구(考究)할 필요가 요청되었다. 그는 평소에도 민족문화에 관심을 기울여 왔지만, 참고서적·출판 비용 등 여러 조건을 갖추지 못한 상황에서도 이에 몰두하였음은, 적어도 시간상의 여건이 허락되었기 때문이다.

1929년 초에도 조소앙은 독립운동의 현장에 있기보다는, 외곽에서 자신의 자녀들을 비롯해 청소년들을 훈육하는 데 관심을 두었다. 이해 2월에는 자신의 자제들을 중심으로 청소년들을 훈련하고

자 소년단체 화랑사(花郎社)를 조직하였다.[16] 단명에서 보듯이, 화랑정신의 계승을 비롯하여 민족의식을 교육할 목적성을 가진 이 단체는, 『한국문원』을 편술하여 출간하고자 하였던 동기·목적성과 일치한다. 화랑사는 1930년 8월 1일 상해한인척후대(上海韓人斥候對)와 통합하여 상해한인소년동맹으로 발전하였고, 한국독립당의 외곽단체로 편입되었으나 수차례 전단을 살포하는 활동에 그치고 말았다.

1929년 3월 조소앙은 정(政)·경(經)·교(敎)의 '삼균' 사상을 전파할 목적으로, 친동생인 조용주(趙庸周)와 김철수(金鐵洙)·조동빈(趙東斌) 등을 상하이에서 귀국시켜, 삼평사(三平社)를 설립하게 하고《평론(評論)》이란 월간 잡지를 발행케 하였다.[17] 실지 1929년 11월 국내의 삼평사에서 김철수를 발행인으로 삼아《평론》창간호를 발간하였으나 통권 1호로 종간된 듯하다.[18] 이를 보면, 실체는 확인할 수 없지만 1929년 3월 조소앙이 정치·경제·교육의 세 방면에서 '평등'의 개념으로 주의를 구상한 틀이 일단 완결되었고, 글명이 「삼균제도」는 아니지만 유사한 내용의 '일문(一文)'이 작성되었음을 짐작게 한다.

조소앙이 '3평'의 이념을 자신의 활동 무대인 중국이 아니라 국내에서 전파하려 한 의도는 선전보다는, 동생 조용주 등을 입국시켜 국내에서 활동 자금을 모집하려는 데 있었다고 생각한다. 삼평사는 비밀결사가 아니라《평론》을 발간하기 위한 합법 발행처였다.

1920년대 후반 국내외에서 함께 고조되었던 민족유일당운동은, 국내의 신간회를 제외하고는 1929년 들어 실패로 귀결되었다. 이해 11월 한국유일독립당 상해촉성회가 해체 선언을 발표하면서 해외의 유일당 조직운동은 사실상 최종 끝을 맺었다. 민족주의자와 사회·

공산주의자 양자의 협동전선체로 추진하였던 유일당운동은 오히려 '당' 형태의 결합이 불가능함을 입증하였다. 이후 국내외의 한국독립운동사에서 협동전선은 계속 추구되었지만, 1928년을 끝으로 조선공산당이 와해된 탓도 컸겠으나, '당' 형태의 협동전선론은 애당초 제기되지 않았다. 민족유일당운동의 교훈이자 후유증이었다.

상해촉성회를 해체시킨 중국 내 한국인 사회·공산주의자 세력이 유호한국독립운동자동맹을 결성하고 기관지 《앞으로》를 발간하는 등 자파 세력만의 구심체를 형성하였듯이, 민족주의 계열도 이에 반작용하여 임시정부와 연동하는 민족주의 당 조직체를 추진하였다. 민족주의 계열의 독립운동 단체들이 이당치국 이념을 적극 수용한 풍토도 이러한 결속력을 강화시키는 데 일조하였다. 민족유일당이 아니라 통합민족주의정당으로서 유일민족당을 결성하는 노력은, 1930년 1월 상하이에서 최초의 이념정당인 한국독립당을 창당함으로써 결실을 보았다.

한국독립당 결성, 삼균주의를 정립하다

1930년 1월 25일 이동녕·안창호·김구·조소앙 등 상하이의 민족주의자들은, 종래의 파벌투쟁을 청산하고 민족주의운동 전선을 통일하여 임시정부의 기초 정당을 조직할 목적으로 한국독립당을 창당하였다. 이른바 상해한국독립당이었다.

한국독립운동사에서 한국독립당이란 명칭은 여러 시기에 걸쳐서 각기 다른 독립운동 단체들이 사용하였다. 만주에서도 1930년 한국독립당이 결성되었으며, 중국 관내에서도 독립운동가들이 이합집산하면서 세 차례나 사용되었다. 첫 번째는 1930년 상하이에서 임시정부의 유일 여당으로서 한국독립당이 창당되었다. 이 당을 이후의 당과 구별하여 상해한국독립당이라 통칭한다. 두 번째는 1935년 민족혁명당에 합류하였던 조소앙이 이 당을 탈당하면서 한국독립당을 재건한다고 선언하면서 창당한 한국독립당이었는데, 이를 재건한국독립당이라 한다. 세 번째는 1940년 김구의 한국국민당, 조소앙의 재건한국독립당, 이청천(李靑天)의 조선혁명당 등 3당이 통합하여 한국독립당이란 명칭을 사용하였는데, 이를 통합한국독립당(또는 중경한국독립당)으로 구별한다.[19]

상해한국독립당은 1929년 10월 26일 결성된 유호한국독립운동자동맹에 맞대응할 당위성에서 창당의 동기가 부여되었고, 1929년 11월 광주학생운동에 자극을 받아 가속도가 붙었다. 조소앙은 「자전」에서 "1929년에 이르러 광주혁명 시 한국독립당을 조직하였다."[20]라고 기록하였는데, 여기에 상해한국독립당이 출발하게 되는 기점이 드러난다.

실지 조소앙은 광주학생운동에 죄의식을 동반한 책임감을 느꼈다. 그는 1930년 3월 이승만에게 광주학생운동과 관련한 자료를 수집한 책자를 출간할 의지를 알리면서 원조를 요망하는 서한을 띄웠는데, 이 무렵의 그의 심정이 진하게 전해진다.

작년 이래로 내지에서 독립운동이 재발하여 온 세상을 뒤흔들었고

초초한 우리 학생들은 타민족에게 도살을 당하고 있습니다. 이러한 비참한 일을 보고도 몸소 전선에 달려가지는 못하나마 재료만은 수집 인쇄하여 책자로 만들어 한편으로 선전하고 한편으로 역사를 만들었습니다.

조소앙은 책자를 탈고한 지 오래되었고 사방에 요청하였으나 도와줄 이가 없음을 하소연하였다.[21] 그는 이미 1929년 12월 「광주혁명의 진상」을 탈고하였으나[22] 결국 후원처를 찾지 못하였으므로, 1932년 9월에야 『소앙집(素昻集)』의 상편(上篇) 제6장으로 합본하여 발행하였다.

3·1민족운동이 조소앙의 인생에 코페르니쿠스의 전환을 가져왔듯이, 광주학생운동도 그에게 커다란 전기가 되었다. 「광주혁명의 진상」을 집필함은 그가 민족운동의 현장으로 복귀하였음을 의미한다. 그는 이 무렵을 전후하여 상해한국독립당을 창당하는 데 깊숙이 참여하였다. 「자전」에서 '광주혁명'과 '한국독립당'을 병렬한 이유도, 상해한국독립당 결성이 광주학생운동에 부응한 시대의 요청이었음을 강조하려는 데 있었다.

상해한국독립당을 결성하는 두 축은 당시 임시정부 국무위원회의 주석 이동녕을 비롯한 임시정부의 핵심 세력과 안창호를 중심으로 한 흥사단계 인물이었다. 양자는 민족유일당운동이 수포로 돌아간 뒤, 민족주의 통합정당의 필요성 자체에는 공감하였으나 방법에는 차이가 컸다.

안창호는 임시정부가 명실공히 조선인의 기대에 부응하지 못할 뿐 아니라, 오히려 재외 조선인의 민족사상(民族思想) 발달을 저해하는 경향이 있으므로 이를 해산하고, 시대에 순응한 민족운동의 중심기관을 설립하자는 '임시정부 해산설'을 주장하였다. 반면 임시정부와 인연이 깊은 이동녕·김철(金澈)은, 12년의 역사를 가진 유일의 민족운동의 중심기관을 해산하고, 설령 다른 데에 적당한 기관의 창설을 본다 하더라도 틀림없는 방책을 반드시 얻기는 어렵다고 주장하면서 '임시정부 지지설'을 고수하였다.[23]

이동녕과 안창호의 견해차는 현 임시정부의 존폐 문제를 둘러싼 근본 시각의 차이였는데, 한국독립당이 결성되었음은 양자가 의견 일치를 보았음을 뜻한다. 두 계열이 합의한 상해한국독립당은 "과거 10유여년간(有餘年間) 한국독립운동의 중심기관"[24]인 임시정부를 강화할 목적에서, 이당치국이라는 동일 이념에 입각하여 현 임시정부의 여당으로 창당된 민족주의정당이었다.

상해한국독립당의 발기인 28인은 대부분 임시정부의 수립 과정에 기여했고, 나아가 1920년대에 임시정부를 중심으로 독립운동의 중심축에 서 있던 인물들이었으므로 견해차를 쉽게 극복할 수 있었다. 한마디로 이들은 임시정부의 핵심 구성원이었으므로, 한국독립당의 발기인이 임시정부 요인 그 자체라고 해도 지나치지 않을 만큼, 임시정부가 나서서 정부를 이끌어 갈 정당 조직을 결성하였다.[25]

조소앙은 1922년부터 임시정부와 연계한 '독립당'을 결성하자고 주장하였고, 1930년 이전에 이승만의 통신원을 청산하고 이승만에게서 분리되었다. 그에게는 자신의 신념에 의거하여 임시정부의 여당인 한국독립당에 참여할 사상 기반과 여건이 이미 갖추어져 있었다. 일자까지 명시할 수는 없지만, 일제 관헌 자료에 따르면 조소앙은 한국독립당을 발당하는 28인의 회합에 1인으로 참여하였다.[26] 조소앙은 이 무렵 임시정부 계열은 아니었고, 안창호 계열은 더욱더 아니었지만, 이동녕·이시영·조완구 등 기호파 선배들과 이전부터 형성된 인맥이 크게 작용하였으리라 생각한다.

상해한국독립당은 결성 당시 이동녕·안창호·이유필(李裕弼)·김두봉(金枓奉)·안공근(安恭根)·조완구·조소앙의 7인을 기초위원으로 선정하여 당의·당강을 작성하였다. 이 당의는 이후 한국독립당이 여러 차례 조직의 변천을 겪으면서도 변경되지 않았고, 1935년 김구 등을 중심으로 조직된 한국국민당의 당의로도 채택되었다.[27] 1930년대 중반 무렵 중국 내 민족주의 계열의 독립운동 단체들이 기본이념에서 일치하였을 보여 준다.

상해한국독립당 당의는 7인의 기초위원이 함께 숙의한 결과였으므로, 이들 기초위원의 의견이 반영되었음은 분명하다. 그렇더라도 기초자가 작성한 초안을 중심으로 논의를 진행하고 최종 명문화하였을 터이므로, 당의의 기본이념과 기초자가 있기 마련이다. 이와 관련하여 안창호의 반일민주론(反日民主論)과 대공주의(大公主義)가 기본이념이 되었다거나,[28] 안창호의 대공주의와 조소앙의 삼균주의가 결합되었다는[29] 주장이 있다.

그러나 뚜렷한 이론체계를 갖추지 못한 안창호의 대공주의가 당의의 골격을 이루었을 리 없음은 자명하다. 민족유일당운동이 추진되던 무렵, 안창호가 분열된 독립운동 진영을 통합하려는 노력의 일환으로 대공주의를 제창하였다고 하지만, 그가 직접 남긴 저술은 존재하지 않는다. 다만 그의 측근 또는 추종자들이 증언한 데에서 대공주의의 취지와 요체만 전할 뿐 정확한 실체는 확인할 수 없다.

상해한국독립당의 당의는 조소앙이 정립한 삼균주의에 입각하여 기초안이 작성되었고, 7인의 기초위원이 토의하는 과정에서 각인의 의견이 반영[30]되었으나, 다시 이를 문건화(文件化)한 사람 역시 조소앙이었다. 이 당의가 공식화한 이후, 이를 집중하여 해설하고 일관되게 발전시켜 나간 사람도 조소앙이었다. 무엇보다도 이 당의에는 삼균주의의 원형(原形)이 집약되어 주창(主唱)되었고, 이를 기반으로 삼균주의는 더욱 체계화하면서 대내외에 선포되었는데, 그때마다 문건의 작성자는 조소앙이었다. 1932년 4월 윤봉길 의거로 안창호가 피검되어 대공주의를 완결할 정황이 아니었음을 감안하더라도, 그의 측근인 차리석(車利錫)이 「한국독립당 당의의 이론체계 초안」을 작성한 때는 1942년이었다.[31] 상해한국독립당의 당의가 공식화한 지 이미 12년이나 지나서 통합한국독립당이 결성된 뒤였다.

조소앙에 따르면, 상해한국독립당이 창당되는 시기는 삼균주의가 정립·주창되는 때와 그대로 일치한다. 1941년 5월 통합한국독립당 제1차 전당대회를 마치고 발표한 「선언서」에서, 그는 1871년(신미년)부터 1941년(신사년) 현재까지 한국민족운동사를 일곱 시기로 나누어 각각의 특징을 살펴 명칭을 규정하였는데, 일곱 번째 시기인 1929년(기사년)부터 1941년까지를 다음과 같이 평가하였다.

기미(己未, 1919년을 가리킴 — 인용자) 지기사(至己巳) 10년간의 대중폭동과 독립군 혈전고조기(血戰高潮期)로부터 기사 지(至)신사 연간(年間)의 삼균제도(정치·경제·교육의 3대균등) 주창시기까지를 반일민주(反

日民主)독립운동의 초기라 하겠다. (……) 그러나 우리 운동계에서 일정한 주의(主義)를 가진 근대식 혁명단체의 조직으로는, 3·1운동 이후 1930년 전후에 비로소 동북(東北)과 상해에서 궐기하여, 삼균제도의 건국을 전제로 한 파괴와 건설의 강령을 걸고 신기치(新旗幟)를 날리기 시작하였다.[32]

위의 인용문에 "삼균주의가 정립되고 하나의 '주의'로서 주창·천명되는 시기는 언제이고 계기는 무엇인가?"라는 질문의 답이 다 들어 있다. 상해한국독립당은 '일정한 주의'를 표방한 최초의 근대식 혁명단체로서 '삼균제도'를 신기치로 내걸었다.

이렇게 삼균주의는 민족유일당운동이 실패로 돌아간 뒤, 상해한국독립당이 민족주의정당으로서 또 임시정부의 여당으로서 자기 정립을 꾀하는 과정인 1930년을 전후하여, 조소앙이 창안·정립하여 주창하였다. 즉 삼균주의는 한국독립당이라는 민족주의정당이 대한민국임시정부와 일체화를 시도하는 단계에서 공포되었다. 삼균주의의 뼈대가 정립된 상해한국독립당의 당의는, 당시의 국한문혼용체의 원자료가 현전하지는 않지만, 조소앙은 199자의 당의를 다음과 같이 9절로 분절(分節)하고 해설하였다.[33]

① 우리는 5천년 독립자주하여 오던 국가를 이족(異族) 일본에게 빼앗기고

② 지금 정치의 유린과 경제의 파멸과 문화의 말살 아래서 사멸에 직면하여

③ 민족적으로 자존(自存)을 득(得)하기 불능하고 세계적으로 공영을 도(圖)하기 말유(末由)한지라

④ 이에 본당(本黨)은 혁명적 수단으로써

⑤ 원수 일본의 모든 침탈세력을 박멸하여

⑥ 국토와 주권을 완전 광복하고

⑦ 정치·경제·교육의 균등을 기초한 신민주국(新民主國)을 건설하여서

⑧ 내(內)로는 국민각개(各個)의 균등생활을 확보하며 외(外)로는 족여족(族與族)·국여국(國與國)의 평등을 실현하고

⑨ 나아가 세계일가(世界一家)의 진로로 향함

조소앙에 따르면, 1절은 망국(亡國), 2절은 멸족(滅族), 3절은 망국·멸족한 총과(總果)를 열거하여 당원의 '진실한 혁명적 발심(發心)과 동기'를 촉진하였다. 4절은 입당(立黨), 5절은 도왜(倒倭), 6절은 복국(復國)하는 진행 수단과 방법을 지시하여 당원의 일상 실행 정서(程序)를 표시하였다. 7절은 건국(建國), 8절은 치국(治國), 9절은 구세(救世)의 최후 결과와 목적을 예시하였다.

이상을 다시 정리하면, 1~3절은 일제의 침략상을 폭로하고, 4~6절에서 민족혁명을 주장하였는데 5·6절이 민족혁명의 목표라면 4절은 이를 실행하는 주체였다. 즉 민족혁명을 수행하기 위해서는 한국독립당이라는 당을 수립함이 전제가 된다. 7~9절은 '3균'의 영역과 내용을 설명하였다. 즉 1~3절이 삼균주의가 성립하는 배경이라면, 4~6절은 삼균주의의 토대이고, 최하단인 7~9절은 삼균주의의 상부구조를 이룬다.

당의의 요체를 한마디로 정리한다면 '신민주국'으로, 한국민족운동사와 민주주의발전사에서 뚜렷이 새겨야 할 용어이다. '신민주국'이 의미하는 바는, 거의 비슷한 시기인 1930년 4월경 조소앙이 집필한 「한국의 현상과 혁명추세」의 다음 구절에서 선명하게 드러난다. 이 글은 뼈대(골격)만 표현할 수밖에 없는 당의에, 방대한 분량으로 힘살(근육)을 붙인 삼균주의 해설서라 할 만하다.

사상 방면으로 말하면, 복수에서 시작하여 설욕·국권회복·반일독립의 민족주의 및 계급해방을 거쳐서, 이미 민족혁명과 경제화의 혁명운동을 동시에 병진하는 데로 들어갔다. (……) 건설 방면으로 말하면, 시작은 텅 비어 정해진 바 없었지만, 민주입헌(民主立憲)의 신앙을 계승하여 이제는 한국의 신(新)사회주의 계획에 적합하도록 기울고 있다. 무엇을 전체 민족의 행복이라 하는가. 그것은 정치권리의 균등, 생활권리의 균등 및 수학(受學)권리의 균등이다.[34]

신민주국은 민주입헌주의를 바탕으로 사회주의를 수정하여 새로운 사회주의로 발전한 정치체제였다. 조소앙이 사회주의 앞에 '신'을 덧붙여 '신사회주의'라 한 이유는, 기존의 서구식 사회주의가 진전한 공산주의를 지양하였음을 강조하려는 데 있었다. 후술하듯이 조소앙은 '신민주국'의 개념을 더욱 발전시켜 1935년에는 '신민주주의' 이념을 정립하였는데, 이때 '신민주국'이 더욱 명확한 형태로 제시되었다.

한국독립당 당의에서 '신민주국'은 군주제냐 민주제냐 하는 지배형태만을 가리키지 않고, 정치·경제·교육의 모든 영역을 포괄하는 국가체제를 의미하였다. 조소앙은 국가의 지배형태만을 보지 않고, 이를 뒷받침하는 토대인 경제체제까지 포함하는 국가체제를 목적의식으로 인식하였다. 이미 '3·1혁명' 이후 민주공화제 정부인 임시정부를 수립함으로써 민주주의 국가 형태는 한국민족사의 당연한 행로가 되었다. 신민주국은 인류사에 등장한 구(舊)민주국의 모순을 극복한 새로운 정치·경제·교육(문화) 체제의 민주국이었다. 조소앙은 1930년 삼균주의를 주창하면서 국가체제로서 신민주국의 비전과 이론도 함께 제시하였고, 이후에도 이를 더욱 진전시켜 나갔다. 그만이 할 수 있었던, 한국민족운동과 민주주의에 기여한 절대 공로였다.

한국독립당과 임시정부에서 활약하다

한국독립당은 당으로서 역량을 갖추기까지 비밀결사로 유지하자는 방침을 고수하였으므로, 1931년 4월 임시정부 국무위원 이름으로 「대한민국임시정부 선언(大韓民國臨時政府 宣言)」을 발표할 때 한국독립당을 명기함으로써 비로소 세상에 공개되었다. 한국독립당의 조직 계통은 본부를 상하이에 두었고 광둥(廣東) 등지에 지부를 설치하였다. 중앙당부의 조직 체계는 이사장제(理事長制)를 채택하여 이사장 1명과 10명 내외의 이사를 두고, 이들로 구성된 이사회가 당무를 통괄하였다. 창당 초기에는 이동녕이 이사장에, 조소앙을 비롯해 김구 등이 함께 상무이사에 선임되었다.[35] 조소앙은 이후에도 이사에 재임하였고,

1933년 1월 15일 한국독립당 대회에서는 감사로 선출되었다. 1934년 1월에는 내무장 겸 총무를 맡는 등 한국독립당의 핵심 간부를 역임하면서 당을 대외에 선전하는 일에 주력하였다. 이러한 활동은 그가 임시정부의 외무장으로서 외교 업무를 수행하는 일과 병행되었다. 이러한 과정에서 삼균주의는 계속 발전된 형태로 주창되었다.

상해한국독립당은 임시정부를 유지·운영하는 유일 정당이자 유일 여당으로서, 인원 구성으로 볼 때 임시정부와 동일한 조직체였다. 이는 1940년에 조직된 동명의 한국독립당(통합한국독립당)이 조선민족혁명당·신한민주당·조선민족해방동맹 등의 야당과 병립한 체제와는 달랐다. 통합한국독립당이 임시정부 내에서 주도권을 장악했더라도, 다른 정당이 임시정부에 참여한 상태에서 임시정부의 여당 구실을 자임한 점과 비교하면, 상해한국독립당은 임시정부 내의 유일 정당이었다는 데 특징이 있었다.[36] 조소앙이 상해한국독립당에 참여함을 계기로 임시정부의 각원으로 복귀함은 자연스러운 수순이었다.

1927년 8월 19일 구성되었던 이동녕 주석 체제의 임시정부 내각은, 1930년 6월 6일 외무장 오영선이 사직함에 따라 조소앙이 외무장으로 보선되었다. 조소앙으로서는 1926년 12월 9일 외무장에서 해임된 이후 3년 6개월여 만에 임시정부의 외무장으로 복귀한 셈이었다. 이어 1930년 11월 8일 임시의정원 회의에서는 임시정부 국무위원들의 임기 3년이 만료됨에 따라, 「대한민국임시약헌」에 의거한 2차 내각의 국무위원을 선임하였는데 조소앙은 외무장으로 재선임되었다. 이때 선임된 내각은 법무장 겸 주석(의정원 의장도 겸) 이동녕,

재무장 김구, 내무장 조완구, 군무장 김철, 군사위원회장 윤기섭(尹琦燮), 외교위원회장 겸 경제후원회회장 안창호, 임시의정원 부의장 차리석 등이었다.[37] 조소앙은 1933년 3월 6일 의원면직(依願免職)될 때까지 외무장의 책무를 다하였다. 조소앙의 뒤를 이어 외무장에 선임된 사람은 신익희(申翼熙)였다.[38]

자료상으로는 확인되는바, 한국독립당의 상무이사 겸 임시정부의 외무상으로서 조소앙의 첫 활동은, 1930년 10월 난징에서 열린 제4차 중국국민당 중앙집행위원회에 참석한 일이었다. 마침 이 대회를 계기로 만주의 군벌 장쉐량(張學良)도 난징에 입경한다고 알려졌고, 임시정부와 한국독립당은 이를 재만(在滿) 동포들의 문제를 해결할 좋은 기회로 판단하였다. 이에 조소앙·박찬익(朴贊翊) 양인이 각각 임시정부와 한국독립당을 대표하는 자격으로, 한인 문제를 청원하고 한국독립당을 선전할 임무 등을 수행하기 위해 10월 초순 난징으로 가서 12월 1~2일경 상하이로 돌아왔다.

여기서 한인 문제는 1930년 이른바 '5·30간도폭동'의 연장선에서 동년 8월에 발생한 '길돈사건(吉敦事件)'에, 중국공산당 소속의 한국인들이 대규모로 참여하여 중국국민당 정부에 검거된 사태를 가리켰다. 1930년 8월 1일 인터내셔널 기념일을 전후하여 둔화(敦化)와 길돈선(吉敦線, 지린과 둔화를 연결하는 철도) 연선(沿線)을 중심으로 한인 중국공산주의자들이 봉기하였다. '5·30간도폭동'이 그러하였듯이, 이 봉기는 철도·교량을 파괴하고, 전신·전화선을 절단하며, 중국군 병영과 경찰서를 습격하는 등 과격한 양상을 띠었다. 일부에서는 소비에트 정권을 선포하고 지주와 부농의 창고를 습격하여 식량을 분배하기도 하였다. 이 폭동으로 중국 관헌은 신경이 과민해져 한국인 농민들을 공산당이라 하여 상당수를 검거하였다.

장쒜량은 재만 한국인 문제를 해결할 수 있는 실력자였으므로, 조소앙·박찬익은 이들 한인들을 일본인으로 취급하지 말고, 관대하게 대우하여 중국에 정착할 수 있게 도와 달라고 청원하였다. 또 두 사람은 장제스를 비롯해 중국국민당 요인들을 방문하여 한국독립당의 주의와 강령을 적극 설명하는 한편, 재만 한국인의 보호책을 협의하고 7가지 '청원조건'을 제출하였다. 청원의 첫째는 "남경정부는 길돈사건에 대하여 관대한 처치를 취하여 체포된 한인에 대해서는 곧 석방할 것을 바란다."였다. 이외에 재중(在中) 한국인 독립운동가들을 정치범으로 대우하고 일본 관헌에 인도하지 않기를 바란다, 중국 국적을 가진 한국인을 중국인과 동등하게 대우하며 차별대우하지 않기를 바란다는 내용이 포함되었다.[39]

조소앙·박찬익의 활동은 한국 임시정부가 건재하며, 임시정부와 일체인 한국독립당이 존재함을 중국 국민정부에 알렸다는 점에서 의의가 컸다. 임시정부와 한국독립당의 대표 양자를 동시에 난징에 파견한 이유도, 한국독립운동이 중국국민당의 이당치국에 입각하였음을 선전함으로써 지지와 후원을 획득하려는 의도였다.

중국 국민정부를 향한 임시정부의 외교 행보는 계속 이어졌고 중심에는 조소앙이 있었다. 임시정부와 한국독립당의 문건을 기초·작성하여 대외에 선포하는 일은 주로 그의 몫이었다. 임시정부·한국독립당은 1931년 5월 난징에서 중국 국민회의가 개최되는 계기를 또 한 번 외교 활동의 공간으로 활용하였다. 임시정부는 이 회의에 대표를 파견할 목적으로, 외무장 조소앙이 기초한 문건에 '대한민국 13년 4월 한국임시정부국무위원 조완구 조소앙 이동녕 김철 김구' 등 임시정부 국무위원 전체가 서명하였다. 임시정부는 난징 회의를 재중국 한국인 문제를 다시 청원할 기회로 판단하고 애초 조소앙 또는 안창호를 파견할 계획이었으나, 경비 문제로 대표를 파견하지 못하다가 5월 5일 자로 국민회의에 축전을 발송하는 데 그쳤다. 그런데 국민회의에 출석 중인 동삼성(東三省) 대표의원에게서 재만 한국인 문제를 건의하기 위해 필요하니 자료를 송부해 달라는 요구가 있자, 급히 5월 11일 임시회의를 개최하여 안창호를 대표 사절로 파견하기로 결정하였다. 안창호는 익일인 12일, 「대한민국임시정부 선언」(일명 「대외선언」이라고도 함)과 「동삼성한교(韓僑)문제」라는 제목의 인쇄물을 다수 휴대하고 난징으로 출장하여, 동삼성 대표의원을 매개로 중국 국민정부를 향하여 재만 한인 보호정책을 적극 주장하였다. 임시정부는 「대외선언」을 재중국 한국인 독립운동가들 전부를 상대로 배포하였다. 이 선언은 일제의 만몽(滿蒙)정책을 폭로·비판하면서 만주에 거주하는 한국인 문제를 다시 청원하면서 한국독립당과 중국국민당의 협력을 강화하자고 요구하였다.[40]

「대외선언」은 임시정부와 한국독립당의 균등주의를 중국 국민정부에 공식 전달하는 한편, 재중국 한국인 독립운동가들을 향해서도 삼균주의 건국이념을 천명하였다는 데에서, 대내외에 처음으로 선포된 삼균주의 문건이라는 의미를 지녔다. 이로써 당정 일체의 한국독립당과 임시정부가 존재하는 사실이 비로소 공개되었다.

조소앙은 「대외선언」보다 3개월여 앞선 1931년 1월, 한국독립당을 세상에 알릴 목적으로 「한국독립당의 근상(近象)」을 집필하였다.

이 무렵 한국독립당이 '당'으로서 역량을 갖추었음을 뜻한다. 이 소론에는 삼균주의에 의거한 현실 분석과 독립운동 방법론을 비롯해, 이에 입각한 과제까지 제시되었는데, 삼균주의가 당의에서보다 체계 있게 정형화되어 표현되었다.

조소앙이 「대외선언」에서 한국독립당과 중국국민당의 연대를 강조하였듯이, 그는 한중동맹을 강화하는 데에도 노력을 기울였다. 일제는 1931년 9월 18일 펑톈(奉天) 교외에서 일어난 류탸오거우사건 (柳條溝事件, 이른바 '9·18사건')을 구실로 만주전쟁을 일으키고 중국 대륙을 침략하려는 음모를 노골화하였다. 중국 내 한인 독립운동가들은 항일 역량을 재정비하여 일제의 만주 침략에 대응하고자 하였는데, 임시정부도 독자의 항일투쟁에 병행하여 한중동맹을 결성함으로써 항일전쟁을 공동으로 전개하고자 하였다.

조소앙은 이해 11월 중순경 임시정부의 국무위원 김철과 함께 상하이에서 치추인(稽翥音, 중국 홍십자회 비서), 우청칸(伍澄干, 변호사), 쉬톈팡(徐天放, 기자), 민쿵모(閔公謨, 동경정부 군사위원) 등의 중국 측 인사들과 중한항일대동맹(中韓抗日大同盟, 중한민족항일대동맹이라고도 함)을 결성하였고 김구도 이에 합류하였다.[41]

1931년 11월 상순 임시정부의 외무장 조소앙은 중국국민당 조직부장 천리푸(陳立夫)에게서 미화 5000불을 활동 자금으로 얻어서 그 반액을 김구에게 주고, 나머지로는 조선의용군을 조직하려고 하였으나 김구의 반대로 성공하지는 못하였다. 한편 중한항일대동맹은 특무 공작으로 1932년 3월 중순에서 4월 상순 사이에 상해한인청년당(이사장 김석)의 당원 이덕주(李德柱)·유진만(兪鎭萬)에게 조선총독 암살 등을 밀명하여 권총을 휴대시켜 국내에 잠입시켰으나, 4월 상순 사전에 피체됨으로써 실패하였다. 또 4월 중에는 한인청년당원인 최흥식(崔興植)·유상근(兪相根)을 관동군 사령관 암살 및 일본으로 들어가 육군대신과 해군대신을 암살토록 밀명하여 다롄(大連)으로 파송하였으나, 이 역시 5월에 사전 피체됨으로써 실패하였다. 이러한 활동으로 일제는 프랑스 총영사에게 조소앙을 비롯한 국무위원 김구·김철·이동녕·조완구 등 5인과 김석(金晳) 외 8명의 체포 영장 집행을 위촉하였고, 프랑스 총영사가 이를 승인함에 따라 조소앙 등이 급히 피난하는 일도 있었다.[42] 이 단체는 1932년 4월 윤봉길 투탄의거 이후 간부들도 이산함에 따라 자연 해산되었다.

조소앙이 임시정부와 한국독립당의 요인으로 활동하던 1932년 1월 8일, 김구가 주도하는 한인애국단(韓人愛國團)의 단원 이봉창(李奉昌, 1900~1932)이 도쿄에서 일왕을 폭살하려 한 의거가 일어났다. 이어 4월 29일 역시 한인애국단원 윤봉길(尹奉吉, 1908~1932)이 상하이 훙커우공원(虹口公園) 투탄의거를 거행하였다.

이봉창 의거는 1931년 12월 6일 임시정부 국무회의에서 군무장 김철, 외무장 조소앙 등이 참석한 가운데 승인을 얻은 거사였다. 김철·조소앙은 막대한 경비가 소요되고 성공률이 낮다는 이유를 들어 처음에는 미온한 태도를 취하였으나, 이미 준비가 다 되었으므로 승인이 되었다. 이후 이봉창이 일경에게 조사를 받으면서 배후에 김구(주범으로 기소됨)·김철·조소앙(공범으로 취급됨) 등이 있음이 밝혀졌다. 1932년 1월 9일 상하이 일본 총영사는 프랑스조계의 경찰 당국에 김구 등의 검거 협조를 요청하여 승낙을 얻어 내었고, 우선 김구의

처소를 습격하였으나 허탕을 쳤다.[43]

임시정부의 재무장이자 특무 책임자인 김구가 윤봉길의 투탄의 거 계획을 임시정부 국무회의에 제출하자, 의거 3일 전인 1932년 4월 26일 임시정부 국무회의가 열렸다. 이 자리에서 내무장 조완구와 외무장 조소앙 등은 "상하이에서 이것이 결행되면 한국인은 이 이상 상하이에 있을 수 없다"는 이유로 반대 의사를 나타냈다. 이에 김구는 윤봉길이 한국인으로 인정될 물건을 하나도 소지하지 않고 거행하며, 결행과 동시에 자결하도록 지령했다고 답함으로써 동의를 얻었다. 거사일과 장소는 일왕의 생일인 천장절(天長節)이자 소위 전승 기념 축하 행사를 거행하는 4월 29일 상하이 홍커우공원에서 거행하기로 결정하였다.[44]

윤봉길 의거로 단상에 있던 일본인 거류민단장 겸 행정위원장 가와바타 데이지(河端貞次)는 즉사하였고, 상하이 일본 파견군 사령관 시라카와 요시노리(白川義則) 대장은 중상을 입어 입원하였으나 사망했다. 제3함대 사령관 노무라 기치사부로(野村吉三郎) 해군 중장은 오른쪽 눈을 뽑아냈고, 제9사단장 우에다 겐키치(植田謙吉) 중장은 다리가 부러졌다. 주중 일본공사 시게미쓰 마모루(重光葵)는 한쪽 다리를 절단했으며, 상하이 일본 총영사 무라이 구라마쓰(村井倉松)와 일본인 거류민단 서기장 도모노(友野) 등도 중상을 입었다. 모두 일제의 군·관·민에서 대륙 침략을 주도하는 원흉들이었다. 상하이 주둔 일본군은 섬멸에 가까운 큰 타격을 입었고, 이것이 한 원인이 되어 일제는 내륙으로 확전하는 방향을 일단 접고, 5월 5일에는 중국과 긴급하게 정전협정을 체결하였다. 윤봉길은 현장에서 체포되어, 5월 25일 상하이 파견

일본 군법회의에서 사형을 받았고, 12월 19일 오전 7시 30분 일본군의 총살 집행으로 25세의 젊은 나이에 순국하였다.[45]

이봉창과 윤봉길의 투탄의거는 국민대표회의 이후 침체 상태에 빠져 있던 임시정부의 존재와 한국인의 독립 의지에 활기를 불어넣는 쾌거였을 뿐 아니라, 전 세계에 한국인의 독립 열망을 알리는 데에도 성공하였다. 널리 알려졌듯이, 중국국민당의 최고지도자이자 중국군 사령관 장제스는 "중국의 백만 대군도 못한 일을 일개 조선청년이 해냈다."라고 감격하면서 임시정부를 전폭 지지하겠다고 약속하였다. 이에 따라 중국정부는 육군중앙군관학교에 한인특별반을 설치하였다.

그러나 이봉창·윤봉길의 연이은 의거 뒤에 후폭풍도 그만큼 드셌다. 무엇보다도 임시정부를 비롯한 한인 독립운동가들은 거의 불가침에 가까웠던 프랑스조계라는 근거지를 상실하고 사산(四散)하였다. 4월 26일 임시정부 국무회의에서 조완구·조소앙이 우려하였던 바가 현실화하였다. 이때부터 임시정부는 전체 27년의 고된 역사 가운데에서 그나마 다소 안정되었던 상하이 시절을 마감하고, 8년여에 걸쳐 무려 일곱 차례나 정부의 소재를 옮겨 다니는 고단한 장정에 들어갔다. 임시정부는 1932년 5월 항저우(杭州)로 이동한 뒤 전장(鎭江, 1935. 11), 창사(長沙, 1937. 11), 광저우(廣州, 1938. 7), 류저우(柳州, 1938. 10), 치장(綦江, 1939. 3)을 거쳐 1940년 9월 충칭(重慶)에 정착함으로써 5년 남짓한 충칭 시절을 맞았다.

윤봉길 의거 후 일제와 프랑스 경찰의 합동 수사가 곧바로 시작되었고, 상하이 내의 한국인 독립운동가는 물론 한국인 남자들조차

조소앙과 광동군관학교 학생들(독립기념관 제공)

모두 피난해야 했다. 임시정부는 1932년 5월 긴급하게 항저우로 피신하였다. 임시정부의 군무장 김철은 5월 10일 항저우로 피하여, 자신이 유숙하는 곳에 임시정부의 임시판공처(臨時辦公處)를 개설하였다. 국무위원 이동녕·조완구·조소앙·김철·김구 등과 교민단의 간부 이유필·이시영·이수봉(李秀峰)·엄항섭(嚴恒燮)·최석순(崔錫淳)도 항저우로 피신하였다. 교민단과 한국독립당의 다른 인사들은 항저우·쑤저우(蘇州)·난징·베이징 방면으로 각각 연고를 찾아서 피신하였다.

　　항저우는 1940년 임시정부가 충칭에 정착하기까지 8년여에 걸치는 긴 이동 생활의 출발지였으나, 중국국민당 정부가 소재한 난징에서는 너무 먼 거리에 위치하였다. 임시정부 요인들은 일제 정보망을 벗어나기 위해 대개 항저우를 벗어나 있었으므로, 상하이 옆의 자싱(嘉興)이 임시정부의 또 하나의 거점 구실을 하였다. 임시정부는 자싱의 난후(南湖)에서 선상 국무회의를 개최하기도 했다. 임시정부가 1935년 11월 다시 중국 대륙의 난징 방면인 전장으로 이동하기까지 3년 6개월여의 항저우 시기는 이렇게 시작했다.

윤봉길 의거 후의 분규 속에서 연합을 모색하다

항저우로 이동한 임시정부는 1932년 5월 15~16일 임시판공처에서 국무회의를 열고, 임시정부의 선후책을 논의하는 한편 부서(部務) 담임을 일부 변경하였다. 법무장 이동녕, 내무장 조완구, 외부장 조소앙은 이전과 동일하였으나, 재무장 김구가 군무장(軍務長)을, 군무장이었던 김철이 재무장을 맡았다. 그러나 이때 국무위원 사이에 중국 조야(朝野)에서 임시정부 요인들에게 전달한 독립운동 자금을 둘러싸고 알력이 생겨났고, 김구 측이 임시정부 임시판공처에서 김철·조소앙·김석 등을 폭행하는 사태로 비화되었다. 항간에 떠도는 소문에서 발단한 사건의 전말은 다음과 같다.

윤봉길 의거 직후 김구가 중국 측에서 임시정부에 지급한 5000불을 착복하였다는 이야기가 김철·조소앙 등에게 들려왔다. 김구 측도 상해시상회(上海市商會)가 윤봉길·안창호 가족에게 조위금(弔慰金)으로 보낸 7000불을, 김철·조소앙·김석 등이 횡령하였다는 항설을 듣고 있었다. 이 문제로 국무회의 석상에서 김구와 김철 사이에 격렬한 논쟁이 일어났다. 여기에 대한교민단 위원장 이유필이 한국독립당과 교민단이 수령해야 할 5000불을 임시정부에 보고하지 않고 있다는 말까지 나돌았다. 국무회의가 끝나자 김구는 새로 임명된 군무장의 직을 사퇴하겠다고 선언한 뒤, 박찬익이 주선해 놓은 피난처 자싱으로 이동녕과 함께 떠나 버렸다.

김구와 김철·조소앙 사이의 반목이 고조되는 가운데, 김석(김철의 조카, 한인 청년단의 이사장)이 익명으로 5월 21일 자 중국 신문 《시사신보(時事新報)》에 기고한 글이 사태를 더욱 악화시켰다. 투고문은 일경에게 체포된 안창호가 진정한 혁명가가 아니라며 안창호를 매도하는 내용이었다. 자싱에 가 있던 김구 측은 격분하여, 난징에 체류하는 박찬익을 통해서 대한교민단의 정무위원장 이유필 일파와 손을잡고, 5월 29일 박창세(朴昌世)·김동우(金東宇)·안공근·문일민(文逸民)을 항저우로 파견하였다. 이들은 임시정부 임시판공처에 난입하여 김철·조소앙·김석 등을 힐난하며 구타한 뒤 소지금까지 몰수하였다. 항저우사건·항저우구타사건·임시정부판공처 피습사건 등으로 불리는 불미스러운 사건이었다.

이 구타 사건으로 인해 김구와 김철·조소앙 양파 사이의 갈등은 수습하기 어려운 지경으로 빠져들었다. 5월 30일 외무장 조소앙이 사표를 낸 데 이어, 6월 2일에 나머지 국무위원(이동녕·조완구·김철·김구)이 모두 사표를 냄으로써 각원이 총사퇴하는 상황에 이르렀다. 임시정부 각원의 사표는 의정원 회의에서 처리하므로, 의정원 회의에서 보선을 하기 전에는 이들의 사퇴가 인정되지 않았지만, 임시정부를 공백 상태에 빠뜨린 꼴이 되어 버렸다. 이로써 한인 독립운동계는 이유필 중심의 상해파, 김철·조소앙 중심의 항주파, 김구 중심의 가흥(자싱)파로 크게 나뉘었고, 국무위원들 사이의 항주파와 가흥파의 갈등도 깊어졌다.

임시정부판공처 피습사건을 수습하기 위하여 6월 초 자싱에서 국무회의가 두 차례 열렸으나 대책을 세우지 못하였다. 임시정부는 이 문제를 한국독립당 이사회로 넘겼고, 6월 하순에 항저우 시내에서 13명의 이사가 참석하여 이사회가 열렸다. 이 회의에는 국무위원 전원, 사건 당사자 중 피해자 측의 김철·조소앙·김석, 가해자 측 안공근 및 배후로 지목된 김구와 이유필 등이 참석하였다. 회의는 가해자 측의 박창세·김동우를 호출하여 임시판공처 피습사건의 전말을 보고시키고 선후책을 토론하였으나, 결말을 짓지 못한 채 박찬익·엄항섭·김두봉을 조사위원으로 선출하고 해산하였다.

1932년 10월 한국독립당의 이사장 송병조(宋炳祚)는 자싱으로 김구를 찾아가, 상하이에 돌아와 양파가 화합함으로써 임시정부 운영에 활기를 되찾자고 중재하였으나 성공하지 못하였다. 이 무렵 일경은 현상금을 20만 원에서 60만 원으로 올리면서 김구를 체포하는 데 혈안이 되었으므로, 김구는 자싱과 기타의 지역들을 떠돌며 피난 생활을 하고 있었다. 그는 중국 측에서 많은 자금을 지원받으면서도 자금을 임시정부에 풀지 않았다.[46]

혼란에 빠진 임시정부를 수습하는 일은 해를 넘겨 이루어졌다. 1933년 3월 6일 열린 제25회 임시의정원 회의는 국무위원들의 사표 문제를 처리하고 새롭게 임시정부를 구성하였다. 이날 제출된 사표

가운데 조완구·조소앙·김철 건은 수리되고, 이동녕·김구 건은 반려·유임되었으며, 조성환(曺成煥)·윤기섭·신익희·최동오(崔東旿)·이유필·송병조(6월 21일 주석에 선임)·차리석·이승만·김규식(金奎植)을 새롭게 국무위원으로 선출하여 11명의 만원(滿員) 국무위원 체제를 갖추었다. 그러나 김구는 자신을 각료에서 제명해 주기를 요청하였고, 이동녕 역시 계속 신내각에 참여하지 않았으므로 3월 22일 자연해직으로 결정되었다.[47] 항저우구타사건의 피해자인 조소앙·김철 등의 사표가 수리되고, 가해자인 김구가 유임 처리된 신내각 구성은, 양파의 화해가 이루어지지 않은 채 독립운동 자금 문제로 김구 측을 배려한 면이 강하였다.

조소앙이 임시정부에 각원으로 다시 복귀한 때는 1934년 1월이었다. 1933년 10월 3일 개회한 제26회 임시의정원 회의는 다음 해 1월 2일 임기가 만료되는 국무위원들을 개선하여, 조소앙을 비롯해 임기 3년의 국무위원 9명을 새로 선출하였다. 임시정부는 1934년 1월 20일 제10회 국무회의를 개최하여 각 행정부무(行政部務)를 결정하였는데, 국무회의 주석 양기탁(梁起鐸), 내무장 조소앙, 외무장 김규식, 군무장 윤기섭, 법무장 최동오, 재무장 송병조, 무임소 김철·조욱(曺煜, 조성환을 가리킴)이었다.[48] 이때 선임된 국무위원의 특징으로는, 피신 생활을 하면서 임시정부를 기피하는 김구·이동녕이 국무위원 후보자 명단에서 빠지고, 항저우구타사건 이후 각료에서 이탈하였던 조소앙·김철이 입각하였음이 눈에 띈다.

항저우구타사건의 여파는 한국독립당에도 미쳤으므로, 1933년 1월 15일 상하이에서 개최된 한국독립당 대회에서는 사태를 수습하고 당조직을 재정비하였다. 이날 선출된 간부로는 총무주임 이유필, 재무주임 최석순, 감사 조소앙·문일민, 이사장 송병조, 이사 장덕로(張德櫓)·차리석·박창세·이수봉·강창제(姜昌濟)·이광제(李光濟)·오의순(吳義榺)·김구·김두봉·이동녕이었다. 조소앙·김구·이동녕은 참석하지 않았지만 간부직이 유지되었다.

이날 대회에는 18명의 당원이 참석하였는데, 조소앙·이시영·이동녕·김구 등 한국독립당의 핵심 인사들이 참석하지 않았다. 김구가 참석하지 않은 이유는 자신의 일파 문제가 안건으로 상정되었기 때문이며, 이 안건은 조소앙과도 관련되어 있었다. 이날 대회는 박찬익·안공근·엄항섭 등 김구계 인사들을 근무 태만의 이유로 간부직에서 해임하였다. 단 김구는 당의 원로이자 독립운동에 공헌한 바가 큰 인물이며, 상하이를 이탈하여 이직한 이유가 부득이하고 또 그 자신이 당적을 보지(保持)하기를 원한다는 사유를 들어, 예외를 인정하여 그의 지위를 유지하기로 결정하였다. 또 《시사신보》 지상에 조소앙·김철 등이 안창호의 명예를 훼손한 문제와 관련한 조사위원의 보고가 있었는데, 동 사건에 조소앙·김철 양인에게 책임이 없음을 천명하였다.[49] 이로써 항저우구타사건은 외형상 일단락되었으나, 김구와 조소앙 사이의 앙금은 이미 굳을 대로 굳어 있었고, 해방 이후까지 수면 위로 떠올랐다 잠복하기를 반복하였다.

한편 한국독립당은 1933년 3월 이후 주요 핵심 당원들이 일제에 검거되었고, 일제의 검색이 강화됨에 따라 당원들도 항저우·난징·전장 등지로 흩어져 활동이 어렵게 되자, 1934년 1월 말에 당 사무소를 항저우로 옮겼다. 이때 한국독립당은 당 조직 체계에서 이사장제의 골격을 유지하면서, 당무의 효율성을 높이기 위해 재무·내무·총무·선전·비서 등의 부서를 새로 설치하였다. 선출된 간부진으로는 이사장 송병조, 재무장 김철, 선전장 이상일(李相一), 비서장 김두봉, 특무대장 박창세였으며, 조소앙은 내무 겸 총무장을 겸하였다.[50]

조소앙은 김두봉·김철과 함께 1934년 1월부터 한국독립당의 기관지로 《진광(震光)》을 발행하는 실무를 주관하였다. 《진광》은 국한문판·중문판 두 종류로 발행되었다. 중문판은 중국국민당을 비롯해 국민당 정부, 학교·도서관·신문사 등에 선전용으로 배포하기 위하여 제작하였고, 매호 약 1000부씩 인쇄하였다. 국한문판은 한국독립당원은 물론 재중국 한국인을 비롯해 서울의 동아일보사나 조선일보사 쪽에도 배포되었다. 발행 부수는 매호 500부 정도였다.[51] 원고 기안과 수집·교정 등은 주로 조소앙이 담당하였다.

'진'이 한국·조선을 뜻하므로 '진광'은 '조선의 빛'이란 의미를 담은 듯하다. 《진광》 창간호(1934. 1. 25 발행)는 여섯 편의 글 20쪽으로 구성된 데에서 보듯이 적은 분량으로 발행되었다. 내용은 한국독립운동의 방향을 제시하면서 동향을 알리는 한편, 혁명이론을 정립하려는 의도가 뚜렷하였다. 창간호의 여섯 편 가운데, 조소앙은 「혁명단체연합문제」·「민족문제연구」·「각국혁명운동사요(要)」 등 절반에 해당하는 세 편을 집필하였다. 이를 보더라도 《진광》이 조소앙의 주도하에 발행되었으며, 그가 이 무렵 임시정부의 각원이자 한국독립당의 핵심 간부로서 무엇에 관심을 집중하였는지를 확인하게 된다.

창간호 「서언(緖言)에 대(代)하야」 다음에 바로 「혁명단체연합문제」가 실려 있음을 보면, 조소앙과 한국독립당이 '연합'을 가장 큰 현안으로 인식하였음을 알 수 있다. 이 글은 다음과 같이 시작한다.

연합이란 주의 정강면(面)에서 대소의 차이를 가진 2개 이상의 단
체가 과정적 혹은 종극적(終極的)인 공통 혹은 특수한 혁명적 목표
에 도달하기 위한 혁명공작의 과정적 시간적인 횡적(橫的) 연합이다.
그러므로 혁명의 대상이 국내 국외에 있음을 물론하고 공동한 혁
명 대상하에서, 투쟁의 봉망(鋒鋩)이 공동(共同)한 방향으로 진행될
때에는 종래의 일체 당파적 대립적 관계를 초월하고 일정한 과정적
연합을 하지 않을 수 없게 되는 것이다.[52]

조소앙은 이렇게 연합의 개념을 정의한 뒤 연합의 필요성을 제
기하면서, 이전의 연합운동에서 걸림돌이 되었던 '영도권(領導權)'·'조
직의 지배' 문제 등을 해결하는 방안도 강구하였다. 이러한 논리는
이후 제기되는 '단일당' 문제에 그가 어떠한 해법으로 대처하였는지
를 확인하는 데 매우 중요하다. 결론을 한마디로 정리하면, 조소앙은
이념·주의·정강이 다른 단체가 하나의 당으로 결집하는 단일당(單一
黨)은 반대하였다. 그는 이전의 전례를 들어, 이러한 시도는 더 깊은
갈등과 분열만을 남긴 채 실패하였음을 지적하였다.

「민족문제연구」는 창간호의 '1. 서론'에 이어 '2. 민족발생의 근거,
3. 민족구성의 요소', '4. 민족발전의 단계'(5는 산실된 듯), '6. 민족과 국
가의 관계' 등으로 4회에 걸쳐서 연재되었다. 제목만 보아도 알 수 있
듯이, 독립운동의 이론가로서 심도 있는 이론의 정립을 모색한 조소
앙의 진면목이 돋보이는 논문이었다. 그는 이에 그치지 않고, 독립운

동의 현장에서 한국 독립운동의 방향과 지향점도 제시하였는데, 「각국혁명운동사요」가 대표되는 논문이었다. 이 글은 다음과 같이 혁명을 정의하였다.

일정한 주의에 호응된 집단이 폭력으로써 그들과 대립한 통치계급의 모든 기관을 여지없이 전복하고 즉각에 그들이 표방하는 주의로써 새로 통치기관을 시설(施設)하는 정치운동이라 하겠다. 이러한 의미로 보아 주의 정강이 없는 정권쟁탈은 혁명선(革命線)에서 거절되고 집단적 폭력이 아닌 산만한 평화운동도 혁명권내(圈內)에 들지 못하며 대립된 통치계급의 일부분을 개량한 정변도 혁명범위에 붙이지 못하고 새로 통치기관을 시설하려는 예정이 없는 부속적(附屬的) 개조(改造)도 혁명 2자(字)에 부합되지 못한 것이라 한다.[53]

여기에는 조소앙이 지향하는 독립운동의 방법과 목표가 그대로 압축되었다. 그는 혁명의 의의를 내세우기 위하여, ① 일정한 주의·정강을 가진 집단 ↔ 주의·정강 없는 정권쟁탈, ② 집단적 폭력 ↔ 산만한 평화운동, ③ 통치계급의 모든 기관 전복 ↔ 개량의 정변, ④ 새로 통치기관 시설 ↔ 부속적 개조 등 네 가지의 대립축(對立軸)을 제시하였다. 여기서 혁명의 첫째 전제로서 일정한 주의를 가진 집단을 내세워 중요성을 일관되게 강조하는 대목에 주의해야 한다. 그에 따르면, '주의와 정강'은 독립운동 정당의 필수 요건이며, 또한 연합의 전제조건이기도 하였다.

혁명운동의 고조를 위해, 이 무렵 조소앙이 최대의 역량을 집중하고자 한 바는 바로 '연합'이었다. 사회·공산주의의 용어로는 통일전선(統一戰線)에 해당하는 전술이었다. 김철·조소앙 등이 임시정부 내에서 김구 일파와 갈등을 지속하는 동안에도, 일제는 만주전쟁 이후 1932년 3월 1일에는 괴뢰정권인 만주국을 세우고 중국 침략을 더욱 본격화하였다. 일제의 만주 침략이 가속화하는 상황에 대처하여 대일 항전의 총력을 집중하기 위해서는, 한국 독립운동의 대일 투쟁 전선도 진영의 통일을 이룩함으로써 정비·강화될 필요가 증대하였다.

조소앙은《진광》을 통한 선전 활동 이외에, 8월 29일 국치일(國恥日)을 맞아서「제24회 국치기념선언」이라는 제목의 선언서를 배포하였다. 이어 9월 1일에는「토최린서(討崔麟書)」라는 제목의 인쇄물을 작성하여, 최린이 중추원 참의(參議)에 취임함은 적에 투항하는 행동이라고 비난하는 성토문을 국내의 동지들에게 발송하는 등[54] 각종 선언서와 유인물을 배포하는 선전 활동을 전개하였다.

민족혁명당에 참여, 분열을 재생산하다

연합과 통일의 움직임은 1933년 10월 12일 가시화하였다. 이날 한국독립당의 이유필·송병조·김두봉, 조선혁명당 최동오, 한국혁명당 윤기섭·신익희, 의열단 박일래(朴一來)·박건웅(朴建雄), 한국광복동지회 김규식 등 9명이 상하이에서 간담회 형식으로 모였다. 이 회합에서는 중국 내 한국혁명단체 간의 대일전선(對日戰線) 통일을 확립할 목적으로 각단체연합주비위원회(各團體聯合籌備委員會)를 결성하고, 김규식·김두봉·박건웅·신익희·최동오 5명을 주비위원으로 선정하였다. 10월 23일 같은 장소에서 열린 주비위원회에서는 연합체의 명칭을 한국대일전선통일동맹(韓國對日戰線統一同盟, 이하 통일동맹)으로 결정하고, 연합체의 성격을 협의기관으로 하며, 대표의 수는 9명으로 하되 이들의 자격은 해당 단체의 전권(全權) 신임장 또는 위임장을 교환한다는 등의 규정을 두기로 결의하였다. 이어 11월 10일에는 「규약」과 「선언」을 발표하였다.[55]

통일동맹은 미주에 있는 독립운동 단체들도 대부분 가입시키면서 연대의 범위를 확대해 나갔고, 한중합작을 모색하여 중한민중대동맹(中韓民衆大同盟)까지 결성하였지만, 단순 협의체에 불과하였으므로 고립 분산하는 민족운동을 통합하기에는 한계가 따랐다. 이를 극복하는 방안으로 단일당 형태의 연합론이 다시 제기된 배경이자 명분이었다.

단일신당(單一新黨) 조직 계획은 의열단이 제창하여 신한독립당(新韓獨立黨)과 함께 주도하였는데, 표면상의 명분 외에 윤봉길 의거 이후 자행된 김구 세력의 전횡을 견제·제어할 의도도 강하였다. 두 단체는 김구 세력이 통일동맹에도 참가하지 않은 채 중국 국민정부의 절대 신뢰와 비호 아래 다른 독립운동 단체에 위세를 부리면서, 중국 측이 다른 독립운동 단체를 원조하는 일까지 방해하는 등 전횡이 극도에 달하였다고 판단하였다. 더욱이 의열단은 1933년 낙양군관학교(洛陽軍官學校)를 개설한 뒤 자금이 더욱 절실한 실정이었다. 의열단은 단일신당을 결성하여 중국 측에서 받는 원조금을 증액함으로써 재정상의 실권을 장악하고, 이 여세로 독립운동의 주도권까지 확보하려는 의욕이 강하였다.[56] 김구 세력의 전횡을 견제해야 한다는 데에는, 한국독립당 내에서도 조소앙을 비롯한 일부 인사들도 의견이 일치하였다.

1934년 3월 1일 난징에서 '한국대일전선통일동맹 제2차 대회 및 한국혁명각단체대표대회(혁명단체대표대회)'가 개최되었다. 이 대회에는 한국독립당 대표 김철·김두봉·송병조를 비롯한 각 단체 대표 12명이 참석하여 '대동단결체조성방침안(大同團結體組成方針案)'을 중심 의제로 논의하였다. 초점은 통일동맹에 가맹한 단체를 비롯해 모든 혁명단체를 전부 해소하고 단일대동맹(單一大同盟)을 조직하자, 이를 위해 임시정부까지도 폐지하자는 두 가지로 집약되었다.[57] 그러나 두 가지 난제가 연결된 사안은 결코 녹록한 문제가 아니었으므로, 대부분의 독립운동 단체들이 쉽게 결정하지 못한 채 시간이 흘러가고 있었다.

통일동맹이 '대동단결체의 조성' 방법으로 단일대동맹을 제기하자, 조소앙은 「대당조직문제」를 발표하였다.[58] 제목에서 보듯이, 이 글은 과거의 대당조직 운동이 실패한 원인을 분석하면서 해법을 제시하는 데 목적이 있었다. 여기서 조소앙이 가리키는 '대당(大黨)'은, 그가 일관되게 강조하는 '일정공동한 주의정강'을 가지고 일국의 혁명을 대표할 혁명당을 의미하였다. 그는 '대당조직'을 '통일운동'이라고도 표현하였다. '대당'이 "주의정강의 공동한 규정"을 전제하므로, 이는 통일전선운동이 아니라 민족주의 세력의 결합을 뜻하였으며, 사회주의 세력과 연합함을 가리키지 않았다. 이상은 그가 제시한 대원칙이었다.

조소앙은 이러한 대전제 아래, 단체 활동의 경험이 있으며 '일정공동한 주의정강'에 동감하는 개인 단위의 가입을 원칙으로 삼아, 이후 이들이 소속한 자단체(自團體)를 해소시켜야 한다는 세부 원칙을 제시하였다. 그는 단체 대 단체의 결합 또는 당 대 당의 합당을 통한 대당조직을 거부하면서, 대당조직이 이른바 전 민족 통일전선이 아님도 분명하게 밝혔다.

조소앙은 이 글에서 "만일 대당조직을 목적하는 것이라 하면 그것이 성취될 만한 모든 조건의 상당한 파악이 없이 모험적 시험을 하여서는 않될것이다."라고 못 박았다. 이 말에는 대당조직을 성취할 만한 충분한 조건이 획득된 다음에 출발하라는 전제가 깔려 있으므로, 현재는 시기상조라는 뜻이었다. 글의 서두에서는 "단체통일을 위한 매회(每回)의 집회와 매회의 대운동이 있은 후에는 그전보다 오히려 더 격심한 파당적 대립관계가 혹은 공공연한 투쟁의 형식으로서, 혹은 비밀한 음모적 작용으로서 발생되지 않았던가."라고 지적하였는데, 그는 통일동맹이 제기한 '대동단결체'가 이러한 과오를 재생산하지 않으리라고 확신하지 못하였다.

조소앙은 단일대동맹이 모든 혁명단체를 망라한 하나의 대당으로 조직되는 데 적극 반대를 표명하지는 않았지만 미온한 태도를 취하였다. 그가 표면화하지는 않았지만, 여기에는 임시정부의 위상과 지위 문제가 연관되어 있었다.

임시정부는 통일동맹이 제기한 대동단결체 문제에, 1934년 4월 국무원의 포고 형식으로 답하면서 "신조직의 집단은 최저(最低)한 정도로 4종(種)의 요소를 가져야 할 것"이라며 네 가지를 내걸었다.[59] 이 중 첫 번째가 "임시의정원의 직권을 대행하기 충족한 권위와 역량이 있을 것"이라는 조건이었다. 이때 대동단결체는 일당치국의 이념에 근거한 임시정부의 여당을 의미하는데, 이를 충족하는 조건은 현재 임시정부와 동일체인 한국독립당의 구심점 아래 다른 정당과 단체들이 흡수·통합되는 방식이었다. 다른 단체가 볼 때에는, 임시정부와 한국독립당의 태도 자체가 패권의식의 발동으로 비칠 여지가 충분하였으므로, 임시정부의 포고는 통일동맹이 제안한 대동단결체에 참석하지 않겠다는 선언이나 마찬가지였다.

이 포고에 연서한 국무위원은 김규식·김철·양기탁·송병조·윤기섭·조소앙·최동오·성주식(成周寔)이었다. 이들 가운데 송병조·김철·조소앙 3인 이외에는 한국독립당원이 아니었다. 이들이 이후 송병조와 김철(1934년 6월 29일 급성 폐렴으로 사망60))을 제외하고서 모두 민족혁명당에 가입하였음은 참으로 아이러니하였다. 바로 이들이 떠난 빈자리를 메운 사람이 김구였다는 데에서 더욱 그러하다. 후술하듯이 김구는 임시정부로 복귀하면서, 한국독립당의 맥을 계승하여 한국국민당을 창당함으로써 임시정부의 명실상부한 지도자로 부상하였다. 민족혁명당을 조직하여 김구를 제어하려던 의도는 정반대의 결과를 가져왔다.

임시정부의 존폐 문제까지 달려 있는 대동단결체 논의에, 임시정부의 대응 방침은 이렇게 일단락되었지만 한국독립당의 사정은 더 복잡하였다. 대동단결체 즉 단일신당 문제를 해결하기 위해, 1935년 2월 15일 항저우에서 한국독립당 제7차 대표대회가 열렸다. 이렇게 한국독립당이 공식 태도를 확정하기까지 꽤 시간이 걸린 데에는, 가장 중요한 '임시정부 존폐'를 둘러싸고 견해차가 존재하였기 때문이다. 일제 관헌 자료에 따르면, 송병조·조완구 등 임시정부 사수파들은, 단일신당이 조직될 경우 당시 중국 측의 지원을 받고 있던 의열단에게 실권을 빼앗길 가능성을 우려하였다.[61]

모두 17명의 대표가 참석한 이 대회는 '임정존폐'와 연계된 단일신당 문제를 둘러싸고 김두봉 등 찬성파, 송병조·조소앙·박창세·조완구·차리석 등 반대파, 양기탁 등 중립파로 갈리어 격론을 벌였다. 송병조·조완구·차리석 등은 의열단을 주동 세력으로 하는 신당 결성에 극력 반대하였는데, 이들의 논지는 의열단의 지도정신이 공산주의라는 데에 있었다. 김두봉 등은 김구 일파의 전횡을 제어하기 위해서는 작은 차이를 버려야 한다고 강조하였다. 그는 공산주의 정신을 배격하기 위해서는 신당에 참여하여 순민족파(純民族派)가 주요 간부의 지위를 획득함으로써 독립운동 세력의 패권을 장악하면 된다는 논리로 맞섰다.[62]

임시정부 해체파와 지지파의 논쟁은 수일간 지속된 끝에 2월 20일에 와서야 매듭을 지었다 이날 한국독립당은 "임시정부를 적극 지지한다"·"본당은 해소하지 않는다"·"제1조(신당참가 — 인용자)를 채용하지 않는다"의 세 가지 사항을 결의하고, 통일동맹에 "(혁명단체대표대회에 — 인용자) 대표를 파견하지 않는다. 시기상조이다."라는 회답을 발송하였다.[63]

그러나 한국독립당을 제외한 다른 정당·단체들이 '대동단결체'에 참가하기로 한 대세에서, 김두봉을 비롯한 단일신당 찬성파가 반대파와 중립파를 설득하는 데 주력하자 당내의 분위기도 바뀌었다. 한국독립당은 동년 5월 25일 항저우에서 개최된 임시대표대회에서 송병조·차리석 등 임시정부 사수파가 탈당함에 따라 혁명단체대표대회에 참가하기로 결의하고, 대표(정대표)로 최석순·양기탁·조소앙을, 보조대표(부대표)로 김두봉·박창세·이광제 등을 선출하였다.[64]

6월 20일 통일동맹이 주도하여 난징에서 개최된 재(在)중국각혁명단체대표대회(한국대일전선통일동맹 제3회대회)에는 한국독립당·조선혁명당·의열단·신한독립당·대한독립당의 5당 외에 대한인교민단(大韓人僑民團)·미주국민회(美洲國民會)·하와이국민회·하와이혁명동지회 등 9개 단체가 참여하였다. 한국독립당에서는 최석순·양기탁·조소앙이 대표로 참석하였다.

동 대회에서는 의열단이 초안한 신당의 규약·강령 등에 공산주의 내용이 다분함을 지적하는 민족주의자들과 의견 충돌이 첨예하였으나, 이후 6월 29일부터 열린 정식 회의의 7월 4일 회의에서 신당의 당명, 당의·당강·정책 및 당장(黨章)을 수정 통과하고 기타 중요사항을 의결하였다. 이날 결의 사항의 첫 번째와 두 번째는 각각 "당명을 '민족혁명당'이라 칭할 사(事)"·"임시정부의 헌법을 정정할 사"였다. 마침내 7월 5일 결당식을 거행하고 중앙집행위원·중앙검사위원(中央檢查委員)과 후보 위원을 선출하였다. 이로써 의열단·한국독립당·조선혁명당·신한독립당·대한독립당은 해체되고 통합정당인 민족혁명당이 창당되었다.

결당식을 거행한 후 선출된 중앙집행위원은 김원봉·김두봉·김규식·윤기섭·최동오·이청천·윤세주(尹世胄)·김학규(金學奎)·조소앙·진의로(陳義路)·최석순·신익희 등 15명이었으며, 중앙검사위원은 양기탁·홍진 등 5명이었다. 중앙집행위원의 명단을 보면, 한국독립당 소속은 조소앙·최석순·이광제 3명으로 민족혁명당에 참여한 5당에 고루 안배된 외양을 띠었다. 당의는 조소앙이 기초하였으므로, 3균의 이념이 천명되면서 한국독립당의 당의와도 대차가 없었다. 분규의 발단은 중앙집행위원회의 조직 구성에서 발생하였다.

민족혁명당은 창당 7일 만인 7월 12일 제1차 중앙위원회를 열어, 중앙위원회의 조직 조례를 정하고 각 당무 위원의 부서를 결정하였다. 이날 구성된 민족혁명당 중앙집행위원의 부서는 서기부(부장 김원봉, 이하 괄호 안은 부장임)·조직부(김두봉)·선전부(최동오)·군사부(이청천)·국민부(김규식)·훈련부(윤기섭)·조사부(진의로) 등 7개로 나뉘었고, 각부에 3명 안팎의 부원을 두었다.[65]

이러한 조직 구성의 가장 큰 특징은, 중앙집행위원회에 위원장 직제를 따로 두지 않은 상태에서, 민족혁명당 수반의 권한을 사실상 서기장에게 부여한 데 있었다. 문제는 의열단 대표 김원봉이 서기장을 맡아 실권을 장악한 데에서 발생하였다. 7개 부서의 장을 보면, 한국독립당 계열에서는 신당 조직을 선두에서 서서 가장 적극 주장하였던 김두봉이 핵심 부서인 조직부의 부장으로 선임되었다. 반면 신당 참여를 반대하였던 조소앙은 신한독립당의 신익희(선전부의 부원도 겸임)와 함께 국민부의 부원으로, 또 한국독립당의 최석순이 조직부의 부원으로 배속되는 데 그쳤다. 조소앙은 민족혁명당의 핵심 지도부에서 배제되었다. 또 신한독립당에서 합류한 독립운동의 거두 홍진 역시 중앙검사위원으로 선출되었으나, 민족혁명당의 지도부에서는 배제되었다.

민족혁명당의 내홍은 7월 12일 의열단의 김원봉이 당의 실권을 장악하자마자 곧바로 터져 나왔다. 한국독립당이 신당 조직에 참여한 이유와 목적은 김구파에 대항할 만한 강대한 세력을 확보하고, 중국정부에서 원조금을 받아 신당의 재정 실권과 당의 권한을 장악하려는 데에 있었다. 그러나 한국독립당은 단일신당에서 주도권을 장악하려는 애초 목적이 좌절되었고, 더욱이 조소앙은 중앙 간부의 지위에서도 소외되는 처지가 되었으므로, 이러한 사태를 김원봉의 '전횡'으로 단정하였다. 한 일제 관헌 자료는 조소앙이 단일신당 조직에 참여하였다가 탈퇴한 이유를 다음과 같이 분석·보고하였는데, 조소앙 스스로 밝히지 않은 이면을 짐작하는 데 참고가 된다.

신당(민족혁명당)에 참가한 구한국독립당 중 조소앙·박창세 등 몇 명은 이전부터 임시정부지지론을 품고 있었고, 공산주의를 철저히 배격하면서도 다만 당내의 대세에 지배되어 신당에 참가했음은 이미 말한 바와 같지만, 신당 결성 직후부터 김원봉과의 태도에 격분했으나 동지 강창제·김두봉 등의 만류와 대의적의 체면 때문에 참아왔다. (……)
그러나 김원봉의 태도가 더욱 노골화하였고, 9월 중순경 김구 일파와 송병조 일파가 연휴하여 의정원회의 소집을 준비함을 알게 되자 그렇게 되면 오랫동안 앙숙이던 김구 일파에게 임시정부를 빼앗길 것이라 생각하여 급히 민족혁명당과의 결별을 결심하고 먼저 임시정부 사수파에 접근하여 송병조로부터 한국독립당 재건비 100원의 원조를 얻고 (……) 조소앙·박창세·문일민·김사집(金思潗)·이창기(李昌基)·박경순(朴敬淳) 등 6명의 협의에 의해 9월 25일부터 한국독립당 동인(同人) 명의로 재건선언을 공표하여 신당으로부터 탈퇴하고 한국독립당을 부활하여 임시정부 지지를 성명했다.[66]

위의 자료에 의거하면, 조소앙이 민족혁명당과 결별한 이유는, ① 임시정부 지지, ② 공산주의 경향에 반대, ③ 임시정부 주도권 문제 등 세 가지였다.[67] 두 번째는 후술하기로 하고, 첫 번째 문제와 관련하여 이 당시 조소앙과 반목 관계에 있었던 김구의 기술은 저간의 사정을 이해하는 자료가 된다. 『백범일지』에 따르면, "임시정부를 눈엣가시(眼中釘)로 보는 의열단원 김두봉·김약산(김원봉을 가리킴 — 인용자) 등의 임시정부 취소운동이 극렬하였다." 그런데도 당시 임시정부의 국무위원 김규식·조소앙·최동오·송병조·차리석·양기탁·유동열(柳東說) 7인 중 송병조·차리석 두 사람만이 임시정부 폐지를 강하게 반대하면서 잔류하였고, 조소앙 등 5인은 "통일에 심취하여 임시정부 파괴에 무관심하였다." 이를 본 김두봉은 송병조·차리석 양인에게 임시정부를 취소하자고 강하게 주장하였으나, 두 사람 역시 강경하게 반대하였다.[68]

김구의 회고는, 임정 존폐와 단일신당 참여 문제에서 조소앙을 '중립파'로 파악한 일제 관헌 자료와 그대로 일치한다. 조소앙이 단일신당 결성에 참여하기로 방향을 선회하면서 임시정부 사수를 적극 내세우지 않았고, 또 표면화할 수도 없었던 이면의 이유가 임시정부 주도권에 있었음을 말해 준다.

민족혁명당에서 주도권을 상실한 조소앙 계열이 즉각 이탈하지 못한 사정이, 같은 한국독립당원 김두봉의 만류를 비롯해, 민족혁명당에 참여한 명분이 공염불이 되어 버리는 '대의적 체면'이었다는 일제 관헌 자료의 보고는 정확한 분석이었다. 『백범일지』에 따르면, 김구는 "임시정부가 무정부상태라는 조완구 형의 친서를 받고 심히 분격하여 급히 항주로 달려갔다." 임시정부의 무정부상태는 김구에게 임시정부로 시급히 복귀할 기회이면서, 임시정부의 여당으로서 한국국민당을 창당할 명분이 되었다. 김구가 기민하게 움직이자, 조소앙은 이러한 동향에 대응하여, '대의적 체면'을 대신할 대의를 내세우면서 시급하게 민족혁명당을 탈당함과 동시에, 임시정부의 주도권을 염두에 두고 한국독립당 재건을 선언하였다. 1935년 9월 25일 한날에 이루어진 일이었다.

조소앙이 민족혁명당을 탈당한 날은 한국독립당이 단일신당에 참여하기로 결정한 지 정확히 4개월, 민족혁명당이 창당된 지는 3개월이 채 되지 않는 짧은 시간이었다. 조소앙은 1935년 6월 20일 개최되는 재중국각혁명단체대표대회에 한국독립당의 대표로 참여하기 위해, 하루 전인 6월 19일 사표를 제출함으로써 이미 임시정부 국무위원직을 사임하였다. 사표는 10월 22일 김규식·양기탁 등 민족혁명당에 잔류한 국무위원 4인의 사직안과 함께 임시의정원 상임위원회에서 수리되었다. 이후 조소앙은 1939년 10월까지 임시정부의 내각에 참여하지 못하였고, 독립운동계에서도 소수의 인맥으로 자기 세력을 유지하였다. 반면 김구는 임시정부로 복귀하고 한국국민당을 창당하면서, 중국 내 민족주의 계열의 지도권을 장악한 데에서 더 나아가 비(非)민족주의 계열에까지 영향력을 확대해 나갔다.

조소앙이 민족혁명당에 참여한 행보는 자신이 제기한 '대당' 조직의 원칙에서 이탈하였고, 그토록 경계하고 우려하였던 민족운동 내의 분열을 재생산하는 오류를 범하였다. 목적도 명분도 어긋난 시행착오이자 자충수인 셈이었다. 그러나 이에 더하여, 오늘날까지 반복되는 색깔론도 갈등의 골을 깊게 하는 실책이었다.

한국독립당 재건, 신민주주의를 주창하다

조소앙은 민족주의자들의 헤게모니를 전제한 통합의 원칙에서 민족혁명당에 참여하였으나, 자신의 의도와 목표가 어그러지자 민족혁명당을 탈당함과 동시에, 임시정부 내에서 주도권을 장악할 목적에서 한국독립당을 재건하였다. 이른바 재건한국독립당이었다. 조소앙은 민족혁명당을 탈당하는 성명서 등을 갈음하여, 한국독립당을 재건하는 '선언'을 간단하게 발표하였다.[1] 이 점에서 보면, 조소앙이 한국독립당을 재건함으로써 민족혁명당에서 탈당함을 표명했다고 보아야 옳다. 선언의 첫머리는 한국독립당이 민족혁명당에서 분리되어, 자신의 재건설을 진행하여 주의와 정책을 일관하겠다는 말로 시작하였다. 선언의 요점은 다음 구절에 있었다.

(한국독립당을 — 인용자) 재건설하는 최대의 이유는 우리의 순수민족주의(純粹民族主義)가 주장하는 대의를 호유(護維)하고 우리 기미독립운동의 정맥(正脈)을 섭지(攝持)하는 데 있으며, 우리 혁명이론의 체계를 간이하고 명백한 진로에서 추진함으로써 우리 대중의 갈구에 부응하며 우리 독립당의 본령(本領)을 고수하고 우리 진영을 정화(淨化)하고자 할 뿐이라.

조소앙은 재건한국독립당의 이념 즉 삼균주의의 기반이 '순수민족주의'이며, 3·1민족운동의 정신을 계승하였다고 밝혔다. '순수'가 '불순'을 전제한다면, '순수민족주의'를 표방함은 다른 독립운동 세력과 자신을 분리시키려는 대립의식의 반영이었다. 이 짧은 선언에는 '우리(我)'라는 단어가 무려 9회나 나오는데, 그만큼 재건한국독립당을 다른 독립운동 단체와 구별하려는 '순수' 의식이 강하였다. 직접 지목하지는 않았지만, '순수'의 반대편에는 공산주의로 경사한 민족혁명당이 있었다. 이것은 민족혁명당에 잔류한 민족주의 성향의 인사를 염두에 두면서도, 민족혁명당이 한국독립당이 추진했던 민족주의의 본령에서 완전히 벗어났다는 뜻이었다.

「한국독립당 재건선언」은 간결한 선언으로 상징성을 띤 단어들을 사용하였으므로, '우리' 세력을 규합하기에는 설명이 필요하였다. 무엇보다도 민족혁명당에 가담하면서 해체시켰던 한국독립당을 채 석 달도 되지 않아 재건설해야 하는 대의명분을 제시하는 일이 시급했다. 1935년 10월 5일 항저우의 구(舊) 한국독립당 사무소에서 조소앙을 비롯해 7~8명의 재건한국독립당원이 모였다. 이들은 협의한 끝에, 자신들이 신당 즉 민족혁명당을 이탈한 경위·이유 및 한국독립당 재건의 방침을 각지에 산재한 구 한국독립당원들에게 주지시키기로 결정하였다. 이에 조소앙이 집필한 「고당원동지(告黨員同志)」라는 팸플릿을 10월 5일 자 '한국독립당 임시 당무(黨務)위원회'의 명의로 인쇄하여 15~16일경에 각 방면에 배포하였다.[2] 재건한국독립당을 결성한 지 10일 만이었다.

조소앙이 「고당원동지」를 집필한 동기와 목적이, 상해한국독립당을 해체하고 민족혁명당에 가담한 지 잠시간 만에 다시 탈당하여 한국독립당을 재건설한 모순된 행보를 변명하는 데 있었음은 부인할 수 없다. 이러한 자기 합리화가 민족혁명당을 공산주의로 덧칠한 이념상의 공세를 띠는 좋지 않은 선례를 남겼음도 사실이었다.

「고당원동지」의 첫머리는 한국독립당의 본령인 삼균주의와 신민주주의를 선포하기에 앞서 공산주의와 근본 차별성을 부각시켰다. 이에 따르면, 민족주의 독립운동의 국가관은 원칙상 사회주의와는 '판연(判然)' 다른데, "민족의 경제문제만을 중심으로 삼아, 국가의 말살과 주권의 포기와 자기민족의 과정을 무시하는 공산주의자와는 더욱 빙탄상용(氷炭相容)할 수 없는 피의 성분의 상반성을 가진다." 공산주의가 정말로 국가 말살, 주권 포기 등을 내세우는지 사실 여부는 차치하더라도, 조소앙의 이러한 주장은 과거 《독립신문》 (1922. 5. 6)에 게재한 「독립당과 공산당의 전도(前途)」와도 '판연' 다른 논리였다.

「독립당과 공산당의 전도」는 독립당 즉 민족주의와 공산당·공산주의 사이의 차이를 인정하면서도 민족독립을 위해 연대(합당이 아니라)할 가능성을 열어 두었다. 이때 조소앙은 일부 사람들이 공산당을 오해하는 내용으로, ① 독립대의를 돌보지 않는다, ② 세계주의로써 국체(國體)·국수(國粹)를 말살한다, ③ 러시아에 기대어 한국을 팔려 한다, ④ 왜인에게 기대어 한국을 바꾸려 한다 등의 네 가지로 정리하였다. 그러면서 목사 한 사람의 비행(非行)이 기독교의 교리가 아님과 같이 일부 공산주의자의 소행일 뿐인데 이로써 "공산주의의본령(本領)을공격함은과론(過論)이라아니볼수업다"[3]고 공산주의를 두둔하기까지 하였다.

1935년 10월 조소앙은 과거와는 완전히 상반된 태도로 변하여, 자신이 '과론'이라고 비판했던 그 내용으로써 민족혁명당과 공산당을 동일시하여 비난하였다. 그는 민족혁명당을 탈당하면서 '국내의 신간회'는 물론 자신도 참여하였던 '국외의 촉성회'조차 "백발백불중(百發百不中)의 결과에 이사아우(爾詐我虞)의 환극(幻劇)"이었을 뿐이라고 조롱하듯이 폄훼하였다. 이러한 논리는 삼균주의의 순수성을 강조한 끝에 삼균주의의 스펙트럼을 민족주의로 국한시켰고, 향후 재건한국독립당의 위상도 축소시키는 결과를 가져왔다.

그러나 다행스럽게도 「고당원동지」가 이러한 색깔론과 자가당착의 변으로만 일관하지는 않았다. 조소앙은 자기변명을 마친 뒤 곧바로, 3개월 이상 중단하였던 한국독립당의 생명을 재건설하여 부활하는 본의가 "신민주주의(新民主主義)의 본령을 명백히 발휘하기 위함이다. 신민주주의라고 함은 우리 당이 창조하여 당의·당강으로 내세운 바이다. 국내에서 특권계급을 부인하는 삼균주의가 이것이다."라고 선언하였다.

조소앙은 이 짧은 문단에서 한국민족운동사상 처음으로 '신민주주의'와 '삼균주의'라는 용어를 창조하면서, 1930년 1월 한국독립당 당의에서 "정치·경제·교육의 균등을 기초(基礎)한 신민주국을 건설"한다고 내걸었던 국가정체를 훨씬 구체화하였다. 자본민주주의와 소비에트민주주의 양자를 지양(止揚)한 인류의 보편이상으로서 신민주주의라는 보통명사는, 이것의 한국식 실현인 삼균주의라는 고유명사와 동일한 실체였다.

「고당원동지」에서는 서론 격에 해당하는 부분과 '二. 구(舊)민주주의와 신민주주의의 차이'에서, '구민주주의'가 4회, 이와 대립하는 '신민주주의'가 7회, '삼균주의'가 3회('삼균제도' 1회를 포함하여) 등장한다. 필자가 지금까지 확인한 바로는 「고당원동지」에 '삼균주의'라는 용어가 처음 등장한다. 이후 임시정부 내에서 「대한민국건국강령」(1941. 11)을 논의할 때 '삼균'이라는 용어가 쟁점이 되었음에 비하면, 조소앙의 측근들로 구성된 재건한국독립당에서는 그의 생각이 이론 없이 당의 공식 이념으로 채택된 분위기를 반영한다.

중국혁명에서도 마오쩌둥(毛澤東)의 「신민주주의론」이 중국공산당의 테제로 채택되기는 1940년 4월이었다.[4] 마오쩌둥은 1917년 러시아 10월혁명 이전의 중국혁명은 부르주아지가 주도한 구세계(舊世界) 부르주아 민주주의 혁명에 속했지만, 그 이후는 새로운 민주주의 혁명의 범주에 속한다[5]는 의미로 신민주주의를 사용하였다. 조소앙은 마오쩌둥보다 시기상으로 앞서 '신민주국' 국가정체(1930. 1)를 제시하고 '신민주주의'(1935. 10. 5)를 제창하였다. 뿐만 아니라 내용상으로도 전혀 상이하였으므로 「고당원동지」의 신민주주의론은 조소앙의 창견(創見)이었다.

「고당원동지」의 서론 부분에서는 민족주의 국가관이 공산주의와 근본에서 다름을 지적한 뒤, 한국독립당의 국가관과 관련시켜 '신민주주의의 본령'인 삼균주의를 다음과 같이 정식화하였다.

국가의 본질상 민족의 통일계획이 국가의 중추신경이 되기 때문에, 우리 당은 신민주주의의 기본강령에 기초하여 정치·경제·교육의 균등화를 제창함이다. 이것이 곧 삼균주의의 안목이기 때문에, 국가를 광복함과 동시에 일차방정식의 신건설로써 이중혁명의 위험을 방지·보장하려 함이다.

여기서 이중혁명은 광복 즉 민족혁명에 이어지는 계급혁명을 가리킨다. 즉 하나를 해결한 뒤에 또 하나를 해결하는 각각의 해결 단계가 일차방정식이라면, 이를 병행하여 수행함으로써 동시에 해결하는 신민주주의와 삼균주의는 곧 이차방정식이라는 주장이다. 이러한 해법은 공산주의 계급혁명인 유혈혁명을 방지하는 데에 목적이 있는데, 신국가에 정치·경제·교육의 균등화를 실현함으로써 유혈의 계급혁명을 대행한다는 방법론이었다.

「고당원동지」는 '二. 구민주주의와 신민주주의의 차이'에서, 자본민주주의와 소비에트민주주의를 구민주주의로 규정하고, 신민주주의가 낡은 두 민주주의를 모두 지양한 국가체제임을 구민주주의와 대비시켜 다음과 같이 설명하였다.

구민주주의의 결점은, 독재를 타도하여 독재를 창조한 데에 있다. 이른바 폭으로써 폭을 바꾼다 함(暴易暴)이 이것이다. 불란서·미국·러시아를 보라. 불란서·미국은 군주가 독재하는 압박에서 탈피하려는 동기에서 민주주의를 창립하였지만 백여 년간 시험한 결과는 지식파·유산파(有産派)의 독재화로 끝났으며, 의회제도가 전 민중을 대리한다는 '모토' 아래 전 민중을 수화(水火) 속에 빠지게 했다. 러시아는 군주독재와 지부(智富)계급의 발호에 자극되어 '소비에트' 제도를 창립하였지만, 십여 년간 실험한 결과는 무산독재로 결착(結着)되고 말았다. 그리하여 대다수 민중의 참정권을 박탈한 상태이다. (……)

우리 당의 신민주주의는, 삼균제도의 건국으로써 구미파(歐米派)의 구민주주의의 결함을 보구(補救)하고, 독재를 부인함으로써 독재제도의 맹아(萌芽)를 발취(拔取)하여 '러시아' 민주주의의 결점을 보구하려 함에 있는 까닭에, 우리 민족 대다수의 행복을 가져오기 위해 우리 민족 대다수의 소원대로, 우리 민족 대다수의 집체적(集體的) 총기관을 설립하려 함이다. 소수가 다수를 통치하는 착취기관인 국가 또는 정부를 근본에서 부인하여 다수 자신을 옹호하는 자치 기능의 임무를 충실히 실천할 수 있는 독립정부를 수립하려 함이다.

작은 책자의 소절(小節)에서 "다수 자신을 옹호하는 자치 기능의 임무"를 충분히 설명할 수는 없었겠지만, 이 말 자체만으로도 민주주의의 기능을 새롭게 해석함으로써 향후 민주주의의 지향점을 제시하였다는 데에서 조소앙의 창견성은 높이 평가받을 만하다.

「고당원동지」는 신민주주의 즉 삼균주의를 '조선의 민주주의'로 표현하면서, 이러한 민주주의가 민주주의 역사에서 전례 없었다고 자부하였다. 조소앙은 지금까지 시험한 정치제도에서는 정치민주화·경제민주화·교육(문화)민주화를 균등의 원칙으로 병행시킨 국가의 예가 없었다고 지적하였다. 러시아는 경제민주화를 균등하게 추구하였지만 교육민주화와 정치민주화는 실현하지 못하였으며, 불란서와 미국의 정치민주화는 형해(形骸)만 남은 화석이 되었고 교육·경제의 민주화는 꿈도 꾸지 못하였다고 비판하였다. 따라서 정치·경제·교육을 민주화하여 병진한 국가는 아직 세계에서 전례가 없었음을 상기시키면서, "균등의 민주화를 정치·경제·교육에서 동시에 적용하는 표본(標本)"이 "전례 없는 신표본(新標本)·신전형(新典型)·신범주(新範疇)로써 우리 당의 골자로 하여, 우리들의 재건설은 미증유(未曾有)한 창작(創作)의 국가를 배태하여, 인류에 신제도를 출현하는 정중한 동기이다."라고 자평하였다.

조소앙이 재건한국독립당을 결성하는 과정과 결과는 긍정과 부정의 영향을 동시에 남겼다. 먼저 긍정의 면을 말한다면, 한국독립운동사에 두 가지 중요한 진전을 가져왔다. 첫째는 상해한국독립당 당의에서 제기한 '신민주국'이 '신민주주의'로 구체화하면서 삼균주의가 더욱 심화되었다. 이는 '대의적 체면'을 무릅쓰고 민족혁명당을 탈당하는 합리화의 필요성, 대립관계로 설정한 민족혁명당과 차별성 부각, 경쟁 관계에 있던 김구계 등 다른 민족주의 정당·단체들을 주도할 이념·노선의 정립 등 여러 가지 목적성이 복합 작용한 결과였다.

둘째는 재건한국독립당이 결성된 이후 창당되어, 삼각관계로 정립(鼎立)되는 김구 주도의 한국국민당과 이청천의 조선혁명당이 모두 삼균의 이념을 표방하였다는 사실이다. 이는 상해한국독립당을 계승하였다는 이념상의 동질성을 의미하므로, 뒤에 3당이 1당으로 통합되어 통합(충칭)한국독립당을 결성하는 토대가 되었다. 즉 삼균주의가 1930년대 들어 적어도 민족주의 계열에서는 공통된 이념으로 자리 잡았고, 민족주의 계열을 통합하는 이론으로 작동하였음을 뜻한다. 한국독립운동의 이론가로서 조소앙이 기여한 공적이었다.

여기서 사상은 사상과 논전하면서 발전하는 정반합(正反合)의 과정임을 새삼 확인하게 된다. 분열과 경합이 이론의 진화를 가져온 역설이었다. '신민주국'과 '신민주주의' 이념은 오늘날의 한국사회도 경청해야 할, 한국독립운동사에서 더 나아가 한국민주주의 발전사에서 하나의 이정표가 될 만한 '선언'이었다고 평가하고 싶다. 이 점에서 「고당원동지」라는 소책자는 한국독립운동사와 민주주의사에 공과(功過)의 양면을 선명하게 남겼지만, 한국민주주의의 미래에 커다란 방향을 제시하였다는 의의는 참으로 컸다.

분열과 갈등의 지속

「고당원동지」는 1935년 한국민주주의사에 이정표가 되었지만, 이 팸플릿의 집필 배경과 동기에 따르는 논리의 한계도 분명하였다. 조소앙은 1922년 자신이 제시한 테제를 발전시키지 못하고 오히려 후퇴한 측면을 노출하였다. 「한국독립당 재건선언」이 '순수민족주의'를 표방한 뒤, 「고당원동지」는 이를 설명하는 과정에서 지나치게 공산주의와 유물론에 대립각을 세우는 반공주의 시각을 드러냈다. '유물론'과 '국학파'를 대척점에 놓고, 국학파로 자처함으로써 사회·공산주의자들에게는 삼균주의의 편향성을 인식시켰다. 이로써 삼균주의는 민족주의 이념으로서 외연을 명확히 설정하였지만, 민족통합의 이론으로 발전하는 걸음에 스스로 발목을 묶었다.

조소앙이 순수민족주의를 내세워 삼균주의의 본령을 선명하게 강조한 태도는, 이후 민족주의정당을 통합하는 데 순기능으로 작용하였다. 반면 사회·공산주의와는 분명하게 차별성을 부각시킴으로써, 삼균주의가 사회·공산주의까지 포용하는 통합이론이 아님도 천명하였다. 1935년도는 삼균주의가 자기 정체성을 확연하게 정립한 해였다. 이 무렵 삼균주의에 기반을 둔 임시정부는 사회·공산주의도 참여한 연합정부가 아니라, 민족주의자들의 독립운동 단체로 국한되면서 '정부'로서의 위상을 확립하지 못하였고, 대외 관계에서도 입지점을 위축시켰다. 임시정부가 사회주의자와 아나키스트들에게도 개방된 연합정부로서 외연을 넓힌 시기는, 제2차 세계대전으로 인하여 국내외 조건이 급변하는 때였다.

삼균주의의 이념 지형이 축소된 데에는, 조소앙이 과거 통합운동에 가담·탈퇴한 경험이 그대로 반영되었기 때문이다. 이때까지 그는 분열의 늪에서 벗어나지 못한 채 자신이 분열의 한 골을 이루고 있었다. 그가 민족유일당촉성운동을 비롯해 민족혁명당에 가담하였다가 실패한 경험은, 1922년 자신이 정립한 공산당과 연대하는 원칙조차도 후퇴시키는 요인으로 작용하였다.

「고당원동지」는 '五. 과거의 실패와 장래의 보구(補救)'에서, 부동
(不同)한 주의(主義)의 합류는 압록강과 두만강이 합류할 수 없음과 마
찬가지로 불가능하며, "신간회와 촉성회의 실패는 '주의상반불합류
(主義相反不合流)'의 공리(公理)를 표시한다."라고 단언하였다. 그리고 '민
족적 총단결' 또는 '복합단체'의 '임시 합작'은 가능할 여지가 있지만,
이들이 '정개적(整個的)' 정당인 단일당으로 결합함은 가능하지 않다
고 잘라 말하였다. 나아가 「고당원동지」의 마지막 소절인 '九. 민족혁
명당에 대한 태도'에서는 민족혁명당에 경계심이 과하였던 탓인지 상
대를 자극하는 언어를 구사함으로써, 공산주의는 물론 민족혁명당과
연대할 가능성도 사실상 거의 차단하였다.

재건한국독립당이 「고당원동지」를 통하여 민족혁명당을 비방하
자, 민족혁명당 측도 즉각 반격전에 나섰다. 1935년 10월 9일 개최된
민족혁명당 제4차 중앙집행위원회에서는 조소앙 등 6명의 한국독립
당 재건 선언을 '내재적 음모'로 규정하여 엄중히 조사케 하고, 6명의
당직을 파면하고 당적에서 제명했다.[6] 이어서 민족혁명당 중앙집행위
원회는 「조용은(일명 조소앙) 등 6명 반당(反黨)사건을 부벽(部劈) 선포한
다」를 발표하여, 조소앙의 민족혁명당 탈당과 한국독립당 재건을 '반
당 사건'으로 규정하면서 「고당원동지」를 적극 반박하였다.

용은(鏞殷) 등의 반당사건은 열성분파(劣性分派)인 점에서 그 근본적
본의가 결정되어 있다. (……) (줄임표는 번역자의 표기임 — 인용자) 우리
민족의 숙구(宿仇)인 열성분파의 제일 특징은 정치적 이상에 의해

분열하는 분파가 아니라 열악한 사리(私利)에 의해 이합(離合)하는 점에서 발휘되고 있다. 그리하여 이것이 정치를 위장하고 있는 점에서 한층 특색을 나타내고 있는 것이다. (······)

그들의 「고당원동지」에서 본 당의 강령은 그들이 재건하려 하는 분파(分派)와 공통되고 있다고 명백히 말하고 있다. 정치적 이유로 분파할 자격이 없음을 스스로 고백하고 있음은 그들의 행동이 사리를 위한 행동임을 고백하고 있는 것이다. (······)

3균주의는 (······) 정치·경제·교육의 평등화는 본 당 당의에 명백히 있다. 또 이것은 현재 전세계의 가장 광범한 정치이상으로써 삼척동자도 부르고 있는 정치구호이다. (······)

이기(理氣)의 논설은 주유(朱儒)인 정주학(程朱學)의 찌꺼기인데, 용은 등은 이것을 국학(國學)이라 하여 고유한 국학을 팔려고 하고 있다. 또 이를 전승한 그들이 우리 국학자가 아님은 우리 민족 주지의 사실인데 용은 등은 홀로 이를 국사(國師)로 하여 그 철학적 정맥을 발휘할 것임을 자임하여 아(我)를 멸(滅)하고 타(他)를 농(弄)하는 노예적 역사의 반복을 도모하고 있다.[7]

위의 비판은 조소앙의 행보를 '열성분파'의 '사리'에서 나온 행동으로 규정하였다. 조소앙 자신이 민족혁명당의 당의 등을 기초하여 놓고서, 이념상의 상위(相違)를 이유로 들어서 탈당한 모순된 행동을 겨냥한 극렬한 비판이었다.

독립운동계의 원로로 민족혁명당에 가담·잔류한 양기탁(梁起鐸)도 분개하여, 실명으로 「조소앙 등 6인의 반당 사건에 관하여 일반동지에게 고하는 글」을 발표함으로써 조소앙과 「고당원동지」를 정면으로 공격하였다. 다음 말은 조소앙의 모순된 행동에 정곡을 찌른 뼈아픈 지적이었다.

「고당원동지」의 요지는 신통일당(민족혁명당을 가리킴 — 인용자)을 홍색분자(紅色分子)라고 은연중 모함하면서 당에 대한 도전을 피하고 이목만을 현혹시켜 외력(外力)을 빌어 박멸하려고 하는 음모에 지나지 않는다. 그리고 증거를 표명하지도 않음도 모순이다. (······)
특히 한국독립당 시대에 절실히 악수환영하여 통일동맹을 공동적으로 창립한 것이 사실이며 금반 통일당 창립에도 소앙(素昻) 등 자신이 한독당 대표로서 한독당 안(案)에 의해 성립시켜 놓고 지금에 와서 홍색당(紅色黨)이라 모함하려면 최초부터 반대하고 참가하지 않아야 할 것을 왜 통일에 찬성, 참가하고 성의로 노력하여 간부가 되었는가. 이것을 보아도 사체를 확실히 알 수 있는 것 아닌가.[8]

조소앙이 탈당한 뒤에도 양기탁·김규식·이청천·최동오·윤기섭·신익희 등 결코 사회·공산주의자로 규정할 수도 없고, 또 인식되지도 않은 인사들이 민족혁명당에 남아 있었다. 다 아는 바와 같이, 양기탁(1871~1938)은 대한제국시기 《대한매일신보(大韓每日申報)》의 주필을 지냈고, 안창호 등과 함께 신민회(新民會)를 조직하여 이른바 '105인 사건'으로 옥고를 치른 뒤 중국으로 망명한 독립운동가였다. 그는 노경에 이른 원로(이동녕·이시영 등과 동년배에 해당)로서 실명을 내걸고, 민족혁명당을 '홍색당'으로 모함하는 조소앙을 직접 지목하여 비판하였다.[9] 그만큼 분노가 컸음을 말해 준다.

오늘날 보아도, 양기탁의 지적은 매우 타당하였다. 조소앙이 민족혁명당을 탈당한 이유로 이념의 차이를 거론한 자체가, 자신이 민족혁명당에 참여한 행보가 오류였음을 시인한 데 불과하였다. 조소앙은 「열사김상옥전」에서, 김상옥이 자신이 창립한 한살임당에 가입하였음을 말하면서 김상옥이 「의열단선언」을 읽었다고 기술하였으므로, 김원봉과 의열단의 성향과 운동 양태를 파악하지 못하였을 리없다. 김원봉과 애초 이념상의 접점을 찾을 가능성이 없었다면, 조소앙 자신의 이론대로 '연대'에 그쳤어야지 '대당' 형태로 통합을 추구함은 모순이었다. 조소앙이 민족혁명당을 탈당한 명분은, 김원봉과 의열단의 이념·운동 성향, 즉 자신이 '연합'의 전제로 그토록 강조하였던 '공동한 주의'조차 면밀하게 확인하지 않고 단일신당에 참여하였다는 반증으로 귀결될 뿐이었다.

더욱이 조소앙은 이념상의 대립자(對立者)를 공산주의(양기탁의 표현을 빌리면 '홍색')로 매도하는 나쁜 선례를 남겼다. 그가 의열단을 가리켜 공산주의 단체로 직접 지목하지는 않았지만, 이념상의 차이를 공산주의로 규정함은 오늘날에도 색깔론으로 반복되는 선례가 되었다. 노선의 차이가 감정의 골까지 깊게 파면서, 독립운동 진영 사이의 분열과 갈등은 한동안 지속될 수밖에 없었다.

조소앙은 한국독립당을 재건하는 선언문에서 자신의 주장에 부합하는 동지들이 합류하리라고 확신하였지만, 그가 수없이 강조하였던 '우리'의 결속은 성공하지 못하였다. 그는 독립운동의 주도권은커녕 한국독립당을 재건설하는 데에서도 사실상 실패하였다. 상해한국독립당은 8개 항의 당강 가운데 2·3항에서 "엄밀한 조직하에 민중적 반항과 무력적 파괴를 적극적으로 진행함"·"세계피압박민족의 혁명단체와 연락을 취함"이라는 실천 강령을 내세웠지만, 재건한국독립당은 이를 실천할 여력이 없었다. 상해한국독립당 때부터 발행하였던 기관지 《진광》도 1935년 11월 4·5호로 합간(合刊)하는(이후에는 휴간) 등 조소앙의 독립운동은 선전 활동에 그치고 말았다.

　여기에는 무엇보다도 재정상의 이유가 가장 컸다. 조소앙은 독립운동 자금을 구하기 위하여 백방으로 분주한 끝에 1936년 4월 광둥성 정부에게서 매월 140원의 원조를 받게 되었고, 기타 원조금을 합하여 월 300불 정도에 이르렀다. 그러나 이후 중국 정세가 변동함에 따라, 자금 출처였던 광둥 방면의 군벌 천지탕(陳濟棠)이 세력을 잃고 도피하게 되자 원조는 두절되었다. 재건한국독립당의 운영이 곤경에 빠졌음은 물론, 당원들의 생활고도 극심하였다. 자연 당원 수는 감소하였고, 핵심 당원이었던 박창세·문일민 등이 이탈하여 민족혁명당으로 복당하는 사태까지 생겼다. 재건한국독립당은 한국맹혈단(韓國猛血團)과도 합당을 시도하였으나, 이 당의 김동우(金東宇)를 제외한 단원들이 검거되었고, 또 김동우마저도 민족혁명당에 입당하였으므로 수포로 돌아갔다. 1936년 말에는 민족혁명당 내에서 김원봉과 갈등 관계에 있었던 이청천 계열과 연합을 시도하였으나, 이들이 1937년 4월 조선혁명당을 결성함에 따라 이 또한 무산되었다. 재건한국독립당은 조소앙·홍진·김사량(金思良, 金思濬이라고도 함)·이창기(李昌基)·박경순(朴敬淳)·조시원(趙時元, 조소앙의 아우) 등 10여 인 정도로 간간히 유지되었다. 가중되는 재정난으로 한국국민당에 재정 지원을 의존하는 형편

이 되었고, 한국국민당과 합당 필요성이 제기될 정도로 침체를 면치 못하였다.[10]

재건한국독립당이 실패는 재정난에 있었지만, 조소앙의 모순된 행보가 가져온 결과이기도 하였다. 삼균주의라는 이념의 선도성만으로 독립운동의 주도권을 획득하기에는 현실의 벽이 너무 높았다. 최대의 패착은, 그가 민족혁명당에 참가하여 임시정부를 방치함으로써 임시정부를 궤멸 상태에 빠트린 원인을 제공한 데 있었다.

임시정부의 요인을 역임했던 원로들은 무정부상태의 임시정부를 부흥시키기 위하여, 독립운동계에서 가장 막강한 자금력을 지녔던 김구[11]와 연합을 시도함으로써, 김구가 임시정부로 복귀할 명분을 제공하였다. 이로써 김구는 임시정부의 실권과 주도권을 장악하였고, 조소앙 계열은 한동안 임시정부에서 배제되었다. 조소앙이 임시정부에서 소외된 결과는 자업자박이었지만, 이 과정은 한국독립운동사에 부끄러운 민얼굴을 또 한 번 노출시켰다.

재건한국독립당이 임시정부에서 소외되다

김구는 임시정부에서 이탈하였으나, 민족혁명당에도 가담하지 않고 한국독립당의 당적을 유지하고 있었다. 조소앙이 민족혁명당을 탈당하기 직전, 김구계는 송병조계와 연합하여 임시정부의 실권을 장악하려는 움직임을 보였다. 송병조는 민족혁명당에 참가하지 않고 임시정부에 잔류한 임시정부 사수파였다. 조소앙은 김구의 동향을 포착한 뒤 송병조와 제휴하려 시도하였고, 가능성도 확인하였으므로 민족혁명당을 탈당하였다. 송병조계도 애초 김구계를 견제하기 위해 조소앙의 한국독립당 재건운동에 찬동했으나, 얼마 후 조소앙이 민족혁명당을 탈당한 동기에 의구심을 갖게 되었다. 또 이동녕을 통하여 김구에게서 재정을 지원받자, 김구와 연대하여 임시정부를 재조직하는 쪽으로 방향을 바꾸었다. 일제 관헌 자료에 따르면, 김구는 이동녕을 통하여 송병조에게, 1935년 9월 19일 항저우에서 개최되는 임시의정원 회의 비용으로 금(金) 500원을 교부하였다.[12] 이로써 송병조계와 제휴하여 김구계를 저지하고, 임시정부 내의 주도권을 장악하려던 조소앙의 의도는 무산되고 말았다.[13]

민족혁명당으로 귀결된 신당조직 문제가 제기되기 전후, 임시정부의 상황은 종잡기 어려울 정도로 굴곡졌다. 1934년 10월 30일 개회한 제27회 임시의정원 회의는, 제31일 차 회의에서 결원(1934. 6. 29 김철의 사망 등)이 된 국무위원 4인 가운데 2인만을 보선함으로써 국무위원의 수를 전년도의 9인에서 7인으로 조정하였다. 이에 3차 국무위원회의 제2년 차의 진용은 송병조·조소앙·양기탁·김규식·최동오·유동열·차리석 7인으로 유지되다가, 1935년 4월부터 6월 사이에 7인의 국무위원 가운데 송병조(의정원 의장 겸)·차리석(의정원 부의장 겸) 2인만 남고 사표를 제출하자, 임시정부는 윤봉길 의거 후 다시 위기에 봉착하였다. 사표를 낸 국무위원 5인의 이유는 모두 신당조직에 참여하는데 있었고, 이후 이들은 민족혁명당의 간부에 선임되었다. 조소앙이 국무위원의 사표를 제출(그러나 임시의정원의 의원직은 사임하지 않았다.)한 날은, 재중국각혁명단체대표 대회가 열리기 하루 전인 6월 19일이었다.

그는 자신이 한국독립당 대표의 한 사람으로 피선되고, 신당조직 운동은 종래의 정부 방침이었음을 이유로 들어 사직하였다. 신당조직에는 1934년에 국무위원직을 사퇴하였던 윤기섭·신익희·성주식 등과, 이전 임시정부의 국무령을 지냈던 홍진이 신한독립당을 대표해서 참여하였고, 이들도 이후 민족혁명당에서 간부직을 맡았다.[14]

이러한 상황이었으므로 임시정부는 국무회의조차 개최할 수 없었다. 송병조·차리석 2명의 국무위원을 비롯해 연로한 민족주의자 10여 명이 사수함으로써 가까스로 명맥을 유지할 뿐이었다. 조소앙이 임시정부로 복귀하여 주도권을 장악하려 하자, 송병조·차리석 등 임시정부 사수파는 임시정부의 소생책을 강구한 끝에 광둥에 있는 김붕준(金朋濬)·양명진(楊明鎭)과 연락을 취하였다. 또 이들은 항저우의 이시영·조완구 등에게 협력을 부탁하여 승낙을 받았고, 다시 자싱(嘉興)의 이동녕에게 자주 드나들며 협의를 거듭하였다. 이시영·이동녕·조완구 등은 모두 임시정부의 중심을 이루어 왔던 원로 격에 해당하는 인사들이었다. 조완구는 난징(南京)에 있는 김구에게 임시정부의 어려운 사정을 알리고 원조를 권하였으며, 김구도 이에 응하여 이동녕·조완구를 통하여 협력할 뜻을 알렸다.

김구는 윤봉길 의거 이후 만 3년을 임시정부에 참여하지 않으면서, 중국 조야에서 받은 자금을 독점하여 각계의 거센 비난을 받아 왔다. 그는 김철·조소앙·송병조와 반목하면서, 이동녕·엄항섭(嚴恒燮)과도 소원한 관계였지만 이 두 사람과는 화해하였다. 김구는 임시정부의 원로들에게서 지지를 획득함에 따라 임시정부로 복귀할 전기가 마련되었다. 그는 5월 19일 자로 「임시의정원 제공(諸公)에게 고함」이라는 서한을 보내어, 그동안 자신의 태도를 해명하는 한편 임시정부 해소의 부당성을 지적하면서 임시정부에 충성을 표시하였다. 이후 임시정부는 김구를 중심축으로 삼아 빠른 속도로 재편되기 시작하였고, 김구는 임시정부의 주도력을 장악하였다.

이러한 분위기에서 1935년 10월 19일 제28회 임시의정원 회의가 항가오리(杭垣)에서 개원하였다. 출석 의원은 송병조(의장)·차리석·조완구·문일민·조소앙·김붕준·박창세·양명진 등 8명뿐이었다.[15] 이 자리에서 아래에 서술하는 송병조의 제안이 있었다. 10월 22일에 항저우 임시정부 임시판공처에서 속개한 회의에는 송병조·차리석·조소앙 등 7명이 의원이 참석하여 진행되었다. 이날 회의에서는 국무위원 유동열·양기탁·김규식·최동오·조소앙 등 5인이 제출한 사직안 처리 건을 상임위원회로 넘겨서 5인의 사직서를 수리하였다.[16] 그러자 의당 국무위원을 보선하는 문제가 중심 의제로 떠올랐고, 이후 10여 일간에 걸쳐서 표리 양면에서 타협이 진행되었다.

일제 관헌 자료에 따르면, 송병조는 임시정부의 곤경을 타개하기 위하여 김구파의 원조가 절대 필요하다고 주장한 반면, 조소앙·박창세는 강력히 반대하였으므로 타협이 쉽게 이루어지지 않았다. 이에 송병조는 조완구·이시영 등과 은밀히 상의하고 다시 김붕준·양명진 등을 합하여 대책을 협의한 결과, 조소앙·박창세는 차차 기회 있는 대로 설복하기로 하고 우선 이동녕을 통하여 김구에게 참여를 요청하기로 결정하였다. 마침내 이 계획이 성공하여 김구에게서 승낙을 받자, 박창세·조소앙을 설득하는 일은 뒤로 미루기로 하고 일단 국무위원을 보선하였다.

여기서 반드시 짚어야 할 대목은, 국무위원 보선이 의정원의 공식회의가 아니라, 물밑에서 의정원의 의원도 아닌 인사들이 참여하여 결정되었고, 동일한 방식으로 국무위원의 부서가 배정되었다는 사실이다. 일제 관헌 자료와 『백범일지』는 세부 내용에서는 다르지만, 비공식 회의에서 원외 인사들이 참여하여 국무원을 구성하고 부서까지 배정하였다는 데에서는 일치한다.

일제 관헌 자료에 따르면, 1935년 10월 하순 자싱의 엄항섭 집에서 김구·이동녕·조완구·이시영과 송병조계가 모여서 국무위원을 개선하고, 11월 3일 국무위원 취임식을 거행하였다.[17] 반면 『백범일지』는 당시의 상황을 다음과 같이 기술하였다.

이 무렵 나는 임시정부가 무정부상태라는 조완구 형의 친서를 받고 심히 분노하여 급히 항주로 갔다. 그곳에 주재하던 김철(金澈)은 이미 병사하였고, 5당 통일에 참가하였던 조소앙은 벌써 민족혁명당에서 탈퇴하였다.

그때 항주에 주거하던 이시영·조완구·김붕준·양소벽[18]·송병조·차리석 등 의원들과 임시정부 유지 문제를 협의하였다. 그 결과 의견이 일치되어 일동이 가흥에 도착하여 이동녕·안공근·안경근·엄항섭·김구 등이 남호(南湖)에 놀잇배 한 척을 띄우고 선중에서 회의를 개최하였다. 이 회의에서 이동녕·조완구·김구 3인을 새로 국무위원으로 보선하니, 기존의 송병조·차리석을 합하여 모두 5인이 되어, 비로소 국무회의를 진행할 수 있게 되었다.[19]

김구는 곧이어 자신이 한국국민당을 창당할 수밖에 없었던 상황을 변해하였는데, 위의 회고에서는 비정상(非正常) 회의를 개최하여 국무위원을 인선한 위헌·위법한 행위에는 한마디의 해명도 하지 않았다. 일단 위의 일제 관헌 자료와 『백범일지』에서 거론된 인물 가운데 김구·엄항섭·이동녕은 임시의정원의 의원이 아니었다. 이 3인은 1934년 1월 2일 속개[20]한 제26회 임시의정원 회의에서 해임되었다가, 1936년 11월 10일 개원한 제29회 임시의정원 회의에서 안경근·안공근·이시영·조성환 등과 함께 신도의원으로 인정됨으로써 의원 자격을 회복하였다. 이때 자격심사 위원은 조완구·김붕준·양묵(양우조)였다.[21]

제28회 임시의정원의 출석 의원은 김붕준·문일민·박창세·송병조(의장)·양명진·조소앙·조완구·차리석 8인이었는데, 김구가 협의한 임시의정원 의원은 조완구·김붕준·양소벽·송병조·차리석뿐이었다. 『백범일지』에서 언급한 이동녕·안공근·안경근·엄항섭·김구는 모두 원외 인사였다. 이들이 국무위원을 선정하는 회의를 주재하고 부서까지 배치하는 정변을 꾀한 셈이었다. 이 과정에서 한국독립당 재건파인 조소앙·박창세·문일민은 의원의 자격이 있는데도 철저히 배제되었다. 안경근·안공근은 김구가 주도하는 한인애국단의 핵심 인물로, 황해도 신천(信川) 출신으로 황해도 해주(海州) 출신인 김구와는 지역 연고도 강하였다. 분파에 의거한 위헌·위법한 행동이 조용한 쿠데타를 감행하여 정부를 재구성하는 일이 벌어졌다.

임시의정원 의장 송병조는 그래도 적법한 요건을 갖추어야 했으므로, 임시의정원 회의에서 국무위원을 선임하는 절차를 거쳤다.

그러나 이는 요식 행위에 불과하였고, 이 과정에서도 편법과 불법은 계속 자행되었다. 10월 23일 속개한 제28회 임시의정원 회의에서는 7인의 의원이 참석(결석 6인, 명단은 기록되지 않았음)하여 개회하였는데, 의장이 개회를 선포한 후 비공식 담화를 해야 한다며 정회(停會)를 했다. 이후 공휴일을 제외하고 모두 정족수 미달을 이유로 정회하였다가 11월 2일 개회하였으나, "출석원(出席員)이오인(五人)이오결석원이팔인(八人)"인데도 의사진행을 강행하였다. 이날 회의에는 개원일에도 참석하였던 조소앙·문일민(두 사람은 10월 22일 회의에도 참석)·박창세(10월 22일 결석)를 배제하였다. 회의는 송병조·차리석·김붕준·양명진·조완구의 5인(이들이 이날 회의에서 동의·재청·삼청한 의원이었다.)이 참석하여, 국무위원 5인을 보선하고 종전과 같이 7인의 국무위원회를 재구성하였다. 이날 보선된 국무위원은 김구·이동녕·이시영·조욱(曹煜, 조성환)·조완구였으며 차리석·송병조는 유임되었다.[22]

제28회 임시의정원의 속회(續會) 장소는 회의록에도 기록되지 않았으므로 '미상'이라고 기록해야 하는 이례(異例)의 특징을 남겼다. 무엇보다도 위헌을 감수하면서, 10월 말 김구 등 원외 인사들과 합의하여 국무위원 선임을 강행한 사실은 한국독립운동사와 민주주의사에도 수치로 기록될 만한 역사였다. 「대한민국임시약헌」(1927 4. 11)의 제2장 제10조에는 "임시의정원은 총의원 3분의 1 이상의 출석으로 개회하며 출석원 과반수의 찬동으로 의안을 결정함"이라 규정하였다. 제11조에서는 "국무위원과 국사(國使)를 임면(任免)하며 조약체결과 선전 강화에 동의하되 총의원 과반수의 출석과 출석원 3분의 2의 찬동으로 함"이라고 명시하였다.[23]

임시정부는 11월 3일 국무위원 취임식을 거행하고, 신내각의 부서를 배정하였다. 국무위원회 주석 이동녕, 내무장 조완구, 외무장 김구, 재무장 송병조, 군무장 조욱, 법무장 이시영, 비서장 차리석이었다. 새로 구성된 국무위원회는 11월 하순에, 항저우로 피해 있던 정부의 판공처를 전장(鎭江)으로 옮기기로 결정하였고, 이에 따라 송병조·차리석·조성환·조완구 등의 요인이 전장으로 이사하였으며 김구는 난징으로 돌아갔다.[24]

이로써 조소앙은 신약헌 제3차 국무위원회 제3차년도의 국무위원 구성에서는 배제되었으나, 김붕준·양묵과 함께 임시의정원의 상임위원으로 선임됨으로써 임시정부에는 잔류하였다. 그를 비롯해 한국독립당 재건파는 모두 국무위원에서 배제되었으므로 1939년 10월까지 임시정부의 내각에 참여하지 못하였다. 그나마 조소앙을 임시의정원에 잔류시킴은 분열의 책임을 면하려는 면피행동이었으나, 이후 통합의 가능성을 열어 둔 조치였다. 이렇게 임시정부는 3년 반의 항저우 시절을 끝내고 2년간의 전장 시기로 들어갔다. 전장은 장쑤성(江蘇省)에 위치하였는데 상하이와 항저우에서 난징으로 향하는 길목이었다. 임시정부의 임시판공처는 전장에 소재하였지만, 정부의 요인들은 난징에 근거지를 마련하고 활동하였다.

1년여의 시간이 흐른 뒤, 1936년 11월 10일 제29회 정기 임시의정원 회의가 자싱에서 개원하였다. 이날 회의에는 국무위원 전원과 새로 선출된 9인의 위원 중 7인인 이시영·조성환·이동녕·김구(이상 국무위원)·엄항섭·민병길(閔丙吉)·안경근이 참가함으로써 12인의 의원이 출석하여 회의가 시작되었다. 조소앙(재건한국독립당 소속)과 박창세·

문일민(재건한국독립당에서 민족혁명당으로 복당) 의원은 참석하지 않았다. 1937년은 신약헌에 의거한 제3차 국무위원회가 만기되는 해(매 3년에 1차씩 개선하는 국무위원 개선의 해)였으므로, 이날 회의에는 국무위원을 개선하는 중요한 안건이 상정되었는데, 조소앙 등이 스스로 의정원을 이탈하였거나 배제되었음을 짐작게 한다. 또 조소앙이 의정원의 상임위원으로 선임되었음을 보면, 배제보다는 조소앙 등이 김구 세력의 전횡에 불만을 품고 불참하였다고 보인다.

조소앙 등이 불참한 임시의정원 회의에서, 국무위원 총개선 건은 국무위원의 수를 전년과 같이 7인으로 정하였다. 인선도 이동녕·이시영·조성환·김구·송병조·조완구·차리석 7인을 그대로 유임시킴으로써 제4차 국무위원회가 구성되었다. 임기는 별일만 없으면 1939년 정기 의회에서 국무위원을 개선할 때까지 자동 유임되었는데, 조소앙이 1939년 10월까지 임시정부의 내각에 참여하지 못하였던 근거였다. 11월 19일 임시정부 국무회의에서 각부의 책임주무원(責任主務員)을 호선(互選)한 결과는 주석 이동녕, 내무장 조완구, 외무장 김구, 군무장 조성환, 법무장 이시영, 재무장 송병조, 비서장 차리석이었다.[25]

이 무렵 중국 내 민족주의정당의 동향을 살펴보면, 우선 김구가 임시정부의 실권을 장악한 후 곧바로 임시정부의 여당을 복원하는 작업에 착수하였다. 그는 조소앙이 먼저 한국독립당 재건설을 추진하는 분파 행동을 취하였음을 빌미 삼아, 자신이 '통일의 파괴자'가 아니라는 명분을 내세워 "임시정부가 종종 위험을 당하는 것은 튼튼한 배경이 없었기 때문인데, 이제 임시정부를 옹호하는 단체가 필요하다 생각하고 한국국민당을 조직하였다."[26]

1935년 11월 항저우에서 조직된 한국국민당은, 김구가 주도하는 한인애국단을 중심으로, 신당조직에 반대하여 민족혁명당에 참여하지 않은 이동녕·이시영·조성환·조완구·송병조·차리석·엄항섭·김붕준·양우조 등이 가세하여 결성되었다. 한국국민당은 김구를 이사장으로, 이동녕·송병조·조완구·차리석·김붕준·안공근·엄항섭을 이사로, 이시영·조성환·양우조를 감사로 선정하였다.[27]

위의 이름에서 확인되듯이, 임시정부의 각료는 모두 한국국민당의 간부였다. 김붕준·양우조는 임시의정원의 현 의원이었고, 안공근·엄항섭은 1936년 11월 임시의정원의 의원으로 선임되었다. 한국국민당의 당의는 상해한국독립당과 동일하며, 창당 선언에서는 "이에 오등은 국가 주권의 완전한 광복에서 전민적(全民的) 정치·경제·교육의 균등의 3대 원칙의 신앙을 확립하고 한국국민당을 조직"했다고 밝혔다.[28]

한국국민당은 '삼균'을 실현하는 목표를 설정하였고, 이 원칙을 '신앙'이라고까지 표현하였다. 이러한 선언은 조소앙이 한국독립당을 재건하면서 표명한 바와 동일하므로 두 당은 이념상으로는 완전히 일치하였다. 한국국민당 선언은 말미에 "우리 국민의 정신적 기관인 임시정부를 옹호 견수(堅守)함"이라고 표방하면서 임시정부의 여당임도 분명히 선언하였다. 이는 조소앙이 한국독립당을 재건하면서 임시정부와의 관계를 명확히 설정하지 않은 점과는 대조되었다.

상해한국독립당이 이당치국의 이념 아래 임시정부의 여당으로 창당되었음을 고려하면, 한국국민당이 당명은 다르지만 상해한국독립당의 적통을 자처한 셈이었다. 이러한 이념상의 주류를 비롯해 현 임시정부와의 관계 및 당세 등을 종합할 때, 상해한국독립당의 적통 성은 한국국민당이 계승하였다는 해석[29]에 타당성이 실린다. 조소앙 이 결성한 재건한국독립당은 상해한국독립당의 당명과 기관지《진 광》을 승계하였으나, 가장 중요한 임시정부의 여당 구실을 자임하지 않았고, 지주 정당의 기능도 수행하지 못하였다.

조소앙이 재건한국독립당을 결성하고, 김구가 한국국민당을 창 당한 데 이어, 이청천 계열이 1937년 4월 하순 난징에서 조선혁명 당을 결성하였다. 이보다 앞서 1937년 3월 29일 이청천·조경한(趙擎 韓)·유동열·최동오·양기탁 등 구 신한독립당계는, 김원봉이 민족혁 명당의 전권을 장악함에 반발하여 전당 비상 대표 회의를 열고 김원 봉 등을 제명시켰다. 이들은 당명도 한국민족혁명당을 표명하여 '한 국민족혁명당 비상대회선언'을 발표하고 당의 주도권을 장악하려 시 도하였다. 이에 김원봉 일파는 자기들의 조직을 조선민족혁명당이라 칭하면서 세력 확장을 꾀함에 따라, 민족혁명당은 한국계와 조선계 로 양분되었고 마침내 4월 하순 조선혁명당이 결성되기에 이르렀다. 여기에는 재건한국독립당에서 탈당하였다가 민족혁명당으로 복당한 박창세도 가담하였다. 조선혁명당은 "본당은 한국독립당·신한독립 당·의열단·재만(在滿) 조선혁명단 등의 순 민족주의 정수의 혁명자로 서 조직"하였다고 선전하면서, 김원봉의 조선민족혁명당을 공산주의 단체라고 비방하였다.[30]

조선혁명당이 결성되는 행태는, 조소앙 등이 민족혁명당을 탈당 하고 한국독립당을 재건하는 명분으로 '순수민족주의'를 표방하면서,

민족혁명당을 공산주의로 매도한 방식과 거의 동일하였다. 이로써 중국 내에서 민족주의를 표방하면서 이념의 동질성을 공유하는 한 인 독립운동정당은 재건한국독립당·한국국민당·조선혁명당이 말 그 대로 정립(鼎立)하게 되었다. 이에 반하여 비(非)민족주의 계열의 정당 으로는 김원봉이 주도하는 조선민족혁명당을 비롯해, 1936년 봄 김 성숙(金星淑)·박건웅(朴建雄)·김산(金山) 등이 조직한 공산주의 계열의 조선민족해방동맹, 유자명(柳子明)을 중심으로 한 조선혁명자연맹(朝鮮 革命者聯盟) 등이 병립하였다.

민족주의정당의 통합운동, 임시정부 절대 옹호를 주장하다

1937년 7월 7일, 베이징 남서쪽 교외의 작은 돌다리인 루거우차 오(蘆溝橋) 부근에서 야간 훈련 중이던 일본군 사병 한 명이 잠시 행 방불명(용변 중이어서 20분 후에 대열에 복귀)이 되었다. 일본군은 이를 빌미 로 주력부대를 출동시켜 중국군을 일방으로 공격하였고, 다음 날인 8일에는 루거우차오를 점령하였다. 중일전쟁(제2차 중일전쟁이라고도 함)의 발단이 된 이른바 루거우차오 사건이었다. 일제는 자신들이 조작한 이 사건을 구실로 중국 내륙을 본격 침략하였고, 중국 전역이 전장 화하여 갔다.

중일전쟁이 시작되자, 중국국민당과 중국공산당은 동년 9월 곧 바로 내전을 중지하고 제2차 국공합작을 맺어 항일통일전선을 형성 하였다. 1927년 4월 제1차 국공합작이 완전히 결렬된 지 10여 년 만이었다. 일제는 중일전쟁을 일으킨 지 3개월 뒤인 12월 13일, 중국 국민정부의 수도인 난징을 점령하고 무려 6주간에 걸쳐서 난징대학 살을 자행하여, 중국은 물론 온 세계를 경악시켰다. 긴박한 중국의 정세가 한국 독립운동계에 던진 충격도 크고 급박하였다. 대다수 중 국 내 한국 독립운동가들은 중일전쟁을 한국독립의 '호기(好機)'로 판 단하였다.

중일전쟁 자체가 한국 독립운동계에 대일전선(對日戰線)을 정렬하 여 총역량을 집중하고, 동시에 중국과도 연합전선을 형성하여 대일 항쟁을 전개할 시급성을 제기하였다. 이는 잠시도 지체할 수 없는 시 대의 요구였다. 또 제1차 국공합작이 민족유일당운동에 자극제가 되 었듯이 제2차 국공합작도 독립운동 전선을 규합하는 계기로 작용하 였다. 그러나 중국과 달리 한국 독립운동계는 민족주의와 비민족주 의 계열이 합작한 통일전선체를 곧바로 수립하지 못하고, 일단 각각 의 진영 통일을 마무리하는 단계를 거쳐야만 했다.

중일전쟁이 발발하자, 한국국민당이 주도하여 재건한국독립당· 조선혁명당과 연합을 시도하였다. 3당의 합동은 3당 자체에 내재한 사정으로 인하여 중일전쟁 이전부터 제기되었던 요청이기도 하였다. 재건한국독립당은 재정난으로 독자 활동이 어렵게 되자, 김구의 재정 지원이 필요했고, 조선혁명당의 내부 사정도 매한가지였다. 1937년 중반에 재건한국독립당·조선혁명당 양당은 한국국민당에 재정을 의 탁하는 형편이었다. 한국국민당으로서도 김원봉이 주도하는 조선민 족혁명당에 대응하려면, 동질의 민족주의정당인 재건한국독립당·조 선혁명당을 흡수 또는 연대할 필요성이 있었다. 중일전쟁은 3당의 합동을 더욱 재촉하였다.

1937년 7월 초순 재건한국독립당 대표 홍진(洪震)이 항저우에서 난징으로 와서, 조선혁명당 대표 이청천 및 한국국민당 대표 송병조와 회담하였다. 3인의 회담은 ① 3파 합동의 취지를 분명히 하는 공동성명을 발표함, ② 합동 단체는 임시정부를 옹호·확대·강화시킴, ③ 각 단체는 대표 두 명을 난징에 파견하여 공동 사무를 처리시킴 등의 방침을 결정하는 성과를 거두었다. 3개 합의 사항은, 3당이 하나의 '단체'로 연대하여서 임시정부를 옹호·강화한다는 데 중점을 두었는데, 3당의 합당 가능성을 열어 둔 중요한 진전이었다.

이어 3당 연대는 한인애국단을 비롯해 미주의 대한인독립단·대한인동지회·대한인국민회·애국부인회·대한인단합회 등 5개 단체와 연합을 시도하여, 마침내 8월 17일 3당 6단체의 9개 단체가 연합하여 난징에서 한국광복운동단체연합(韓國光復運動團體聯合, 광복진선(光復陣線)·광선(光線)으로도 약칭됨)을 결성하기에 이르렀다. 이날 9개 단체의 명의로 「한국광복운동단체 연합선언」을 발표하고, 조선과 중국 각지는 물론 미주와 하와이의 독립운동가들에게 '광복전선(光復戰線)의 통일'과 '임시정부의 옹호'를 주장하는 팸플릿도 작성하여 배포하였다.[31]

"우리들은 혁명단체기구를 연합 결성하여 광복전선의 통일을 착수하고 국가 민족의 독립과 자유를 완성할 것을 기약한다."로 시작하는 선언은 조소앙이 작성하였는데, 민족주의 혁명단체가 연합한 목적이 광복전선의 통일에 있으며, 지금이 출발임을 밝혔다. 이어 "1. 유력한 광복전선을 건립하고 확대한다", "2. 힘을 합하여 일체의 중요한 당면공작을 실행한다", "3. 임시정부를 옹호·지지한다(擁護支持臨時政府)"라는 3개 항의 당면과제를 내세웠다. 조소앙은 과거 수많은 통일운동이 실패하였음을 교훈 삼아, "광복전선의 통일 강화는 모름지기 동일한 주의를 가진 각 단체를 구성하여 조직"한다는 원칙을 재확인하였다.

무엇보다도 주목해야 할 점은, 광복진선이 현 임시정부를 절대 지지한다고 표명하면서, 이를 위하여 대당(大黨) 조직 운동을 다시 주장한 데 있었다. 이 선언에는 당정일체론에 입각한 조소앙의 임시정부 절대옹호론이 가장 확실하게 천명되었다. 그는 임시정부와 대당의 관계를 다음과 같이 표현하였다.

임시정부는 3천만 민중의 심혈이 결집된 것이며 3·1운동의 정맥(正脈)이며 또한 지사, 선열의 유업이며 민족의 공기(公器)이다. 그것을 지지·옹호한다는 것은 당연히 민족운동의 위대한 임무이며 혁명과정 중 반드시 그 존엄을 인식해야 한다. 그 이유의 첫째는 적국과 대립하는 최고기관이며, 둘째는 민족국가의 독립정신을 대표하는 곳이며, 셋째는 정치와 법률의 중대한 사명을 실행하는 곳이다. 요컨대 민족전선의 핵심은 당연히 당에서 확립되며 당의 기능은 반드시 각종 부분의 단체 진행활동으로 말미암는다. 정부는 직접 국민의 전체성을 영도함으로써 3·1운동 이래부터 우리 정부의 허다한 공헌은 실로 여기에 있으며 금후의 활동도 또한 이로 말미암아 증진할 것이다. 당과 정부는 서로 표리가 되어 서로 버릴 수 없으며 장래 대당은 필히 정부의 뇌수가 되고 정부는 대당의 신체가 될 것이다. 그런 후에 몸과 마음이 서로 의지하여 능히 민활·강건한 체계가 이루어질 것이다. 우리가 광복운동의 구체화를 도모하는 까닭도 거기에 있다. 그리하여 임시정부에 대하여 협력 옹호하고 그 깃발 아래 국민의 총동원을 실행해야 한다. 왕왕 기관과 자연인을 분별하지 못하고 망령되이 정부의 공과 죄를 논단한다는 것은 어찌 크게 잘못된 것이 아니겠는가. 우리가 명백히 분별하여 보충 수정을 구하는 것 역시 당연한 의무에 속한다.[32]

조소앙은 임시정부가 국민의 전체성을 영도하는 지위에 있다는 '임시정부 영도론'을 내세웠다. 나아가 그는 임시정부를 '우리 정부'로 표현하면서, '정부'의 공과는 논단을 허용하지 않을 만큼 존엄하다고 주장하였는데, 마치 교황무류성(敎皇無謬性, Papal infallibility)을 연상시키는 정부무류성(政府無謬性)이라 할 만하였다. 이러한 표현은 조소앙이 임시정부로 복귀하기 위한 과장법이 아니라, 실지 8·15해방 후 해방정국에서도 일관한 그의 민족운동노선이었다.

또 조소앙은 당과 정부를 표리의 관계로 규정하고, 앞으로 구성될 대당과 임시정부의 관계를 뇌수(腦髓)와 신체, 마음과 몸으로 비유·정리하였다. 그의 '대당' 개념은 1934년 5월부터 나타났는데, 1937년 8월경 임시정부와 대당의 관계성이 명확하게 정립되었다. 이는 광복진선을 결성한 데에서 말미암았는데, 그는 민족주의 계열의 연합체인 광복진선을 민족대당으로 발전시켜서 임시정부의 여당으로 삼으려는 구도를 제기하였다. 임시정부를 지지·협력해서 국민총동원을 발동해야 한다는 주장은 이후 「대한민국건국강령」에서 더욱 구체화한다.

이 무렵 조소앙은 임시정부의 국무위원은 아니었지만 임시의정원의 의원으로 재임하였는데, 「한국광복운동단체 연합선언」은 그의 임시정부관을 명백하게 천명하였다. 그는 상해한국독립당을 창당할 때에도 당과 임시정부의 관계 정립을 시도하였다. 「한국독립당의 근상」(1931. 1)을 비롯해 「임시정부 대외선언」(1931. 4)을 거쳐, 그가 민족혁명당에 참여하기 직전에 발표한 「임시정부를 옹호 지지하라 ─ 3·1절 제16주년 기념선언」(1935. 3. 1)에서도 임시정부를 절대 지지하는 논리를 폈다. 재건한국독립당을 결성할 때에는 임시정부 절대지지론을 내걸지 않았지만, 광복진선을 결성하고 장차 대당조직까지 계획하면서, 다시 당정일체론에 입각하여 '임시정부 절대 옹호'를 내걸었다.

광복진선은 9개 단체의 공동 명의로 중일전쟁과 관련한 선언도 발표하였는데(아마 이도 8월 17일로 추정됨), 한중 연대로 공동의 숙적(宿敵) 일제를 섬멸하자고 주장한 이 선언[33]도 조소앙이 작성하였다고 추정된다. 광복진선은 향후 활동 방향으로 선전 활동과 군사작전 계획 수립을 채택한 방침을 실천하기 위한 일환으로, 1937년 10월 산하에 선전위원회를 구성하였다. 조소앙은 홍진·조완구·조경한(趙擎韓)·현익철(玄益哲)·이광(李光)·엄항섭 등과 함께 광복진선의 간부로 선임되었는데[34] 주로 선전위원회에서 활동한 듯하다.

선전위원회는 조소앙이 작성하고 '한국광복운동단체연합 선전위원회'의 명의로 배포된 선언에서, 각종 간행물을 발간함으로써 전체 한인 독립운동의 후설(喉舌)을 자처하겠다고 밝혔다. 또 활동 방향을 5가지로 제시하였는데, 첫 번째는 "우리 민족의 정개적(整個的) 선전을 확대한다."[35]였다. 조소앙이 광복진선의 각종 선언을 작성한 데에서 보듯이, 그는 이 연합체에 적극 참여하면서 운동의 방향과 이념을 주도하였다.

광복진선은 활동 방향으로 내세운 군사작전 계획을 실천하는 단계까지 발전하지 못하였지만, 중국 내 민족주의 계열의 3당이 연대하여 임시정부를 지지·옹호하는 동일 노선을 천명함으로써 임시정부의 위상은 한층 높아졌고 강화되었다. 3당은 각기 당명을 유지하였으나, 조소앙이 표현한 대로 '광복전선의 통일'을 위한 '연합'이 이루어져, 1940년 완전한 합당으로 나아가는 디딤돌을 다져 놓았다.

광복진선이 결성된 뒤 임시정부도 단합된 모습으로 활기를 띠었다. 1937년 10월 16일 난징의 임시판공처에서 개원한 제30회 임시의정원 회의에는, 29회 회의 때 이탈하였거나 배제되었던 조소앙을 비롯해 송병조·조성환·이동녕·이시영·조완구·김구·김붕준·차리석·엄항섭·민병길 등의 의원이 참석하였고, 전(前) 국무령 홍진을 비롯해 조선혁명당계의 유동열·이청천·현익철·김학규(金學奎)도 군무위원으로 참석하였다. 이날 국무위원 조완구의 축사에 이어 조소앙이 간단하게 답사를 한 뒤 폐회한 데[36]에서 보듯이, 1936년도의 임시의정원 회의와는 전혀 다른 분위기로 쇄신되었다. 17일 회의에서 그는 엄항섭·민병길과 함께, 3인으로 구성된 임시의정원 상임위원으로 선출됨으로써[37] 전년도에 이어 상임위원에 재선임되었다.

민족주의 3개 정당이 광복진선을 결성하자, 비(非)민족주의 계열의 독립운동 단체도 대열을 정비하였다. 김원봉의 조선민족혁명당은 조선민족해방동맹·조선혁명자연맹과 연대하여 1937년 11월 12일 대표대회를 소집한 뒤 수차례의 회의를 거듭한 끝에 조선민족전선연맹(朝鮮民族戰線聯盟, 약칭 민족전선)을 조직하여 규약·강령·선언을 결정하고, 12월 초순 한커우(漢口)에서 창립선언을 발표했다.[38] 이로써 중국 내 한인 독립운동 세력은 크게 광복진선과 민족전선으로 양분·양립되었다.

1937년의 끝 무렵 임시정부는 분위기를 일신하고 국면 전환을 시도하였지만, 중일전쟁은 난황을 거듭한 끝에 12월 13일에는 급기야 중국 국민정부의 수도인 난징이 함락되기에 이르렀다. 전황이 급박해 가면서 난징 공방전이 박두하자, 중국정부는 11월 16일 충칭(重慶)으로 천도한다고 선언하였다. 이에 임시정부도 정부의 판공처를 후난성(湖南省)의 수도인 창사(長沙)로 이전하기로 결정하고, 11월 20일 정부 요인들이 급하게 윤선(輪船)을 마련하여 전장을 떠났다. 난징에 있던 임시정부 가족들을 비롯해 100여 명도 11월 말 모두 창사로 향하였다. 일제가 난징을 점령하기 2주일 전이었다.

전세는 중국 국민정부에 더욱 불리해 갔다. 임시정부는 창사로 옮긴 지 8개월여 만인 1938년 7월 19일 새벽 4시경 서둘러서 창사를 떠나서 광저우행 월한선(粤漢線, 광저우와 우한을 잇는 노선)을 타고 다시 남행길에 올랐다. 사흘이 지나서 22일에는 광둥성(廣東省) 광저우(廣州)에 도착하여, 광저우시에서 남서쪽으로 16킬로미터가량 떨어진 포산(佛山)에 자리 잡았다. 임시정부는 이후에도 광시성(廣西省)의 자오칭(肇慶)·우저우(梧州)를 거쳐 11월 30일에야 류저우(柳州)에 도착하는 고단한 행군을 이어 갔다.

1938년 10월 27일 일본군이 우한(武漢)을 점령한 뒤 보급선이 한계에 도달하면서 중일전쟁은 교착상태에 빠졌지만, 임시정부는 이해 후반기부터 이동에 이동을 거듭하였다. 유랑을 계속한 임시정부는 1938년 10월 임시의정원 정기 회의도 개원하지 못한 채 류저우에 서 새해를 맞이하였다. 이해 임시의정원 기록이 남아 있지 못한 까닭 이다. 그러나 류저우도 오래 머물 곳은 되지 못하였다. 이곳에 체류한 지 4개월여 만인 1939년 4월 6일부터 임시정부와 가족들은 분산된 채 긴 거리를 오랫동안 이동한 끝에, 동년 5월 3일까지 충칭에서 남 서쪽으로 60킬로미터에 위치한 스촨성(泗川省) 치장(綦江)에 도착하여 판공처를 정하였다.[39]

대일전쟁에서 수세에 몰리며 패전을 거듭한 중국 국민정부에게, 한인 독립운동과 연대한 대일 항전은 당면한 요청이었다. 광복진선과 민족전선으로 양립한 한인 독립운동도 중일전쟁의 '호기'를 독립전쟁 으로 수행하기 위해서는 양자의 연대가 절박한 실정이었으므로, 마 침내 1939년 들어 통합의 움직임이 일어났다. 계기는 장제스(蔣介石) 가 두 세력의 통일을 적극 요구한 데에서 마련되었다.

중국 군사위원회 위원장 장제스는 1938년 11월 김구를 충칭으 로 초청하여 광복진선과 민족전선의 대동단결을 권유하였고, 김구도 적극 찬성하였다. 이어 1939년 1월에도 김원봉을 충칭으로 불러서 측근인 천청(陳誠)을 통하여 같은 취지를 전달하자, 김원봉도 찬동함 으로써 두 단체의 연대는 급속도로 진행되었다. 교섭의 시작은 김구 가 조선혁명당·조선의용군(朝鮮義勇軍)의 본부로 김원봉을 찾아간 데 에서 비롯되었다. 이러한 노력이 지속된 끝에 1939년 5월 10일 두 사 람은 공동 명의로 「동지·동포들에게 보내는 공개신(公開信)」을 발표하 였다. 이 공동 서신은 자주독립국가의 건설 등 10개 항목의 정치 강 령을 제시하였고, 모든 혁명단체가 "단일(單一)한 조직으로 재편"되어야 한다고 선언하였다.[40] 통일은 순항하는 듯했고, 중국 국민정부도 한인 독립운동을 더욱 종용하였다.

마침내 1939년 8월 27일 스촨성 치장에서 '한국혁명운동 통일 7단체회의'(일명 7당통일회의)가 열렸다. 이 회의에는 한국국민당·재건 한국독립당·조선혁명당의 3당과 조선민족혁명당·조선민족해방동 맹·조선혁명자연맹·조선청년전위동맹의 4당에서 각 당 2명씩 모두 14명의 대표가 참가하였다. 조소앙은 홍진과 함께 재건한국독립당 의 대표로 참석하여 신익희·조완구와 아울러 3인의 주석단에 선임 되었다.

회의는 화기애애한 분위기로 시작하여 당장에라도 성과를 낼 듯하였으나, 조직 방식 문제를 논의하는 단계부터 격론이 벌어졌고 회의장의 분위기는 일변하였다. 공산주의 계열의 조선민족해방동맹 과 조선청년전위동맹 두 단체는 단일당(單一黨) 방식의 통일을 강력히 반대하였고, 자신들의 의견이 받아들여지지 않자 퇴석을 선언하였 다. 7당대표대회가 결렬되고, 단일당에 동의하는 5당으로 진행된 회 의도 통일당의 조직 및 당의(黨義)·정책 등 구체 사항을 논의하는 과 정에서 광복진선과 민족전선 측 대표들의 의견이 크게 충돌한 끝에 정회하고 말았다. 가장 큰 쟁점은 역시 임시정부의 위상과 관련한 문 제였다. 광복진선 측은 임시정부를 최고 권력기관으로 삼아, 군사· 정치·외교 등 중대 사무는 모두 임시정부에서 처리하자고 주장한 반면, 민족전선 측은 이를 강하게 반대하였다.[41]

7당통일회의가 결렬된 뒤 진행된 5당회의는, 9월 22일 5개 단체 가 연합하여 전국연합진선협회(全國聯合陣線協會)를 결성하고 각 당의 당수들이 8개 조의 협정에 서명까지 하였으나, 며칠이 지나지 않아 민족혁명당이 탈퇴를 선언하였다. 이렇게 전국연합진선협회도 유야무야됨에 따라 5당통일회의도 최종 결렬되었고, 단일당을 결성하려던 시도는 전례를 반복하면서 또다시 무산되고 말았다.[42]

7당통일회의가 5당통일회의로 축소되어 이어지다가 이마저 최종 결렬되기까지 모든 과정을 지켜본 중국국민당 간부는, 상부에 보고하는 '경과보고서'에서 '한국혁명정당 통일문제 실패의 원인'으로 크게 네 가지를 지적하였다. 첫 번째와 네 번째는 다음과 같다. "一. 한국인의 민족성 자체가 단결정신이 부족하기 때문입니다." "四. 각 당파 간에 극심한 시기·질투·견제 등 현상이 난무하고 있기 때문입니다." 한국민족의 '민족성'까지 거론한 이 보고서는 최종 결론으로, 한국 독립운동 단체의 통일은 실현될 가능성이 없다고 사실상 단정하였다. 한인 독립운동을 적극 후원하던 중국 국민정부가 분석하여 내린 결론은 참으로 부끄럽고 뼈아픈 지적이었다.

그러나 7당통일회의와 5당통일회의가 도로무공만은 아니었다. 그나마 다행스러운 성과를 든다면, 민족주의 세력들이 연합·주도하여 전국연합진선협회를 결성함으로써 일정한 통일력을 재확인하였다는 점이다. 이들 민족주의 단체가 모두 임시정부를 지지·옹호하는 노선을 견지하였으므로, 임시정부의 위상과 주도력도 이전에 비하여 훨씬 제고되었다. 1940년 들어 임시정부가 재정비되어 민족주의운동의 구심점이 되자, 민족주의정당의 통합도 임박하고 있었다. 7당통일회의가 5당통일회의로 축소된 뒤 이마저 결렬되자, 각 진영은 진영 내의 통일을 재시도하였고, 민족주의 계열은 이념·노선의 동질성을 바탕으로 통합한국독립당을 결성하였다.

전국연합진선협회의 성과는 좀 더 시간이 걸려 가시화하였는데, 1940년대 들어 임시정부와 임시의정원을 비롯해 광복군에서 민족주의와 비(非)민족주의의 합작이 이루어질 수 있는 기반이 되었다. 1941년 11월 민족혁명당은 임시정부에 참여하기로 결의하였고, 1942년 10월 6명의 당원이 임시의정원의 의원으로 선출되었다.

임시정부의 외무장으로 복귀, 통합한국독립당을 결성하다

1938년 하반기부터 임시정부는 고단한 유랑 생활을 이어 갔으므로 임시의정원도 개원하지 못하였지만, 1939년 10월 3일 제31회 임시의정원 정기 회의가 치장에서 개회하여 12월 25일까지 진행되었다.[43] 만 2년 만에 열린 회의였으므로, 참석한 의원의 숫자도 1921년 무렵의 수준을 회복하였다. 조소앙도 조완구·이시영 등과 함께 경기도 의원으로 참여하였으며, 그의 동생 조시원(趙時元, 10월 24일에는 의정원 비서로 선출)도 경기도 보결의원(신도의원을 가리킴)으로 참석하였다. 미령(美領, 송병조·이동녕·김구)과 보결의원 모두를 포함하여 35명이었다.

1939년은 1936년도에 개선된 국무위원들의 3년 임기가 종료되는 해이므로, 10월 23일 회의에서는 국무위원을 개선하는 절차에 들어갔다. 우선 국무위원의 수를 종전의 7인에서 11인으로 변경한 뒤, 선거투표를 행한 결과 이동녕·김구·이시영·조성환·홍진·송병조·유동열·조완구·조소앙·차리석·이청천이 당선되었다.

이로써 신(新) 약헌에 의거한 제5차 내각이 결정되었다. 제4차 내각의 국무위원 7인은 그대로 유임되었고, 재건한국독립당에서 홍진·조소앙 2명, 조선혁명당에서 유동열·이청천 2명이 새로 입각하였다. 한국국민당 소속의 종전 국무위원 7인이 그대로 유임되었으므로, 한국국민당이 숫자상으로 국무회의를 압도하는 불균형을 보였으나, 연립내각이 형성됨으로써 임시정부 내 민족주의 세력의 통합을 일단 이루었다.

개선된 국무위원으로 개최된 10월 25일 국무회의에서는, 국무회의 주석의 임기를 3개월씩 교대하며, 각부는 내무·외무·군무·참모·법무·재무의 6부를 두기로 정하고, 호선하여 책임 주무원을 결정하였다. 주석 이동녕, 내무장 홍진, 외무장 조소앙, 군무장 이청천, 참모장 유동열, 법무장 이시영, 재무장 김구, 비서장 차리석이었는데, 현존하는 5부 외에 참모부를 증설한 특징이 있었다.

11월 11일 열린 국무회의에서는, 향후 임시정부의 3개년 계획을 조직·군사·외교·선전 및 재정 등 5개 항목으로 대별(大別)하여 구체화한 「독립운동방략(獨立運動方略)」을 결정하였다.[44] 이어 12월 22일에는 전 국무위원이 연명하여 해내외 동포·동지들에게 임시정부의 3개년 계획에 협력해 달라는 요청을 선포문 형식으로 공포하였다. 한편 12월 3일 국무회의에서는 선전위원회를 설치하기로 결정하고, 11일 국무위원회에서 선전위원회 규정을 통과시켰는데,[45] 선전위원회의 구성은 주임위원에 조소앙, 위원으로 홍진·김의한(金毅漢)·조경한·양묵·엄항섭 등이 선정되었다.[46]

조소앙이 임시정부에 다시 복귀하여 아우 조시원과 함께 독립운동에 정신하던 1939년 10월부터 11월 사이는, 그가 가정사(家庭事)로 무척 힘든 때였다. 1928년 노구를 이끌고 아들 조소앙이 있는 중국으로 망명하여 고락을 함께하였던 양친이 20여 일 간격으로 타계하였기 때문이다. 모친 박필양이 1939년 10월 12일(음력 8월 30일) 치장현에서 사거하여 장례를 끝내자마자, 부친 조정규가 11월 1일(음력 9월 20일) 치장의 방생당(放生塘)이란 곳에 투신하여 스스로 목숨을 끊는 참사가 일어났다.[47]

김구는 『백범일지』의 종반부에서 임시정부가 치장에 머물던 때를 회고하는 가운데, 이동녕(1940. 3. 13)과 손일민(孫逸民, 1940. 8)의 사망을 안타깝게 언급한 뒤 조소앙 부모의 일도 다음과 같이 언급하였다. "기강(綦江)에서 대가족이 두 해 남짓 지내는 사이에 괴이한 장례도 겪었다. 조소앙의 부모는 다같이 70여 세의 고령이었는데, 모친이 별세한 뒤 부친이 물에 빠져 자살하고 말았다. 정에 못 이긴 죽음인지 세상을 비관한 죽음인지 모르겠지만 보기 드문 일임에는 분명하다."[48] 김구와 조소앙 사이의 갈등이, 부모를 여읜 불행사조차 '괴이한 장례'라고 표현할 정도로 앙금이 남은 듯하여 개운치 않은 인상을 남긴다.

그러나 조소앙은 임시정부에 복귀한 뒤, 이러한 개인사의 충격에도 외무장의 직책뿐 아니라 독립운동의 이론가로서 빛을 발휘하며 자기 소임에 진력하였다. 11월 11일 국무회의에서 결정한 「독립운동방략」은 바로 조소앙이 작성하였는데, '삼균'의 원칙에 의거하여 건국의 이상을 제시하였다.

이 방략은 광복시기의 국무원의 '중대 임무'를 '6종(種)'으로 규정하였다. "1은 대한민국의 임시정부는 당(黨)과 원(院)과 부(府)의 삼각적(三角的) 결정체인 주력(主力)을 출발점으로 한지라"는 원칙에서 출발하여, 나아가 "3은 광복운동자 전체인원으로 하여금 지역적으로 또는 당의(黨義) 당강의 범주에 편입케 하여 단결화 조직화 무장화하여 그들로써 대한민국의 전위부대를 삼케할 것. 4는 대한민국의 권위와 기치를 발양광대(發揚光大)하기 위하여는 반드시 조직적으로 통일된 당에 뿌릴 박게 하고"라고 명시하였다. 이를 통하여 끝으로 "6은 광복된 국토 위에 민족국가를 건설하여 정치·경제·교육·문화 등등에 완전한 균등제도를 전국 국민에게 보편적으로 균일하게 시행할 것"이라는 균등주의에 입각한 건국 이상을 달성하고자 했다.

조소앙은 '정부'의 개념을 좁은 의미(협의)와 넓은 의미(광의)의 양면으로 사용하면서, 행정부인 국무원을 가리키기도 하였지만 넓게는 당·원·부를 모두 포괄하였다. 그는 임시정부의 개념을, 당-임시의정원-임시정부가 '삼각적 결정체'라는 표현을 써서 삼자의 일원성을 강조하였다. 여기서 '호령(號令)'의 주체는 바로 임시정부였다. 그런데 이때는 통합한국독립당이 결성(1940년 5월)되기 전이었으므로, 임시정부의 여당으로 '당'이란 주체는 아직 확립되지 않았다. 그러므로 조소앙은 광복운동의 '진일보한 신방침(新方針)'으로 3개년 계획을 수립하면서 '광복운동의 초보공작(初步工作)'의 첫 번째로 "21년(대한민국 21년으로 1939년을 가리킴 — 인용자) 종말(終末)에까지 원동에 있는 광복진선당(光復陣線黨)의 통일을 완성하게 하며 군사상 서북(西北)진출의 초보공작을 완료할 것"을 제시하였다. 여기서 광복진선당은 민족주의 3당(한국국민당·재건한국독립당·조선혁명당)을 가리켰는데, 임시정부를 주체로 지목하여 "임시정부는 있는 역량을 기우려 금년 이래로 3당통일의 숙제를 해결하도록 노력할 것"을 촉구하였다. 나아가 3년 계획이 실행된 결과에서는 "3당의 통일이 완성되어 신당 당원이 11만 인"이 되기를 목표로 삼았다.

「독립운동방략」은 한마디로 대일전쟁을 수행하여 독립을 쟁취하려는 임시정부의 3개년 계획의 총합(總合)이었다. 대일전을 수행하려면 군대 양성이 필수이므로, 3개년을 각 기(期)로 나누어 장교 양성, 무장군(武裝軍)과 유격대 편성 등에서 군대 수와 소요 경비까지 구체하게 명시하였다. 적(敵)과 결전하였을 경우도 최하(最下)·중·최상으로 구분하여, 최상에는 한국 국경 이내에서 적의 군경(軍警)을 전부 구축(驅逐)하기를 기대하였다. 광복군으로 귀결되는 군대의 편성은 임시정부의 가장 중요한 숙원 사업이었다.

이와 같이 독립운동의 방략으로 당·정·군·외(外)·선(宣)·재(財) 등 각 방면에서 3년간 계획·실행할 사항은, 모든 독립운동자의 통일이 아니라 민족주의 3당의 합동을 전제하였다. 1940년 상반기의 계획으로 ①중국·러시아령 및 미국·하와이·멕시코 각지에 있는 각 당 각 파에 협동합작을 개시하여 선전·외교·군사·재정 등의 집중 및 조절에 노력함, ②임시정부의 법적 승인을 우방에 제창함, ③1940년도 제1기로 하여 200인의 장교를 양성함 등도 모두 3당 통합이 전제된 사업들이었다.

「독립운동방략」은 각 연도의 계획 수치를 그대로 달성하지는 못하였지만, 3당 통일을 기반으로 임시정부를 강화하여 나가는 커다란 방향을 점차 실천하여 실현시켰다. 이 방략이 3당 통합의 연내 실현을 낙관하였던 이유는, 3당의 간부들이 종종 장시간에 걸쳐서 회합하여 "통일의 의견이 일치"하였기 때문이다.

이미 1939년 10월 2일부터 12일까지 11일간에 걸쳐서 치장에서 한국국민당(조완구·김붕준·엄항섭)·한국독립당(홍진·조소앙·조시원)·조선혁명당(이청천·최동오·안훈)의 3당 대표들이 참석한 회의에서 일정한 합의가 이루어졌다. 이 회합에서는 신당의 당명을 한국민주독립당(韓國民主獨立黨)으로 결정하고, 당의·당강·당책은 현행대로 유지하되, 조직원리는 민주주의중앙집권제를 채택하였다. 또 3당 해체선언과 신당 창립선언을 동시에 발표하는 문제 등을 의결한 뒤, 합의된 사항을 각개 정당에서 비준하기로 결정하였다.

이후 해가 바뀌어 3당의 의견이 귀일(歸一)됨에 따라, 1940년 3월 24일부터 5월 8일까지 다시 3당의 대표회의를 개최하였다. 조소앙이 동생 조시원과 함께 한국독립당 대표로 참석한 이 회합에서는 당명을 한국독립당으로 결정하고, 14번째 안건으로 한국독립당 대표대회를 5월 9일 개최하기로 의결하고 폐회하였다.[49]

통합한국독립당이 창당을 하루 앞둔 5월 8일, 통합에 앞서 3당이 해체하는 선언을 발표하면서 한국독립당의 창당을 공식화하여, "우리 3당의 결정으로 된 신당 즉 한국독립당이 3·1운동의 정맥을 계승한 민족운동의 중심적 대표당임을 성명"하였다.[50] 마침내 5월 9일 한국독립당 창립 대표대회가 치장현성(綦江縣城)에서 개최되었다. 이날 참석한 대표는 조완구·이청천·김붕준·김학규·조소앙·안훈(安勳)·홍진·조시원이었고, 당명을 비롯해 중앙집행위원의 인원수 등은 3당통합대표회의가 제안한 대로 통과하기로 의결하였다. 이에 따라 중앙집행위원 선거에 들어가, 이청천·조소앙·김구·조시원 등 15인을 중앙집행위원으로 선출하였다. 이어 이시영 등 5인의 감찰위원을 선출하고, 11일에 제1차 중앙집행위원회와 감찰위원회를 소집하기로 하고 폐회하였다.[51]

통합한국독립당은 창립대표대회를 개최한 5월 9일 「한국독립당 창립기념 선언」과 「한국독립당 창립선언」을 공포하여, 한국독립당의 존재를 대내외에 선포하였다. 조소앙이 작성한 「창립기념선언」은 "과거 7년 동안 낭비한 모든 손실을 긴급수단으로써 보충하자! 합작과 통일은 한국민족의 구명정(救命艇)이다. 배타성과 의타성의 양극을 버리자! 독단과 응성(應聲)의 누습(陋習)을 청산하자!"라고 선언하면서, 종전의 분열을 반성하고 통합을 통한 복국과 건국의 결단을 동시에 촉구하였다.[52]

조소앙이 작성하여 '한국독립당 창립대표대회'의 명의로 공표된 「창립선언」은, 당의·당강·당책 등을 포함하여 영문으로도 번역되어 대내외에 동시에 선포되었다. 이 선언은 민족주의 3당의 당의·당강·당책이 완전히 일치함이 통합의 근거였음을 밝히고, 당의·당강·당책을 일일이 열거한 뒤, 다음과 같이 삼균주의를 건국의 원칙으로 천명하였다.

본당(本黨)은 이족(異族)의 침탈 세력을 박멸하고 국가의 독립과 민족의 평등을 광복 보장하야, 정치·경제·교육의 삼균제도를 전국에 실행하고 전민정치(全民政治)를 실천하는 중심세력이 될 것을 자부하며 이로써 전국 각계 대중에게 향하야 우렁차게 선언하는 바이다.[53]

통합한국독립당 제1차 중앙집감위원들과 함께(독립기념관 제공)

통합한국독립당의 창립대표대회가 의결한 대로 5월 11일 중앙집
행위원회가 개최되었다. 이날 회의에는 중앙집행위원(조소앙과 박찬익은
결석)과 5인의 감찰위원들이 참석하여 진행되었는데, 주요 의제는 한
국독립당의 조직 체계에 따라 인선을 마무리하는 작업이었다. 이날
중앙집행위원장에는 김구가, 중앙상무집행위원에는 조완구·조소앙·
엄항섭·이청천·김붕준이 당선되었다. 각부의 부서 책임자도 선출하
였는데, 비서부 주임 조완구, 조직부 주임에 조소앙, 선전부 주임 엄
항섭, 훈련부 주임 이청천, 재무부 주임에 김붕준이 선출되었다. 또
외교위원회와 군사위원회를 설치하는 사항도 의결되었다.[54]

이로써 충칭임시정부를 중심으로 독립운동 전선을 통합하려는
움직임은 3개 민족주의정당을 우선 통합함으로써 일단락되었다. 통
합한국독립당(또는 중경한국독립당이라 불림)은 완결된 주의(당의·강강·당책)

와 조직 체계를 갖추어 중국 내 민족주의 통합정당으로서 임시정부의 여당으로 새 출발하였다. 이후 임시정부에 아나키스트와 사회·공산주의 단체들이 참여한 뒤 다당제의 연립정부 형태에서도, 통합한국독립당은 임시정부와 일체성을 추구하였다.

1930년 창당된 상해한국독립당과 1940년 결성된 통합한국독립당의 조직 원리에서 가장 중요한 차이는 지도체제에 있었다. 상해한국독립당은 이사장제였던 반면, 통합한국독립당은 '민주주의중앙집권제'의 원리에 따라 중앙집행위원제를 채택하였다. 이는 3당통합이 논의되는 첫 단계에서 당명이 '한국민주독립당'으로 논의될 때부터 이미 제기되었던 원칙이었다.

통상 민주집중제(Democratic Centralism)로 줄여 말하는 민주주의 중앙집권제(또는 민주적 중앙집권주의)는 사회주의 사회를 통치하고, 공산당·사회주의국가·공공조직의 활동을 꾸리며 조직하는 기본 원리로 이해된다. 사회·공산주의 이론에 따르면, 민주집중제는 민주주의(근로 민중의 완전한 권력, 그들의 자주 활동과 창의성, 통치기구의 선출, 대중에게 지니는 통치기구의 책임성)와 중앙집권(단일한 중앙의 지도, 소수는 다수에게 복종, 엄격한 규율)을 의미한다. 1905년 처음 제기된 이 개념은 1917년 4월 볼셰비키당 제6차 대회에서 당 규약에 삽입된 이후, 다른 나라의 공산당 규약에도 꾸준히 도입되어 당·국가·경제기관의 기초가 되었다. 소비에트의 견해에 따르면, "이 원칙은 중앙집권화된 지도를 당내 민주주의와 결합하고, 강철과 같은 당 기강을 당원 대중의 능동성과 진취성에 연결시키는 것이다."[55]

그러면 통합한국독립당과 공산당의 민주집중제는 어떠한 차이가 있을까? 이를 설명한 당내의 이론가는 조소앙이었다. 통합한국독립당은 창당 1년 후인 1941년 5월 18일 제1차 전당대표대회를 개최하여 당헌·당규를 개정하였고, 이에 의거해 1940년 5월 창당 당시의 조직 계통에도 많은 변화를 가져왔다.[56]

제1차 전당대표대회를 마친 후 발표한 「한국독립당 제1차전당대표대회 선언」 역시 조소앙이 작성하였는데, 1941년 11월 28일 공포되는 「대한민국건국강령」의 초안에 해당하는 성격을 지녔다. 그는 이 선언에서 복국(復國) - 건국(建國) - 치국(治國) - 세계일가(世界一家)의 4단계로 이어지는 삼균주의 국가건설론을 제시하면서, 한국독립당의 민주집중제의 원칙을 공산당과 대비시켜 다음과 같이 설명하였다.

> 한국독립당은 운동방식에 있어서 자유연합을 배격하고 민주주의 중앙집권제를 채용하여 ⓐ 소수는 다수에 ⓑ 하급은 상급에 ⓒ 개인은 조직에 복종할 것을 규정하였다. 건설시기(建設時期)에 있어서도 국가와 정부와 법령과 군·경(警)을 수요(需要)하는 때문에 본당(本黨)은 무치주의(無治主義)와 구별하지 않으면 안된다. 또는 동일한 중앙 집권제를 취한다 하여도 결의의 독자성을 거세하고, 외래혁명에 제약되고, 건국·치국의 독립성을 포기하고, 대국가(大國家)의 종주권(宗主權)을 승인하여 이에 부속가맹(附屬加盟)할 것을 예정노선(預定路線)의 불변(不變)할 정서(程序)로 하는 공산주의와 구별하지 않으면 안된다. 민족문제의 해석이 부동(不同)하고 계급투쟁 지상주의와 무산독재(無産獨裁) 제1주의를 공식적으로 기계적으로 맹종하는 당과 구별하지 않으면 안된다.[57]

조소앙은 한국독립당의 민주집중제가 공산당과 구별되는 특징으로 결의의 독자성과 민족문제의 독립성을 언급하였지만, 그가 지적한 ⓐ·ⓑ·ⓒ는 모두 공산당이 유형화한 민주집중제의 원칙이었다. '외래혁명'을 운운하는 이하는 모두 공산당의 민주집중제가 삼균주의가 추구하는 민족혁명과는 구별된다는 뜻이었다. 그가 요약한 민주집중제의 원리를 보더라도, 통합한국독립당이 왜 공산당의 조직원리를 채택하였는지 쉽게 이해된다. 한마디로 강력한 지도체제를 기반으로, 강력한 규율로 운영되는 임시정부의 여당이 필요하였기 때문이다.

통합한국독립당은 1인 대표체제가 아니라 집단지도체제를 택하였으므로, 당 운영의 중심은 중앙집행위원회에 있었고, 중앙집행위원장과 중앙집행위원에게 당의 권력이 집중되었다. 조직 원칙뿐만 아니라, 당시 독립운동의 자금원으로서 임시정부의 구심점이었고, 3당 통합을 사실상 주도한 김구를 중앙집행위원장으로 선출함으로써 명실상부하게 강력한 지도체제를 지향·구축하였다. 이렇게 통합한국독립당은 김구 중심의 지도체제로 출발하였으나, 재건한국독립당 계열의 조소앙·홍진 등을 중심으로 하는 세력도 한 축을 이루고 있었다. 제10장에서 후술하듯이, 이러한 당내의 세력 구도는 제3차 전당대표대회(1943. 5. 8)를 계기로 조소앙이 당권을 장악하는 변화를 가져왔다.

충칭임시정부의 외무부장,
삼균주의 실천기

충칭시기의 개막, 당·정·군 체제의 출발

임시정부는 1932년 4월 상하이를 떠난 이후 8년여 만인 1940년
9월 충칭(重慶)에 안착하였고, 8·15해방 뒤 환국(還國)할 때까지 이곳
에서 독립운동을 수행하였다. 우리가 해방정국에서 임시정부를 충칭
(중경)임시정부라 부르는 까닭이다.

임시정부가 충칭으로 서천(西遷)한 이유는, 중국 국민정부가 이곳
에 임시수도를 정하고 대일 항전의 중심지로 삼은 데 있었다. 충칭은
쓰촨성(四川省)의 요지로 산협(山峽) 지대이면서 교통이 편리한 곳이었
다. 1937년 11월 난징을 함락당한 뒤, 중국 국민정부는 충칭의 교통·
지리상의 장점을 이용하여 일제의 공습을 피하는 한편, 장기 항전의
계획을 세우기 위하여 이곳으로 임시수도를 옮겼다.

임시정부도 1938년 7월 광둥성(廣東省) 광저우(廣州)로 이동하여

두 달간 머물고 있던 중, 주석 김구(金九)가 장제스에게 충칭으로 이전하기를 원한다는 전보를 띄워 회신을 받았다. 김구는 광저우에서 구이양(貴陽)·치장(綦江) 등을 거쳐 1938년 10월 말 충칭에 도착하여, 임시정부를 충칭으로 이전하는 준비를 시작하였다. 오랜 시간 끝에 임시정부는 1940년 9월 임시정부 청사를 충칭으로 이동하고, 요인들도 정착하여 임시정부의 충칭시기가 열렸다. 충칭시기를 개막한 임시정부의 요인은 주석 김구, 국무위원 이시영(李始榮)·조성환(曺成煥)·유동열(柳東說)·송병조(宋秉祚)·지청천(池靑天, 이청천)·홍진(洪震)·조완구(趙琬九)·차리석(車利錫)·조소앙이었으며, 임시의정원은 의장 김붕준(金朋濬)을 비롯해 28명(국무위원의 겸직을 포함)이었다.[1]

충칭에 정착한 이후 임시정부의 활동을 한마디로 표현하면, 전시체제에서 대일전을 수행하는 '정부'로서의 위상을 높여 확립하는 데 집중하였다. 이를 위해 가장 먼저 요청되는 과제는, 임시정부가 건립될 당시부터 가장 큰 숙원 사업이었던, 일제와 독립전쟁을 수행할 임시정부의 군대를 조직하는 일이었다. 조소앙이 작성하여 1939년 11월 11·12일 국무회의와 임시의정원에서 각각 통과된 「독립운동방략」은 대일전쟁을 수행하여 독립을 쟁취하려는 임시정부의 3개년 계획이었다. 이 방략은 조직·군사·외교·선전·재정 5개 항으로 나뉘었지만, 핵심은 대일전을 수행하는 군대 양성의 문제에 집중되었다.(제9장 참조)

임시정부는 3당 합당으로 이루어진 통합한국독립당을 기반으로, 광복군으로 귀결되는 군대의 조직과 편성에 주력하였다. 통합한국독립당의 당강 6항에는 "국방군을 편성하기 위하여 국민의 의무병역제를 실시한다", 당책(黨策) 3항에는 "장교 및 무장대오(武裝隊伍)를 통일 훈련하여 광복군을 편성한다"고 명시하고, 군대의 명칭까지 '광복군'으로 이미 명명하였다. 그러나 한국인으로 구성된 광복군이 편성되기 위해서는 병력 모집과 재정 등의 기본 조건뿐 아니라, 당시 중국 내 한인 독립운동의 여건상 중국 국민정부의 승인과 재정 원조를 비롯한 협력을 동반해야 했다.

이에 한국독립당은 1940년 5월 중앙집행위원장 김구(金九) 명의로 11개 항의 「한국광복군편련(編練)계획대강(大綱)」을 작성하였다. 이 대강을 중국국민당 조직부장 주자화(朱家驊)를 통해서 장제스 위원장에게 제의하였고 승인까지 얻었으나, 중국 군사위원회의 실무자들은 시일만 끌면서 지체하였다. 이들이 최고 영수가 비준한 안건을 즉각 실행하지 않은 데에는 몇 가지 이유가 있었다. 위의 계획대강은 한국광복군을 한국독립당에 예속한 자주(自主) 군대로 편성하고, 다만 한중연합작전을 수행할 시 중국군 최고 영수가 한중연합군총사령관의 자격으로 광복군을 지휘·통솔한다는 원칙을 제시하였다. 이 원칙은 광복군을 중국군사위원회에 예속시키려는 중국 측의 의도와 일치하지 않았고, 김구 역시 광복군을 중국군에 예속시키려는 의도에 강한 불만을 표시하였다. 또 중국국민당 측은 한인 독립운동 단체의 불통일 문제를 비롯해, 조선민족혁명당 예하의 조선의용대(朝鮮義勇隊)와 광복군의 관계 설정 등을 문제 삼았다. 임시정부와 한국독립당은 자력으로 한국광복군을 창설하기로 방침을 굳히고, 미주 동포들의 후원을 더욱 강화하면서 광복군 창설을 서둘렀다.[2]

임시정부는 김구를 위원장으로 해서, 만주에서 독립군을 조직하여 대일 항전을 전개하였던 이청천(李青天)·이범석(李範奭)·김학규(金學

奎) 등으로 한국광복군창설위원회를 조직하고, 먼저 광복군의 상층부인 총사령부를 성립시켰다. 이때 총사령부는 총사령관 이청천, 참모장 이범석, 총무 겸 부관장(副官長) 황학수(黃學秀), 주계장(主計長) 조경한(趙擊韓), 참모·부관·주계 각각 약간 명으로 구성하였다. 조소앙이 남긴 기록에 따르면, 임시정부가 규정하여 두었던 「광복군조례」와 「총사령 조직 대강」에 의거하여 총사령부를 성립시킨 날은 1940년 8월 4일이었다.[3]

광복군의 총사령부 구성이 완료되고 부대 편성 방침이 수립되자, 임시정부는 중국 측과도 협의하지 않은 채 9월 15일, '대한민국임시정부 주석 겸 한국광복군 창설위원회 위원장 김구'의 명의로 「한국광복군 선언문」을 발표하여 광복군 창설을 공식 선언하였다. 이 선언문은 "대한민국임시정부는 대한민국 원년(1919년)에 정부가 공포한 군사 조직법에 의거하여 중화민국 총통 장개석 원수의 특별 허락으로 중화민국 영토 내에서 광복군을 조직하고, 대한민국 22년 9월 17일 한국광복군 총사령부를 창설함을 자에 선언"하였다. 선언문은 "우리 조국의 독립을 위하여 우리의 전투력을 강화할 시기가 왔다고 확신한다"고 광복군의 자주성을 강조하였지만, 동시에 '한중연합전선'의 일원임도 밝혔다.

김구가 날짜까지 지정하여 밝힌 대한민국 22년(1940년) 9월 17일, 이른 아침부터 경치 좋은 충칭의 자링강(嘉陵江)가의 호화 건물 자링 빈관(嘉陵賓館)은 행사 준비로 붐비었고, 마침내 한국광복군 총사령부 성립 전례식(典禮式)이 감격스럽게 거행되었다. 식장 정문에는 한국의 태극기와 중국의 청천백일기가 바람에 날렸고, 식장 좌우 쪽에는

"초(楚) 나라가 세 집이라도 진(秦) 나라를 망케 할 수 있다(楚離三戶可亡秦)", "단민(檀民)은 끝내 고국에 돌아간다(終見檀民還故土)" 등의 표어가 붙어서 한중 양국민의 조국광복의 결의를 나타내었다.

오전 7시 정각, 애국가와 김구의 개식사로 시작한 전례식은 약 세 시간 동안 진행되었다. 일본군의 공습을 피하기 위해 아침부터 시작된 전례식에는, 광복군총사령부 장령들 및 임시정부·임시의정원·한국독립당의 요인들과 중국 측 인사 다수를 포함해 내외에서 200여 명이 참석하였다. 임시정부 김구 주석의 주례로 거행된 전례식은, 창설위원장 명의로 김구가 광복군 창설 대회사를 한 데 이어, 외무부장 겸 선전위원인 조소앙의 '한국광복군 총사령부성립 경과보고', 임시정부 대표 홍진의 훈사(訓詞) 등으로 진행되었다.

이틀 뒤인 9월 19일, 김구는 광복군 총사령부의 부서와 구성 인원 등 총사령부가 성립한 사실을 주자화를 통하여 중국 국민정부에 공식 통보하였다. 이에 따르면, 총사령은 이청천, 참모장은 이범석이었고, 참모처장 채원개(蔡元凱)을 비롯해 7개 처장이 편성되었으며, 부특무대(附特務隊)와 노사령(路司令)으로 군대가 편제되었는데, 조소앙은 정훈처장(政訓處長)으로 선임되었다. 광복군의 인원은 특무대 총 300명, 제1로(路) 동북사령(東北司令) 4800명으로 보고하였다. 이러한 수치를 보면, 광복군 총사령부의 조직 체계와 인선은 실제 총사령부의 편제와 구성이라기보다는, 광복군 총사령부가 정연한 조직 체계를 갖추었고, 광복군이 중국 동북지방의 한인독립군과 연결되어 대규모 병력을 보유하였음을 보이려는 의도의 문서상의 편제였을 가능성이 높았다.

임시정부는 광복군 창설을 선포한 뒤 광복군 총사령부 조직에 관한 법규를, 10월 초에 열리는 제32회 임시의정원 정기 회의에 제출하였다. 조소앙이 보고한 바에 따르면, 임시정부는 광복군 총사령부를 조직하기 이전에 「광복군 총사령부 조직 조례」를 이미 기안하여 두었다. 이에 임시정부는 광복군 총사령부를 성립시키자, 실제 사업을 운영하기에 앞서 현실에 맞도록 법규를 마련해서 임시의정원에 제출·논의케 한 뒤 통과시키는 절차를 거쳐 10월 9일 자로 공포·시행하였다. 8개조로 구성된 이 조례의 제1조는 "한국광복군 총사령부는 대한민국임시정부 국무위원회 주석의 직할 하에 둠"이라 명시하여, 지휘권을 임시정부에 예속시켰다.[4]

조소앙이 실제 광복군의 정훈처장으로 임명되었는지는 불분명하지만, 그는 이미 광복군의 정훈 업무를 수행하고 있었다. 그는 9월 17일 전례식에서 한국광복군 총사령부 성립을 경과보고하면서 '광복군의 임무'를 다음과 같이 제시하였다.

우리 광복군은 파괴와 건설의 임무가 있다. 파괴 방면으로서 1. 한국 내에 있는 왜적(倭敵)의 일체 침략적 정치·군사·경제·문화·교통 등의 기구를 박멸할 것. 2. 국내 한인의 일체 봉건세력 반혁명세력과 왜적에게 아부하는 각종의 악랄한 소인(素因)을 숙청할 것. 3. 재래의 모든 악풍 오속(汚俗)을 타파할 것이다. 건설 방면으로서 1. 대한민국 건국방침에 의하여 정치·교육·경제의 균등제도(토지의 국유, 보선(普選)제도, 국비교육 의무교육 연한의 연장 등을 실행할 것)을 수립할 것. 2. 민족과 민족, 국가와 국가 간의 평등한 지위를 실현할 것. 3. 우리에게 평등대우하는 자로 더불어 반드시 휴수(携手)하여 세계 인류의 화평과 행복을 위하여 협력 촉진할 것 등이다.

「대한민국건국강령」의 용어를 빌려 표현하면, 광복군은 복국과 건국의 임무를 수행하는 혁명군으로서, 삼균주의에 입각한 신국가를 건설하는 주체의 일부였다. 따라서 조소앙은 광복군의 '구성분자'를 "조국의 독립과 민족의 해방을 위하여 싸우려는 자 공화국과 합리화한 사회를 건립하기 위하여 싸우려는 자"로 규정하였다.

1940년 9월 임시정부가 광복군을 창설하면서 민족주의 진영은 당(한국독립당)·정(임시정부)·군(광복군)의 체제를 확립하였다. 그러나 광복군의 창설과 출발이 한국독립운동사와 한국근현대사에서 지니는 의의가 크다 하더라도, 군대의 규모는 총사령부만으로 창설된 30여 명의 인원에 불과하였다. 광복군이 전시체제에 대응하는 군사력으로 발전하기 위하여는, 병력을 모집하고 군사 조직을 확충하는 일이 더 할 나위 없이 시급한 과제임을, 임시정부는 충분히 인식하고 있었다.

1941년 1월 한국청년전지공작대(韓國靑年戰地工作隊) 100여 명이 광복군으로 편입되어 제5지대로 편성되었는데, 이는 창설 초기 광복군이 거둔 가장 커다란 성과였다.[5] 나아가 화북으로 진출하지 않고 중국 관내에 잔류한 조선의용대가 1942년 7월 광복군으로 편입되어 제1지대로 개편됨으로써, 중국 관내에서 활동하던 무장 독립운동 세력은 모두 광복군으로 군사통일을 이루었다.[6]

충칭임시정부가 전시체제로 전환하기 위해서는, 광복군을 창설한 데 이어 임시정부의 체제를 정비하고 무엇보다도 지도체제를 재정립할 필요가 있었다. 상하이임시정부가 출범한 이후 임시정부는 몇 차례 개헌을 통하여, 지도체제를 대통령제에서 국무령제로 바꾸었다가, 1927년 3월 「대한민국임시약헌」에서는 국무위원제 하의 주석제라는 집단지도체제를 채택하였다. 상식으로 보더라도, 강력한 지도력이 요청되는 전시체제에서 집단지도체제는 대일 항전을 수행하는 데에는 적합하지 않았다.

임시정부는 1940년 10월 1일 개회된 제32회 임시의정원 정기회의에, 행정부의 권한을 강화하고 국무위원회의 주석을 행정부의 최고 수반으로 삼는 내용을 골자로 한, 총 5장 42개조의 개정 임시헌법을 「대한민국임시약헌」으로 명명하여 제출하였다. 그리고 임시의정원 10월 8일 회의에서는 「대한민국임시약헌」 개정안을 약간 수정하여 정부의 원안대로 만장일치 통과시켰고, 이어 정부에서 제출한 「한국광복군 총사령부 조례」도 심사위원회의 심사 의견대로 수정하여 통과시켰다. 임시정부는 10월 9일 전임 국무위원 명의로 개정 약헌을 공포하여 실행에 들어갔다. 임시정부의 헌정사에서는 제4차 개헌에 해당한다.

10월 9일 회의에서는 개정 약헌에 의거하여 국무위원회 주석 선거 투표를 행한 결과, 김구가 임시정부 국무위원회 주석에 당선되었다. 또 이날 회의에서 국무위원을 다시 선거할 새 인수(人數)를 6인으로 정하고 선거 투표를 행한 결과, 이시영·조완구·조소앙·차리석·조성환·박찬익(朴贊翊) 6인이 임시정부 국무위원에 당선되었다.

개정 약헌에 의거하여 구성된 임시정부의 신내각은, '임시정부국무위원회 주석 김구'와 신임 6인 국무위원의 명의로 「임시정부 포유문(布諭文)」을 공포하였다. 포유문은 개정 약헌의 골자가 "임시정부의 조직기구를 변경하였으니 즉 강성이 있는 국무위원회 주석 일인과 육인 이상 십인 이내의 국무위원으로 국무위원회를 조직"한 데 있음을 설명하였다. 그리고 개정의 사유를 "이 비상시국을 마튼 재기에 너무나 적당치 못한 데다가 더욱 우리 광복군 총사령부가 설립되어 전방에서 군령을 행하게 되는 이때에 통수권의 합리화가 무엇보다 급결하여 약헌 개정의 언론화가 된 까닭이다."라고 밝혔다. 이어 개정 약헌의 특징으로 "종전에 국무위원끼리 주석을 호선하던 제도를 폐하였다."라고 지적하면서, "국무위원회 주석은 일반 국무를 처리함에는 총리격을 가지었고 그 외 정부를 대표하며 국군을 총감하는 권리를 설정하였으니 이 방면으로는 국가 원수격을 가지게 되었다."라고 부연하였다.[7] 포유문에서 주석을 '강성'이라는 단어로 표현하였음이 눈이 띄는데, 강력한 주석 중심의 지도체제를 가리켰다.

「임시정부 포유문」이 천명하였듯이, 제4차 개헌의 골자와 특징은 국무위원제를 주석제로 바꾸어, 전시체제하에서 주석의 위치를 국군 통수권을 행사하는 국가 원수의 지위로 확립하려는 데 있었다. 여기에는 당시 임시정부의 사실상의 실권자였던 김구의 영도력을 막강하게 제도화하려는 의도가 다분히 반영되었다.[8] 결국 4차 개헌의 목적은, 김구를 주석으로 삼아 강력한 단일지도체제를 마련하는 데 있었다. 주석을 "강성이 있는"이라고 표현한 이유이기도 하다.

신임 국무위원으로 구성된 국무위원회는 신정부 각료의 배속도 결정하였다. 내무부장 조완구, 외무부장 조소앙, 군무부장 조성환, 법무부장 박찬익, 재무부장 이시영, 비서장 차리석, 참모총장 유동열 등이었다. 이로써 충칭임시정부는 당·정·군의 체제를 갖추었고, 김구는 한국독립당의 집행위원장, 임시정부의 주석, 광복군의 통수권자로서 당·정·군을 통할하는 1인 지도체제를 확립하였다.[9] 충칭시기의 임시정부는 이렇게 개막되었다.

「대한민국건국강령」을 기초하여 작성하다

광복군을 창설하고 제4차 개헌으로 김구 중심의 단일지도체제를 확립한 임시정부가 '정부'로서의 위상을 제고하기 위해서는, 임시정부의 외연을 넓혀 통일전선정부로서 대표성을 확보하는 과제가 남아 있었다. 나아가 임시정부를 중심으로 한 당·정·군의 체제가 앞으로 가시화할 통일전선정부 내에서 지도력을 장악하려면, 혁명 이념과 독립운동 방략도 타 독립운동 단체에 앞서 구체화시켜 수립해야 할 현안이었다. 「대한민국건국강령」은 임시정부의 건국방략이라는 대의 및 건국이념의 주도력이라는 현실 앞에서, 조선민족혁명당이 임시의정원과 임시정부에 참여하기 전, 즉 '통일의회'와 연합정부가 출발하기 전에 제정·공포되었다.

1930년대 들어 민족주의 민족운동 계열의 공통된 혁명 이념으로 자리 잡은 삼균주의는, 1940년 5월 통합한국독립당이 결성되어 임시정부의 여당으로 기능하면서, 1941년 11월에는 '삼균제도'라는 용어로 「대한민국건국강령」(이하 「건국강령」으로 줄임)에 수용되었다. 임시정부는 조소앙(외무부장 겸 선전위원회 주임위원)이 삼균주의에 바탕을 두고 기초·작성한 「건국강령」을 여러 차례 독회(讀會)·심의한 끝에,

1941년 11월 28일 제19차 국무회의 결의로 통과시킨 뒤 '대한민국 임시정부 국무위원회'의 명의로 공포하였다.[10]

《대한민국임시정부 공보》 제72호(1941. 12. 8)는 '국무회의 중요 기사(記事)' 항에서 '대한민국건국강령 통과'라는 제목으로 "대한민국 23년 11월 28일 국무회의에서 조소앙 위원이 기초하여 제출한 대한 민국건국강령을 약간 수정하여 원안대로 통과하다."라고 기록하였다. 이날 「임시정부 포고문」과 「대한민국건국강령」이 함께 포고되었다.

11월 28일 「건국강령」이 통과된 데 이어서 차리석이 기초한 「한 국광복군 공약급(及) 서약문」이 통과되고, '한국독립당 군내(軍內) 공 작 특허(特許)'도 결정되었다. 위의 《공보》는 이 '특허'를 결정한 이유 를, "한국독립당은 그 당의·당강·당책이 대한민국건국강령과 광복군 지도정신에 절대 부합될 뿐 아니라 그 당에서 임시정부를 적극 옹호 하고 인력과 물력과 정력을 임시정부에 집중하여 광복군 취진에 전 력하므로 (……) 한국독립당은 광복군 안에서 선전하고 조직할 것을 특별히 허락하기로 결정하다."라고 밝혔다.[11] 11월 28일 임시정부 국 무회의의 일련의 의결 사항들은 이른바 당(한국독립당)-정(임시정부)-군 (광복군)의 일체화를 완결하려는 결정들이었다.

임시정부의 명의로 선포된 「건국강령」은, 대일전쟁 수행이라는 전시체제하에 독립운동자 총동원이라는 정치 명분과 무게를 지니고 있었다.[12] 「건국강령」의 의도가 관철되려면, '총동원'을 명령하는 임시 정부의 법통성·영도권 및 임시정부의 여당인 한국독립당의 일당(一 黨)정치가 확립되어 있어야 가능한 일이었다. 당시 임시정부가 지도력 의 한계 때문에 다른 독립운동 단체들에 강제력을 발휘하지는 못하였지만, 「건국강령」에는 이러한 논리가 곳곳에 내포되어 있었다.[13] 실지 「건국강령」 제2장 복국 6항은 이를 다음과 같이 못 박았다.

삼균제도로써 민족의 혁명의식을 환기하며 해내외(海內外)민족의 혁명역량을 집중하야 광복운동의 총동원을 실시하며 장교급(及)무장대오(武裝隊伍)를 통일훈련하야 상당(相當)한 병액(兵額)의 광복군을 수처편성(隨處編成)하야 혈전(血戰)을 강화할 것임.[14]

위에서 보듯이, 국내외의 모든 혁명 역량을 총동원하고, 모든 무장 역량을 광복군으로 통일·편성하는 혈전을 수행하는, 광복운동을 총동원하는 주도체는 의당 임시정부였다. 제2장 복국 4항은 이를 "복국기에는 임시약헌과 기타(其他)반포한 법규에 의하야 임시의정원의 선거로 조직된 국무위원회로써 복국의 공무(公務)를 집행할 것임"이라고 명백하게 명시하였다. 이 제2장 복국 4항에 의거하여 다음의 복국 10항이 가능하다.

건국시기에 실행할 헌법과 중앙급(及) 지방의 정부조직법과 중앙의 정원급 지방의회의 조직급 선거법과 지방자치제도와 군사외교에 관한 법규는 임시의정원의 기초(起草)급 결의를 경과하야 임시정부가 이를 반포할 것임.

이렇게 「건국강령」에는 해방 후에 건립될 신국가·신정부로 이어져야 하는 임시정부의 법통성·정통성에 근거하여, 현 임시정부의 영도성·집정과 한국독립당의 일당치국이 당연하면서도 강하게 전제되어 있었다. 이 점에서 「건국강령」은 임시정부의 정통성을 근거로, 해방 후 정식정부를 수립하기 전까지의 '과도기', 「건국강령」의 용어로 표현하면 복국기 전체와 건국기의 제1기를 임시정부와 한국독립당이 주도·영도하겠다는 선언이자 실천 강령이었다. 「건국강령」은 일제를 구축하고 삼균제도의 토대가 마련되는 신민주공화국의 정체를 수립하는 시기까지를, 한국독립당-충칭임시정부-임시의정원의 삼위일체의 권력이 일당 통치함을 명시하였다.

조소앙은 3년 후 1944년 11월 16일 열린 건국강령수개(修改)위원회 제2차 회의에서, 과도기의 입시정부 집정론을 다음과 같이 명언하였다.

이 건국강령은 한 과도기의 산물밖에 되지 않는다고 생각하오. 장차 정치세력이 웅후(雄厚)한 파(派)를 따라 그 주장과 추향(趨向)이 달라질 것이니 예(例)하면 미(美)의 배경을 가진 파가 먼저 세력을 잡으면 미식(美式) 데모크라시 정강을 세울 것이오. 소(蘇)의 배경을 가진 세력이 선다면 역시 그러할 것이니, 영구성적(永久性的) 강령이 아직 필요없는 동시(同時) 제출될 수 없다고 생각하오. 그러니까 임시정부를 중심하고 제출한 이 강령이 과도기에 적의(適宜)하다고 함.[15]

이렇게 8·15해방을 정확히 9개월 앞둔 1944년 11월의 시점에서, 조소앙은 해방정국에서 펼쳐질 국내정세를 예견하면서 「건국강령」의 중요성을 더욱 강조하였다. 국제정세에 편승한 외세 의존 세력을 크게 둘로 나누어서, 이들 친미 자본주의 세력과 친소 공산주의 세력이 집권함을 막기 위해서는, 이 과도기를 충칭임시정부가 집정해야 한다는 논리였다. 이 말은 보통선거로 선출된 정식정부를 수립하여 삼균제도를 실행하기 전까지를 과도기로 규정하고, 이 시기에는 임시정부가 과도정부로 집정하여 국권을 수행함으로써 정식정부를 수립함이 역사의 요청이라는 뜻이었다.

이 점에서 '대한민국건국강령'이라는 명칭도 새삼 새롭게 생각해 볼 필요가 있다. 애초 조소앙이 초안을 작성할 때는 「대한민국임시정부건국강령초안」[16]이라 명명하였는데, 국무회의에서 통과될 때에는 '임시정부'가 빠짐으로써 함축된 의미가 오히려 확장되었다. '대한민국건국강령'이라는 조어에서 '대한민국'은 주어와 목적어 양면으로 해석이 가능하다. 이때 대한민국은 주체와 목적이 되어, 대한민국(임시정부)이 건국을 주도하는 강령이라는 의미와, 신생 대한민국을 건국하는 강령이라는 뜻으로도 읽힌다. 신생 대한민국을 탄생시키는 주체는 의당 현 대한민국임시정부이므로, 후자로 해석해도 임시정부의 주도력과 영도권은 전제되어 있었다.

이상의 점들을 염두에 두어야만 「건국강령」의 본의와 성격을 이해할 수 있다. 이제 삼균주의의 실천 강령이라 할 수 있는 「건국강령」의 내용을 개략해서 살펴본다.

임시정부가 「건국강령」을 제정·공포한 목적을 한마디로 정리하면, 복국 즉 광복의 방략과 광복 후에 건설할 신국가상(新國家像)을 제시하는 데 있었다. 문건의 명칭에는 '건국'이라는 단어만 들어갔지만, 「건국강령」은 삼균주의에 기초를 두어 다가올 해방을 전망하면서, 복국의 과정을 포함한 신국가건설의 각 단계와 구체안을 제시한 임시정부의 실천 전략이었다.

「건국강령」은 제1장 총강(總綱, 7항), 제2장 복국(10항), 제3장 건국 (7항) 등 모두 3장 24개 항으로 구성되었다. 스쳐보면 제2장이 제3장 에 비해 항목이 많은 듯하나, 실은 제3장의 4·5·6·7항이 다시 각각 6·2·8·7개의 조목(총 23개)으로 나뉘어 있어, 건국의 장이 복국의 장 에 비해 약 세 배 정도의 양을 차지하고 있다.

조소앙은 삼균주의의 이상이 실현·발전하는 과정을 복국 → 건 국 → 치국(治國) → 세계일가(世界一家)=구세(救世)로 이어지는 4단계 로 제시하였는데, 「건국강령」에서는 이 4단계론을 복국-건국의 두 단 계에 한정하였다. 「건국강령」은 말 그대로 '건국' 단계까지 해당하는 '강령'이었다. 삼균주의의 논리로 볼 때, '과도기'를 지나서 치국과 세 계일가로 나아가는 단계는, 보통선거로 선출된 정식정부가 삼균주의 의 이상을 실현할 새로운 강령을 작성하여 실천하는 새로운 역사의 진로였다.

복국의 모든 과정과 건국의 제1기에 해당하는 '과도기'에는 임시 정부가, 건국의 제2·3기에는 임시정부의 정통성을 이은 정식정부가 각각 집정함으로써, 삼균주의를 실현할 기반을 마련하고 이어 정착시 키는 과제를 수행한다. '치국'부터는 정식정부가 들어선 이후의 단계 에 해당한다.

제1장 총강은 삼균제도와 임시정부를 일체화하여 삼균제도의 의의를 밝히고, 임시정부의 역사성과 궁극의 목표를 제시하였다. 총 강 5항은 임시의정원이 '3·1혈전'을 이어받아, 1919년 4월 대한민국

을 세우고 임시정부와 임시헌장을 '발포'한 사실의 역사성과 궁극 목표를 이렇게 선포하였다.

동년(同年, 1919년을 가리킴 — 인용자) 4월 11일에 13도 대표로 조직된 임시의정원은 대한민국을 세우고 임시정부와 임시헌장 10조를 창조발포(創造發布)하얏으니 이는 우리 민족의 자력(自力)으로써 이족전제(異族專制)를 전복하며 5천 년 군주정치의 구각(舊殼)을 파괴하고 새로운 민주제도를 건립하며 사회의 계급을 소멸하는 제일보의 착수이었다. 우리는 대중의 혈적(血滴)으로 창조한 신국가형식(新國家形式)의 초석인 대한민국을 절대로 옹호하며 확립함에 공동혈전(血戰)할 것임.

위에서 보듯이, 「건국강령」은 임시정부의 존재 의의와 역사성의 논리로 '임시정부 절대옹호'를 선언하였다. 임시정부가 민주제도의 궁극 목표인 사회계급 소멸의 제1보였으므로, 임시정부를 절대 옹호해야 한다는 논리였다. 대한민국과 임시정부는 일체화된 존재로서, 임시정부가 존재해야 하는 당장의 목표는 한민족의 총역량을 집중시켜 일본제국주의를 무너뜨리는 데 있다. 멀리 미래 역사까지 전망하면, 한민족 안에서 계급 일체를 소멸시켜 완전한 평등한 사회를 일궈내는 디딤돌이 되는 데 있다. '계급 소멸'을 역사의 궁극 목표로 지향하는 삼균주의의 이상론에서, 임시정부는 '절대 옹호'해야 할 '신국가형식의 초석'이었다. 총강 7항은 임시정부의 사명을 삼균제도와 연관지어 다음과 같이 명제화하였다.

임시정부는 이상에 거(據)하야 혁명적 삼균제도로써 복국과 건국과의 각단계를 통하야 일관한 최고공리(最高公理)인 정치·경제·교육의 균등과 독립·민주·균치(均治)의 3종방식(三種方式)을 동시(同時) 실시할 것임.

「건국강령」의 제2장 복국은 제1장 총강에서 제기한바, 한민족 자력으로 일제를 무너뜨리고 나라를 되찾기 위하여 민족해방운동을 벌이는 과정에 해당하며 다시 3기로 나뉜다. 복국 제1기는 독립을 선포하여 국호(國號)를 일정하게 하고, 임시정부·임시의정원을 세워 적(일제)과 혈전(독립전쟁)을 전개한다. 제2기는 국토의 일부를 수복하고 당·정·군 즉 한국독립당·임시정부·광복군의 기구가 국내로 옮겨와, 일제를 국내에서 구축하는 '교전단체'의 지위를 국제사회에서 획득하는 조건이 성숙한 시기이다. 제3기는 복국의 완성기로 적에게 빼앗긴 국토·인민과 정치·경제·교육·문화를 완전히 탈환하여, 평등한 지위와 자유의지(自由意志)로 각국 정부와 조약을 체결함으로써 복국을 완성한다. 420쪽에서 인용한 복국 6항에서 보았듯이, 복국기에는 "광복운동의 총동원을 실시"하는데, 제2장 복국의 5~10항은 복국을 완성하는 방안이다.

「건국강령」의 제3장 건국은 제1장 총강에서 제기한바, 새로운 민주제도를 세우는 과정으로 "민주정부 즉 신민주제도의 형식을 말한 것"[17]이다. 복국이 완성되는 때에 건국 단계가 시작되는데, 이도 복국 단계와 마찬가지로 다시 3기로 나뉜다.

건국의 제1기는 적(敵)의 일체 통치기구를 국내에서 완전히 박멸한 뒤, 중앙정부와 중앙의회를 정식 발동하여 주권을 행사하고, 삼균제도의 강령과 정책을 국내에서 실행하는 시기이다. 제2기는 삼균제도를 골자로 하는 헌법을 실시하여 정치·경제·교육의 '민주적 시설(施設)'로 나라가 균형을 이루는 과정이다. 이때 토지와 대생산기관의 국유화가 완성되고, 고급 교육의 면비수학(免費受學)이 완성되며, 보통선거제도가 완전히 실시된다. 무엇보다 중요한 과제는 극빈(極貧) 계급의 물질상·정신상의 생활 정도와 문화 수준을 끌어 높여야 한다. 이를 보면 사회계급을 소멸시키려는 「건국강령」의 이상이 얼마나 철저한지 확인할 수 있다. 제3기는 건국의 완성기로, 건국과 관련한 모든 기초 시설, 즉 군사·교육·행정·생산·교통·위생·경찰·농공상(農工商)·외교 방면의 기초가 완비된다.

제3장 건국의 4항부터 7항까지는 삼균주의 이념에 근거하여 건국을 완성하는 구체안이다. 4항은 헌법으로 규정할 인민의 기본 권리와 의무를 제시하였는데, 자유민주주의에 입각하여 정치균등을 실현하려 하였다. 적에게 부화(附和)한 자, 독립운동을 방해한 자, 건국강령을 반대한 자들, 이른바 반민족행위자는 공민권(선거권·피선거권)을 박탈하였다. 이러한 규정은 복국의 연장에 서서 건국을 실천한다는 원칙을 나타낸 한 예이다. 5항은 정치균등을 실현하기 위하여, 헌법에 규정할 중앙과 지방의 정치기관을 제시하였다. 6항은 경제균등을 확립하기 위하여, 헌법에 반영할 경제정책의 원칙을 삼균주의를 바탕으로 제시하였다. 7항에서는 헌법에 반영할 교육균등의 방안을 제시하였다.

건국 6항은 국유화할 대생산기관과 적산(敵産)을 아주 뚜렷하게 적시하였다. 또 일본인의 사유자본과 반민족행위자인 부적자(附敵者)의 모든 소유자본·부동산도 몰수하여 국유로 하고, 몰수한 재산은 가난한 노동자·농민(貧工·貧農)과 모든 무산자(無産者)들의 이익을 위하여 국영·공영의 집단생산기관에 제공함을 원칙으로 한다고 못 박았다. 이는 극빈 계급의 생활수준을 향상시키려는 「건국강령」의 과제를 실현하는 하나의 방안이었다. 이어 농민과 노동자의 생활을 안정·향상시키는 방안을 제시하였다. 토지국유화의 원칙에 따라 토지의 상속·매매·저당과 고리자금업·고용농업을 금지시키고, 두레농장·국영공장과 생산·소비·무역의 합작기구를 조직·확대하여 농민·노동자 대중의 물질과 정신상의 생활 정도와 문화 수준을 높이려 하였다. 토지는 제힘으로 스스로 경작하는 자(自力自耕人)에게 나누어 줌을 원칙으로 하되, 고용농·소작농·자작농·소지주농(小地主農)·중지주농 등의 순서대로 우선권을 준다고 명시하였다. 이러한 토지정책은 농본사회에서 생산자인 농민이 지주에게 수탈당하는 기본모순을 해결하는 방안이었다. 총강에서 삼균주의를 천명하면서 3항에서 특별히 토지혁명을 강조한 이유도, 당시 한국사회가 토지소유를 둘러싼 생산관계가 토대를 이루고 있었기 때문이다. 이상의 건국 6항은 사회주의 이념을 수용하여 정책으로 적용하였다.

건국 7항에서는 헌법에 반영할 교육균등의 방안을 제시하였다. 초등·고등(요즈음의 중등) 교육을 국비 의무교육하고, 학령(學齡) 초과자는 학비를 면제하여 보습(補習)교육하며, 빈한(貧寒)한 가정의 자제에게는 국가가 의식(衣食)까지 제공한다. 나아가 학교 수를 늘려 모든 국민에게 교육기회를 균등하게 제공하려 하였다. 교과서를 편집하고 인쇄·발행하는 일도 국영으로 하고 무료로 배급한다고 명시한 조항은, 자칫 국가가 교육을 철저하게 통제한다는 인상을 준다. 이는 삼균제 도를 원칙으로 삼아 '혁명공리(革命公理)의 민족정기'를 떨쳐 일으키어 '완전한 국민을 조성(造成)'하는 데에 건국기 교육의 기본취지(宗旨)를 두었으므로, 국가가 혁명 이념을 선도할 필요가 있었기 때문이다. 또 무료 배급은 교육기회의 균등과 관련이 있으리라 생각한다.

「건국강령」은 '임시정부 국무위원회'의 명의로 공포됨으로써 임 시정부의 국시로 자리 잡았다. 총강 7항(425쪽 참조)에서 보았듯이, 이 로써 임시정부는 「건국강령」에 제시된 삼균주의 건국이념을 '최고공 리'로 인정하면서 임시정부와 일체화되는 권위를 부여하였다. 그런데 「건국강령」은 임시의정원을 통과하지 않은 채 임시정부의 국무위원 회가 일방으로 선포한 데에서, 적법성 논란이 일어날 만한 중대한 절 차상의 오류를 드러내었다.

이 문제는 임시의정원이 통합한국독립당원만으로 구성되었을 때 는 불거지지 않았지만, 조선민족혁명당 등 다른 정당들도 임시의정원 에 진출한 이른바 '통일의회'인 제34회 대한민국임시의정원 회의(1942. 10. 25 개원)에서 곧바로 제기되었다. 절차의 정당성 여부는 위헌·위법 여부와 함께, 「건국강령」 자체의 유용성과 합목적성 문제로 진행되면 서, 「건국강령」이 의도한 목표에 흠집을 내었다. 여기에는 조소앙의 독 선과 배타성도 크게 일조하였다.

제34회 임시의정원 7일 차 회의(10월 31일)에서 제기된 「건국강 령」의 '합법'·'불합법' 논쟁은, 「건국강령」이 의회인 임시의정원을 통 과하였느냐는 신영삼(申榮三) 의원의 질문으로 시작되었다. 이때 외무부장 조소앙은 '약헌(約憲) 26조'에 의거하여 국무위원회에서 「건국강령」을 건국방략으로 채택하였으며, 헌법이나 법률이 아니므로 의회의 권리를 침해하지 않았다고 해명하였다. 그러나 대다수 의원들은 「건국강령」의 공포가 '불합법'임을 지적하였다.[18]

조소앙이 제시한 '약헌 26조'란, 1940년 10월 9일 공포한 42개조의 「대한민국임시약헌」 가운데 제3장 임시정부의 제26조 "국무위원회의 직권은 다음과 같다. 1. 광복운동 방략 및 건국방안을 결의한다."[19]를 가리켰다. 이를 기준으로 한다면, 「건국강령」이 임시의정원의 의결을 반드시 거쳐야 한다고 명시하지 않았으므로, 축자(逐字) 해석한다면 임시정부가 임시의정원의 결의를 거치지 않은 절차를 위헌·위법이라고 단정하기 어려운 측면도 있었다. 그러나 이러한 조소앙의 답변 역시 궁색하기는 마찬가지였다.

1939년 11월 11일 국무회의에서 결정된 「독립운동방략」은 다음 날인 12일 임시의정원에서 통과 절차를 거쳤다.(제9장 참조) 이 당시의 임시헌법인 「대한민국임시약헌」(1927. 4. 11 공포) 제3장 임시정부 제31조의 규정도 위의 '약헌 26조'와 거의 같은 내용이었다. 단 차이가 있다면, 이때는 아직 통합한국독립당이 결성되기 이전이었으므로, 조소앙은 재건한국독립당의 소수파로 임시의정원 의원과 임시정부의 각원으로 참여하고 있었다.

임시의정원 8일 차 회의(11월 1일)에서, 「건국강령」의 합법성 문제를 놓고 가장 많은 이의를 제기하였던 조선민족혁명당의 손두환(孫斗煥)은 "우리가 근본으로 건국강령을 부인하는 것은 아니나, (……) 우리가 물론 전민족의 공동강령이 있어야 할 것입니다. 그러나 현 건국강령은 각당파의 의견을 종합시키어 개정한 후 다시 의원의 법적 수속을 경과하지 아니하면 아니 될 것입니다."[20]라고 근본 문제를 제기하였다.

손두환은 임시정부의 지도 원리이자 건국 방침으로서 '건국강령'이 필요하다는 원칙을 인정하였지만, 공포된 「건국강령」은 전 민족의 공동 요구를 수렴하지 못한 채, 적법하지 못한 절차로 공포되었다는 두 가지 문제점을 지적·비판하였다. 꼬집어 말하지는 않았지만, 이는 한마디로 「건국강령」이 한국독립당 일당의 의견을 의회의 승인 없이 공포하였다는 비판이었다. 이날 회의에서 손두환은 공포된 「건국강령」을 고수하려는 조소앙의 완강한 태도에 강한 불만을 나타내어, 두 사람 사이에 감정 섞인 말이 오가기도 하였다.

임시의정원 회의에서 야당 측은, 임시정부의 여당 격인 한국독립당의 독주를 문제 삼아 여론을 수렴하여 「건국강령」을 개정하자고 제안하였을 뿐이다. 이들은 임시정부의 영도성이 전제되는 '건국강령'의 제정 자체를 반대하지 않았고, 따라서 강령의 수개를 논의하는 과정에서도 임시정부의 영도권은 문제 삼지 않았다. 손두환도 임시정부에 참여한 이상 「건국강령」의 위상을 부정하지 않았으나, 이것이 일당의 독주로 진행됨을 견제하려 하였다.

결국 임시의정원은 「건국강령」을 추인하지 않고 각 당파의 의견을 종합하여 개정한 후 다시 적법 절차를 받도록 의결하였다. 이후 건국강령수개위원회를 구성하여 수개 작업에 들어갔으나, 1년 5개월간 시간만 연장하다가 성과 없이 끝나고 말았다. 수개위원회를 소집함도 어려웠지만, 조소앙이 협조하지 않은 때문이었다.[21] 1944년 10월 28일

건국강령수개위원회 제2차 회의가 열렸을 때, 조소앙은 원문을 수개하는 데 강하게 반대하면서 "고증에 대한 불확실한 점을 삭제 또는 기타 전도된 문구를 바로히 하는데 한하야 수개에 착수하는 것이 타당"하다고 주장하였다.[22] 그는 「건국강령」에 관철된 자신의 의도가 굴절 또는 삭제·거부되는 자체를 원하지 않았다.

「건국강령」은 임시정부를 구성하는 통합한국독립당 계열 이외의 독립운동 세력과 단체에게도 동일한 위상으로 인정되지는 못하였다. 이 점에서 「건국강령」이 의도한바, 모든 민족운동 세력 사이의 복국과 건국의 전략을 통일하려는 목표는 관철되지 못하였다. 이러한 결과는 통합한국독립당 이외의 다른 독립운동 단체들이 임시의정원·임시정부에 참여하기 이전에 「건국강령」이 공표되었다는 시점의 문제에서 발단한 측면도 있었다. 그러나 본질은 절차상의 문제라는 법리상의 측면보다도, 조소앙의 유연하지 못한 태도가 「건국강령」이 '전민족의 공동강령'으로 발전하는 길을 차단한 면이 강하였다.

전시외교의 선봉에서 임시정부 승인에 진력을 다하다

조소앙은 1939년 10월 임시정부의 외무장으로 복귀한 뒤, 8·15 해방 후 환국할 때까지 임시정부의 외교 수장으로서 전시외교의 선봉에 서서 활동하였다. 그가 기초하여 1939년 11월 국무회의와 임시의정원에서 승인된 「독립운동방략」에서는, 임시정부의 외교 방향을 "중국을 위시하여 각 우방에 대하여 우리 임시정부의 법적 승인을 요구하며 아울러 각종의 원조를 청할 것"으로 설정하였다.[23] 이는 이후에도 일관한 임시정부 외교의 기본 방향이었다.

조선민족혁명당 등이 참여하여 '통일의회'를 구성한 제33회 임시의정원 회의(1941년 10월 5일 개원) 3일 차 회의(10월 17일)의 정무보고에서, 조소앙은 외교 업무를 구체화시켜 다음과 같이 보고하였다.

외교에대(對)하야는 (……) 더욱이군사외교에치중하야 광복군의발동(發動)을위(爲)하야계속노력중인바 (……) 최근에지(至)하여는임시정부승인문제를제기하야차(此)에대한운동을진행한결과 (……)
그버금에는대미(對美)외교에주중(注重)하야경륜(經綸)하여오던바 (……) 본년(本年)5월과7월중에아(我)정부로서 미국총통(總統)나사복씨(羅斯福氏, 프랭클린 루스벨트를 가리킴 — 인용자)에게 (……) 6개항(個項)의요구조건을제시하얏고본년(本年)6월4일에는종전(從前)붙어비(非)공식외교를진행하고잇던이승만박사를정식대표로임명하야미국정부에향(向)하야우리임시정부승인문제운동과군사원조운동을진행하는중인대중국이만일아(我)임시정부를승인하면미국도따라승인하리라고관측되고그뒤에는영국과소련에서도승인할가능성이확실히되는바 (……) 임시정부의국제적지위를확고(確固)케하야타일(他日)국제문제를해결하는회의석상에서한일(韓日)문제도취급되게하려함[24]

임시정부《공보》는 위의 6개 항을 다음과 같이 기록하였다.

미국 루우즈벨트 대통령에게 공함(公函)을 하여 외교의 길을 열기 시작하여 6개항 즉 ① 한국 임시정부를 승인할 것 ② 외교 관계를 개시할 것 ③ 중국과 한국의 항일에 수요되는 것을 더욱 강하게 원조할 것 ④ 군수품 및 기술원과 경제를 공급할 것 ⑤ 화평회의 개최 시에 한국 대표를 참가케 할 것 ⑥ 국제적 영구 기구를 성립할 때 한국도 참가케 할 것 등의 요구 조건을 제시하였다.[25]

여기서도 보듯이, 임시정부의 외교 목표는 군사상의 원조와 함께, 궁극에서 임시정부가 '국제적 지위' 즉 '법적 승인'을 획득함으로써 열강들의 전시회담에서 한국의 독립문제가 상정·논의되도록 하는 데 있었다. 외교의 주력이 대미 외교에 앞서 중국에 치중함도, 중국을 통하여 미국이 임시정부를 승인하도록 설득한다면, 이것이 영국과 소련 등에도 영향을 미치리라고 판단하였기 때문이다. 이러한 외교 방침은 임시정부가 국제법상의 승인을 획득하는 최종 성과에 도달하지는 못하였더라도, 카이로회담에서 중국을 통하여 미국이 한국의 독립을 보장하는 결과를 도출하였다는 데에서 일정하게 성공한 방향성이었다.

임시정부가 국제사회에서 정식 교전단체로 인정받고, 나아가 열강들이 전시 국제회담에서 한국의 독립을 보장케 하기 위하여, 임시정부의 외교 수장으로서 조소앙의 외교전도 임시정부 승인 문제에 집중되었다. 무엇보다도 임시정부는 전시 국제사회의 변동에 부응하여, 한국민이 일제 지배에 끊임없이 저항하고 있으며, 임시정부가 이들의 지도기관임을 국제사회에 알릴 필요가 있었다.

미국이 제2차 세계대전에 본격 참전하기 넉 달 전인 1941년 8월,

미국 대통령 루스벨트와 영국 수상 처칠이 캐나다 북동부의 뉴펀들랜드(Newfoundland) 아르젠치아만(Argentia Bay)에 정박 중인 미국 순양함 오거스타(Augusta)호와 영국 전함(戰艦) 프린스 오브 웨일스(Prince of Wales)호에서 몇 차례 회의를 가졌다. 두 정상은 양국의 공동 목표와 원칙에 합의하고, 8월 14일 연합국의 공동 전쟁 목표의 기초가 되고, 전후 문제의 처리 방향을 포함하여 세계질서의 재편을 예고하는 8개 항목의 「대서양헌장(大西洋憲章, Atlantic Charter)」을 발표하였다.

이 소식을 접한 조소앙은 임시정부의 명의로, 루스벨트·처칠의 공동선언을 환영하는 성명서를 발표하였다. 이 성명서는 미국·영국 양국에 임시정부 승인과 군비(軍備) 원조를 요구하는 한편, 나아가 세계 우방(友邦) 각 민족의 최후 승리를 위한 공동전선(共同戰線)에 참가한다고 성명함으로써 임시정부가 반(反)파시즘 연합국의 일원임을 선언하였다. 조소앙이 「대서양헌장」 가운데 특히 주목한 조항은, "영미(英美) 양대국가는 힘을 모아 각 민족이 자유로이 그 생존을 의탁하는 정부형식을 결정할 권리를 존중하고, 각 민족 중 이 권리가 부당하게 박탈당한 경우에는 양국은 다같이 본래의 주권과 자주정부를 회복하도록 하기를 바란다."라는 제3항이었다. 또 "전세계 국가로 하여금 반드시 무력을 포기하도록 할 것이며, 이에 앞서 침략국의 군비 해제가 이루어져야 한다."라는 8항과 "곧 무기대여법(武器貸與法)에 의하여 무기를 영국과 그 밖의 모든 반(反)침략 국가 및 각국 무장(武裝)부대의 전부에 공급할 것이다."라는 서언(序言)에도 기대를 나타냈다. 조소앙은 성명서에서, 동년 2월 미국 루스벨트 행정부에 '1. 한국정부의 승인'을 비롯해 '5. 평화회의 개최시의 한국정부 대표의 참가 허용'·'6. 영구적인 국제기구 성립시의 한국 참가 허용' 등의 6개 조항을 제출하였음을 상기시켰다.[26] 임시정부의 이 성명이 미국과 영국의 반응을 얻는 데 성공하지는 못하였으나, 임시정부가 교전단체로 대일전에 참전하겠다는 의지는 확고하였다.

현지 시각으로 1941년 12월 7일(일본 시각은 12월 8일) 일요일 아침, 일제는 하와이 오아후(Oahu)섬의 진주만(Pearl Harbor)에 정박한 미국 태평양 함대를 무력화시키기 위해 진주만을 선제 공격하였다. 루스벨트 대통령은 12월 7일을 '치욕의 날'로 선포하였고, 12월 8일 긴급 소집된 미국의회는 루스벨트의 연설 이후 상하 양원에서 대일본 선전포고를 결의하였다. 이 기습을 계기로 지금까지 중립을 지키고 있던 미국은 제2차 세계대전에 본격 참전하였고, 제2차 세계대전은 태평양전쟁(Pacific War)으로 확전되면서 전 세계로 전역(戰域)을 확대하였다. 이제 전쟁은 말 그대로 세계대전이 되었다.

임시정부도 12월 9일 제20차 국무회의에서 "3천만 인민을 동원하야 민주국(民主國)반침략전선에 참가하야 공동분투할것을 대외성명(對外聲明)하기로 결의"하고, 조소앙이 작성한 대일선전포고 성명서를 10월 10일 자로 발표하였다. 임시정부 주석 김구와 외무부장 조소앙의 명의로 공포한 5개 항의 성명서는, 연합국의 일원으로 대일전에 참전하여 "최후의 승리를 거둘 때까지 혈전(血戰)"하겠다는 한국민의 의지를 국제사회에 다음과 같이 뚜렷하게 선포하였다.

1. 한국 전(全)인민은 현재 이미 반(反)침략전선에 참가하였으니 한 개의 전투단위로써 축심국(軸心國)에 선전(宣戰)한다.

2. 1910년의 합방조약과 일체의 불평등 조약의 무효를 거듭 선포
    하며 (······)

3. 한국·중국 및 서태평양으로부터 왜구(倭寇)를 완전히 구축하기
    위하여 최후의 승리를 거둘 때까지 혈전한다.[27]

임시정부는 이 성명서를 미·영·중·소 4개국에 곧바로 발송하
여, 한국 인민 전체가 하나의 '전투단위'로서 태평양전쟁에 참전하겠
다는 의지를 강하게 천명하였다. 조소앙은 임시정부의 외교 수장으
로서, 전시 상황과 국제사회의 변동에 대응하여 그때그때 성명서를
작성·발표하여 국제사회에 임시정부의 존재를 확인시켰다.

조소앙이 총력을 기울인 외교전 가운데 주력은, 임시정부가 소
재하여 활동하는 중국에서 국민정부의 후원과 협력을 확보하고, 이
를 국제사회가 임시정부를 '법적 승인'하는 결과로 귀결시키는 데 집
중되었다. 제33회 임시의정원 회의정무보고(432쪽 참조)에서도 확인하
였듯이, 대중 외교는 광복군의 활동과도 연관된 임시정부의 핵심 사
안으로, 주석 김구와 외무부장 조소앙은 중국 국민정부와 직접 교섭
하는 외에, 민간 차원의 교류 등을 총동원하여 외교 활동의 전력을
기울였다.

임시정부는 상하이 시기에 쑨원의 호법정부(護法政府)에게 정식정
부로 승인을 받았으나, 그의 후계인 장제스 정부는 임시정부 승인을
유보하고 있었다. 이에 임시정부는 1941년 10월부터는, 중국 국민정
부의 외교부장 궈타이치(郭泰祺)를 상대로 공식 접촉을 시작하여 임
시정부 정식 승인을 요청하였다.[28] 이후에도 임시정부는 8·15해방을

맞을 때까지 여러 경로를 통하여 중국에 임시정부 승인을 쉬지 않고 요구하였다. 그러나 중국정부는 1942년 4월 외교부장 쑹쯔원(宋子文)[29]의 명의로 미국정부에 임시정부 승인을 제안하는 등(미국정부는 이 제안을 거부하였다.)[30] 수차례에 걸쳐 임시정부를 승인할 듯하면서도 결국 승인하지 않았고, 임시정부를 사실상 승인하였을 뿐 승인 보류 방침으로 일관하였다.

1945년 3월 9일 국민당 비서장 우톄청(吳鐵城)은 김구에게 공함을 보내어, 미국의 대한정책으로 임시정부를 승인할 수 없다는 방침을 공식 전달하였다. 그는 "이후 한인들이 일치단결하여 대일작전에 나선다면 고려해 보겠지만, 미국은 현재 상황에서는 한국임시정부를 승인할 의사가 없음을 확인했습니다."라고 전달하였다. 그는 이러한 결론이, 주미 중국공사 샤오위린(邵毓麟)[31]이 미국 국무장관 등과 비공식으로 의견을 나눈 결과에 근거하였음도 밝혔다. 우톄청은 "신속하게 미주 한인들을 단결시켜 충칭임시정부를 지원하게 할 방도를 강구해야 할 것입니다. 이를 바탕으로 점차 미국의 실제적인 원조를 이끌어 낼 필요가 있습니다."라는 충고도 잊지 않았다.[32] 이 공함은 중국정부의 공식 방침을 언급하지는 않았지만, 미국정부의 임시정부 불승인 방침에 따라 중국정부 단독으로 임시정부를 승인할 수 없다는 통보였다.

중일전쟁 이후 중국정부가 대일(對日) 공동전선의 필요성에 따라 임시정부 지원을 더욱 강화하면서도, 임시정부 승인 보류 정책을 유지한 데에는 여러 가지 요인이 작용하였는데, 한국독립 문제에서 미국정부와 공동보조를 취한 바가 가장 컸다. 당시 중국은 미국에게서 많은 원조를 받으면서 항전(抗戰) 체제를 지속하였으므로 미국의 이해관계를 무시할 수 없었다. 중국은 임시정부를 승인하겠다고 누차 약속하였지만, 미국이 반대하였으므로 임시정부를 정식으로 승인하지 못하였다. 이러한 중국의 태도는 1944년 4월 13일 '한국문제 처리 원칙'을 세우면서 첫 번째로 "수시로 미국과 상의한다"는 방침을 내걸면서 더욱 확고해졌다.[33]

중국정부는 임시정부를 승인할 수 없는 중요한 이유로, 한국 독립운동 단체들의 분열을 내세웠지만, 중국의 각 기관이 필요에 따라 의도해서 한인 독립운동의 각 당파와 연관을 맺음으로써 임시정부 내의 파쟁을 심화시키는 측면도 강하였다.[34] 한인들의 파벌을 문제 삼는 중국 당국자들의 인식은 미국 등 열강에게도 여과 없이, 때로는 과장되게 전달되어, 임시정부 승인과 한국의 '즉각 독립'을 결정하는 방침을 차단하는 역기능으로 작용하기도 하였다. 이에 조소앙을 비롯한 임시정부 요인들은 중국 측이 한인 단체들의 분열상을, 임시정부를 승인하지 않는 구실로 삼고 있다고 비판하였다. 조소앙 등은 중국정부가 임시정부를 승인하지 않는 진정한 이유는, 일본이 패망한 후 한국을 중국의 영향권 아래 두려는 욕심에 기인한다고 인식하였다.[35]

조소앙은 민간 차원에서 중국 인사들과 교류하는 통로를 만들어 임시정부 승인을 촉구하였다. 그는 1942년 1월 중소문화협회 창립기념식에 참여하였다가 중국 측 인사들과 다회(茶會)를 가진 자리에서, 중국 측 인사들에게 중한문화협회를 조직하자고 처음 제의하였다.[36] 이후 조소앙은 쑨원의 아들로 중국 국민정부의 입법원장인 쑨커(孫科)와 협회 설립을 논의해 나갔으며, 이 과정에서 중국 외교부도 관여하였다. 1942년 4월 15일 동방(東方) 각 민족의 저명인사 383명이 발기인으로 참여하여 중한문화협회 제1차 주비회(籌備會)를 개회하였다. 발기인에는 쑨커를 시작으로 위유런(于右任), 다이지타오(戴季陶, 戴傳賢으로 기명, 장제스의 결의형제), 우톄청(吳鐵城, 국민당 비서장), 주자화(朱家驊, 국민당 조직부장), 장지(張繼, 국민당 원로) 등이 나란히 이름을 올렸고, 저우언라이(周恩來, 중국공산당 중앙위원회 대표)도 발기인으로 참여하였다. 한국측에서는 이청천, 이시영, 조완구, 차리석, 홍진, 조소앙 등 임시정부와 임시의정원의 요인들이 발기인으로 이름을 올렸다.[37]

중한문화협회는 주비회를 개최한 지 6개월 뒤인 1942년 10월 11일, 충칭시의 방송국에서 성대하게 성립식을 거행하였다. 한·중 두 나라 국기가 걸린 식장의 사방에는 "공동의 적을 타도하여 동아의 평화를 되찾자"는 등 각종 표어가 가득하였다.[38] 이날 행사에는 한국측 인사로 김구·조소앙·김원봉 등이, 중국 측 인사로 쑨커·우톄청·주자화·저우언라이 등을 비롯한 400여 명의 인사가 참석하였다. 이 단체가 한중간의 교류와 우호 관계를 상징하는 존재로 이미 자리매김되었음을 보여 준다. 성립식에는 참석하지 않았지만, 장제스 군사위원회 위원장도 훈사(訓詞)를 보내어 "한국의 지사(志士)들이 복국운동과 반(反)침략전쟁에 노력하고 있는데 이를 도울 것"을 약속하면서 협회의 성립을 축하하였다. 성립식에서 통과한 장정(章程)에 따르면, 중한문화협회는 한중 인사들의 상호 연락, 한중 양 민족의 문화 연구와 교류를 비롯해 "일본제국주의 침략에 대한 반항과 소멸에 관한 사항"도 임무로 설정하였다.

의식이 끝난 뒤, 성립식의 주석을 맡은 쑨커는 "중국은 아시아의 자유와 평등을 위해 전쟁을 벌이고 있다. 중국 자신의 해방 외에도 중국 항전의 첫 번째 임무는 한국의 자유와 평등을 되찾는 것이다." 라는 내용의 치사를 통하여 한국독립을 지원하겠다는 의지를 천명하였다. 조소앙은 이 자리에서 중국 국민정부 대표의 훈사(訓辭)에 이어 한국 측을 대표하여 연설하였고, 뒤이어 중국 측을 대표한 인사의 연설이 계속되었다. 조소앙은 이날 연설에서 "오늘 중·한 두 나라 인사들이 중한문화협회라는 합작기구를 성립시킨 것은 동방민족의 앞날에 지대한 영향을 미친 중대사건이 아닐 수 없다."라고 서두를 뗀 뒤, "중국 입국(立國)의 이상은 세계대동(世界大同)이다. 한국 민족의 바람은 사해일가(四海一家)이다. 이를 실현하기 위해서는 한국이 독립 자유를 획득해야 함은 필요 전제조건이다."라고 강조하였다.[39]

성립식의 끝에는 협의 규정과 대회선언을 채택하고 간부를 선출하였다. 조소앙은 이청천·이승만(李承晚)·서재필(徐載弼) 등과 함께 명예이사로 추대되었고, 박찬익·김규식(金奎植) 등이 이사로 선출되었다. 이들 간부 명단을 보아도, 중한문화협회가 당시 충칭을 중심으로 활동하고 있던 한국과 중국의 당·정·군을 비롯해 각 방면의 주요 인사들이 참여하였음이 눈에 띈다. 중한문화협회는 성립식을 거행한 지 6일 후인 10월 17일, 제1차 이사 및 감사회의를 개최하여 정식으로 조직을 구성하고 임원을 선정하였다. 이날 상무이사(5인)·상무감사(5인)·비서장 등을 선출하였는데, 5인의 상무이사로는 쑨커·우톄청·주자화·박찬익·김규식이 선임되었고, 이 가운데 쑨커가 이사장, 김규식이 부이사장으로 선출되었다. 조소앙은 명예이사 외에는 한중

문화협회의 직책을 맡지 않았지만, 협회에서 주최하는 각종 행사에 참여하여 중국 인사들과 교류를 강화·확대해 나가면서 임시정부 승인과 한국광복군의 자주성 획득을 위한 협력과 여론을 조성·구축하였다. 후술할 「한국광복군행동9개준승」을 취소한 성과는 중국 관민(官民)의 지지 기반에서 힘입은 바가 매우 컸다.

중한문화협회는 조직 체계를 갖춘 뒤인 11월 10일, 한중 연대와 한국 독립운동 세력의 단결을 촉구하는 다과회를 개최하면서 첫 활동을 시작하였는데, 이 행사는 시사하는 바가 많았다. 이 자리는 한국 임시의정원 전체 의원을 초대하여 연회를 베푸는 형식으로 개최되었으며, 한·중 두 나라 정부의 요인과 각 방면의 대표 한국 임시의정원 의원 대부분이 참석하여 모임이 진행되었다. 한국 측에서는 임시의정원 의장 홍진과 부의장 최동오(崔東旿), 임시정부 주석 김구와 외무부장 조소앙, 광복군 총사령 이청천과 부사령 김원봉 등 50여 명의 인사가 참석하였다. 중국 측에서는 협회의 이사장 쑨커 부부와 쑹칭링[40]를 비롯하여 펑위샹(馮玉祥, 군사위원회 부위원장)·우톄청·저우언라이 등 100여 명이 참석했다. 쑨커를 비롯한 중국 측 인사들은 하나같이 한국 독립운동 세력들이 단결하기를 거듭거듭 강조하여 주문하였다. 김구·홍진·조소앙 세 사람은 차례로 답사를 하면서 '단결'을 약속하였고, 특히 조소앙은 "분열하면 망할 것이요, 단결하면 살아남을 것이다."라는 격언을 인용하면서 반드시 단결을 이루겠다고, 쑨커의 바람에 화답하였다.[41]

중한문화협회는 3·1민족운동기념일과 임시정부수립기념일·국치기념일 등을 비롯해, 특별한 사안이 있을 때 수시로 중국과 한국의 인사들을 초청하여 강연회를 개최하였다. 또 좌담회와 다과회 등의 형식으로 양국 인사들의 교류와 협력을 강화해 나가면서, 중국 내에서 임시정부 승인과 한국독립을 지지하는 여론을 확산시켰다. 중한문화협회는 한중 인사들 사이의 인맥을 기반으로 강력한 정치성을 띔으로써, 중국정부가 임시정부를 지원하는 데에 상당한 영향력을 발휘하였다. 특히 1942년 3월 쑨커 이사장이 문서로써 즉시 한국의 임시정부를 승인하여야 한다고 논술한 이후, 중국정부를 향해 여러 차례 임시정부 승인과 한국독립을 요구한 적극성은, 임시정부의 전시외교는 물론 한국 독립운동을 크게 고무시켰다. 중한문화협회는 창립 2주년을 맞는 1944년 10월 회원 수가 668명으로 늘었는데, 이 가운데 한국 측 인사가 100여 명이었고 중국 측 인사들이 다수를 차지하였다.

임시정부가 중한문화협회를 통한 민간 외교에서 거둔 성과는, 1944년 9월 15일 국민참정회(國民參政會) 제3기 3차 대회 제13차 회의에서 가시화되었다. 이날 회의에서는 후추위안(胡秋原) 등 참정원 36인이 제의하여, '정부에 조속한 한국임시정부 승인을 촉구하는 결의안'을 만장일치로 통과시키고 중국정부에 실행을 요청하였으며, 이는 중국 신문과《독립신문》에도 크게 보도되었다.[42] 조소앙은 당일 임시정부 외무부장 명의로 참정회에 지급 전보로 "두 나라의 우의와 연합을 더욱 증진시켰으며, 또한 맹방의 대일전의 수행에 있어서도 촉진제가 될 것"이라고 감사의 뜻을 전달하였다. 국민참정회는 비록 정부의 정책과 같은 실행력은 없었지만, 중국국민당은 물론 공산당의 저우언라이 등 중국 각 정당과 각계의 인사들이 참여하여 민의(民意)

를 대표하는 최고기관이었으므로, 참정회의 결의가 중국 외교부를 비롯하여 중국정부에 미치는 파급은 매우 컸다.

「광복군행동9개준승」의 폐기에 힘쓰다

임시정부는 중국을 통하여 미국을 설득하려 하였지만, 미국이 중국의 제안에도 임시정부를 승인하지 않았고, 역으로 중국도 임시정부를 승인할 수 없는 처지가 되어 버림에 따라, 임시정부는 중국과 미국의 '법적 승인'을 얻지 못한 채 해방을 맞이하였다. 이러한 임시정부의 전시외교 전략은 결과에서 성공하지 못하였지만, 임시정부는 중국 국민정부에게서 막대한 군사·재정상의 원조를 받았다. 이것이 대일전을 수행하기 위한 한중 공동전선의 필요성에 따른 조처였고, 중국 측의 몽니가 수반되었다 하더라도, 임시정부와 한국 독립운동을 지탱하는 절대 동력으로 작동하였음도 부인할 수 없는 사실이었다. 망국의 비운에 중국 국민정부의 유세(有勢)까지 겹치는 망명정부의 겹설움은, 드골이 런던으로 망명하여 대독(對獨) 항전을 이끌면서 처칠 정부에게서 겪었던 바와 동일한 현상이었다.

중국정부에 귀속된 한국광복군의 통수권을 임시정부로 환원함은, 한국민을 대표하는 임시정부에게 임시정부의 공식 승인 문제와 연동된 시급한 과제였다. 중국정부는 한국광복군을 자신들의 대일 항전에 유리하게 활용하고자 하였으므로, 임시정부는 광복군의 통수권을 둘러싸고 중국정부와 샅바 싸움을 벌여야만 했다. 이 문제를 해결하는 방책과 과정은, 임시의정원과 임시정부 양자의 협동력이 돋보인 외교력의 성공으로 기록할 만하다.

임시정부는 광복군이 중국군에 예속됨을 애초 거부하고, 1940년 9월 자력으로 광복군 총사령부를 성립시켰다. 그러나 중국 국민정부의 군사위원회는 광복군 창설을 인정하지 않는 데에서 그치지 않고, 중국 내에서 광복군의 활동을 저지하였다. 광복군을 중국군사위원회에 예속시키려는 중국군사위원회의 유세는 「한국광복군행동9개준승」(이하 「9개준승」으로 줄임)으로 현실화하였다. 중국 군사위원회 판공청(辦公廳)은 1941년 11월 15일 자로 광복군 총사령(總司令) 이청천에게 "한국광복군은 본회(本會)에 귀속시켜 통할지휘(統轄指揮)한다."라고 일방 통보하면서, 한국광복군을 본회에서 통할지휘케 된 후에 준행(遵行)할 9항(項) 준승(準繩)을 통지하였다. 1941년 11월 15일 광복군 총사령부가 성립된 지 1년 2개월, 장제스가 "광복군을 예속하라"고 명령한 지 보름만이었다.[43]

「9개준승」은 얼핏 보아도, 한국민과 임시정부에게 굴욕스러운 문구로 가득 찼으며 요점을 파악하기도 어렵지 않다. 「9개준승」의 각 항은 한국광복군이 한국 국경 안으로 진입하기 전까지는, 오직 중국군사위원회의 통수권 아래에서만 군령을 수행한다는 내용을 구체화하였다. 임시정부는 모욕을 느꼈지만, 광복군을 창설한 지 1년 넘게 허송세월하는 현실 앞에서, 또 중국 각지에서 이미 모집한 한인 청년들을 광복군으로 훈련하여 활동케 할 시급성으로 인하여, 차후 개선을 도모하기로 합의하고 일단 「9개준승」을 수용하였다. 1941년 11월 19일 제18차 국무회의는 "한국광복군이 중국 대일항전기간에 중국과 연합작전상 통일지휘를 위(爲)하야 중국 통수(統帥)의 지휘를 수(受)하기로 결의"하고, 이를 중문과 한문(韓文)으로 중외(中外)에 선포하였다.[44]

임시정부는 광복군을 출발시키기 위하여 군통수권을 중국에 양도하는 수모를 감수하였지만, 이후에도 중국 측의 고압스러운 태도는 지속되었다. 이에 맞서 「9개준승」을 폐지함은 임시정부와 민족의 자존심이 걸린 시험대이기도 하였다.

임시정부 내에서 「9개준승」을 취소 또는 수정하자는 의견이 공론화하기 시작한 때는, 「9개준승」을 수용한 지 11개월 정도 지나, 1942년 10월 25일 개원한 제34회 임시의정원의 회기 중이었다. 공론화의 동력은 한국독립당 이외에 조선민족혁명당·조선혁명자연맹·조선민족해방동맹 등도 참여하여 이른바 '통일의회'로서 구성된 제34회 임시의정원이 제공하였다. 회의 4일 차인 10월 28일 이연호(李然皓)를 필두로 조소앙의 아우 조시원(趙時元) 및 최동오·박건웅(朴建雄) 등 모두 18명의 의원이 연명·날인하여 「제의안 ─ 광복군에 관한 건」을 제출하였다. 이 제의안은 "소위 행동준승9개조항을 즉시취소하고 절대적으로 국제간 평등적 입장에 처(處)하야 우의적(友誼的)으로 적극원조(援助)하기를 요(要)"하면서 "군사상 신(新)관계를 결성하는 것이 정당"하다고 주장하였다. 물론 이 제의안도 중국 영토 내에서 한중 양군이 공동작전을 계속하는 기간 내에는 광복군의 지휘권을 중국군 사령관에 위임함을 전제하였다.[45]

「9개준승」 취소 건은 9일 차 회의(11월 2일)부터 본격 논의되기 시작하였고, 10일 차 회의(11월 3일)에는 「제의안 ─ 광복군에 관한 건」이

상정되었다. 9일 차 회의에서는 7·8일 차 회의에 이어 「건국강령」 공포의 적법성 논쟁, 즉 합법·불합법 문제의 문제로 시작되어 조선민족혁명당 소속의 손두환과 외무부장 조소앙 사이에 격앙된 언사가 오고 가기도 했으나, 「9개준승」 문제에서 임시의정원과 임시정부는 일치된 의사로 공감하면서 '합작'하는 분위기가 조성되었다.

손두환 의원이 "광복군 9개조약을 엇더케 의회에서 통과하지도 안코 정부가 접수하엿소."라고 질문하자, 조소앙은 "당시정부의 역량의 불충족(不充足)으로 이 사건을 이와같이 진행식혓고 또 이는 조약이 안이라 임시군사협정에 지나지 안슴니다."라고 솔직히 답변하였다. 한지성(韓志成) 의원이 "9개조건을 접수한 동기가 하재(何在)인지요?"라고 질문하자, 조소앙은 "군(軍)은 성립하야야 하겟는대 판법(辦法)이 무(無)하므로 차(此)를 접수하엿소."라고, 「9개준승」을 수용한 부득이한 속사정도 털어놓았다. 10일 차 회의(11월 3일)에는 이연호가 제안한 안건이 상정되어 논의되었고, 이때 조소앙은 임시정부의 방침을 다음과 같이 밝혔다.

차안(此案)이 제안되는대 우리 전체에게 유리하다고 생각됩니다 이 의회를 이용하여서 광복군을 경정(更正)할 필요가 유(有)하다고 봄니다 과거정부는 부득이한 관계로써 되여진 것을 임이 발표하였으니 의회에서 후원하야 광명(光明)케 함이 조켓다고 생각됩니다 의회와 정부와 합작(合作)을 고규(高叫)함니다[46]

11월 9일 회의에서는 손두환 등 5명의 수정위원이 '국제간 절대

평등호조(互助)'를 강조하여 제출한 수정안을 통과시켰다.[47] 이렇게 임시정부 외무부장 조소앙이 임시의정원과 '합작'을 제안함에 따라, 임시의정원이 임시정부를 후원하였고, 임시정부는 외무부장 조소앙을 중심으로 「9개준승」 취소를 위한 실무 작업에 본격 착수하였다.

1943년 1월 26일 임시정부 국무회의는 「9개준승」을 교정하기 위하여, 국무위원 가운데 조소앙·김규식·조성환·유동열·박찬익 5인으로 소조회(小組會)를 조직하였다. 동년 2월 1월 국무회의에서는 조소앙 등이 소조회에서 작성하여 제출한 「한중호조군사협정초안(韓中互助軍事協定草案)」을 원안대로 통과시킨 뒤, 조소앙·김규식·박찬익 3인을 재교섭 위원으로 임명하였다.[48]

전문(前文)과 10개 조로 구성된 이 초안의 핵심은, 광복군을 임시정부에 예속시키고, 중국 영토 내에서 대일 작전을 수행할 때에는 광복군의 지휘권을 태평양전구(戰區)의 중국구(區) 최고 군사장관(軍事長官)에 귀속시킨다는 데 있었다.(제2조) 또 광복군 소속 인원의 임면(任免)과 정치훈련은 임시정부가 담당하고(제3조), 중국 측이 광복군을 지원하는 형식은 차관과 군화조차법(軍火租借法) 등의 방식으로 한다(제8조)는 내용이었다.[49] 이러한 조항들은 중국 내 대일전에서는 광복군의 지휘권을 중국에 위임하였지만, 임시정부의 자주성과 광복군의 독립성을 최대한 확보하려는 의지였다.

조소앙은 국무회의의 결의에 따라, 1943년 2월 20일 임시정부 외무부장 명의로 중국 외교부장 쑹쯔원에게 「9개준승」을 폐지하자는 제의서[50]와 함께 「한중호조군사협정초안」을 첨부하여 정식 공문으로 송달하였다. 조소앙은 이 공문에서 "단기간 내에 따로 중한호조군사협정을 채택하고 '한국광복군9개행동준승'을 폐지하시기 바라며, 이에 실제 이유를 아래와 같이 거론합니다."라고 시작하여, "1. 중한 양국의 역사적 우호관계에 근거함", "2. 귀국 국민당이 정한 항전(抗戰)건국강령의 외교방침에 근거함", "3. 루즈벨트·처칠선언의 원칙에 근거함" 등의 여섯 가지를 체계 있게 근거로 제시하였다.

그러나 중국 측은 외교부·당(黨)·군사 당국에서 이를 검토하면서, 중국이 임시정부를 법률상으로 승인하지 않았으며, 정부 대 정부로서 교섭한 전례가 없다는 이유를 들어 종전의 태도를 유지한 채 임시정부의 제의를 사실상 거절하였다. 중국 측의 완강한 태도로 「9개준승」 문제가 전혀 진전을 보이지 않자, 임시의정원이 임시정부를 강하게 압박하는 방식으로 다시 문제를 제기하였다. 1943년 10월 개원한 임시의정원 제35회 정기 회의에는, 한국독립당원 이복원(李復源)과 조시원 등 6명의 의원이 연명하여, "광복군9개준승을 취소하자는 교섭을 다시 추진할 것"을 주문(主文)으로 하는 4개 항의 제의안을 10월 14일 자로 제출하였다.[51]

이를 논의하는 과정에서 일부 의원은 "일방으로 「9개준승」의 실효(失效)를 선포하자"는 강경론도 제기하였다. 제의안이 제출된 지 30여 일 지난 29차 회의(11월 15일)에 이어, 주석 김구와 외무부장 조소앙 및 군무차장 윤기섭 등도 참석한 30차 회의(11월 16일)에서는 격론이 벌어졌고, 조완구 의원은 "굴머죽을 것 각오하자 선후(先後)가 다 무엇이야요. (……) 거러케 구차하게 국군(國軍) 않이다 성명(聲明)해요. (……) 일 다 고만둔다면 문제없음니다."[52]라는 비장한 말까지 쏟아 냈다. 강경론자인 유림(柳林) 등 3인은 12월 1일 "다시 정부로하야금 국가주권(國家主權)에

손상되는 독천적(獨擅的)명령식 소위(所謂)9항준승은 1일이라도 더 연장할것없이 즉시로 단연(斷然)일축(一蹴)하야 이행치 않은것을 공포"하라는 수정 제의안을 제출하였다.[53]

그러나 임시정부의 국무위원들이 현실론으로 설득하자 강경론은 완화되었고, 이연호 등 4인의 의원이 12월 3일 원제의안(10월 14일자)을 아래와 같이 수정 제의하여 12월 8일 임시의정원에서 의결·통과되었다.[54] 이 수정 제의안에서 '3개월'이라는 시한은 유림 등이 제의한 바를 일정하게 수용하였고, 전체 내용은 완화된 기조를 유지하였으나, 3개월 이내에 '신협정'이 체결되지 않으면 임시정부가 「9개준승」을 폐기하라는 단안(斷案)을 촉구하였다.

광복군9항행동준승을 주권평등(主權平等)의 원칙하에서 3개월내에 수개(修改)하기 위하야 적극노력하되 해(該)기간내에 수개되지 못할 시(時)에는 즉시 동(同)9항준승을 폐기함을 내외에 해명(解明)하고 광복군에 대한 선후(善後)문제는 국무위원회에서 재(再)결정할것

임시의정원 내의 강경론은 중국 측의 완고한 태도를 변화시키는데 나름대로 일조하였다. 중국국민당 측은 「9개준승」 문제가 해결되지 않으면 한·중 사이의 우호 관계에 영향이 있고, 장기간에 걸친 중국의 원조 행위도 허사로 돌아갈 수 있다는 인식을 갖게 되었다.[55] 임시정부는 임시의정원의 결의에 탄력을 받아, 1944년 5월 26일 국무회의에서 「9개준승」을 폐기하고, 「한중호조군사협정초안」(1943. 2. 1 통과)에 근거하여 한중호조군사협정 체결에 관련한 사안을 주석과 외무부

장·군무부장에게 전위(專委)하여 교섭을 진행하기로 결의하였다.[56] 이에 주석 김구를 비롯해 외무부장 조소앙과 군무부장 김원봉은 「9개준승」을 취소하는 데 전력을 쏟았다.

조소앙은 1944년 6월 임시정부를 대표하여 중국 관계 방면의 양해 아래 정식으로 「한중호조군사협정초안」을 작성하여 중국국민당 중앙에 제출하였다. 동시에 임시정부는 중국 국민정부의 입법원장 쑨커 측을 거쳐 장제스 위원장에게 직접 호소하는 방법도 시도하였다.[57] 임시정부 측과 중국군사위원회 실무자들 사이에 6월 22일부터 협상이 시작되었고, 7월 10일까지 네 차례 걸쳐 협상이 진행되면서 난항을 겪기도 하였다. 그러나 중국의 각 방면에 호소하는 임시정부의 노력과 전략이 주효하여, 「9개준승」은 폐기되는 방향으로 가닥을 잡아 갔다. 마침내 8월 23일, 중국군사위원회 최고 책임자인 참모총장 허잉친(何應欽)이 「9개준승」을 취소한다는 공함을 임시정부에 보내왔다.

> 종금(從今) 이후로는 한국광복군이 의당(宜當)히 한국정부에 직예(直隸)됨에 의(依)하야 전자(前者)에 중국군사위원회에서 정한 한국광복군행동준승9항은 금(今)에 수요(需要)되지않음으로 차(此)를 즉(卽)히 취소한다[58]

장제스도 9월 8일 자로 국민당 비서장 우톄청에게 광복군을 임시정부에 귀속시키고 「9개준승」을 취소하라는 지시를 내렸다. 이로써 한국광복군을 중국에 종속시켰던 「9개준승」은 취소되었고, 광복군의 통수권은 임시정부로 환원되었다. 이어 임시정부는 차관 형식의 원조를 비롯해 양국 정부 간의 평등 원칙에 의거한 새로운 군사협정을 체결하려고 시도하였다. 임시정부가 제안한 바는 중국 측과 다시 절충을 거쳤고, 임시정부는 기존의 주장에 큰 차이가 없는 한도 내에서 중국 측의 요구를 수용하였다.

1945년 1월 29일 임시정부 국무회의에서는 8개 항의 「관어한국광복군중한양방상정판법(關於韓國光復軍中韓兩方商定辦法)」을 통과시키고,[59] 2월 1일 주석 김구의 명의로 우톄청에게 제출하였다.[60] 우톄청에게 보고를 받은 장제스는 3월 9일 새로운 군사협정을 체결토록 결재하였고, 중국 측은 1945년 4월 4일 새로운 군사협정으로 6개 항의 「원조한국광복군판법(援助韓國光復軍辦法)」을 임시정부에 통보하였다.[61] 5월 1일부터 실시한다는 단서를 단 이 협정은, 아래에서 보듯이 종래 임시정부가 주장하던 바가 거의 그대로 관철되었다.

一. 한국 임시정부에 소속된 한국광복군은 조국의 광복을 그 목적으로 하며, 중국경내(境內)에 있을 때에는 반드시 중국군대와 보조를 같이하여 항일작전에 참가하여야 한다.

二. 한국광복군이 중국경내에서 행(行)하는 작전행동은 중국 최고통수부(統帥部)의 지휘를 받는다. (……)

五. 한국광복군이 필요로 하는 모든 군사장비는 협상을 한 후에, 중국측에서 차관(借款)형식으로 한국 임시정부에 제공하되(……)[62]

오랜 협상 끝에 임시정부는 만족할 만한 성과를 얻었고, 4월 20일 주석 김구는 우톄청에게, 임시정부는 5월 1일부터 「원조한국광복군판법」을 실시하기로 결정하였다고 회신하였다. 이로써 조소앙이 요청한바 임시정부와 임시의정원의 '합작'은, 「9개준승」을 폐기하고 광복군의자주성을 되찾는 성과를 거두었다. 이 과정에서 그는 임시의정원 내의강경론을 누그러뜨리면서, 중국정부가 임시정부를 법률상 승인하지 않은 상태에서도 양국 정부 사이의 군사협정이 가능하다는 논리를 현실에 입각하여 제시하였다.

조소앙은 제1차 세계대전 당시 체코슬로바키아 민족위원회와 폴란드 국민군이 임시정부와 교전단체로 인정을 받은 선례, 1941년 7월소련과 체코슬로바키아 두 나라 정부가 군사호조(軍事互助) 협정을 체결하였으며, 영국과 중국이 연합국의 승인을 받지 못한 프랑스해방위원회와 군사협정을 체결한 사례 등을 근거로, 한중 간에도 평등호조의원칙에 의거한 군사협정이 가능하다고 중국 측을 설득하였다. 「원조한국광복군판법」은 민족운동의 이론가 조소앙이 국제외교사를 통찰한시각이 빛을 발휘하면서, 임시정부와 임시의정원의 공동보조가 일궈낸 합작품으로 오늘날에도 새삼 음미할 바가 많은 외교 성과였다.

미국의 신탁통치 구상에 적극 반대하다

충칭임시정부가 대중 외교에 버금하여 치중한 대미 외교의 목표역시 임시정부의 승인에 있었고, 미국이 태평양전쟁으로 대일전에 참전한 이후 대미 외교의 중요성은 더욱 증대하였다. 충칭에 안착한 임시정부는 정부 체제를 정비한 뒤, 1941년 들어 여러 경로를 통하여 대미 외교를 본격화하였다.

우선 임시정부의 수반 김구와 외교 수장 조소앙이 각각 미국정부의 수반과 외교 수장을 상대하여 직접 외교 활동을 전개하였다. 1941년 2월 25일 김구는 미국 대통령 루스벨트에게 성명서 형식으로, 미국정부가 임시정부를 승인하기 바란다고 촉구하였다. 이 성명서에는 경제·군사 원조를 요청하면서, 세계대전의 종결이 다가옴에 따라 미국정부가 평화회의에서 한국독립문제를 제기하고 한국대표를 참석하게 하기를, 종전 후 창설될 새로운 국제기구에도 한국이 가입하기를 희망한다는 내용의 5개 항의 제안이 포함되어 있었다. 김구는 미국이 프랑스·스페인·폴란드의 도움과 승인을 얻어 독립한 사실을 인용하면서, 미국정부가 5개 항의 제안을 인정하기를 요구하였다.[63]

조소앙은 1941년 6월 6일 미국 국무장관 코델 헐(Cordell Hull)에게 서신을 보내어, 임시정부가 지금까지 중국과 협력하여 항일투쟁 전선에서 공동으로 노력하여 왔음을 상기시키면서, 미국정부와 미국민의 경제·군사상의 지원을 요청하였다. 또 이 서신에서 임시정부가 워싱턴 소재 주미외교위원부 위원장 이승만을 공식 외교 대표로 임명하였고, 그에게 대미 교섭에서 완전한 재량권을 행사할 수 있는 전권과 권위를 부여하였음을 알렸다.[64] 바로 이날 주석 김구와 외무부장 조소앙의 명의로 주미외교위원부와 대미 외교의 전권을 이승만에게 허가하는 서신 및 이승만을 주미외교위원부 위원장으로 임명하는 신임장 등이 미국정부에 발송되었다.

임시정부의 수반과 외무부장이 충칭에서 대미 외교 업무를 관장하기에는 한계가 분명하였다. 이에 임시정부는 충칭에 정착한 이후, 1941년 4월 20일 미주의 교포들이 재미한족연합위원회(在美韓族聯合委員會)를 결성함을 계기로, 대미 외교를 전담할 기구로 외무부의 산하 기관으로 주미외교위원부를 설치하였다. 6월 4일 국무회의에서는 미국 워싱턴에 주미외교위원부를 설치하기로 결의하고, 이승만을 주미외교위원장으로 선임하였다. 이어 동일 자로 주석 김구와 외무부장 조소앙의 명의로 이승만에게 임명장과 전권대표의 신임장을 발부하였다.[65]

이후 이승만은 미(美)국무부에게서 냉대를 받아 가면서도, 끈질기게 미 국무장관 앞으로 서한을 보내어 임시정부 승인과 광복군 지원을 요청하였다.[66] 또 그는 재미한족연합위원회 및 미국인들로 구성된 한미협회(The Korean-American Council)·기독교인친한회(The Christian Friends of Korea) 등 재미의 여러 단체와 협력하면서, 친분이 있는 미국 인사들을 총동원하여 친한 여론을 조성하고 임시정부 즉각 승인을 요구하는 대미 외교를 전개하였다. 이러한 이승만의 외교는 나름 성과를 내어, 1943년 4월 22일 미국 상원 합동위원회는, 하원의원 와일리(Wiley)가 발의한 "대한민국임시정부에 대한 미국정부의 승인을 위하여, 상하합동회의의 출석 의원 전원은 다음과 같은 결의를 하였다. 미국정부는 대한민국임시정부를 승인한다."는 합동결의안을 미국무부에 제출하였다.[67]

그러나 재미한족연합위원회 내부의 분열과 갈등은 주미외교위원부에도 그대로 연장되었다. 특히 이승만과 한길수(韓吉洙)는 사사건건 충돌하여 적대 관계로 악화되었다. 이승만은 한길수를 공산주의

자·이중첩자라고 매도했고, 한길수는 이승만이 노욕에 가득 찬 보수 정객이며, 김구의 임시정부는 실력이 부족하다고 선전했다. 워싱턴에서 벌어진 두 사람의 반목은, 가뜩이나 임시정부를 지지·승인하는 데 인색하였던 미국정부에도 악영향을 미쳤다.[68] 8·15해방이 될 때까지 지속된 주미외교위원부의 내분은 미주 한인 사회가 사분오열하는 가장 큰 원인이었고, 이는 다시 임시정부의 대미 외교에도 큰 장애로 작용하였다.

미국정부에서 한국문제를 검토하는 주무부서인 국무부의 극동국(Division of Far Eastern Affairs)은 1941년 8월 18일 자로, 충칭에 주재하는 중국대사 고스(Clarence E. Gauss)에게 중국정부를 상대로 임시정부의 추종자와 조직, 광복군의 작전 범위, 중국 국민정부와의 관계 등을 "극히 비밀스럽게 문의(very discreet inquiries)"하도록 지시하였다. 고스는 반년이나 지난 1942년 1월 3일 자 보고에서, 현 단계에서 중국정부는 임시정부 문제에 열렬하지 않다고(non enthusiastic)고 전하였고, 3월에 들어서도 같은 맥락의 보고를 유지하였다. 미국무부는 이러한 보고와 국무부가 입수한 정보 등에 근거하여 1942년 4월, 중국이 임시정부 승인을 주저한다, 어느 한 단체를 승인하면 경쟁 관계에 있는 다른 단체가 다른 정부를 수립할 수도 있다는 점을 이유로, 임시정부와 같은 특정 단체의 승인을 유보하였다.

여기서 경쟁 관계는 이승만과 한길수의 경쟁 관계를 가리켰다. 국무부는 임시정부 승인 문제 등을 정리한 장문의 메모를 4월 23일 자로 고스에게 발송하여, 중국이 임시정부를 승인하려는 움직임에 제동을 걸었다. 이 메모는 미국정부가 한국의 자유 획득을 위한 모든 실질 원조를 제공하겠지만, 한국독립을 지원함이 임시정부와 같은 특정 단체를 승인하는 문제와는 구분되어야 한다고 지시하였다. 국무부는 한국의 특정 단체 승인을 유보하는 이유로, 단체들 간의 단결 부족, 이들이 국내 주민들과 거의 연결되지 못하였다(한국의 일부 지역을 직접 장악하거나 지배하지 못하고 있다)는 점을 들었다.

미국의 방침을 전달받은 중국 측은, 장제스와 외교부장 쑹쯔원 사이의 논의를 거쳐 임시정부 승인 문제를 재고하기로 결정하고, 1942년 5월 7일 자로 이러한 방침 및 한인 독립운동 파벌 간의 협력을 촉구하겠다고 미국정부에 공식 전달하였다. 이후 중국정부는 임시정부 외무부장 조소앙에게, 한국 독립운동 단체들 간의 분열을 지적하면서 파벌들이 타협하라고 종용하였다.[69]

충칭임시정부는 여러 방면으로 대미 외교에 전력을 기울였지만, 미국정부는 1942년 중반기를 넘어서는 시점에서는 임시정부 불승인 정책을 거의 확정하였다. 임시정부는 외무부장 조소앙의 명의로 여러 차례 걸쳐, 미국이 무기대여법(Lend-Lease)에 따라 임시정부에도 무기를 대여해 주기를 미 국무장관 헐에게 요청하였다. 그러나 미국은 임시정부뿐 아니라 한길수 등 다른 독립운동 단체들이 요구하는 승인과 원조를 모두 거부하면서, 임시정부도 일개 독립운동 단체에 불과하다는 태도를 취했다. 해외 한인 독립운동 단체들의 난립, 1943년 9월 이승만의 동지회가 재미한족연합위원회에서 탈퇴한 이후 지속된 이승만의 대미 단독 로비 외교 등은, 미국무부 당국자들이 임시정부 불승인 정책을 강화시키는 요인으로 작용하였다.[70]

임시정부와 주미외교위원부는 다양한 방법과 경로를 통하여 미국정부를 향하여 임시정부 승인을 요청하였으나, 미국정부가 임시정부 불승인 정책을 유지한 데에는 몇 가지 이유가 있었다. 우선 미국은 임시정부가 지배영토를 보유하지 못하였으며, 국내 인민의 신임을 확보하는 절차가 없었다는 등 국내 기반을 문제 삼았다. 또 한인 단체들 사이에 분열과 알력이 심하고, 임시정부가 다른 한인 독립운동 단체와도 비교할 수 없는 정통성이나 대표성이 부족하다는 근거를 표면상으로 제시하였다. 그러나 근본 이유는 임시정부 승인이 전후 한국문제의 해결책으로 구상하는 국제신탁통치안과 배치된다는 점에 있었다.[71]

신탁통치안은 바로 임시정부 불승인을 전제한 대한정책이었다. 미국의 대한정책은 1942년 들어 이미 신탁통치 방향으로 기울었다. 정확한 기점은 확언할 수 없지만, 루스벨트는 제2차 세계대전이 끝나면 식민지에서 독립될 지역에 '신탁통치(trusteeship)'를 실시하려고 구상하고 있었다. 그가 국무부의 정책 대안으로 신탁통치안을 받아들여 하나의 정책으로 재고한 시점은 1942년 8월이었다. 이후 그는 아시아에서 해방된 국가는 자치 능력이 부족하므로 "교육을 통한 준비기"를 거쳐 독립이 달성되어야 한다고 공개 석상에서 역설하면서 탁치안을 주도하였다. 신탁통치안이 루스벨트 개인의 차원에서 벗어나 국제 차원에서 논의되기 시작한 때는, 태평양전쟁에서 연합국의 우세가 확실해지는 1943년 3월이었다. 루스벨트는 영국의 외상 이든(Anthony Eden)을 만난 자리에서 인도차이나와 한국에 '국제 신탁통치(international trusteeship)'를 실시해야 한다고 주장했다.

1942년 4월과 7월에 미국 등지의 잡지에, 한국에 신탁통치가 실시된다는 보도가 나온 바 있었고, 1943년 4월 미국과 영국의 언론에 한국에 신탁통치가 실시된다는 보도가 다시 등장하자, 임시정부를 비롯해 망명 한국인들은 거세게 반발하였다. 임시정부 외무부장으로 한국인들의 주장을 앞장서 대변한 조소앙은, '신탁통치' 대신에 '국제공영'·'국제공관(國際共管, 국제공동관리)'·'위임통치'·'국제적 지배'·'후견제'라는 표현을 사용하면서, 이를 강하게 거부하는 성명을 연이어 발표하였다.[72]

임시정부는 신탁통치안이 미국의 대한정책으로 공식 확정되기 전, 전후 한국에 국제공동관리를 실시한다는 설(이하 '국제공관안'으로 표현함)이 미국 잡지들에 나돌자, 1943년 2월부터 국제공관안을 반대하는 행동을 구체화하였다. 임시정부의 대응 양식은 크게 네 가지로 나타났다. 첫째로 임시정부 차원에서 외무부장 명의의 반대 성명을 발표하고, 둘째 대외 선전 활동을 통하여 반대 여론을 확산하였다. 셋째 충칭에서 활동하는 한인 독립운동가를 결집하여 반대 의사를 집단 표명하는 한편, 넷째 임시정부 요인들이 중국 최고지도자 장제스와 면담을 통해 한국독립 문제에 협조를 요청하였다.[73]

조소앙은 임시정부의 외무부장으로 위의 네 가지 대응 양식에 모두 직접 관여하였다. 그는 1943년 2월 1일 '한국외무부장 조소앙' 명의로 국제공동관리를 반대하는 논거를 갖추어 임시정부 차원의 첫 공식 성명을 발표하였다. 이 성명서는 그가 이후 발표하는 성명들의 기본 논지를 이루었고, 나아가 8·15해방 이후 「모스크바 삼상회의 결정」 자체를 거부하면서 신탁통치반대운동의 선봉에 서는 이유와 논리를 미리 보여 주었다는 점에서 주목해야 한다. 조소앙의 주장이 임시정부의 공식 견해로 천명된 점에서 더욱 그러하다.

국제공관안이 미국 잡지들에 등장하기는 1942년 4월부터였는데, 임시정부의 첫 성명이 1943년 2월 1일에서야 나왔음은 다소 늦은 감이 들지만, 정부의 공식 발표가 아닌 언론 보도였으므로 즉각 대응하지 않은 듯하다. 임시정부가 추이를 주시하고 있다가 직접 대응하기로 결정한 계기는, 1942년 12월 16일 남가주대학교(University of Southern California)에서 개최된 국제협회(國際協會) 제26회 대회의 국제문제토론회에서 다시 등장한 국제공관안이었다. 아래 인용한 조소앙의 성명서 내용 및 외무부장 조소앙의 업무 보고를 참고하여 판단하면, 이 대회 참석자 가운데 일부가 "한국은 아직 독립국의 자격을 갖추지 못하고 있다", "전후 한국은 국제 공관에 두어야겠다"라는 등의 발언은 임시정부를 아연 긴장케 하였다.[74]

조소앙은 성명서에서 국제공관안이 보도된 잡지 등을 열거하고, 6가지 이유를 제시하면서 "일부 미국 인사들의 잘못된 인식을 조목조목 반박"하였다.

첫째, 1915년 프랑스에서 약소민족대표회의가 소집되어 '민족권리선언'이 발표되었다. (……) 윌슨 대통령이 누차 민족자결문제를 언급하자 (……) 1917년 소련의 공산혁명선언은 민족자결권을 확인한 쾌거였다. (……) 한국의 경우를 살펴보자. 1919년 선포한 (……) 한국의 독립선언은 실로 동방민족이 민족자결을 최초로 행동으로 실행한 쾌거였다.

이상에서 살펴본 원칙과 사실에 근거하여 볼 때, 민족자결의 원칙은 세 가지 결정권이 담보되어야 한다. 그 첫째는 피합병국에게는 합병 상태에서 벗어날지 여부를 자유롭게 결정할 권리가 주어져야 한다는 것이다. 즉 피합병국에게 자유로운 건국권이 보장되어야 한다는 것이다. 두 번째는 피합병국에게는 독립 후 자국의 정치·외교·군사 등 문제를 자유롭게 결정할 권리가 주어져야 한다. 셋째, 피합병국은 독립 후 더 이상 강린(强隣)에 부속되지 않을 자유결정권을 향유할 수 있어야 한다.

위의 논의를 통해 '위임통치와 국제공동관리' 제도는 민족자결의 원칙에 위배되는 것임을 알 수 있다. (……)

넷째, 한국 민족은 완전한 독립과 자유가 보장되지 않는 한, 지난 30년간 혈전을 전개해 왔던 것처럼 어떤 형식의 외세의 간섭에 대해서도 끝까지 저항할 것이다. 따라서 한국을 국제공동관리에 두는 것은 원동의 평화를 파괴하는 것에 다름 아니다. (……)[75]

조소앙이 국제공관안을 반대하는 첫 번째 논거는 민족자결주의였다. 그는 이를 강조하기 위하여 1915년의 「민족권리선언」, 윌슨의 민족자결론, 1917년 러시아혁명의 민족자결론을 거론한 뒤, 한국의 3·1민족운동이 아시아에서 민족자결을 실행한 최초의 장엄한 행동임을 전거로 제시하였다. 이어 신탁통치를 국제공관·위임통치와 동일시하면서, 이것은 피병합국이 독립한 뒤에도 자유로운 건국권을 상실하고 다시 강대국에 부속되는 재식민지(이러한 표현을 사용하지는 않았지만)의 형태로 인식하였다.

조소앙은 국제공관안을 비판하면서, '완전한 즉각 독립'을 요구하는 민족자결론의 이론체계를 갖추어 나갔고, 이는 8·15해방 이후 격렬하게 반탁운동을 주도하는 논리로 활용되었다. 그는 위의 성명서에 이어 동년 3월 임시정부 명의로, 국제공관안을 주장하는 '미국 일부 인사의 잘못된 의론을 논박'하는 성명도 발표하였다.[76]

한편 임시정부가 성명을 통하여 국제공관안에 대응하던 와중인 1943년 3월, 루스벨트 대통령은 이든 외상을 만났다. 회담의 내용은 미국 《시카고 선(The Chicago Sun)》('태양보(太陽報)'로 지칭되기도 함) 4월 27일 자 런던 통신으로 보도되었다. 충칭에서 발행되는 4월 29일 자 《중앙일보(中央日報)》가 4월 27일 워싱턴 전전(傳電)으로 이를 다시 번역·전재하여, 전후 한국의 독립은 잠정 국제호위(國際護衛, International Guardship)하기로 결정되었다고 보도하는 등,[77] 여타 신문에도 같은 날짜에 같은 내용이 등재(登載)되었다. 특히 이들 신문에 보도된 4항의 "한국은 독립되기 전에 잠시 국제공관을 경유해야 한다."(공제공관을 '국제감호'로 번역하기도 하였다.)라는 구절[78]은 한국인들을 분노케 하였다.

임시정부는 신문 보도들을 접한 뒤 충격에 빠져 당일 긴급 국무회의를 개최하였다. 회의에서는 미·영·소 각국 원수에게 반대 전문을 보내고, 중국 당국자에게도 반대 성명서를 요청하며(2항), 선전부에서 간행물을 이용하여 국제공관안을 반대하는 논문을 발표하고 반대 의사를 널리 전파하는(4항) 등 4개 항을 결의하고[79] 곧바로 실행에 옮겼다.

조소앙은 국무회의 결의에 따라 1943년 5월 3일 임시정부 외무부장 명의로, 4월 29일 자 중국 각 신문들이 보도한 내용에 의거하여 전후문제 가운데 한국문제와 관련한 그릇된 의론 등을 반박하는 성명서를 다시 발표하였다. 그는 이 성명에서 한인들은 완전한 자유 독립을 위하여 38년간 유혈(流血) 투쟁하였으며, '국제감호' 또는 '지도'와 같은 '변상적(變相的) 공관제도'는 전체 한인의 의사에 위반된다, 만약 '위임제도' 등으로 한국의 주권을 제한한다면, 한국민은 반드시 궐기하여 지금까지 30년간 독립 혈전을 전개하였듯이 저항하겠다는 의지를 강하게 천명하였다.[80]

임시정부 국무회의 결의가 이루어진 지 10일 뒤인 5월 9일, 임시정부는 중한문화협회를 통하여 국제공관안을 반대하는 여론을 확산하기 위하여, 협회가 주관하여 '전후 한국의 독립 문제'를 주제로 좌담회를 개최토록 하였다. 또 5월 10일에는 충칭에서 활동하던 독립운동가들과 연합하여 재중국자유한인대회(在中國自由韓人大會)를 개최, 국제공관안을 반대하는 한국인의 집단의지를 표출하였다. 조소앙은 두 회의에 모두 참석해 국제공관안을 비판하고 임시정부가 국제공동관리에 반대함을 분명히 하였다.

특히 5월 10일의 재중국자유한인대회에는 한국독립당을 비롯하여 조선민족혁명당·조선민족해방동맹·조선무정부주의자총연맹·한국애국부인회·한국청년회 등이 결집하였고, 300여 명의 한인들이 집결하였으며, 외무부장 조소앙과 임시의정원 의원인 손두환·박건웅 등이 연사로 나와 열변을 토하였다. 이들 단체와 인사들은 독립운동의 이념·노선의 차이를 넘어서 국제공관안을 반대하는 데에는 일치하였으므로, 전후 한국은 반드시 완전히 독립시켜야 하고, 어떠한 형식의 외래(外來) 압박이나 간섭도 반대한다고 주장했다. 이날 대회는 즉석에서 대회 선언문을 통과시키고, 각 동맹국 원수에게 보내는 전문, 4개 항의 「대회결의안」 및 각지에 있는 한국인들에게 보내는 공개 서신도 채택하였다. 「대회결의안」의 제1항은 "우리들은 완전 독립을 요구한다. 소위 국제감호나 혹은 그 밖의 어떠한 형식의 외래 간섭도 반대한다."였다. 1항을 실현하는 방안으로 제4항에서는 "우리는 전후 완전 독립을 쟁취하기 위하여, 또 임시정부의 국제적 합법 지위를 조속히 쟁취하기 위하여 계속 노력한다."라고 결의하였다.[81] 임시정부는 이러한 한인들의 집단의지에 힘입어, 재중국자유한인대회를 보도하는 1943년 6월 1일 자 《독립신문(중경판)》에 선전부장 김규식의 명의로 국제공관안을 반대하는 성명을 발표하였다.[82]

한국독립당의 집행위원장에 선출되다

임시정부는 충칭에 안착한 이후 당·정·군의 체제를 확립하고 정부로서의 위상을 제고시키려고 노력하였으나, 1941년 중후반까지도 중국국민당 관내 지역에서는 비(非)민족주의 계열의 독립운동 단체들이 임시정부와 분리된 채 각기 활동하고 있었다. 조선민족혁명당은 1935년부터 임시정부에 관여하지 않는다는 이른바 불관주의(不關主義)를 고수하였다. 그 이유로는 ① 국토를 광복하지 못하였고 인민도 없으므로 임시정부가 정권을 행사할 수 없고, ② 각국이 임시정부를 승인·원조하지 않았으며, ③ 현재의 임시정부가 각 혁명단체와 국내 인민의 민주·합법 선거로 조직되지 않았다는 점 등을 들었다.[83]
1930년대에 중국정부는 한국 독립운동의 '통일'을 끊임없이 주문·강조하면서도, 김구와 김원봉이라는 두 개의 통로를 통해 한국 독립운동을 지원하였으므로, 양자의 독립된 활동과 대립을 오히려 조장한 측면도 있었다. 그러나 1941년 들어 중국 국민정부가 한인 독립운동을 지원하는 창구를 임시정부로 일원화함으로써, 조선민족혁명당 등 중국 관내 비민족주의·비한국독립당 계열들이 임시정부에 참여하도록 강제하는 계기가 마련되었다.

1941년 중국 군사위원회는 한국 독립운동 진영의 분립이 운동 역량의 강화에 장애 요인으로 작용한다고 판단하고, '통일지도공작'을 최고의 원칙으로 내세워 한국 독립운동을 원조하기로 방침을 정한 「한국독립운동지도방안」을 작성하였다. 이에 따르면, 임시정부가 한국독립당에 독점되지 않고, 중국 내의 각 혁명당파를 수용하여 민주정치를 실행함으로써 1당만의 정책을 채용하지 않도록 한다는 원칙을 정하였다. 그러면서도 김구를 정치 영수로 부각시키는 한편, 임시정부로 하여금 각 당·각파의 역량을 집중·영도케 하고, 임시정부가 이미 각 당·각파의 역량을 종합하였음과 한국 독립운동에 종사하였음을 한국 민심이 깊이 인지하도록 한다는 방침도 정하였다.[84]

정확한 날짜는 알 수 없으나, 1941년 궈타이치가 중국 외교부장 자격으로 김구·김원봉 양인을 초청하여, 임시정부 승인 문제를 상의하면서 한국독립당과 조선민족혁명당 양당의 '단결합작(團結合作)'을 희망하였다. 이에 김원봉은 국제환경의 변화에 적응하여 자당이 고수하였던 임시정부 불참가 주장을 철회하고, 한국독립당과 합작할 방법을 교섭하였다. 조선민족혁명당은 ①임시헌법을 수개(修改)하여 임시의정원 의원의 선출 방식과 임기 규정을 변경하고, ②중국에 거주하는 한인 교포와 독립운동자 가운데에서 임시의정원 의원 11인을 선거하여 현 의원 수의 결원을 보충하자는(현행 임시헌법은 60인 정원에 49인의 의원이었으므로) 두 개 사항을 요구하였다. 그러나 한국독립당이 반대하여 양당의 합작이 무산되었다.[85] 양당의 합작에 조선민족혁명당보다 한국독립당이 강경하게 거부하였음을 보인 사례였다. 이후에도 중국정부는 임시정부를 계속 압박하였다.

1941년 후반 무렵, 김구와 조소앙이 궈타이치를 면담하였을 때, 궈타이치는 한국 독립운동을 지원하는 창구를 임시정부로 단일화할 뜻을 비쳤다. 그는 임시정부의 국제승인 문제를 영국·미국 양국 정부와 협상하고, 중국의 국무회의에도 제출하겠다는 의사도 밝혔다.[86] 중국정부의 이러한 방침은 임시정부의 안팎 양쪽으로 독립운동 세력들의 변화를 독촉하였고, 1941년 끝 무렵 임시정부 바깥에서 먼저 반응이 나타났다. 우선 김성숙(金星淑)이 주도하던 조선민족해방동맹이 1941년 12월 1일 '중앙서기국' 명의로, 임시정부를 옹호하고 광복군을 지지하는 선언서를 발표하면서, 임시정부에 참여하겠다는 의사를 공식 천명하였다. 이 선언서는 "일체의 반일혁명역량을 임시정부에 집중하자"·"전민족의 일체 반일 활동을 임시정부의 영도 아래 통일하자"·"모든 무장대오는 광복군의 통일·지휘 아래 집중하자"고 주장하였다.[87]

조선민족해방동맹이 임시정부에 참여하기로 선언한 지 1주일 뒤인 1941년 12월 8일 태평양전쟁이 발발하였고, 일찍부터 미일전쟁을 독립의 '호기'로 인식하였던 독립운동 세력에게 모든 항일 역량을 집중시킬 필요성은 더욱 급박하였다. 태평양전쟁 발발 이틀 뒤인 1941년

12월 10일, 조선민족혁명당은 제6차 전당대표대회에서 임시정부 불관주의 노선을 철회하고 임시정부에 참여하기로 결정하였다.[88] 이어 1942년 3월 1일 '3·1혁명' 23주년을 맞아, 임시정부 당국에 하루빨리 임시의회를 소집하여, 임시정부에 각 혁명 집단을 받아들여 임시정부를 조선혁명의 최고통일기구로 만드는 방안을 논의하자고 촉구하였다.[89]

이제 임시정부가 응답할 차례였다. 태평양전쟁이 발발하자, 임시정부는 대일선전(對日宣戰)한 교전국가로서 '정부'의 위상을 더욱 강화할 필요성이 컸고, 무엇보다도 광복군의 전투 능력을 제고시켜야만 했다. 조선민족혁명당이 임시정부 불관주의의 이유로 내걸었던 세 가지는 임시정부로서도 부인하기 어려운 사실이었다. 그중 인민의 선거는 독립이 된 이후에야 실현될 문제라 하더라도, 국제사회가 임시정부를 승인함은 임시정부 전시외교의 최대목표였고, 이를 위해서도 각 혁명단체가 결속하여야 했다. 그 기반 위에 각 혁명단체의 민주선거도 가능하였다. 또 독립운동 세력의 결집은 임시정부가 국제사회의 승인을 얻는 전제이기도 하였다.

이후 임시정부가 주도하는 중국 관내 한인 독립운동 세력의 '단결합작'은 군(軍) → 원(院, 임시의정원) → 부(府, 임시정부)의 순서로 진행되었다. 임시정부는 군사 방면에서 합작을 선행시켜 나갔는데, 화북지방으로 진출하지 않고 중국 관내에 잔류한 조선의용대를 광복군에 편입하는 방향이었다. 이러한 노력은 조선의용대가 1942년 7월 광복군으로 편입되어 제1지대로 개편됨으로써, 중국 관내에서 활동하던 한인 무장 독립운동 세력은 모두 광복군으로 편제되는 성과를

이루었다.[90]

군사 합작이 성사된 바탕 위에서, 다음 합작은 임시의정원이 다당(多黨)체제로 변화한 결과로 나타났다. 충칭임시정부도 다른 혁명 단체들이 충칭임시정부에 참여할 있도록 우선 임시의정원을 개방하였다. 1942년 8월 4일 제35차 국무회의는 임시의정원의 선거 규정을 새로이 제정·통과시켜,[91] 한국독립당 이외의 민족운동 세력이 임시의정원에 참여할 수 있는 길을 열었다. 이에 따라 이해 10월 20~23일 선거를 실시하여 23명의 새로운 의원을 보선하였고, 이전에 23명이었던 임시의정원의 의원 수는 23명을 더하여 두 배인 46명으로 늘어났다.[92]

1942년 10월 25일 개원한 제34회 임시의정원은 한국독립당원만으로 구성되었던 이전의 일당체제에서 벗어나, 민족혁명당·조선혁명자연맹·조선민족해방동맹 등 비민족주의 계열의 인사들도 참여함으로써 연립합작 임시의정원을 형성하였다. 당 소속별로 의원 수를 보면, 이시영·조소앙·김구 등 한국독립당원 26명, 김원봉·손두환 등 민족혁명당 소속 16명, 김재호(金在浩)·박건웅(朴建雄) 등 조선민족해방동맹 2명, 유자명(柳子明)·유림 등 조선혁명자연맹 2명으로, 4개의 정당·단체들이 구성한 다당제 의회였다. 여당인 한국독립당의 비율이 57퍼센트로 다수를 차지하였고, 3개의 정당·단체가 야당으로서 43퍼센트의 의원을 차지하였다. 정치이념을 달리하는 4개의 정치집단이 여당과 야당으로서 임시의정원을 구성한 예는 한국 의회정치사에서 최초로 기록된다.[93] 이는 1919년 4월 임시의정원이 출범한 이래 최초로 성공한 합작이었으며, 대등한 연합은 아니었지만 이후 임시정부가 연립정부로 재편되는 발판도 마련하였다.

제34회 임시의정원은 1942년 10월 25일 재적의원 23인 가운데, 경기도 의원 조소앙·조시원 형제를 비롯한 19인의 의원(4인 결석)이 출석하여 개원식을 거행하였다.(1942년 11월 4일 11일 차 회의로 폐회하였다.) 이날 임시의정원 부의장 최동오(의장 송병조가 이해 2월 25일 타계)가 의장을 대리하여 행한 식사에서 34회 개원식을 가리켜, "1919년 우리 임시정부설립 이래 최초로성왕(盛旺)을 일우게된것으로늦겨집니다."라고 표현하였는데 결코 빈말이 아니었다. 임시정부 주석 김구도 "오날 의이회의가 성왕을일우게되야 마음속 진심으로 깊쁨을이기지못하는 바임니다"라는 요지로 고사(告辭)를 행하였다. 이어 조소앙 의원이 길게 답사하면서, 감격스러운 어조로 다음과 같이 선언하였다.

그러면금반(今般)이회의로서

일. 과거무수한 방법의대립이 이의회로서 완전히 합일되였다.

이. 과거 무수한단체의 대립이한국임시의정원으로 완전통일되였다.

삼. 과거의각당파의대립이 이의정원으로붙어완전통일되였다

(……) 우리는이의회에임(臨)하야 이지(理智)로서 모든것을극복(克服)해나가야되겠음니다.[94]

이렇게 조소앙은 34회 임시의정원 회의를 '완전통일'이라고까지 호평하였다. 임시정부의 주석, 임시의정원 의장 대리와 의원이 모두 '성황'에 감격해하는 분위기에 걸맞게 34회 임시의정원 회기는, 신·구 의원이 함께 참가하는 대단원을 이룩하였다. 신도의원에는 한국독립당원이 6명에 불과하였고, 나머지는 민족혁명당 6명 등 모두 야

당 소속의 의원들이었다.[95]

임시정부의 이러한 변화는 긍정뿐 아니라 부정의 결과도 곧바로 가져왔다. 우선 비민족주의 계열이 임시정부에 참여함으로써 임시정부의 야당에 해당하는 이들과 한국독립당 사이에 마찰이 생겼으며, 이 문제를 둘러싸고 한국독립당의 내분이 야기되었다. 1943년 5월의 한국독립당 전당대표대회는 이러한 상황을 반영하고 있었다.

통합한국독립당 제3차 전당대표대회는 1943년 5월 8일부터 20일까지 거행하였는데, 5개 항의 중요 사항을 결의하고 중앙집행위원을 비롯해 중앙 간부를 개선하였다. 5월 8일 실시된 중앙집행위원 선거에서는 조소앙·홍진·김구·이청천 등 15인이 선출되었으며, 이어 신임 집행위원회에서 조소앙이 중앙집행위원장에 선출되었다. 이 무렵 임시정부에게 가장 중요한 현안은 국제공관안을 배격하는 데에 있었으므로, 한국독립당 대회도 이를 반영하여 근본 해결책까지 강구하는 방향으로 진행되었다. 대회의 중요 결의 사항은 ① 국제공관안을 반대, ② 전선 공작을 적극 전개, ③ 임시정부의 역량 확대와 임시정부 중심의 통일, ④ 무장과 대중 폭동을 동시에 추진, ⑤ 합당 혹은 동맹체 조성 등의 5개 항이었다.[96] 여기서 이날 한국독립당의 지도부의 변화와 관련하여 '합당'과 '동맹체'를 결의사항에 넣었음을 주목할 필요가 있다.

제3차 전당대표대회 당일에 중국국민당 계열의 인사가 작성하였으리라고 추정되는 중국국민당의 보고서는 '금번 대회의 의의'를 기술하기에 앞서, 한국독립당 내부의 양파를 통일파와 반(反)통일파로 나누고, 전자의 영도자로 홍진(현 임시의정원 의장)·조소앙(현 임시정부 외교부장)·유동열(현 임시정부참모총장 겸 교통부장) 등을, 후자로는 김구·조완구·박찬익 등을 들었다. 통일파의 주장은 전체 한국혁명단체의 통일을 통해 임시정부의 기초를 공고히 함으로써 한국 독립운동을 추진하자는 데 있었고, 반통일파는 이를 반대하였다. 이어 이 보고서는 3차 전당대표대회의 결과로 반통일파가 당내의 영도 지위를 상실하였으나, 통일파는 당내에서 세력 기초가 튼튼하지 못한 데다 경제권도 갖지 못하였고, 반통일파가 여전히 임시정부를 조종하고 경제권을 장악하고 있다고 분석하였다.[97]

여기서 '통일'은 다른 독립운동 정당·단체와 연합통일 및 합작함을 의미하였다. 한국독립당 제3차 전당대표대회가 개최되는 시기는 임시정부를 중심으로 삼아 각 독립운동 단체와 정당의 통일·합작이 절실하게 요청되는 시기였고, 조소앙은 임시정부와 한국독립당 내에서 이를 선도하고 있었다. 조소앙·홍진이 중심을 이룬 합작파는 당외의 여론에서도 환영과 지지를 받았다. 조완구·박찬익 등은 단일당을 주장하였으므로 국수파(國粹派)로 불리기도 했는데, 이들은 당내의 실권을 장악하고 다른 당파와 합작하기를 거절하였다. 제3차 전당대표대회에서는 당의 여론이 합작의 방향으로 기울었으므로, 합작주의를 내건 조소앙이 중앙집행위원장에 당선되었다. 그러나 당의 경제 실권은 여전히 국수파에 장악되었으므로, 한국독립당의 외연이 확장되기에는 한계가 컸다.[98]

합작파(통일파)와 국수파(반통일파)의 대립은 첨예하였다. 1943년 10월에는 중앙집행위원 유동열·채원개·이준식(李俊植) 3명을 포함하여 17명의 인사들이, 이러한 대립 자체를 양비론으로 비판하면서 탈당하는 사태도 발생하였다.[99] 한국독립당은 내분을 감당하면서

1945년 7월까지 조소앙 중심의 중앙집행위원회 체제를 유지하였으나, 재정권을 장악하지 못한 조소앙의 어려움이 컸음은 물론이다.

그러나 조소앙은 3차 전당대표대회 선언문[100]을 작성하는 등 한국독립당의 최대 이론가로서 면모를 보이며 당의 주도권 장악을 시도하였다. 이 선언문은 전당대표대회가 끝난 6월에 한국독립당의 명의로 발표되었는데, 여기에는 한국독립당을 운영할 원칙과 방향이 뚜렷하게 제시되었다. 조소앙은 한국독립당이 삼균주의에 기초한 정당임을 첫머리에 못 박아 선언하였다.

본당은 지상최대 목표가 독립자주이며 정치·경제·교육의 균등원칙을 기초로 한 국가기구와 사회제도로 하여금 민주화·과학화하자는 것과 개인 대 개인·민족 대 민족·국가 대 국가의 완전한 평등호조(互助)의 도의를 실현하자는 것이 곧 본당 동지들의 거대한 사명이며 임무임을 누차 성명하였었다.

이어 조소앙은 3차 전당대표대회의 결의 사항을 여섯 가지로 요약하면서, 4·5번째로 다음을 적시하였다.

4. 우리 임시정부의 적극 발전을 위하여 광대한 혁명역량의 총집중을 촉성(促成)케 하며 (……) 전후 한국독립과 임시정부의 국제적 지위를 전취(戰取)함에 일치 노력할 것.
5. 민족운동의 대의(大意)와 당책(黨策) 실현에 필요한 범주에서 한국민족의 독립운동 기구 즉 내지(內地)·중국·미국 기타 각국에

있는 독립운동의 각종 단체를 망라하여 공동 원칙과 공동 강령 하에서 합당(合黨) 혹은 동맹기구를 책진(策進)하는 동시에 각우 방의 신임과 우의를 증진함에 노력하자는 것.

이 무렵 조소앙이 구상하는 통일전선은 임시정부에 민족의 혁명 역량을 총집중함이었고, 이를 위해 국내외의 모든 독립운동 단체와 정당이 공동의 원칙·강령 아래 합당 또는 동맹기구와 같이, 질과 형식의 양면에서 결합한 형태였다. 그는 선언에서 한국독립당이 "이미 신민주주의의 중앙집권 제도를 채택"하였음을 다시 확인하면서, 이러한 신민주제도와 신민주정치를 한국사회뿐 아니라 전 세계에 실현하려는 이상을 표명하였다. 조소앙은 "정치와 경제와 교육에 있어서 인대인(人對人)의 무차별(無差別)에까지 진화된 장래 신세계의 신건설이 있을 것을 확신"하였다. 그는 선언문 말미에서, 세계 각국에서 반(反)파시스트 연합이 이루어지고 있음을 예시하면서, "민족적 대단결과 독립운동자의 통일체를 조속히 구성하자!"라고 촉구하였다. 이 선언의 강조점은 한마디로 '혁명역량을 총집중'·'통일완성'하자는 데에 있었다.

조소앙은 김구에 이어 통합한국독립당의 제2기 지도자로 선출된 뒤, 모든 독립운동 진영의 '통일'을 최대의 모토로 삼아 한국독립당을 이끌고자 하였다. 한국독립당의 재정권을 장악하지 못함으로써 실질상의 당내 1인자 위치를 확보하지는 못하였지만, 독립운동 이념의 정립에서는 통합한국독립당이 출발할 무렵부터 자타가 공인하는 당내 이론가였다.

조소앙이 중앙집행위원장으로 이끌어 간 한국독립당의 제2기 지도체제는, 8·15해방을 한 달여 앞두고 변화를 가져왔다. 1941년 5월 제정된 「당헌」(제6장 제9조 1)[101]에 따르면, 한국독립당의 전당대표대회 정기(定期)는 2개년 1차로 하여 통상 5월에 소집되는데, 1945년 제4차 전당대표대회는 교통 사정으로 7월 1일부터 11일 사이에 개최되었다. 동대회는 중요 안건 등을 통과시키고 김구·조소앙·이청천·이승만 등 19인의 중앙집행위원을 선거하였다. 이어 7월 16일 개최된 제1차 중앙집행위원회에서는 김구를 중앙집행위원장, 조소앙을 부중앙집행위원장으로 선출한 뒤, 조완구 등 5인의 중앙상무집행위원과 중앙상무감찰위원·중앙감찰위원 등을 선임함으로써 지도부를 새로 구축하였다.[102]

임시정부의 최종 개헌안을 주도하다

1943년 5월 합작파인 조소앙이 한국독립당의 중앙집행위원장으로 선출됨에 따라, 임시의정원의 연립의회가 구성된 지 한참 틈을 두었던 임시정부의 연립정부화도 탄력을 받았다. 임시정부에 비민족주의 계열의 인사들이 참여하는 연립내각이 성립하기 위해서는, 우선 정부의 조직과 기능을 확대·조정하는 개헌이 선행되어야 했다.

이미 제34회 임시의정원 회의에서 이시영 등 22의원이 제출한 국무위원 증선안 및 이복원 등 5의원이 제출한 정부 부서 확충안이 통과됨에 따라, 유동열·황학수·김규식·장건상 4인이 새로 국무위원에 선출되었다. 또 학무·선전·교통·생계 4부를 신설하여 학무부장 장건상, 선전부장 김규식, 교통부장 유동열, 생계부장 황학수가 새로 인선됨으로써 비한국독립당 인사들이 임시정부의 내각에서 활동하고 있었다.[103]

1940년 10월에 제정된 「대한민국임시약헌」에 의거해 선출된 국무위원의 임기 3년이 만료되는 시점이 1943년 10월이었고, 이전까지는 개헌을 완료해야 했다. 개헌 문제는 제34회 임시의정원에 비한국독립당 계열의 의원들이 참여하면서 탄력을 받았고, 개헌 제의 건이 회기 중의 제1호 안건으로 상정·의결되었다. 이복원·공진원(公鎭遠) 등 26명 의원이 제안하여, 34회 임시의정원에서 제안된 제1호 안건인 「현행 약헌 개정에 관한 건」은[104] 11일 차 회의인 1942년 11월 4일 상정·낭독되었다. 의장은 약헌수개제의안(約憲修改提議案)이 "상당한시일을요(要)하며전문위원(專門委員)을설치하야진행함을선포(宣布)"하였다.[105] 이후 개헌 건 논의 과정에서 조소앙·조완구·유자명·최석순(崔錫淳)·박건웅·김상덕(金商德)·차리석·안훈(安勳, 조경한의 이명)·신영삼 9명이 약헌개정기초위원(約憲改正起草委員)으로 선임되었다.[106]

약헌수개위원회(約憲修改委員會)는 1942년 11월 27일에 제1차 회의를 개최하여 개헌 작업에 착수하였다. 첫날 회의에서 조소앙은 위원회의 주석(主席)으로 선임되어 회의의 방법과 의제(토론내용) 등을 제의하며 회의를 주재하였다. 그가 제의한 토론 내용에는 '(2) 약법(約法)의 체재(體裁)'·'(3) 법의 체계'·'(5) 정부의 형식'·'(6) 의회와 정치의 내용' 등 대학에서 법학을 전공하고 1919년 「대한민국임시헌장」을 기초하였던 경륜이 녹아 있었다. 그는 자신의 경험담을 말하면서,

"혁명기율장(革命紀律章)을 정할 것. 독립운동자 전체가 직혀야 될 약헌을 만들 것 즉 독립운동자의 행동준승(行動準繩)이 되게 할 것" 등을 제안하였다.[107] 조소앙은 약헌수개위원회의 임무가 완료될 때까지 22차례의 회의(2차 회의록은 현전하지 않음)에 단 한 차례도 결석하지 않았으며, 위원회의 주석으로서 책임감과 열정을 갖고 위원회를 이끌어 갔다.

약헌수개위원회는 제5차 회의(1942. 12. 26) 중 '임시약헌의 명칭문제'에서 "「대한민국임시헌장」이라고 하기로 일치 동의"함으로써 임시헌법의 명칭 문제부터 일단락하였다. 이날 회의에서 조소앙은 "현행 헌법의 결점은 장래 건설에 관한 것이 업다. 개정의 목적은 장차 건국에 관한 대강(大綱)을 가입해서 타국의 헌법과 특이(特異)함을 표현함이 가(可)하다. 임시약헌은 초기에는 막연한 민주공화국만을 목표햇고 제2기에는 다소의 민주내용을 구비햇다. 그러나 지금 와서는 현실에 적응하도록 신(新)내용을 가(加)하야 혁명헌법을 만들자."라고 제안하였다. 그는 이러한 논리에서 "「대한민국은 균치(均治)공화국임」으로 개정(改正)을 주장"하면서, "자본주의사회를 건설한다면, 딸아올 사람이 하나도 업다"고 강조하였다.[108]

조소앙의 이러한 주장은 개정 임시헌장을 「건국강령」에 기초하려는 의도에서 나왔다. 「건국강령」은 제1장 총강 7항에서 "임시정부는 이상에 근거하여 혁명적 삼균제도로써 복국과 건국을 통하여 일관한 최고공리인 정치·경제·교육의 균등과 독립·민주·균치의 3종(種)방식을 동시에 실시할 것임."라고 규정하였다. 조소앙은 서구 민주주의인 부르주아 민주주의로 이해되는 민주공화국을 넘어서, 이미 신사회주의·신민주주의·신민주국을 제창하였으므로, 건국 단계에서 실현할 균치주의를 반영하여 균치공화국을 주장하였으나 받아들여지지 않았다. 개정된 임시헌장의 제1조는 1919년 4월 제정된 「대한민국임시헌장」과 마찬가지로 "대한민국은 민주공화국임"이었다.

1943년 1월 19일 열린 제10차 약헌수개위원회에서는 개정 임시헌장 초안의 집필자로 안훈·김상덕·박건웅 3인을 선임하였다. 이들은 각각 한국독립당·조선민족혁명당·조선민족해방동맹에 소속한 의원들로 각 당의 주장을 균형 있게 반영하려는 결정이었다. 이날 '정부'의 명칭을 '혁명정부'로 개칭하자는 주장이 비한국독립당 계열에서 제기되었으나, 조소앙은 한국독립당계인 조완구와 함께 '임시정부'의 명칭을 고수하자는 논리를 펴서 관철시켰다.[109]

약헌수개위원회가 진행되는 동안인 1943년 1월 27일, '약헌개정위원회 집필위원회' 제1차 회의에서는 안훈을 약헌 개정 초안을 작성하는 1인의 집필자로 선임하였다.[110] 안훈은 1943년 3월 31일 약헌수개위원회 제11차 회의에서 집필자 3인을 대표하여 '개정 초안 기초 경과'를 보고하면서, "二. 건국강령에 주요한 점(點)을 각장(各章)에 분별(分別) 가입"했음을 언급했는데,[111] 「건국강령」이 개정 임시헌장에서 이념상의 기초가 되었음을 보여 준다. 이 개정 초안은 이후 1944년 4월 22일 임시정부 최종 헌법으로 공포되는 「대한민국임시헌장」에 반영됨으로써, 「건국강령」은 임시정부 임시헌법의 기본이념으로 자리매김되었다.

약헌수개위원회는 1943년 6월 18일 제22차 회의를 끝으로 수개를 마무리하여, 6월 28일 임시의정원 의장 홍진 앞으로 「대한민국임시헌장개정안본문(本文)」·「대한민국임시약헌개정안설명서」를 별첨하여 보고서를 제출하였다. 이때 제출한 「약헌수개안 제출에 관한 건(件)」에 따르면, 위원회가 약헌 개수와 선거법 기초를 위임받아 약헌 수개는 완료하였으나, 선거법은 약헌 수개가 확정되기 전에는 기초할 수 없으므로 기초하지 않았다고 보고하였다.[112]

이 개정안은 구(舊) 임시약헌의 제1장 제1조 앞에, 제1장 총강으로 "제1조 대한민국은 민주공화국임"·"제2조 대한민국의 강토(疆土)는 대한의 고유한 판도(版圖)로 함"·"제3조 대한민국의 인민은 원칙상 한 국민족으로 함"의 3개 조를 삽입하고, 부주석(副主席)제를 신설하였다. 임시약헌에서 생략되었던 영토 조항을 부활함도 특징이었는데, 이 조항들은 모두 이후 확정·공포되는 「대한민국임시헌장」에도 반영되었다.

그러나 1943년 10월 개원한 제35회 임시의정원에 상정된 개정 약헌 수개안은, 임시정부 내에 자당 세력의 확대와 주도권 확보를 도모하는 각 당의 이해관계가 첨예하게 대립하였으므로 회기 중에 합의 처리가 이루어지지 못했다. 11월 12일의 26일 차 회의에서도 한국독립당과 조선민족혁명당 계열의 인사들 사이에 논쟁이 되풀이되다가 결론을 내리지 못하였다.[113]

약헌 개정 건이 마무리되지 않은 상태에서 임기가 만료된 국무위원을 선출하려 하였으나, 국무위원 선출 투표 방식(무기명이냐 유기명이냐)과 인선 문제를 놓고 또다시 대립하였다. 야당 측이 제안한 야당의 비율을 한국독립당이 거부하는 등 제35차 의회가 파국으로 치닫자, 의장 홍진이 한국독립당을 탈당하고 중재에 나섰다. 이에 한국독립당과 조선민족혁명당 사이에, 35차 임시의정원을 폐회하고 곧바로 임시의회를 소집하며, 국무위원의 수를 비롯해 주석·부주석은 각 1인 선출, 국무위원의 당별 인수 비례와 주석·부주석의 소속 당 문제 등 3개 항의 합의점을 도출하였다. 이로써 1년 반 이상 끌어오며 임시의정원을 파국까지 몰고 갔던 약헌 개수 건은 해결 방안을 마련하였다.[114]

1943년 12월 13일 유림·박건웅·조시원 등 18명의 의원이, 대한민국의 유래를 말하는 머리말을 위시하여 7장 62개 조로 증대한 임시약헌 수개안을 다시 제출하였다.[115] 1944년 4월 20일 개원한 제36회 임시의정원은, 여·야 합의하에 약헌 개수 건을 곧바로 상정하여 토의에 붙였다. 「대한민국임시헌장개정안」은 당초 작성·제안부터 여야 각 당이 참여하여 이루어졌기 때문에, 개원 당일 오후에 곧바로 상정되었다. 개정안은 다음 날인 21일 커다란 쟁점 없이 축자(逐字) 토의가 진행되었고, 약간의 자구(字句) 수정을 거쳐 출석 의원 37명 중 35표의 절대다수가 찬성하여 통과되어 22일 공포되었다.[116]

임시정부 헌정사에서 제5차 개헌이자 마지막 헌법에 해당하는 「대한민국임시헌장」은, 임시정부가 '3·1대혁명(大革命)'을 계승하였다고 천명한 전문(前文) 및 총 7개 장 62개 조로 구성되었다. 임시정부의 7개 임시헌법 가운데에서 가장 방대한 헌법전(憲法典)이었다. 임시약헌 수개가 논의된 지 1년 6개월여가 지나서 공포되는 과정을 거친 만큼, 조선민족혁명당 등 야당의 의견이 반영되고 충분한 숙고의 시간을 거친 민주 헌법이었다.[117]

1944년 4월 22일부로 「대한민국임시헌장」이 공포·실행됨에 따라, 이에 의거하여 4월 24일 임시의정원 회의에서는 국무위원을 인수 14인, 투표 방식은 유기명식으로 선출하기로 결정하고, 주석에는 김구, 부주석에는 김규식을 선출하였다.[118] 이어 국무위원을 선출한 결과 조성환·황학수·조완구·차리석·장건상·박찬익·조소앙·성주식·김붕준·유림·김원봉·김성숙·안훈 등 14인이 당선되었다. 이렇게 국무위원이 구성되자, 5월 4일 주석·부주석 및 국무위원 전원이 참석한 제60회 제1차 국무회의를 개회하였다. 5월 8일 국무회의에서는 주석이 천거하여 조소앙을 외무부장, 김원봉을 군무부장, 조완구를 재무부장, 신익희를 내무부장, 최동오를 법무부장, 엄항섭을 선전부장, 최석순을 문화부장으로 선임함으로써 행정 각부장 선임이 완료되었다.[119]

국무위원 14명의 정당 소속을 보면, 한국독립당 8명, 민족혁명당 4명, 조선민족해방동맹 1명, 무정부의자연맹 1명으로 배분되었고, 7개 부서 중 민족혁명당의 김원봉과 최석순이 각각 군무부장과 문화부장으로 선임되었다.[120] 여전히 한국독립당이 정부에서 과반수를 훨씬 넘는 비중을 차지하였지만, 임시의정원에 이어 임시정부도 연립내각을 결성하였다. 그러나 이 연립내각은 당세를 반영한 숫자의 배분이 일시 균형을 이루었을 뿐, 한국독립당과 야당 사이의 갈등은 곳곳에 잠복해 있었고, 8·15해방 후 임시정부가 귀국한 뒤 곧바로 노출되었다.

개정된 임시헌장에 따르면, 주석·부주석 및 국무위원의 임기는 3년으로 정하였다.(제35조) 이로써 조소앙은 연립내각에서 1947년 5월까지 국무위원직을 수행해야 했으나, 도중 8·15해방을 맞아 개인 자격으로 귀국해야만 했다.

「카이로선언」, 보장된 독립과 굴절된 해방의 서곡

임시정부가 국제공관안에 반대하는 여론을 확산시켜 나가는 동안, 미국 대통령 루스벨트(F. D. Roosevelt)가 1943년 6월 중국에 미·중 수뇌 회담을 제안하였다. 장제스(蔣介石)는 처음에는 이를 거절하다가 7월 8일 수락하였고, 11월 8일에 장소와 일시 등 카이로회담(Cairo Conference)의 최종 일정이 확정되었다.[1] 임시정부는 중국 측에 국제공동관리 문제를 탐문하던 7월 중, 미·중 회담이 개최되리라는 사실을 알았다. 이때는 미국과 중국이 회담의 장소·일시 등을 놓고 한창 조율 중이었다. 임시정부는 미·중 수뇌 회담을, 한국독립을 보장받고 국제공관안을 철회시키는 절호의 기회로 판단하여, 중국 국민정부의 최고지도자 장제스(공식 직함은 군사위원회 위원장)와 면담을 추진하였고, 마침내 1943년 7월 26일 면담이 이루어졌다.

이 자리에는 임시정부 주석 김구(金九), 외무부장 조소앙, 선전부장 김규식(金奎植), 광복군 총사령 이청천(李靑天), 광복군 부사령 김원봉(金元鳳) 등 5인이 참석하였고, 중국 측에서는 면담 요청의 통로였던 국민당 조직부장으로 한국 담당자인 우톄청(吳鐵城)이 배석하였다. 면담은 장제스의 인사말에 이어 김구와 조소앙이 요구 사항을 말하는 순서로 진행되었다. 장제스는 "중국혁명의 최후 목적은 조선과 태국의 완전 독립을 돕는 데" 있다고 말하면서 한국 혁명가들이 '단결' 하기를 당부하였다. 김구와 조소앙은 "영국과 미국은 조선의 장래 지위에 대해 국제공동관리 방식을 채용하자고 주장하고 있습니다. 바라건대 중국은 이에 현혹되지 말고 한국의 독립 주장을 지지하고 관철하여 주시기 바랍니다."라고 요청하였다. 장제스는 이 문제로 '쟁집(爭執)'이 많겠지만 "중국도 역쟁(力爭)"하겠다고 약속하면서, "한국 내부의 정성통일(精誠統一)과 공작표현(工作表現)을 반드시 보여 줄 필요"가 있다고 말하면서 다시 단결된 투쟁력을 강조하였다.[2]

《대한민국임시정부 공보》는 장제스가 "회견하는석상에서 한국은응당(應當)독립국될것을명언(明言)"하였다고 공개하였다. 면담에서 임시정부는 장제스에게 국제공관안 문제 이외에 ①임시정부를 곧 승인하고, ②「한국광복군행동9개준승」을 적당히 개정하여 광복군을 공동작전에 참가토록 하고, ③경제상 원조를 진량(盡量)히 하여 주기를 요구하였다.[3] 이 세 가지는 임시정부 전시외교의 궁극 목표이자 현안이었으며, 임시정부 승인은 국제공관안과도 직접 연관되는 문제였다.

1943년 11월 들어 이집트 카이로에서 루스벨트·처칠(Winston L. S. Churchill)·장제스 세 사람이 만나기로 결정됨으로써 카이로회담의 윤곽이 드러났고, 중국정부는 한국독립 문제를 의제에 포함시킬 방안을 준비하였다. 3국의 정상들은 11월 22일부터 회의를 시작하여 26일까지 회의를 개최하였는데, 11월 23일 저녁 7시 30분부터 한국문제가 논의되었다. 만찬을 겸하여 밤 11시까지 진행된 이 회담에는, 장제스와 그의 부인 쑹메이링(宋美齡), 루스벨트와 그의 보좌관 홉킨스(Harry Hopkins) 등 4명이 참석하였다. 장제스는 일본이 패망하면 일본이 차지한 만주와 대만·펑호도(澎湖島)는 중국에 귀환되어야 한다고 요구하는 한편, "일본이 패망한 후 조선으로 하여금 자유 독립을 획득하도록 한다."라고 제안하면서, 자신의 주장에 찬동하여 도와주기를 요청하였다. 루스벨트는 이에 동의하였고, 홉킨스는 장제스·루스벨트의 합의안을 근거로 초안을 작성하였다. 3국의 실무자들이 협의하는 과정에서 중국과 영국이 한국독립 문제를 둘러싸고 대립이 있었으나 합의에 이르렀고, 26일 3국의 영수들이 동의하여 채택된 「카이로선언(Cairo Declaration)」은 미·영·중·소 4개국 영수의 동의를 얻어 12월 1일 공포되었다.[4]

　「카이로선언」은 미·영·중 3국이 대일전에 협력하고, 일본이 패전할 경우 일본이 탈취한 영토를 처리하는 문제 등을 규정한 뒤 한국독립 문제도 합의하였다. 이 가운데 한국문제 합의 사항은 1945년 7월 「포츠담선언(Potsdam Declaration)」에서 재확인되어 한국이 독립되었으나, 1945년 12월 개최된 모스크바 삼상회의(The Moscow Conference of Foreign Ministers)에서 더욱 구체화하여 한민족의 진로에 중대한 영향을 끼쳤다. 「카이로선언」에서 한국문제에 관한 조항은 다음과 같다.

(……) 전기(前記) 3대국(大國, 미국·중국·영국 — 인용자)은 한국민의 노예상태에 유의하여 적절한 절차를 거쳐서(원문은 "in due course", 밑줄은 인용자) 한국이 자유 독립케 하기로 결정한다.

「카이로선언」은 제2차 세계대전 기간 중 연합국이 한국의 독립을 최초로 보장했고, 연합국이 명시해서 독립을 보장한 나라는 한국뿐이었다는 점에서 의의가 컸다. 임시정부의 전시외교의 성과였다. 임시정부는 12월 2일 카이로에서 전하는 언론사의 특별송고(專電)를 통하여 「카이로선언」의 내용을 접하였다. 주석 김구를 비롯하여 한인 동포 사회도 한껏 고무되어 '흥분'과 '환희'의 분위기였다. 김구는 기자의 요청에 따라 "3국회의에서일본을타도한후 한국의독립자유를 보증한다는공보(公報)가발포(發佈)되였다는소식을듯고나의유쾌는형언할수없다."라는 내용의 담화를 발표하였다. 충칭의 신문사와 통신사 기자들이 임시정부에 경하(慶賀)의 뜻을 나타내면서, 외무부장 조소앙에게 '감상 발표'를 요구하여 그도 이에 답하느라 분망하였다. 임시정부는 12월 2일 당일 《공보》 호외판을 발행하여 이러한 동정들을 전하였다.[5]

외부부장 조소앙은 12월 2일 "이번 카이로 회의에서 세 나라 영수는 전후 한국의 독립을 보증한다고 성명하였다. 이는 일본에 패배를 안길 수 있는 가장 효과적인 전술이자 동시에 대서양헌장의 정신이 원동에도 적용될 것이라는 믿음을 주기에 충분한 구체적 성명이 아닐 수 없다."라는 내용의 환영 성명을 발표하였고, 이는 12월 3일자 《대공보(중경판)》에 보도되었다. 그는 한껏 고무되어 미·영·중·소

4대국을 향하여 "첫째, 즉각 한국임시정부를 승인하라. 둘째, 즉각 무기조차법안을 한국에도 적용하라."라는 "희망을 표시"하는 요구도 덧붙였다.[6]

그러나 12월 2일 임시정부가 언론 보도를 통하여 접한 「카이로선언」은 전문(全文)이 아니었다. 《공보》 호외에 기록된 내용은 "중·미·영3국영수회의에서―.전후한국독립자유를보장할것二.일본이무조건투항(投降)할시(時)까지동맹국은견결작전(堅決作戰)할것등을결의하고차(此)를공보에발포하엿다한다"였다. 12월 2일 임시정부는 「카이로선언」의 "in due course"라는 구절을 확인하지 못하였으므로 환영 일색이었다.

이미 많이 알려졌듯이, 선언문에서 "in due course"는 루스벨트의 특별보좌관인 홉킨스가 작성한 초안에는 "가장 조속한 시일 내에 (at the earliest possible moment)"라고 명기되었으나, 루스벨트가 "적당한 시기에(at the proper moment)"로 고쳤고, 문필에 능한 처칠이 다시 "적절한 절차를 거쳐서(in due course)"로 다듬었다.[7] "in due course"는 처칠이 제2차 세계대전 중 자주 사용하였던 용어인데, 사전상의 의미에서 과정·절차보다는 시간에 초점이 맞춰진 술어였다. 이 문구는 연합국의 상충되는 대한정책의 목표들을, 명확하지 못한 외교 수사로 의미의 모호성을 더욱 강화한 채 주체·시점을 불특정하게 얼버무렸다.[8]

장제스는 한국독립을 적극 지원하는 지도자의 이미지를 부각시키려는 개인의 욕망, 미래의 한국정부에 중국의 영향력을 확보하려는 계산으로 한국독립을 즉각 승인할 필요성을 강조하였다. 그러나 루스벨트는 장제스의 의도를 간파하였고, 중국·소련 어느 일국이 한국을 지배하기를 원하지 않았으므로 자신의 생각을 관철시켰다. 장제스도 당시 미국의 군사·경제 원조를 받는 처지였으므로 한국의 독립문제에 더 이상 자신의 의사를 고집하지 못하였고, 「카이로선언」에 '독립'이라는 단어를 삽입하는 선에서 만족하였다.[9] 장제스는 김구·조소앙 등에게 약속한 대로 한국독립을 관철시키기 위해 루스벨트와 처칠 사이에서 역쟁(力爭)하였지만, 신탁통치안을 대한정책으로 확정한 루스벨트를 설득하기에는 역부족이었다.

「카이로선언」의 해당 조항은 이미 1942년 전반기에, 루스벨트의 정책 자문기구들이 대한정책의 결론으로 제시하였던 방안의 취지를 사실상 그대로 관철시킨 문안이었다. 태평양전쟁이 발발한 뒤인 1942년 2월, 미국은 전후 세계 전략과 대외 정책을 구상·입안하는 기구로 '전후 대외정책에 관한 자문위원회(The Advisory Committee on Postwar Foreign Policy, ACPFP)'를 설치하고, 정치소위원회·영토소위원회 등 몇 개의 전문위원회를 두었다. 이 중 정치소위원회는 1942년 여름 한국에 "일정한 기간이 지난 뒤 독립시키되 기간 중 연합국 공동관리(국제기구)에 의한 신탁통치를 통해 자치 능력을 배양시킨다"는 결정을 내렸다. 또 영토소위원회가 작성한 「한국: 국내 정치구조」(1943. 5. 19)도 같은 맥락에서 「카이로선언」의 한국 관련 조항과 관련된 처리 원칙을 제시하였다. 이 자문안 또한 종전 시 한국인의 자유·독립의 권리를 인정해 주되, 국제감독과 신탁통치하에 제한된 범위의 자치정부 시기를 거치는 이행기 이후 실제 독립시켜야 한다고 결론을 맺었다. 이 문서는 한국인의 자유·독립의 권리와 자결권의 즉각 행

사, 이 양자를 분리시키고, 이를 외교 수사와 정책 논리로 공식화하였다.[10]

이렇게 미국은 1942년 전반기에 이미 한국의 독립과 자결권의 분리를 결정하고 있었다. 독립이 최고의 목표임을 의미하는 "at the earliest possible moment"가, 독립 이전에 다른 조치가 있음을 내포하는 "in due course"로 변경된 이유였다. 여기에는 어떠한 식민지 민중도 후견 기간 없이는 자치 능력을 가질 수 없다고 판단하는 루스벨트의 의도, 곧 신탁통치구상이 아주 세련된 표현으로 정확히 담겨 있었다.[11] "in due course"는 시간상으로 독립을 유보하고, 과정상으로 모종의 절차를 거친 뒤에야 독립이 달성되는 사실을 뜻하며, '모종의 절차'는 당시 루스벨트가 구상하던 신탁통치를 가리켰다.[12] 한마디로 말하면 "in due course"는 일제가 항복함과 동시에 '즉각 독립'이 아니라, 신탁통치를 실시한 이후에 독립됨을 암시하는 문구였다.

임시정부가 「카이로선언」의 전문을 검토한 뒤, 환영 일색이던 이전의 분위기는 급반전되었고, 국제공관안을 반대하던 때의 전의(戰意)를 다시 다졌다. 임시정부가 주석 김구를 통하여 공식 반응을 표명한 날은 1943년 12월 5일이었다. 이날 그가 발표한 성명은 매우 비장하였다.

〔十二월 五일 중경〕 (……)
〔만一 련합국이 제二 전쟁 끗헤 한국의 무조건 자유 독립을 부여하기를 실패할 찌에는 우리는 엇던 침략자나 쏘는 침략 하는 단체가 그누구임을 물로 하고 우리의 력사적 전징을 계속 할것을 결심

하엿다

〔(……) 우리는 다른 족속 우리를 다스리며 혹은 노예로 삼는것을 원치 아니하며 또 우리는 엇던 종류의 국제지비를 원치 안는다

〔우리는 〔당연한 순서〕라는 말을 엇더케 해석 하던지 그 표시를 조아하지 안는다

〔우리는 반드시 일본이 붕괴 되는 그씨에 독립 되여야 하것 이다 그러치 안으면 우리의 ㅅ사홈은 계속 될 것 이다

〔이것은 우리가 변할수 업는 목적이다〕하엿다[13]

위의 《신한민보》는 김구의 성명이 "카이로 의정서에 리히 관계를 가진 각국 간에서 처음 으로 정식 발표 되는 반대 의견 이다"라고 해설하였다. 《뉴욕 타임스》 역시 "이해 당사자에 의해 표명된 첫 번째 공식반응"이라고 평하였다. 《뉴욕 타임스》는 김구가 「카이로선언」에서 "in due course"라고 "표현한 부분이 불합리하다고 비난"하였으며, 또 "자유 중국(Free China)에서 1000명 이상의 자유 한국인이 'in due course'라는 표현에 대해 분노하고 있다."라고 말했다고 전하였다.[14]

김구는 국제공관안을 '국제지배'에서 더 나아가 '침략'·'노예화'라고까지 표현하면서, 이를 실시하는 '족속'과 '역사적 전쟁'을 계속하겠다고 격앙하였다. 그는 이 공언을 8·15해방 후에 그대로 실행하였다. 1945년 12월 말 「모스크바 삼상회의 결정서」가 국내에 전해지자, 김구는 신탁통치를 결사 반대하며 제2의 독립운동을 선언하였고, 미군정을 정면 부정하고 임시정부의 포고를 발동하여 자신의 말을 실행에 옮겼다.

카이로회담이 열리기 두 달 전인 1943년 10월, 조소앙은 임시정부 국무회의에서 업무 보고를 하는 가운데 국제공관을 '국제감호(監護)'라고도 표현하면서, 네 가지 방도의 해결책을 제시하였다.

국제감호에 대한 근본대책으로서는 독립운동단체의 통일기구를 조직할 것과 참전역량(參戰力量)을 표시할 것과 국제혁명을 발동할 것과 건국강령을 선포할 것 등등 (……)[15]

그러나 8·15해방 때까지 네 가지 가운데 완결한 과업은 하나도 없었다. 1941년 11월 「대한민국건국강령」(이하 「건국강령」으로 줄임)이 이미 선포된 상태였으므로 그나마 가능성이 컸으나, 이 또한 전 민족의 합의를 도출하지 못하였다. 임시의정원이 '통합의회'로 구성된 뒤, 「건국강령」에 좀 더 넓은 민족구성원의 합의를 담아 개수하려 하였으나 흐지부지되었고, 「건국강령」은 한국독립당·임시정부만의 선언으로 왜소화된 채 해방을 맞았다. 한민족이 국제사회에서 발언권이 전혀 없는 상태에서, 국제사회가 한국문제의 해법으로 제시한 결과는 임시정부 불승인에 따른 분할점령과 「모스크바 삼상회의 결정서」였다. 8·15해방 후 한국사회가 혼란상으로 빠져든 근본 원인이었다.

득보다 실이 컸던 샌프란시스코회의 참가 노력

미국·영국·소련·중국 등 연합국은 얄타회담(Yalta Conference,

1945. 2. 4~11)·포츠담회담(Potsdam Conference, 1945. 7. 17~8. 2) 등 전시 회담에서 구두 또는 선언의 형식으로 한국문제 해결의 원칙으로 「카이로선언」을 거듭 확인하였다. 이렇게 제2차 세계대전의 종전이 다가오면서, 연합국의 승리가 눈앞에 보이기 시작한 1945년 4월에는, 미국 샌프란시스코에서 UN을 결성하기 위한 국제회의가 예정되어 있었다.

샌프란시스코회의(San Francisco Conference, 1945. 4. 25~6. 26)는 제2차 세계대전 중 연합국의 최대 회의로, 미국·영국·소련·중국이 주최국이 되고 연합국 50개국이 참가하여, 전후 처리와 국제평화 문제를 토의하였다. 샌프란시스코회의가 열리기 하루 전 임시정부 국무위원으로 선출된 김성숙(金星淑)이 "바늘구멍 같은 희망의 숨구멍이 외부로부터 터져 왔어요."[16]라고 표현하였듯이, 임시정부에게 이 회의는 한국독립과 신탁통치안 등 한국민과 임시정부의 목소리를 직접 전달할 수 있는 절체(絕體)의 기회였다.

조소앙은 샌프란시스코회의가 개최된다는 소식을 접하고, 1945년 2월 23일 임시정부 외무부장 자격으로 충칭의 미국대사관을 직접 방문하여, 샌프란시스코회의에 한국대표들을 파견하도록 협조해 주기를 요청하였다.[17] 임시정부 외무부는 1944년 2월 25일 자로 주미외교위원부에 전보를 띄워 동 회의에 대비하라고 지시하면서, 참가할 대표자를 선임하고 대회에 제출할 안건을 작성하여 보내라고 지시하였다.[18] 2월 말 임시정부는 미·영·소·중 4개국에도 한국대표의 참가 신청 공문을 1차로 발송하는 등[19] 분망하게 움직이던 중, 이승만에게서 샌프란시스코회의 참가국의 자격 요건을 통보받고 대독일 선전포고도 서둘렀다.[20]

2월 28일 임시정부의 하루는 매우 긴박하였다. 샌프란시스코회의의 참가 자격 요건 중에는, 1945년 3월 1일 이전에 독일과 일본에 선전(宣戰)하여 연합국의 자격을 얻은 국가에 한정한다는 내용이 있었기 때문이다. 임시정부는 샌프란시스코회의에 참가(발언)권을 획득하기 위하여, 3월 1일을 하루 앞둔 2월 28일 오후 3시, 외무부장 조소앙이 국무회의에 긴급하게 대독일선전포고안을 제출하였다.[21] 국무회의는 일치하여 이를 결의한 즉시, 임시의정원에 하오 8시 긴급의회 소집을 요구하여 동의를 요청하였다.[22] 동일 오후 8시에 열린 제37차 임시의정원 회의에서는 「대덕선전동의요구안(對德宣戰同意要求案)」을 낭독한 후 외무부장 조소앙의 간단한 제안 설명을 듣고 나서, 일체의 수속 절차를 생략하고 원안대로 일치 가결한 뒤 오후 10시에 폐회하였으며, 임시정부는 대독일 선전포고를 발하였다.[23]

외무부장 조소앙은 2월 28일 당일 언론을 통하여 임시정부가 "금년 2월 28일 하오 3시에 히틀러정부를 향해 정식으로 선전을 표시(表示)하였다"고 성명하고, 미국·소련·영국·프랑스를 향해 한국대표가 반드시 샌프란시스코회의에 참가해야 함도 강조하였다.[24] 이 기자회견 내용이 국무회의의 결의가 아니라 말 그대로 선전포고였다면, 임시정부는 선전포고를 먼저 발한 뒤 추후 임시의정원의 동의를 얻은 셈이었다.

만약 임시의정원의 동의를 거쳐서 선전포고를 하였다면 충칭 시간으로 오후 10시가 넘은 시간이었다. 임시정부의 선전포고는 당일자 충칭발로 기사화되어 3월 1일 자《뉴욕 타임스》에도 "충칭의 한국 임시정부가 오늘 독일에 선전포고를 했다. 임시정부는 승리를 앞당기는 데 일조하고 한국인이 샌프란시스코 회담에 참석하도록 조치를 취했어야 한다고 말했다. 대한민국임시정부는 아직 중국이나 다른 국가로부터 (공식적인 정부로) 인정받고 있지는 못하다.'라고 보도되었으므로,[25] 미국정부도 임시정부가 대독선전포고한 사실을 3월 1일이면 인지하였으리라 생각한다.

조소앙은 3월 13일에도 충칭의 기자들을 간담회의 형식으로 초청해 "동서 각 동맹국이 한국의 입장에 동정의 뜻을 표시하고 샌프란시스코회의에 한국대표가 참가할 수 있도록 도와주기를 바랍니다. 샌프란시스코회의장에 휘날릴 45개 나라의 국기 가운데 우리의 국기가 휘날릴 수 있기를 바랍니다. 한국도 새로운 세계를 위한 국제법의 제정과정에서 함께 책임을 나누고 싶습니다."라고 호소하였다. 그는 국제사회에서 임시정부의 지위가 한 걸음 더 진전될 수 있도록 고려해 달라는 강조도 잊지 않았다.[26]

조소앙은 샌프란시스코회의에 관련된 문서들도 직접 작성하였다. 임시정부는 3월 5일 국무회의를 개최하고, 외무부장 명의로 샌프란시스코회의(연합국회의라고도 지칭함) 주관국에 한국대표가 참가함을 조회(照會)하는 외에, 주관국의 수반에게 한국대표 참석 요구를 공문으로 발송하기로 결의하고 진행하였다. 또 이날 샌프란시스코회의에 제출할 각종 자료들을 준비하기 위해 외무부장이 주지(主持)하는 준비위원회를 설치하기로 결의하였다. 이어 임시정부는 3월 8일 샌프란시스코회의에 참석할 대표에 재미(在美) 인사로 단장 이승만 외[27] 김호(金乎)·한시대(韓始大) 등 9인을 선임하였고, 3월 23일에는 원동(遠東) 대표로 외무부장 조소앙과 부주석 김규식을 각각 선임하였다.[28]

국무회의의 결의에 따라, 조소앙은 즉시 「각국원수(元首)에게 주석(主席)으로 공전(公電)하는 초고(草稿)」·「각국대표에게 외장(外長, 외무부장을 가리킴)이 공전한 초고」 등을 신속하게 작성하여, 3월 6일 자로 김규식에게 번역을 의뢰하였다. 그는 임시정부 외무부장 명의로 중국·미국·영국·프랑스·소련의 외교 수장들에게 「샌프란시스코회의 참가 요청 공함(公函)」도 작성하여 발송하였다. 나아가 「연합국회의에 보내는 한국임시정부의 비망록(備忘錄)」을 비롯하여, 샌프란시스코회의에 제출할 문건 등을 직접 작성하였다. 이 비망록은 임시정부가 한국의 독립운동을 이끌고 있으며 새 국가 건설을 위해 노력하고 있음을 약술(略述)하고, 동양평화와 한국독립을 완성하는 임시정부의 의견과 요구를 제시하였다.[29]

임시정부는 샌프란시스코회의에 대표를 파견하기 위하여 미국과 중국 정부에 협조를 요청하였다. 임시정부의 방침이 결정되자, 이승만은 한국대표의 자격으로 3월 8일 미국무부에 서한을 보내 임시정부 대표의 샌프란시스코회의 참가권을 정식으로 요청하였다. 그러나 미국무부는 1945년 3월 이전에 연합국에 가입된 국가들만 참가할 자격이 있다는 원칙만 되풀이한 채 그의 요청을 거부하였다.[30] 이승만을 단장으로 하는 미주지역 대표들은 미국정부의 거부 의사를 무릅쓰고 샌프란시스코까지 갔으나, 5월 19일 샌프란시스코회의 사무총장은 "한국임시정부가 아직 국제적으로 정식 승인받지 못하였기 때문에 한국대표는 회의에 참가할 수 없을 것입니다."라는 내용의 편지를 이승만에게 발송하였다.[31] 이로써 한국대표는 샌프란시스코회의 참가를 최종 거부당하였다.

조소앙은 원동대표[32]가 샌프란시스코회의에 참가할 수 있도록 중국정부에 협조를 요청하였다. 장제스는 4월 3일 중국 외교부에 한국대표가 참석할 수 있도록 미국정부에 건의하라 명령하였고, 재정부에도 지시하여 중국 외교관의 대우에 따라 한국대표 3인의 미국 왕복 경비와 활동비 등을 지원하도록 조처하였다. 조소앙 등은 미국으로 향하기 위하여 충칭 주재 미국대사관에 비자 발급을 요청하였으나, 미대사관은 비자발급을 계속 지연시키면서 워싱턴의 지시만 기다렸고, 결국 한국대표단의 대회 참석은 무산되고 말았다.[33]

1945년 4월 초 조소앙은 업무 보고 중 한국대표의 샌프란시스코회의 참가가 거절되는 이유를 보고하면서, 대표 파견이 사실상 불가능하다는 어조를 띠었다. 그는 참가 거절의 '외부의 이유'로 "一.얄타회의폐회(閉會)전 연합국자격을 취득하지 못하얐다는것 二.한국림시정부가 정식으로 승인되지 않았다는것 (……) 五.내부단결과 작전행동이 맹방(盟邦)의 기대표준(期待標準)에 도달치 못하얐다는것"을 거론한 뒤 "내용상 원인은 우리 자신의 역량이 문제되었다는 것 등등을 열거할수있음으로 그리하야 원동(遠東)으로서 파송(派送)하기로 결정한 대표3인의 출발도 목전(目前)까지는 거의 무망(無望)임"이라고 전망하였다.[34]

그렇더라도 임시정부는 미국행을 포기하지 않고, 샌프란시스코회의에 참석하기 위하여 마지막까지 치열하게 노력하였다. 이미 제시기를 놓쳤지만, 샌프란시스코회의 개막일인 4월 25일에도, 주석 김구는 중국정부에 한국대표가 여비 문제로 출발을 미루고 있다며 신속하게 여비를 마련해 달라고 호소하였다.[35] 5월에 들어서도 조소앙은 중국 외교부에 여권 발급을 계속 요구하였으나, 미국이 발행한 비자가 있어야 한다는 답변만 들을 뿐이었다.[36] 중국정부가 임시정부에 여비를 지급한 시기도, 샌프란시스코회의가 한창 진행되고 있을 때인 5월 중순경이었다.[37]

샌프란시스코회의가 반환점을 돌아 후반으로 접어든 6월에 들어서도, 조소앙 등은 포기하지 않고 샌프란시스코로 향하려 하였지만, 주중 미국대사관은 여전히 비자 발급을 미루었다. 여기에는 임시정부 불승인 정책이라는 미국의 대한정책이 근본 요인으로 작용하였지만, "최근 한인(韓人) 누군가가 미국대사관에 김규식은 공산주의 분자이며, 정환범은 무정부주의자라고 이견(異見)을 제시"[38]한 내부의 파열음도 빌미가 되었다. 조소앙이 지적한 '내부단결'의 문제가 미국행의 발목을 잡았다.

조소앙은 샌프란시스코회의 참가를 다방면으로 노력하면서, 임시정부 명의로 샌프란시스코회의에 참가하는 연합국에 외교각서를 송부하여 자주독립국가를 건설하려는 한인들의 강렬한 독립 의지와 임시정부의 승인 문제를 지속해서 선전하였다.[39] 임시정부가 이렇게 필사의 노력을 경주하였지만 샌프란시스코회의 참가가 난망한 가운데, 실낱같은 희망마저 끊어 버리는 돌출 행동이 이승만에게서 튀어나왔다.

이승만은 1945년 5월 들어 이른바 '얄타밀약설'을 본격 제기하였다. 밀약설의 요점은 1945년 2월 얄타회담에 참여한 미국·영국·소련 3국의 정상이 전후 한국을 러시아의 세력 범위 안에 두기로 합의하였다는 내용이었다. 언론에는 "1. 영국과 북미합중국은 일본과의 전쟁이 끝난 뒤까지 조선을 러시아의 세력범위 안에 머물러 있을 것을 러시아와 동의하였다."라고 보도되었다.[40]

미국무부 극동국장 밸런타인(Joseph Ballantine)이 5월 22일 즉각 얄타밀약이란 존재하지 않으며, 미국은 한국을 소련의 지배하에 팔아넘기지도 않았다고 부인했지만, 이승만은 계속해서 얄타밀약설을 주장했다. 이승만은 연합국의 핵심인 미국과 소련을 공격하는 데에서 더 나아가, 중국 국민정부의 외교부장 겸 수상으로 소련을 방문하고 있던 쑹쯔원(宋子文)이 한국과 만주를 소련에 팔아넘겼다고 극렬하게 비난하였다. 이승만은 6월 5일 국무장관 대리 조지프 그루(Joseph C. Grew)에게 쑹쯔원을 비난하는 편지까지 발송하였다.

중국·미국·소련 등 연합국과의 연대를 임시정부의 국제 승인에 필수 요건으로 추진하던 임시정부에게, 이승만이 제기한 얄타밀약설과 반소(反蘇)·반공(反共)의 행동은 큰 타격을 주었다. 미국무부는 이승만이 실성하거나 노망이 났다며 불쾌해했고, 중국·소련 역시 이를 계기로 반(反)임시정부·반이승만의 태도를 분명히 하였다. 임시정부는 이승만의 외교 활동으로 미국이 임시정부에 우호감을 갖기를 기대했으나, 결과는 정반대로 나타났다. 대한정책을 입안·결정하는 미국무부는 이승만의 행보로 임시정부와 한인 단체들에 부정의 인식을 갖게 되었고, 이는 해방 전후 미국의 대한정책이 신탁통치로 결정되는 데에도 일정하게 작용하였다.[41] 얄탁밀약설은 소련·영국에게도 극도의 반감을 유발시켰으며, 임시정부가 국제사회의 승인을 받으려는 노력도 수포로 돌아가 버렸다.[42] 8·15해방 후 임시정부 요인들은 모두 개인 자격으로 귀국하였다.

6월 8일 국무장관 대리 그루는 얄타밀약설을 공식 부인하면서, 「카이로선언」으로 천명된 한국 관련 정책을 변경하는 어떠한 내용도 얄타에서 합의된 바 없다고 말했다. 또 그는 샌프란시스코회의에서 임시정부의 승인 및 인정을 제기한 문제와 관련하여, "대한민국 임시정부는 한국의 어떤 부분에 대해서도 통치권한을 수행하지 못했고 오늘날의 한국 국민대표로 간주될 수도 없었다. 지리적 그리고 그 외 사실에 의해서도, 망명 한국인들에서조차도 확실히 제한적이었다."라고 단언하였다.[43]

미국은 샌프란시스코회의가 열리기 직전 신탁통치에 해당하는 지역을 ① 과거 위임통치 아래 두었던 지역, ② 전쟁의 결과 적국에게서 분리된 지역, ③ 현재의 통치 책임국이 자발해서 위임하는 지역 등으로 나누었고, 루스벨트의 지시에 따라 신탁통치 문제를 샌프란시스코회의에서 의제로 상정하여 논의하였다.[44] 이에 따르면 한국은 두 번째 지역에 해당하였다. 그리고 마침내 6월 9일 샌프란시스코회의에서 "1. 신탁통치 체제의 기본 목표에 대한 합의", "2. 신탁통치의 목표에 '자치정부'뿐 아니라 '독립'까지도 포함시키는 것", "6.신탁통치위원회(trusteeship council)의 구성은 관리 국가(administering states)와 비관리 국가가 서로 동수로 구성될 것이라는 합의. 그러나 5대 강국 모두는 그 둘 중 한 부분에 반드시 속해야 한다는 점" 등 신탁통치에 관한 일정한 합의가 이루어졌다.[45] 8·15해방을 두 달여 앞둔 시점이었다.

미국정부는 임시정부 승인과 별도로 한인 부대를 대일전에 활용하려는 이중 정책을 펴고 있었다. 태평양전쟁의 전황이 유리하게 전개되자, 미국의 전략첩보기구인 OSS(Office of Strategic Services)는 한인들을 직접 활용하는 방안에 관심을 보이기 시작하였다. 1945년 전반에는 한인들을 이용할 공작 분야를 검토하였고, 더 나아가 중국에 있는 광복군을 동원하여 한국에 침투 작전을 준비하였다. 이른바 '독수리작전(The Eagle Project)'으로 명명된 국내 진공 작전이었다. 임시정부는 이 작전을 공식화함으로써, 미국의 원조를 얻어 내고 교전단체로 인정받으려는 정부승인 교섭을 적극 벌였지만, 끝내 교전국 정부의 지위를 인정받지 못하였다. 미국의 공식 방침은 임시정부뿐 아니라 다른 한인 독립운동 단체들도 대일전에 동원하여 군사 효과를 극대화하는 데 있을 뿐이었다.[46]

5월부터는 OSS에서 파견된 미국인 교관들이 광복군 제2지대에 '독수리작전'을 수행하기 위한 OSS 특수훈련을 실시하였다. 제1기생으로 선발된 50명에게 첩보·통신(무전) 훈련 및 일본군 전투서열(order of battle)·심리전술·기상학·독도법 등 다양한 분야의 엄격한 훈련이 본격 시작되어 12명이 탈락하였고, 1945년 8월 4일 38명이 약 3개월 과정을 완료·수료하였다.[47]

훈련을 마친 광복군 대원들을 국내에 진입시키고자, 임시정부 주석 김구가 광복군 총사령 이청천 등 19명을 대동하고 시안(西安)으로 향한 날은 8월 5일이었다. 8월 7일 광복군 제2지대 본부에서 임시정부와 미국 측이 국내 진입 작전으로 회의를 가졌고, 이날 이 자리에서 미국 측의 OSS 총책임자 도너번(William B. Donovan) 소장은 "금일 금시로부터 아메리카합중국과 대한민국임시정부와의 적 일본에 항거하는 비밀공작이 시작된다."라고 선언하였다.[48] 광복군의 국내 진입이 바로 눈앞에 와 있었다.

8·15해방, 건국운동으로 이행을 천명하다

일본이 「포츠담선언」의 항복 권고를 받아들이지 않자, 미국은 1945년 8월 6일 일본 본토의 히로시마(廣島)에 이어, 9일 나가사키(長崎)에 원자폭탄을 투하하였다. 「얄타협정」이 대일전 참전으로 정한 3개월이라는 시한의 마지막 날인 8월 8일(모스크바 시간) 18시에 소련은 일본에 선전 포고를 하고, 9일 새벽 미국과 밀약한 대로 동·서·북 세 방면에서 만주로 진격하기 시작했다. 8월 9일 한밤중, 도쿄의 작은 방공호 안에서 최고전쟁지도자회의가 열렸고, 8월 10일 금요일 오전 2시 일왕 히로히토(裕仁)는 항복을 결정하였다. 10일 일제는 '천황제(天皇制) 유지'라는 양해 사항을 붙여 「포츠담선언」 수락 의사를 연합국에 통보했다.

이날 저녁 8시 충칭의 각 방송들은 일제가 항복한다는 뉴스를 일제히 전하였고, 신문들도 긴급하게 호외를 발행하였다. 충칭임시정부 요인들도 이를 통하여 일제가 항복한다는 사실을 알았다. 시안에 있던 김구 역시 이날 항복 소식을 들었다. 『백범일지』는 이 순간을 다음과 같이 기록하였다.

이 소식은 내게 희소식이라기보다는 하늘이 무너지고 땅이 꺼지는 일이었다. 수년 동안 애를 써서 참전을 준비한 것도 모두 허사로 돌아가고 말았다. (……) 미국 육군성과 긴밀히 합작하였다. 그러나 그러한 계획을 한번 실시해 보지도 못하고 왜적이 항복하였으니, 지금까지 들인 정성이 아깝고 다가올 일이 걱정되었다.[49]

김구는 해방의 소식을 기뻐하기보다는 민족의 미래를 걱정하였다. 언론인 오소백(吳蘇白)이 표현한 '우울한 해방'은, 8·15해방이 오기 5일 전 임시정부에서 벌써 시작되고 있었다. 일왕 히로히토가 무조건 항복을 대내외에 공식 선언한 날은 8월 15일 정오였다. 소련이 8월 9일 대일전에 참전한 뒤, 한국과 소련의 국경을 넘어 파죽지세로 남진하기 시작하여 경흥(慶興)을 점령한 지 5일 뒤였다.

당시 미군은 한국에서 960킬로미터가량 떨어진 일본의 오키나와(沖繩)에 있었다. 일본이 「포츠담선언」을 수락한 8월 10일 밤부터 11일 사이(미국 워싱턴 시간)에, 미국 3성조정위원회(the State-War-Navy Coordinating Committee, 국무성·육군성·해군성의 합동조정위원회)의 실무자들은 북위 38도선을 경계로 삼아 한국을 소련과 함께 공동 점령하는 계획을 입안하였다. 민족분단의 서막이었다. 이 모든 일들은 광복군이 국내 진공하는 '독수리작전'이 실행되기 직전에 전개되었다.

8·15해방은 한민족의 끊임없는 반일 투쟁과 연합국의 승리가 합일된 결실이었지만,[50] 임시정부가 교전단체 정부로 승인받지 못한 시점에 닥쳐온 해방은, 임시정부뿐만 아니라 한민족 전체의 진로에도 엄청난 혼란과 가혹한 결과를 가져왔다. 「건국강령」은 "우리 민족의 자력(自力)으로써 이족전제(異族專制)를 전복(顚覆)"(제1장 총강 5항)하겠다고 선언하였지만, 복국의 임무를 완전히 끝내지 못한 채 일제가 패전하였다.

「건국강령」의 시각에서 8·15해방을 냉정하게 규정한다면, 이제 막 복국의 제1기 임무를 마치고, 복국 제2기를 겨우 실천하려는 단계에서 닥쳐온 불완전한 해방이었다. 조소앙은 통합한국독립당을 창립하는 선언문(1940. 5. 9)에서 "본당(本黨)이 비록 도왜(倒倭) 복국의 초기에서 발생된 유년기에 있지만"이라는 단서를 달았는데,[51] 실로 한국독립당·임시정부는 이 상태에서 8·15해방을 맞았다. 「건국강령」의 기준에서 한민족의 진로는 아직도 복국의 초기 단계에 있었다.

주석 김구가 시안에서 충칭으로 복귀하기 전인 1945년 8월 17일 임시의정원 회의가 긴급하게 열렸다. 야당 의원들은 환국(還國)하기에 앞서 임시정부를 개조하고 현 국무위원은 총사직해야 한다고 주장하였고, 이 문제로 격론이 일어났다. 조소앙은 "지금은 탄핵과 불신임안을 내놓는 때가 않이다"고 야당 의원들의 의견에 강하게 반대하였다. 김구가 충칭으로 돌아온 뒤, 임시정부 국무회의는 8월 21일 "정권을 봉환(奉還)하기 위하여 현(現)임시정부는 곳 입국하기로 결의함"이라는 사항을 결정하고 임시의정원에 제출하였다. 김구는 현 임시정부 그대로 입국한다는 방침을 고수하였고, 8월 22일 임시의정원에 참석하여서도 "하여튼 이 시기에 총사직은 불합니다. 총총하고 일이 많고 봇다리 쌀 이 때에 총사직문제 나는 것은 불가하다고 말 합니다."라고 단언하였다.

23일 속개한 임시의정원에서는 다시 격한 설전이 벌어졌다. 조소앙은 "건국강령과 헌법이 다 정해저 잇다"라고 발언하면서, 정부 개조와 총사직을 반대하며 임시정부가 조속히 환국해야 한다고 주장하였다. 회의는 국무위원 총사직 문제로 언쟁을 벌이다가 조선민족혁명당이 "현국무위원이 총사직하기 전에는 여하(如何)한 제의안(提議案)일지라도 결의할 수 없으니 총퇴석(總退席)한다"며 퇴장한 뒤, 신한민주당도 같은 이유로 자리를 떠 버렸다. 조소앙은 "두 당에서 퇴석하게 된

것만은 의회로서 생각도 못한 것입니다."라며 당황하고 난감해할 뿐이었다. 이어 조선민족해방동맹마저 퇴장함으로써 3개 야당이 '총파공(總罷工, 조완구의 표현)'하는 사태가 일어났다. 이날 회의는 "비상회의(非常會議)라고하야 따라 단녀는데 결국 왜 비상회의여럿는지 모러겟음니다."라는 이연호(李然皓) 의원의 탄식이 끝나자 "인수(人數) 부족으로 정회합니다."라는 선언으로 마감하였다.[52]

이후 임시의정원은 임시정부 요인들이 환국할 때까지 다시 개회하지 못하였다. 8·15해방 직후 임시정부와 임시의정원의 모습이었다. 이때의 분란은 이전부터 뿌리 깊게 누적된 갈등의 표출이었으므로, 임시정부가 입국한 뒤에도 연장·재연되었고 1946년 초 야당 의원들이 임시정부에서 이탈하여 민주주의민족전선(民主主義民族戰線, 이하 민족전선으로 줄임)으로 합류한 뒤에야 결별로써 결론을 맺었다.

1945년 8월 28일, 한국독립당은 귀국을 앞두고 제5차 임시대표대회를 개최하였다. 조소앙이 작성한 선언에 따르면, 이 대회의 목적은 "조국의 완전한 독립을 성취하며 정치, 경제, 교육의 균등을 기초로 한 신민주국을 완성"함을 목표로, "우리의 투쟁대상이 소멸된 이때에 있어서는 과거를 다시 검토하면서 신계단(新階段)의 임무를 규정"하는 데 있었다. 임시대회는 이를 위하여 "진보하는 시대조류에 순응하기 위하야 금차(今次)대회에서 당강 당책을 수정하였다."[53]

새로운 당강·당책은 조소앙과 신익희가 기초하였는데,[54] 종래 7개 항이던 한국독립당의 당강(黨綱, 기본강령)을 5개 항으로 줄이면서, "국가의 독립을 보위하며 민족의 문화를 발양(發揚)할 것"을 제1항으로 내세웠다. 1940년 5월 공표한 당강의 1항 "국토 및 주권을 완전히 광복함"

과 2항 후반부의 "우리 고유의 역사적 문화를 발양시킴"을, 현재의 '신
계단'에 순응하여 한 항목으로 합친 조항이었다. 이러한 변화는 현 단
계에서 일제라는 투쟁 대상이 소멸되었으므로, 복국이 완성되어 건국
의 단계로 이행하였다는 정세 인식에 따른 결과였다. 반대로 이전 7개
항이었던 당책(黨策, 행동강령)을 「건국강령」에 의거해서 27개로 대폭
늘린 이유도, 8·15해방 이후의 단계를 건국기로 규정한 데에 있었다.
3항의 "계급, 성별, 교파(敎派)등의 차별이 없는 보선제(普選制)를 실시하
야 국민의 정치권리를 평등히 할 것" 등을 비롯해, 27개 항의 당책은
모두 건국기에 실행할 사안들이었다. 또 8개 항의 당면구호(當面口號)를
제시하였는데, 임시정부의 진로와 관련해서 6항의 "임시정부의 정권
을 전민족의 의사(意思)에 의(依)하야 조직되는 정식정부에 교환케하자"
와 7항의 "국내에 진입한 맹군(盟軍)을 진력(盡力)원조하자"는 구호는, 후
술할 「임시정부 당면정책」에도 반영되었다. 이는 연합군을 동맹군으로
표현하면서, 연합군의 군정이 아니라 임시정부가 정식정부를 수립하는
주체가 되겠다는 선언이었다. 한국독립당 제5차 임시대회의 당강에서
계획경제·전민(全民)정치·국비교육·세계일가의 이상보다 '민족문화'를
선행시켜 중시함은 이전 강령과 동일한 특징이었다.

한편 임시정부는 국무회의에서 결의한 대로 귀국한다는 방침을
굳히고, 일제가 항복문서에 조인한 다음 날인 9월 3일 충칭에서 해
내외 동포에게 귀국 성명서를 발표하였다. 이 성명서는 주석 김구의
명의로 「국내외 동포에게 고함」이란 제목으로 「임시정부 당면정책」을
포함하여 공표하였는데, 이 무렵 임시정부의 정세 인식과 시국대처
방안이 담겨 있었다.

「국내외 동포에게 고함」은 8·15해방의 의의를 언급하고, 「건국강령」에 입각하여 현 단계의 성격과 임무를 규정한 뒤, 이에 근거하여 해방정국을 수습할 「임시정부 당면정책」 및 이를 발표하는 배경·동기와 목적까지 설명하였다. 이 성명서는 '대한민국임시정부특파사무국(大韓民國臨時政府特派事務局)' 명의로 시차를 두고 국내에도 전단으로 배포되었다.

> 우리가처(處)한현계단(現階段)은건국강령에명시한바와갓치 건국(建國)의시기로드러가려하는과도적(過渡的)계단이다 다시말하면복국(復國)의임무를 아즉완전히끗내지못하고 건국의초기가개시되려는계단이다 그럼으로현하(現下)우리의임무는 번다(繁多)하고도복잡하며 우리의책임은중대한것이다 따라서 (……) 매사를임(臨)할때에먼저치밀(緻密)하게분석하야명확한판단을나리고 (……) 본(本)정부는이때에당면정책(當面政策)을여좌(如左)히제정(制定)반포하엿다 (……) 이것으로써 전진노선(前進路線)의지침(指針)을삼고자함이다 또한이것으로써동포제위(諸位)의당면노선(當面路線)의지침까지삼으려하는것이다[55]

김구는 8·15해방을 선열의 투쟁 즉 한민족의 저항과 연합국의 전공이 결합한 결과로 인식하면서, 「건국강령」에 의거하여 현 단계의 성격을 복국의 임무를 끝내지 못한 건국의 도입부로서 '과도적 계단'으로 규정하였다. 성명의 결론은 이러한 '치밀'·'명확'한 정세 인식에 근거하여 「임시정부 당면정책」(이하 「당면정책」으로 줄임) 14개조를 제정하였고, 임시정부가 주도하는 건국의 '전진노선'으로 삼겠으니, 동포들도 이를 수용하라는 선포에 있었다.

조소앙은 「당면정책」을 기초·작성하는 데에도 관여하였다. 그는 대한민국정부가 수립된 뒤에도, 「건국강령」과 「당면정책」을 연결시켜서 "대한민국 건국강령에도 복국과 건국을 6단계로 나누었으며, 중경시대의 대한민국으로서 해외임무의 결속(結束)과 국내건국의 단계적 교량(橋梁)과 통일정권의 방식(方式)문제까지를 14개조 당면정책 가운데 명백히 표현하였던 것이다."라고 자평하였다. 또 1948년 12월 창당한 사회당도 「건국강령」과 「당면정책」의 연장선에 있음을 피력하면서[56] 「당면정책」이 「건국강령」에 근거한 합당한 노선이었음을 주장하였다. 즉 「당면정책」은 김구·조소앙을 비롯한 임시정부 세력이 해방 이후 일관하였던 정치노선으로, 임시정부가 해방정국을 주도하여 수습할 정책이었다.

「당면정책」을 한마디로 평하면, 임시정부가 주체가 되어 '과도정권'을 수립하려는 노선이었다. 이의 요점을 다시 한마디로 말하면, 임시정부가 그대로·곧바로 정식정부를 수립하는 과도정부가 되겠다는 '영도권'을 천명한 선언이었다. 다소 모순된 듯한 이 말은 사실 같은 의미였다. 임시정부는 「당면정책」을 민족구성원 전체가 받아들여야 할 '당면노선의 지침'으로 선포하면서 임시정부의 법통을 천명하였다. 「당면정책」은 모두 14개 항으로 되어 있는데, 임시정부의 법통성·영도권에 근거한 정치행동과 관련된 중요 항목은 다음 6·7·9의 세 항목이다.

六. 국외(國外)임무의결속(結束)과 국내임무의전개가서로접속(接續)되

504

매 필수(必需)한과도조치(過渡措置)를집행하되 전국적보선(普選)에
의(依)한정식정권(正式政權)이수립되기까지의 국내과도정권을수
립하기위하여 국내외각계층(各階層)각(各)혁명당파, 각종교집단,
각지방대표와 저명한각민주영수회의(各民主領袖會議)를소집하도
록적극노력할것

七. 국내과도정권이수립된즉시(卽時)에 본(本)정부의임무는완료된것
으로인(認)하고 본정부의일체(一切)직능급(職能及)소유물건은 과
도정권에게교환할것

九. 국내에과도정권이성립되기전(前)에는 국내일체질서와대외(對外)
일체관계를 본정부가부책(負責)유지할것

이를 풀어 말하면, ①임시정부가 과도정권 이전의 과도정권이 되
어 → ②과도정권을 수립하고 → ③보통선거에 따라 정식정권을 수
립한다는 3단계 구상이었다.[57] 6항의 근거는 「건국강령」 제2장 복국
4항의 "복국기에는 임시약헌(臨時約憲)과 기타(其他)반포한 법규에 의하
야 임시의정원의 선거로 조직된 국무위원회로써 복국의 공무를 집행
할 것임."에 있었다. 「당면정책」은 복국기 임시정부의 임무를 건국기
까지 연장한 논리로, 임시정부가 정식정부를 수립하는 과도정부가 되
겠다는 '법통'을 천명하였다. 과도정권이라는 용어는 6·7·9의 매 항
마다 반복되었는데, 임시정부가 귀국 즉시 곧바로 과도정권이 되겠다
는 선언이나 마찬가지였다.

임시정부가 연합국의 승인을 받지 못하였으므로 요인들은 모두
개인 자격으로 환국하였지만, 미군정 체제에서 사실상 과도정부를

자임하며 「당면정책」을 그대로 실행에 옮겼다. 1946년 1월 4일 주석 김구가 비상정치회의(非常政治會議)를 소집한 조치도 「당면정책」에 근거한 정치노선이었다. 이러한 정치행동들은 우선 남한의 사실상의 유일 정부인 미군정과 정면으로 충돌하였고, 당시 남한 정치세력의 절반을 차지하는 조선인민공화국 지지 세력과도 충돌하여 좌우대립의 소용돌이 속으로 휘말려 들어갔다.

「당면정책」은 임시정부의 기대·희망과는 전혀 달리 민족총의를 결집하는 구심력으로 작동하지 못했다. 의도와 결과의 극심한 괴리는, 「당면정책」이 과연 김구가 장담한 대로 '치밀'·'명확'한 정세 인식에 근거하였는지, 달리 말하면 당시 국내외의 주객관 정세에 부합한 시국대처 방안이었으며 민족구성원 다수에 수용될 합의력을 지녔는지에 의문을 갖게 한다.

무엇보다도 9월 3일 김구의 성명과 「당면정책」에는, 가장 중요한 미소의 한국 분할점령과 미소 군정이 실시되는 명백한 당면 현실이 누락되었다. 김구의 성명은 9월 2일 일제가 항복문서에 서명하였음을 알았지만, 이날 북위 38도선을 계선(界線)으로 남한과 북한이 미군과 소련에게 분할점령된다는 「일반명령 제1호」가 공개된 사실은 언급하지 않았다. 설사 성명을 발표하는 순간까지 「일반명령 제1호」의 상세한 내용을 파악하지 못하였더라도, 8월 하순 들어서 임시정부는 앞으로 국내에서 전개될 정세의 대체를 중국국민당 측과 언론을 통하여 이미 알고 있었다.

장제스가 중국 전구(戰區) 미군사령관 웨더마이어(Albert C. Wedemeyer)에게서, 한국에 있는 일본군이 38도선을 경계로 각각 소련군과 미군에게 투항하도록 명령받았다는 「일반명령 제1호」의 내용을 통지받은 날은 8월 21일이었다.[58] 다음 날인 8월 22일 김구가 중국국민당 중앙당부로 우톄청을 방문하였고, 이 자리에서 중국정부가 임시정부를 지원하겠다는 희망의 약속과 함께, 미국과 소련 군대가 함께 진주한다는 어두운 소식도 전해 들었다. 두 사람의 회동은, 8·15 해방 직후 임시정부가 귀국을 서두르기 위해 중국의 협조를 요청할 목적에서 중국 측과 공식 접촉한 첫 자리였다.

이날 우톄청은 김구에게, 현재 남과 북에 각각 소련과 미국이 일본의 무장을 해제하고 있다, 한국은 신탁통치나 군정(軍政)의 과도시기를 거쳐 폴란드 방식으로 하나의 통일된 임시정부를 수립할 수 있다는 정보를 제공했다. 이때 38도선까지는 거론되지 않았지만, 적어도 소련군과 미군이 한국에 상륙하여 신탁통치를 실시한다는 정보는 확인하였다. 김구는 소련군이 상륙하면 공산 세력이 확대되리라 우려하면서 "중국국민당이 더욱 적극적으로 우리를 지원하여줌으로써 공산당 세력의 신장을 방지할 것"과 "중국정부가 즉시 임시정부를 정식으로 승인할 것을 바란다. 즉시 승인할 수 없다면 임시정부가 환국하여 새로운 임시정부를 수립하였을 때 솔선하여 승인해줄 것"을 요청하였다. 조선총독부가 우톄청이 김구에게 전한 내용들을 인지한 날도 8월 22일이었으니, 김구와 임시정부 역시 연합국의 대한국 정책을 매우 빠른 시간 내에 파악했다고 할 수 있다.[59]

김구가 우톄청을 만난 8월 22일 38도선은 이미 획정된 상태였다. 중국 신문들은 8월 23일 소련군이 원산을 점령하고 부산을 향해 전진한다는 보도에 이어, 8월 24일에는 해주와 함흥을 점령하고 남진하는 사실을 계속 보도하였다. 8월 28일에는 '중앙사(中央社) 제공 26일 마닐라 유·피·아이 통신사 전문'을 근거로 "맥아더 원수는 조선의 북위 38도 이남에 주둔하고 있던 일본군은 미군 24군단 사령부에 투항하도록 명령하였다."라고 보도하였다.[60]

국내에서도 8월 20일, 미군의 B29가 서울 상공에 나타나 웨더마이어 장군 명의의 전단을 서울 시내에 살포하였다. 이 전단은 9월 3일부터 북위 38도선 이남의 남한 지역에 미군이 진주한다고 예고하였고, 이를 확인한 우익 세력들은 기민하게 정치세력화하려는 움직임을 나타냈다.[61] 당시 남한 내의 유일한 신문이었던 《매일신보》도 8월 24일 자 「조선은 소군과 미군-대만은 중경이 보장점령」이라는 제목하에 '동경전화동맹(東京電話同盟)'발(發)로 남북한의 분할점령을 다음과 같이 보도하였다. "이째대만(臺灣)에관(關)하야서는 조만(早晩) 장개석군(蔣介石軍)의군정(軍政)에귀속할것으로보히는데 조선에관하야서는 자주독립의정부가 수립될째까지는미국(米國)과소련의 분할점령하에두고 각각(各各)군정이시행(施行)될것으로보힌다"[62] 9월 2일 일본이 항복문서에 조인한 다음 날인 9월 3일 《매일신보》는, 1면 전체에 걸쳐 「항복문서 내용 전문」과 「일반명령 제1호」를 비롯해 남북 분할점령 소식을 상세히 보도하였다.[63]

한국이 미소 양군으로 분할점령되어 군정이 사실상의 통치권을 행사하는 정세에서, 「당면정책」이 규정한 연합군 정책은 4항의 "맹군 주재기내(盟軍駐在期內)에 일체(一切)필요한 사의(事宜)를 적극협조할것" 이었다. 이 조항은 군정의 성격과 본질을 인정하지 않고, 군정과 관계없이 임시정부가 환국하여 통치권을 행사하겠다는 전제 아래에서 임시정부를 주체로 군정의 성격을 자의로 규정하였다. 결국 이 4항은 임시정부가 귀국한 뒤 군정과 대립함으로써 스스로 폐기되는 결과가 되었다.

조소앙은 「당면정책」이 「건국강령」에 근거하여 작성되었다고 말하였지만, 문구상으로 해석하더라도 양자 사이에는 일관성보다는 괴리가 컸다. 사실 8·15해방은 일제의 빠른 항복, 38도선 분할 점령과 같이, 「건국강령」이 규정할 수 없었던 '번다·복잡·중대'한 국면이었다. 「건국강령」에 따르더라도 해방 국면은, 복국의 1-2-3기와 건국의 1기가 순차로 실천되지 못한 상태에서 왔다. 복국의 1기밖에 실천하지 못한 상태에서, 건국으로 이행하는 전략은 「건국강령」 자체에서 보더라도 인식의 착오와 논리의 비약이었다.

김구의 성명은 '현계단'을 '과도적 계단'이라는 말로써 합리화하였다. 이러한 주장의 논거는 1944년 11월 16일 열린 건국강령수개(修改)위원회 제2차 회의에서 조소앙이 과도기의 입시정부 집정(執政)론을 강조한 데에서 마련되어 있었다. 이는 보통선거로 선출된 정식정부를 수립하여 삼균제도를 실행하기 전까지를 과도기로 규정하고, 이 시기에는 임시정부가 과도정부로 집정하여 국권을 수행함으로써 정식정부를 수립한다는 주의였다.(제10장 421쪽의 인용문과 앞뒤 내용을 참조)

복국의 임무를 완료하지도 못했는데도 '현계단'을 '건국의 초기'로 규정함은, 「건국강령」에 근거한 객관 정세라기보다는 앞으로 충칭임시정부가 '과도정부'로서 복국과 건국 초기의 임무를 동시 수행하며 돌파해야 할 주관 정세였다. 「당면정책」은 복국기와 건국의 1기를 과도기로 삼아 충칭임시정부가 집정하겠다는 의지를 강하게 내세웠다. 「건국강령」의 프로그램대로 복국과 건국의 과정이 진행되지 않은 8·15해방 현 단계에서, 임시정부의 위상과 역량을 훨씬 벗어나는 김구의 성명과 「당면정책」이, 과연 국내외 한국민들에게 수용될 수 있었느냐의 여부는 해방정국이 스스로 말해 준다.

김구가 성명을 발표하기 10일 전인 8월 24일 소련군은 이미 평양에 진주하였고, 성명을 발표한 지 5일 뒤인 9월 8일에는 미군이 인천에 상륙한 데 이어 9일에는 서울에 입성하였다. 임시정부가 입국하기 전에 한국 분할점령은 완료되었다. 9월 3일 성명서가 전혀 상상도 예상도 하지 못하였던 비극의 현실이었다. 「당면정책」은 이러한 정세를 전혀 반영하지 않은 채, 임시정부의 희망을 근거로 정세 판단한 기대치를 건국의 '전진노선'으로 표명하였다. 「당면정책」이 공표된 이후의 국내 상황도 임시정부의 기대와는 전혀 다른 방향으로 흘러가고 있었다.

38도선이라는 분계선까지는 몰랐지만, 한국이 미소 양군에 분할점령되고 미군이 남한에 진주한다는 사실은 8월 말이면 국내에서도 확인된 바였고, 이것이 우익 세력이 조선건국준비위원회에 대응하여 별도의 정치세력화를 꾀하는 계기가 되었다. 여운형 등이 9월 6일 건국준비위원회를 조선인민공화국으로 전환한 배경도 이러한 정세 파악에 있었다. 1945년 9월 초 미소 양군 분할점령이라는 객관 정세에 대응하여 국외와 국내에서 각각 두 개의 정부가 양립하였고, 국내에서는 벌써 한쪽 정부를 지지하고 다른 쪽을 적대시하는 대립과 갈등이 격화되고 있었다.

개인 자격으로 귀국하여 임시정부의 정통성을 주장하다

일제가 패전하자, 임시정부는 충칭에서 조속히 귀국하여 임시정부의 권한을 행사할 수 있도록 중국과 미국의 관계 요로와 접촉·교섭하였다. 8·15해방을 하루 앞둔 14일, 조소앙은 임시정부 외무부장 자격으로 주중 미국대사관을 방문하여 헐리(Patrick J. Hurley) 대사에게 다음 세 가지를 요청하였다. ① 임시정부는 한국 상륙에서 점령군, 특히 미군과 협조하기를 원한다는 점, ② 임시정부는 극동 전역에 산재한 일본군 내의 약 백만에 달하는 한국인들의 무장해제 및 재편성에 미국을 지원하고자 한다는 점, ③ 한국인 혁명지도자들은 한국 정치문제, 이를테면 일본·만주·러시아에 있는 수백만 한국인들의 송환 문제, 한국 내의 산업 시설 처분 문제에 발언권을 갖기를 희망한다는 점이었다. 조소앙은 "한국 내에서 소련의 영향 및 조치들을 우려"하고 있음도 전하였다.[64]

8월 17일 김구와 조소앙은 공동 명의로, 이승만을 통하여 미국 대통령 트루먼(Harry S. Truman)에게 메시지를 발송하였다. 이 서신은 ① 임시정부 대표들을 연합국 협의위원회 등에 파견하고자 하며, ② 종전협정에 따라, 한국과 한국민의 운명에 영향을 미치는 모든 위원회에 참석하기를 희망하며, ③ 평화회의 및 국제연합 국제부흥기구 등과 같이 한국문제와 관련되는 모든 공식·비공식 회합에 대표를 파견하기를 요청하였다. 이 서신의 사본은 8월 18일 이승만을 통하여 트루먼에게 전달되었다.[65]

임시정부는 8월 30일 미국무부에 보낼 비망록도 주중 미국대사관에 전달하였는데, 내용은 반소·반공주의로 일관하면서 미국무부가 한국의 공산주의자들을 경계하도록 요청하였다. 미국정부를 상대로 교섭한 바에 비교하면, 한국을 분할점령하는 또 다른 당사자인 소련정부를 향한 귀국 교섭은 전무하였다.[66]

임시정부는 이후에도 중국정부의 지원을 받으면서, 미국의 승인 아래 '임시정부' 자격으로 입국하기 위한 노력을 백방으로 주력하였지만, 임시정부 불승인 정책에 따른 개인 자격의 입국 방침을 변화시킬 수는 없었다. 미군이 인천에 상륙하는 1945년 9월 7일 발포하여, 9월 9일에 공포한 태평양미국육군총사령부(맥아더사령부) 포고 제1호 「조선주민에게 포고함」은, 미군이 일본을 대신하여 38도선 이남의 지역을 '점령'하여 이 지역과 주민에게 군정을 실시함을 포고하였다.[67] 「포고 제1호」는 38도선 이남의 모든 행정권이 미군정하에 시행됨을 공표하면서, 조선인 스스로 행정권 또는 주권을 행사하려는 어떠한 시도도 인정하지 않았다.

10월 10일 군정장관 아널드(Archibal V. Arnold) 소장(少將)은 "명령의 성질을 가진 요구"라는 성명을 발표하여, 극렬한 어투로 여운형과 인민공화국을 직접 비난하였다.[68] 이 성명은 "북위 38도 이남의 조선에는 오직 한 정부가 있을 뿐이다. 이 정부는 맥아더 원수의 포고와 하지 중장의 정령과 아널드 소장의 행정령에 의하여 정당히 수립된 것이다."라고 다시 선포하였다. 그리고 "조선인민공화국이든가 자칭 조선공화국내각은 권위와 세력과 실재가 전연 없는 것이다. 만일 이러한 고관대직을 참칭하는 자들이 흥행적 가치조차 의심할 만한 괴뢰극을 하는 배우라면 그동안 즉시 그 극을 폐막하여여 마땅할 것이다."라고 조선인민공화국을 가리켜 경고하였다. 충칭임시정부를 지지하는 국내의 우익 세력조차 이에 강한 비판과 반감을 드러낸 이유는, 아널드의 성명이 충칭임시정부까지 얼러쳐 겨누었기 때문이다.[69]

미군정은 여러 경로로 김구를 비롯한 임시정부 측에 개인 자격으로 입국하고, 입국한 뒤에는 고문단 또는 독립촉성중앙협의회에 참가하라고 전달하였다.[70] 미군정은 임시정부에 개인 자격으로 입국한다는 데에 서명을 해야 귀국할 수 있다는 모욕된 조건까지 덧붙였다. 임시정부의 국무회의에서는 미군정이 철수한 뒤에 귀국해도 늦지 않다는 강경론도 있었으나, 다수의 의견을 따라서 서명하기로 가결되었다. 우여곡절 끝에 임시정부 주석 김구는 귀국하기 4일 전인 11월 19일, 중국 전구 미군사령관 웨더마이어에게 다음과 같은 서약서를 제출했다.

이에 본인은 본인 및 본인의 동료들이 어떠한 공적인 위치로서가 아닌 완전히 사적 개인의 자격으로서 귀국을 허락받을 것임을 충분히 숙지하고 있음을 귀하에게 확신시키고자 합니다. 나아가 본인은 조선에 들어가면 우리들이 개인적으로나, 집단적으로 정부로서 혹은 민간 및 혹은 정치적 능력을 발휘하는 기구로서 활동할 것을 기대하지 않는다는 점을 기꺼이 진술합니다. 우리의 목적은 한국인에게 유리하게 될 질서를 수립하는 데 있어 미군정과 협력하는 것이 될 것입니다.[71]

서약서를 작성할 때 김구의 심정은 상상하기 어렵지 않으며, 임시정부가 일단 환국한 뒤 미군정과 어떠한 관계가 조성될지도 당시의 시점에서 충분히 예상이 가능하였다. 미군정은 임시정부의 환국 방식에서도 능욕에 가까운 모욕감을 가중시켰다.

미군정은 11월 20일 탑승 인원이 15명인 C-47 비행기 한 대만을 상하이로 보냈다. 임시정부 요인들을 분산시켜 귀국시킬 의도였다. 이때 상하이에 도착한 인원은 임시정부 요인이 29명이었으므로, 11월 22일 국무회의를 열어 제1진과 2진으로 나누어 귀국하기로 결정하였다. 제1진과 2진으로 나누는 데에서 한국독립당계와 야당 요인들 사이에 거친 설전도 벌어졌다. 승강이를 벌인 끝에 조선민족혁명당 계열이 양보함으로써[72] 주석 김구와 부주석 김규식을 비롯한 15명이 제1진으로 배정되어 11월 23일 환국하였다. 외무부장 조소앙과 의정원 의장 홍진(洪震) 등은 2진에 속하여, 12월 1일 상하이를 출발하여 2일 서울에 도착하였다.

그러나 미군정은 임시정부 요인들이 꿈에도 그리던 고국 땅을 밟는 순간 더 큰 굴욕감을 안겼다. 미군정은 임시정부 요인들의 환국을 극비에 부치고 한국민들에게 알리지 않았다. 제1진은 상하이를 떠나 세 시간 만인 오후 4시경 김포비행장에 도착하였다. 이들은 환영 나올 동포들과 함께 흔들 태극기까지 준비했지만, 비행장에는 미군만이 대기하고 있을 뿐이었다. 조소앙이 포함된 제2진 22명의 환국에는 날씨마저 심술을 부렸다. 제2진은 12월 1일 상하이를 출발하였으나, 폭설로 김포비행장에 착륙할 수 없어 일단 군산비행장에 착륙한 뒤 자동차로 이동하여 논산에서 하룻밤을 지내고, 대전 유성에서 비행기편으로 김포비행장에 도착하였다.[73]

환국한 대한민국임시정부 요인들과 함께(백범김구선생기념사업협회 제공)

김구는 11월 23일 귀국하자마자, 숙사(宿舍) 죽첨정(竹添町)을 왕방한 기자들과 일문일답을 가졌다. 그는 "어떤자격으로입국하엿는가"라는 질문에 "나는 지금 연합국에대(對)하야 임시정부의 승인을 요구하지는 안켓스나 장차에는 승인을요구 할런지도 모르겟다. 나와 나의 동지는 개인의자격으로 환국한것이다."라고 답하였다.[74]

김구는 고국에서 첫 밤을 지낸 뒤인 24일, 몰려든 기자들과 일문일답을 가지면서 "일체정담(政談)을 회피하며 환국의감격(感激)을 말하는것이엿다"는 기자의 보도와는 달리, 좀 더 진전된 발언을 하였다. 그는 "첫밤을새운 감상"을 묻는 질문에 "내가혼(魂)만 들어왔는지 육체도들어왔는지 꿈인지 생시인지 몰으겟다"고 답하였으나, "개인의 자격으로 들어왔다는데 그이유는"이라는 질문에는 미군정의 방침과 정면 어긋나는 정견을 밝혔다. "대외관계즉(卽)국제관계에있어 개인의 자격이지우리동포에게대(對)하야는 정부의한사람으로서 입국하였다 외국에대하야서도 정식정부로서 승인을받을 것은 시간문제라고 생각한다."[75] 김구는 국내외 한국민들의 지지를 기반으로 '정부'로서 활동하면서, 향후 임시정부의 위상을 정식정부로 격상하겠다는 의중까지 내비쳤다.

고국의 수도 서울에서 하룻밤을 지낸 조소앙은, 12월 3일 김구와 공동으로 기자회견을 가졌다. 그는 망명 시절 동안 "임시정부의 존재를 국내에 있는 동포 전부가 알고 있으며 또 옹호지지하는가 하는 질문에 대하여 확실한 대답을 못한 것이 큰 유감"이었음을 밝히면서, "정치문제에 대하여 궁금히 생각하실 줄 아나 아직은 말할 수 없다. 그것은 먼저 환국한 분들과 아직 상세한 이야기가 없을 뿐만 아니라 국내사정을 전연 모르기 때문이다."라고 첫 소회를 밝혔다.[76] 이 말은 국내 동포들이 임시정부를 옹호·지지하는 기반 위에서, 임시정부 요인들의 중의를 모아 앞으로 정치활동을 재개하겠다는 간접 메시지였다.

조소앙은 12월 6일 임시정부의 외무부장으로서 정식 기자회견을 갖고, 국내 민중들에게 임시정부의 성격과 사상체계를 천명하였다. 그는 '대한(大韓)'이란 국호의 '자주독립' 정신부터 설명하면서, 임시정부를 가리켜 "독립운동의 공구(公具)로서 독립운동을 하는 사람들의 집결체로서 우리국토우에 정권을 세우기까지의 접속제(接續劑)로써 우리는 임시정부를 붓들고 내려왔다"고 주장하였다. 이 말은 정식정부가 수립되기까지 임시정부가 '접속제' 즉 과도정부로서 기능을 수행하겠다는 뜻이었다. 그는 임시정부의 사상체계와 관련하여서는 "우리는 봉건제도를 직히랴는것도 아니요 자본주의를 고수하랴는것도 아니며 오직인민대중에게 기초를둔 정부를 조직하랴는것이다 우리의 정치포부(抱負)는 영국의 노동당보다 더진보적 정치포부를 가젓슴을 말해둔다"라고 명언하면서,[77] 임시정부가 결코 보수 성향이 아님을 강조하였다. 임시정부가 좌익도 포용할 수 있음을 나타내는 포석이었다.

임시정부가 환국하기 전부터 국내의 정치 지형은, 임시정부 지지 세력과 조선인민공화국 지지 세력으로 이미 양분되어 있었다. 임시정부 지지 세력은 다시 '임시정부 절대 지지론'[78]과 '임시정부영립(迎立)보강론'[79]으로 나뉘었다. 전자는 '인민공화국 타도'를 외치면서 충칭임시정부 그대로 집정(執政)해야 한다는 논리로 한국민주당 계열이 내세웠다. 후자는 좌익 계열과 다른 정치세력도 임시정부 안으로 수용하여 임시정부를 확대·보강하자는 국민당 계열의 주장이었다. 한편 박헌영(朴憲永)이 주도하는 조선공산당 및 여운형의 조선인민당 은 이들과는 반대 노선에서 조선인민공화국의 주축을 이루었다.

인민공화국을 주도하는 조선공산당 계열은 임시정부를 '정부'로 서 인정하지 않았다. 12월 12일 박헌영은 조선공산당 대표 자격으 로, 임시정부를 '망명정객'·'망명정치단'으로 지칭하면서 임시정부를 정면으로 부정하는 담화를 발표하였다. 그는 "망명정부가 일종의 임 시정부인 것처럼 신문지 기타 선전운동에 전력을 경주하고 있는 것 은 통일을 위한 노력이 아니라 도리어 분열을 조장하는 행동이라 아 니할 수 없다. (……) 마땅히 국제관계와 국내 제 세력을 옳게 파악하 고 결코 망명정치단을 가지고 임시정부의 행사를 하지 말 것이오 개 인자격으로 들어와 본분을 지켜야 국제신의가 서게 될 것"이라고 지 적하면서, "왕가적, 전제적, 군주적 생활의 분위기에서 해탈"하라고 야유하듯이 임시정부를 비난하였다.[80]

조소앙은 박헌영의 담화에 절제된 언어로써 즉각 대응하였다. 박 헌영의 담화 발표가 오전 11시였고, 조소앙의 기자회견은 오후 2시였 다. 조소앙은 기자단과 정례 회견하는 자리에서 느닷없이 '혁명운동 의 개념' 등 이론 문제를 꺼내며 자신의 생각을 피력하였다. 그의 의 도는 조선공산당을 포함하여 모든 혁명세력이 임시정부를 중심으로 '통일단결'해야 함을 강조하려는 데 있었다. 그는 "좌우익(左右翼)이 함 께 모혀거기에「해게모니」를 누가잡느냐하는 문제가 대두될때"에는 과 거 신간회(新幹會)와 마찬가지로 '통일'이 실패한다고 지적하면서, 국호·국기·연호도 통일되어야 한다고 주장했다. "특히우리임시정부는 이미아국(亞國)의「레닌」자신이 절대지지(絶對支持)를 햇스며 또중국의 장(將)위원장기타(其他) 미불(美佛)도 인정을하고잇는만큼 국내에서도 이를지지(支持)는못할지언정이를부인(否認)한다는것은 안될말이다"라고 주장하였다. 임시정부가 레닌 당시의 러시아에게는 '절대지지'를 받았고, 현재 장제스·미국·프랑스에게서 인정을 받고 있으므로 임시정부를 인정해야 한다는 논리였다. 그리고 '헤게모니'와 관련하여서 공산당 세력이 5 대 5의 비율을 주장하는 태도에는, "밥이 되기전(前) 솟가지고 싸홈하는것은 부당한 동시 기계적인 평등 즉(卽)오대오의 세력을 가지라는것보다 나 자신(自身)더러말하라면 나는 넷으로가지고 십흐며 상대방에는 여섯을가지라고 하고십다"고 대꾸하였다.[81]

조소앙은 다음 날인 12월 13일에도 기자단과 회견하면서 같은 논지로 "임시정부를망명정부라하야 부인하는것은 불가하다"는 주장을 반복하면서, "임시정부에서 레-닌과 제휴할때에잇서서 임시정부가 친소파(親蘇派)라는 평(評)까지도 잇섯다"[82]는 내용도 덧붙였다.

그러나 조소앙의 논리는 인민공화국을 지지하는 세력에게 설득력을 발휘하기에는 사실성이 뒷받침되지 않았다. 다 아는 바와 같이, 임시정부는 미국과 프랑스는 물론 중국 국민정부에게조차 '법적 승인'을 획득하지 못하였다. 더욱이 1924년 사망한 레닌을 끌어들여 '절대지지'를 운운함은, 레닌 이후 임시정부가 대소 외교의 성과를 전혀 이루지 못했음을 자인하는 셈이었다. 좌익 세력에게 10 가운데 6을 내놓겠다는 공언(公言)은, 과거와 마찬가지로 현재·미래에 걸쳐서 임시정부의 방침이 결코 아니었으며, 조소앙 자신도 전혀 실천한

바 없는 빈말로 그쳤다.

조소앙이 연이틀 임시정부의 위상을 에둘러서 강조하는 모습은 겉으로는 박헌영의 담화에 대응한 듯하다. 그러나 사실은 12월 12일 미군정의 사령관 하지(John R. Hodge) 중장이 발표한 성명과 관련하여, 임시정부의 외무부장으로서 한국민에게 던지는 메시지의 성격이 강하였다. 이날 오전 10시 하지는 군정청 출입기자단과 서울방송국을 통하여 인민공화국에 직접 경고하는 성명서를 발표하였다.[83]

하지가 성명을 발표한 이유는, 인민공화국이 11월 20일부터 22일까지 3일에 걸쳐서 개최한 전국인민위원회대표자대회(全國人民委員會代表者大會)가, 미군정 당국이 대회를 허락하면서 쌍방 간에 약속한 바를 어겼다는 데 있었다. 하지는 인민공화국이 정부로서의 영향력을 확대하려는 기도를 경계하였다. 그는 명칭 여하를 불문하고 조선인민공화국은 어떤 의미에서든 '정부'가 아니며 그럴 하등의 권리가 없고, 남한에서 유효한 유일한 정부는 연합군최고지휘관의 명령에 의거해 수립된 군정뿐이라고 경고하였다. 나아가 어떤 정당이든 정부로 행세하려한다면 "비법적(非法的) 행동으로 취급할 것"임을 강조하였다. 하지는이 성명을 발표하기까지 숙고를 거쳤다고 언급했으나, 인민공화국이주도한 대회가 끝난 지 20여 일이 지나서 성명을 발표한 시점과 이유는 명백하였다. 임시정부가 개인 자격으로 입국한 약속을 어기고 정치활동을 재개하려는 움직임에, 인민공화국을 빗대어 대응한 경고이기도 하였다. 하지의 성명은 10월 10일 아널드 군정장관의 성명에 비해서는 여과된 표현을 사용하였으나, 메시지는 분명하고 단호하였다.

임시정부의 요인들이 전부 환국한 뒤, 임시정부는 의례 여러 차례 회의를 개최하였고, 언론은 이를 '국무회의'로 표현하면서 회의의 내용을 추정하여 보도하였다. 또 김구를 주석, 조소앙을 외무부장 등으로 지칭하면서, 개인 자격으로 입국한 요인들을 임시정부의 직위로 호칭하였다. 국내 여론이 임시정부의 향후 행보에 집중되는 가운데, 임시정부는 12월 11일 통일전선 결성 문제 등 앞으로 임시정부의 진로를 표명할 구체안을 작성하기 위하여, 주석·부주석과 외무부장 조소앙을 포함한 총 5명으로 소위원회를 구성하여 성안(成案)에 착수하였다.[84] 하지의 성명이 발표된 12월 12일은, 당시 언론들이 이 구체안이 곧 대내외에 공표되리라고 보도하는 시점이었다.

임시정부는 입국한 직후에는 미군정과 충돌을 피하기 위하여 공개 행동에 신중을 기하였으므로, 하지의 성명에도 직접 대응하지 않았으나, 한국민에게는 '정부'의 자격으로 입국하였음을 은연중 내비치면서 정치활동을 재개하기 시작하였다. 국내의 분위기도 임시정부에게 그러한 동인을 충분히 제공하였다. 조소앙을 비롯한 임시정부 요인들은 국내 우익 세력이 임시정부를 추대하는 동향을 충분히 확인하였고, 임시정부를 향한 민중의 열망 또한 뜨겁게 체감하고 있었다.

임시정부가 귀국하기 전 이승만을 중심으로 결성된 독립촉성중앙협의회(獨立促成中央協議會)는, 조선공산당과 한국민주당 등 좌우익을 망라하여 거의 모든 정치세력이 참여한 통일전선체를 형성하려 시도하였으나 12월 중순 들어 파열음을 내기 시작하였다. 독립촉성중앙협의회를 대신하여 임시정부가 혼란한 정국을 수습하기를 고대하는 민중의 여망은 한껏 고조되었다.

임시정부는 국내 한국민들이 지지하는 열기를 12월 19일 환영회에서 감격스겹게 확인하였다. 서울운동장에서 개최된 '대한민국임시정부개선(凱旋)전국환영대회'는 당시 언론의 보도대로, "순식간에장내(場內)는15만의군중으로 입추의여지가없엇스며 편번(翩翻)하는 임시정부지지의기(旗)빨은 우리3천만의총의(總意)가 임시정부지지의일점(一點)에 집중되여 건국일로(建國一路)로매진한다는것을소리치는듯하엿다". 아직 정치활동에서 비켜서 있던 홍명희(洪命熹)조차 환영사에서 "이제우리3천만동포는 우리의 유일무이(唯一無二)한 우리임시정부를봉대(奉戴)하고 일치단결하야 조국독립에 분투하기를 맹서하는바"라고 다짐하였다.[85]

임시정부는 이러한 분위기에 고무되어, 그동안 좌우익의 호출에도 응답하지 않고 정세를 관망하던 태도에서 벗어나 정국에 개입하기 시작하였다. 임시정부 환영식이 열린 직후인 12월 하순 들어, 독립촉성중앙협의회가 결렬되는 계기를 기점으로, 임시정부가 '민족통일의 최고기관'으로 특별정치위원회를 구성하리라는 보도가 잇따랐다. 국민당의 위원장 안재홍(安在鴻) 등 임시정부 지지 세력은 이를 기정사실화하면서, 독립촉성중앙협의회를 탈퇴하여 임시정부 중심의 통일전선 결성을 지지하였다. 임시정부가 특별정치위원회를 조직하려는 목적은, 민족통일전선을 기대하는 중망(衆望)을 안고 정국의 주도권을 장악하려는 데에 있었다.[86]

그러나 임시정부가 특별정치위원회를 가시화하기도 전에 모스크바발 강태풍이 불어닥쳤다. 태풍은 해방정국의 전 시기와 한국 전역을 강타하였고, 후폭풍은 한국의 민족분단을 고착시키는 하나의 원인으로 작용하였다.

모스크바 삼상회의 결정, 반탁노선을 천명하다

8·15해방이 된 지 정확히 4개월이 지난 1945년 12월 16일부터 27일 사이에 소련의 수도 모스크바에서, 미국·영국·소련 3국의 외무(外務) 관계 장관이 만났다. 모스크바 삼상회의(三相會議)라 불리는 이 회의는, 제2차 세계대전이 종결된 후 처리해야 할 국제문제들을 토의하면서 한국의 독립 문제를 의제에 포함시켰고, 「모스크바 삼상회의 의정서 한국 관계 조항」에도 합의했다. 우리가 흔히 「모스크바 삼상회의 결정서」(이하 「삼상회의 결정」으로 줄임)로 부르는 4개 항의 조약이었다. 12월 27일 모스크바 삼상회의가 종결되면서 3국 외상은 조약 문서에 서명하였고, 모스크바 시각으로 12월 28일 오전 6시(워싱턴 시각은 12월 27일 오후 10시, 한국 시각은 12월 28일 낮 12시)에 공동성명의 형식으로 공표하였다. 이 시간들은 이후 전개되는 국내 상황을 올바로 이해하기 위해서 매우 중요하다.

「삼상회의 결정」이 한국민주임시정부 수립과 신탁통치 가운데 어느 쪽에 주안점이 있느냐는 오늘날에도 논쟁거리가 되고 있지만, 양자를 다 포함하는 동 결정서의 문맥은 분명하였다. 미소공동위원회(이하 미소공위로 줄임)를 2주일 이내에 소집하자는 4항을 제외하고, 1·2·3항에서 계속 반복되는 핵심어는 한국민주임시정부였으며, 신탁통치 문제는 3항에 와서야 제기되었다. 4개국이 참여하는 신탁통치의 실시 여부와 시점은, 한국민주임시정부가 수립된 이후 민주임시정부와 협의한 뒤에 제기되며, 미국·영국·중국·소련 4개국의 공동심의에 회부하여서, 최고 5개년의 신탁통치안을 미소공위가 제안한

다고 명시되어 있다. 즉 신탁통치안이 제기되는 시점은 한국민주임시
정부가 수립된 이후였고, 지금 서술한 몇 가지 단서가 전제되었다.

한국민주임시정부와 한국민의 단합력으로 신탁통치를 거부할
여지가 충분히 있었으며, 설사 신탁통치가 실시된다 하더라도 기한
을 최대한 단축시킬 수 있었으므로, 한국에서 신탁통치안을 철회시
키려 한다면 민주임시정부를 수립함이 선결 과제이자 급선무였다.
「삼상회의 결정」의 내용에 선행하여 더욱 중요한 점은, 「삼상회의 결
정」은 38도선으로 민족이 분단된 상황에서 국제 냉전이 아직 본격화
하기 전, 자본주의 국가 미국과 공산주의 국가 소련이 한국문제를 해
결하는 방안으로 합의한 유일한 국제조약이었다는 사실이다.

한마디로 「삼상회의 결정」은 한국문제를 해결하는 유일한 해법
이었다. 만약 「삼상회의 결정」이 파기된다면 한국문제는 원점으로 돌
아가게 되며, 이러한 국내외의 정세에서 미국과 소련이 한국문제에
합의안을 다시 도출함은 불가능한 여건이었다. 그러할 경우 민족분
단이 고착되리라는 예견은, 국내외 정세를 냉정하게 판단하는 시각
이라면 어렵지 않게 예상할 수 있는 상식이었다.

모스크바에서 3국 외상들이 한국문제에 합의를 이끌어 낼 무
렵, 국내에서는 한국민주당의 '대변지'·'기관지'로 불리던 《동아일보》
를 중심으로 반소(反蘇) 감정을 자극하는 거짓 왜곡 보도가 연일 계
속되었다. 이를테면 《동아일보》 12월 24일 자 기사는 미국 뉴욕의
《뉴스위크》를 근거로, 소련이 불원간(不遠間) 북조선 해안의 원산·청
진 두 부동항(不凍港)에 특별권리를 요구하리라고 예상된다는 기사를
내보냈다.[87] 또 25일에도 풍설(風說)이라고 전제하면서, "소련이대일(對

日)참전의대상(代償)으로 조선과만주,내몽고(內蒙古)를가질것", "미점령군이철퇴(撤退)하게된다면소련은남부조선까지도주저없이점령할것은틀임없다"[88]고 허위 보도를 이어 갔다.

왜곡 보도의 절정은 《동아일보》 12월 27일 자 1면 톱으로 보도된 기사였다. 출처도 제대로 밝히지 않은 이 보도는, 제목부터 사실과 전혀 반대의 내용으로 작성되었다. 머리기사의 큰 제목은 「외상회의(外相會議)에 논의된 조선독립문제」였고, 여기에 '소련은 신탁통치 주장 소련의 구실은 삼팔선 분할 점령 — 미국(米國)은 즉시 독립 주장'이라는 부제를 달아 다음과 같이 보도하였다.[89]

즉(卽)『반즈』미국무장관은출발당시에소련의신탁통치안(案)에반대하야즉시독립(卽時獨立)을주장하도록훈령(訓令)을바닷다고하는데 3국간에 어떠한협정이 잇섯는지 업섯는지는불명(不明)하나, 미국의태도는『카이로』선언에의(依)하야조선(朝鮮)은국민투표로써그정부(政府)의형태를결정할것을약속(約束)한점에잇는데소련은남북양(兩)지역을일괄한 일국(一國)신탁통치를주장하야 38도선에의(依)한분단이계속되는한(限) 국민투표는불가능하다고하고잇다

자국의 운명을 좌우할 국제회담이 아직 진행되고 있는 동안, 최종 결과문인 「모스크바 의정서」가 조인·공포되기도 전에, 남한에서는 12월 27일 자《동아일보》의 보도 내용이 「삼상회의 결정」으로 이미 확정되어 버렸다. 「삼상회의 결정」의 원안(原案)이 미군정 사령관 하지에게 전달된 때는 12월 29일 오후였다. 지금까지 학계에서는 12월 30일이

되어서야 국내 언론에 「삼상회의 결정」의 전문이 보도되었다고 인식하였다.[90]

그러나 이보다 하루 앞선 12월 29일 자 《동아일보》는 2면 3단에 「외상회의 협정 전문」이란 기사로 「모스크바 협정문」의 7개 항의 요점을 보도하였다. 더욱 놀랍고 중요한 사실은, 같은 신문 같은 날짜의 1면 5단에서 「위원회 설치내용」이란 제목의 기사로 「삼상회의 결정」을 거의 정확하게 보도하였다는 데 있었다. 그러나 이 기사는 주목을 받지 못하였고,[91] 기사 옆에는 이승만·김구·안재홍 등 우익 인사들의 반탁 결의가 나열되었다.

「삼상회의 결정」을 왜곡 보도한 기사가 나간 12월 27일부터 신탁통치 문제를 바라보는 각계의 반응이 나오기 시작하였고, 이는 28일 자 신문에 크게 보도되었다. 백남운(白南雲)이 "외상회의종료(終了)후에 정식으로발표가 잇기전(前)에는 아직무어라고 판단하기어렵다"라고 말한 데에서 보듯이, 좌익 세력은 대체로 단언을 유보하였다. 반면 이날 《동아일보》의 사설 제목이 「민족적 모독 — 신탁 운운에 대하야 소련에 경고」인 데에서 보듯이, 우익 인사들의 담화는 비장하고 단호했다. 《동아일보》는 1면 1단에 임시정부 외무부장 조소앙의 담화를 가장 길게 실었는데, 조소앙은 외무부장답게 신중하게 답하였다. 그는 "임시정부로서는 주장자(主張者)의여하(如何)를 불구하고 기정(旣定)한바에의(依)하야 의연히 투쟁하여 나가겟다"라고 원론을 말하면서, 소련이 신탁통치를 주장했다 함은 '의아(疑訝)'·'의외지사(意外之事)'이며 '허보(虛報)'·'풍설(風說)'이기를 바란다고 강조하였다.[92]

그러나 조소앙의 태도는 하루 뒤인 28일에 크게 바뀌었다. 이날 임시정부 요인들의 하루는 무척 긴장되고 바빴다. 오후 4시 30분경 임시정부는 긴급국무회의를 소집하였다. 주석 김구 이하 전 국무위원이 참석한 이날 회의에서는 신탁통치를 반대하는 4개 항의 긴급조처안(緊急措處案)을 결의하였다. 결의안의 첫 번째는 "전국민(全國民)으로하여금신탁제(信託制)에 대(對)하야 철저히반대하고 불합작(不合作)운동을단행할 것"으로 시작하여, 서울에 있는 각 정치단체와 신문기자들을 소집하여 임시정부의 태도를 표명하고(2항), 4개국에 급전(急電)을 발송하며(3항), 군정 당국에도 태도를 표명한다(4항)는 내용으로 구성되었다. 이 결의에 따라 임시정부는 조소앙이 작성하여 주석 김구와 연명한 전문(電文)을 12월 28일 자로 4개국에 발송하였다. 신탁통치제를 반대하는 4개 항의 이유를 거론한 이 전문은 "탁치제에반대하는철저한 불합작을 미리성명(聲明)"하였다.[93]

이렇게 신탁통치반대운동과 함께 등장하는 임시정부발(發) '불합작운동'은, '불합작'의 대상과 내용이 불확실한 채 '국민운동'으로 제기되었다. 이 무렵 통일전선운동이라는 말이 많이 쓰였고, '합작운동'이란 아직 일반화하기 전이었는데, '연대'와 '통합'을 뜻하는 '합작'보다 반대 개념인 '불합작'이 먼저 구호로 등장한 현실이야말로 해방정국의 암울한 미래를 예고하였다. 구호를 선도한 정치세력은 바로 충칭임시정부였다.

임시정부는 국무회의의 결의 사항대로, 12월 28일 당일 밤 8시 30분경 각 정당·종교단체·신문사의 대표들을 긴급하게 초청·소집하여 비상대책회의를 열었다. 국무위원 전원을 포함하여 70여 명의 인사가 참석한 이 회의는 "임시정부국무위원회지시하(下)에 일대(一

大)민족적불합작운동을 전개"하기로 결의하였다. 회의 벽두에 김구는 "지금부터 새 출발로서독립운동을 전개하지 안흐면 아니되게되엇다"고 말하면서, 이것이 "우리정부의 결정적 의사"임을 '발표'하였다. 조소앙도 매우 흥분된 어조로 "탁치5년이 사실이라면 최후의일각(一刻)까지계속하야 투쟁"하자고 다짐하면서, "탁치는1일이라도 타민족의영토가되는것이다 한국이국제적영토(領土)가되고 독립국가에서거리가 머러지는것은 단연(斷然)용인치못할바다"라고 선언하였다. 이 회의는 '신탁통치반대국민총동원위원회(信託統治反對國民總動員委員會, 이하 총동원위원회)'를 결성한 뒤, 28일 자로 성명서와 7개 항을 결의한 데 이어, 29일부터 '대시위운동'을 전개하기로 결정하고 29일 새벽녘에야 산회하였다. 이날 총동원위원회는 지도부까지 구성하지는 못하였지만, 김구·조소앙 등 임시정부 요인 9인을 장정위원(章程委員)으로 선출하였다.[94]

　　12월 28일 총동원위원회가 발표한 성명서에서는 대한민국 기년(紀年)을 사용하여, "우리는 피로써 건립한 독립국과 정부가 이미 존재하얏음을 다시 선언한다"고 공언하였다. '피'라는 말은 이 시기 언론에도 수없이 등장하면서 반탁의 의지를 다지는 결의어가 되었다. 결의문 4항에서는 "탁치반대국민총동원위원회는 국무위원회의지도(指導)를수(受)할것"이라 하여,[95] 충칭임시정부를 '정부'로 선언하고 새로이 독립운동을 하자고 선언하였다. 임시정부는 미군정 당국과 정면충돌하는 방향으로 민중들을 이끌었고, 조소앙은 선두에 서 있었다.

　　8·15 이후 서울 거리에 범람하던 정치 전단(삐라)과 포스터는 한동안 잠잠하였다가, 총동원위원회가 결성되기 바로 직전인 28일 밤

부터 대문·판자·진열장마다, "신탁통치 절대반대", "군정청 관리는
다 그만두어라", "죽어도 반대한다" 등 격렬한 문구가 쓰인 전단이 수
없이 나붙었다. 여기저기 군중이 모여든 곳에서는 가두연설도 기세
를 올렸고, '신탁 절대 반대'를 부르짖는 무명의 연사들은 모두 미군
헌병에게 검거되었다.[96] 총동원위원회가 대규모 시위를 아직 주도하
기 전인 28일부터 시위가 산발하기 시작하여, 29일 들어 반탁운동
이 고조되었다. 이날 상가가 철시(撤市)하고 극장과 요리점이 휴업하였
으며, 미군정청의 조선인 직원들조차 총사직을 결의하면서 "독립운동
에 합류"하겠다는 성명서를 발표하였고, 대규모 가두시위도 발생하였
다.[97] 곳곳에서 미군 헌병과 시위대가 충돌하였고, 검거되는 시위자
의 수는 점차 늘어났다.

　　12월 28일에 이어 29일에도 임시정부 국무위원 전원이 참석한
각 정당 사회단체 대표자회의가 열려, 신탁관리 절대반대운동과 총
동원위원회를 결성하는 문제를 논의하였다. 회의 초입에 조소앙은 하
지 중장과 교섭한 전말을 보고하면서, 군정청에 '통고'한 내용을 언급
하였다. 그는 자신에게 신탁통치제를 설명하면서 반탁 시위의 자제를
설득하는 하지 중장을 향하여, "나는 즉시독립을 요구하는 것은 삼
천만의 공동한 열원(熱願)으로 신탁통치라는 것이 내용여하를 불구하
고 독립이 안인것을아는민중이 분노하고 그 반대표시로 엇던 시위운
동이 일어나는 것은 엇지할수 업는 일이라고 대답하얏다"고 보고하
였다.[98] 언론에 보도된 바로 미루어 짐작하더라도, 하지 앞에서 조소
앙의 태도는 마치 하달하듯이 당당하였으며, 이를 보고하는 회의 석
상에서도 자신감이 넘쳤다.

29일의 회의 분위기는 마치 승기를 탄 듯 고조되어, "우리 임시정부에 즉시 주권행사를 간망(懇望)할 것"을 건의하였다.[99] 회의에서는 조소앙 등 장정위원이 작성하여 국무위원회에서 결정된 13개 조의 총동원위원회 조직조례(組織條例)를 발표하였는데, 제1조가 "신탁통치를반대하기위(爲)하야 국무위원회의 지도하에 신탁통치반대국민총동원위원회를치(置)함"[100]이었다. 이로써 임시정부는 총동원위원회가 국무위원회의 지도 아래 있음도 명문화하였다.

총동원위원회의 이러한 지휘 체계가 오히려 통일전선에 '암영(暗影)을 줄 염려'를 묻는 기자의 질문에, 조소앙은 "무슨 입법행정(立法行政)을 의결하는 국내 정치적성격을 가진것이 아니라 대외적으로 우리민족의 통합된의사(意思)를 표시(表示)반대하는 민족운동인이상 누가지도(指導)를 하든지 그것이 문제될것이라고는 생각지 안는다."라고 잘라 말하였다. 그는 대내와 대외를 구분하고, 정치와 민족운동을 구별하면서, 임시정부가 총동원위원회를 '대내 정치'가 아닌 '대외 민족운동'의 차원에서 지휘하겠다고 분명하게 밝혔다. 임시정부의 요인들이 총동원위원회의 임원진을 맡는 등 표면에 나서지 않은 이유이기도 하였다. 30일에는 총동원위원회 장정위원이 위원장 권동진(權東鎭, 병환 중), 부위원장 안재홍(국민당)·김준연(金俊淵, 한국민주당)을 비롯하여 중앙위원 76명을 선임함으로써,[101] 총동원위원회는 조직 체계를 갖추고 임시정부의 지도 아래 반탁운동을 주도하였다.

반탁운동은 충칭임시정부가 입국한 후 대중운동에 처음 직접 간여(干與)한 안건으로, 임시정부 요인이 스스로 선두에 나서지 않는 형식으로 이를 주관하였다.[102] 그러나 12월 28일 성명서에서 보듯이, 반탁운동은 출발부터 임시정부 추대 운동의 성격을 띠고 있었다. 12월 30일 발표된 「전 국민의 행동강령」에서는 "4. 대한임시정부를 절대로 사수하자", "8. 외국군정의 철폐를 주장하자", "9. 탁치정권을 불합작으로 격퇴하자"는 구호까지 등장하였다.[103] 총동원위원회는 「삼상회의 결정」을 전면 부정하고, 이에 의거해 수립되는 정부를 '탁치정권'으로 규정하여 배격하였다.

반탁운동이 격화하기 시작하자, 12월 29일 정오 미군정 사령관 하지 중장은 군정청으로 인민당·공산당·한국민주당·국민당·신한민족당(新韓民族黨) 등 각 정당의 영수를 초청하였다. 그는 미국정부에서 접수한 공전(公電)을 언급하면서, 탁치제는 주권의 침해가 아니라는 점을 설득하였다.[104] 12월 30일 국내 일간지에 「삼상회의 결정」의 전문(全文)이 보도되었는데, 총동원위원회는 12월 31일 서울 시내에서 대규모 반탁 시위를 예고하였다. 총동원위원회가 시위를 예고·시작한 12월 31일 오후 2시 정각에, 하지 중장은 반도호텔로 각 신문·통신사 주간을 초청하였다. 그는 언론인들을 향하여 탁치문제를 언급하면서, 민중이 과격한 행동으로 나가지 않도록 지도하지 않으면 독립에 지장이 됨을 설득하였다.

여(予)는신탁통치문제를 설명하야 오해가 없기위(爲)하야 귀하들을 여기에초청한것이다 미국무성으로부터 온전보(電報)에의(依)하면 (……) 아프로수립(樹立)될 조선정부와미소공동위원회간(間)에서 정식으로탁치의가부(可否)가 결정될것이다 (……) 근일(近日)비협력파업등(等)을하고잇는것은 (……) 타국에엇더한 영향을줄가 근심하는것

이다 (……) 신탁이란 정부가수립된연후(然後)에 가부가결정된다는절
차(節次)를 알아야한다 (……) 국내가소란하고폭동과 파업이부절(不
絕)한다면 매우 유감스러운일이될것이다 (……) 막부(莫府, 모스크바를
가리킴 — 인용자)안(案)은 기성(旣成)의계제(階梯)이다 이것을 파괴하면
언제또독립의사다리를차질것인가[105]

마지막 문장에서 하지 사령관의 반문은, 진정 민족의 장래를 생
각하는 한국민이라면 귀담아들어야 할 사실이자 진실이었다. 그러
나 서울 도심지를 가득 메운 반탁 구호는, 제3국민인 그의 간절한 하
소연을 메아리조차 없이 묻어 버렸다. 이날 오전 조소앙은 하지 중
장을 다시 방문하여, 당일 오후에 전개될 시위 운동에 헌병(military
police)이 무장 간섭을 말라, 체포당한 자를 즉시 석방하라, 탁치문제
를 급속히 해결하라는 3개 조를 '통고(通告)'하였다.[106]

8·15해방을 맞은 1945년 마지막 날인 12월 31일, 총동원위원회
는 예정대로 오후 2시부터 종로 네거리에서 대규모 시위를 시작하였
다. 29일부터 시작된 반탁 시위의 절정이었다. 시위 행렬이 종로에서
출발하여 군정청 앞을 지나 죽첨정 임시정부 숙사 앞에 다다르자 조
소앙은 안미생(安美生)[107]과 함께 한 시민으로서 행렬 속에 뛰어들어
진두(陳頭)에서 '자주독립 만세'를 외쳤다. 시위대는 오후 4시 30분경
서울운동장에 이르렀고, 개회사·선언문·결의문·선서문이 낭독된
뒤 조소앙이 끝으로 단상에 올랐다. 그는 오늘 시위의 성공을 하례하
고 끝까지 싸우자고 군중들에게 격려의 연설을 행하였고, 만세 삼창
으로 이날 시위는 산회하였다. 오후 5시 30분경이었다.[108]

서울 시내의 1945년은 이렇게 저물었고, 해방을 맞은 해의 송구영신은 반탁의 열기가 대신하고 있었다. 이날 채택된 선언문은 "3천만 전민족의 최후의 피 한방울까지라도 흘려서 싸우는 항쟁개시를 선언"하였고, 선서문은 "대한민국임시정부를 진정한 우리 정부로써 절대지지하는 동시에 그 지도하에 그 국민된 응분의 충성을 다할 것을 맹서"하였다. 또 결의문은 "대한민국임시정부를 우리의 정부로서 세계에 선포하는 동시에 세계각국은 우리 정부를 정식으로 승인함을 요구"하면서, "미소 양군의 즉시철퇴 요구를 연합군에 통고"하였다. 반탁운동이 첫 번째로 설정한 '불합작'의 대상은 미소 군정이었다.

해가 바뀌어 1946년 1월 1일 조소앙은 정례 기자회견에서, 「삼상회의 결정」을 "결정적인것은아니다한번결정되엿다하드라도한초안(草案)에지나지안는것"으로 "다음 오상회의(五相會議)에서 고칠수잇는 것"이라는 인식을 보였다. 그는 반탁운동의 일환으로 총파업과 철시에 관한 의견을 묻는 기자의 질문에는, "우리에게 외교권이잇다면외교노선을 밟을것이나 그러치못하니까 우리민족의 반대의사를 행동표시하는것이다"[109]라고 답하였다.

새해 첫날 조소앙의 기자회견은, 이 날짜로 보도된 번스(James F. Byrnes) 미 국무장관의 발언에 반응한 임시정부의 견해였다. 당시 신문은 '워싱턴 1일 UP발 조선통신'에 의거하여, 번스가 "조선사람에게 대하야 미소공동위원회는 동국(同國, 조선을 가리킴 — 인용자)의 신탁관리를 불필요하게하는 가능성을 발견할지도 모르겟다는 희망을표시하엿다"고 보도하였다.[110] 조소앙은 이러한 번스의 발언에는, 아직 한국민의 반탁운동이 반영되지 않았다고 지적하였다. 이를 보도한 신문들도 번스의 발언을 조소앙의 기자회견 기사의 뒤에 배치하였다.

조소앙은 「삼상회의 결정」이 초안이므로 수정될 수 있다는 주관에서, 반탁운동으로써 한민족의 반탁의 의사를 반영하여 「삼상회의 결정」을 폐기·수정하자고 주장하였다. 임시정부가 반탁운동을 주도한 의도가 드러나는 발언이었다. 현재 한민족에게 외교권이 존재하지 않는다는 그의 인식은, 임시정부가 과도정권이 되어야 한다는 당위성과 맞닿아 있었다. 반탁운동의 근본 목적이었다.

「삼상회의 결정」에 따르면, 임시정부의 존재와 법통 자체가 인정될 수 없고, 임시정부는 미소공위의 협의 단체 중 하나에 불과하였다. 임시정부가 「삼상회의 결정」 자체를 애초 인정할 수 없는 근본 이유였다. 이는 「삼상회의 결정」이 폐기되고 한국문제가 UN으로 이관될 때까지 임시정부의 일관된 노선이었다. 임시정부는 반탁운동으로써 「삼상회의 결정」 자체를 폐기하고, 임시정부를 과도정부로 인정받으려 시도하였다. 이러한 임시정부의 반탁노선은 「삼상회의 결정」 자체를 한국문제 해결의 해법으로 애초 인정하지 않고 폐기시키려 하였으므로, 「삼상회의 결정」을 인정한 상태에서 신탁문제를 해결하자는 '반탁론'과는 구별되었다.

임시정부의 반탁노선의 근거는, 「삼상회의 결정」이 수정될 수 있다는 주관의 희망에서 출발하였다. 조소앙은 "외국의 동정을 엇자고 하는" 반탁운동이 "외국의 동정을 상실하게되면 안될것으로 외국과의 우호관계가 최저한(最低限)으로 보장되여가며 전개되여야할것"을 강조하였지만, 반탁노선은 곧바로 미군정과 정면충돌하였다.

1945년 12월 말에 일어난 제1차 반탁운동은, 임시정부를 '우리의 정부'로 선언·추대하는 선언에 그치지 않았다. 임시정부는 반탁운동을 더욱 고조시켜 미군정의 권력까지 접수하여 스스로 과도정부가 되려 하였다. 반탁운동이 정점에 달하던 12월 31일, 임시정부는 한국어로 작성한 「포고문 국자(國字) 제1호」와 「포고문 국자 제2호」를 내무부장 신익희의 이름으로 공포하여 '정부'를 자처하였다.[111] 「국자 포고」는 미군정을 접수하겠다는 '주권선언'으로,[112] 미군정에 정면 도전하는 행동이었다. 이 포고는 미군정청 내의 한국인들에게 파업을 명령했고, 모든 시가(市街)의 철시를 단행하라고 지시했다. 실지 이 명령은 엄청난 위력을 발휘하여 미군정청의 업무가 마비될 정도였고, 저잣거리의 시장과 가게 대부분은 문을 닫았다.

미군정은 1945년 12월 31일의 총파업 지시와 반탁운동으로 미군정까지 접수하려는 기도를 '미군정을 향한 쿠데타'로 규정하였다. 해가 바뀌어 1946년 1월 1일, 하지는 김구를 호출하여 강력하게 경고하며 반탁 파업을 중지하라고 요구하였다. 하지는 김구에게 "죽여버리겠다"고 위협하였으며, 김구는 모욕감으로 "자살하겠다"고 항의하였다. 미군정은 이날 김구가 하지에게 자살 소동을 벌였다고 판단했다.[113] 일부 언론은 하지 중장이 오후 3시 김구를 초청하여 요담을 나누었다고 간략히 보도하였지만,[114] 기사화되지 못한 이면의 실상은 이렇게 매우 험악하였다.

김구는 강력하게 저항하였으나 굴복할 수밖에 없었다. 미군정에 대항할 수 없는 현실에서, 1월 1일 밤 김구는 선전부장 엄항섭(嚴恒燮)이 대리한 방송을 통하여 반탁 시위가 "결코 연합국의 군정을 반대"하는 데 있지 않음을 공표하였다. 또한 군정청 직원을 비롯해, 모든 동포가 파업을 중지·복업(復業)하고, '평화적 수단'을 사용하여 자제하면서 반탁운동을 전개하라고 당부하였다.[115]

불합작의 복국운동, 임정법통론을 고수하다

반탁운동의 기세에 고무된 임시정부는, 미군정을 향하여 '정부'임을 선포하는 데에 그치지 않고, 실지 모든 정치세력 안에서 '정부'를 자임하고 법통을 고집하였다. 1945년 12월 31일 인민공화국 측 대표와 임시정부 국무위원 대표들이 만나 협의한 결과, 민족통일을 위하여 통일위원회를 설치하기로 합의하였다. 임시정부 대표는 1946년 1월 1일 국무위원회에 이 안을 제출하기로 약속했다. 인민공화국 측은 이 제안을 1월 1일 자로 공문화(公文化)하여, 오전 9시에 협의에 참여했던 국무위원 최동오(崔東旿)에게 수교(手交)하였고 접수하였다는 서명까지 받았다.116 그러나 1월 1일 임시정부는 인민공화국을 무시·모멸하는 처사로 합작을 거부하였다. 임시정부의 태도에 분노한 인민공화국 측이 양자 간 교섭의 경위를 언론에 공개함으로써 전말이 드러났고, 자신들이 제의한 통일정부수립 방안을 임시정부 측이 거부하였다고 비난하였다.[117]

인민공화국 측이 보낸 공문은 임시정부와 인민공화국을 '양정부(兩政府)'로 지칭하였고, "양정부의 통일이 민족통일의 유일 최선의 방법"임을 지적하면서 '동시해체'를 주장하였다. 임시정부는 이 공문을 같은 날 오후 6시에 반환하였는데, 뜯어보고 봉환(封還)하였다. 이유는 "서식상(書式上) 접수(接受)하기 난(難)하다는 데 있었다.

인민공화국은 공문 발송의 주체를 '조선인민공화국 중앙인민위원회'로, 수신자를 '대한민국임시정부 국무위원'으로 기명(記名)하였는데, 임시정부는 반환 통보의 발신자를 '대한민국임시정부 비서처'로, 수신자를 인민공화국의 중앙인민위원으로 협의에 참여했던 '홍남표(洪南杓) 귀하'라고 적었다. 임시정부의 통보는 인민공화국을 '귀방(貴方)'이라 지칭하면서, 발신자를 국무위원회가 아니라 '비서처'로 낮추었고, 수신자도 '홍남표' 개인으로 설정하여 인민공화국의 실체 자체를 인정하지 않았다. 이를 보면, '서식상'의 이유는 바로 인민공화국이 임시정부와 대등한 처지에서 '정부'를 참칭(僭稱)한 사실을 가리켰으며, 결과에서는 국무위원 3명이 인민공화국 측과 협의한 내용 자체를 무효화시켜 버렸다. '서식상'이라는 구실은, 인민공화국이 정부를 자처하는 한 '불합작'하겠다는 선언이었다. 이로써 임시정부의 '불합작' 대상은 미군정에 이어 인민공화국 세력으로 확장되었고, 국내 통일전선의 한 축인 인민공화국을 정적으로 돌려세움으로써 미군정에 맞설 동력도 상실하였다.

인민공화국은 1월 2일의 담화에서 "그들(임시정부를 가리킴 — 인용자)에게는 조선의 완전독립보다는 대한민국임시정부라는 간판이 소중한 것이며 조선민족의 통일보다는 그들의 소위 법통과 체면에 미련이 있는 것이다."라고 강하게 성토하였다. 나아가 민족분열을 획책하고 '파쇼화(化)'하는 임시정부을 배제하고 민족통일을 꾀하겠다고 선언하였다. 그리고 이날 1월 2일 조선공산당은 「삼상회의 결정」을 지지하는 성명을 처음 발표한 뒤, 「삼상회의 결정」을 '총제적(절대적) 지지'하는 태도로 전환하였다. 이제 인민공화국은 정치노선에서도 반탁노선을 취하는 임시정부와 평행선에 서게 되어 양자의 접점은 사라졌고, 좌우대립의 격화는 더욱 피할 수 없게 되었다. 유럽에서 국제냉전이 본격화하기 전, 한국 내에서 좌익과 우익의 냉전이 벌써 시작되고 있었다.

1월 3일 임시정부 측에서 협동론자인 김원봉·김성숙 등이 인민공화국 측과 다시 협상을 시도하고 나섰다.[118] 같은 날 인민공화국 중앙인민위원회도 임시정부에게 민족통일전선을 다시 촉구하는 담화를 발표하였으나, 임시정부의 '무성의'와 '팟쇼적' 경향을 비판하면서, 이를 시정한다면 포용할 용의가 있다는 내용이었으므로[119] 결별선언이나 마찬가지였다. 임시정부가 주도하여 좌익 계열을 포괄하는 민족통일전선을 결성하겠다는 구도는 이렇게 결렬되었다. 임시정부가 '유일 정부'임을 자처하는 임시정부 법통론은, '서식상'으로도 인민공화국의 존재 자체를 인정할 수 없었다. "나는 넷으로가지고십흐며 상대방에는 여섯을가지라고 하고십다"는 조소앙의 명언(明言)은, 임시정부의 법통 앞에서 허언으로 끝나고 말았다.

1월 1일 새해 벽두에 세 시간가량의 간격을 두고 임시정부와 미군정, 임시정부와 인민공화국 사이에 벌어진 일들은 해방정국을 압축해서 보여 주는 민낯이었다. 하지와 김구의 회동에 세간의 관심도 컸기 때문인지, 조소앙은 1월 12일 기자회견에서 이 회동을 "그(하지를 가리킴 ― 인용자)로부터 통일에관(關)한우의적(友誼的)격려를바든것외(外)에는업다"고 해명하였다.[120]

그러나 임시정부에게 새해 첫날은 '우의적 격려'와는 전혀 동떨어진, 미군정이 남한의 유일정부임을 새삼 확인시키는 굴욕으로 출발하였다. 미군정에 임시정부 법통론은 결코 관철될 수 없으며, 임시정부의 희망이 미국·소련 두 강대국의 제약성을 넘을 수 없음을 여실히 증명하였다. 미군정에게 실체를 부정당한 임시정부는, 마치 굴욕감을 인민공화국에 되돌려 주듯이 인민공화국의 실체를 부정하였고, 이러한 태도는 이후에도 일관하였다. 1월 1일은 임시정부 법통론이 개재하는 한 좌익과 우익 사이의 민족통일전선의 결성은 출발 자체가 불가능하다는 사실을 새삼 확인·예고하였다.

그런데도 조소앙은 1월 3일 기자단과 회견하면서 희망에 가득 찬 정국 인식을 드러내었다. 그는 인민공화국 측이 임시정부를 비난한 성명과 관련한 질문에, '인민공화국'·'인민위원회'라는 용어를 사용하지 않고, '임시정부'를 주어로 삼아 협의 상대를 '좌측(左側) 혁명세력'·'좌측 요인'이라고 표현하였다. 그는 '정부의 대표'로 김원봉·김성숙이 "저편으로 가서 논의중이니까 속(速)한기한내(期限內)에 조흔결과가 올것으로밋는다"고 낙관하면서도, 협의 상대를 '인민공화국'이라고 지칭하지 않음으로써[121] 사실상 협의 상대로 인정하지 않는 고압스러운 태도를 보였다. 조소앙에게도 임시정부의 '합작' 상대는 임시정부의 법통을 인정하는 좌익 세력이었을 뿐이다. 김구·조소앙이 임시정부 법통론을 내려놓고 남북협상에 참여할 때까지, 이러한 노선과 자세는 변하지 않았다.

김구는 1월 1일의 방송을 통하여 반탁운동이 파업·철시 등의 방향으로 나아감을 누그려뜨렸지만, 반탁운동을 철회하지도, 과도정부가 되려는 목표를 포기하지도 않았다. 본래 임시정부를 지지하지 않았던 미군정은, 1월 1일 이후 김구와 임시정부 계열의 인물들에게 극도의 혐오감을 갖기 시작함으로써 임시정부와 미군정 사이의 거리는 더욱 멀어졌다. 그러나 임시정부는 반탁운동의 기세와 추이를 확인하면서, 1월 1일의 굴욕감에 반비례하는 승리감에 고무되어 정국을 주도할 자신감을 잃지 않았다. 인민공화국 측의 통일전선 제안을 군림하는 듯한 자세로 거부한 이유이기도 하였다.

김구·조소앙을 비롯한 한국독립당계 임시정부 요인들은 방법의 전환을 통하여 반탁운동을 지속하면서, 정국의 주도권을 장악할 방안으로 비상정치회의를 소집하겠다는 구상을 내놓았다. 1946년 1월 4일 오후 3시 임시정부는 주석 김구의 명의로 통일정권수립과 관련한 성명을 발표하여,[122] 임시정부가 과도정부로서 건국운동을 주도하겠다는 의지를 내외에 강하게 천명하였다. 이어 1월 8일, 1941년(대한민국 23년) 11월 28일 제정·공포한 「대한민국건국강령」(이하 「건국강령」으로 줄임)을 다시 공표하여 전단으로 살포하였다.[123] 「건국강령」에 의거해 건국이념과 건국운동을 주도하겠다는 뜻이었다.

임시정부가 「건국강령」을 다시 공포한 이유는, 「당면정책」을 실행하는 근거, 더 정확히 말하면 임시정부가 과도정권 수립을 주도해야 하는 근거가 「건국강령」까지 소급되기 때문이었다. 1월 4일 성명은 「건국강령」과 이에 기반한 「당면정책」에 근거하였으므로, 조소앙의 정치노선이 반영되어 있었다. 이후 조소앙이 남북협상에 참여하기 전까지의 정치 행적은 이 범주에서 벗어나지 않았으므로, 그의 정치노선을 파악하기 위해서 1월 4일 자 성명의 요점을 이해할 필요가 있다.

성명의 첫 번째 주장은 "비상정치회의를 즉시 소집하자는 것"으로, 이는 임시정부가 1945년 9월 3일 발표한 「당면정책」 제6항을 실행하는 방법이라고 설명하였다. 비상정치회의를 소집하는 목적은 국내의 과도정권을 수립하는 데 있었고, 방법은 각계(혁명당파·종교집단·지방대표 등)의 민주 영수회의를 소집함으로써 이루어진다. 과도정권을 수립하는 원칙은 '남의 손' 즉 「삼상회의 결정」에 기대하지 말고, "우리의 손으로 신속히 강고한 과도정권을 수립"해야 한다. 여기서 보듯이, 김구의 성명은 「삼상회의 결정」을 애초 한국문제 해법으로 인정하지 않았다. 임시정부 세력에게 한국문제의 해법은 임시정부 법통에서 출발하므로, 이것이 전제되지 않은 해결책은 인정될 수 없었다.

성명의 두 번째 주장은 "임시정부를 확대(擴大)강화하자는 것"으로, 이 또한 「당면정책」 제6항과 9항에 근거를 두었다. 성명은 비상정치회의에서 과도정권을 수립하기 전에 "우리 민족의 대표기관 즉 우리 민족의 손으로 만들어 놓은 정권"이 있어야만 한다고 역설하였다. 이는 임시정부가 '과도정권이 수립되기 전까지의 과도정권'이 되겠다는 의미였다. 다만 각계 영수를 망라하여 임시정부를 확대강화하겠다는 전제를 붙였는데, 좌익을 비롯한 혁명 세력을 임시정부 안으로 포용하겠다는 뜻이었다. 이렇게 비상정치회의에서 과도정권을 수립하면, 임시정부는 그때 해체하겠다고 밝혔다. 즉 인민공화국을 상대로 한 협의는 애초 설정되지 않았다.

셋째 제안은 "국민대표대회를 수립하자는 것"으로, 비상정치회의에서 과도정권을 세우면, 과도정권은 국민대표대회를 소집하여서 "독립국가·민주정부·균등사회를 원칙으로 한 신헌장(新憲章)에 의하여 정식정권을 조직"하자고 주장하였다. 이는 전 국민의 대표성을 갖춤으로써 '임시'라는 외형을 떼려는 의도였지만, 임시정부가 주축이 된 과도정권이 임시정부의 건국이념인 삼균주의·「건국강령」에 의거한 '신헌장'으로 정식정부를 구성하겠다는 의지의 표현이었다.

김구의 성명은 임시정부의 법통을 토대로 과도정권을 구성하고, 이로써 정식정부을 결성하려 하였다는 데에서, 충칭임시정부 → 과도정권 → 정식정권으로 이어지는 구도를 담은 「당면정책」과 그대로 일치하였다. 비상정치회의를 소집하자는 성명 자체가 임시정부 중심의 정국 구도를 내외에 일방으로 선포하는 형식이었다.

그러나 김구가 성명을 발표하는 1월 4일, 조선인민공화국 중앙인민위원회는 자신들이 1월 2일 4개국에게 「삼상회의 결정」을 지지하는 결정서를 발송한 이유를 천명하면서, 「삼상회의 결정」 지지를 다시 공식화하였다.[124] 김구의 성명과 평행선을 긋는 결정이었고, 임시정부와 인민공화국 양측 사이에 통일전선의 접점은 더 멀어져 가고 있었다.

그런데도 김구가 1월 4일 성명을 발표하여 비상정치회의를 소집한 이유는, 좌익 세력을 포함하는 통일전선 결성의 문제와 맞물려, 머지않아 개최될 미소공위 예비회담에 대처할 필요성과도 연관되어 있었다. 당시 언론에는 「삼상회의 결정」 4항에 의거해, 1월 12일까지 평양에서 미소공위가 열린다는 보도가 잇달았고, 임시정부도 이에 대응하는 방안을 마련해야 했다. 그러다 1월 9일 오전 10시 하지 중장이, 8일 비행기로 소련 측 대표 일부가 서울에 도착하였다고 발표함에 따라, 미소공위 예비회담이 서울에서 개최된다는 사실이 알려졌다.[125] 그리고 15일이 되어서, 다음 날인 16일 자로 미군정청 제1회 의실에서 제1차 회담이 개최되는 일정과 양측 대표의 명단이 공개되었다.[126]

미소공위 예비회담의 개막이 구체화하자, 조소앙은 1월 13일 기자회견에서 미소공위와 비상정치회의를 결부시켜 국무회의를 통과한 임시정부의 방침을 명확히 천명하였다. 그의 첫마디는 '불합작'이었다.

동(同)정부(임시정부를 가리킴 — 인용자)로서는 불합작방침으로 일관할 것이고 공동위원회에 대한 의사표시의 구체안도 이미 국무회의를 통과 (……)

만일에 미소공동위원회로서조선(朝鮮)신탁통치에대(對)한정치조직이 편성(編成)될째에는 (……) 탁치정부에는 임시정부나 전(全)조선인은 참가아니할것이 당연한사실이며 동시에우리는우리자신(自身)으로 자율적(自律的)인과도정권을 수립하기위하야 비상정치회의를소집할 것이며 이것으로건립(建立)된신정부(新政府)는 1년이내로 국민대회 를소집하야 정식정권을수립할것이다 우리가 외군철퇴(外軍撤退)와 38도선철폐를 실현하기위하야서는 미소양(兩)방면에대하야 기건설 요령(其建設要領)을보이기에 일층노력이 필요하다고 생각한다[127]

조소앙은 김구의 1월 4일 성명을 한마디로 '자율적인 과도정권' 수립의 방안으로, 미소공위에 대응하는 방침을 '불합작'으로 정리하였다. 그는 미소공위와 신탁통치(탁치) 정부 수립을 동일시하였고, 「삼상회의 결정」에서 제시한 민주임시정부는 아예 언급조차 하지 않았다. 나아가 '자율적 과도정권'으로 미소 양군을 철수시키고 38도선을 철폐한다는 목표까지 설정하고, 과도정권이 이를 실현하기 위하여 노력하는 '건설 요령'을 미소 양국에게 증명할 필요가 있다고 주장하였다. 조소앙으로 대표되는 임시정부의 미소공위 대응 방침이 실현 가능한지는 차치하더라도, 이러한 정세 인식과 판단이 아전인수식 희망에서 출발하였음은 분명하다.

김구가 성명을 발표하기 하루 전인 1월 3일, 조소앙은 1월 12일 이내로 평양에서 미소공위가 개최된다는 당시 언론들의 보도에 실로 견강부회한 주견(主見)을 내놓았다. 그는 아무런 근거 없이 "신탁통치의 무거운구름을 거더버리고 명랑(明朗)한것을찾자는 회합이라면"이라는 전제를 달고서, "미소한(美蘇韓)의 3각회의를열고 정치문제만을 해결하는것이아니라 사회 문화등 각방면에걸친 구체적윤곽을토의하야 우리민족(民族)임무를 달성하도록 노력해야할것"이라고 전망하였다.[128] 그는 이때도 미소공위가 협의할 한국의 정부가 '민주임시정부'임을 애써 외면하며 거론하지 않은 채 미국·소련·한국의 '3각회의'를 주장하였다.

미소공위 예비회담이 바로 눈앞에 닥쳐오자, 조소앙과 임시정부는 '불합작'과 '자율적인 과도정권' 수립을 대응 방침으로 제시하였고, 신탁통치를 반대하는 명분으로 제1차·제2차 미소공위를 모두 거부하였다. 임시정부의 불합작 대상은 임시정부 법통론을 인정하지 않는 미군정과 인민공화국에서 더 나아가 미소공위로 확대되었고, 반탁운동의 기세로 이를 표명하였다.

1946년 1월 12일 총동원위원회는 반탁국민대회를 개최하여 대규모 반탁 시위를 또다시 주도하였다. 1월 3일 좌익 계열이 주도하여 서울운동장에서 열린 신탁통치반대 서울시민대회가 갑작스럽게 「삼상회의 결정」을 지지하고 '반탁 반대'를 결의하는 쪽으로 돌변하자, 이에 대응하여 반탁 결의를 다시 다지는 대회였다. 이 자리에는 임시정부 부주석 김규식이 주석 김구를 대리·참석하여 「삼상회의 결정」을 반박하는 연설을 행함으로써 분위기를 고무하였다. 이 대회는 성명서에서 「삼상회의 결정」을 배격하면서 "우리의 요구가 실현될 때까지 경우에따라서는 불합작, 비타협, 비폭력으로 투쟁"하겠다고 결의를 다졌다. 6개 항의 결의문에서는 즉시독립(2항)과 "우리의 유일한 정부인대한민국임시정부의즉시승인(卽時承認)"(3항)을 요구하였다.[129] 이렇게 반탁운동은 '불합작'·'비타협'을 선언하면서 「삼상회의 결정」 자체를 부정하고 임시정부를 과도정부로 추대하였다.

비상국민회의에서 제1차 미소공동위원회 결렬까지

임시정부가 반탁운동의 열기를 이용하여 과도정부로 자임하는 동안, 1946년 1월 16일 예정대로 미소공위 예비회담이 개최되었다. 공교롭게도 이날, 조선공산당·조선인민당·한국민주당·국민당·신한민족당의 5당이 주체가 되고, 임시정부 요인이 옵서버로 참석한 5당회의가 최종 결렬되었다. 임시정부는 더 이상 5당회의에 미련을 두지 않고, 다음 날인 1월 17일 곧바로 비상정치회의를 소집하기로 결정하였다.

1월 17일 임시정부 외무부장 조소앙은 기자회견에서, 임시정부를 줄곧 '정부'라고 자칭하면서 "공산당에대(對)하여는 쏘한번 성의를 가지고 불러볼터이나 응하지안는다면 단결을위하야 독립운동까지 버릴수는업다"고 강경하게 말하였다. 그는 "정부는기정(旣定)방침대로 일로(一路)과도정권수립에 매진할것"을 역설하면서, 좌익 계열을 배제하고서라도 비상정치회의를 강행할 방침을 밝혔다. 또 "한국의탁치(託治)를 자원(自願)하는자가 잇다하여도 그자격자(資格者)는 정부이지 개인이나 단체는될수업다 조선의 독립을 부인하는정부는 조선사람이세울리업다"고 단언하였다. 조소앙은 임시정부가 한국민의 유일한 정부이며, 탁치를 '독립 부인'으로 규정하면서, 인민공화국을 "탁치를 자원"한 '단체'라고 비난하였다. 그는 과도정권이 "각층각계를망라한 민주정권으로서 국제적으로도지지(支持)바들것으로 확신하는바"라고 재삼 강조하였다.[130]

조소앙의 발언들은 미군정을 비롯해 국제관계를 고려치 않고, 임시정부를 '정부'로 지지하는 우익 세력을 우선 결집하겠다는 단호한 의사 표현이었다. 1월 17일 그의 기자회견은 임시정부 법통을 내내 내세우면서, 인민공화국을 비롯한 좌익과의 연합은 사실상 포기하였다.

임시정부는 1월 20일 비상정치회의 주비회(籌備會)를 강행하였다. 조소앙이 1월 17일 기자회견에서 "현하(現下)국내국외정세로보아 더 시일(時日)을 연장시킬수없으며"라고 이유를 밝혔듯이, 무엇이 임시정부를 조급하게 만들었는지는 자명하다. 미소공위가 개막되자, 임시정부는 이에 대응해야만 했다. 임시정부는 주비회에 조선공산당·조선인민당도 초청하였으나, 이들은 예상대로 참석하지 않았다.

조소앙은 18개 단체의 대표들이 회담한 주비회에 옵서버로 참석하였으나, 임시정부를 대표하여 임시정부의 의견을 전달하였다.[131] 5개 항의 임시정부 의견 가운데, 1항은 "비상정치회의는 대한민국의 과도적 최고(最高)입법기관으로서임시의정원(臨時議政院)의직권(職權)을 계승"하며, 2항은 "본회(本會)는 정식국회가 성립될째까지존속함"이었다. 이 두 항만 보더라도 임시정부의 의도가 역력하게 드러난다.

행정부가 없는 입법기관이 존재하지 않는다는 상식에서 볼 때, 비상정치회의가 '과도적 최고입법기관'이라면 임시정부의 국무회의는 '과도정부'가 된다. 즉 1·2항은 정식정부가 수립되기까지 임시정부가 과도정부로서 존속하여 정권을 행사하겠다는 표현이었다. 3항에서 민족반역자·독립운동방해자·친일분자를 제외한 모든 단체에게 비상정치회의가 개방되었다고 제시하였으나, 임시정부가 과도정부로 행사하겠다는 의지는 확고하였다.

1월 21일 비상정치회의 주비회는 독립촉성중앙협의회를 합류시켜 비상국민회의(非常國民會議)로 개칭하고 새롭게 확대·발전하였으나, 이날 임시정부의 국무위원이자 조선민족해방동맹의 대표로 참석한 김성숙이 탈퇴를 선언하였다. 김성숙은 공산당을 위시한 좌익의 민주주의 진영을 제외하고서는 진정한 통일은 불가능하다고 지적하면서, 우익만의 회합·통일은 결국 민족의 분열을 초래하고, 연합국이 탁치를 실시하는 구실을 줄 뿐이라고 비판하였다. 그는 임시정부 법통론을 민족통일전선보다 앞세워 절대시하는 배타성도 경계하였다.[132]

김성숙이 이탈한 뒤 1월 23일 조선민족해방동맹과 조선민족혁명당이 비상국민회의를 탈퇴하면서 임시정부의 국무위원인 김성숙·김원봉·성주식(成周寔)이 이탈하였다.[133] 성주식·김성숙이 조선민족혁명당·조선민족해방동맹의 명의로 발표한 탈퇴 성명은, 임시정부가 '우익 편향화'하였으므로 비상정치회의 주비회도 '우익 일미(一味)의 진영'을 형성하였다고 비판하였다. 나아가 좌익 편향과 우익 편향을 함께 극복하고 명실상부한 민주주의민족통일전선을 결성하기 위해서는, 비상정치회의 주비회와 민족전선 결성 주비회를 통일하여 좌우 양익이 공동으로 준비해야 한다고 주장하였다. 두 사람은 이후 민족전선에 참여하였다. 중앙협의회가 그러하였듯이, 비상국민회의 역시 우익 세력만의 결합체로 끝나 버릴 조짐을 벌써 보이고 있었다.

마침내 2월 1일 비상국민회의 제1차 제1일 회의가 개회하였다. 초청한 인사 201명 가운데 167명이 참석한 이 대회는 당시 한 신문이 표현한 대로 "좌우양익(兩翼)의 계선(界線)이 판연(判然)하게 갈려진 채", 좌익을 돌려내고 우익만이 단결한 양상이었다. 대회의 명분은 미소공위가 개막되는 '긴급한 내외정세'에 대처하기 위하여, "총(總)혁명 세력의 완벽한 규합이 못되엿지만 독립운동과 사회(社會)생활을 중지할 수 업다는 비상대책"이라는 데에서 출발하였다. 이러한 비상국민회의의 성격은 '과도정권수립의 모체(母體)'라는 한마디로 집약되었다.[134]

조소앙은 비상국민회의 개막 대회에 대의원의 자격으로 참석하였다. 첫날 회의에서는 과도정권을 수립하고 기타 긴급한 조처를 취하기 위한 최고정무위원회(最高政務委員會)를 설치하기로 결정한 뒤, 이승만·김구에게 원수(員數)와 인선을 일임하였다. 끝으로 의장에 홍진, 부의장에 최동오를 추대함으로써 첫날 회의를 마치고, 이튿날 2일

차 회의에서 각 위원을 선정함으로써 조직을 마감하였다. 정무위원·외무위원·재정위원 등으로 구성된 각 위원 가운데, 조소앙은 김규식과 함께 책임위원으로 선임되었다.

2월 13일 비상국민회의는 오후 1시 의장·부의장 및 12개 상임위원회(常任委員會)의 책임자를 결정(후생위원장 미정)하였으며, 오후 3시에는 이승만·김구에게 일임하였던 최고정무위원 28명을 전형 발표하였다. 이날 조소앙은 외교위원장으로 선출되었으며, 28명의 최고정무위원 1인으로 지명되었다.[135] 그러나 다음 날인 2월 14일 최고정무위원회는 미군정의 정치공작에 호응한 이승만의 정략에 꾀여, 미군정의 자문기관으로서 남조선국민대표민주의원(南朝鮮國民代表民主議院, 이하 민주의원으로 줄임)으로 발족하였다.

2월 14일 오전 9시 미군정청 제1회의실에서 이승만을 의장, 김구·김규식을 부의장으로 하여 민주의원 결성식이 열렸다. 결성식에는 대표의원 즉 최고정무위원 28명 가운데 23명이 참석하였고, 조소앙을 비롯해 여운형(呂運亨)·함태영(咸台永)·김창숙(金昌淑)·정인보(鄭寅普) 5인은 불참하였다. 이승만·김구·김규식의 명의로 발표된 선언문에서는 "이 땅에 머무른 미군(美軍)총사령관이 한국의 과도정부 수립을 준비하는 노력에 자문자격으로 협조하기를 동의함"이라고 선서하였다. 이 자리에는 미군사령관 하지 중장이 아널드와 러치 소장을 대동하여 참석하였고, 이승만·김구의 연설에 이어 성명서를 낭독하였다.[136] 《동아일보》·《조선일보》가 2개 지면의 전체를 민주의원과 관련한 보도로 채웠듯이, 당시 언론들은 이를 대서특필하였다. 미군정도 매우 만족하여, 고종 황제가 사용하던 덕수궁 내의 석조전(石造殿)을

민주의원의 의사당으로 제공하였다.[137]

민주의원이 결성된 다음 날인 2월 15일, 조선공산당·조선인민당·조선독립동맹 등 좌익 세력은 민주의원에 대항하는 결집체로서 민족전선을 결성하였다. 이미 비상국민회의에서 탈퇴한 임시정부 요인인 김원봉·장건상·성주식·김성숙 등 4인은 민족전선을 결성하는 대회장에 참석하여 성명도 발표하였다. 이들은 "비상국민회의에서는 돌연히 비(非)민주주의적방식(方式)으로써 최고정무위원을 선출하고 그것을 남조선국민대표민주의원으로 변장(變裝)하얏다"고 비난하면서, "좌우양익(兩翼)의 통일단결로써 독립자주통일단결(團結)정권수립"을 주장하였다.[138] 이로써 좌익과 우익 세력은 각각 민족전선과 민주의원으로 양분되었으며, 임시정부는 좌익 성향의 국무위원이 이탈함으로써 우익의 대표체로 위상이 축소되었다.

조소앙은 민주의원의 최고정무위원의 한 사람으로 선임되었지만, 민족자주를 명분으로 민주의원에 적극 참여하지는 않았다. 그는 2월 18일 덕수궁에서 개최된 민주의원 제2차 회의에도 불참하였으며,[139] 여전히 임시정부의 외무부장의 자격으로 기자회견을 갖고 집회 등에 참석하였다. 임시정부의 법통과 미군정의 자문기관이라는 성격은 사실상 양립하기 어려웠으며, 임시정부 요인들이 민주의원에 참여함은 임시정부 법통을 철회하는 인상을 주기 때문이었다.

그러나 조소앙은 곧 미군정과 '합작'하는 방향으로 태도를 바꾸었다. 2월 21일 기자회견에서 그는 아래와 같이 말하였는데, 다각도로 깊었던 그의 고민이 짙게 배어 있으며, 민주의원에 참여할 수밖에 없었던 이유도 설명해 준다.

나의희망하는바는 남북대립의시간성(時間性)이단축되는것뿐이다 남
북을점령한 각각(各各)의군정하(軍政下)에서남북을통일한 자주독립
을하는방법은그군정과합작(合作)하는과정이잇서야한다 이것이즉(卽)
합법운동인데민주정권을수립하는 목적을달(達)하기위(爲)한수단이
다 임시정부의입장으로볼째 한국의자주독립을 위하여서는 여하한
방법이든지취(取)할권리가잇다 통일정권의관념(觀念)과 한국독립을
포기치안는이상 향배(向背)하는노선(路線)이 잠시이리쓸리고 저리쓸
린다고해서 그것이임시정부의진상(眞狀)은아니다 현상은분열된듯보
이나 진상은독립을 포기하지안는데잇다 김일성장군이 소련점령지
역내(內)의 그형태(形態)속에서 정권을수립한것도 그군정과의 합작
임을 알어야한다 미소(美蘇)의국제관계와 남북의역량(力量)이 조화
되여야한다[140]

조소앙은 미군정이 민주의원을 출범시킨 의도가, 북한에서 인민
위원회를 통하여 김일성 중심의 정권이 확립되어 가는 추이 및 미소
공위가 개최되는 현실에 대응하려는 데 있었음을 정확히 파악하였
다. 임시정부가 소련 군정의 지지를 받는 김일성 정권에 상응하기 위
해서는 미군정과 합작해야 함도 충분히 인식하였고, 방법이 현재 민
주의원에 참여하는 방안이라고 판단하였다. 이러한 노선이 임시정부
의 법통과는 상충되었기에, 임시정부 내에서도 노선의 차이를 드러내
며 갈팡질팡하였음도 인정하였다.

조소앙의 기자회견 발언은 그가 민주의원에 참여하는 석명(釋明)
으로 보이지만, 해방정국에서 임시정부의 정치노선과 관련하여 중요

한 문제를 제기하였다. 이후 임시정부의 정치 행태는 임시정부 법통론과 반탁노선의 명분에 갇히어, 조소앙이 던진 문제의식에서 진전을 나타내지 못한 아쉬움이 크다. 그 자신도 미군정과 합작을 표명한 때는 민주의원에 참여할 때뿐이었고, 이후 좌우합작·입법의원 문제 등에서는 다시 '불합작'으로 일관하였다.

미군정과 이승만은 민주의원의 성격을 미군정의 자문기관으로 규정하였다. 반면 민주의원 내의 진보민족주의자들은 민주의원이 미군정과 합작하는 대등한 주체임을 내세우면서 이 안에서 민족자주성을 관철시키려고 노력하였다.[141] 이 가운데 하나가 1946년 3월 18일 전문 27조의 「임시정책대강(臨時政策大綱)」을 공표한 일이었다. 이는 제1차 미소공위에 대비하여 구상한 정책으로서, 삼균주의에 근거를 둔 진보민족주의자들의 국가건설의 이념이 반영되었다.

「임시정책대강」의 제1조는 삼균주의 이념을 근거로 "전국민의 완전한 정치적 경제적 교육적 평등의 원칙을 기초로 한 독립국가의 균등사회를 건설함"이라는 원칙을 내세웠다. 그리고 각 조항에서 토지개혁, 중요 산업의 국유화 등 계획경제, 노동자·농민의 복리를 위한 정책에 중점을 두고 균등사회를 건설하는 방안을 제시하였다.

민주의원은 좌익 세력까지 포함한 민족통일전선체는 아니었지만, 우익 세력의 집결체라는 한계를 넘어 나름의 진보 성향 정책들을 표방하였다. 물론 민주의원이 의결·제시한 정책들은 미군정의 개혁의지가 부족하였으므로 실현된 바는 전무하였다. 그렇더라도 이러한 개혁 성향은, 이후 한국독립당과 국내 진보민족주의 정당인 국민당·신한민족당의 3당 합당을 가능케 하는 합일점으로 작용하였다. 이때를 전후하여 이미 국민당과 한국독립당의 합당이 논의되고 있었다.

8·15해방 후 우익 세력은 임시정부 법통론을 주장하면서 임시정부추대론을 내걸었고, 이는 임시정부의 여당인 한국독립당을 중심으로 우익 정당을 통합하는 움직임으로 나타났다. 정당통합운동에는 안재홍과 조소앙 사이에 일본 유학 시절부터 형성된 교분과 신뢰가 크게 작용하였다. 보수 세력인 한국민주당은 자신들이 선창하였던 임시정부 절대지지론을 곧 폐기하였지만,[142] 국민당은 솔선하여 3월 22일 한국독립당에 합류·합당하였고, 4월 18일 신한민족당의 일부도 한국독립당과 통합하였다. 여기에 급진자유당·대한독립협회·자유동지회(自由同志會)·애국동지회 등 4개 군소 정당이 합류하여, 합동선언서와 인사 기구까지 발표함으로써 우익 정당의 통합운동은 일단락을 지었다. 이로써 제1차 미소공위가 진행되는 동안 한국독립당은 국내의 지반을 크게 넓혔다.[143]

새롭게 재편성된 한국독립당은 지도체제로 중앙집행위원제를 채택하여, 감찰위원 18명과 중앙집행위원 117명의 인선을 마치고, 위원장에 김구, 부위원장에 조소앙을 선출하였다.[144] 4월 22일 결정된 중앙 간부와 부서에서, 조소앙은 부위원장으로서 중앙상무위원과 외교정책위원회 위원장을 겸임하였다.[145]

조소앙이 민주의원에 참여한 시기는 제1차 미소공위가 목전에 다가온 때였다. 3월 20일 제1차 미소공위가 개막되자, 우익 세력의 대표체인 민주의원도 대응책을 마련해야 했고, 김규식·조소앙·안재홍·원세훈(元世勳)·김준연 5인을 선정 파견키로 결정하였다.[146] 이들은 25일 긴급파견 대표회의를 열어서 미소공위에 임할 대책을 숙의

하였다.[147]

민주의원은 출범한 이후 연일 회의를 속개하면서, 당면한 긴급 사항을 전문(專門)해서 심의·연구할 소위원회를 구성하였고 4월 2일까지 이를 결의하였다. 조소앙은 임시정부수립예비방안(豫備方案)위원회·시구급(市區及)도로명칭개정위원회·선전위원회·재외(在外)동포원호위원회 등에 속하여 활동하였다.[148]

제1차 미소공위의 출발은 매우 순조로웠으나, 4월 9일부터 협의 대상 문제를 둘러싸고 암초에 부딪혔다. 소련 측은 「삼상회의 결정」을 반대하는 정당·사회단체와는 협의에 참여할 수 없다고 주장하였다. 반면 미국 측은 민주주의의 원칙인 '표현의 자유'를 거론하면서 「삼상회의 결정」을 반대한 행동이 협의 대상을 선정하는 기준이 되어서는 안 된다고 맞섰다. 소련 측이 한 발 양보하여 4월 18일 미소공위는 「공동성명 제5호」를 발표하였으나, 이 성명을 해석하는 문제를 둘러싸고 끝내 좌초되고 말았다. 「공동성명 제5호」는 「삼상회의 결정」에 포함된 선언서를 시인(是認)하는 조선의 정당·사회단체와 협의한다고 규정하였다.[149] 이를 문자 그대로 해석한다면, 이후에도 반탁운동을 계속해서 주도하는 정당·사회단체는 제외될 수밖에 없었다.

「공동성명 제5호」가 발표되자, 민주의원 의장을 대리하던 김규식은 곧바로 당일 서울 중앙방송국 마이크를 통하여 "민주의원대리(代理)의장으로서 민주의원을 대표하여" 이를 환영하는 성명을 발표하였으나,[150] 민주의원에서 합의를 거친 바는 아니었다. 민주의원 총리인 김구는 "3상회의결의(決議) 전부를 지지하라는것이라면 서명할 수없다 원래나는탁치를반대하고있으니까제3절(第三節)은절대로수락(受

諾)할수없다"는 단호한 태도를 표명하였다. 민주의원 의원인 조소앙은 더욱 강경하게 "해(該)선언내용은탁치를포함하였다 나는탁치제도에대(對)한반대의견을포기할수없다 탁치반대는나의생명(生命)과병행할 것이다 따라서나는선언을지지할수도없다"는 태도를 표명하였다.[151]

좌익 계열이 「공동성명 제5호」에 찬성 의사를 밝히고 서명까지 하여 미소공위에 제출한 반면, 우익 계열에서는 찬반이 엇갈렸고, 찬성 측에서도 견해 차이가 나타났다. 임시정부와 관계있는 비상국민회의와 한국독립당 등의 단체와 정당은, 탁치문제를 포함하였다고 단정하는 「삼상회의 결정」을 시인하여 「공동성명 제5호」에 서명할 수도 없고, 미소공위에 불참할 수도 없는 진퇴양난에 빠졌다. 이들은 미소공위에는 참가하되 반탁의사 운동은 지속한다는 어정쩡한 태도를 취하다가 결국 「공동성명 제5호」에 서명하였다.

우익 세력의 집결체인 비상국민회의와 휘하 단체는 일단 「공동성명 제5호」에 서명·합작키로 결의하고 5월 2일 서명하였다. 그러나 비상국민회의가 발표한 3항의 방침은 "미소공동위원회에는참가하되 탁치를전제(前提)로한 일체(一切)문제는절대배격한다"(1항)는 전제를 달았다. 또 여기에 "과도정권수립에있어서는자동적(自動的)역할을 하여야만완전(完全)한자주(自主)독립국가의주권(主權)을 수립할수있는것이고 피동적(被動的)이되면 그주권은혼(魂)을일흔 정권박께될수없다는것을 전(全)민족에게선포(宣佈)한다"(2항)는 이해하기 어려운 희망사항도 첨부하였다.[152] 2항은 한국의 정당·사회단체가 미소공위의 협의 대상이 아니라, 마치 주도체인 듯 혼동한 방침이었다.

미소공위 소련 측은 이러한 우익 세력의 의도를 간파하였으므로, 선언서에 서명을 했더라도 「삼상회의 결정」을 신탁통치안으로 부르며 반탁을 주장하는 정당·사회단체와는 협의할 수 없다고 주장하였다. 미국 측은 신탁통치안을 반대한다고 해서, 임시정부 수립에서 제외될 수 없다는 주장으로 일관했다. 소련 측도 더 이상 양보하지 않았다. 이렇게 제1차 미소공위는 「공동성명 제5호」, 더 정확히 말하면 반탁운동이라는 암초에 걸려 1946년 5월 6일 무기 휴회에 들어갔다. 5월 9일 소련 측 일행은 경성역발(發) 특별열차로 서울을 떠났다. 반탁 진영을 협의 대상에서 제외하자고 주장한 소련 측과 반탁 진영을 버릴 수 없는 미국 측은, 미소공위를 무기 휴회로 끝맺는 선택으로써 제1차 미소공위를 마쳤다.[153]

제2차 반탁운동과 국민의회 출범

제1차 미소공동위원회(이하 미소공위로 줄임)가 결렬되자, 「모스크바 삼상회의 결정」(이하 「삼상회의 결정」으로 줄임)을 한국문제의 해법으로 수용한 좌우익 내의 인사들을 중심으로 중간파가 형성되었고, 좌우합작운동이 일어났다. 미소공위가 파탄되는 사태에 위기감을 느낀 여운형(呂運亨)이 김규식(金奎植)에게 합작을 제안하였고, 김규식이 응함으로써 합작의 두 주체가 형성되었다. 이들은 좌·우의 정치세력이 연합하여 빠른 시간 안에 미소공위를 재개시키고, 나아가 좌·우의 이념을 통합하여 남북을 통일한 민족국가를 수립하여야 한다는 목적의식에서 일치하였다. 이러한 방향은 당시 미군정의 대한정책과도 부합하였다.

「삼상회의 결정」 자체를 반대하는 우익 세력의 반탁노선은, 미소공위의 존재와 목적 자체를 부정하는 행동이었으므로 미국 측을 자기모순에 빠뜨렸다. 제1차 미소공위가 무기 휴회된 뒤, 미군정은 이승만·한국민주당 계열의 보수우익 세력을 일방으로 지원하던 방침에서 중간파를 후원하는 방향으로 전환하였다. 중간파의 위기의식과 미군정의 정책 전환이 맞물려, 한국문제가 국제연합으로 이관되기까지 좌우합작이 추진되었던 배경이자 동력이었다.

미소공위가 무기 휴회한 뒤, 미군정은 좌우합작의 가능성을 타진하고 여건을 조성하기 위해서 분주하게 움직였다. 1946년 5월 15일 군정장관 아널드(Archibold. V. Arnold)는 버치(Leonard Bertsch, 하지의 정치고문) 중위와 함께 자신의 집에서, 김규식·최동오(崔東旿)·원세훈(元世勳)·안재홍(安在鴻)·고창일(高昌一)·김준연(金俊淵)·조소앙 등 우익 인사들과 회동하였다. 이 자리에서 한국인 참석자들은 신탁통치와 소련 측의 협상 태도를 비난하였으나, 아널드는 미소공위에 참가하라고 설득하면서 우익 통합과 좌우합작의 필요성을 강조하였다.[1]

이어 5월 23일 지방을 순회하던 안재홍·조소앙은 급히 상경하여, 정치공작가인 굿펠로(Preston Goodfellow)를 서둘러 방문하여 요담하였다.[2] 이날 무슨 이야기가 오고 갔는지는 전하지 않으나, 굿펠로가 두 사람에게 미소공위와 좌우합작 문제 등을 충고하였음은 분명하다. 이는 이후 안재홍이 좌우합작운동의 주요 인물로 참여함을 보아도 확인된다. 미군정이 임시정부의 외무부장 조소앙과도 좌우합작 문제를 타진하였음을 보이는 증거였다. 그러나 후술하듯이, 조소앙과 안재홍은 좌우합작 참여 문제를 계기로 정치노선이 갈렸고, 한국독립당에 합류하였던 안재홍은 이후 제명되는 방식으로 한국독립당을 이탈하였다.

미군정이 지원하는 좌우합작운동은 1946년 7월 들어 개인 자격의 회합이 아니라, 좌우를 대표하는 단체의 회합으로 성격이 발전하여 좌우합작위원회(左右合作委員會)가 성립되었다. 7월 8일과 12일 좌우합작의 우익과 좌익 측의 대표들이 각각 결정되었다.[3] 좌우합작위원회가 본격화하자, 몇몇 언론사에서 각계 인사들에게 좌우합작의 선결 조건과 방법 등을 물었는데, 조소앙은 7월 13일 비상국민회의 의원 자격으로 다음과 같이 답하였다.

> 좌우합작에 있어서도 결국은 반탁성(反託性)이 보장되느냐 않되느냐 문제이다. 이 반탁성의 승리가 보장된다면 좌우합작에 물론 찬성한다. 현재 진행 중인 좌우합작은 성공할 가능성도 있으나 가능 불가능의 문제와는 그 시비(是非)문제와는 다르다. 현재 진행 중인 좌우합작으로서는 성공된다 하더라도 그것은 옳다고 말할 수 없다. 지금 좌우합작은 고름을 짜고 합창(合瘡) 제1주의로 출발하는 것으로 나는 보고 있다. 고름이란 곧 찬탁성(贊託性)을 이름이다. 합작은 다만 민족적 자주성을 양심적으로 실행할 결심을 보증하는 조건으로서 출발하여야만 될 것이다. 반탁성을 갖고 자주독립을 찾으려는 합작만이 우리 민족의 과제를 옳은 길로 해결할 수 있을 것이다.[4]

조소앙은 좌우합작을 오로지 탁치 문제 하나로 옳고 그름을 따지면서, 반탁 즉 자주독립이라는 시야에서 좌우합작이 찬탁성이라는 '고름'을 지니고 있으므로 옳지 않다고 주장하였다. 그에게는 '반탁'이 좌우합작의 전제조건이었다. 그는 좌우합작이라는 대의 자체를 부정하지는 않았지만, 「삼상회의 결정」을 수용하여 미소공위를 재개시키려는 좌우합작운동 자체를 출발부터 인정하지 않았으므로, 좌우합작운동을 '찬탁'으로 매도하였다.

2월 21일의 기자회견(제11장 551쪽 참조)에서 보였던 조소앙의 깊은 고민은 간데없고, 결국 다시 반탁노선 하나로 회귀하였다. 이는 임시정부가 미소공위에 대응하는 전략으로, 반탁 이외에는 다른 해법을 마련하지 못하였음을 말해 준다. 조소앙과 임시정부는 1943년 충칭에서 국제공관안을 배격하는 논리를 해방 이후에도 그대로 연장하였고, 자주독립이라는 대의에 임시정부 법통론이라는 명분을 껴얹어, 선택 가능한 대응 전략의 폭을 더욱 축소시켰다. 반탁운동이 곧 독립운동이라는 등식은, 임시정부의 전략을 진전시키는 데 발목을 잡고 있었다.

좌우합작운동은 조선공산당·한국민주당 양극의 좌·우 세력이 강하게 비난하고, 임시정부·한국독립당 계열이 비판하는 가운데, 수많은 우여곡절을 헤쳐 10월 4일 중간좌파와 중간우파의 합작만으로 「좌우합작7원칙」(이하 「7원칙」으로 줄임)을 결정하였다. 10월 7일 좌우합작위원회는 「7원칙」과 함께 「입법기구에 관하여 하지장군에게 대한 요망」을 발표하였다.[5]

「7원칙」 가운데 1항과 6항은 각각 다음과 같았다. "조선의 민주독립을 보장한 삼상회의결정에 의하여 남북을 통(通)한 좌우합작으로 민주주의임시정부를 수립할 것"(1항), "입법기구에 있어서는 일체 기(其) 권능과 구성 방법 운영 등에 관한 대안(代案)을 본(本) 합작위원회에서 작성하여 적극적으로 실행을 기도(企圖)할 것"(6항). 이 1항

과 6항에서 보듯이,「삼상회의 결정」을 수용하고 또 미군정 체제에서
입법기구를 구성하여 참여함은 임시정부의 법통을 부정하는 논리였
으므로, 조소앙 등 임시정부 법통론자들로서는 수용하기 어려운 노
선이었다.

　　좌우합작이라는 대의와 임시정부 법통이라는 명분 사이의 갈등
은,「7원칙」이 발표되자 임시정부·한국독립당 내에 잠시 혼란을 일
으켰다. 10월 8일 한국독립당이 즉각 "8·15 이후의 최대의 수확이
다."라고 '전면적으로 지지'하였고,[6] 10월 14일 김구도 개인 자격으로
지지 의사를 밝힌 반면,[7] 조소앙은 이를 완강하게 반대하였다. 10월
5일 개최된 비상국민회의 임시상임위원회의에서는 남조선국민대표
민주의원(이하 민주의원으로 줄임)을 통과하여 회부된「7원칙」을 토의하
면서 격론이 벌어졌는데, 조소앙은 독립노농당(獨立勞農黨)의 유림(柳
林)과 함께 '맹렬'히 반대함으로써 비상국민회의가「7원칙」을 거부케
하였다.[8] 한국독립당은 합당 후인 8월 12일 제1회 중앙집행위원회를
개최하여, 8월 23일 제5일 차 회의에서 김구와 조소앙을 각각 위원
장과 부위원장으로 재선출(중앙상무위원도 겸임)하였는데,[9] 당의 정·부
위원장이 좌우합작 문제에서 엇박자를 내는 양상을 드러냈다. 좌우
합작운동을 규정하는 혼선은 다시 좌우합작운동의 산물인 입법기
구에 참여하는 문제를 둘러싸고 한국독립당의 내분으로 이어졌다.

　　좌우합작위원회에서「7원칙」을 발표하고 하지 중장에게 입법기
구 구성을 요청함에 따라, 남조선과도입법의원(南朝鮮過渡立法議院, 이하
입법의원으로 줄임)으로 명칭되는 입법기구를 구성하기 위하여 10월 하
순부터 민선의원 선거가 실시되었다. 이 무렵은 10월 대구항쟁이 한

창 격화되고 있을 때였다. 다 아는 바와 같이, 10월 1일 대구에서 진행된 군중 집회에 경찰이 발포하여 사망자가 발생하자, 이에 항의하는 2일의 집회에서는 경찰과 시민들 사이의 더 큰 유혈 충돌이 일어나 대구 지역에 계엄령이 선포된 상태였다.

입법의원 민선의원 선거는 이처럼 혼란한 시국에서 비록 남한에 한정되어 치러진 간접선거였지만, 한국 역사상 '최초의 선거'였다. 그러나 선거는 진행 과정에서 비법(非法) 행위 등 많은 문제점을 드러내었고, 결과에서는 극우 세력이 다수 당선되었다. 좌우합작위원회가 선거 결과에 강하게 반발하며 재선거를 요구하자, 하지 중장은 11월 4일 개원하기로 결정하였던 입법의원의 개원을 연기하고, 11월 25일 서울시와 강원도 선거를 무효로 발표하고 재선거를 실시하기로 결정하였다.

입법의원이 12월 12일 개원식을 가진 지 7일 뒤인 12월 19일, 입법의원 서울시 대의원의 재선 예비선거가 전(全)서울(전시구(全市區)·전지구(全地區)라고도 함)·갑구(甲區)·을구(乙區) 3개 구역별로 나누어 거행되었다. 독립촉성국민회(獨立促成國民會)와 서울시 동회연합회(洞會聯合會) 회장 박정근(朴定根) 등이 동회연합회 명의로 한국독립당의 조소앙·신익희(申翼熙, 갑구)·김상덕(金尙德, 을구)을 서울시 입법의원 대의원 후보로 추천하였고,[10] 이들 3인은 각각 3개 구의 후보로 출마하게 되었다.

이 추천이 사전에 한국독립당이나 당사자들과 협의한 결과인지는 확인할 수 없지만, 선거 결과는 조소앙·신익희가 당선하고 김상덕은 낙선하였다. 조소앙은 전서울 구역의 후보로 나와, 예비선거에서 한국민주당의 김성수(158표)를 누르고 1위(175표)를 차지하였고,[11] 23일의 최종 선거(총유권자 558명, 투표자 462명)에서도 김성수(172표)를 앞서 당선(253표)하였다.[12]

그런데 예비선거가 끝난 뒤 조소앙은 "결선전(決選前)에 본심을 표백(表白)할필요"에 따라 담화를 발표하여, 입법의원 대의원 "입후보 자격을 포기"하겠다는 의사를 밝혔다. 그는 세 가지 이유를 들어 입후보를 '거부'하였는데, 첫 번째로 "남북통일된총선거(總選擧)를기다려 후보자로나스겟"다는 명분과 함께, "현재의 형식과내용을가지고있는 남부(南部)한국의 과도입법기관에참가(參加)하기위(爲)하야 나의 조흔친구들과경선(競選)할필요까지는 없다고 생각"한다고 말하였다.[13] 그는 최종 선거에서 당선된 뒤인 12월 25일에도 당선을 포기하겠다는 성명을 발표하였다.[14] 조소앙은 입법의원의 구조와 구도가 자신의 주장과 일치하지 않으며, 한국독립당 내에서도 입법의원의 참가를 둘러싸고 의견이 일치하지 않음도 내비쳤다.

이에 앞서 미군정이 입법의원 설립을 공표하자, 한국독립당은 10월 15～16일에 걸쳐 임시중앙집행위원회를 소집하여 내부의 의견을 정리하였다. 이 회의에서는 "법령을 제정할 직무와 권한이 있음은 물론 예결산을 심의할 권한이 있음을 규정할 것"(2항), "군정장관의 해산권 조항을 삭제할 것"(3항) 등 4개 조항의 입법기관 개정안을 요구하고 관철될 때까지 입법의원을 반대한다고 결의하였다.[15] 입법의원에 참여할 의사를 전제로, 이 안에서 최대한의 자주성을 확보하려는 의도였다.

10월 22일 한국독립당은 조소앙 등을 대표로 삼아, 군정장관 러치(Archer L. Lerch)를 방문하여 개정안을 제출하였으나,[16] 미군정은 이를 수용하지 않았다. 조소앙을 비롯해, 민족자주를 대의명분으로 내세우고 임시정부 법통론을 고수하는 한국독립당계 인사들이 입법의원을 최종 거부한 이유였다. 김구·조소앙을 비롯한 한국독립당의 임시정부 계열은 입법의원 자체를 부정하였다. 이들은 입법의원이 군정기관의 일부이며, 군정장관이 거부권·해산권을 가지고 있으므로 입법의원에 참가하기를 거부하였다. 임시정부 계열은 미군정에 예속된 입법의원 자체가 법통정부인 임시정부의 '법통'을 부정한다고 인식하였으므로, 논리상으로 입법의원을 인정할 수 없었다.

임시정부계 한국독립당원으로 입법의원에 선출된 사람들은 대체로 참회(參會)를 거부하였다. 한국독립당원으로서 입법의원 관선의원에 당선된 사람은 5명이었다. 이 중 허간룡(許侃龍)·엄항섭(嚴恒燮)·엄우룡(嚴雨龍)은 한국독립당, 안재홍은 좌우합작위원회, 조완구(趙琓九)는 대종교 명의로 각기 당선되었다. 1946년 12월 12일 입법의원이 개원식을 갖는 날 조완구·엄항섭은 관선의원직을 사퇴하기로 결정하였는데,[17] 두 사람은 임시정부의 요인이었다.

한국독립당은 입법의원에 참여하는 여부를 당의(黨議)로 정한 바는 없었고, 개인으로서 참가한다면 묵인한다는 태도를 취하였으나, 입법의원 참가 여부로 의견이 갈리었고 당의 내분이 싹트기 시작하였다. 이에 한국독립당은 12월 18일, 조완구·엄항섭이 입법의원에 참가하지 않음은 "아당(我黨)본연(本然)의정신"이요, 일부 의원의 참가는 "아당의정신(精神)으로써민생(民生)현실을해결하려는투쟁방법"이라는 모호한 성명을 발표하였다.[18]

8·15해방을 맞고 첫해였던 1946년의 해방정국은, 「삼상회의 결정」을 둘러싸고 격렬한 좌우대립으로 시작하여, 좌우합작과 입법의원 문제로 부침을 계속하면서 통일점을 마련하지 못한 채 이렇게 덧없이 흘러가 버렸다. 연말 결산 없이 새롭게 밝은 1947년의 벽두는 또다시 거센 반탁운동으로 시작되었다. 제2차 반탁운동이었다. 1947년 1월 11일 하지(John R. Hodge) 사령관은 미소공위를 재개하기 위하여 미·소 양군 사령관이 주고받은 서한 내용을 공보부 특별 발표로 공개하였다.[19]

서한에서 가장 문제 된 문구는, 1946년 12월 24일부 서한(하지가 북조선 소련군 사령관에게 보낸)에서 "공동위원회 성명서 제5호에 서명한 것은 「모스크바 결정」을 전적(全的)으로 지지한다는 성의를 성명한 것으로 간취(看取)되므로 서명한 정당과 단체는 최초협의에 참가할 자격이 있을 것이다."였다. 이는 이전 소련 측이 주장하던 바를 미국 측이 수정하여 받아들인 바로, 반탁노선 세력은 이를 문제 삼아 격렬한 반탁운동을 다시 전개하였다. 임시정부 추대운동과 병행한 제2차 반탁운동은, 반탁노선에서 출발하였다는 데에서 제1차 반탁운동과 동일하지만, 좌우합작운동을 추진하는 중간좌우파를 공격의 표적으로 삼았다는 데에서 제1차 반탁운동과 커다란 차이가 있었다.[20]

조소앙은 김구와 함께 제2차 반탁운동의 선두에 섰다. 1947년 1월 14일 김구·조소앙·유림(柳林) 3인은 하지 사령관을 방문하였고, 조소앙은 요담 내용을 기자들에게 공개하였다. 이에 따르면, 3인은 하지 중장에게 찬탁자들만으로 임시정부를 수립하려 하느냐고 항의하였다. 조소앙은 미·소·영·중·불 5개국이 한국의 독립을 보장할 수 있으므로 탁치는 불필요하며, 「공동성명 제5호」에 서명할 때 앞으로 탁치를 반대할 수 있다는 전제로 서명하였다고 주장하였다. 김구는 "이제는 생명을걸고 반탁을하겟다"는 결의를 전하였다.[21] 제 2차 반탁운동은 이러한 각오에서 또다시 임시정부를 중심으로 출발하였다.

1월 24일 우익 42개 단체가 회합하여 반탁독립투쟁위원회(反託獨立鬪爭委員會)를 조직하고, 정부위원장과 지도위원·중앙집행위원회를 구성하여 반탁운동의 지도체를 결성하였다. 이날 김구가 위원장으로, 조소앙은 한국민주당의 김성수(金性洙)와 함께 부위원장으로 선임되었다. 이 단체는 1월 29일 조소앙의 개회사로 시작하여 참가 단체 선서식을 거행하였고, 이어진 중앙집행위원회도 조소앙이 사회를 보아 규약을 통과시킴으로써 조직 체계를 갖춘 뒤 반탁운동을 주도하여 나갔다.[22]

조소앙은 반탁독립투쟁위원회가 지도할 대규모 반탁 시위를 앞두고, 제1차 반탁운동 때와 달리 미군정과 충돌하지 않으려 노력하였다. 그는 2월 4일 반탁독립투쟁위원회의 대표로 이윤영(李允榮) 등과 함께 하지 사령관을 방문하여, 반탁운동의 필요성과 반탁독립투쟁위원회가 결코 반미(反美)·반(反)연합국이 아니며, 한민족의 정당한 의사 발표 기관임을 이해시키려 하였다.[23] 마침내 2월 14일 대규모 반탁 시위가 개최되었다. 제2차 반탁운동의 절정인 이 대회에, 조소앙·김구도 참석하여 연설과 훈사(訓辭)를 행하였다. 반탁독립투쟁위원회는 신탁통치내용를 '결사(決死)반대'하여 '결사투쟁'하고, "신탁통치를접수(接受)하기로예비(豫備)하는괴뢰(傀儡)임시정부의수립을결사반

대할것을결의"하였다.[24]

반탁독립투쟁위원회가 대규모 시위를 주도한 2월 14일, 하지 사령관은 한국문제를 미국정부와 협의하기 위하여 귀국길에 오르면서, '공보부 특별발표' 형식으로 한국의 독립과 관련한 장문(長文)의 성명을 발표하였다. 그는 곧 재개될 미소공위가 또다시 파열될까 경계하였으므로, 이 성명을 통하여 반탁운동을 주도하는 한국인에게 간곡하게 충고하였다. 그는 제1차 미소공위를 언급하면서, "공동위원회는 불행히 미국대표가 주장하는 의사발표자유(自由)라는 난관에 봉착하여 급기야무기휴회(無期休會)하게되엇다"고 솔직하게 밝히고, 다음과 같이 말하였다.

조선의 애국운동도 시기를 선택하여야할것이다 지난1년간에'신탁' 이라는 것을 조선인대다수(大多數)가 싫어한다는 것은 전세계에 주지시킨바이다 (……)

조선문제에 국제성(國際性)이 있다는것을 명심하여야한다 여러분이나 본관(本官)은 모스코-결정에 대하여 일언반구도 변경할수 없는 것이다 (……) 그러므로 (……) 연합국에서 장래 귀국(貴國)의 애국자들을 참가시키려는 방침을 결정하는데 대하야 미리부터 사회적혼란(混亂)을 계획하는것보다는 이미 결정된 국제협정을 이용 함으로써 귀국의독립을 완수할것이 더욱 중요하다

내가충심(衷心)으로 여러분께 권고(勸告)하는바는 오도(誤導)된 애국운동 으로써 비(非)애국적 결과를 초래하지 말라는 것과 오직통일조선(統一朝鮮)의 임시정부 수립을 천연(遷延)시키게 되는 소동을 정

지하여달라는것이다[25]

하지의 성명은 오늘날 다시 보아도 절절하게 핵심을 찌르고 있다. 이 성명은 주요 일간지의 1면에 머리기사로 보도되었고, 반탁 시위 기사는 2면으로 밀리었으나, 제1차 반탁운동 때와 마찬가지로 '오도된 애국운동'의 '결사투쟁' 열기는 그의 '충심'을 다시 묻어 버렸다. 제2차 반탁운동은 제1차 때만큼은 격렬하지 않았지만, 구호는 여전히 과격하였다.

조소앙은 제2차 반탁운동을 주도하면서, 제1차 반탁운동 때 주장·추진하였던 '자율적인 과도정권' 수립을 다른 방식으로 전개하였다. 2월 14일 오전, 반탁독립투쟁위원회가 오후에 주도할 시위가 일어나기 앞서, 비상국민회의 제2차 전국대의원 대회가 개최되었다. 첫날 회의에서는 의장·부의장 선거를 실시하여 조직의 구성을 재정비하였는데, 강경 반탁운동자론인 조소앙과 유림이 각각 선출되었고, 김구는 민족통일총본부·독립촉성국민회·비상국민회의의 통합 필요성을 제안하였다.[26] 1일 차 회의는 오후에 개최되는 반탁 시위에 전원이 참가하는 관계로 이로써 종료되었다.

2월 17일(16일 회의는 참석인 미달로 유회되어 비공식으로 진행)에 열린 3일차 최종 회의에서는, 첫날 회의에서 김구가 제안한 3개 단체의 통합안을 거수 가결하였고, 회의의 명칭을 국민의회(國民議會)로 개칭하자는 긴급동의가 만장일치로 가결되었다. 이날 회의에서는 3월에 모스크바에서 개최될 미·소·영·불 4개국 외상회의(막부4상회의)에, 한민족은 신탁통치를 '절대반대'하므로 "자주독립 정부수립에 필요한 신조치(新措置)를 급속히 실시하여주기 바란다"는 메시지를 발송하였다. 이어 2월 14일 자 '비상국민의회 제2차회의' 명의로, 국민의회가 "국내외혁명세력을집결한기초(基礎)우에 독립운동의최후단계인 과도적임시정부수립급(及)입법기구의성능(性能)과 독립운동의최고직권(職權)을 발휘할것을과제로하고 거년(去年, 1946년을 가리킴 — 인용자)2월1일에 서울에 소집되였었다"는 내용의 「선언서」를 발표하였다.[27] 이는 비상국민의회가 임시정부가 선포한 「당면정책」 제6항에 의거하여 임시의정원의 직능을 계승하겠다는 재천명이었다. '회의'에서 '의회'로 개칭함으로써 이러한 의지를 더욱 드러내었다.

조소앙은 2월 26일 의장의 자격으로, 국민의회가 "과도적 입법기관인 동시에 독립운동기관"임을 언명하면서, 앞으로 다른 정당·단체도 참가시켜 "확대 강화할 방침"이며, "철저하게 반탁을 주장"할 것을 확인하였다. 그는 "우리 민족이 반탁을 주장한 결과 1년간 신탁은 격퇴된 것"이라고 견강부회한 자신감을 내비쳤으나,[28] '신탁' 대신 분단을 가져올 수 있음은 전혀 예견하지 못하였다.

제2차 반탁운동은 민의(民意)의 표출이라는 형식을 빌려 또다시 임시정부 추대운동과 결합하였다. 8·15해방 후 두 번째 맞는 3월 1일을 기하여, 독립촉성국민회는 전국국민대표자대회를 개최하여 "기미년에 전국의총의(總意)로써 수립한 대한민국임시정부가 한국의 주권을 계승한지 이미30년이된 법통(法統)정부이므로 우리는 이정부를 봉대(奉戴)하고 천하에공포(公佈)하며 오직 그 명령밑에 복종할 것"과 "열국(列國)간섭의 신탁통치밑에 괴뢰정권을 수립하려는 국제적 국내적음모(陰謀)를 단연배격"함을 결의하면서, 국민의회가 이를 통과시키라는 결의도 덧붙였다. 이 결의문은 같은 날 서울운동장에서 개최된 기미독립선언기념전국대회에서도 제안되어 통과되었다.[29]

국민의회는 이 건의를 접수하여, 임시의정원을 계승한 의회로서의 기능을 곧바로 행사하였다. 3월 3일 국민의회는 긴급 대의원대회를 비공개로 소집하여, 임시정부 확대·강화의 방안을 논의하였다. 이 결과 임시정부 주석에 이승만, 부주석에 김구를 추대하는 동시에, 좌우합작·입법의원 참여 등의 이유로 임시정부에서 이탈하여 결원이 생긴 국무위원(총 14명임)을 보선하였다. 이때 원(元)국무위원이었던 조소앙·조완구·조경한(趙擎韓)·조성환(曺成煥)·박찬익(朴贊翊)·이시영(李始榮)·유림·황학수(黃學秀) 8인은 유임되었고, 장건상(張建相)·김붕준(金朋濬)·차리석(車利錫, 1945. 9. 9 충칭에서 사망)·김원봉(金元鳳)·김성숙(金星淑)·성주식(成周寔) 등 6인을 대신하여 오세창(吳世昌)·김창숙(金昌淑)·박열(朴烈)·이청천(李青天)·조만식(曺晩植)·이을규(李乙奎) 6인이 새로 선임되었다. 또 임시정부 각 부장의 개선은 주석·부주석에게 일임하고 인선 결과를 국무위원회에서 통과시켜 발표하라고 요구하였다.[30] 국민의회는 5일 이러한 결정을 공식 발표하였다.[31] 임시정부와 조소앙은 제1차 반탁운동 때처럼 국자(國字) 포고를 발동하여 미군정을 접수하려 기도하지는 않았지만, 이전 중국 망명 시절 임시의정원과 임시정부의 관계를 복구함으로써 사실상 주권을 행사하려 하였다.

3월 12일 조소앙은 국민의회 명의로 장문의 성명서를 발표하였다. 그는 3월 3일 임시정부 개조(改組)가 "민족적 단일(單一)최고조직인 독립국가를 목표로하고 진행하는 과정상 불가피한 임무를 자담(自擔)한 고로 이에 부합된 5백만 공민(公民)의 제청(提請)을 접수"한 결과라고 설명하였다. 그리고 "정부의 형식을 선택할 권리가 존중되어야 할 것이며 만일 주권과 자치권이 일시라도 강제적으로 박탈되고 있는 때엔 이를 회복하고자 하는 민족적 최대노력이 참으로 인류로서 가장 정당한 유일노선(唯一路線)인 것이다."라고 주장하였다.[32]

국민의회는 제2차 반탁운동을 계기로 임시정부추대운동을 확산시키려 하였지만 여의치 않았다. 우선 미군정이 제동을 걸었다. 방미 중인 하지 사령관은 국민의회가 임시정부 개조를 단행하고, 남한에서 임시정부를 재조직하려는 움직임을 향하여 즉각 대처하였다. 그는 3월 5일 임시정부 조직설과 관련하여 성명을 발표하고, "남조선 임시정부조직은 세계의 환시중(環視中)에 조선정세를 저해(沮害)할것" 임을 경고하였다. 나아가 이승만이 방미로 부재한 중에, 김구가 비상수단으로 "지도권을 장악하려는 모종 공작이 진행"된다는 풍설을 거론하면서,[33] 김구에게도 에둘러 경고의 메시지를 보냈다. 실지 미군정은 3월 1일경 김구를 중심으로 한 세력이 남한 신정부를 선포하려고 기도한다는 첩보를 입수하고 동향을 주시하고 있었다.[34]

통합의 결렬, 이승만의 국민의회 참가 거부

1947년 들어 미소공위가 재개되려는 움직임에, 김구와 조소앙은 뜻을 같이하여 임시정부 확대·강화를 추진하였다. 이러한 시도 자체가 미군정과 충돌하게 마련이었지만, 여러 가지 이유로 국내 세력들에게도 지지세를 확산할 수 없었다. 우선 임시정부의 주석으로 추대된 이승만이 거절하였다. 이승만이 도미(渡美) 외교를 마치고 귀국(4월 21일)하자, 조소앙은 4월 28일 국민의회의 교섭위원으로 이승만을 찾아가 임시정부 주석 취임을 요구하였다.[35] 그러나 이승만은 4월 29일 국민의회와 임시정부 국무위원 연석회의에 출석하여, 미국의 대한정책이 많이 변경되었으므로 임정봉대는 당분간 중지하라고 설득하면서 주석 취임을 정식으로 거부하였다.[36]

이승만은 이날 민주의원에도 참석하여 김구·조소앙과는 전혀 다른 정치노선을 표명하였다. 그는 임정봉대 문제는 보류하고 우선 미군정과 합작함으로써, 속히 보통선거법을 제정하여 총선거로 과도정부를 수립한 뒤, 이 정부로 하여금 UN에 참가케 하여 남북을 통일시키고 자주독립을 촉진시키자고 주장하였다.[37] 1946년 6월 이른바 정읍발언(井邑發言) 이후 이승만이 추진하였던 노선이었다.

1947년 들어 반탁운동이 다시 시작되면서 우익 세력은 잠시나마 단결의 세를 보였다. 김구는 이에 힘입어 임시정부를 강화하는 방편으로, 한국독립당과 한국민주당의 합당을 강한 의지로 추진하였다. 그러나 한국민주당이 전혀 합당 의사가 없었으므로 일방의 구애로 끝나고 말았고, 당세를 강화하려던 김구의 의도는 전혀 반대로 흘러갔다. 한국독립당은 반탁운동과 미소공위 문제로 인하여, 1946년 입법의원 참여 문제로 싹텄던 당 내분만 돋우었다.

반탁노선을 고수하는 김구·조소앙 등 원(元) 한국독립당 계열과 국민당·신한민족당에서 합류한 국내파 사이의 갈등이, 1947년 1월부터 다시 수면 위로 떠올랐다. 격화된 갈등으로 마침내 4월 12일 중앙집행위원회에서 중앙집행위원 김구·조소앙·조완구·엄항섭 등이 사표를 제출하였다가 보류되는 사태까지 일어났다.[38] 이렇게 1947년 4월을 전후한 무렵 한국독립당·국민의회 내에서, 중간파를 비롯해 우익 세력이 분화·분리됨에 따라 임시정부 추대를 주장하는 세력들도 추동력을 얻지 못하였다. 한국독립당 내의 분열은 임시정부의 위상을 축소시키는 결과를 가져왔다. 5월 2일에도 김구·이승만·조소앙 등 국민의회 내 임시정부 국무위원들과 독립촉성국민회의 대표들이 회합하였으나, 임정봉대 문제를 둘러싸고 임시정부 계열과 이승만 계열은 의견의 접점을 찾지 못하였다.[39]

제2차 미소공위가 개회하기 직전, 한국독립당은 5월 9일 창당 17주년을 맞아 입국 이래 최초로 기념식을 거행하면서[40] 당내 조직을 재정비하려 하였다. 10일부터는 제6회 전당(全黨)대표자대회를 임시의장 조소앙의 사회로 진행하였다.[41] 대회는 12일 마지막 날 회의에서 150명의 중앙집행위원회를 개선하고, 13일 중앙집행위원회에서는 김구와 조소앙을 각각 정·부위원장으로 만장일치 재선출하였다.[42]

그러나 창당기념일에는 당 초창기 때부터의 원로들과 김구·조완구·조경한·엄항섭 등이 불참하였다. 5월 12일 회의에서는 임정봉대안이 부결되었고, 「삼상회의 결정」을 지지하는 신한민족당계의 권태석(權泰錫)·김일청(金一靑)의 반당(反黨) 행위를 문제 삼아 제명하는 등 당내 분규를 여실히 노출하고 말았다. 임정봉대 문제로 분열한 국민의회·한국독립당 등 우익 세력의 갈등은, 제2차 미소공위가 5월 21일 개막되자 막판에 이르렀고, 미소공위 참여 문제로 마침내 폭발하였다. 권태석이 한국독립당에서 제명당한 사태는 서막이었다.

미소공위가 재개될 무렵 반탁노선의 정치세력들은, 공위 참여를 둘러싸고 연일 토의를 거듭하면서 당론을 집중하려 시도하며, 여타 정치세력과도 누차 협의·연대를 모색하였으나 통일은 쉽지 않았다. 한국독립당은 5월 19일 중앙상무위원회(주석 김구, 상무위원은 조소앙 외 9명)와 중앙의 각 부서를 결정한 뒤,[43] 5월 22일 상무위원회를 열어 미소공위 참가 여부를 논의하였다. 이날 참가를 주장하는 국내파(국민당·신한민족당 계열)와, 보류를 주장하는 해외파(원 한국독립당 계열)가 격론을 벌인 끝에 보류파가 우세하여 보류를 결의하였으나 당내의 반발 기류도 강하였다.[44] 5월 25일 한국독립당은 '민족자결의 의사'에서 "탁치제도를 취소하고 즉시 독립을 보장하는 때까지 참가권의 사용을 보류한다"는 담화를 발표함으로써[45] 당내 의견을 공식화하였다.

임시정부 계열은 다른 우익 세력들과 미소공위에 참가하는 문제를 논의하는 자리에서도 완강한 태도를 유지하였다. 5월 25일 이승만·김구·조소앙과 한국민주당의 김성수·장덕수(張德秀)·김준연 등이 모여 미소공위 대책을 협의하였다.[46] 이 자리에서 한국민주당 계열은 미소공위에 참가하자고 주장하였고, 이승만도 이전의 태도를 바꾸어 자신은 불참가하더라도 민족진영의 다수가 참가하도록 권유하였다. 김구·조소앙은 시종일관 참가 보류를 주장하였다.

6월 6일 한국독립당 중앙상무위원회에서는, 미소공위 참가 문제를 논의하기 위해 중앙집행위원회 소집을 요구한 민주파(구 신한민족당계)와 혁신파(구 국민당계)를 제명하기로 작정하고, 이들을 감찰위원회에 회부하기로 결의하였다.[47] 이어 6월 19일 중앙집행위원회를 통과하지 않은 채 중앙당부(中央黨部)에서 일방으로, 안재홍을 비롯한 국민당계의 혁신파 37명과 신한민족당계의 민주파 9명의 중앙위원을 끝내 제명 처분하였다.[48] 이로써 한국독립당의 분규는 막을 내렸지만, 국민당·신한민족당의 이탈은 한국독립당과 임시정부를 더욱 왜소화시켰다.

한국독립당이 분열로 당세가 약화된 뒤에도, 조소앙은 국민의회를 통한 자율적 과도정부수립 노선을 포기하지 않았다. 때마침 7월 10일 독립촉성국민회를 중심으로 한국민족대표자대회(韓國民族代表者大會)가 개최되었다.[49] 한국독립당은 11일 이 대회를 "진정한 3천만반탁(反託)국민총의의 집결체인권리(權利)주체"라고 극찬하면서, "자율적 법통임정(法統臨政)수립의 민족과업을 완수"하기를 기대한다는 담화를 발표하여 에둘러 '합작'을 제안하였다.[50]

한국민족대표자대회는 7월 12일 국민의회와 통합하기로 결의하고, 명제세(明濟世)·배은희(裵恩希) 등의 교섭위원이 국민의회 의장 조소앙을 방문하여 합류를 교섭하였다. 국민의회는 7월 13일 긴급 상임위원회를 개최하여 논의한 끝에 통합을 가결하였다. 두 단체는 수차례 연석회의를 가지면서 통합 문제를 두고 교섭하였으나[51] 결국 7월 18일에 이르러 최종 합의가 불발되었다.[52] 양측은 7월 31일 각각 통합이 결렬된 이유를 밝히는 성명을 발표하였는데[53] 결렬의 근본 원인은 임정법통의 문제와 총선거(남한 내의 보통선거 실시)를 둘러싼 문제에서 정치노선의 차이에 있었다.[54]

8월 8일에도 국민의회와 한국민족대표자대회의 대의원들이, 국민의회 제42차 임시회의의 형식으로 "민대(民代)의국의(國議)에로의연입회의(延入會議)"를 진행하였다. 이번에는 입법의원 의원에게 대의원 자격을 허여(許與)하는 문제를 둘러싸고, 국민의회 쪽은 입법의원에서 이탈하는 조건을 요구하였으므로 양측의 의견은 또다시 상충하였다. 한국민족대표자대회 측은 8월 9일 별개로 회합하여, 국민의회에 참여한 전 대의원을 소환하기로 결정하고, 8월 11일부터는 단독으로 자신들이 성안(成案)한 선거 대책을 토의함으로써 합동은 완전히 결렬되었다.[55] 양자의 통합이 최종 결렬되자, 8월 11일 김구와 조소앙이 이승만을 방문하여 타개책을 모색하였으나[56] 더 이상의 진전은 없었다.

하루 뒤인 8월 12일 입법의원 제128차 본회의는, 미군정의 수정 요청을 수용한 보통선거법안을 원안대로 가결하여 군정장관에 송부하였다.[57] 이승만은 이전부터 보통선거법안의 신속한 처리를 수차 요구한 터였다. 이후 한국민족대표자대회는 이승만의 정치이념을 근간으로 하는 선거 대책을 수립하는 방향으로 나아가면서, 국민의회와는 완전히 다른 정치노선을 걸었다.[58] 이들은 남한만의 총선거 실시라는 이승만의 전략에 부응하였다.

국민의회와 한국민족대표자대회의 통합 논의가 최종 결렬되자, 조소앙은 「국민의회」라는 장문의 성명서를 발표하여, 국민의회의 성격·임무 및 통합 논의 과정 등을 설명하였다. 이 성명은 해방정국기 조소앙의 정치노선의 전모를 담고 있으므로 주의 깊게 살펴야 한다.

1. 성격

국민의회는 대한민국의 유일한 역사적 입법기관이며 또 독립운동의 피묻은 최고기구이다. (……) 대한민국의 대의(代議)제도를 창립한 임시의정원을 보강한 국민의회임은 이미 선포한 바이다.

그러므로 국민의회는 국부적(38이남)성질이 아니라 한국 전영토를 포괄한 국회이며 임시적 협의기구가 아니라 상설적 대의조직의 최고조직이다.

국민의회가 민족자결의 최고전형(典型)으로서 외부의 간섭을 받지않고 민족의 기본법인 헌법과 선거법을 자정(自定)할 권리와 의무를 갖는 것이다. (……) 외국지점(支店)의 영향하에 있는 기관에 위임할 바도 아니며 외국지점에 차작(借作)을 갈망할 여지도 없는 것이다. (……)

2. 임무

(1) 대한민국 임시헌장(기미이후 7차수정)을 수정하는 임무.

(2) 선거법을 제정하는 임무.

(3) 헌법과 선거법에 의한 총선거를 통하여 정부를 건립하는 임무.

(……)

3. 최근상태

(……) 위임된 특권에 의하여 3개항의 결의로서 한국민족대표자대회 대의원을 영입(迎入)키로 결정하엿으니,

(1) 민대(民代, 한국민족대표자회의를 가리킴 ― 인용자)의원을 국민의회로 영입키로 할 것.

(……) 불행히도 (……) 민대의 반부(半部)는 국의(國議)에 가입을 거절하고 독자(獨自)로 진행중에 있다.

독자진행의 유일한 구실은 근 50명의 입법의원(立法議員)을 거느리고 들어오겠다는 것이다. (……) 1개국에는 1종(種)의 국회

가 있을 뿐이다. 일개인으로서 양종(兩種)의 입법권을 겸행한 것은 비합법 불합리로 규정한다. 언제든지 입법의원(立法議院)에서 이탈한다면 국민의회는 입법의원의 전(全)의원까지도 소원대로 영입하겠다.

(……)

4. 결론

애국동지들! 독립운동의 노선을 고집하는 자는 국민의회를 옹호하라.

독립운동을 포기하는 자는 국민의회에서 이탈하라.(……)[59]

조소앙은 임정법통론을 고수하면서 국민의회로 입법기관임을 자임하였다. 그는 입법의원은 물론, 미군정까지도 외국 지점으로 비하하면서 부정하였다. 입법의원에 참여하는 의원(議員)들을 향하여서는, 한 나라에 두 개의 입법기관이 병립할 수 없으니, 국민의회에 가입하기를 '소원'하여 입법의원의 의원직을 포기하면 '영입'하겠다고 강요하는 고압스러운 태도를 드러냈다. 더 이상 설명이 필요 없는 조소앙의 이 무렵 정치노선이었다. '임정법통'을 인정하지 않는 누구와도, 어느 정치세력과도 협의·타협·합작할 여지와 공간은 사라져 버렸다. '법통'의 동의어는 '유일'이었고, 이의 동의어가 '배타성'으로 나타나면서, 임정법통론이 오히려 임시정부를 왜소화시키는 결과를 자초하였다.

국민의회와 한국민족대표자대회의 통합 논의가 삐거덕거리는 사이 한국문제가 UN으로 이관되면서, 1947년 12월 들어 UN한국임시위원단의 한국 입국이 언론에 오르내리었다. 다급해진 국민의회와 한국민족대표자대회 양측의 회합이 재개되면서, 합작과 합동이 성사된 듯이 수차례 보도되기도 하였으나, 지루한 논의만 무성할 뿐 성과를 내지 못한 채 다시 교착상태에 빠지고 말았다. 급기야 12월 2일 한국민주당 정치부장 장덕수가 피살당하는 사건이 일어났다. 여기에 국민의회 간부 몇 사람이 배후로 지목되었으므로, 12월 12일 예정한 합동회의가 집회 금지 조치 당하는[60] 악재까지 겹치는 등 곡절은 반복되었다.[61]

그러나 양자의 합동이 순탄치 않은 근본 이유는 단순하였다. 한 신문은 우익 진영의 동향을 분석하면서, 양측의 정치노선을 다음과 같이 각각 한 줄로 평하였는데 정곡을 찌르는 촌평(寸評)이었다. "대한민국임시정부 법통을어데까지고집(固執)하는동시 전국(全國)총선거로서 남북통일정부수립을 주장하는『국민의회』와미소공위 좌우합작실패(失敗)이래 당초로부터 남조선총선거로써 정부를수립할것을주장하는 독촉국민회를중심으로 구성한『한국민족대표자대회』."[62]

한국민족대표자대회와 합동이 결렬된 뒤에도 조소앙은 자신의 정치노선을 견지하였다. 국민의회는 1947년 9월 1일부터 5일 사이에 제43차 임시회의를 소집하여, 향후 국민의회의 정치노선을 천명하고 조직을 강화하였다. 첫날 회의인 9월 1일에는 "38선을 존속시키고조국(祖國)을 영구(永久)양분(兩分)할위험성이잇는 남조선단독정부의 노선으로향(向)하고잇는 입의(立議, 입법의원을 가리킴 — 인용자)의보선법(普選法)에의(依)하야 시행(施行)하려는 남조선총선거는중지함이 당연하다는것을 주장하기로결의함"이라는 긴급제의안을 결정하여[63] 남한 단독정부수립을 반대하였다. 3일 차 회의에서는 「정무·법무 양 위원회 설치에 관한 건」을 토의·가결시킴으로써, 국민의회의 조직 체계로 국무·정무·법무 3권분립의 형태를 갖추었다. 총선거법안은 원안에서 약간 수정을 거쳐서 만장일치로 통과시킴으로써 독자의 선거법안도 마련하였다.[64]

4일 차 회의(9월 4일)에서는 각 부서의 위원을 개선하였다. 먼저 이승만과 김구를 임시정부의 정·부주석으로 재선출한 뒤, 3월 3일 선출하였던 14명의 국무위원 가운데 12명(조소앙·유림·조완구 등)을 연임시키고 김승학(金承學)·김성수 2명을 보선하였다. 또 부서도 정비하여 정무위원으로 조소앙 외 16명, 법무위원으로 유림 외 11명을 선임하였고,[65] 이러한 결정 사항을 6일에 공포하였다.[66]

그러나 국민의회가 주석과 국무위원으로 재선임한 이승만과 김성수는, 이미 국민의회의 노선과는 정반대의 방향으로 나아가고 있었다. 이승만을 향한 조소앙의 기대는 애원과 호소에 가까웠으나, 이승만은 아랑곳없이 단독정부수립으로 내달렸다.

국민의회가 입법의원에서 통과한 보통선거법을 반대한 날, 이승만은 국민의회에 보통선거법으로 총선거를 단행하자고 종용하는 서신을 보내면서, 임정법통 문제도 "오직 국제관계로 인하여 이것만을 고집치 말고 아직 잠복하였다가 정부를 수립하여 계통을 전임키로 할 것"을 주장하였다.[67] 9월 16일에도 이승만은 국민의회의 주석 취임을 거절하는 한편, 남한의 총선거 실시를 주장하는 담화를 발표하였다.[68] 새로 국무위원으로 선임된 한국민주당의 위원장 김성수는, 이승만과 남한 총선거 문제를 수차례 협의하였다. 한국민주당이 이승만의 남한단독정부수립 노선에 가장 강력한 우군이었음은 다 아는 사실이다.

한국문제의 UN이관, 남북요인회담을 구상하다

우익 세력이 분열하는 가운데 미군정은 미소공위를 진행하면서 입법의원에 보통선거법 제정을 촉구하여 관철시켰으나, 이 무렵 제2차 미소공위는 난항을 겪기 시작하였다. 1947년 7월 초까지만 해도 제2차 미소공위는 성공할 듯 순조롭게 진행되었다. 그러나 미·소 양측이 미소공위와 협의할 정당·사회단체의 자격 문제를 둘러싸고 다시 해묵은 논전을 되풀이하였고, 회담은 교착에 빠졌다.

제2차 미소공위가 정돈(停頓) 상태에 빠지자, 9월 17일 미 국무장관 마셜(George Catlett Marshall)은 UN총회 연설에서, 미소공위를 통한 미소 양국의 교섭으로 한국문제를 해결하려는 기도는 조선의 독립을 지연시킬 뿐이라는 판단 아래 한국문제를 UN에 부의(附議)하겠다고 제의하였다. 마셜은 이 연설에서 "조선의 독립에 관한 문제를 금반 UN총회에 제출코자 하는 것이 미국의 의도"임을 명백히 밝히면서,[69] 한국문제 해결의 방안이었던 「삼상회의 결정」을 폐기하겠다는 방침을 굳혔다.

미국은 한국문제를 UN으로 이관하였고, 9월 23일 UN총회는 한국문제를 총회 의정에 첨가하는 안건을 41 대 6표로 가결하였다. UN에서 한국문제가 토의 중이던 10월 18일 미소공위 미국 측 대표

브라운(Albert E. Brown) 소장은 미소공위를 휴회하자고 제안하였다. 10월 21일 소련 측은 미국 측을 비난하며 평양으로 철수하였고, 「삼상회의 결정」에 따라 한국문제를 해결하기 위하여 열린 제1·2차 미소공위는 완전히 파열되고 말았다. 이제 미소의 합의에 의거한 한국문제 해결은 불가능하게 되었다.

1947년 9월 17일 마셜의 UN총회 연설은 외신을 인용하여 일부 내용들이 즉시 국내 언론에도 보도되었고, 19일 공보부는 특별 발표로 마셜의 연설 전문을 발표하였다. 김구는 마셜의 제안을 "신탁통치 기한이 없이 한국의 독립을 달성하는 수단을 강구"하는 방안이라고 이해하면서, "한국문제를 UN에 상정시키어 해결함에 당하여 한인에게 의사발표의 기회를 주는 것이 가장 적절한 민주주의적 해결방법"이라고 요구하면서 적극 지지한다는 의사를 표명하였다.[70]

마셜의 연설에는 '신탁통치'라는 말조차 없었는데, 김구가 이해한 대로 마셜의 연설이 신탁통치를 철회하였다면 「삼상회의 결정」도 철회되어 한국문제가 원점으로 돌아감을 의미하였다. 김구는 이로 인해 발생할 난경, 그가 가장 거부하였던 분단 정부가 현실화하는 조짐을 전혀 기미채지 못하였다. 다만 신탁통치가 폐기되었고, 한국문제가 UN에 상정되었다는 사실만으로 무척 고무되었다.

조소앙도 크게 다르지 않았다. 그는 연합국의 기존 대한정책, 즉 「카이로선언」의 '상당(相當) 시기'('in due course'를 이렇게 표현하였음)와 38도선 분할점령 및 「삼상회의 결정」과 이에 따른 미소공위를 모두 뭉뚱그려 "착오(錯誤)를 착오로 연장한" '착오'라고 비난하면서, 마셜의 제안으로 '신국(新局)의 바둑판'이 벌어졌다고 낙관하여 정세를 인식하였다.[71] 조소앙은 한국문제가 UN에 상정됨을 헤이그밀사사건과 파리강화회의에 한국대표가 참석하려는 노력에 이은 '한국문제 제3차의 국제적 진출'이라고 규정하였다. 그는 "독립문제가 어찌하여 한인(韓人) 자신의 손에서 해결될 길을 떠나 미·소를 거쳐 UN으로 향하지 않으면 안되게 되었는가."라고 비장하게 개탄하면서도, "민족자결주의에 의하여 그 독립을 확보"[72]해야 한다는 이상주의를 표명하였다.

김구와 조소앙은 미국이 한국문제를 UN으로 이관하였을 때, 남한만의 단독정부수립을 가시화하는 조치임을 인식하지 못하였다. 그들은 미국과 소련이 한국문제로 대립할 때 분단이 현실화할 수 있다는 가정도 전혀 하지 않았다. 오로지 「삼상회의 결정」이 폐기됨으로써 신탁문제가 철회되었다는 표면의 사실만 부풀려, 미국이 외교상의 이상과 수식어로 표현하는 말들을 액면 그대로의 이상으로 수용하였다.

조소앙은 UN에서 한국문제의 자결주의를 관철시키기 위하여 국민운동을 전개할 필요를 느꼈고, 10월 5일 국민의회의 주도로 국민대회를 개최하였다. 대회의 정식 명칭인 '한국독립문제에 대한 미국 마셜 국무장관의 신제안(新提案) 달성 국민대회'에서 보듯이, UN에서 한국독립을 즉시 실현하기를 기대하는 집회였다. 서울운동장에 십수만이 결집하였다는 이 대회에서는 "남북을 통한 총선거로써 자율적 통일정부를 수립할 대한민국의 통일된 독립국가를 승인케 하여 유엔총회 일원으로 가입토록 할 것"(1항), "막부삼상결정인 탁치와 공위(共委)는 이미 실패됨이 공인되었으므로 그 존속을 절대 거부할 것"(3항), "본대회의 결의를 관철키 위하여 유엔총회에 정사(正使) 이승만 박사 부사(副使) 조소앙씨를 한국민족대표사절단으로 파견할 것"(5항) 등 5개 항의 결의문을 채택하였다. 대회는 결의문 5개 항을 즉석에서 박수갈채로 결의하였다.[73]

조소앙은 이 대회의 회장으로, 대회에서 낭독될 「미국무장관 마샬에게 보내는 글」(이헌구(李軒求) 낭독) · 「4대국 원수에게 보내는 글」(조경한(낭독) · 「UN총회에 보내는 글」(이단(李團) 낭독) · 「UN특별위원회에 보내는 글」(이종현(李宗鉉) 낭독) · 「이북 동포에게 보내는 글」(한경직(韓景職) 낭독)을 작성하였다.[74] 위의 메시지들에서 조소앙의 일관된 주장은, "남북 분단과 막부결정의 탁치 두 결정을 즉시로 폐기케 하고 남북통일 완전자주독립 국가로서의 실현"과 "UN총회에 한국대표를 참석케 할 것과 합법한 국제적 발언권을 가지게 할 것"을 '희망'한다는[75] 두 가지로 집약된다.

조소앙은 유엔한국임시위원단(United Nations Temporary Commission on Korea, 약칭 UNTCOK, 국제연합한국임시위원단이라고도 함)이 입국함(1948년 1월 8일부터)에 대비하여, 좌우합작위원회와 다른 방식으로 좌우합작도 병행하여 추진하였다. 그는 남북총선거에 앞서, 미소 양군의 철수 및 남북요인회담과 남북정당대표회의까지 목표에 두고, 우선 남한 내 정치세력의 통일을 꾀하기 위하여 각정당협의회를 시도하였다. 이 또한 UN에서 한국민족의 자결주의에 입각하여, 남북총선거를 통한 독립정부수립을 관철시키기 위한 방안이었다.

조소앙이 남북요인회담을 처음 구상한 시기는 1947년 9월 말경으로 보인다. 1948년 4월 남한의 정계 요인들이 평양으로 북행하여 개최된 '남북협상'은, 이해 2월 들어 김규식·김구를 중심으로 논의되었다. 조소앙은 이보다 앞서, 한국문제가 UN으로 이관되는 시점에서 남북요인회담을 구상하여 10월 들어 제기하였다. 이 점에서 '남북협상'으로 통칭되는 역사사실이, 김구·김규식을 주류로 서술·평가되는 일반론을 되짚어 볼 필요가 있다.

1947년 하반기의 사정을 상세히 살펴보면, 먼저 9월 26일 미소공위 제61차 본회의에서 소련 측 대표 시티코프(Terenti Fomitch Shtykov) 중장이 성명서를 발표하였다. 이 성명에서 시티코프는 1948년 초까지 미소 양군이 조선에서 공동 철퇴함으로써, 연합국이 원조에 참가하지 않고 한국인 스스로 정부를 수립할 수 있는 가능성을 부여하자고 주장하였다.

이 성명서가 발표되자, 한국독립당은 9월 27일 곧바로 중앙상무위원회를 개최하였다. 회의에서는 비록 소련 측 제안이라 하더라도, 조국 독립과 외병(外兵) 철병(撤兵)은 불가분의 관계가 있으므로 대의명분상 당연히 시티코프안(案)을 지지하여야 한다는 의견을 통과시키고, 미소 양군 철병과 단독선거·단독정부반대를 결정하였다. 이어 10월 16일 중앙집행위원회에서 김구·조소앙이 상무위원회안을 지지하는 훈시가 있은 직후, 조소앙·엄항섭·조경한의 공동 긴급 제안으로 "남북요인(要人)회의를개최하야 철병문제 남북통일자주(自主)선거문제 국민회의완성문제 중앙정부수립문제 관계우방에대(對)한교섭(交涉)문제의자주적해결" 등을 만장일치로 결정하였다. 이후 다시 상무위원회에서는 이를 실천하는 방법으로 남한 각정당 회의를 개최하기 위하여 정형택(鄭亨澤)·성낙훈(成樂薰)·김경태(金京泰)·조각산(趙覺山) 등

4인을 교섭위원으로 선정하였다.[76]

각정당협의회는 11월 2일 조소앙이 주도하여 한국독립당의 명의로, 근로인민당·민주독립당 등 10여 개의 중간좌우파 정당들을 초청하여 예비 회합을 가진 데에서 시작되었다. 11월 5일에는 4대 원칙과 방략 등을 토의하고 각정당협의회(各政黨協議會, 일명 정협)를 결성하는 데 합의하였다.[77] 그러나 각정당협의회는 좌익·우익의 대표 거대 정당인 남조선노동당·한국민주당이 불참함으로써, 한국독립당과 중간좌우파를 포함한 '12정당협의회'(뒤에 13정당협의회가 됨)로 왜소화하였다.[78] 한국민주당은 이승만과 동행하여 단독정부수립을 향해 제 갈길을 달려가고 있었다.

조소앙은 11월 8일 각 정당의 참여를 촉구하는 성명을 발표하였다.[79] 그는 이 성명에서 유엔한국임시위원단이 입국함에 대비하여, "통일독립을 촉진하기위(爲)하야는 지당히좌우(左右)를막론하고 절대로국내(國內)협조협의가필요하다"고 재차 강조하였다. 그는 이전과는 태도를 크게 달리하여, 좌익 세력을 "자유공민권(公民權)을향유(享有)한자(者)"로 인정하면서 "좌익이니 공산주의자니하고 타국인시(他國人視)한다는것은부당하다"고 주장하였다. 통일독립정부 수립을 위해 남한 내 정치세력의 통일이 절대 필요하다는 절박감에서, 임정법통론을 내려놓고 공산주의자들에게도 손을 내밀었다. 그러나 조소앙의 이러한 노선은 이 무렵 김구의 선택지와는 방향이 크게 달랐다.

각정당협의회는 남조선노동당·한국민주당이 불참한 가운데서도, 조소앙·한국독립당이 주도하여 회의를 속개하였으나, 이번에는 김구와 조소앙 사이에 불협화음이 터져 나왔다. 각정당협의회가 11월 18일

회의에서 공동 담화를 발표하는 등 통일된 견해를 마련하던 중,[80] 국민의회와 한국독립당 내의 의견 차이로 돌연 제동이 걸렸다.

하루 앞서 11월 17일 개최된 국민의회의 정무·법무 양 위원회에서, 각정당협의회를 추진함이 시기상조이므로 보류해야 한다는 의견이 대두되었다.[81] 이어 19일에는 각정당협의회를 제안한 한국독립당 내에서도, 상무위원회가 협의회 추진을 보류하기로 결의하는 등 당내 의견이 찬부 양론으로 갈리었다.[82] 당의 위원장인 김구가 각정당협의회를 더 이상 추진하지 말라고 지시하였다는 말도 흘러나왔다.[83]

1947년 9월 11일 발표된 국민의회 정무위원회의 위원장 김승학, 부위원장 조경한, 법무위원회의 위원장 조완구[84] 등은 모두 임정법통론을 신봉하는 임시정부 요인으로 김구 계열의 인사들이었다. 각정당협의회는 조소앙이 주도하여 7차 회의까지 속개하면서 민족자주에 입각한 4원칙 4방략을 도출하였으나, 11월 21일 예정한 8차 회의가 유회되는 등 교착상태에 빠졌다.[85] 한국독립당에서 위원장 김구를 비롯해 반대 의견이 거세지자, 조소앙은 각정당협의회의 회의에도 참석할 수 없게 되었다.[86] 9월 22일 김구는 이미 정지되어 버린 각정당협의회를 향하여 "사전준비가 부족한 감이 없지않다"고 단정하면서, "단시내에 성공하기 어려울것이니 좀더 적당한시기까지 기다릴필요가 있다고 생각한다"는 최종 방침을 성명하였다.[87]

한국독립당 부위원장 조소앙은 위원장 김구를 비롯한 당내 분위기로 인해 매우 난감한 처지에 빠졌다. 그는 9월 22일 기자들과 만난 자리에서, 각정당협의회 운동을 포기하지 않았고 적당한 시기에 다시 추진하겠다는 의지를 내비쳤으나, "결국 이 이상 추진함이 불가능하게 된 것"을 인정하였다. 그러면서 "자국의 운명을 결정할 현단계에 이르러 정계의 지도자라고 할 인물들이 독립운동을 할 의논을 하고자 한 좌석에서 회합을 회피함은 불가사의한 일"이라고 통매(痛罵)하면서,[88] 김구를 에둘러 겨냥하였다.

　남조선노동당·한국민주당·독립촉성국민회 등의 강력한 반대에다가, 김구·한국독립당 내의 반발 기류가 더하자 각정당협의회는 좌초되었고, 여파는 김구와 조소앙 사이의 갈등 및 한국독립당의 내분으로 이어졌다. 이 무렵 한국독립당은 각정당협의회를 주도하여, 우익을 기반으로 중간파와 좌익 내의 공산주의 세력까지 포괄하는 방향을 구상하였으나, 김구는 각정당협의회를 포기하고 이승만과 합작을 모색하고 있었다.[89]

　김구와 조소앙의 갈등은 급기야 폭력 사태까지 유발하였다. 12월 2일 한국독립당의 중앙위원이자 정보부장으로 각정당협의회 추진파인 김경태가, 당사에서 20여 명의 청년들에게 납치되어 3일 오후까지 감금·폭행을 당하는 일이 벌어졌다. 이를 지휘한 사람은 당의 중앙재무부 회계과장 유선기(柳宣基)였는데, 김구계의 인사로 임시정부 국무위원인 조경한의 처남이었다. 이 사건은 각정당협의회를 추진하면서, 한국독립당 내에서 이를 반대하였던 조완구·엄항섭 등과 조소앙의 갈등에서 비롯된 불상사였다.

　1932년 5월 항저우구타사건(제8장 5절의 앞부분을 참조)에 이어, 김구와 조소앙 사이의 두 번째 충돌이었다. 김구 측이 폭력을 행사하였다는 데에서 동일하였고, 다만 조소앙이 직접 폭행당하지 않았다는 차이가 있었다. 1932년 5월에는 구타 사건으로 임시정부 국무위원 전원이 사표를 제출하는 책임을 동반하였으나, 이번에는 폭행당한 측이 당에서 제명되는 피해까지 겹쳤다는 데에서 사태의 심각성은 더하였다. 남북협상 이후의 정치노선의 상위로 김구·조소앙 두 사람이 갈림길에 들기 전, 1932년 이후 잠복하였던 감정의 앙금이 다시 돋았다. 조소앙이 정계 은퇴를 결심하는 하나의 원인이었다.

폭행 사건의 피해자인 김경태·성낙훈·민대호(閔大鎬)·정형택(鄭亨澤) 등 4인은, 12월 12일 성명을 발표하여 전말을 폭로하였다. 이에 따르면, 폭행 가담자들은 이들 4인이 한국독립당을 분열시키기 위하여 조소앙의 지휘하에 각정당협의회를 추진하였으며, 9월 15일 근로인민당 정백(鄭栢)에게서 당을 분열시키는 공작비로 10만원을, 민주한국독립당 권태석(權泰錫)·김일청(金一靑) 양인의 입회하에 받아서 공동분배하였다는 자백서를 강제로 쓰게 하였다.[90] 12월 5일 한국독립당 26차 상무위원회에서는 각정당협의회에 참가한 상무위원 성낙훈·정형택, 정보부장 김경태 3인을 제명하고, 상무위원 민대호를 정권(停權)키로 결정하였다.[91]

한편 12월 2일 한국민주당 정치부장 장덕수(당시 53세)가 각각 경찰 정복과 검정 외투를 입은 두 청년에게 살해당하는 일이 발생하였다. 이들의 배후로 김구·조소앙·엄항섭 등 국민의회와 한국독립당계 인사들이 지목되었고, 조소앙도 12월 13일과 15일 등 수차례에 걸쳐 '문초'·'취조'를 받았다.[92] 장덕수 피살 사건으로 인해, 예정하였던 국민의회와 한국민족대표자대회의 합동대회가 금지되어 자동 유회되기도 했다.

이 무렵 이러한 사정들로 조소앙은 매우 힘든 시기를 보내고 있었다. 그는 12월 20일 정당·사회단체 등에서 일체의 '간부'와 '명예직'을 사퇴한다는 성명서를 발표하였다. 한국독립당을 탈당하지는 않았고, 애국운동을 지속하겠다고 밝혔으나,[93] 당시 모든 언론은 그가 정계에서 은퇴하였다고 보도하였다. 각정당협의회의 실패, 자신의 측근들이 폭행당하고도 오히려 당에서 제명당하는 사태까지 유발한 김구와의 갈등, 국민의회와 민족대표자대회의 합동 실패, 장덕수 피살 사건의 배후로 지목되어 경찰에 신문을 받는 굴욕감 등이 복합되어 내린 결심이었다. 조소앙은 성명서에서 다음과 같이 심경을 피력하였다.[94]

一. 나는남북회의의진행에도 남한정당회담에도 국의(國議)민대(民代)와의 단결에도실패된데상심(傷心)한다

二. 나는민족적주관적(主觀的)관념과국제적(國際的)객관정세로하여금 서로 절충(折衷)조화케하여 곤란과지장(支障)을 배제하자는 노력에도 실망하게 되었다

三. 무력(武力)과테로로써정권(政權)을 찬탈하는것은 벌서 고대의 누습(陋習)이었다 좌우(左右)를막론하고 암투와 중상으로 정쟁(政爭)을 도발코저하는자(者)가있다면이는현대(現代)국가로서 용인할수없고 분열과소란(騷亂)은 국제협조(協助)를 받을수없는 것이다 (……)

六. 나는 이에 각(各)사회단체 기관 신문급(及)정당의 간부와 명예직을 사퇴한다

조소앙의 복잡한 심경이 짙게 배어 있는 성명이었다. 3항에서 측근들에게 가해한 김구 측의 폭력을 비난함과 동시에, 장덕수 피살 사건과는 무관함을 밝혔지만, 자신의 정국 구상대로 진행되지 않는 패배감이 가장 강하였다. 2항은 해방정국에서 민족운동의 방향성 문제였다. 조소앙 자신이 '민족적·주관적 관념' 즉 희망과 '국제적 객관정세' 즉 한국문제의 국제관계성·제약성이라는 양자를, 과연 절충·조화시켰는지를 스스로 반성하는 대목이었다. 그는 이 점에서 실패를 인정하였다.

통일정부수립을 위한 마지막 노력, 남북협상에 참여하다

한국문제가 UN으로 이관된 뒤, 이승만과 한국민주당은 남한만의 총선거에 매진하였고, 중간좌우파도 남한만의 단독선거를 예측하면서 이승만·한국민주당과는 달리 정치세력화를 시도하였다. 반면 김구·조소앙 등 임시정부-한국독립당계는 통일정부수립을 위한 당위성에서 정세를 낙관하여 판단하는 오류를 범하였다. UN에서 남한만의 단독선거를 결정하자, 남북분단은 불가역의 기정사실이 되었다. 민족분단의 현실 앞에서 김구·조소앙의 위기감은 고조되었고, 절박감은 두 사람으로 하여금 성패를 넘어서 남북협상에 나서도록 독촉했다. 그러나 각정당협의회가 그러하였듯이, 남북협상 또한 사세를 돌이키기에는 이미 시의를 상실하였으므로 역불급한 충정으로 끝날 수밖에 없었다.

조소앙은 정계 은퇴를 성명한 뒤, 분망한 생활을 접고 모처럼 정신 수양과 독서에 몰두하였다. 그사이 해가 바뀌었고, 1947년 12월 말과 1948년 1월 중순 두 차례에 걸쳐 돈암동 그의 자택에 괴한이 침입하는 일까지 벌어졌다. 그를 해하려는 괴한을 제지하려던 둘째 아들이 이마에 총상을 입었다는 소문까지 나돌았으나 그는 무사하였다.[95]

조소앙은 칩거를 계속하였으나, 해방정국은 그에게 한가로움을 허락하지 않았다. 김구가 직접 나서 이승만에게 국민의회와 민족대표자대회의 합동을 교섭하였고, 1947년 12월 26일 양측의 연석회의가 열렸다.[96] 회의는 1948년 1월 8일 합동대회를 열기로 합의하고, 조소앙의 의사를 확인하지 않은 채 의장에는 그를 유임시키기로 결정하였다.[97] 이번 대회도 합동대회가 집회 허가 문제로 유회되었으나,[98] 일단 소위원회에서 의장에 조소앙을 선출하고 부의장에 명제세(明濟世)를 증선하는 등[99] 진전을 보이는 듯하다가, 1월 11일 근본 노선의 차이로 또다시 교착상태에 빠졌다.

한국독립당에서도 조소앙의 복귀가 필요하였지만, 조소앙은 국민의회와 한국독립당의 요청에 곧바로 응하지 않았다. 그가 다시 정계에 복귀한 일자를 확인할 수는 없지만, 남한만의 총선거가 결정된 이후였고, 3월 들어 그의 활동상이 언론에 오르내렸다. 그는 민족분단을 막기 위하여 김규식·김구가 2월 들어 추진한 남북협상에 합류하였다.

1월 7일 한국독립당 상무위원회에서는 1947년 12월 15일 총사임으로 공석 중인 부서를 결정하기 위하여 은퇴 중인 조소앙에게 재출마를 요청하였고,[100] 1월 9일에는 전(前) 부장·차장을 유임시키기로 결정하였다.[101] 바로 유엔한국위원단이 1월 8일부터 입국할 무렵이었다. 유엔임시위원단은 소련 측이 북한 입경(入境)을 허락하지 않았으므로 남한에서만 활동할 수밖에 없었다. 끝내 1948년 2월 26일 UN소총회(Little Assembly of the United Nations)는 유엔한국임시위원단이 임무를 수행할 수 있는 가능 지역에서 총선거를 실시하자는 미국의 안을 31 대 2(기권 11)로 가결하였다. 이른바 '가능 지역 총선거안'으로 남한만의 단독선거가 국제연합에서 결정되었다. 3월 1일 하지 사령관은 이에 의거해, 입법의원에서 통과시킨 선거법안을 가지고 5월 9일에 남한에서 총선거를 실시한다고 발표하였다.(이후 미군정 당국은 5월 9일에 일식이 있을 수 있으므로 5월 10일로 바꾸었다.) 한국의 분단은 이렇게 최종 확정되었다.[102]

이제 남한만의 단독선거는 현실이 되었다. 일찍부터 남한 총선거를 주장하였던 이승만·한국민주당 계열은 반색하면서 벌써 총선거 분위기로 접어들었고, 이를 반대한 정치세력들도 충격과 분노 속에서 대응책을 마련하느라 더욱 분주하였다. 한국독립당도 흔들리기 시작하였다. 한국독립당이 개인 자격의 총선거 참가를 묵인하였다, 서울시 당부는 벌써 선거운동을 추진하고 있다는 등 확인되지 않은 언론 보도가[103] 한국독립당을 휘저었다.

이에 한국독립당은 3월 1일 김구의 집무처인 경교장(京橋莊)에서, 3월 2일에는 조소앙의 자택에서 연일 상무위원회를 개최하여 당원들에게 당의 노선을 재인식시키고, 3월 15일에는 중앙집행위원회를 개최하기로 결정하였다. 3월 2일 회의에서는 남북요인회담추진위원회를 설치하기로 결의하고, 조소앙·조완구·조경한 등 6명을 위원으로 선정하였다.[104] 남북요인회담은 이미 조소앙이 구상하여 제기하였던 바이지만, 차이점은 남한 내의 정당·사회단체의 통합이라는 기반 조성을 생략한 채, 정계의 '거두(巨頭)' 및 핵심 인물 중심으로 진행되었다는 데 있었다.

3월 12일 조소앙은 김구·김규식·김창숙·조성환·조완구·홍명희(洪命熹) 등 6인과 함께 7인 공동성명서, 이른바 '7거두 성명'을 발표하였다. 성명의 요지는 남조선 총선거로써 중앙정부를 수립함은 민족과 국토의 분열을 초래하므로 반대하며, 조선문제의 해결책은 오직 민족자결에 있다는 내용이었다.[105]

통일과 독립은 우리 전민족이 갈망하는 바다. (……) 우리 문제가 세계문제의 일소환(一小環)으로 국제적 연관성을 가졌고 (……) 남(南)에서는 가능한 지역의 총선거로 중앙정부를 수립하려 하고 북에서는 인민공화국 헌법을 제정발포(發佈)한다 하여 (……) 목하(目下) 정세는 실현 일보전(前)에까지 이르게 되었다.

미·소 양국이 군사상 필요로 일시 설정한 소위 38선을 국경선으로 고정시키고 양(兩)정부 또는 양국가를 형성케 되면 남북의 우리 형제자매가 미·소 전쟁의 전초전을 개시하여 총검으로 서로 대하게 될 것이 명약관화한 일이니 우리 민족의 참화가 이에서 더할 것이 없다. (……) 그러므로 우리는 우리 민족적 이해를 불고(不顧)하고 미나 소의 정책으로만 우리의 운명을 좌우하는 데는 추수(追隨)할 수 없는 것이다. (……)

반쪽이나마 먼저 독립하고 그 다음에 북쪽마저 통일한다는 말은 일리가 있는 듯 하되 실상은 반쪽 독립과 나머지 반쪽 통일이 다 가능성이 없고 오직 동족상잔의 참화(慘禍)를 격성(激成)할 뿐일 것이다. 우리 문제가 국제적 연관성을 무시하고 해결될 것은 아니로되 (……)

우리 문제를 미·소공위도 해결못하였고 국제연합도 해결못할 모양이니 이제는 우리 민족으로 자결(自決)케 하는 길밖에 없을 것이다.[106]

이 성명서는 민족분단으로 인해 앞으로 닥쳐올 동족상잔의 비극을 예견하면서, '국제적 연관성'에 '추수'하여 '우리 문제'를 해결할 수 없으므로 '민족자결'의 원칙으로 '우리 운명'을 해결하겠다는 비장함이 묻어 나온다. 남북협상을 추진한 근본 이유가 어디에 있었는지를 보여 준다. 한국문제의 '국제적 연관성'을 두 차례나 강조하면서, '국제적 연관성'이 민족분단으로 향하고 있으므로 '민족자결'을 선택할 수밖에 없다는 논리였다. '국제적 연관성'과 민족자결주의의 조화·절충보다는, 양자가 대립각을 세우면서 민족자결론으로 경사한 이유였다. 그러나 '국제적 연관성'을 주목함은, 이전 임정법통론에 의거하여 민족자결주의로 일관하였던 정치노선에 비하면, 조소앙의 정치노선이 변화할 가능성도 시사하였다.

7인 공동성명은 한국독립당을 비롯해, 김규식 중심의 민족자주연맹이 연합하여 남북협상을 추진하는 추동력이 되었다. 3월 15일 예정대로 개최된 한국독립당 임시중앙집행위원회에서, 김구는 "남북통일자주정부수립을 위하여 싸우지 않으면 안 된다"고 역설하였고,

조소앙도 치사(대독함)를 하였다.[107] 3월 26일에는 남북협상을 추진하고자 조소앙 등이 참여하여 통일독립운동자협의회가 결성됨으로써, 남북협상에 가속도가 붙기 시작하였다. 4월 3일에는 국민의회·민족자주연맹이 주도하여, 남조선선거를 반대하고 민족자결 원칙에 의거한 남북협상으로 자주통일독립을 지향하는 통일독립운동자협의회 결성대회를 개최하였다. 이날 대회에서는 남북협상추진결의문 등을 가결하고, 홍명희·조소앙·유림 3인을 간사로 선임하여 만장일치로 가결하였다.[108]

그러나 조소앙은 한국독립당이나 국민의회의 남북협상론과 다른 견해를 가지고 있었으므로, 정계 은퇴 성명을 발표할 당시의 개인 자격을 강조하면서 북행할 결심을 아직 굳히지 않았다. 그러자 조소앙이 4월 14일 북행하지 않겠다는 의사를 표시하였다는 보도가 16일자로 나왔다. 그가 한국독립당 부위원장과 국민의회 의장을 사임하고 정치 행동을 중지하였으므로 북행할 자격이 없을 뿐 아니라, 현재 추진하는 남북협상이 13정당협의회를 발족할 때의 의도와는 상위하다는 이유가 부연되었다.[109]

조소앙은 자신과 관련한 억측을 불식하기 위하여 4월 16일 당일 곧바로, "본인은남북회담을결의한한국독립당의 당원자격으로 또는 북방(北方)인사의피(被)초청자로 갈수있는것은명백하다. (……) 하여간 '민족자결' 4개자(個字)를 집행하기위하야는 사양할수없는 민족(民族)책임감에서 각계가성의로 회담에 참가하기를 바라는 바이다"라는 담화를 발표하였다.[110] 그는 '민족자결'·'민족책임감' 등을 언급하면서 참여 의사를 명확히 하였고, 다른 인사에게도 참가를 권고하였다. 마침내 김구가 38선을 넘어 북행한 4월 19일, 조소앙도 남북협상에 개인 자격으로 참가한다는 전제하에 「남북동포에 고함」이라는 성명을 발표하였다. 그는 이 성명에서 남북협상안 7원칙을 제시하면서, 자신이 1905년 을사조약 체결 이후의 독립운동자 자격으로 임하는 심정도 밝혔다.

一. 외교문제를 내정(內政)에서 구(求)하는 원칙 즉 내부의 대립을 해소함으로써 외부의 모순을 극복하야 영토불가분(不可分)의 원칙과 민족급(及) 주권의 비(非)의타적인 독립운동을 철저히 집행하자는 것

二. 남북을 걸친 우리 애국자들이 공통된 호소와 정견(政見)과 방침을 백지 우에 새로운 원칙을 세워 남북대중과 우방정부로 하야금 이의없이 집행케 하자는 것

四. 우리의 기도하는 신정부(新政府)의 형식은 (……) 선결문제로 정치상 권력을 모(某) 계급에 독점되지 않고 (……)

六. 남북 인사(人士)로써 한국 전체의 의사를 대표하며 집행할 만한 최고권위의 기구로써 대외교섭을 전개하며 대내 협조를 진행하야써 철병수속 총선거 정부조직 과도(過渡)치안 등 문제를 토결(討決)할 것

七. 목전(目前)에 긴급히 수요되는 남북의 물자교류 (……) 국민생활을 위협하는 장애를 긴급조치로서 해결할 방안을 토결할 것[111]

조소앙은 짧은 성명에 자신의 원칙과 이상·목표 및 긴급 현안

들을 모두 담으려 고심하였다. 그는 남북 간의 분리로 생기는 긴급한 민생 현안들을, 남북협상을 통하여 최우선으로 해결하려는 목표를 지니고 있었다. 1항은 한국인으로 한국문제를 해결하려는 원칙을 밝혔다. 「삼상회의 결정」·미소공위·좌우합작의 과제 등이 이미 다 종결된 상황에서 시의성을 잃은 감이 있지만, 조소앙의 정세인식에 변화가 보이는 대목이다. 특히 2항과 6항을 관련시켜 이해하면, 그가 임시정부법통을 '백지'화하고 남북협상으로써 '최고권위의 기구'를 성취하려고 목표하였음을 확인하게 된다. 조소앙으로서는 매우 큰 변화였다. 이 성명은 4항에서 삼균주의 국가건설의 이상을 제시하였지만, 전체로 볼 때 한국민족이 직면한 현실에 대응하려는 방안이었다. 그의 정치노선이 전환하는 계기가, 남북협상을 전후하여 조성되고 있었다. 이 무렵부터 조소앙은 한국독립당과 이미 분리되기 시작하였다.

한국독립당은 4월 15일 남북협상에 참여할 대표 8인을 선정하였으나, 역공작(逆工作)을 우려하여 언론에 공개하지 않았다. 조소앙은 이때 김구·조완구·엄항섭 등과 함께 한국독립당의 대표로 선정되었는데도,[112] 굳이 개인 자격으로 북행한다고 전제하였다. 이는 한국독립당과 견해차가 컸다기보다는, 북한 측이 그를 정당·단체가 아닌 '개인'으로 초청한 데 응한 때문이라고 생각한다. 김구·김규식·홍명희·김원봉 등도 '개인 초청자'의 자격으로 북행하였다.[113]

조소앙이 4월 16일 담화에서 말한 '북방(北方)인사의피(被)초청자'를 언급함도 이러한 의미였다. 북조선민주주의민족전선이 남북정치요인 예비회담에 초청하는 정식 서한이, 3월 28일 김구·김규식·조소앙 등 15명의 '개인'과 한국독립당 등 17개 정당·단체에 전달되었고,[114] 이에 조소앙은 '개인' 자격으로 참가하였다. '개인'과 '단체·정당'은, 김구·김규식·김일성·김원봉의 4자회담('4김회담'이라는 불리는 남북의 지도자회의)까지 포함하여 '남북협상'이라 통칭되는 회의가, '전(全)조선 정당·사회단체 대표자 연석회의'와 '남북조선 제(諸)정당·사회단체 지도자협의회'로 나누어 진행되는 데 따른 형식상의 구분이었던 듯하다.

조소앙은 김구보다 하루 늦은 4월 20일 아침, 조완구·엄항섭·여운홍(呂運弘, 여운형의 아우)과 함께 38선을 넘었다. 38경계선에서 그는 이를 취재하는 기자에게 "일로(一路) 순탄해서만사여의(萬事如意)하게될줄로안다 우리나라를전면적(全面的)으로베움고문안(問安)하게된것이반갑다"고 월경(越境) 소감을 밝혔다.[115]

남북협상은 김구가 회의에 도착하기 하루 전인 1948년 4월 19일부터 4월 30일 사이 열렸고, 4월 26일과 4월 30일에 김구·김규식·김일성·김두봉의 4김(金)회담도 진행되었다. 4월 30일에는 토의되고 승인된 사항이 「남북조선제(諸)정당·사회단체 공동성명서」 4개 항으로 발표되었다. 4개 항은 ① 외국군대 즉시 철수, ② 내전(內戰)과 무질서 불가, ③ 통일입법기관과 통일민주정부수립, ④ 단독선거와 단독정부 불인정 등이었다.[116] 김구·김규식의 주장이 많이 반영된 점이 성과였으나, 남한에 단독선거가 실시되고 북한에도 단독정부가 수립되었으므로 모두 공염불이 되고 말았다.

정치노선을 전환하여 대한민국정부를 인정하다

조소앙은 김구·김규식 일행과 함께 5월 4일 평양을 떠나 5일 밤 서울로 귀환하였다. 5월 6일 김구·김규식은 소기의 성과를 달성하였다는 내용의 공동성명을 발표하였고,[117] 조소앙도 방문한 기자의 질문에 답하였다. 조소앙은 4월 30일 평양에서 발표된 공동성명서의 내용을 열거하면서, "국제적으로나 국내적으로나 다소간반향(反響)을 줄수있다면 한국의여론을 촉진하는 초보공작으로서 성공이라고 보는바다"라고 긍정 평가하였다.[118]

그러나 4일 뒤인 5월 10일 '삼균주의청년동맹'의 명의로 발표한 성명에서는, 4개 항의 공동성명을 긍정하면서도 "구체적으로 실현할 방법문제가 제기되지 못한 것이 결함"이었으며, "이미 소멸된 막부(莫府, 모스크바를 가리킴 — 인용자)3상결정을 재(再)제기하고 반탁진영의 혁명세력까지를 부인하는 것"이 "내부단결에도 유리한 표현이 되지 못하였다"고 비판하였다.[119]

조소앙은 김구·김규식과 달리, 남북협상의 결과 여부를 떠나 "독립운동자로서 회피할 수 없는 역사적 임무"를 인정하였으나, 긍정의 면보다는 비판할 요인을 더 많이 지적하였다. 그가 "집행능력과 자유의사를 구비한 양방(兩方)대표로써" "남북회담의 신(新)발전이 실현"되어야 한다고 지적한 대목에는 매우 함축된 의미가 담겨 있었다. 남북협상을 총괄 평가한 이 말을 달리 해석하면, 남북협상의 남북 두 주체가 집행 능력과 자유의사를 구비하지 못하였다는 뜻으로, 이러한 한계는 남북에 실권을 가진 정권이 들어선 뒤에야 극복이 가능하다는 데에 유의해야 한다.

　남북협상은 조소앙의 정치노선에서 '코페르니쿠스의 전환'을 가져왔다. 이와 관련하여 그가 1950년 5·30총선거에 참가하면서 남북협상을 회고·평가한 다음 대목은 매우 중요하다.

　　남북협상의 목적한 바는 부득불 국제결정을 합리(合理)하게 전변(轉變)시키기 위하여 (……) 그러나 북방(北方)은 소련 「코민포름」지령하에 강대한 권력과 무력을 배경으로 한데 대하여 우리들은 진정한 민중을 기반으로 한 정당 사회단체의 대표로 대하게 되어 도저히 상대가 되지 않았음으로 결국실패에 돌아간 것이다. 우리는 남한으로 돌아오면서 민족진영의 재편성 내지는 대동단결의 필요성과 가능한 지역에서의 선거로 우리의 정부를 수립하여 민족진영의 기반을 공고히 하여야 하겠다고 가슴깊이 느꼈던 것이다.
　　여기에서 내가 소속하고 있는 당을 이런 노선으로 이끌려고 당내 투쟁을 전개하였던 것이다.[120]

　여기에는 남북협상 이후의 조소앙의 정치노선의 향방이 그대로 드러난다. 그는 남북협상에 참여한 북한의 주체는 소련을 배경으로 한 데 반하여, 남한의 주체는 민중의 지지 기반 외에는 실권이 없었으므로, 남쪽의 주체가 북쪽을 상대하기에는 역부족이었다고 평가하였다. 무엇보다도 그는 남북협상에 참여함을 계기로, 북한이 소련의 위성국가화하고 있다는 판단을 굳혔다. 조소앙이 지칭한 '우리'가 누구를 지칭하는지 확실하지 않지만, 위의 인용문을 근거로 추측하면, 그는 서울로 귀환할 때 이미 남한만의 총선거를 긍정하는 방향으로 전환하였다. 소련의 위성국인 북한 정권과 통일 문제를 논의하려면, 민족진영을 기반으로 한 남한의 정권을 수립해야 하므로, 민족진영의 재편성이 필요하다고 인식하였다. 그는 이를 위해 먼저 한국독립당의 변화를 이끌어 낼 목적에서 당내 투쟁을 전개하였다.

조소앙이 남북협상에 참가한 뒤 서울로 돌아온 날은 5·10총선거를 닷새 앞둔 날이었다. 남북협상에 참여하였던 김구·김규식은 5·10총선거를 거부하였다. 이들은 북쪽의 정권 담당자들을 향하여서도, 남한 단독정부수립에 맞서 정부를 수립하려는 민족분열 행위를 중지하라고 요구하였다. 조소앙과는 전혀 다른 노선이었다.

5·10총선거는 예정대로 실시되었다. 부정선거의 사례도 상당수 발생하였지만, 94퍼센트 이상의 유권자가 등록하여 95.5퍼센트라는 역대 최고(1960년 3·15부정선거는 투표율이 97퍼센트로 집계되었지만 무효화하였다.)의 투표율을 기록한 한국사상 최초의 보통선거였다. 8·15해방 직후 표출된 민중들의 정치 열기가, 자유민주주의 체제가 제도화하는 과정에서 폭발하였다는 증거였다. 이로써 임기 2년의 초대 국회를 구성하였으며, 제1대 국회는 '제헌의회'라 불리는 사명에 따라 헌법을 제정하는 일에 착수하였고, 마침내 1948년 7월 12일 제헌헌법을 제정하여 17일 공포하였다.

제헌헌법이 공포된 지 3일 후인 7월 20일, 국회에서 대통령을 선출하도록 규정한 헌법에 의거하여, 국회는 초대 대통령과 부통령 선거를 실시하였다. 예상했던 대로 이승만은 재석의원 196명(전체 의원 수는 198명으로, 이때 제주도에서는 4·3사건으로 인해 투표를 실시하지 못했다.) 가운데 180명의 지지를 받아, 13표에 그친 김구를 압도하고 대통령에 당선되었다. 부통령에는 임시정부의 원로인 이시영이 선출되었다. 여론의 관심은 대통령이 임명하는 국무총리에 쏠렸다.

조소앙은 서울로 귀환한 이후 두 달여 넘게 일체의 정치활동을 재개하지 않고 다시 칩거하였다. 신병도 이유였겠지만, 5·10총선거 이후의 정국을 구상하는 장고에 들어간 때문이라 생각한다. 아직 제헌헌법이 공포되지도 않았고, 국회에서 정·부통령이 선출되지 않았는데도, 그가 신정부에 참가한다는 '풍설'이 떠돌았다.

소문이 무성하자, 7월 10일 기자들이 조소앙의 돈암동 자택을 방문하였다. 그는 기자들과 문답[121]하면서 자신의 정견을 비로소 드러내었다. 그는 제헌헌법이 "국호(國號)를 '대한민국'으로해서 독립운동의 정맥(正脈)을 계승하게한것은 당연하게 생각한다"고 말하였다. 이 말은 이후 그의 정치노선의 향방을 적시한 표현이었다. 여기에는 5·10총선거로 수립되는 대한민국이 임시정부의 법통을 계승하는 정통성을 지녀야 한다는 당위성과, 신생 대한민국을 법통정부로 인정하는 그의 정치노선이 반영되어 있었다.

이 무렵 김구·김규식은 여전히 남한 단독정부를 인정하지 않은 채, 각각 한국독립당과 민족자주연맹을 기반으로 남북통일국민운동기구로 통일독립촉진회(統一獨立促進會)를 결성하는 중이었다. 조소앙은 이 단체에 참가 의사를 묻는 질문에 '신병'을 운운하며 "지금도치료중이다"라는 말로써 에둘러 선을 그었다. 7월 21일 통일독립촉진회 발기 겸 결성대회가 개최되었을 때에도 그는 참가하지 않았고, 이후 간부직 등을 비롯하여 통일독립촉진회에는 일절 관여하지 않았다.

조소앙은 평양에서 귀환한 이후 침묵을 지키고 있었으나, 김구·한국독립당과는 다른 방향의 정국을 구상하고 있었다. 제헌의회가 「정부조직법」 상정을 앞두자, 이승만 계열과 한국민주당을 비롯해 각 정당들은 정·부통령과 국무총리 등에서 자신들의 조각(組閣) 구도를 실현하기 위해 분망하였다. 조소앙은 칩거 중이었는데도, 무소속구락부(無所屬俱樂部)에서 그를 국무총리로 추대하는 움직임이 일어났고,122 7월 22일에는 국회의원 120여 명의 연명건의서(連名建議書)를 대통령 이승만에게 제출하였다.123

이에 김성수를 국무총리로 추대하려는 한국민주당은, 그들의 기관지로 불리는《동아일보》를 통하여 조소앙의 총리 지명을 반대하는 여론을 조성하였다. 이유는 조소앙이 13정당협의회를 조직하여 좌우합작의 재판(再版)을 기도하였으며, 김구·김규식 양 김씨와 함께 남북협상을 주도하면서 총선거를 반대하였는데도, 자기의 과오를 청산하여 민족진영 주류의 노선에 환원하는 하등의 의사표시가 없다는 데 있었다.《동아일보》는 대통령 이승만이 김구와 합작할 수 없듯이, 조소앙을 국무총리로 임명할 수 없으며, 조소앙을 총리로 추대하려는 기도는 "앞으로 수립될 안정성을 가진 정부를 방해하려는 획책"이라고 비난하였다.124

조소앙은 김성수·신익희와 함께 유력한 총리 후보 '3인'으로 언론에 오르내리자,125 7월 22일 돈암동 자택을 방문한 기자들과 문답하면서 자신의 정견을 이전에 비해 분명하게 밝혔다. 그는 '신병'으로 대외 활동을 본격화하지 않았으나, 정국의 추이를 지켜보고 있었다. 그는 총리 추대와 관련하여 이승만 정부에 입각 의향을 묻는 질문에, 여부(與否)의 즉답을 피함으로써 가능성을 배제하지 않았다. 김구·김규식과 남북통일운동에 보조할 용의를 묻는 질문에는 "통촉(統促, 통일독립촉진회를 가리킴 — 인용자)에는직접참가하지않기 때문에 그분들이결정한구상을 추단(推斷)할수없으며"라고 말하면서 역시 선을 그었다. 그리고 다음과 같은 문답이 이어졌다.

문) 그러면남북통일에대(對)한구체적방략(方略)여하(如何)

답) 남북에양(兩)정권이 분립되었는만큼 과거의 남북통일방법과 현재와 장래의방법은 차이가있어야할것으로본다

문) 신생(新生)대한민국정부를 지지할용의가있는가

답) 대한민국은 과거30년간지지(支持)하여 왔으며 지금은 국내다대수(多大數)가 공동(共同)지지하게된것을 기뻐하는바이다[126]

이 문답은 조소앙의 정치노선이 대전환하였음을 단적으로 보여준다. '30년간'이라는 표현에서, 신생 대한민국이 임시정부의 법통을 계승하였으며, 한국민 다수의 지지 기반 위에 수립되었다는 인식이 그대로 담겨 있었다. 대한민국정부수립을 현실로 인정하면서, 통일운동의 방법도 이전 남북협상 및 김구·김규식이 추진하는 통일독립촉진회와는 다른 형태로 추진해야 한다고 주장한 근본 이유였다. 정부가 들어선 이상(북한을 '정부'로 지칭하지는 않았다.) 통일운동의 주체는 대한민국정부여야 한다는 논리였다. 1948년 7월 말 들어, 조소앙은 김구와는 전혀 다른 정치노선을 드러내었다.

기대와 예측이 분분하였던 국무총리 인선에서, 이승만은 뜻밖에

이윤영(李允榮)을 지명하여 7월 27일 국회에 승인을 요청하였다. 이윤영은 8·15해방 직후 평안남도 건국준비위원회와 조선민주당에서 활동하다가 월남한 기독교인이었으므로, 남한에는 정치 기반이 없었다. 이승만은 당일 국회에 직접 출석하여 장문의 승인 요청서를 낭독하고 퇴석하였는데, 유력 후보로 물망에 올랐던 김성수·신익희·조소앙 3인을 지명하지 않은 이유도 설명하였다. 조소앙과 관련해서는, 임시정부 시절 쌓았던 신망의 관계를 언급하면서도, 다음과 같이 부적격 사유를 밝혔다.

> 귀국한후(後)에도 더욱이만흔기대(期待)를가지고 언제든지국사(國事)에 동주병제(同舟並濟)할줄밋고잇던터이엿습니다 불행히근자(近者)에와서 총선거문제이후로노선이갈녀서 우리대업(大業)에다소간방해가 잇섯고 민심(民心)이따러서현혹(眩惑)하게된것은우리가다─불행이역이는바임니다 (……) 정권을잡고민족을인도하는자리에서는 민중의아감(訝惑)이풀녀서 다소상히 알게되기전에는 얼마간의문이 업지안흘것임으로 (……) 우리중대한문제를 해결하기에장애가업도록만든후에 책임을분담케되는것이 올흘줄로생각됨[127]

조소앙이 남한 총선거를 반대하여 남북협상에 가담한 행보 등에서 의혹들이 아직 해소되지 않았으므로, 자신과는 '대업'을 함께할 수 없다는 뜻이었다.

한국민주당이 주도하여 이윤영 인준 건을 부결시키자, 이승만은 3인의 유력 인사를 재차 배제하고, 광복군 참모장을 지낸 이범석(李

範奭)을 다시 지명하였다. 8월 2일 국회 제37차 본회의에서 국무총리 승인 요청안을 가결하여 이범석을 인준하자, 대통령 이승만은 8월 3~4일 중앙정부의 12부 4처의 장(長)을 인선하여 조각을 마쳤다.

이승만은 곧이어 대법원장으로 김병로(金炳魯)를 지명하여 국회에 인준을 요청하였고, 8월 5일 국회 제40차 본회의는 인준안을 가결하였다. 이렇게 입법부·행정부·사법부 등 3부의 구성이 완료됨으로써 명실상부한 대한민국정부가 완성되었다. 8월 15일 대통령 이승만이 대한민국정부수립을 발표함으로써 신생 대한민국이 역사로 출범하였고, 이날 정오를 기해 미군정은 폐지되었다.

3부의 구성이 최종 완료된 지 3일 뒤인 8월 8일, 김구·조소앙은 100여 명의 인사들과 함께, 이동녕(李東寧)·차리석 및 김구의 자당(慈堂) 곽낙원(郭樂園)·부인 최준례(崔遵禮)·장남 김인(金仁) 등 5인의 유해를 영접하고자 인천을 방문하였다.128 유해 봉환식에는 많은 기자들이 동행하였고 자연스레 시국 문답이 이루어졌다.129 이 문답에서 조소앙와 김구는 전혀 상반된 시국 인식과 정치노선을 드러내었다. 두 사람의 대조되는 정견은 이미 한국독립당의 분열을 노출하고 있었다.

김구는 통일독립촉진회를 강화하여 남북통일에 적극 힘쓰겠으며, 한국독립당의 당원으로서 신생 정부에 참가한다면 당으로서 단호한 조치를 취하겠다고 강조하였다. 반면 조소앙은 국무총리에 취임할 의사가 있었느냐는 질문에, "대한민국의일이라면 국무총리아니라 소학교교장이라도하겠다"고 말하였고, "차기(次期)국무총리로 나가느냐에대(對)하여서는 말할수없다"고 함으로써, 이승만 정부에 입각할 여지를 여전히 남겨 두었다. 그는 "초보이지만 정부가수립되였다는것만이라도유쾌하다"라고 신정부를 환영하였다. 반면 "통촉과는 관계가 없고 삼균주의발전을 위하여 분투하겠다"고 잘라 말함으로써, 김구·김규식의 노선과는 분명하게 선을 그었다.

8월 8일 김구·조소앙의 기자회견은, 마치 양인의 결별을 대외에 공개한 듯하였다. 「대한민국건국강령」(이하 「건국강령」으로 줄임)의 용어를 빌려 표현하면, 조소앙은 대한민국정부가 수립됨으로써 복국이 완성 되었고, 이제는 삼균주의 건국의 단계에 들어섰다는 인식을 드러냈다. 김구는 북한 정권은 물론, 분단 정부인 대한민국도 인정할 수 없었다. 그에게 현 단계는 여전히 복국기였다.

김구와 결별, 사회당을 창당하다

조소앙은 언론을 매개로 이승만 정부에 참여할 의향을 밝혔지만, 이승만이 직접 거부함으로써 외형상 야당의 길을 걸으면서 입각 할 가능성을 여전히 열어 두었다. 대한민국정부수립 후 친정부 세력 및 야당 세력은 신정당을 조직하기 위하여 수없이 회합을 반복하였다. 현재까지도 한국정치사에 고질화한 병폐로 남아 있는 유산은 이 때 상속되었다. 통합의 논의가 지루하게 지속되면서 언론에 추측만 무성하였을 뿐, 협의에 나섰던 안재홍·신익희·이청천 등 유력 정치 인들은 결국 각자의 독자 노선을 취하였다. 조소앙도 한국독립당에 서 탈당하여 신당을 창당하는 방향으로 나아갔으며, 당을 분리하기 전 먼저 한국독립당 내에서 당의 변화를 촉구하였다.

앞서 1948년 5월 31일 예정된 초대 국회 개원식을 앞두고, 김구·김규식이 단독정부 반대를 주장하면서 통일독립촉진회를 구성하기 위하여 분주할 무렵, 한국독립당 내에서도 이러한 움직임에 반대하여 신정부에 참여해야 한다는 현실론이 등장하기 시작하였다. 지도부가 나서서 '낭설'로만 치부할 수 없는 추세는 확대되어 갔다. 한국독립당 내 노선 분열의 틈새가 더욱 커지자, 당내에서 여러 차례 수습을 꾀하려고 시도하였으나 여의치 않았다.

현실파의 선두에는 조소앙이 있었다. 그는 남북협상을 다녀온 뒤 한국독립당의 회의에 불참하였다가, 9월 15일 모처럼 상임위원회에 출석하여 작심한 듯 소신을 피력하였다. "남북이 각각 정권이 수립되는것은 조국통일의 한과정이며 남북의통일은 남북에 각각 수립된 정권간의 접촉이외에별(別)다른 첩경이 있을수없다"는 발언은, 위원장 김구와 정면충돌하는 정치노선이었다. 그는 대한민국 정권에 참가할 필요도 역설하였다.[130] 남한 단독정부를 반대하면서 통일독립촉진회를 구성하여 통일정부수립운동을 전개하는 김구 등을 직접 거론하지는 않았지만, 듣기에 따라서는 이들 한국독립당의 주류 세력을 향한 결별 선언이었다.

이후 조소앙은 한국독립당에 적을 둔 채, 신당을 추진하기 위하여 유력 정치인들과 분주하게 회합하였다. 소문이 부풀고 '억측'도 난무하자, 한국독립당도 10월 1일 담화를 발표하여 조소앙에게 경고겸 고별사를 보냈다. 한국독립당은 조소앙이 추진하는 신당과는 무관하며, 조소앙이 신당을 추진함은 "2중당(二重黨)당적(黨籍)을가지는 것으로부당(不當)"하다는 내용이 첫 번째였다. 이 담화는 "미소양군의 즉시 격퇴와 유엔 감시하에 절대 자유분위기를 조성하고 남북을 통한 전국적 총선거를 시행할 것을 주장"하면서 당시(黨是)를 재천명하였다.[131]

한국독립당은 10월 6일 조소앙의 아우 조시원(趙時元)을 비롯해 6명을 제명하는 강경 조치를 취하였다. 조소앙·안재홍 등 5인 중심의 신당 조직에 참가하였다는 이유였다.[132] 당 부위원장 조소앙을 직접 제명하는 강수보다는, 측근을 제재함으로써 조소앙에게 보내는 경고였지만 사실상 출당 조치였다.

한국독립당이 담화와 행동으로 조소앙에게 보낸 메시지에, 조소앙도 태도를 명확히 밝혀야 했다. 10월 12일 그는 자신을 중심으로 논의되는 신당 조직과 관련하여, 논설에 가까운 장문의 성명서를 발표하였다. 성명서는 '탈당'이란 단어를 사용하지는 않았으나, 한국독립당을 탈당하겠다는 의사를 명백하게 표명하였다.[133]

조소앙의 성명은 '1. 남북협상과 가능지역선거'·'2. 대한민국의 지위와 성질'·'3. 민족자결 대 탁치'·'4. 건국강령과 독립운동'·'5. 한국독립당의 관계'·'6. 4원칙과 신당' 등의 항목으로 구성되었고, 5항이 가장 많은 분량을 자치한다. 소제목들에서 보듯이, 8·15해방 후 현재까지 한국독립당의 노선을 반성·비판하면서, 향후 자신의 노선을 천명하는 가운데 한국독립당을 이탈하여 신당을 조직할 수밖에 없는 필요성을 설명하였다. 한마디로 '한국독립당 결별 성명서'인 이 성명은 5·6항이 연결되는데, 한국독립당의 노선을 새로이 정립하려는 자신의 시도가 좌절되었음을 지적하면서, 신당을 창당하겠다는 의지를 밝혔다. 각 항에서 주요 내용을 발췌하면 다음과 같다.

① 독립운동 역사상 대한민국은 (……) 30년 긴 세월을 통하여 겨우 13도(道) 중 8도의 영역과 3천만 중 2천만 국민의 민주주의 전형(典型) 위에 입각하게 되었다. (……) 목전(目前) 서울에 있는 대한민국은 그 전신이 피 두루마기를 입은 3·1운동의 골격이며 5천 년의 독립민족의 적자(嫡子)이며 장래 통일정권으로 돌진하는 발동기가 되고 가교(架橋)가 되고 민족진영의 최고조직 체임을 이에 천명한다. (……) 자신이 참가하지 않았다는 이유로, 자당의 정책이 집행되지 못했다는 이유로, 주권과 영토가 완성되지 못했다는 이유로, 대한민국을 거부할 이유가 발견되지 않는 것이다.(2항의 첫 구절)

② 독립운동사의 유산으로 「건국강령」이 대한민국으로부터 창조되었다. (……) 건국강령을 일보일보 실천하는 데서 (……) 아시아의 전형적 신민주국가의 활발한 업적이 나타날 것이다. (……) 삼균주의와 건국강령은 표리가 되며 체용(體用)이 되는 구국(救國)방안이므로 (……)(4항)

③ 한국독립당은 건국강령 즉 삼균주의와 당면정책 14개조를 충실히 집행할 책임을 가진 것이다. 이것을 실천하자면 현실을 통해서만 가능한 것이다. (……) 삼균주의를 실천하자면 입법기관에 발언권을 사용하는 단계를 통하여서만 가능한 것이다. (……) 통일의 원칙만 사수(死守)하고 통일의 방법을 무시하여서는 안될 것이다. 통일의 구호만을 부르고 통일로 가는 첩경을 차단하여도 안될 것이다. (……) 이러기 때문에 이런 과업을 기성정당으로써 활발하게 집행할 수 없다고 단정한다면 신조직의

형태를 통하여 이것을 운용하는 전환적(轉換的) 기축(機軸)도 돌릴 필요가 있다.(5항)

④ 신당으로 당내 당외에 인재와 대중을 집중하여 입법기구와 행정기구를 통하여 현실적 내치·외교·군사문제를 거쳐서 완전한 통일국가와 독립정부의 완성에까지 노력하는 깃발을 잡으려느냐? 과거 4년간과 같은 소극태도 부동(浮動)형태 무조직상태 아미타불식 통일철병(撤兵) 구호로만 늘 그러기냐?(6항)[134]

첫 번째 인용에서는 신생 대한민국이 임시정부의 법통을 계승하였음을 명백하게 인정·선언하였다. 이 점에서 조소앙은 김구와 임시정부법통 문제를 전혀 달리 인식하였다. 김구와 정치노선이 갈린 근본 배경이자 이유였다. 1948년 8월 12일, 대한민국의 입법·행정·사법 3부가 완성된 날, 김구는 기자회견에서 "미소 양국이 한국문제를 이렇게 악화시키는 정책을 취하지 말고 차라리 삼팔선의 장벽도 없고 사상적 분립도 없이 국민의 의사로써 조직된 대한임정을 인정하였더라면 민족통일은 속히 실현되었을 것"이라고 비난하였다. 그는 미·소 양국이 임시정부의 법통성을 인정하지 않은 데에 분단 정부가 들어선 근본 원인이 있다고 인식하였다. 나아가 파리에서 열리는 UN총회에 임시정부를 승인하라고 요청할 뜻도 내비쳤다.[135] 임시정부법통성은 이 무렵 그가 통일독립촉진회를 결성한 근거였으며, 목숨보다도 중시한 신념이었다.

세 번째 인용에서, 조소앙은 과거 자신도 동조·동행하였던 한국독립당의 정치노선을 비판하였다. 임시정부·한국독립당이 표방한 당면정책 등을 실현하기 위해서는 현실 권력이 필요하였는데, 민주의원·입법의원에 참여하는 문제 등에서 확고한 방침을 정하지 못하였으므로, 당면정책의 실행안들이 구두선에 그쳤다는 지적이었다. 후반부에서 '통일'을 언급한 구절은 누가 보아도 대상자를 알 만큼, 김구와 통일독립촉진회를 정면 공박함으로써 분리를 선언한 대목이다.

조소앙은 임정법통론에 입각한 반탁노선에 서서 미군정과 불합작하였던 이전의 정치노선에는 자기비판을 생략한 채, 한국독립당의 정치노선을 '소극'·'부동'·'무조직'·'아미타불식'이라고 비판하였다. 그러면서 신당을 조직하여 삼균주의·「건국강령」을 실현하겠다는 이상론도 천명하였다. 동 성명은 한국독립당의 정치노선을 겨냥하는 방식의 에두른 자기비판을 통하여, 현재 자신의 노선 전환을 합리화한 석명(釋明)이었다.

조소앙이 신당을 추진하면서 탈당 의사까지 에돌아 내비치자, 한국독립당에서는 그의 제명 문제를 둘러싸고 다시 찬반 격론이 일어났다. 마침내 10월 19일 열린 중앙상무위원회에서는, 조소앙을 비롯한 신당 추진파를 제명하기로 결정하였다.[136] 이로써 조소앙은 1930년 자신이 당의(黨義) 등을 작성하여 창당한 이래, 1935년 두어 달 동안 민족혁명당에 가담한 적을 제외하고서는, 줄곧 임시정부의 여당으로 몸담았던 한국독립당에서 제명당하는 형식으로 탈당하였다.

정확하게 표현하면, 조소앙은 김구계의 한국독립당·임시정부 요인들과 정치노선에서 완전히 결별하였다. 그가 1919년 4월 상하이임시정부에 가담하여 헌신한 지 29년, 고단한 독립운동의 과정 속에서 한국독립당을 창당하여 때로는 반목하면서도 동고동락한 지 18년이 훨씬 넘는 세월의 무게 속에서 결단한 선택이었다.

조소앙이 한국독립당을 탈당하여 신당을 결당하는 수순은, 남북협상을 다녀온 뒤 김구 계열과 정치노선을 달리하면서 이미 예고되었고, 대한민국정부 수립을 계기로 표출된 경로였다. 신당을 창당하는 작업은 1948년 9월 4일 신익희·이청천·안재홍 등이 회합하면서 구체화되기 시작하였고,[137] 이때를 전후하여 각 방향의 신당 조직 움직임이 무성하게 등장하였다.[138] 조소앙은 안재홍·이청천 등과 함께 신당 결성을 추진하였지만, 결당(結黨) 직전까지 진행되는 듯 추측과 소문만 난무한 채 무산되었고, 식민지시기 물산장려운동을 추진하였던 명제세(明濟世)와 사회당을 결성하는 방향으로 귀착되었다.

사회당은 12월 10일 발기인 대회를 갖고 임시집행부를 구성하면서, 조소앙을 임시의장으로 선출하였고,[139] 이어 11일로 예정하였던 결당식(발당식)을 개최하여 성공리에 거행하였다. 이날 대회는 선언문·당의·당강·당책·당헌을 비롯해 각종 메시지를 발표한 뒤, 간부 인선에 들어가 조소앙이 만장일치로 위원장(당수)에 당선되었고, 백홍균(白泓均) 등을 중앙위원으로 선정한 뒤 폐회하였다.140 이날 채택된 당의는 다음과 같다.

우리당은 인류의 발전을 방해하는 모든불균등한제도를 청산하기 위하여 역사적투쟁을 계속전개하는 노(勞), 농(農), 영(營), 상(商) 등 각층각급의 총단결인 우리민족의 혁명적 전위(前衛)다 이로써 국민 전체의교육, 정치, 경제상(上)균등한생활을 완전히 보장하며 나아가 국제적으로 모든 국가와 인류의안전과 평화를 누릴수있는 평등한

기초우에 새로운 세계일가의 문화를 창조함에노력한다[141]

조소앙은 식민지시기에도 그러하였듯이, 이제 신생 국가 대한민국이 출범하였으므로 더욱더, 한국사회가 계급투쟁이 아니라 계급협조주의로 나아가야 한다고 주장하였다. 그는 노자(勞資)협조까지 염두에 두면서, 자본가라는 표현을 대신한 '경영인'도 사회당의 범주 안에 포함시켰지만, 다음 선언문에서 보듯이 노동자·농민·소시민층을 주요 계급 기반으로 설정하였다. 삼균주의 이념을 추구하는 사회당은, 모든 계급독재 즉 무산계급독재와 자본계급독재를 다 함께 배격하였다.

우리 민중은 무산계급 독재도 자본주의의 특권계급의 사이비적 민주주의 정치도 원하는 바가 아니요, 오직 대한민국의 헌법에 제정된 균등사회의 완전실현만을 갈구할 뿐이다. 이것은 인류의 이상이 지향하는 정상적 요구이며 기(其) 실현을 촉진함은 우리 민족에게 부여된 민족적 최대과업이다.

우리 사회당은 (……) 모든 농민과 노동자와 사무원과 소시민 및 학술층(層)의 정수(精髓)분자를 규합결속하여 모든 국민에게 균등사회의 이념을 고취하며 나아가 반(反)민족 반민주주의 분자 등 일체 반동분자들을 제외한 각계각층·각당각파·무당(無黨)무파 등 일체 민족진영과 보조를 같이 하여 현실을 통하여 대한민국의 자주독립과 남북통일을 완성하고 정치·경제·교육상 완전 평등한 균등사회 건설에 일로매진할 것을 전 민족 앞에 정중히 선언한다.[142]

조소앙은 제헌헌법에 삼균주의의 이념인 균등주의의 이상이 반영되었다고 인식하였으므로, 신생 대한민국이 임시정부의 법통을 계승하였다고 인정하였다. 그에게 삼균주의의 핵심인 균등의 이상을 실현함은 한민족 모두의 과제였다. 따라서 제일의(第一義)로 신생 대한민국을 절대 지지하여 육성(育成)하고, 이를 기반으로 완전한 자주독립과 남북통일을 달성함은, 한민족 전체에 삼균주의를 구현하는 선행작업이었다.

대한민국육성강화운동, 민족진영의 강화를 꾀하다

식민지시기 삼균주의는 일제 타도를 통하여 민족독립을 달성하는 민족혁명과, 이를 실천하는 주체로서 당정(黨政) 일체의 임정법통론을 중시하였다. 대한민국정부가 수립된 후에는 완전한 자주독립과 남북통일이 민족혁명의 외연으로 대체되었으며, 이를 실천하는 주체는 넓은 의미의 대한민국정부(입법·행정·사법을 포함한) 및 공산진영과 대립하는 민족진영이었다. 조소앙이 집권세력을 견제하는 한편, 대한민국을 지지·육성할 야당 세력으로서 민족진영을 강화하려는 정치노선은 이러한 역사의식에서 출발하였다.

한 신문은 조소앙이 사회당 결당식에서 행한 개회사를 '대열변(大熱辯)'[143]이라 표현하였는데, 열변의 핵심은 '대한민국 (절대)지지 육성'을 주장한 데 있었다. "우리사회당은 정치 경제 교육 삼균주의사회를 당책(黨策)으로하는동시에 '유엔'에서 정식승인을받은 대한민국정부를 (절대)지지육성(支持育成)하여야한다"[144]는 발언은 사회당의 정치 노선이었다. 조소앙은 사회당을 결성하면서, 5·10총선거를 반대하였던 이전의 남북협상 노선에서 대전환하여, '대한민국 (절대)지지육성'의 노선을 명확하게 천명하였다. 이 무렵 그의 민족운동을 한마디로 표현하면, '대한민국 지지육성론'에 입각한 '대한민국 지지육성' 운동이었다.

조소앙은 사회당 발당식의 개회사에서 삼균주의에 입각한 사회당의 정치노선으로, '계급독재의 정치방법을 부정'·'자기 민족을 타국가에 예속시키려는 맹목적인 국제주의 배격'·'비합법적인 정치행동의 혁명적수단을 불인정(不認定)'을 나열하면서 사회당을 "전문적인 사회주의자의 집단이아니라 애국자와민족운동의집온체(集穩體)"[145]라고 규정하였다. 그는 '사회당'이라는 당명이 혹여나 '공산당'과 유사하게 인식될까 우려하여, 무엇보다도 공산당과 명확한 차별을 선언하였다. 사회당은 계급정당인 공산당과 완전히 구별되는, 노동자·농민·경영자·상공인·소시민·지식인 등을 포함하는 대중정당이었다.

사회당이 결당식을 개최한 다음 날인 1948년 12월 12일, UN총회는 소련이 맹렬히 반대하는데도 찬성 48 대 반대 6(기권 1)으로 대한민국을 정식 승인하였다. 미국은 파리에서 개최된 제3차 UN총회에서 국제연합이 대한민국의 합법성을 인정해야 한다는 취지의 결의안을 제출했고, UN총회는 표결로 미국의 결의안을 적극 지지하여 채택했다. 대한민국정부가 국제사회를 향한 첫 번째 외교전에서 북한을 이기고 쟁취한 최초의 승리였다.

사회당은 12월 14일 제1차 중앙집행위원회를 개최한 뒤, 조소앙이 사회당의 노선을 재천명하는 결의문을 발표하였다.[146] 그는 이 결의문에서 김구와 한국독립당 등을 직접 지목하지는 않았지만, "우리는 현실을 통하여 대한민국의 통일 및 자주를 완성하자고 주창하였다. 이를 반대하여 오던 일부인사들도 이제는 대한민국을 옹호하도록 노력하여야 할 것이다."라고 말하면서, 이들에게 대한민국을 인정하라고 에둘러 촉구하였다.

조소앙은 12월 14일 사회당의 조직 부서를 결정하여 17일 발표한 뒤,[147] 대한민국 지지육성에 공조할 민족진영의 재편성·강화를 본격 시도하였다. 대한민국정부 수립으로 공산당은 이제 불법화하였으므로, 이때 민족진영이라 함은 종래의 우익 세력을 비롯하여 중간우파까지 지칭하는 범위였다.

1948년 12월 하순 들어 조소앙과 김성수·신익희·이청천·안재홍 5인의 '합작'설이 다시 나돌기 시작하였다.[148] 이후 5인이 소속한 정당 대표들이 수차례 만나 민족진영의 협의체 구성을 논의한 끝에, 1949년 1월 14일 5당대표회의(일명 '5거두회담')를 개최하기에 이르렀다. 이날 회의에서는 신익희·안재홍·지대형(池大亨, 이청천을 가리킴)과 조소앙·김성수를 대리한 대표들이 2개 항에 합의하고, 5인의 이름으로 공동성명서를 발표하였다. 합의 사항은 '협의체' 구성(1항) 및 "정치행동의통일(統一)은 대한민국정부의 육성강화(育成强化)와 반국가적일체(一切)요소의 배제를위(爲)한 대의명분밑에서행(行)하여저야할것"(2항) 등이었다.[149] 5당대표회의가 활기와 침체를 반복하는 가운데에서도, '대한민국정부의 육성 강화'라는 큰 방향의 합의를 도출하였음은 커다란 성과였다.

사회당은 1월 17일 당내에 5인의 실행위원까지 구성하여, 5당대표회의를 확대하여 광범하고 합리한 신협의체로 발전시키려고 추진하였으나,150 5당대표회의는 지지부진하며 6개월 동안 침체 상태에 빠져 버렸다. 7월 중순 들어서야 5인이 다시 활발히 움직이기 시작하여, 7월 25일에는 10개 정당·사회단체의 소속인 조소앙·조완구·안재홍·지대형·최동오 등이 모여 민족진영강화대책위원회(民族陣營强化對策委員會, 약칭 민강위)를 구성하였다.151

이날 회의에서 눈에 띄는 바는, 김구가 안두희(安斗熙)에게 피살당한(1949. 6. 26) 이후, 한국독립당의 조완구와 민족자주연맹 계열의 최동오 등이 참석한 사실이었다. 이는 남북협상파들이 분단 정부 대한민국을 인정하지 않던 이전의 노선에서 크게 선회하였음을 보이면서, 1950년 5·30총선거에 참여함을 예고하였다. 한국독립당·민족자주연맹의 남북협상파 및 중간좌파 인사들도 '대한민국정부의 육성강화'라는 대의에 일치하면서, 이승만 정권과 보수 세력을 견제하는 세력으로 현실 정치에 등장하였다.

6·25전쟁으로 이들 다수가 납북되지 않았다면, 대한민국 민주주의가 다른 지형으로 진전되었을 가능성을 보여 주는 시점이 개시되었다. 바로 이 지점을 당시 친여 세력 및 원내 1당으로 야당권력인 민주국민당(民主國民黨, 한국민주당의 후신으로 1949. 2. 10 결당)은 벌써부터 예감하였고, 남북협상파와 중간파를 견제하기 시작하였다. 이들 정부권력과 의회권력은 조소앙까지도 남북협상파로 규정하면서 비방·중상하였다. 민강위가 일진일퇴를 거듭하다가 끝내 꺾여 버린 근인(根因)이었다.

민강위는 8월 20일 12정당·사회단체의 대표자 31명이 출석하여 제1차 총회(창립총회)를 개최하였다. 이날 총회에서는 강령과 규약을 심의하면서 격론이 벌어진 끝에, 제헌국회의 제1야당에 해당하는 민주국민당이 즉석에서 참가를 보류하는 사태도 일어났으나, 3개 항의 강령과 12개 조의 규약을 통과시켰다. 3개 항의 강령은 "1. 대한민국에 충성을 다하고 그 발전을 위하여 최선을 다한다. 2. 대한민국을 부정하는 공산진영은 배제하고 일방 그들의 전향을 촉(促)한다. 3. 정치적 종파 관념을 해소하고 민족진영의 총역량을 강화한다."였다. 이날 임원진도 선출하여, 의장에는 민족자주연맹의 김규식을 추대하고, 24명의 상무위원을 선출하였는데 조소앙은 이 중 1인으로 선임되었다.[152]

그러나 민강위는 9월 16일 개최된 제4차 총회부터 삐거덕거리기 시작하여, 친여 성향의 대한국민당과 제1야당인 민주국민당이 제5차 총회에 불참하겠다고 예고하면서 다시 난항에 빠졌다. 특히 민주국민당은 남북협상파를 변함없는 이단파로 규정하고, 국민 앞에 사과하는 명백한 태도의 성명을 요구하였으므로, 남북협상파의 다수가 이미 이탈하였다. 민주국민당은 이승만 정부에서 배제되었으므로, 1950년의 총선거(이때는 5·10선거로 예기되었으나 뒤에 5·30선거로 변경됨)에서 는 한국민주당 이래 원내 제1당으로서 의회권력의 독점을 목표로 삼고 있었다. 만약 한국독립당·민족자주연맹·사회당 등 남북협상파들이 민강위에 참여한 뒤 1950년 총선거에 참가하는 명분을 쌓는다면, 민주국민당에게 타격이 됨은 번연한 일이었다. 실지 5·30총선거에서는 민주국민당이 우려하였던 이변이 일어났다. 이들의 민감한 촉각은 이를 미연에 방지하기 위하여, 조소앙을 비롯한 남북협상파를 비난·공격하여 정계에서 아예 배제시키려는 예비 공작에 착수하였다.

9월 16일 민강위 제4차 총회는 동 위원회를 존속시키기로 결정하고, 조소앙·안재홍(신생회)·이훈구(노동당) 등 3명을 부의장으로 선출하였으나, 조소앙은 즉석에서 사퇴를 성명하였다. 원내 1당이자 제1야당인 민주국민당이 주도권 문제로 탈퇴한 뒤, 여당격인 대한국민당도 불참을 통보하고, 자신을 비방하는 데 대응한 항변이었다. 그는 성명에서 다음과 같이 주장하면서, 민강위를 대체할 신당을 모색하는 방향으로 선회하였다.

오해와 규갈(糾葛)이 청소되지 못한 상호간의 기초 위에는 대중이 갈망하는 민족단결은 기대하기 어렵다. 유명무실한 간판을 들고 또 규각(圭角)과 이탈을 수습할 수 없는 실정을 목도한 나로서는 어떠한 간부 지위든지 절대 받을 수 없다. 과거 수십차 집회에 출석하지 않은 것과 같이 장래도 그럴 것이다.[153]

민주국민당의 기관지 구실을 하는 《동아일보》는 이 무렵의 정계 동향을 전망하면서, 민강위에 참여한 중간파 인사들을 "감상적인 용공(容共)통일의꿈을동경(憧憬)하고고고(高孤)히 5·10선거를방관해" 왔다고 비난하며 조소앙을 이에 포함시켰다. 이 기사는 지금까지 민강위를 주도하였던 조소앙의 민강위 부의장 사퇴를 비아냥거리는 어투로 표현하면서, 민강위가 붕괴해야 한다는 기대감을 조소앙의 말을 인용하여 표출하였다. "툭하면이단적(異端的)인파문(波紋)을일으키기잘하는 조소앙씨가부의장사임의변(辨)에서 지적한『유명무실한간판(看板)

을들고』『이탈을수습(收拾)할수없는실정(實情)』에서민강위는 성립되지 못할것이라는것은 적절한지적인것이다."[154]

과거 독립운동 진영 내에서도 비난과 중상은 있었지만, 정부가 수립된 이후 실제 정치권력을 장악하는 현실에서 빈번히 자행되는 모략과 음모에는 비할 바가 아니었다. 조소앙의 상심이 컸던 이유이면서, 그가 더욱더 현실 정치에 참여해야 하는 사유였다. 민강위가 조소앙의 사표를 봉환하자 조소앙은 사임을 철회하였으나, 9월 27일 개최된 제5차 총회에도 참석하지 않아 불편한 마음을 드러내었다.[155]

민주국민당·대한국민당이 계속 불참함으로써 정돈 상태에서 빠진 민강위는, 11월 들어 안재홍·명제세·이훈구·조소앙이 김규식과도 접촉하는 등 비공식 회합을 계속하면서,[156] 신당운동을 전제로 새로운 방향의 통합을 추진하기 시작하였다. 이 과정에서 한국독립당과 통합하는 방안도 제기되었다.[157]

민강위에서 신당 추진으로 전환한 통합운동은 12월 하순 들면서 급진전하는 듯하였다. 12월 20일 대한국민당 배은희(裵恩希)·신흥우(申興雨), 사회당 조소앙, 신생회 안재홍, 대한노농당 이훈구 및 개인 자격으로 명제세 등이 모여, 신당의 명칭을 평민당(平民黨), 당시(黨是)로는 이승만의 정치이념인 일민주의(一民主義)를 채택하기로 완전히 합의하였다는 보도까지 나왔다.[158] 그러나 평민당 결성은 당시(黨是) 문제로 지지부진하다가,[159] 결국 해가 바뀌어 1950년 1월 17일 최종 결렬되고 말았다. 이날 사회당의 조직부장 백홍균은 일민주의를 당시로 하는 대한국민당에 참여하기 위하여 사회당을 탈당하였다.[160]

백홍균이 사회당을 탈당한 데에서 보듯이, 평민당 결성이 좌절된 데에는, 대한국민당이 여당으로 재창당된 정국의 동향과도 밀접한 연관이 있었다. 제헌국회의 각파는 국회의 출발 때부터 이합집산을 반복한 끝에, 1949년 12월 22일 국회 내의 비(非)민주국민당 계열의 일민구락부(一民俱樂部)·신정회(新政會)·대한노농당·무소속 4파의 국회의원이, 민주국민당에 합류하지 않고 잔류한 대한국민당에 편입하여 여당인 대한국민당을 신발족하는 데 합의하였다.[161] 평민당 결성에 참여하였던 일부 정치세력에게서도 대한국민당에 합류하자는 주장이 나왔고, 사회당·신생회 등은 완강히 반대하였으므로, 양측의 분규가 민강위의 결렬을 가져오게 되었다.

5·30총선거에 당선되나 납북되다

민강위의 신당 결성운동이 실패한 뒤, 조소앙은 사회당 소속으로 5·30총선거에 출마하였다. 2월 들어 벌써, 그가 고향 파주에서 출마하리라는 예측이 돌기 시작하였고,[162] 3월 들어 총선거 참가 의사를 명백하게 밝혔다. 조소앙은 총선거에 출마하는 이유로, 야당 정치인이 흔히 내세우는 이승만 정부의 실정이나 독선 등을 거론하지 않았다. 그의 명분은 "우리 독립은 아직 완성되지 않았다. 세계 2대 세력의 각축 와중에서 3천리 강토는 마(魔)의 38선으로 양단(兩斷)된 채 날이 갈수록 이 마선(魔線)은 굳어져" '세계냉전의 최첨단'이 되어 버린 민족 현실이었다.[163]

조소앙은 대한민국의 '당면문제'로 '특히 경제와 민생문제'를 꼽아 정견(政見)을 피력하였다. 그는 무엇보다도 계획경제의 중요성을 강조하고, '자주경제 확립'과 '민생안정'이라는 두 가지 측면을 중시하여, 중요 산업에서 '종합적 통제경제 내지 계획경제'를 실시할 필요성을 제기하였다. 국가가 생산과 소비를 좀 더 규제하여, 국가경제의 기초를 확립함으로써 당면 민생문제를 해결해야 한다는 논리였다.

조소앙이 계획경제를 주장한 이유는, 한국의 산업경제가 40년 동안이나 일제에게 혹독한 착취를 당하여 피폐할 대로 피폐하였으므로 일조일석에 회복될 수 없고, 나라의 80퍼센트 이상을 점한 귀속사업체를 방만한 경제정책으로 부흥시킬 수 없다는 데 있었다. 그는 모든 경제를 '종합적 계획하'에 제1단계로 자급자족경제 확립, 제2단계로 농업입국(農業立國)을 광공입국으로 전향케 해야 한다고 주장하였다. 동시에 '균등사회 건설'을 목표로 삼고, 국가의 일체 경제 자원을 총동원하여 계획경제를 실시해야 한다고 역설하였다. 조소앙은 농지개혁의 급속한 실시와 농업의 '다각적 운영'에 필요한 농림용지(農林用地)의 재편성 및 농민 본위의 협동조합을 기간(基幹)으로 농촌을 공동체로 재조직하여 농촌경제를 공동 운영하고 농업 자금의 원활을 꾀하는 방안 등을 매우 구체성 있게 제시하였다. 그가 제안한 노동자 정책도 민생 현안들을 해결하는 구체안이었다. 삼균주의 이론가로서 당면 문제를 직시하고 해결책을 강구·제시하는 정책 입안가다운 면모였다.

1950년 4월 19일부터 총선거 입후보자 등록이 실시되어 5월 5일 마감하였다. 전국 210개의 선거구에 총입후보자 수가 2230명으로 난립한 선거였다. 10.6 대 1의 경합률을 보이는 5·30총선거에 사회당도 서울 성북구에 입후보한 조소앙을 비롯해 총 27명의 후보자를 내었다. 한국독립당과 민족자주연맹도 각각 21명과 8명의 후보를 내는 등,[164] 1948년 5·10총선거에 반대하였던 정당·정치단체의 인사들이 상당수 출마하였다. 중간우파 인사인 안재홍도 고향 평택에서 무소속으로 출마하였다. 5·30총선거의 중요한 특징이었다.

이승만은 제1야당인 민주국민당보다 세칭 '중간파'로 불리던 정치세력들을 더욱 경계하여 탄압하였다.[165] 그는 5월 24일 전국에 걸쳐서 선거 시찰 여행을 시작한다는 명목으로 전국을 순회하면서, 5·30총선거에 노골스럽게 개입하였다. 5월 27일 최종 목적지인 광주에서는 "즉 우리는 공산주의를 끝까지 배격하고 또 공산당과 싸우지 않으면 안 된다. 뿐만 아니라 이제는 중간파도 개헌파도 용인할 수 없다. 다시 말하자면 이번 총선거 투표에 있어 우리는 그런, 정부의 기반을 흔들어 놓고 또는 파괴하려는 불순분자에게 투표해서는 안 된다는 것을 여기에 거듭거듭 강조하는 바이다."라고 강조하였다.[166]

이승만은 '중간파'로 불리던 인사들을 모두 불순분자로 규정하여 공산주의자와 동일시하면서 비난하였다. 이러한 분위기가 중간파 탄압으로 이어짐은 당연한 현상이었다. 조소앙도 예외 없이 탄압을 받았다. 더욱이 조소앙의 경쟁자인 조병옥(趙炳玉)은 미군정기 경무부장 출신으로 민주국민당 후보로 출마하였으므로, 경찰력의 직접 개입을 유도하는 외력(外力)이었다.

조병옥은 경찰력을 장악하여 조소앙에게 직접 압력을 가했다. 당시 성북경찰서장 최병용(崔秉用)과 사찰과장 이진숙은 조병옥 계열의 인물이었으므로 새삼 재론할 필요가 없다. 조소앙의 선거운동원을 비롯해, 조소앙의 집이나 선거운동 본부를 드나드는 사람들은 일단 성북경찰서로 연행하였으므로, 성북경찰서의 유치장이 모자라 경찰서 마당에 거적을 깔고 수용할 정도였다. 급기야 선거를 하루 앞둔 5월 29일 오후 늦게 괴벽보와 전단이 성북구 일대에 나돌기 시작하였다. 조소앙이 공산당의 정치자금을 받아 쓴 사실이 탄로 나자 투표일을 하루 앞두고 월북했다는 내용이었다. 조소앙은 궁리한 끝에 자신의 건재를 알리기 위하여, 지프차에 확성기를 달고 직접 거리에 나섰다.[167]

당시 한 신문은 서울시의 총선거일 풍경을 전하면서 성북구의 풍경도 기록하였다. 이에 따르면, "전국적으로 가장대표적인 거물이대립하여 입후보한관계로 그동안 수차에걸친 정견발표 석상의 불미한 난폭적 행동도 또한 어느구보다도 심하였다." 조병옥이 '활발한 선거운동'을 '원만히' 끝마친 데 반하여, 조소앙은 "일반의백안시하는 이목아래활발한 선거운동은 하지못하고 운동원역시위축당하여 마음대로움직이지못"하였다. 선거운동 마지막 날에는 모 청년들에게 위협을 받아 선거운동하는 차의 스프링이 부러지고 운전수는 중상으로 출입을 못하고 와석(臥席) 치료 중이었다. 또 밤 10시경에는 정체불명의 청년 수십 명이 조소앙의 집을 포위하고 시위를 벌였다.[168] 외신 기자가 취재한 바에 따르면, 조소앙은 선거운동원 150명 중 80명이 체포되었다고 주장하였다.[169]

5·30선거 중 성북구는 전국에서 가장 시선이 집중되었던 곳으로, 조소앙은 불리한 조건 속에서도 3만 4035표로 전국 최다 득표를 획득함으로써, 불법 선거운동을 자행한 조병옥의 1만 3498표를 2만

표 이상 누르고 압승하였다.[170] 조소앙의 아우 조시원도 사회당 소속으로 출생지인 경기도 양주(楊州) 갑에 입후보하여 차점자인 방응모(方應模)와 경합한 끝에 당선되었다.[171] 사회당 당적으로 출마한 27명 중 당선자는 조소앙 형제 2명뿐이었다.

사회당의 선거 성적은 초라하였지만, 전국에 걸쳐 중간파의 돌풍이 불러온 이변 중 하나였다. 중간좌파로 여운형(呂運亨)과 동반하여 근로인민당(勤勞人民黨)을 이끌었던 장건상은, 부산에서 무소속으로 출마하여 전국 2위 득표로 선전하였다. 당시로서는 누구도 예상하지 못하였던 돌풍이었다. 간판 인사들의 입후보가 5·30총선거의 중요한 특징 중 하나였고, 한국독립당에서 탈당한 조소앙이 중심이 되어 창당한 사회당(社會黨)도 이러한 조류의 일부분을 차지하였다.

조소앙은 당선된 후, 기자들과 접촉을 회피하고 침묵을 지켰으나, 세간에서는 그를 야당 정치인으로 인식하지 않았다. 그가 대한국민당에 입당하는 절차로, 사회당과 대한국민당의 합당이 이루어지리라는 보도가 오르내렸다.[172] 그러자 6월 10일 조소앙은 침묵을 깨고 첫 당선 소감을 성명으로 발표하였다. 그는 향후 국회의원으로서 활동할 원칙을 천명한 뒤, 기자들과 일문일답도 진행하면서 중요한 사안에 답하였다.

성명서의 처음은 "기미년(己未後)30여년이래로 혁명선열(先烈)들과 이(李)대통령및 여러지도자들과 동지들은 대한민국의 전형(典型)과 정신의육성을위하여 일관불변(一貫不變)하게 노력하여왔던것이며 그결과로 오늘에 대한민국의 정부와국회의기초는 확립된것이다."라는 말로 시작하였다. 조소앙은 이렇게 이승만의 공적을 칭송하면서, 자신의 진로를 3개 항으로 제시하였는데, 다음에 인용한 1항 역시 친(親)이승만의 성향을 나타내었다.

목전(目前)에걸린우리사회의모-든난관(難關)을돌파하는유일한방법은
민족진영(民族陣營)의대동단결(大同團結)과공산독재의배격에있음은공
론(公論)이이미일치한바이다이를추진하기위하여먼저국회 내(內)의당
쟁과대립을일소(一掃)하고불편부당한공로(公路)로나가진정(眞正)한민
의(民意)를국회에서 반영케할것[173]

조소앙이 말하는 '민족진영'의 범주는 반(反)공산주의 진영이며 이승만 정부까지 포괄하였다. 이러한 논리는, 북한에 공산주의 정권이 수립되었으므로, 대한민국은 이에 대항하여 반공산주의 진영이 결집한 체세(體勢)를 갖춰야 한다는 근본 인식에서 출발한다. 조소앙은 신생 대한민국의 공고화를 위해서는 정부에 협조(協助)함이 절대 필요하다고 주장하였다. 그는 '민족진영의 대동단결'을 명분으로 내세워, 여당·야당의 구별 없는 우익 진영의 총단결을 추진하겠으며, 이를 위해서는 대한국민당과 합당할 의사까지 내비쳤다. 기자회견 중 다음 문답에서 그의 태도는 더욱 명확하였다.

문) 최근평민당(平民黨)이라는신당(新黨)공작이 재차(再次)태동되고있
    는모양인데 이에대(對)한견해여하(如何)
답) 대한국민당을 막론하고어느당(黨)이든지 민족진영대동단결원칙
    하(下)에 서로서로당(黨)을 초월하여백지(白紙)로서 임(臨)하여야

만이 점차합동공작이 전개될것임으로 나는앞으로 이합동공작을위해서 일관(一貫)노력할것이다 과거나현재까지에 당(黨)과당사이에 접근은없었고다만 개인들사이에 협조하자는 회합(會合)정도뿐이었다

문) 귀하(貴下)는앞으로 여당과야당의어느편(便)으로 지향할것인가

답) 정부수립후2년밖에 안되는국가기초(國家基礎)를앞으로더욱공고(鞏固)히하자는데는 절대적으로 정부와협조(協助)할것은 물론이거니와 그렇다고해서정부시책이 국민의기대에 어그러진때에는 시시비비주의(是是非非主義)로 나갈것이다나는그럼므로 형식주의적인여당이니 야당이니하는것은싫다[174]

제2대 국회의 개원을 앞두고 항간에 대두하는 '국무총리 또는 국회의장 추대설'과 관련한 질문에, 조소앙은 "나는 국무총리나 국회의장을 하고 싶지 않다. (……) 다만 국회의원 일원으로서 최선을 다할 뿐이다."라고 원론을 말하였지만, 그가 여전히 국무총리 물망에 오르는 친여 정치인으로 분류되고 있었음을 보여 준다. 위의 성명과 기자회견은 향후 그의 정치노선의 방향을 예고하였다. 조소앙은 '민족진영의 대동단결'을 위하여, 평택에서 무소속으로 당선된 안재홍 등과 함께 정계 통합의 논의를 지루하도록 재개하였다.

1950년 6월 2일 제헌국회가 임기 2년의 의정 활동을 마치고 폐원식을 거행하였다. 6월 19일 임기 4년의 제2대 국회가 209명의 의원이 참석하여 개원식을 거행하고 20일부터 제1차 본회의를 개회하면서 의정 활동에 시동을 걸었다. 6·25전쟁이 일어나기 5일 전이었다.

6월 19일 개원식은 국회의장단 선출로 시작하였는데, 개표 결과는 2대 국회에서 조소앙의 위상과 비중을 입증하였다. 동료 의원들이 그에게 기대하는 바가 컸음을 보여 주는 의외의 결과가 나왔다.

국회의장을 선출하는 1차 투표에서는 신익희 96표, 조소앙 48표, 오하영(吳夏英) 46표의 순이었으나, 최고 득표자가 재석 의원의 과반수인 105표를 얻지 못하였으므로 2차 투표를 실시하였고, 신익희 109표, 조소앙 57표, 오하영 42표의 득표순이 나타났다. 조소앙은 민주국민당 소속의 신익희를 앞서기는 당세에서도 역부족이었으나, 의원 중 최연장자인 오하영(吳夏英, 70세, 33인 중 1인, 종로 을구에서 무소속으로 당선)에 앞서 2순위를 차지하였다. 부의장 투표의 제1차 투표에서도 장택상 41표, 조봉암(曺奉岩) 37표에 이어, 28표로 3위를 나타내었다.[175] 조소앙의 사회당은 2석에 불과하여 원내 교섭단체도 구성하지 못하고 무소속으로 분류되었으나, 동료 의원들이 조소앙에 지니는 기대가 컸음을 반증한다.

제2대 국회가 개원한 지 5일 뒤, 한국민족사와 조소앙의 인생사에서 최대의 비극인 6·25전쟁이 일어났다. 정확한 사유는 알 수 없지만, 조소앙은 미처 피난하지 못하고 서울에 남아 있었다. 천관우(千寬宇)가 안재홍의 처(妻) 김부례(金富禮)에게 들은 바에 따르면, 조소앙은 안재홍의 돈암동 자택(이때에는 북한군의 정치보위부가 점거 중이었다.)에 안재홍·김용무(金用茂) 등과 함께 연금되었다가, 수일 만인 9월 26일 북한국 정치보위부에 연행되어 평양으로 납치되었다.[176] 9·28수복을 이틀 앞둔 비극이었다.

6월 25일. 조소앙·안재홍 등 지성과 양심을 겸비한 민족지사들의 의정 활동이 바야흐로 펼쳐지려는 순간에 6·25전쟁이 일어났다.

이들의 납북은 대한민국 정치사뿐 아니라, 대한민국사에 말로 표현하기 어려운 불행으로 남았다.

조소앙이 납북된 후 그의 활동과 관련하여, 신빙성 있는 사실도 전하고 있으나, 분단 현실에서 1차 자료로 뒷받침하기 어려우므로 확실하게 서술하기 어렵다. 북한에서 그의 여생은 "~했다고 한다"는 전언이 많으며 그다지 알려지지 않았다. 조소앙·김규식 등이 평양시 교외의 애국열사릉에 안장되었음이 1989년에야 언론을 통하여 처음 공개되었다.[177]

이후 조소앙 연구자인 김기승이 북한을 방문하였을 시, 2003년 2월 19일 애국열사릉의 조소앙 묘소를 참배하고 이를 다시 확인하였다. 애국열사릉[178]은 1986년 9월 17일 조성되었고, 고인의 흉상을 조각한 혁명열사릉과는 달리, 봉분이 없는 무덤 앞에 고인의 사진을 돌에 새겨 넣은 묘비만을 세워 놓았다. 이곳의 묘비에는 조소앙의 사진 밑에 '조소앙선생 재북평화통일촉진협의회 최고위원'으로 경력이 명기되었고, '1887년 4월 8일생 1958년 9월 10일 서거'로 생몰일이 기록되어 있다.[179] 그는 향년 71세로 평양에서 삶을 마감하였다.

조소앙의 직접 사망 원인과 관련하여서는 두 가지 설이 전한다. 하나는 8·15해방 이후 북한에서 핵심 부서의 요직을 역임하던 중, 1951년부터 1968년까지 '조국통일 민주주의전선' 중앙위원회 간부로서, 조소앙·김규식·안재홍 등 납북 인사들의 삶을 "직접 목격"한 신경완(申敬完, 필명)의 증언이다.[180] 이에 따르면, 1958년 7월 북한 당국은 납북 인사들로 구성된 재북평화통일촉진협의회를 탄압하는 조치로, 엄항섭 등을 반(反)혁명분자로 몰아 연행·조사하였다. 이어 재북

평화통일촉진협의회의 구성원 일부가 동 단체를 반당·반혁명단체로 전환시켰다는 혐의로 '엄항섭 사건'을 날조하였다.

조소앙은 안재홍·오하영·최동오 등 납북 인사들과 함께 북한 정권의 탄압에 항의하였고, 단식 투쟁을 벌이던 중 학질에 걸렸다. 단식이 지속되는 동안, 그는 학질에 오한·고열이 더해 병원에 입원하여 치료를 받던 도중, 잠시 회복세를 보이기도 했으나 학질약을 과다 복용하여 사망하였다. 후술할 러시아 측 자료가 소개되기 전에는, 조소앙의 사망 원인으로 이 설이 주로 인용되었다.

또 하나의 기록은 2011년 12월, 국내 한 신문이 러시아 외무성 대외 정책 문서보관소에서 발굴한 자료로, 1958년 11월 평양 주재 소련대사관의 피쉔코프 1등 서기관이 동년 11월 7일 자로 모스크바에 보고한 내용이다. 이에 따르면, 조소앙은 반(反)김일성 활동을 벌였다는 혐의를 받은 '제3당' 사건에 연루되어 조사가 진행되자 평양에서 "물에 뛰어들어 목숨을 끊었다." 북한 내무성은 조소앙이 미국의 지시 아래 반사회주의 체제 건설을 기도하고 자신을 수상에, 김달현을 부수상에 내정한 '통일프로젝트'를 수립한 혐의로 조사를 진행하던 중이었다.[181]

위의 두 기록은 조소앙의 사인(死因)과 관련하여 직접 원인은 다르지만, 그가 죽음에 이르게 된 근인(近因)이 조소앙의 반김일성 활동에서 비롯되었다는 데에서는 일치한다. 신경완의 증언도 매우 구체성을 띠는데, 당시 북한에서는 조소앙이 자살하기 위하여 약을 먹었다는 약물 중독성 자살설이 나돌기도 했다. 신경완은 이 자살설을 '억지소리'라고 일축했다.

신경완에 따르면, 조소앙은 사망하기 얼마 전 학질을 앓으면서도 "3균주의 노선의 계승자도 보지 못하고 갈 것 같아 못내 아쉽구나. 그 이념과 사상을 후세에 전해 줄 것을 바라오."라는 당부를 남겼다. 평양 남산 중앙병원에서 그가 임종하는 순간은, 그나마 다행스럽게도 안재홍·오하영·윤기섭·최동오 등이 지켜보았다. 그는 동지들에게 "독립과 통일의 제단에 나를 바쳤다고 후세에게 전해 다오."라는 유언을 남기고, "통일을 못 하고 가는 것이 한이오. 꼭 통일을, 통일을……."이라는 말을 마저 맺지 못하고 향년 71세로 운명하였다. 1958년 9월 9일 자정께였다.[182]

조소앙의 유언대로 후세는 그를 독립운동가로 기록하고 있으며, 통일운동가로서 그의 면모는 분단 현실의 극복과 함께 더욱 새롭게 조명될 과제로 남아 있다. 1980년대 이후 냉전 체제가 붕괴되면서, 조소앙의 생애·민족운동·삼균주의도 재평가되어 한국민족운동사의 중요 부분으로 연구·서술되었다. 대한민국정부는 조소앙의 공훈을 기리어 1989년에 건국훈장 대한민국장을 추서하였다.[183] 북한에서도 그의 공적을 인정하여 1990년 조국통일상을 추서하였다.[184]

삼균주의의 현재성

1948년 7월 제정·공포된 「제헌헌법」의 전문(前文)은, 현 대한민국이 3·1민족운동의 정신을 이어받아 건립된 대한민국임시정부의 법통을 계승하였음을 다음과 같이 명시하였다.

유구한 역사와 전통에 빛나는 우리들 대한국민은 기미 삼일운동으로 대한민국을 건립하여 세계에 선포한 위대한 독립정신을 계승하여 이제 민주독립국가를 재건함에 있어서 정의인도와 동포애로써 민족의 단결을 공고히 하며 모든 사회적 폐습을 타파하고 민주주의 제제도를 수립하여 정치, 경제, 사회, 문화의 모든 영역에 있어서 각인의 기회를 균등히 하고 능력을 최고도로 발휘케 하며 각인의 책임과 의무를 완수케 하여 안으로는 국민생활의 균등한 향상을 기하고 밖으로는 항구적인 국제평화의 유지에 노력하여 우리들과 우리들의 자손의 안전과 자유와 행복을 영원히 확보할 것을 결의하고 우리들의 정당 또 자유로히 선거된 대표로서 구성된 국회에서 단기 4281년 7월 12일 이 헌법을 제정한다.

「제헌헌법」은 법통(法統)을 문구로 명시하지는 않았으나, "민주독립국가를 재건"한다고 선언하는 한편, '대한민국임시정부'에서 '임시정부'조차 뺌으로써 대한민국임시정부와 1948년 신생 대한민국을 동격화하였다.[1] '재건'이라는 표현에는, 대한민국임시정부가 민주공화제를 정체(政體)로 삼은 국가였다는 인식이 깔려 있었다.

「제헌헌법」 전문의 첫 구절은, 3·1민족운동의 정신을 이어받아 '건립'된 대한민국임시정부의 법통을 이어받아, 1948년 8월 대한민국 정부가 '재건'되었다는 뜻이었다. 「제헌헌법」은 3·1민족운동에서 대한민국임시정부로, 그리고 대한민국으로 이어지는 역사의 연속성과 발전성을 명기(明記)하였다. 「제헌헌법」은 이렇게 대한민국임시정부와 대한민국의 연속성을 명확하게 강조하였다. 오늘날 대한민국 구성원이 공유하는 이러한 역사의식은, 해방정국에서 조소앙이 표출하였던 시대의식과 일치한다.

5·16군사쿠데타와 12·12쿠데타로 헌정을 중단시킨 군사독재 시절에는, 장기 집권을 위하여 모두 네 차례(5·6·7·8차)에 걸쳐 개헌하였지만, 국가 기본법의 정신을 밝히는 헌법 전문에서 '대한민국임시정부'를 번번이 삭제하였다. 군사독재에 항거하여 민주화운동의 분수령을 이룬 6·10민주화운동의 여망에 힘입어, 1987년 10월 헌정사상 최초로 여야가 합의하여 개정(10월 29일 국민투표로 확정)·공포한 제9차 개정헌법에 와서야, 대한민국임시정부의 법통성이 복권되었다.

현행 제9차 개정헌법의 전문은 "유구한 역사와 전통에 빛나는 우리 대한국민은 3·1운동으로 건립된 대한민국 임시정부의 법통과 불의에 항거한 4·19 민주이념을 계승하고 조국의 민주개혁과 평화적 통일의 사명에 입각하여……"라고 명문화(明文化)하여, 대한민국임시정부의 법통을 명시했다. 「제헌헌법」과 현행 헌법에는, 대한민국임시정부가 일본 제국주의에 저항하여 독립과 자유를 추구한 3·1민족운동이 탄생시킨 최초의 민주공화국이며, 대한민국은 이를 재건하였다는 역사관이 담겨 있다.

삼균주의의 시각에서 볼 때, 대한민국은 분단 정부였으므로 불완전하였지만, 조소앙은 대한민국정부가 대한민국임시정부의 법통을 계승하였다고 인식하였으므로, '법통'이라는 용어를 직접 사용하여 대한민국의 정통성을 인정하였다.

5·10총선거를 실시하여 우리 대한민국은 세계에 등장하게 된 것이다. 그러나 우리 대한민국은 우연한 계기로 된 것은 아니다. 우리 민족의 피와 죽음으로 3천리 강토를 물드린 기미 3·1독립운동을 계기로, 독립정신에 불타는 애국지사들은 해외로 망명하여 지금으로부터 32년전에 상해에서 대한민국임시정부를 수립하였다. (……) 오늘날 그 법통을 계승하고 정정당당히 세계에 빛나는 대한민국 건립을 볼 때 그것이 겨우 13도(道) 중 8도의 국민 3분지2의 가결로 된 민주주의 기반 위에 입각한 것이라 할지라도 위선(爲先) 뼈에 사무친 원한의 제1보는 해소된 것이다. (……)

이 30유여(有餘) 년의 법통을 계승하고 혁명선열의 피와 죽음으로

이루어진 대한민국을 우리는 육성강화(育成强化)할 책임을 느끼는
바이며,(……)[2]

조소앙은 대한민국임시정부에서 대한민국을 이어 주는 법통의
근거인 균등주의 이념이, 바로 「제헌헌법」에 반영되었다고 인식하였다.

우리 민중은 무산계급 독재도 자본주의의 특권계급의 사이비적 민
주주의 정치도 원하는 바가 아니요, 오직 대한민국의 헌법에 제정
된 균등사회의 완전실현만을 갈구할 뿐이다. 이것은 인류의 이상이
지향하는 정상적 요구이며 기(其) 실현을 촉진함은 우리 민족에게
부여된 민족적 최대과업이다.[3]

조소앙은 「제헌헌법」의 균등주의가 삼균주의의 반영임을 은연
자긍하면서, 이러한 헌법 정신을 인류의 최고 이상으로 지향함이 한
민족에 부과된 최대과업이라는 민족소명의식을 표출하였다.

1948년 7월 「제헌헌법」을 공포한 이래, 대한민국 헌법은 아홉 차
례의 고단한 굴곡을 거쳐 오늘에 이르렀다. 헌법의 전문도 여러 차례
바뀌었지만, 변하지 않은 일관성도 보인다. 여전히 읽는 사람의 호흡
을 고려하지 않은 채, '유구한'으로 시작하여 길다랗게 한 문장을 유
지하였지만, "각 인의 기회를 균등히 하고"·"국민생활의 균등한 향상
을 기"한다는 '균등'의 이념을 줄곧 명시하였다. 실상이야 어떠하였든,
대한민국 헌법은 늘 '균등주의'를 민주주의의 이상으로 표방하였다.

삼균주의의 이념이 반영된 「제헌헌법」 전문은 민주주의의 요체

를 균등주의로 제시하였고, 이는 해방정국에서 진보민족주의 정치세력이 대한민국의 정통성을 인정하는 논거였다. 오늘날 한국민으로서 대한민국을 '육성강화'할 책임감을 계승한다면, 「대한민국건국강령」이 '국시(國是)'로 표방한 '균등'의 이념을 얼마나 실천했고 어떻게 실현할까를 끊임없이 확인해야 하는 이유가 여기에 있다. 조소앙이 삼균주의를 창안하고 발전시켜 나가는 과정에서 도달한 대한민국의 지향점은 신민주주의(新民主主義) 정체(政體)의 신민주국이었다. 한민족·한국민이 이를 실현하여 인류 사회의 모델로 제시함이 그에게는 민족소명의식이었다. 조소앙은 1930년 1월 상해한국독립당을 창당하는 데 참여하면서, 그가 기초한 한국독립당 당의(黨義)에서 새로 탄생할 한민족의 신국가상(新國家像)으로 '신민주국'을 처음 제시하였다.

> 본당(本黨)은 혁명적 수단으로써 원수 일본의 모든 침탈세력을 박멸하여 국토와 주권을 완전광복하고, 정치·경제·교육의 균등을 기초(基礎)한 신민주국을 건설하여서, 내(內)로는 국민 각개(各個)의 균등생활을 확보하며, 외(外)로는 족여족(族與族)·국여국(國與國)의 평등을 실현하고 나아가 세계일가(世界一家)의 진로로 향함.[4]

신민주국은 정치·경제·교육(문화)의 모든 영역에서 균등을 실현한 국가체제를 의미하였다. 그는 한국독립당을 창당한 후, 자신의 삼균주의에 사회·공산주의 이념을 용해시켜서 '신사회주의(新社會主義)'를 제창하였고, 5년 뒤에 이를 신민주주의로 정립하였다. 조소앙은 '3·1 혁명' 이후 '한국혁명'의 특징 중 하나를 다음과 같이 지적하였다.

건설 방면을 말해 보면, 처음에는 텅비어 정해지지 않았는데 민주
입헌(民主立憲)의 신앙을 계승하여 이제는 한국의 신사회주의(新社會
主義)에 적합한 계획으로 기울고 있다.

무엇을 민족 전체의 행복이라 하는가? 그것은 정치 권리의 균등
함,[5] 생활권리의 균등함, 그리고 배울 권리의 균등함이다. 이로써 역
사적 국가 기초와 제도를 전복하고 아울러 다른 민족이 제멋대로
만든 모든 시설과 제도를 파괴하여, 한민족 전체가 내부적으로는
각자 균형을 이루게 하고(......)[6]

위의 인용문은 대한민국임시정부가 건립됨으로써 민주공화제가
정착되었다, 이제는 자유민주주의와 공산주의를 지양하여 수학(受學)
균등까지 포함하는 삼균제도를 실현함으로써 한민족 전체의 행복을
증진시켜야 한다는 뜻이었다. 조소앙은 신민주국·신사회주의의 구상
을 더욱 발전시켜, 1935년 10월에는 신민주국의 정치체제를 신민주
주의로 표현하였다.

중국혁명에서 마오쩌둥(毛澤東)의 「신민주주의론」이 중국공산당
의 테제로 채택되기는 1940년 4월이었다.[7] 조소앙의 신민주주의론이
시기상으로 앞섰을 뿐 아니라, 내용에서도 전혀 궤도를 달리하였다.
마오쩌둥은 부르주아지가 주도한 중국혁명을 구세계(舊世界) 부르주아
민주주의 혁명으로 규정하고, 1917년 러시아혁명 이후 추진되는 중
국혁명은 새로운 민주주의 혁명의 범주에 속한다[8]는 의미로 신민주
주의를 사용하였다.

조소앙은 재건한국독립당을 결성한 후 작성한 「고당원동지」

(1935. 10. 5)에서 특정계급의 독재인 부르주아 민주주의와 소비에트 민주주의(프롤레타리아 민주주의)를 모두 구(舊)민주주의로 비판하면서, 양자를 뛰어넘는 정치체제로서 신민주주의를 제시하였다. 기존의 사회·공산주의조차도 지양한 신사회주의의 새로운 표현이었다.

서구에서 발생하여 정착한 두 종류의 민주주의를 수정하여야 한다는 조소앙의 신념은, 8·15해방 후 남과 북에 각각의 체제가 들어선 분단 현실에서 더욱 강하였다. 그가 자유민주주의 체제로 출발한 대한민국에서 '사회당'의 간판을 내걸고 창당한 이유였다. 그는 사회당을 결당하면서 한민족 구성원들에게 다음과 같이 경종을 울렸다.

우리 사회는 소위 진보적 민주주의라는 계급 독재파들이 무산계급 독재를 실시코자 함으로써 일부 민중은 이에 유혹과 선동을 받고 있는 현상이며 또 일부 자본주의 특권계급은 반세기에 가까운 일본제국주의의 엄호하에 성장발전되어 8·15 일제의 패망 이후 자(自)계급의 특권을 연장발전시키고자 봉건잔재와 결합하여 엄연히 일개 세력을 형성하고 있다.
이와 같은 2종(種)의 세력은 기(其) 세력확충을 위하여 민중의 정당한 판단을 현혹케 하며 민족상쟁의 화단을 일으키며 인심의 혼란과 시정(施政)의 지장을 주는 것이 금일 한국사회의 가릴 수 없는 실정이다.[9]

조소앙의 경고는 오늘날에도 절실하게 다가온다. 삼균주의가 현재도 요청되는 이유이다.

삼균주의에서 '균(均)'은 '평(平)'과 같은 뜻으로 '균등'은 '평등'과 같으며, 일체의 차별이 없는 동등함을 가리킨다. 삼균주의는 유사 이래 인간관계들이 불균등하였고 이것이 분쟁을 낳아 인류 사회의 모든 불행과 불화의 근본 원인이 되었다는 사실을 지적하면서 출발한다. 이 점에서 삼균주의는 사람들 사이의 관계가 이루어지는 모든 터에서 균등함을 실현하여, 행복과 화합을 마침내 이루자는 이상주의이다.

차별이 없는 균등한 사회를 꿈꾸는 이상론은 인간 양심의 보편성으로 꽤나 오래된 유래를 가지고 있다. 중국에서는 대동(大同)사상을 비롯하여 끊이지 않았고, 서양에서도 『유토피아』가 나오기 훨씬 전부터, 또 후에도 '이 세상 어느 곳에도 없는(no-where)' 유토피아(good-place)를 쉬지 않고 꿈꾸었다.

조소앙도 이러한 인류 양심의 보편성을 이어받았으나, 그가 선 역사 조건은 매우 뚜렷하였다. 자본주의(자본민주주의)와 공산주의(프롤레타리아 민주주의)가 대립하는 모순을 지양할 세계사의 보편성과, 중세기의 봉건체제도 극복하지 못한 채 제국주의 침략을 받아 식민지로 떨어진 한민족의 민족모순을 해결할 특수성에 마주 서, 조소앙은 '균등'이라는 이상을 현실 속의 실천론으로 구체화하였다.

삼균주의는 인간 세계의 모든 차별상을 극복하고, '균등'을 실현하려는 유토피아의 보편성에 출발하였다. 또한 자본주의와 공산주의가 대립하는 모순을 지양할 시대의 보편성과, 일제에 저항하여 새로운 국가상을 창출해야 하는 한민족의 특수성을 배경으로 성립하였다.

삼균주의가 서 있던 지평에 서서 한민족의 현재를 다시 묻는다.

공산주의가 붕괴하였다고 부르대는 오늘날 자본민주주의의 모순을 해결하였는가? 강대국의 국가패권주의에 마주 서는 민족자결권은 실현하였는가? 「대한민국건국강령」이 표방한바, 극빈 계급의 생활 정도와 문화 수준을 끌어올리는 '계급 소멸'은 얼마만큼 이루었는가? 남북을 통일할 이념은 마련하였는가? 이러한 질문들에 마주 서면, 삼균주의는 아직도 현재성을 지니면서 한민족이 나아가야 할 시대정신을 제시한다.

주

머리말

1   洪善熹,『理性과 現實:헤겔哲學硏究』(太極出版社, 1973. 10), 5, 315쪽. 헤
  겔철학 전공자인 홍선희는 이 저서 끝에 「(附錄) 趙素昻의 三均主義
  硏究」를 수록하였다.

2   김삼웅,『조소앙 평전』(채륜, 2017. 6)은 '평전'이라고 제(題)하였지만,
  전체 356쪽 분량의 본문 가운데 '출생과 학문, 일본 유학 시절'을 제1장
  으로 설정하여 21~35쪽에서 간단히 약술하는 데 그쳤다.

3   김기승,『조소앙이 꿈꾼 세계』(지영사, 2003. 8), 5~6쪽.

4   김인식,『대한민국 정부수립』(대한민국역사박물관, 2014. 12), 7쪽.

5   이상에서 평전을 개념 정의하는 내용은 김인식,「한국근현대인물평
  전의 略史와 전망」,《中央史論》第39輯(中央史學硏究所, 2014. 6), 374~
  375쪽.

6   김인식,『광복 전후 국가건설론』(독립기념관 한국독립운동사연구소, 2008. 8),
  26쪽.

7   김인식, 앞의 논문, 379쪽.

8   이 책의 제1권은 2002년 6월, 제4권이 2019년 6월에 출간되었다.

1 출생과 성장기

1   이 부분은 김인식,「素昻 趙鏞殷의 아호·필명 詳考」,《한국민족운동사
     연구》108(한국민족운동사학회, 2021. 9)에서 요약하였다.

2   「自傳」(1943. 5~1943. 12로 추정), 三均學會 編著,『素昻先生文集』下(횃
     불사, 1979. 7), 156쪽;「附錄 年譜」, 三均學會 編著, 위의 책 下, 481쪽.
     이하『素昻先生文集』은『文集』으로 줄인다.

3   김삼웅,『조소앙 평전』(채륜, 2017. 6), 21쪽에서도 조소앙의 출생일을
     "1887년 4월 8일(음력)"이라고 서술하였다.

4   「自傳」,『文集』下, 156쪽.

5   『東遊略抄』의 '1907年(光武11年 丁未)'의 '2月13日(1月1日 水, 晴)',『文
     集』下, 321쪽.

6   「附錄 年譜」,『文集』下, 481쪽.

7   李卓,「求心 趙鏞夏의 略傳」,《三均主義硏究論集》第14輯(三均學會,
     1994. 2), 25쪽.

8   「愛國志士 趙禎奎, 朴必陽 兩位분 遺骸奉還에 즈음하여」(1993. 12. 12
     三均學會 會員一同),《三均主義硏究論集》第14輯, 77~78쪽.

9   「理化齋公序」(1946. 9. 20),『文集』下, 161~162쪽

10   성씨이야기편찬실,『함안 조씨 이야기』(올린피플스토리, 2014. 10), 77~
     78쪽.

11   각 능의 앞 글자를 따서 공순영릉(恭順永陵)이라고도 한다. 사적 제205호
     로 현 경기도 파주시 조리읍 봉일천리 산4-1번지에 소재한다.

12   이상 능참봉에 대한 설명은 김효경,「조선후기 능 참봉에 관한 연구」,

《古文書硏究》20(한국고문서학회, 2002. 2), 213~221쪽; 유영옥, 「陵參奉
職 수행을 통해 본 頤齋 黃胤錫의 仕宦의식」,《東洋漢文學硏究》제24집
(東洋漢文學會, 2007. 2), 78~79쪽 참고.

13 이를테면 영조(英祖) 때의 황윤석(黃胤錫)은 38세인 1766년(영조 42년) 6월,
음보(陰補)로 장릉참봉(莊陵參奉)으로 첫 벼슬을 한 뒤, 꼬박 2년을 채우고
서 1768년(영조 44년) 의영고(義盈庫) 봉사(奉事)로 천직(遷職)하였다. 유영
옥, 앞의 논문, 49, 61, 82쪽.

14 김기승, 『조소앙이 꿈꾼 세계』(지영사, 2003. 8), 21쪽; 김기승, 『대한민
국임시정부의 이론가 조소앙』(역사공간, 2015. 12), 13~14쪽.

15 「曾祖都正公第五十八週年忌辰」, 『文集』 下, 164쪽.

16 조정규 내외가 중국으로 망명한 해는 「愛國志士 趙禎奎, 朴必陽 兩位
분 遺骸奉還에 즈음하여」, 78쪽에는 1932년이라 기술하였으나, 「附錄
年譜」, 『文集』 下, 496쪽에 따르면 1928년이었다.

17 「愛國志士 趙禎奎, 朴必陽 兩位분 遺骸奉還에 즈음하여」, 78쪽. 황호
덕, 「해제」, 조소앙 지음, 이정원 옮김, 『유방집』(한국고전번역원, 2019. 8),
14쪽의 '조소앙의 가계와 서훈 상황'(조소앙기념관 전시)에서 다시 인용.
국가보훈처 인터넷 제공, 「독립유공자 정보」를 참조하여 정리하였다.

18 李卓, 앞의 논문, 30쪽.

19 「理化齋公序」(1946. 9. 20), 『文集』 下, 161~162쪽.

20 『禮記』, 「曲禮」 上.

21 李相玉 譯著, 『禮記(新完譯)』 上(明文堂, 1985. 7), 59~60쪽.

22 全海宗, 「中國人의 傳統的 歷史觀」(1975), 車河淳 편저, 『史觀이란 무
엇인가』(청람, 1980. 5), 191~195쪽; 高柄翊, 「儒敎思想에 있어서의 進
步觀」(1969), 車河淳 편저, 위의 책, 224~229쪽.

23 조동걸, 「조소앙의 생애와 민족운동」, 한국정신문화연구원 편, 『한국
현대사인물연구』 2(백산서당, 1999. 11), 18~19쪽.

24 『동유약초』에는 1905년 1월 9일부터 10월 6일까지 형 조용하에게서

편지를 받았다는 기록이 16번 나온다. 김기승, 「조소앙의 사회주의 수용과 공화주의 국가 구상」, 김현철 편, 『3·1운동과 대한민국 임시정부의 재조명』II(동북아역사재단, 2020. 3), 488~489쪽.

25 李卓, 앞의 논문, 25~29쪽.

26 김기승, 앞의 책(2015. 12), 10쪽.

27 『東遊略抄』'1906年'의 '8月13日(陰6月24日)', 『文集』下, 296~297쪽.

28 韓嬰 撰, 林東錫 譯註, 『韓詩外傳』1/3(동서문화사, 2009. 12), 210~212쪽.

29 『東遊略抄』'1911年'의 '2月 9日', 『文集』下, 421~422쪽. 이하 본문에서 『동유약초』에 기록된 날짜를 밝혔을 경우에는 『동유약초』의 출처를 생략한다.

30 김인식, 앞의 논문(2021. 9)에서 요약하였다.

31 한정주, 『호(號), 조선 선비의 자존심』(다산초당, 2015. 5), 5쪽.

32 도진순 주해, 『백범일지』(돌베개, 1997. 7), 266~267쪽.

33 嘗膽生, 「悲報悲報라」, 《大韓每日申報》第一百四號(光武九年十二月十六日).

34 김기승, 앞의 책(2015. 12), 11쪽.

35 성씨이야기편찬실, 앞의 책, 22, 29쪽.

36 春園 李光洙, 「망명한 사람들」, 『나의 告白』(春秋社, 1948. 12), 71~73쪽.

37 김기승, 「조소앙과 《적자보》 연구」, 《순천향 인문과학논총》 제39권 1호(순천향대학교 인문학연구소, 2020. 3), 7~9쪽.

38 韓薩任, 『金相玉傳』(三一印書館, 大韓民國七年一月二十二日).

39 「韓國支社 趙素印編 韓國文苑」, 《大公報》(中華民國二十一年十二月二十日)〔趙素印 編, 『韓國文苑』(槿花學社, 1932. 10; 亞細亞文化社, 1994. 2 影印)의 《大公報》 기사〕; 趙恒來, 「解題」, 趙素印 編, 위의 책.

40 李卓, 앞의 논문, 25쪽.

41 김기승, 앞의 책(2015. 12), 15쪽.

42 《독립신문》(1898. 1. 15)의 「관보」.

43 《독립신문》(1898. 10. 22)의「잡보」.

44 姜明淑,「갑오개혁 이후(1894~1910) 성균관의 변화」,《教育史學研究》第10集(教育史學會, 2000. 6), 177~178쪽.

45 宋炳基 外 編著,『韓末近代法令資料集』II (大韓民國 國會圖書館, 1971. 4), 101쪽.

46 姜明淑, 앞의 논문, 170쪽.

47 宋炳基 外 編著, 앞의 책 II, 359쪽.

48 姜明淑, 앞의 논문, 174쪽.

49 宋炳基 外 編著, 앞의 책 II, 98~101쪽.

50 愼鏞廈,『申采浩의 社會思想研究』(한길사, 1894. 2), 15쪽.

51 實是學舍 고전문학연구회 역주,『변영만전집: 山康齋文鈔 原文』(성균 관대대동문화연구원, 2006. 6)의「변영만 연보」, 400~401쪽; 정태욱,「변 영만의 삶과 뜻」,《법철학연구》제15권 제3호(한국법철학회, 2012. 12), 78~79쪽; 崔起榮,「한말 法官養成所의 운영과 교육」,《한국근현대사 연구》제16집(한국근현대사학회, 2001. 3), 58~59쪽.

52 宋炳基 外 編著, 앞의 책 II, 99쪽.

53 宋炳基 外 編著, 앞의 책 I (1970. 10), 538쪽.

54 宋炳基 外 編著, 앞의 책 II, 98쪽.

55 姜明淑, 앞의 논문, 162쪽.

56 김기승, 앞의 책(2003. 8), 24쪽.

57 위와 같음.

58 趙素昻,「瑞西로社會黨代表로갓다가」,《三千里》第三號(1948. 7. 1), 8쪽.

59 이호룡,『영원한 자유인을 추구한 민족해방운동가 신채호』(역사공간, 2013. 12), 18쪽.

60 崔洪奎,『申采浩의 民族主義思想』(螢雪出版社, 1983. 6), 47~48쪽.

61 「瑞西로社會黨代表로갓다가」.

62 원문은 다음과 같다. "2. 留學: (……) 至甲辰二月, 有所謂亡國條約'議

定書'者, 發表於『皇城新聞』, 憤而退學, 決志去國留學, 卽被選皇室留學生, (……)"「自傳」,『文集』下, 156쪽.

63 《황성신문》은 1904년 2월 24일 자에「한일의정서」의 조인 내용을 게재했다가, 외부(外部)가 게재 금지 명령을 내려 기사를 삭제당하자, 문제 된 기사의 활자를 뒤집어 인쇄하였다. 당시에 이른바 '벽돌신문'이라 불리는 효시가 바로 이 날짜《황성신문》의 기사였다. '벽돌신문'이란 삭제된 기사의 활자를 뒤집어서 인쇄한 모양이 벽돌을 쌓아 놓은 모양과 같다고 하여 붙은 이름이다.

64 宋炳基 外 編著, 앞의 책 Ⅱ, 100쪽.

65 위와 같음.

66 위의 책 Ⅰ, 538쪽.

67 위의 책 Ⅱ, 98쪽

68 여기서 '90인'은 아마 50인의 오보로 보인다.

69 황실특파유학생을 선발하는 경위는 朴贊勝,「1904년 황실 파견 도일 유학생 연구」,《한국근현대사연구》제51집(2009. 12), 197~202, 227쪽.

70 『東遊略抄』의 첫 시작 부분,『文集』下, 246쪽; 崔麟,「自敍傳」,『如菴文集』上(如菴先生文集編纂委員會, 1971. 6), 163쪽.

71 朴贊勝, 앞의 논문, 201쪽.

72 김기승, 앞의 책(2015. 12), 21쪽.

2 일본 유학, 민족운동가로서의 수학기

1 『東遊略抄』, 三均學會 編著,『素昻先生文集』下(횃불사, 1979. 7), 246쪽. 한문 원문을 번역하였다. 이하『素昻先生文集』을『文集』으로 줄이고, 본문에서『동유약초』에 기록된 날짜를 밝혔을 경우에는『동유약초』의 출처를 생략한다.

2   《皇城新聞》(1904. 10. 10), 「雜報」의 '視察長程'. 조소앙도 10월 8일의 행
    사에 참여했을 터인데, 『동유약초』에는 이를 기록하지 않았으며 10월
    9일부터 일기가 시작된다.

3   『동유약초』는 본문에 인용한 「서」에 곧이어, '1904年(光武8年에 甲辰)'의
    '10月9日(陰 9月 1日)'자로 일기가 시작된다. 이날의 기록은 조소앙이 새
    벽 3시 30분에 일어나 가족들과 고별인사를 하였고, 6시 30분에 인천으
    로 향하는 차에 탑승하는 내용으로 시작한다. 이하 황실 유학생 일행이
    일본으로 출발하는 과정은 『東遊略抄』, 『文集』下, 246~248쪽; 崔麟,
    「自敍傳」, 『如菴文集』上(如菴先生文集編纂委員會, 1971. 6), 163쪽.

4   황실특파유학생으로 선발된 사람은 모두 50명이었으나, 10월 8일 소
    집식 행사에 47명이 참석하였음을 보면, 한성에서 출발한 유학생은
    47명이었다. 朴贊勝, 「1904년 황실 파견 도일유학생 연구」, 《한국근현
    대사연구》제51집(한국근현대사학회, 2009. 12), 202쪽.

5   趙素昂, 「瑞西로社會黨代表로갓다가」, 《三千里》第三號(1948. 7. 1),
    8쪽.

6   『文集』下, 248쪽; 崔麟, 앞의 책, 164쪽.

7   김기승, 『조소앙이 꿈꾼 세계』(지영사, 2003. 8), 27쪽; 김기승, 『대한민
    국임시정부의 이론가 조소앙』(역사공간, 2015. 12), 22쪽.

8   『東遊略抄』 '1904年'의 '11月2日(陰 9月25日)'과 '11月4日(陰 9月27日)',
    『文集』下, 248~249쪽.

9   崔麟, 앞의 책, 159~160, 164~165쪽.

10 朴贊勝, 앞의 논문, 207쪽.

11 김기승, 앞의 책(2003. 8), 29~30쪽; 朴贊勝, 위의 논문, 214~215쪽.

12 김기승, 위의 책(2003. 8), 29쪽; 朴贊勝, 위의 논문, 214쪽에서 다시
    인용.

13 위의 『창립50년사』는 한국 학생들이 배운 과목과 담당 교수까지 기술
    하였다. 朴贊勝, 앞의 논문, 213~214쪽에서 다시 인용.

14 김기승, 앞의 책(2003. 8), 29~30쪽; 김기승, 앞의 책(2015. 12), 23쪽.

15 다케이 하지메(武井一) 지음, 황호덕 옮김, 「조소앙의 〈나고야수학여행기〉에 대하여」, 《근대서지》 제10호(근대서지학회 2014. 12), 613~615쪽.

16 조소앙의 「나고야수학여행기」는 원문과 번역문이 「(영인) 〈나고야수학여행기〉」, 《근대서지》 제10호(근대서지학회 2014. 12), 751~752쪽; 황호덕 옮김, 「(자료2) 현대 한국어역 〈나고야 수학여행기〉」, 《근대서지》 제10호, 613~615쪽에 소개되었다.

17 원명은 「한일협상조약」이며 「제2차 한일협약」, 「을사5조약」이라고도 불린다.

18 이 기사는 武井一 譯·著, 『趙素昻と東京留學』(波田野硏究室, 2009. 3), 232~233쪽에 전문이 실려 있다.

19 上垣外憲一 지음, 김성환 옮김, 『일본유학과 혁명운동』(進興文化社, 1983. 9), 108~109쪽.

20 武井一, 『皇室特派留學生』(白帝社, 2005. 12), 99~100쪽. http://www.wikiwand.com/東京都立日比谷高等學校人物一覽에서 다시 인용.

21 崔麟, 앞의 책, 166쪽.

22 위의 책, 167쪽.

23 上垣外憲一 지음, 앞의 책, 109쪽.

24 동맹휴교 사태가 수습되는 과정에서, 별도의 출처를 밝히지 않은 곳은 朴贊勝, 앞의 논문, 217~222쪽을 참조하였다.

25 『東遊略抄』 '1906年'의 '2月2日(陰 正月9日)', 『文集』 下, 277쪽.

26 『東遊略抄』 '1906年'의 '5月1日(陰 4月8日)' · '5月2日', 『文集』 下, 285쪽.

27 김기승, 앞의 책(2003. 8), 32쪽.

28 朴贊勝, 앞의 논문, 222~223쪽.

29 조소앙이 제일중학교에 복교한 이후 메이지대학에 입학하기까지 생활은 김기승, 앞의 책(2003. 8), 33~37쪽; 김기승, 앞의 책(2015. 12), 25~27쪽에 상세히 기술되었다.

30 『東遊略抄』'1907年'의 '1月28日(12月15日)',『文集』下, 317~318쪽.

31 김기승, 앞의 책(2003. 8), 37쪽 ; 김기승, 앞의 책(2015. 12), 27쪽.

32 『동유약초』에는 '고등학교'라고 표현하고 제일고등학교를 명시하지 않았는데, 도쿄제국대학의「규칙서」를 열람했다 함은, 동 대학의 예과로 인식되는 제일고등학교에 입학하려는 의도였다.

33 『東遊略抄』'1907年'의 '4月19日(3月7日)',『文集』下, 327쪽.

34 『東遊略抄』'1907年'의 '10月12日(9月6日)',『文集』下, 342쪽.

35 『東遊略抄』'1908年'의 '10月19日(9月25日)',『文集』下, 369쪽.

36 1908년 11월 4일 자『동유약초』에는 "제8고등학교에서 이력서를 요청하였다."라고 적었다.『文集』下, 370쪽. 제8고등학교는 1908년 나고야(名古屋)에 설립되었는데 현 나고야대학의 전신이다.

37 김기승, 앞의 책(2003. 8), 41, 62~63쪽 ; 김기승, 앞의 책(2015. 12), 27쪽.

38 이상 기시모토 다쓰오는 김기승, 앞의 책(2003. 8), 66쪽; 김기승, 앞의 책(2015. 12), 37~38쪽을 참조.

39 『東遊略抄』'1910年'의『東遊畧抄』第4의 '小言',『文集』下, 384쪽.

40 "지나간 일이야 돌이킬 수 없지만, 닥쳐오는 일은 아직 늦지 않았다(좇아갈 수 있다)(往者不可諫 來者猶可追)",『論語』,「微子」편.

41 『東遊略抄』'1910年'의 '7月18日',『文集』下, 401쪽.

42 『東遊略抄』'1910年'의 '8月8日',『文集』下, 403~404쪽.

43 『東遊略抄』'1910年'의 '8月10日',『文集』下, 403~404쪽.

44 국제법상 국가의 소멸(state extinction)을 표현한 용어로, '합병(合倂, union)'과 '병합(倂合, annexation)'은 본질상의 차이가 있다. 우리가 '경술국치'로 부르는 1922년 8월 22일 조인한 조약은 일문으로는「韓國倂合ニ關スル條約」, 영문으로는 "TREATY REGARDING THE ANNEXATION OF KOTEA TO THE EMPIRE OF JAPAN"이며, 이 조약 안에도 '병합조약'으로 명기하였다.『동유약초』에는 '합병'으로 기술하다가, 경술국치 전후 무렵에는 '합방'으로 표현하기 시작하였다.

조소앙은 8·15해방 전후에도 줄곧 '합방'이라는 용어를 사용하였다. 오늘날에도 경술국치를 가리켜 이러한 용어를 사용하는데, 엄격히 말하면 매우 착오된 인식이다. 본문에서는 『동유약초』를 그대로 인용하여 '합방'이라고 표기하였다.

45 「瑞西로社會黨代表로갓다가」.

46 『東遊略抄』의 '1910年'의 '8月25日', 『文集』下, 406쪽.

47 『東遊略抄』 '1910年'의 '9月21日', 『文集』下, 406쪽.

48 『東遊略抄』 '1910年'의 '9月11日', 『文集』下, 406쪽.

49 『東遊略抄』 '1910年'의 '9月28日', 『文集』下, 406쪽.

50 앞의 「瑞西로社會黨代表로갓다가」.

51 「自傳」, 『文集』下, 157쪽.

52 『東遊略抄』 '1910年'의 '10月2日'·'10月9日', 『文集』下, 407쪽.

53 김기승, 앞의 책(2003. 8), 42~43쪽.

54 『東遊略抄』 '1912年'의 '5月 23日', 『文集』下, 476쪽. 1912년 5월 23일 시험 시간표가 공지되었는데, 시험 기간은 6월 15일(土)부터 6월 27일(木)까지였다.

55 「瑞西로社會黨代表로갓다가」.

56 이상 황실특파유학생의 진로는 朴贊勝, 앞의 논문, 225~229쪽을 참조하여 서술하였다.

57 金素伶, 「한말 도일유학생들의 현실 인식과 근대국가론」, 《한국근현대사연구》제84집(2018. 3), 14~15쪽.

58 《공수학보》에 실린 조소앙의 글로는, 본명으로 발표한 「통고(慟告)아(我)2천만동포」, 《공수학보》총1호(1907. 1. 25)와 「녹림(綠林)시대를탄(嘆)홈」, 《공수학보》총2호(1907년 4월 간행)가 현전한다.

59 안남일, 「1910년 이전의 재일본 한국유학생 잡지 연구」, 《한국학연구》제58집(고려대학교 한국학연구소, 2016. 9), 265쪽.

60 韓詩俊, 「대한학회」, 한국독립운동사연구소 편, 『한국독립운동사사

전』 4(독립기념관, 2004. 5), 206~207쪽.

61 김기주, 『한말 재일 한국유학생의 민족운동』(느티나무, 1993. 9), 24~67쪽; 鄭惠瓊, 「대한흥학회」, 『한국독립운동사사전』 4, 212~213쪽.

62 「會錄」, 《大韓興學報》第1號(1909년 3월호), 78~80쪽.

63 韓詩俊, 「대한흥학보」, 『한국독립운동사사전』 4, 211쪽.

64 「會錄」, 《大韓興學報》第7號(1909년 11월호), 134~136쪽.

65 《大韓興學報》總10號(1910. 2. 10).

66 「臨時評議會」, 《大韓興學報》第9號(1910년 1월호), 54~56쪽.

67 앞의 「瑞西로社會黨代表로갓다가」.

68 崔德教 編著, 『韓國雜誌百年』1(玄岩社, 2004. 05), 202~203쪽.

69 위의 책 1, 203쪽.

70 위의 책 1, 203쪽.

71 위의 책 1, 200쪽.

72 『東遊略抄』의 '1912年'의 '1月24日', '2月7日'·'2月8日', 『文集』下, 462, 464쪽.

73 「瑞西로社會黨代表로갓다가」.

74 이하 문맥에 따라 동경기독교청년회 또는 기독교청년회로 줄인다.

75 徐紘一, 「趙素昂의 六聖教와 21世紀 文明」, 《三均主義研究論集》第19 輯(1999. 2), 15~17쪽.

76 본명은 Phillip L. Gillette, 미국 출신의 선교사로 황성YMCA의 창설자 이다.

77 오인환, 『이승만의 삶과 국가』(나남, 2013. 3), 66~67쪽.

78 조소앙은 『동유약초』에서 자신보다 위의 연배를 예우하여 지칭할 때에는 '~박사'·'~목사' 등 자격이나 직함을 붙이거나 '~씨(氏)'라고 적었으며, 동년배와 후배들에게는 '강매군(姜邁君)'·'안재홍군(安在鴻君)' 등으로 지칭하였다.

79 제1장 2절 및 제3장 3절의 이광수의 회고를 참조.

80   조소앙의 일본 유학 시절 독서 목록은 김기승, 앞의 책(2003. 8), 324~ 325쪽의 〈부록 2〉를 참조.

81   김기승, 앞의 책(2015. 12), 41쪽.

82   國學振興事業推進委員會 編, 『韓國獨立運動史資料集: 趙素昻篇(二)』 (韓國精神文化研究院, 1996. 1), 210~219쪽; 『文集』 下, 238~239쪽. 이 글은 세례를 받기 전후부터 1911년 12월 24일 사이에 쓰였다.

83   앞의 『韓國獨立運動史資料集: 趙素昻篇(二)』, 239~243쪽; 『文集』 下, 239~240쪽. 본문에서는 『文集』에서 인용하기로 한다.

84   김기승, 앞의 책(2003. 8), 78~80쪽.

3 중국으로 망명, 민족운동가로서의 성장기

1   趙素昻, 「瑞西로社會黨代表로갓다가」, 《三千里》 第三號(1948. 7. 1), 8쪽.

2   安在鴻, 「학창회고」, 《단대학보》(1949. 2)〔千寬宇, 「民世 安在鴻 年譜」, 《創作과批評》 통권 50호(創作과批評社, 1978년 겨울), 218쪽에서 다시 인용〕.

3   『東遊略抄』 '1912年'의 '2月 11日', 三均學會 編著, 『素昻先生文集』 下 (햇불사, 1979. 7), 464쪽. 이하 『素昻先生文集』을 『文集』으로 줄이고, 본 문에서 『동유약초』에 기록된 날짜를 밝혔을 경우에는 『동유약초』의 출처를 생략한다.

4   「瑞西로社會黨代表로갓다가」.

5   위와 같음.

6   平洲 李昇馥先生 望九頌壽紀念會, 『三千百日紅』(人物研究所, 1974. 7), 102쪽.

7   「附錄 年譜」, 『文集』 下, 487쪽.

8   鄭元澤, 『志山外遊日誌』〔독립운동사편찬위원회, 『獨立運動史資料集』 第8輯

(고려서림, 1984. 9), 372쪽).

9   鄭元澤, 앞의 책, 369 ·371쪽.

10 이하 동제사와 관련한 서술은 별도의 출처가 없는 곳은, 金喜坤, 「同濟
    社의 結成과 活動」, 《韓國史硏究》 제48호(한국사연구회, 1985. 3); 姜英
    心, 「申圭植의 생애와 독립운동」, 《한국독립운동사연구》 제1집(독립기
    념관 한국독립운동사연구소, 1987. 8)을 참조하여 서술하였다.

11 「瑞西로社會黨代表로갓다가」.

12 김기승, 『조소앙이 꿈꾼 세계』(지영사, 2003. 8), 128～129, 139쪽.

13 김기승, 위의 책, 70쪽; 김기승, 『대한민국임시정부의 이론가 조소앙』
    (역사공간, 2015. 12), 38쪽.

14 鄭元澤, 앞의 책, 375～376쪽.

15 金喜坤, 『中國關內 韓國獨立運動團體硏究』(지식산업사, 1995. 2), 57～
    58쪽.

16 도진순 주해, 『백범일지』(돌베개, 1997. 7), 316～317쪽.

17 文一平, 「揚子江邊의봄빗(지난날 이치지안는追憶⑤)」, 《朝鮮日報》(1935.
    3. 20).

18 이광수가 서간도를 거쳐 상하이에 도착한 날은 1913년 11월 29일이었
    다. 鄭元澤, 앞의 책, 375쪽.

19 春園, 「人生의 香氣」, 《三千里》 總七號(三千里社, 1930. 7. 1), 22～24쪽.

20 長白山人, 「그의自敘傳(51)」, 《朝鮮日報》(1937. 2. 11).

21 春園, 「人生의 香氣」, 24쪽.

22 長白山人, 「그의自敘傳(52)」, 《朝鮮日報》(1937. 2. 12).

23 鄭元澤, 앞의 책, 378쪽.

24 위의 책, 379쪽.

25 秦瞬星, 「可人洪命憙兄님!(一)」, 《東亞日報》(1921. 6. 28).

26 春園 李光洙, 『나의 告白』(春秋社, 1948. 12), 77～78쪽.

27 長白山人, 「그의自敘傳(54)」, 《朝鮮日報》(1937. 2. 14).

28 鄭元澤, 앞의 책, 379쪽.

29 洪善熹, 『理性과 現實』(太極出版社, 1973. 10), 254쪽.

30 徐紘一, 「趙素昻의 六聖敎의 文化史的 의의」, 《三均主義硏究論集》 第
22輯(三均學會, 2001. 2), 59쪽.

31 앞의 『나의 告白』, 71~73쪽.

32 長白山人, 「그의 自叙傳(52)」, 《朝鮮日報》(1937. 2. 12).

33 長白山人, 「그의 自叙傳(53)」, 《朝鮮日報》(1937. 2. 13).

34 文一平, 「揚子江邊의 봄빗(지난날 이치지안는 追憶⑥)」, 《朝鮮日報》(1935.
3. 21).

35 위와 같음.

36 韓國精神文化硏究院 國學振興事業推進委員會 編, 『韓國獨立運動史
資料集: 趙素昻篇(一)』(韓國精神文化硏究院, 1995. 5), 342~345쪽; 『文集』
上, 733~743쪽.

37 「瑞西로社會黨代表로갓다가」.

38 洪善熹, 앞의 책, 256~257쪽.

39 김기승, 앞의 책(2003. 8), 111쪽.

40 『文集』 下, 460쪽.

41 嘯卬, 「學之光에 寄흠」, 《學之光》 第四號(學之光發行所, 1915. 2. 28)의 7~
11쪽; 『文集』 下, 240~245쪽. 글의 말미에 '4월8일고(稿)'라고 기재되
어 있다.

42 앞의 『韓國獨立運動史資料集: 趙素昻篇(一)』, 781~781쪽.

43 서굉일은 조소앙이 「대동종교신창립」을 1920년 길림에서 완성하여
발표하였다고 추정하였다. 徐紘一, 앞의 논문, 62~63쪽. 김기승은
「대동종교신창립」이 1922년경 작성되었으리라고 추정하였다. 김기
승, 앞의 책(2003. 8), 125, 135쪽. 지면 관계상 논증하기는 어렵지만,
필자는 조소앙이 대한독립의군부를 조직(1919. 2. 27)하는 데 참여하기
이전인 1918년에서 1919년 사이 지린에서 칩거할 무렵이었다고 생각

한다.

44 문일평은 침대를 밟으며 쾅쾅거리는 버릇이 있어, 위층에 사는 홍명희와 조소앙이 그를 '미치광이'라고 불렀는데, 이광수는 아마 이 별명을 '광생'으로 표현한 듯하다.

45 미국으로 이주한 뒤에는 이살음(李薩音)으로 활동하였다.

46 「附錄 年譜」, 『文集』 下, 488쪽.

47 「社會主義者로서 報告(속)」, 《赤子報》 제2호(1919. 12. 20)〔김기승, 「조소앙과 《적자보》 연구」, 《순천향 인문과학논총》 제39권 1호(순천향대학교 인문학연구소, 2020. 3), 13, 17~18, 28쪽에서 다시 인용〕. 김기승에 따르면, 이 글은 무기명으로 발표되었으나 조소앙이 집필하였음이 확실하다. 이하 본문에서 「사회주의자로서 보고(속)」와 관련한 서술은 따로 전거를 밝히지 않더라도, 김기승, 위의 논문에서 직접 재인용 또는 참조하였다.

48 활공과 상송은 각각 이종소(이살음)·임용호(任龍鎬)의 아호이다.

49 부 편술, 「대한인로동샤회개진당-본당창립의 연혁개요」, 《동무》 데일호(대한인로동 샤회기진당 발힝, 대한민국二年 八月一日 챵간), 국가보훈처 공훈관리과 기획·편집, 『미주한인 민족운동 잡지』(국가보훈처, 2019. 12), 243쪽.

50 韓薩任, 『金相玉傳』(三一印書館, 1925. 1. 22)〔앞의 『韓國獨立運動史資料集: 趙素昂篇(一)』, 6쪽〕.

51 李卓, 「求心 趙鏞夏의 略傳」, 《三均主義研究論集》 第14輯(1994. 2), 26쪽.

52 윤우 엮어 지음, 『서울 한복판 항일시가전의 용장 김상옥 의사』(백산서당, 2003. 10), 178~181쪽; 이정은, 『김상옥평전』(민속원, 2014. 12), 146~161쪽.

53 韓薩任, 『金相玉傳』, 12쪽. 「김상옥」, 『독립유공자공훈록』 8권(1990년 발간, 국가보훈처 인터넷 제공); 이정은, 앞의 책, 480쪽.

54 신아동맹당의 결성은 이현주, 『한국 사회주의세력의 형성 1919~

1923』(일조각, 2003. 10), 151~152쪽.

55 신아동맹당 조선지부 결성과 황줴의 활동은 김경남, 「1910년대 재일한·중 유학생의 비밀결사활동과 '민족혁명' 기획」, 《지역과 역사》 49권 (부경역사연구소, 2019. 10), 243~246쪽.

56 「附錄 年譜」, 『文集』下, 488쪽.

57 황줴가 일본 유학을 마치고 중국으로 돌아간 시점은 명확하지 않은데, 그의 회고록에 1916년 말 톈진(天津)에서 저우언라이(周恩來)를 만났다는 기록으로 미루어 보면, 1916년 하반기 무렵 귀국하였으리라 추정된다. 문미라, 「중국인 독립유공자의 한국 독립운동 지원 사례 분석」, 《인문논총》 77권 2호(서울대학교 인문학연구원, 2020. 5), 53~54쪽.

58 「附錄 年譜」, 『文集』下, 488~489쪽; 김기승, 앞의 책(2015. 12), 47, 50쪽.

59 「三一運動과 나①」, 《自由新聞》(1946. 2. 26).

60 「대동단결선언」의 전문(全文)은 趙東杰, 「臨時政府 樹立을 위한 1917년의 〈大同團結宣言〉」, 《韓國學論叢》 第9輯(國民大學校 韓國學研究所, 1987. 2), 153~172쪽에 전재되어 있다. 이하 「대동단결선언」은 이곳에서 인용했다.

61 위의 논문, 132~133, 142~145쪽.

62 「自傳」, 『文集』下, 157쪽

63 「瑞西로社會黨代表로갓다가」.

64 「三一運動과 나①」.

65 「大韓民國 臨時政府 宣言」(1931. 4), 國史編纂委員會 編, 『韓國獨立運動史(資料3, 臨政篇Ⅲ)』(探求堂, 1973. 12), 209쪽.

66 「大韓民國建國綱領」(民國二三年), 李喆珪 編, 『大韓民國臨時政府議政院文書』(大韓民國國會圖書館, 1974. 9), 22쪽.

67 姜德相, 「海外における朝鮮獨立運動の展望」, 《朝鮮民族運動史研究》 第2號(朝鮮民族運動史研究會, 1985. 6), 21쪽.

68 洪泰植,『韓國共産主義運動研究와 批判: 解放前篇』(三星出版社, 1969. 9), 48~55쪽.

69 李喆珪 編,『韓國民族運動史料(中國篇)』第二輯(大韓民國國會圖書館, 1976. 9), 17~18쪽.

70 「自傳」,『文集』下, 156쪽.

71 趙東杰, 앞의 논문, 132~133쪽.

72 「不逞團關係雜件-朝鮮人의 部-鮮人과 過激派1」의「在上海 亡國記念會 開催의 件1」,『국외항일운동자료, 일본외무성기록』(국사편찬위원회 데이터베이스 제공).

73 스칼라피노·이정식 공저, 한홍구 옮김,『한국공산주의운동사』1(돌베개, 1986. 6), 138쪽.

74 金俊燁·金昌順 共著,『韓國共産主義運動史』1(청계연구소, 1986. 7), 162쪽.

75 姜英心, 앞의 논문, 242쪽.

76 「自傳」,『文集』下, 157쪽.

77 姜德相 編,『現代史資料』25(みすず書房, 1977. 8), 29쪽.

78 鄭用大,「趙素昻의 유럽 外交活動의 研究」,《三均主義研究論集》第10輯 (1988. 11), 218쪽.

79 번역은「趙素昻선생의 獨立호소 電文실린 독일新聞발견」,《東亞日報》(1987. 5. 2).

80 「不逞團關係雜件-朝鮮人의 部-在歐米 3」의「韓人社會黨의 萬國社會黨大會 出席에 관한 건」,『국외항일운동자료, 일본외무성기록』(국사편찬위원회 데이터베이스 제공).

81 「社會主義者로서 報告(속)」,《赤子報》제2호(1919. 12. 20).

82 「韓國之現狀及其革命趨勢」(1930. 4 탈고),『文集』上, 73쪽.

83 김기승, 앞의 책(2003. 8), 201~202쪽.

84 「瑞西로社會黨代表로갓다가」.

85   金素眞,『韓國獨立宣言書研究』(國學資料院, 1999. 3), 69쪽.

86   「自傳」,『文集』下, 156쪽.

4 대한민국임시정부를 건립, 삼균주의의 배태기

1   趙素昂,「瑞西로社會黨代表로갓다가」,《三千里》第三號(1948. 7. 1),
     8쪽.

2   김영범,『의열투쟁』Ⅰ(독립기념관 한국독립운동사연구소, 2009. 9), 132쪽;
     박성순,「1919년 大韓獨立義軍府와 吉林軍政司 연구」,《한국독립운동
     사연구》제68집(독립기념관 한국독립운동사연구소, 2019. 11), 56~63쪽.

3   이상 지린 지역의 특성부터 김영범,『한국 근대민족운동과 의열단』(창
     작과비평사, 1997. 11), 39~40쪽을 참조.

4   鄭元澤,『志山外遊日誌』(독립운동사편찬위원회 편,「獨立運動史資料集』第
     8輯(고려서림, 1984. 9), 427쪽). 이 책은 정원택이 해외에서 써 보내 집
     안에 보관해 두었던 순한문의 메모를, 1960년대에 국한문으로 정리하
     여 편집하였고, 가필한 곳들도 있다. 김용국,「지산외유일기 해제」, 金
     泳鎬 編,『抗日運動家의 日記』(瑞文堂, 1975. 8), 271쪽. 이하 양력을 사
     용하고 필요할 경우 음력을 부기한다.

5   이상 1919년 1월 23일부터 동월 28일까지의 기록은 鄭元澤, 앞의 책,
     427~429쪽.

6   대한독립의군부의 최고지도자의 명칭에는 자료와 연구서들에 따라
     차이를 보이는데, 여기서는 조소앙의 기록에 의거하였다. 조소앙이
     대한독립의군부를 언급한 회고는, 154~155쪽에 인용한 회고를 비롯
     해 4개의 단편 기록이 남아 있는데,「자전」에서도 자신이 부령을 맡았
     다고 회고하였다.「自傳」, 三均學會 編著,『素昂先生文集』下(횃불사,
     1979. 7), 157쪽. 이하『素昂先生文集』을『文集』으로 줄인다.

7 　이상 대한독립의군부의 활동은 鄭元澤, 앞의 책, 434~440쪽.

8 　「대한독립선언서」가 작성된 시기를 둘러싸고 몇 차례의 논쟁이 있었
　　으나, 선언서를 집필한 사람이 조소앙이라는 데에서는 이견이 없었다.
　　「대한독립선언서」를 다룬 연구사 정리는 김기승, 「대한독립선언서의
　　사상적 구조」, 《한국민족운동사연구》 22(한국민족운동사연구회, 1999. 9),
　　115~120쪽; 김기승, 『조소앙이 꿈꾼 세계』(지영사, 2003. 8), 141~147쪽
　　을 참조.

9 　참고로 1919년 양력 2월 1일은 음력으로 1월 1일, 양력 2월 28일은 음
　　력으로 1월 28일이었다.

10 　송우혜, 「〈대한독립선언서〉(세칭 〈무오독립선언서〉)의 실체」, 《역사비평》
　　통권 3호(역사문제연구소, 1988 여름호).

11 　趙恒來, 「戊午獨立宣言書의 民族獨立運動史的 意義」, 《三均主義研究
　　論集》 第10輯(三均學會, 1988. 11); 趙恒來, 「戊午大韓獨立宣言書의 發
　　表經緯와 그 意義에 관한 檢討」, 『尹炳奭教授華甲紀念韓國近代史論
　　叢』(1990. 12); 趙恒來, 「抗日獨立運動史에서의 大韓獨立宣言의 位相」,
　　『韓國獨立運動史의 認識』(白山朴成壽教授華甲紀念論叢刊行委員, 1991. 12);
　　趙恒來, 「大韓獨立宣言書 發表時期의 經緯」, 『韓民族獨立運動史論
　　叢』(水邨朴永錫教授華甲紀念論叢刊行委員會, 1992. 6).

12 　정원택은 1890년 9월생으로, 1887년 4월생인 조소앙보다 3살 연하였
　　다. 『지산외유일지』에는 정원택 자신이 조소앙을 리드한 듯한 어조로
　　표현하였다.

13 　鄭元澤, 앞의 책, 426~427쪽.

14 　김기승, 앞의 책(2003. 8), 191쪽.

15 　나영균, 『일제시대 우리가족은』(황소자리, 2004. 9), 58, 64~66쪽.

16 　154~155쪽에 인용한 회고는 조소앙이 구술한 바를 잡지사의 기자가
　　정리하였는데, 여러 곳에 오해할 구석을 남겼다. 인용에서 '기미년 4월'
　　은 조소앙이 지린을 떠난 때가 아니라 상하이에 도착한 때였다.

17　박영석, 「대한독립선언서」, 국사편찬위원회 편, 『한민족독립운동사』 3(국사편찬위원회, 1988. 12), 111~114, 121~122쪽.

18　김병기·반병률, 『국외 3·1운동』(독립기념관 한국독립운동사연구소, 2009. 9), 35쪽.

19　박영석, 앞의 논문, 114~120쪽; 南坡 朴贊翊 傳記 刊行委員會, 『南坡 朴贊翊 傳記』(乙酉文化社, 1989. 10), 146~147쪽.

20　김병기·반병률, 앞의 책, 35쪽.

21　金素眞, 『韓國獨立宣言書研究』(國學資料院, 1999. 3), 71~76쪽.

22　김인식, 『광복 전후 국가건설론』(독립기념관 한국독립운동사연구소, 2008. 8), 22쪽.

23　「大韓獨立宣言書」(원문),《三均主義研究論集》第22輯(2001. 2), 173쪽.

24　「韓國在未來世界中的地位」(1942년경), 『文集』上, 178쪽〔번역문은 姜萬吉 編, 『趙素昻』(한길사, 1982. 5), 117쪽에서 인용〕.

25　「韓國獨立黨 第5次 臨時代表大會 宣言」(1945), 『文集』上, 338쪽.

26　조동걸, 「조소앙의 생애와 민족운동」, 한국정신문화연구원 편, 『한국현대사인물연구』 2(백산서당, 1999, 11), 22~23쪽.

27　朴殷植, 『韓國獨立運動之血史』下(維新社. 1920. 12), 269쪽.

28　「3·1運動 第21週年 紀念宣言」(1940. 3. 1), 『文集』上, 262~263쪽.

29　「第23週年3·1節宣言」(1942. 3. 1), 『文集』上, 292~293쪽.

30　「三一運動과 나①」,《自由新聞》(1946. 2. 26).

31　鄭元澤, 앞의 책, 435~439쪽.

32　반병률, 「한인사회당의 조직과 활동(1918~1920)」,《한국학연구》5(仁荷大學校韓國學研究所, 1993. 7), 152~153쪽.

33　李炫熙, 『臨政과 李東寧研究』(一潮閣, 1989. 3), 194~202쪽.

34　독립운동사편찬위원회 편, 『독립운동사』 제4권(독립유공자사업기금운용위원회, 1972. 12), 61, 156~157쪽; 김희곤, 『대한민국임시정부』Ⅰ(독립기념관 한국독립운동사연구소, 2008. 12), 49~51쪽.

35   李賢周, 「임시정부 수립과 초기 활동」, 『신편한국사』 48(국사편찬위원회, 2002. 12), 112, 118~119쪽.

36   「검찰신문조서: 피의자(여운형)신문조서(제7회)」(1929년 8월 8일 경성지방법원검사국)」, 夢陽呂運亨先生全集發刊委員會 編, 『夢陽呂運亨全集』 1(한울, 1991. 11), 552쪽; 「피고인(여운형)신문조서(제3회)」(1930년 2월 28일 경성지방법원), 『夢陽呂運亨全集』 1, 572쪽.

37   「三一運動과 나①」.

38   呂運弘, 『夢陽 呂運亨』(青廈閣, 1967. 5), 40쪽; 앞의 『독립운동사』 제4권, 157쪽.

39   呂運弘, 앞의 책, 39쪽.

40   이하 이승만의 위임통치 청원 문제는 오영섭, 「대한민국임시정부 초기 위임통치 청원논쟁」, 《한국독립운동사연구》 제41집(2012. 4)을 참조하여 서술하였다.

41   呂運弘, 앞의 책, 40~41쪽; 앞의 『독립운동사』 제4권, 158쪽.

42   呂運弘, 앞의 책, 41~42쪽.

43   이하 대한민국임시의정원 제1회 기사는 달리 출처를 밝히지 않더라도, 「大韓民國臨時議政院紀事錄 第一回集」, 대한민국임시정부자료집 편찬위원회, 『대한민국임시정부자료집』 2(국사편찬위원회, 2005. 12), 19~26쪽의 원문에서 인용하였다. 이하 『대한민국임시정부자료집』을 『자료집』으로 줄인다.

44   金光涉, 「于蒼 申錫雨」, 『韓國言論人物史話』 上(社團法人 大韓言論人會, 1992. 12), 469쪽.

45   「三一運動과 나①」.

46   「瑞西로社會黨代表로갓다가」.

47   「3·1節을 맞이하여」(1949. 2. 28), 『文集』 下, 121~122쪽.

48   趙東杰, 「臨時政府 樹立을 위한 1917년의 〈大同團結宣言〉」, 《韓國學論叢》 第9輯(國民大學校 韓國學研究所, 1987. 2), 145쪽.

49 「검찰신문조서: 피의자(여운형)신문조서(제5회)」(1929년 8월 5일 경성지방 법원검사국)」,『夢陽呂運亨全集』1, 513쪽.

50 鄭元澤, 앞의 책, 439쪽. 날짜에는 오류가 보이나, 조소앙이 임시헌장 을 손수 기초하였음을 증언하고 있다.

51 윤대원,『상해시기 대한민국임시정부 연구』(서울대학교출판부, 2006. 7), 36~37쪽.

52 金正明 編,『朝鮮獨立運動』II (原書房, 1967. 3), 35쪽.

53 孫世一,「大韓民國臨時政府의 政治指導體系」(1969), 尹炳奭 外編,『韓 國近代史論』II (知識産業社, 1977. 8), 280~281쪽.

54 「大韓民國臨時議政院紀事錄 第二回集」,『자료집』2, 27~31쪽의 원문.

55 「大韓民國臨時議政院紀事錄 第三回集」,『자료집』2, 32~34쪽.

56 「大韓民國臨時議政院法」은『자료집』2, 3~19쪽.

57 鄭元澤, 앞의 책, 440~441쪽.

58 김영범, 앞의 책(2009. 9), 133~134쪽.

5 유럽에서 독립외교, 사회주의자로 활동

1 申載洪,「大韓民國臨時政府와 歐美와의 關係」,『韓國史論』10(國史編 纂委員會, 1981. 12), 308쪽.

2 임경석,「유교 지식인의 독립운동」,《大東文化硏究》37권(성균관대학교 대동문화연구원, 2000. 12).

3 정병준,「중국 관내 신한청년당과 3·1운동」,《한국독립운동사연구》 제65집(한국독립운동사연구소, 2019. 2).

4 이상 김규식의 파리행과 활동은 정병준,「1919년, 파리로 가는 김규 식」,《한국독립운동사연구》제60집(2017. 11), 80, 92~103, 116쪽.

5 鄭用大,「대한민국임시정부의 파리강화회의 및 유럽 외교활동」, 한국

근현대사학회 편,『대한민국임시정부 수립 80주년 기념논문집』하(國家報勳處, 1999. 12), 232~233쪽.

6   최근 연구에 따르면, 지금까지 통상 '파리위원부'로 번역되어 학계에서 널리 사용하였던 프랑스어 'Mission Coréenne à Paris'의 정식 명칭은 '파리한국대표부'·'파리한국대표단'으로 번역해야 옳다. 이장규,「1919년 대한민국 임시정부 '파리한국대표부'의 외교활동」,《한국독립운동사연구》제70집(2020. 5). 49~50, 54쪽.

7   申載洪,「大韓民國臨時政府와 歐美와의 關係」,『韓國史論』10(國史編纂委員會, 1981. 12), 308~309쪽; 鄭用大, 앞의 논문, 234쪽.

8   이장규, 앞의 논문, 54쪽의 각주 16을 참조.

9   呂運弘,『夢陽 呂運亨』(靑廈閣, 1967. 5), 43쪽.

10   김기승,「조소앙」,《韓國史 市民講座》제47집(一潮閣, 2010. 8), 170쪽.

11   申載洪, 앞의 논문, 308~309쪽.

12   鄭元澤,『志山外遊日誌』(독립운동사편찬위원회,『獨立運動史資料集』第8輯(고려서림, 1984. 9), 443쪽).

13   張錫興,「大韓民國靑年外交團 硏究」,《한국독립운동사연구》제2집(1988. 11), 273쪽.

14   「夢陽 呂運亨씨의 追憶」(1947. 9), 安在鴻選集刊行委員會 編,『民世安在鴻選集』2(知識産業社, 1983. 2), 199쪽.

15   「大韓民國臨時議政院紀事錄 第二回集」, 대한민국임시정부자료집 편찬위원회,『대한민국임시정부자료집』2(국사편찬위원회, 2005. 12), 30쪽. 이하『대한민국임시정부자료집』을『자료집』으로 줄인다.

16   김기승,「조소앙과《적자보》연구」,《순천향 인문과학논총》제39권 1호(순천향대학교 인문학연구소, 2020. 3), 32쪽.

17   申載洪, 앞의 논문, 310쪽.

18   「파리위원부가 국제사회주의자대회 의장에게 보낸 서신(1919. 7. 17)」(스웨덴 노동운동문서보관소 소장자료)(이장규, 앞의 논문, 70~80쪽에서 전재

(全載)하였다).

19 조소앙은 한자로 자신의 본명 趙鏞殷과 괄호 안에 영자 Y. W. Tcho를 병행하였고, 이관용은 K. Lee라고 수서(手書)하였다.

20 臨時政府駐巴黎委員部通信局 編, 「歐洲의 우리 事業」, 『자료집』 23(2008. 11), 84쪽.

21 「韓國의 獨立」의 영문은《三均主義研究論集》Ⅷ(三均學會, 1986. 12), 197～201쪽, 국문번역문은 같은 책, 193～196쪽에 실려 있다.

22 국문번역(孫熙峻 번역)은《三均主義研究論集》Ⅷ, 195쪽에서 인용.

23 「한국민족독립결정서」는《三均主義研究論集》Ⅷ, 203～204쪽에 독일어·불어·영문의 순으로 실려 있다.

24 이장규, 앞의 논문, 80쪽의 번역을 전재하였다.

25 《新韓民報》(1919. 9. 9·11).

26 《獨立新聞》제23호(1919. 10. 28).

27 여기서 '공(邛)'은 '卬'의 오자이다.

28 「황기환(파리)이 김규식(워싱톤 DC)에 보낸 서한」(1919년 8월 18일)과 동 「첨부」, 『자료집』 43(2011. 12), 76～78쪽.

29 尹善子, 「1919～1922년 황기환의 유럽에서의 한국독립운동」, 《한국근현대사연구》제78집(한국근현대사학회, 2016. 9), 169～171쪽.

30 「황기환이 김규식에게 보낸 서한」(1919년 8월 28일), 『자료집』 43, 87～ 88쪽〔영어 원문은 같은 책, 85～86쪽〕.

31 방선주, 「3·1운동과 재미한인」, 국사편찬위원회 편, 『한민족독립운동사』 3(국사편찬위원회, 1988. 12), 491, 499～500쪽.

32 오영섭, 「대한민국임시정부 초기 위임통치 청원논쟁」, 《한국독립운동사연구》제41집(2012. 4), 89～90쪽.

33 위의 논문, 114～115쪽.

34 「파리평화회의대표부공문 제2호: 경과보고」(1919년 11월 26일), 『자료집』 16(2007. 11), 105쪽.

35 부 편술,「대한인로동샤회개진당-본당챵립의 연혁개요」,《동무》데일
    호(대한인로동 샤회기진당 발힝, 대한민국二年 八月一日 챵간), 국가보훈처 공
    훈관리과 기획·편집,『미주한인 민족운동 잡지』(국가보훈처, 2019. 12),
    244쪽.

36 「황기환(한국대표단 파리)이 김규식(워싱톤 DC)에 보낸 서한」(1919년 8월
    20일),『자료집』43, 79〜81쪽.

37 「김규식이 한국대표단에 보낸 서한」(1919년 11월 26일),『자료집』43,
    105〜106쪽; 앞의「파리평화회의대표부공문 제2호: 경과보고」, 105쪽.

38 대한인국민회(大韓人國民會, Korean National Association)를 가리킨다.

39 앞의「김규식이 한국대표단에 보낸 서한」.

40 김기승, 앞의 논문(2020. 3), 11, 16쪽.

41 이하 노동사회개진당은 전거를 밝히지 않으면, 앞의「대한인로동샤회
    개진당」, 244〜249쪽에 의거하였다.

42 최기영,「해제」, 앞의『미주한인 민족운동 잡지』, 20〜22쪽.

43 「공문 데十二호」,《동무》데일호, 254쪽.

44 김기승,「조소앙」, 한국독립운동인명사전 편찬위원회 편,『한국독립
    운동인명사전』특별판2(독립기념관, 2019. 1), 456쪽.

45 「공고-됴대표의령수증」,《동무》데일호, 255〜256쪽.

46 《獨立新聞》제58호(1920. 3. 25).

47 「趙素昂(蘇印) → 李承晚」(?1920. 7. 4), 柳永益 外編,『李承晚 東文 書翰
    集』下(연세대학교 출판부, 2009. 2), 295〜297쪽. 서한은 한문으로 쓰였는
    데, 번역은 위의 책의 번역문을 인용하였다. 연도 앞의 물음표는 편자
    가 표시한 부호이다.

48 《적자보》를 설명하는 데에서 필자의 평을 제외한 부분은 모두 김기승,
    앞의 논문(2020. 3)을 참조하여 서술하였다.

49 김도형,「프랑스 최초의 한인단체 '在法韓國民會' 연구」,《한국독립운
    동사연구》제60집(2017. 11), 147쪽.

50 《獨立新聞》제75호(1920. 5. 11).

51 鄭用大, 앞의 논문, 236∼238쪽.

52 앞의 「대한인로동샤회개진당」,《동무》데일호, 248쪽.

53 김기승, 앞의 논문(2010. 8), 171쪽.

54 《獨立新聞》제62호(1920. 4. 8).

55 이하 영국에서 조소앙의 활동은 별도의 출전이 없으면 鄭用大, 「趙素
   昻의 유럽 外交活動의 研究」,《三均主義研究論集》第10輯(1988. 11),
   219∼223쪽; 鄭用大, 앞의 논문(1999. 12), 244∼245쪽에 의거하였다.

56 신재홍, 「초기 임정의 활동」,『한민족독립운동사』7(1990. 12), 62쪽. 독립
   신문은 4개 항의 질의안을 보도하였다.《獨立新聞》제120호(1922. 2. 20).

57 앞의『李承晩 東文 書翰集』下, 295∼297쪽.

58 소앙, 「국제대세, 만국정형」,《동무》데일호, 221∼226쪽.

59 趙素昻, 「瑞西로社會黨代表로갓다가」,《三千里》第三號(1948. 7. 1),
   8쪽.

60 이상에서 한살림당은 반병률,『통합임시정부와 안창호, 이동휘, 이승
   만』(신서원, 2019. 2), 457∼458쪽을 참조.

61 「한살림당의 코민테른 가입 조건에 대한 코민테른 집행위원회회의
   결정」(1920. 11. 28), 엄순천 역,『러시아문서 번역집』XX(도서출판 선인,
   2015. 6), 26쪽.

62 한살림당과 코민테른 집행위원회의 논의 내용은 첩자의 보고로 일제
   관헌들에게도 포착되었다. 梶村秀樹·姜德相 編,『現代史資料』29(みす
   ず書房, 1972. 8), 434쪽. 이상 한살림당과 코민테른 관련 내용은 水野直
   樹, 「코민테른 大會와 朝鮮人」, 임영태 編,『植民地時代 韓國社會와 運
   動』(사계절, 1985. 8), 320∼321쪽.

63 「歐洲로부터歸한 趙蘇昻氏의談」,《獨立新聞》제120호(1922. 2. 20).

64 조동걸, 「조소앙의 생애와 민족운동」, 한국정신문화연구원 편,『한국
   현대사인물연구』2(백산서당, 1999. 11), 26쪽.

65   趙恒來,「解題」, 趙素卬編,『韓國文苑』(槿花學社, 1932. 10)〔亞細亞文化社,
1994. 2 影印本〕.

6 상하이로 돌아와 임시정부에 복귀하다

1   「附錄 年譜」, 三均學會 編著,『素昻先生文集』下(햇불사, 1979. 7), 492쪽.
이하『素昻先生文集』은『文集』으로 줄인다.

2   김기승,「조소앙과《적자보》연구」,《순천향 인문과학논총》제39권 1호
(순천향대학교 인문학연구소, 2020. 3), 10~13, 16~17쪽.

3   李丁奎·李觀植 著,『右堂 李會榮 略傳』(乙酉文化社, 1985. 11), 69~70쪽.

4   이호룡,『한국의 아나키즘: 인물편』(지식산업사, 2020. 1), 98~100쪽.

5   이호룡,『영원한 자유인을 추구한 민족해방운동가 신채호』(역사공간,
2013. 12), 111쪽.

6   「大韓民國臨時議政院紀事錄」의 第六回集〔대한민국임시정부자료집 편찬
위원회,『대한민국임시정부자료집』2(국사편찬위원회, 2005. 12), 68~69, 81
쪽〕. 이하『대한민국임시정부자료집』을『자료집』으로 줄인다.

7   이상에서 신채호와 관련한 설명은 이호룡, 앞의 책(2013. 12), 106~
111쪽; 이호룡, 앞의 책(2020. 1), 35~40쪽을 참조하였다.

8   이호룡, 앞의 책(2013. 12), 111, 166쪽; 이호룡, 앞의 책(2020. 1), 42쪽.

9   이호룡,「일제강점기 재중국 한국인 아나키스트들의 민족해방운동」,
《한국민족운동사연구》35(한국민족운동사학회, 2003. 6), 250~251쪽; 이
호룡, 앞의 책(2013. 12), 112~113쪽.

10   김기승,『조소앙이 꿈꾼 세계』(지영사, 2003. 8), 128, 139쪽.

11   김기승,「조소앙의 사회주의 수용과 공화주의 국가 구상」, 김현철 편,
『3·1운동과 대한민국 임시정부의 재조명』Ⅱ(동북아역사재단, 2020. 3),
490~491쪽. 장지와 조소앙의 친분은 김기승, 앞의 책(2003. 8), 128~

129, 139쪽.

12 「附錄 年譜」, 『文集』, 492쪽에서는 1922년 1월 쑨원을 만났다고 기록
하였으나, 이 시기에는 쑨원이 광둥(廣東)에 있었으므로 1922년 상하
이에서 만났다면, 쑨원이 상하이로 옮겨온 8월 초 이후로 추정된다.
裵京漢, 「三均主義와 三民主義」, 《中國近現代史研究》第15輯(韓國中國
近現代史學會, 2002. 6), 9쪽.

13 일제 관헌 자료에 기록된 한자명이다. 이 자료에는 조소앙은 趙蘇仰으
로 기명되어 있다.

14 「(機密 第七十一號)不逞鮮人ノ所謂獨立紀念日祝賀會ニ關スル件」(발신
1922. 3. 1 在上海總領事 船津辰一郎), 1~10쪽, 『不逞團關係雜件-鮮人의
部-在上海地方 4』(『국외항일운동자료, 일본외무성기록』(국사편찬위원회
한국사데이터베이스)).

15 「歐洲로부터歸한 趙蘇昂氏의談」, 《獨立新聞》第120호(1922. 2. 20).

16 이 글은 집필 당시에는 활자화되지 않았으나 1925년 1월 '한살임'을
필명으로 하여 『김상옥전(金相玉傳)』을 발간할 때 포함되어 출간되었
다. 韓薩任, 『金相玉傳』(三一印書館, 大韓民國七年一月二十二日). 『김상옥
전』은 「열사김상옥전」(11~17쪽), 「발해경(渤海經)」(18~21쪽), 「한살임
요령」(22~26쪽)의 순으로 구성되었다. 조소앙은 「발해경」을 쓴 시기
를 1922년 음력 3월이라고 밝혔다. 1922년 음력 3월 1일과 3월 30일을
양력으로 환산하면 각각 3월 28일과 4월 26일이 되므로, 「발해경」은
양력 3~4월경에 쓰였다. 한살임당도 이 무렵을 전후하여 조직하였
고, 「한살임요령」도 비슷한 시기에 작성하였다고 생각한다.

17 김기승은 한살림의 의미를 확대 해석하여, "한살림은 일가(一家), 공생,
공산(共産), 공산(公産)을 번역한 순수한 우리말로, 사적 소유가 없는
공동체적 삶을 뜻한다."라고 서술하였다. 김기승, 『대한민국임시정부
의 이론가 조소앙』(역사공간, 2015. 12), 76쪽.

18 김기승, 앞의 책(2015. 12), 80~81쪽.

19 　김영범, 『의열투쟁』 I (독립기념관 한국독립운동사연구소, 2009. 9), 163~
　　　165쪽.

20 　「조선혁명선언」이 작성되는 과정은 愼鏞廈, 『申采浩의 社會思想硏
　　　究』(한길사, 1984. 2), 240~242쪽.

21 　참고로 음력 1922년 10월 1일은 양력으로 11월 19일, 10월 29일은 12월
　　　17일이었다.

22 　김영범, 앞의 책, 207쪽.

23 　素卬, 「三一節獨立神誥」, 《獨立新聞》 제121호(1922. 3. 1).

24 　素昂, 「獨立黨과공산黨의前途」, 《獨立新聞》 제124호(1922. 5. 6).

25 　素昻, 「獨立黨의階級性」, 《獨立新聞》 제129호(1922. 6. 14).

26 　李喆珪 編, 『大韓民國臨時政府議政院文書』(大韓民國國會圖書館, 1974.
　　　9), 125, 158쪽; 《獨立新聞》 제134호(1922. 7. 22).

27 　李明花, 「대한민국임시정부와 국민대표회의」, 한국근현대사학회 편,
　　　『대한민국임시정부 수립 80주년 기념논문집』 하(國家報勳處, 1999. 12),
　　　466~467쪽.

28 　『朝鮮民族運動年鑑』(1932. 4. 30)〔金正明 編, 『朝鮮獨立運動』 II (原書房,
　　　1967. 3), 272~273쪽〕.

29 　《獨立新聞》 제107호(1922. 5. 21).

30 　《獨立新聞》 제124호(1922. 5. 6); 《獨立新聞》 제127호(1922. 5. 27).

31 　《獨立新聞》 제129호(1922. 6. 14); 《獨立新聞》 제130호(1922. 6. 24).

32 　《獨立新聞》 제131호(1922. 7. 1).

33 　《獨立新聞》 제132호(1922. 7. 8). 인용문에서 ○○○는 《독립신문》의
　　　원문이다.

34 　《獨立新聞》 제132호(1922. 7. 8).

35 　《獨立新聞》 제133호(1922. 7. 15); 《獨立新聞》 제134호(1922. 7. 22).

36 　《獨立新聞》 제132호(1922. 7. 8); 「우리의過去一年」, 《獨立新聞》 제139호
　　　(1922. 12. 23).

37   《獨立新聞》제128호(1922. 6. 3).

38   李明花, 앞의 논문, 470쪽; 김희곤, 『대한민국임시정부』 I (독립기념관
      한국독립운동사연구소, 2008. 12), 183쪽.

39   『朝鮮民族運動年鑑』〔金正明 編, 앞의 책 II, 295~296쪽〕.

40   《獨立新聞》제135호(1922. 8. 1).

41   朝鮮總督府警務局, 『高等警察關係年表』(1930. 1), 100쪽.

42   《獨立新聞》제136호(1922. 11. 18); 앞의 「우리의 過去一年」.

7 이승만의 임시정부를 옹호, 범한독립당을 추구

1   李喆珪 編, 『韓國民族運動史料(中國篇)』 第二輯(大韓民國國會圖書館,
      1976. 9), 300쪽.

2   조동걸, 「조소앙의 생애와 민족운동」, 한국정신문화연구원 편, 『한국
      현대사인물연구』2(백산서당, 1999. 11), 28~29쪽.

3   李明花, 「대한민국임시정부와 국민대표회의」, 한국근현대사학회 편,
      『대한민국임시정부 수립 80주년 기념논문집』 하(國家報勳處, 1999. 12),
      478~479쪽; 尹大遠, 「임시정부와 국민대표회의」, 『신편한국사』 48(국
      사편찬위원회, 2002. 12), 159~161쪽.

4   윤대원, 『상해시기 대한민국임시정부 연구』(서울대학교출판부, 2006. 7),
      199, 252쪽.

5   朴永錫, 「大韓民國臨時政府와 國民代表會議」, 國史編纂委員會 編, 『韓
      國史論』 10(國史編纂委員會, 1981. 12), 250쪽; 李明花, 앞의 논문, 473쪽.

6   李明花, 앞의 논문, 478~480쪽.

7   임시의정원 회의는 《獨立新聞》 제160호(1923. 5. 2).

8   《獨立新聞》 제161호(1923. 6. 13).

9   《大韓民國臨時政府公報》 第1號(1923. 9. 1), 대한민국임시정부자료

집 편찬위원회, 『대한민국임시정부자료집』 1(국사편찬위원회, 2005. 12),
138~139쪽. 이하《大韓民國臨時政府公報》는《公報》,『대한민국임시
정부자료집』은『자료집』으로 줄인다.

10 《公報》第1號,『자료집』 1, 169쪽의 원문.

11 《公報》第40號(1924. 12. 19),『자료집』 1, 141쪽의 원문.

12 《公報》第42號(1925. 4. 30),『자료집』 1, 158~159쪽.

13 《公報》第42號(1925. 4. 30),『자료집』 1, 148~152, 155~160쪽.

14 정병준, 『우남 이승만 연구』(역사비평사, 2005. 6), 199~202쪽.

15 이하 통신원과 관련한 서술은 오영섭, 「상하이 임정내 이승만 통신원
들의 활동」,《한국민족운동사연구》 52(한국민족운동사학회, 2007. 9)를 크
게 참조하였다.

16 본문에서 괄호 안은, 오영섭이 각 인사들이 통신원을 지낸 기간을 추
정·산정한 연도이다. 오영섭, 앞의 논문, 155~156쪽. 후술하듯이 조
소앙의 경우는 이미 1923년 말부터는 통신원의 임무를 담당하였고,
1928년 전반기에는 통신원을 그만둔 듯하다.

17 오영섭, 앞의 논문, 162, 170쪽.

18 「이승만 → 이시영」(1924. 3. 29), 柳永益 外編, 『李承晩 東文 書翰集』
上(연세대학교 출판부, 2009. 2), 123쪽. 이하 『李承晩 東文 書翰集』을 『書
翰集』으로 줄인다.

19 「趙素昂 → 李承晩」(1921. ?5. ?17),『書翰集』 下, 297쪽. 서한은 한문으
로 쓰였는데, 번역은 위 책의 번역문을 인용하였다. 이하 현대어로 표
기된 문장은 번역문이다. 연도 앞의 물음표는 위 책의 편역자의 표기
이다.

20 「趙素昂 → 李承晩」(1927. 6. 4),『書翰集』 下, 323~324쪽.

21 「趙素昂 → 李承晩」(1924. 11. 18),『書翰集』 下, 303~304쪽.

22 「李始榮 → 李承晩」(1922. 12. 27),『書翰集』 下, 169~179쪽.

23 「李承晩 → 李始榮」(1924. 3. 29),『書翰集』 上, 123~126쪽.

24   「李承晩 → 趙素昂」(1924. 1. 4),『書翰集』上, 154~156쪽.

25   「趙素昂 → 李承晩」(1924. 1. 13),『書翰集』下, 297~300쪽.

26   「趙素昂 → 李承晩」(1924. 11. 18),『書翰集』下, 302~304쪽.

27   「趙素昂 → 李承晩」(1924. 5. 3),『書翰集』下, 300~302쪽.

28   「趙素昂 → 李承晩」(?1927. ?1. ?),『書翰集』下, 319쪽.

29   「李承晩 → 趙素昂」(1924. 5. 28),『書翰集』上, 156~157쪽.

30   「歐美委員部 事務引繼에 關한 件」,『자료집』17(2007. 12), 402쪽의
      원문.

31   金元容,『在美韓人五十年史』(1959. 3)〔독립운동사편찬위원회,「獨立運動
      史資料集」第8輯(고려서림, 1984. 9), 826~827쪽〕.

32   李喆珪 編, 앞의 책 第二輯, 551쪽.

33   『在美韓人五十年史』〔앞의 책 第8輯, 827쪽〕.

34   「李始榮 → 李承晩」(1925. 3. 25),『書翰集』下, 189~191쪽.

35   延世大學校國際學大學院附設現代韓國學研究所 雩南李承晩文書編纂
      委員會 編,『雩南李承晩文書』第9卷(1998. 8), 47쪽.

36   「趙素昂 → 李承晩」(1925. 4. 22),『書翰集』下, 309~311쪽.

37   「趙素昂 → 李承晩」(1925. 6. 5),『書翰集』下, 313~315쪽.

38   韓詩俊,「중국 관내 독립운동과 신문 잡지」,《한국독립운동사연구》제
      12집(독립기념관 한국독립운동사연구소, 1998. 12), 6 ·22쪽.

39   韓國精神文化研究院 國學振興事業推進委員會 編,『韓國獨立運動史
      資料集: 趙素昂篇(一)』(韓國精神文化研究院, 1995. 5), 310~311쪽.

40   중화민국의 임시총통 위안스카이(袁世凱)가 일본이 1915년 1월 18일
      제시한 '21개조 요구'를 수락한 1915년 5월 9일을 가리킨다.

41   李喆珪 編, 앞의 책 第二輯, 567~568쪽.

42   「趙素昂 → 李承晩」(1925. 6. 5),『書翰集』下, 313~315쪽.

43   「趙素昂 → 李承晩」(1925. 5. 16),『書翰集』下, 311~313쪽.

44   韓詩俊 編,『大韓民國臨時政府法令集』(國家報勳處, 1999. 4), 52~55쪽.

45   《公報》號外(1925. 7. 7),『자료집』1, 162쪽.

46   《公報》第44號(1926. 12. 16),『자료집』1, 183쪽; 《公報》第45號(1926. 12. 17), 위의 책 1, 186쪽.

47   「趙素昻 → 李承晚(落張)」(?. ?. ?),『書翰集』下, 337~338쪽.

48   金榮範,「대한민국임시정부와 민족유일당운동」, 한국근현대사학회 편, 앞의 책 하, 489~492쪽

49   「趙素昻 → 李承晚」(1925. 4. 22),『書翰集』下, 309~311쪽.

50   《獨立新聞》제192호(1926. 9. 3).

51   「洪領訪問記」,《獨立新聞》제192호.

52   李明花,「(자료)대혁명당을 조직하자 림시정부를 유지」,《한국근현대사연구》제8집(한국근현대사학회, 1998. 6), 215~231쪽.

53   《獨立新聞》제192호.

54   김희곤,『대한민국임시정부 연구』(지식산업사, 2004. 8), 333~334쪽.

55   慶尙北道警察部,『高等警察要史』(1934. 3), 91쪽; 김희곤,『대한민국임시정부』Ⅰ(독립기념관 한국독립운동사연구소, 2008. 12), 230~236쪽.

56   「趙素昻 → 李承晚」(1927. 12. 10),『書翰集』下, 325~328쪽.

57   신주백,『청렴결백한 대한민국 임시정부의 지킴이 이시영』(독립기념관 한국독립운동사연구소, 2014. 12), 83쪽.

58   朝鮮總督府警務局,『高等警察關係年表』(1930. 1), 209쪽; 류시중·박병원·김희곤 역주,『국역 고등경찰요사』(선인, 2010. 1), 209~212, 231쪽.

59   「遠東消息」,《新韓民報》(1927. 8. 4); 高等法院檢事局思想部,《思想月報》第1卷 第11號(1932. 2. 15), 105~112쪽.

60   홍남표(洪南杓)·조봉암(曺奉岩)·정백(鄭栢)·김두봉(金枓奉) 등 공산주의자도 포함되었다.

61   《新韓民報》(1927. 10. 27).

62   본문에서 인용하는 강령과 결의는 慶尙北道警察部,『高等警察要史』(1934. 3), 105~106쪽[앞의『국역 고등경찰요사』, 203~204쪽]; 규약·선

언과 임원구성 등은 李喆珪 編, 앞의 책 第二輯, 618~621쪽을 참조.

63 《朝鮮日報》(1928. 5. 5).

64 「趙素昻(趙知不) → 李承晚」(?1928. 11. 4),『書翰集』下, 328~330쪽. 위
책의 편역자는 이 서신을 1928년으로 추정하였으나, 맥락을 확인하면
1927년 11월 관내연합회 개최를 목전에 두고 작성되었다.

65 「趙素昻 → 李承晚(落張)」(?. ?. ?),『書翰集』下, 338~339쪽. 서신의 내
용을 보면, 1928년 1월 초경에 작성하였다.

66 《新韓民報》(1928. 3. 15; 4. 19).

67 《新韓民報》(1928. 5. 24);『朝鮮民族運動年鑑』〔金正明 編, 앞의 책 Ⅱ, 331
~332쪽〕.

68 「趙素昻 → 李承晚」(?. 3. 22),『書翰集』下, 338~339쪽. 이 서신은
1928년 호놀룰루 대한민족통일촉성회 준비회가 결성된 이후 쓰였다.

8 당정 일체의 독립운동, 삼균주의의 정립·주창기

1 '적귀'는 살갗이 붉은 귀신이란 뜻으로 공산당을 얕잡아 표현하는 말
이었다.

2 金榮範,「대한민국임시정부와 민족유일당운동」, 한국근현대사학회
편,『대한민국임시정부 수립 80주년 기념논문집』하(國家報勳處, 1999.
12), 503쪽.

3 《東亞日報》(1929. 11. 11).

4 해체 선언의 전문은 李喆珪 編,『韓國民族運動史料(中國篇)』第二輯(大
韓民國國會圖書館, 1976. 9), 634~635쪽.

5 《東亞日報》(1929. 11. 11).

6 「自傳」(1943. 5~1943. 12), 三均學會 編,『素昻先生文集』下(홰불사,
1979. 7), 157쪽. 이하『素昻先生文集』을『文集』으로 줄인다.

7   葛赤峰, 『朝鮮革命記』(重慶, 商務印書館, 1945. 5)〔秋憲樹 編, 『資料 韓國獨
    立運動』1(延世大學校出版部, 1971. 5), 102쪽〕.

8   姜萬吉, 「民族運動, 三均主義, 趙素昻」(1982), 『韓國民族運動史論』(한
    길사, 1985. 3), 316쪽.

9   「大黨組織問題」, 《(국한문판)震光》 제1호(1934. 5. 25)〔『文集』 上, 124~
    125쪽〕.

10 정병준, 『우남 이승만 연구』(역사비평사, 2005. 6), 206~208, 338~341쪽.

11 「趙素昻 → 李承晩」(?1930. 3. 7), 柳永益 外編, 『李承晩 東文 書翰集』
    下(연세대학교 출판부, 2009. 2), 330~331쪽. 서한은 한문으로 쓰였는데,
    번역은 위의 책의 번역문을 인용하였다. 이하 현대어로 표기된 문장은
    번역문이며, 연도 앞의 물음표는 위 책의 편역자의 표기이다. 이하 『李
    承晩 東文 書翰集』을 『書翰集』으로 줄인다.

12 金榮範, 앞의 논문, 490~491쪽.

13 韓詩俊 編, 『大韓民國臨時政府法令集』(國家報勳處, 1999. 4), 56쪽.

14 「趙素昻 → 李承晩」(?1927. ?1. ?), 『書翰集』 下, 319~321쪽.

15 「附錄 年譜」, 『文集』 下, 496쪽.

16 國史編纂委員會 編, 『韓國獨立運動史(資料3, 臨政篇Ⅲ)』(探求堂, 1973.
    12), 561~562쪽; 金正柱 編, 『朝鮮統治史料』第十卷(東京, 韓國史料研究
    所, 1971. 12), 700~701쪽.

17 「附錄 年譜」, 『文集』 下, 497쪽.

18 사단법인 한국잡지협회 편, 『한국잡지 100년』(사단법인 한국잡지협회,
    1995. 1), 309쪽; 崔德教 編著, 『韓國雜誌百年』3(玄岩社, 2004. 05), 557쪽.

19 盧景彩, 『韓國獨立黨 研究』(신서원, 1996. 12), 47쪽.

20 「自傳」, 『文集』 下, 157쪽.

21 「趙素昻 → 李承晩」(?1930. 3. 7), 『書翰集』 下, 330~331쪽.

22 「附錄 年譜」, 『文集』 下, 497쪽.

23 國史編纂委員會 編, 『韓國獨立運動史(資料2, 臨政篇Ⅱ)』(1971. 12), 280~

281쪽.

24 위와 같음.

25 金喜坤,『中國關內 韓國獨立運動團體研究』(지식산업사, 1995. 2), 313~
317쪽; 김희곤,『대한민국임시정부』I (독립기념관 한국독립운동사연구소,
2008. 12), 260~263쪽.

26 李喆珪 編, 앞의 책 第二輯, 645~646쪽.

27 盧景彩, 앞의 책, 82~84쪽.

28 朴萬圭,「島山 安昌浩의 大公主義에 대한 一考察」,《韓國史論》26(서울
大學校 人文大學 國史學科 1991. 12).

29 조동걸,「조소앙의 생애와 민족운동」, 한국정신문화연구원 편,『한국
현대사인물연구』2(백산서당, 1999. 11), 31~32쪽.

30 대공주의와 삼균주의를 상세하게 비교한 연구로는 김기승,「도산 안
창호의 대공주의와 조소앙의 삼균주의 비교 연구」,《도산학연구》제
14 ·15집(도산학회, 2015. 1)이 있다.

31 장석흥,「차리석의 〈한국독립당 당의의 이론체계 초안(1942)〉과 안창
호의 대공주의」,《한국독립운동사연구》제49집(독립기념관 한국독립운동
사연구소 2014. 12).

32 「韓國獨立黨 第1次全黨代表大會 宣言」(1941. 5),『文集』上, 274쪽.

33 「韓國獨立黨黨義研究方法」(1944. 5. 1),『文集』上, 196~203쪽.

34 「韓國之現狀及其革命趨勢」(1930. 4 탈고), 韓國精神文化研究院 國學振
興事業推進委員會 編,『韓國獨立運動史資料集: 趙素昻篇(一)』(韓國精
神文化研究院, 1995. 5), 293쪽.

35 葛赤峰, 앞의 책〔秋憲樹 編, 앞의 책 1, 107쪽〕.

36 김희곤, 앞의 책 I (2008. 12), 274~275쪽.

37 독립운동사편찬위원회 편,『독립운동사』제4권(독립유공자사업기금운용
위원회, 1972. 12), 575~576쪽.

38 《大韓民國臨時政府公報》第55號(1933. 6. 30),『大韓民國臨時政府公

報』(독립기념관 한국독립운동연구소, 2004. 12), 143쪽. 이하《大韓民國臨時政府公報》를《公報》로 줄인다.

39 앞의 『韓國獨立運動史(資料2, 臨政篇Ⅱ)』, 214~215쪽; 李喆珪 編, 앞의 책 第二輯, 659~660쪽.

40 「大韓民國 臨時政府 宣言」(1931. 4)은 앞의 『韓國獨立運動史(資料2, 臨政篇Ⅱ)』, 216쪽;「東三省韓僑問題」라는 제목의 인쇄물은 앞의 『韓國獨立運動史(資料3, 臨政篇Ⅲ)』, 213~216쪽.

41 앞의 『韓國獨立運動史(資料3, 臨政篇Ⅲ)』, 562, 578~579쪽.

42 앞의 『독립운동사』 제4권, 609~611쪽.

43 위의 책, 610~611쪽.

44 위의 책, 613~614쪽.

45 愼鏞廈, 「윤봉길의 상해홍구공원 의거」, 한국근현대사학회 편, 앞의 책 하.

46 이상 임시정부판공처 습격사건은 金正明 編, 『朝鮮獨立運動』Ⅱ(原書房, 1967. 3), 499~500쪽;『독립운동사』 제4권, 617~619쪽.

47 《公報》第55號(1933. 6. 30), 『公報』(2004. 12), 143쪽; 앞의 『韓國獨立運動史(資料2, 臨政篇Ⅱ)』, 282~284쪽;『독립운동사』 제4권, 620~623쪽.

48 李喆珪 編, 앞의 책 第二輯, 800~805쪽;『독립운동사』 제4권, 624~630쪽.

49 李喆珪 編, 앞의 책 第二輯, 768~769쪽.

50 앞의 『韓國獨立運動史(資料3, 臨政篇Ⅲ)』, 570~571쪽.

51 박성순, 「항일투쟁기 한국독립당의 《震光》 발간과 한중 연대」, 《東洋學》第61輯(檀國大學校 東洋學硏究院, 2015. 10), 9쪽.

52 「革命團體聯合問題」, 《(국한문판)震光》 제1호(1934. 1. 25), 2쪽〔『文集』上, 129쪽〕.

53 「各國革命運動史要」(前號續), 《震光》第二三號 合刊(1934. 3. 25), 9~67쪽〔『文集』上, 111쪽〕.

54 金正明 編, 앞의 책 Ⅱ, 499~500쪽; 盧景彩, 앞의 책, 51~52쪽.

55 金正明 編, 앞의 책 Ⅱ, 513~514쪽; 盧景彩, 앞의 책, 53~54쪽.

56 金正明 編, 앞의 책 Ⅱ, 537~539쪽.

57 金正明 編, 앞의 책 Ⅱ, 513~514쪽; 盧景彩, 앞의 책, 55~56쪽.

58 「大黨組織問題」,《震光》第四號(1934. 5. 25)〔『文集』上, 124~128쪽〕.

59 《公報》第57號(1934. 4. 15),『公報』(2004. 12), 151~153쪽.

60 金正明 編, 앞의 책 Ⅱ, 512쪽.

61 朝鮮總督府警務局保安課,《高等警察報》第五號, 81쪽.

62 金正明 編, 앞의 책 Ⅱ, 539쪽; 盧景彩, 앞의 책, 58쪽.

63 高等法院檢事局思想部,《思想彙報》第五號(1935. 12), 88쪽;《高等警察報》第五號, 81쪽.

64 앞의《思想彙報》第五號, 88, 90쪽; 盧景彩, 앞의 책, 59쪽.

65 이상에서 민족혁명당의 창립 과정과 당의·당강 등은 金正明 編, 앞의 책 Ⅱ, 539~544쪽;《思想彙報》第五號, 89~95쪽; 朝鮮總督府警務局 編,『最近に於ける朝鮮治安狀況』(一九三三年·一九三八年合本), 275~278쪽; 高等法院檢事 村田左文,「上海及ビ南京方面ニ於ケル朝鮮人ノ思想狀況」(昭和十二年), 金正柱 編, 앞의 책 第十卷, 716~740쪽;《高等警察報》第五號, 76~92쪽;『독립운동사』제4권, 733~743쪽; 姜萬吉,「朝鮮民族革命黨 成立의 背景」,《韓國史研究》61 ·62(한국사연구회, 1988. 10), 362~369쪽을 종합해 서술하였다.

66 社會問題資料研究會 編,『中華民國在留不逞鮮人の昭和十一年二月以降の動靜』(京都, 東洋文化社, 1976. 9), 45~46쪽〔강만길,『조선민족혁명당과 통일전선』(和平社, 1991. 2), 124~125쪽의 번역으로 인용〕.

67 강만길, 위의 책, 125쪽.

68 도진순 주해,『백범일지』(돌베개, 1997. 7), 358쪽.

1   「韓國獨立黨再建宣言」(1935. 9. 25), 三均學會 編著, 『素昻先生文集』
      上(햇불사, 1979. 7), 246쪽. 이하 『素昻先生文集』을 『文集』으로 줄인다.

2   「告黨員同志」(1935. 10. 5), 金正柱 編, 『朝鮮統治史料』 10(東京, 韓國史料
      研究所, 1971. 12), 758~772쪽.

3   素昻, 「獨立黨과 공산당의 前途」, 《獨立新聞》 제124호(1922. 5. 6).

4   金俊燁, 『中國共産黨史』(文明社, 1973. 2), 117쪽.

5   毛澤東, 「新民主主義論」(1940. 1. 15), 日本國際問題研究所中國部會
      編, 『中國共産黨史資料集』 10(勁草書房, 1974. 9), 173쪽.

6   강만길, 『조선민족혁명당과 통일전선』(和平社, 1991. 2), 131쪽.

7   위의 책, 131~132쪽에서 다시 인용.

8   위의 책, 132~133쪽에서 다시 인용.

9   위의 책, 133쪽.

10   金正明 編, 『朝鮮獨立運動』 II (原書房, 1967. 3), 570쪽; 胡春惠 著, 辛勝
      夏 譯, 『中國안의 韓國獨立運動』(단대출판부, 1978. 2), 194쪽; 한상도, 『대
      한민국임시정부』 II (독립기념관 한국독립운동사연구소, 2008. 12), 182쪽.

11   중일전쟁이 일어나기까지 중국 쪽에서 한인 독립운동가들을 지원하
      는 출처는 두 갈래였다. 하나는 중국국민당 중앙조직부를 통해 김구
      쪽을 지원하였고, 또 하나는 중국군사위원회 책임 아래는 김원봉을 지
      원하였다. 한 일제 관헌 자료에 따르면, 김구가 주도하는 한국국민당
      은 중국국민당 정부의 CC단(勵志社)에서 매달 2500원(元) 정도의 재정
      지원을 받았다고 한다. 또 중국국민당 정부에서 대한(對韓) 원조 실무
      책임자였던 소쟁(蕭錚)은 1932년 9~10월경부터 1941년까지 김구 쪽
      에 매달 5000원을 지급했다고 증언했다. 盧景彩, 『韓國獨立黨 研究』
      (신서원, 1996. 12), 69~70쪽.

12   金正明 編, 앞의 책 II, 531~532쪽.

13 盧景彩, 앞의 책, 63~64쪽.

14 독립운동사편찬위원회 편,『독립운동사』제4권(독립유공자사업기금운용 위원회, 1972. 12), 641~647쪽.

15 「臨時議政院廿八回議會開院式」(1935. 10. 19), 대한민국임시정부자료 집 편찬위원회,『대한민국임시정부자료집』2(국사편찬위원회, 2005. 12), 233~237쪽. 이하『대한민국임시정부자료집』을『자료집』으로 줄인다.

16 「臨時議政院二十八回議會錄」(1935. 10. 22),『자료집』2, 238~243쪽.

17 金正明 編, 앞의 책 Ⅱ, 532쪽.

18 본명은 양우조(楊宇朝)로 일명 양명진(楊明鎭)·양묵(楊墨)으로 불리었 으며, 호는 소벽(少碧)이었다.

19 도진순 주해,『백범일지』(돌베개, 1997. 7), 358~359쪽. 보선된 국무위 원의 숫자는 5명이었으므로 김구가 착오하였다.

20 「大韓民國臨時議政院議會錄 第二十六回 定期會議」(1933. 10. 3),『자 료집』2, 204~206쪽;「大韓民國臨時議政院議會錄 第二十六回 定期 會議」(1934. 1. 2),『자료집』2, 207~217쪽.

21 「臨時議政院第二十九回議會錄」(1936. 11. 10),『자료집』2, 257~263쪽.

22 「第二十八回議會續會」(1935. 10. 23),『자료집』2, 248~252쪽.

23 「大韓民國臨時約憲」(1927 4. 11), 韓詩俊 編,『大韓民國臨時政府法令 集』(國家報勳處, 1999. 4), 57쪽.

24 임시정부 국무위원회의 재구성 과정은 金正柱 編, 앞의 책 第十卷, 772~779쪽; 앞의『독립운동사』제4권, 648~654쪽.

25 『독립운동사』제4권, 658~659쪽.

26 앞의『백범일지』, 359쪽.

27 『독립운동사』제4권, 752~760쪽.

28 한국국민당 선언은 金正明 編, 앞의 책 Ⅱ, 545~547쪽.

29 盧景彩, 앞의 책, 80쪽; 한상도, 앞의 책, 178쪽.

30 『독립운동사』제4권, 746~752쪽.

31 한국광복운동단체연합회의 결성 과정 등은 金正明 編, 앞의 책 Ⅱ, 598~601쪽;『독립운동사』제4권, 671쪽.

32 「韓國光復運動團體聯合宣言」(1937. 8. 17),『文集』上, 255~257쪽〔번역문은 姜萬吉 編,『趙素昻』(한길사, 1982. 5), 90~92쪽에서 인용〕.

33 「韓國光復運動團體對中日戰局宣言」(1937년 8월), 韓國精神文化研究院 國學振興事業推進委員會 編,『韓國獨立運動史資料集: 趙素昻篇 (四)』(韓國精神文化研究院, 1997. 3), 9~10쪽.

34 『독립운동사』제4권, 671쪽.

35 「宣言」(1937년 10월), 앞의『韓國獨立運動史資料集: 趙素昻篇(四)』, 13~14쪽.

36 「臨時議政院第三十回開院式」(1937. 10. 16),『자료집』2, 264~265쪽.

37 「臨時議政院第三十回議會二議錄」(1937. 10. 17),『자료집』2, 266~271쪽.

38 金正明 編, 앞의 책 Ⅱ, 606~607쪽.

39 「大韓民國臨時議政院會議第三十一回定期議會紀事錄」(1939. 10. 3~12. 5),『자료집』2, 277~279쪽.

40 「同志同胞들에게보내는公開信」, 白凡金九先生全集編纂委員會 編,『白凡金九全集』第六卷(대한매일신보사, 1999. 6), 25~40쪽.

41 「綦江에서의 韓國 7個黨 統一會議 經過報告書」(1939. 10. 5),『자료집』34, 8~13쪽.

42 7당통일회의의 과정은 한상도, 앞의 책, 269~300쪽.

43 「大韓民國臨時議政院第三十一回定期會議紀事錄」,『자료집』2, 272~305쪽.

44 전문은「獨立運動方略」,『韓國獨立運動史資料集: 趙素昻篇(三)』, 239~255쪽. 이 방략은 11월 12일 임시의정원에서 의결·통과되었다.

45 《大韓民國臨時政府公報》第65號(1940. 2. 1), 앞의『韓國獨立運動史資料集: 趙素昻篇(三)』, 167~173쪽.

46　『독립운동사』제4권, 703쪽.

47　「理化齋公序」(1946. 9. 20),『文集』下, 161~162쪽.

48　앞의『백범일지』, 389~390쪽.

49　「光復陣線遠東三黨統一代表會議經過大署」,『韓國獨立運動史資料集: 趙素昻篇(四)』, 15~17쪽.

50　「3黨 解體 宣言」(1940. 5. 8),『文集』上, 264쪽.

51　「韓國獨立黨創立代表大會經過大略」,『韓國獨立運動史資料集: 趙素昻篇(四)』, 17~18쪽.

52　「韓國獨立黨 創立紀念 宣言」(1940. 5. 9),『文集』上, 264~265쪽.

53　「韓國獨立黨 創立 宣言」(1940. 5. 9),『자료집』34, 26~29쪽. 영문은 『文集』上, 268~271쪽.

54　「第一屆中央執行委員會第一次會議經過大略」,『韓國獨立運動史資料集: 趙素昻篇(四)』, 18~22쪽.

55　W. 레온하르트 지음, 강재륜 옮김,『소비에트 이데올로기』(한울, 1986. 10), 44~45쪽; 소련과학아카데미 편, 강종수 옮김,『현대 마르크스-레닌주의 사전』(백산서당, 1989. 6), 114~116쪽.

56　조범래,『韓國獨立黨研究 1930~1945』(선인, 2011. 1), 192~193쪽.

57　「韓國獨立黨 第1次全黨代表大會 宣言」(1941. 5),『文集』上, 279쪽.

10 충칭임시정부의 외무부장, 삼균주의의 실천기

1　독립운동사편찬위원회 편,『독립운동사』제4권(독립유공자사업기금운용위원회, 1972. 12), 803~807쪽; 황묘희,『重慶 大韓民國臨時政府史』(景仁文化社, 2002. 2), 11~15쪽; 한시준,『대한민국임시정부』(독립기념관 한국독립운동사연구소, 2009. 7), 3~7쪽.

2　韓詩俊,『韓國光復軍研究』(一潮閣, 1993. 12), 79~85쪽.

3 「韓國光復軍總司令部成立報告書」(1940. 9. 17), 三均學會 編, 『素昂先生文集』上(횃불사, 1979. 7), 139~142쪽. 같은 책 143~146쪽에 1940년 10월 5일 자 발표된 역자 미상의 번역문이 실려 있다. 이하 『素昂先生文集』을 「文集」으로 줄인다.

4 이상 광복군 관련 내용은 『독립운동사』 제4권, 885~903쪽; 韓詩俊, 앞의 책(1993. 12), 85~92쪽; 황묘희, 앞의 책, 304~310쪽.

5 한국청년전지공작대가 창설되고 충칭임시정부에 합류하는 과정은 韓詩俊, 앞의 책(1993. 12), 68~72, 151~155쪽.

6 조선의용대가 광복군에 편입되는 과정은 위의 책, 162~166쪽.

7 《大韓民國臨時政府公報》 號外(1940. 10. 9), 《大韓民國臨時政府公報》第67號(1940. 10. 15), 대한민국임시정부자료집 편찬위원회, 『대한민국임시정부자료집』 3(국사편찬위원회, 2005. 12), 3~10쪽. 이하 《大韓民國臨時政府公報》을 《公報》, 『대한민국임시정부자료집』을 『자료집』으로 줄인다.

8 李炫熙, 『大韓民國臨時政府史』(集文堂, 1982. 6), 320~321쪽.

9 한시준, 앞의 책(2009. 7), 31~32쪽.

10 앞의 『독립운동사』 제4권, 829쪽.

11 《公報》 第72號(1941. 12. 8), 『大韓民國臨時政府公報』(독립기념관 한국독립운동연구소, 2004. 12), 207~215쪽.

12 孫世一, 「大韓民國臨時政府의 政治指導體系」(1969), 尹炳奭 外編, 『韓國近代史論』 II(知識産業社, 1977. 8), 308~309쪽.

13 이 문제는 김인식, 「삼균주의·〈대한민국 건국강령〉과 임시정부 절대옹호론」, 《한국민족운동사연구》 66(한국민족운동사학회, 2011. 3), 334~341, 349~356쪽.

14 앞으로 「건국강령」의 원문은 「大韓民國建國綱領」(民國二三年), 李喆珪 編, 『大韓民國臨時政府議政院文書』(大韓民國國會圖書館, 1974. 9), 21~25쪽에서 인용.

15 李喆珪 編, 앞의 책, 389~390쪽.

16 「大韓民國臨時政府建國綱領草案」, 『文集』上, 154~173쪽.

17 「韓國獨立黨黨義研究方法」(1944. 5. 1), 『文集』上, 197쪽.

18 「第三十四回議會速記錄」(民國 二十四年), 李喆珪 編, 앞의 책, 291~
    293쪽.

19 韓詩俊 編, 『大韓民國臨時政府法令集』(國家報勳處, 1999. 4), 64쪽.

20 「第三十四回議會速記錄」(民國 二十四年), 李喆珪 編, 앞의 책, 298쪽

21 韓詩俊, 「大韓民國臨時政府의 光復후 民族國家 建設論」, 《한국독립운
    동사연구》 제3집(한국독립운동사연구소, 1989. 11), 530쪽; 權寧建, 「大韓民
    國臨時政府와 三均主義」, 《三均主義研究論集》 第12輯(1992. 2), 306쪽.

22 「建國綱領修改委員會會錄」(民國 二十二年), 李喆珪 編, 앞의 책, 388~
    389쪽.

23 「獨立運動方略 槪要」, 《公報》 第65號(1940. 2. 1), 『公報』(2004. 12),
    179쪽.

24 「大韓民國臨時議政院第三十三回會議議事錄」, 『자료집』3, 21~27쪽.

25 《公報》第72號(1941. 10. 7), 『公報』(2004. 12), 204쪽.

26 「韓國臨時政府對羅邱宣言聲明書」(1941. 8. 29), 韓國臨時政府宣傳委
    員會 編, 趙一文 譯註, 『韓國獨立運動文類』(建國大學校 出版部, 1976. 8),
    146~147쪽〔번역문은 위의 책, 37~40쪽. 본문에서 「대서양헌장」의 조항도
    이 성명서의 번역문을 그대로 인용하였다〕.

27 李喆珪 編, 앞의 책, 767쪽. 성명서의 번역문은 『文集』上, 265~266쪽.

28 앞의 『독립운동사』 제4권, 644쪽.

29 쑨원(孫文)의 부인 쑹칭링(宋慶齡)의 동생이며, 장제스(蔣介石)의 부인
    쑹메이링(宋美齡)의 오빠이다.

30 U.S. Department of State, *Foreign Relations of the United States*
    (Washington: United States Goverment Printing Office, 1971), pp. 867~869.

31 대한민국정부 수립 후 초대 중화민국 주한 특명전권대사를 역임하였다.

32   『자료집』22(2008. 12), 242쪽. 원문은 같은 책, 371~373쪽.

33   張世胤, 「中日戰爭期 大韓民國 臨時政府의 對中國外交」, 《한국독립운
     동사연구》제2집(1988. 11), 527쪽.

34   張世胤, 앞의 논문, 527~528쪽.

35   황묘희, 앞의 책, 156~160쪽.

36   이하 중한문화협회는 별도의 출처를 밝히지 않은 경우 황묘희, 앞의
     책, 182~196쪽; 한시준, 「중한문화협회의 성립과 활동」, 《한국독립운
     동사연구》제35집(2010. 4)을 참조하였다.

37   「全體發起人名單」, 韓國精神文化研究院 國學振興事業推進委員會 編,
     『韓國獨立運動史資料集: 趙素昂篇(四)』(韓國精神文化研究院, 1997. 3),
     294~295쪽.

38   『자료집』40(2011. 6), 251~255쪽. 원문은 같은 책, 159~160쪽.

39   『자료집』40, 251~255쪽.

40   쑨원의 부인. 장제스의 부인인 쑹메이링(宋美齡)의 언니이다.

41   『자료집』40, 259~264쪽. 중국 신문들의 원문은 같은 책, 168~171쪽.

42   중국 신문은 위와 같음; 『자료집 별책: 독립신문』1(2005. 12), 81~82쪽.

43   이하 「9개준승」 관련 서술은 별도의 출처를 밝히지 않으면 『임시정부
     사』4, 916~919쪽; 韓詩俊, 앞의 책(1993. 12), 99~109쪽을 참조.

44   李喆珪 編, 앞의 책, 761쪽.

45   위의 책, 585~586쪽.

46   제7~10일 차 회의는 「第三十四回會議速記錄」, 『자료집』3, 84~176쪽.

47   《公報》第76號, 『자료집』1, 262쪽.

48   《公報》第77號(1943. 4. 5), 『公報』(2004. 12), 230쪽.

49   「韓中互助軍事協定草案」, 앞의 『韓國獨立運動史資料集: 趙素昂篇
     (四)』, 404~405쪽. 번역문은 『자료집』10(2006. 12), 143~144쪽.

50   이 제의서는 『韓國獨立運動史資料集: 趙素昂篇(四)』, 397~403쪽. 번
     역문은 『자료집』10, 140~143쪽.

51   「提議案」(1943. 10. 14), 李喆珪 編, 앞의 책, 594쪽.

52   제35회 임시의정원 29·30차 회의는,『자료집』3, 446～498쪽

53   「修正提議案」(1943. 12. 1), 李喆珪 編, 앞의 책, 600～601쪽.

54   「修正提議案」(1943. 12. 3), 李喆珪 編, 앞의 책, 601쪽.

55   胡春惠 著, 辛勝夏 譯,『中國안의 韓國獨立運動』(단대출판부, 1978. 2), 169쪽.

56   '軍事協定締結交涉案', 李喆珪 編, 앞의 책, 850쪽.

57   「9개준승」취소를 재교섭하는 과정은 별도의 출처가 없으면 胡春惠 著, 앞의 책, 170～175쪽; 韓詩俊, 앞의 책(1993. 12), 130～138쪽을 참조.

58   '軍事協定締結交涉案', 李喆珪 編, 앞의 책, 850쪽.

59   「關於韓國光復軍中韓兩方商定辦法」, 李喆珪 編, 앞의 책, 862쪽.

60   「光復軍援助方案에 對한 韓國側修正案」(1945. 2. 1), 秋憲樹 編,『資料 韓國獨立運動』3(延世大學校出版部, 1973. 8), 260쪽.

61   「光復軍에 關한 軍事協定內容과 그 實施」, 秋憲樹 編, 앞의 책 3, 261～262쪽.

62   번역문은 崔鍾健 譯編,『大韓民國臨時政府文書輯覽』(知人社, 1976. 8), 131～132쪽.

63   독립운동사편찬위원회 편,『독립운동사자료집』별집2(독립유공자 사업 기금운용위원회, 1971. 12), 75～78쪽.

64   「항일전쟁에 대한 물적 지원 요청과 관련한 서신」(1941. 6. 6),『자료집』20(2007. 11), 94～95쪽. 원문은 123～124쪽.

65   『자료집』16, 6～8쪽에 국무회의 내용 및 이승만에게 보내는 임명장·신임장이 실려 있다.

66   洪淳鎬,「임시정부의 외교활동(1919~1945)」, 한국정치외교사학회 편, 『한국외교사』Ⅱ(집문당, 1995. 2), 166～168쪽.

67   『자료집』20, 215～216쪽. 원문은 같은 책, 357쪽.

68   정병준, 앞의 책, 221～227쪽.

69   이상 미국의 대한정책은 구대열, 『한국 국제관계사 연구』 2(역사비평사,
        1995. 10), 36~46쪽.

70   洪淳鎬, 앞의 논문, 169~171쪽.

71   鄭容郁, 「태평양전쟁기 임시정부의 대미외교」, 한국근현대사학회 편,
        『대한민국임시정부 수립 80주년 기념논문집』 하(國家報勳處, 1999. 12),
        284~285쪽.

72   이완범, 「한반도 신탁통치문제 1943~46」, 박현채 外著, 『解放前後史
        의 認識』 3(한길사, 1987. 12), 218~219쪽.

73   이재호, 「대한민국 임시정부의 국제공동관리안 반대운동(1942~
        1943)」, 《한국독립운동사연구》 제48집(2014. 08)을 참조.

74   「大韓民國臨時政府 外務部 政務報告」(1943. 10), 『자료집』 16, 64쪽.
        원문은 같은 책, 129쪽.

75   『자료집』 40, 278~280쪽. 중국 신문들의 원문 기사는 같은 책, 187쪽.

76   「聲明書(駁美國一部人士之謬論)」(1942. 3), 『文集』 上, 314쪽.

77   胡春惠 著, 앞의 책, 257쪽.

78   「駁戰後問題中關韓國問題之謬論」(1943. 5. 3 외무부장 조소앙 명의), 『文
        集』 上, 317~318쪽; 《公報》 第78號(1943. 8. 4), 『자료집』 1, 277쪽.

79   '國際監護說駁斥案', 《公報》 第78號, 『자료집』 1, 277쪽; 《獨立新聞(重
        慶版)》 創刊號(1943. 6. 1), 번역문은 『자료집 별책』 1, 38쪽.

80   앞의 「駁戰後問題中關韓國問題之謬論」.

81   《獨立新聞(重慶版)》 創刊號. 번역문은 『자료집 별책』 1, 44~47쪽.

82   《獨立新聞(重慶版)》 創刊號. 번역문은 『자료집 별책』 1, 42~44쪽.

83   「朝鮮民族革命黨第六屆全黨代表大會宣言」(1941. 12. 10), 秋憲樹 編,
        앞의 책 2(1972. 3), 211쪽.

84   추헌수, 「중국 국민당정부와 한국독립운동」, 국사편찬위원회 편, 『한
        민족독립운동사』 6(국사편찬위원회, 1989. 12), 109~110쪽; 「對韓國在華
        革命力量扶助運用指導方案」(中國軍事委員會, 1941), 秋憲樹 編, 앞의 책 1

(1971. 5), 671~673쪽.

85   秋憲樹 編, 앞의 책 2, 231쪽.

86   한시준, 「1940년대 전반기 독립운동의 특성」, 《한국독립운동사연구》
     제8집(1994. 12), 450쪽.

87   國史編纂委員會 編, 『韓國獨立運動史(資料3, 臨政篇Ⅲ)』(探求堂, 1973.
     12), 530~534쪽.

88   앞의 「朝鮮民族革命黨第六屆全黨代表大會宣言」.

89   秋憲樹 編, 앞의 책 3, 110~112쪽.

90   韓詩俊, 앞의 책(1993. 12), 162~166쪽.

91   李喆珪 編, 앞의 책, 769쪽.

92   양영석, 「1940년대 조선민족혁명당의 활동」, 《한국독립운동사연구》
     제3집(1989. 11), 559~560쪽.

93   한시준, 앞의 책(2009. 7), 47~48쪽.

94   「第三十四回會議速記錄」, 『자료집』 3, 43~56쪽.

95   앞의 『독립운동사』 제4권, 963~964쪽.

96   『자료집』 34(2009. 12), 142~143쪽. 원문은 같은 책, 203쪽.

97   白凡金九先生全集編纂委員會 編, 『白凡金九全集』 第六卷(대한매일신보
     사, 1999. 6), 157~159쪽. 번역문은 『자료집』 34, 138~139쪽.

98   秋憲樹 編, 앞의 책 2, 70쪽.

99   『자료집』 34, 147~148쪽.

100 「韓國獨立黨 第3屆 全黨代表大會 宣言」(1943. 6), 『文集』 上, 299~303쪽.

101 『자료집』 34, 60쪽.

102 秋憲樹 編, 앞의 책 2, 170쪽.

103 『독립운동사』 제4권, 981~982쪽.

104 『독립운동사』 제4권, 996쪽.

105 「第三十四回會議速記錄」, 『자료집』 3, 198쪽.

106 李喆珪 編, 앞의 책, 635쪽.

107　李喆珪 編, 앞의 책, 316~318쪽.

108　위의 책, 323~325쪽.

109　위의 책, 334~339쪽.

110　위의 책, 351쪽.

111　위의 책, 339~342쪽.

112　國史編纂委員會 編,『韓國獨立運動史(資料1, 臨政篇Ⅰ)』(探求堂, 1970. 12), 491~501쪽.

113　『자료집』 3, 416~427쪽.

114　한시준, 앞의 책(2009. 7), 56~59쪽.

115　앞의『독립운동사』 제4권, 997쪽;『자료집』 5(2005. 12), 83~84쪽.

116　『독립운동사』 제4권, 997쪽.

117　金榮秀,『大韓民國臨時政府憲法論』(三英社, 1980. 10), 170쪽.

118　「第三十六次臨時議會」,『자료집』 4(2005. 12), 3~24쪽.

119　《公報》第81號(1944. 6. 6),『자료집』 1, 295~297쪽.

120　韓詩俊,「1940년대 전반기의 민족통일전선운동」, 金喜坤 외 공저,『대한민국임시정부의 좌우합작운동』(한울아카데미, 1995. 10), 159~160쪽.

11 8·15해방 전후, 복국운동이 복국기의 연장으로

1　카이로회담의 제기와 교섭 과정은 趙德天,「카이로회담의 교섭과 진행에 관한 연구」,《한국근현대사연구》제70집(한국근현대사학회, 2014. 9), 137~145쪽.

2　장제스와 임시정부 요인의 면담은 韓詩俊,「카이로선언과 대한민국임시정부」,《한국근현대사연구》제71집(한국근현대사학회, 2014. 12), 135~140쪽.

3　《大韓民國臨時政府公報》第78號(1943. 8. 4), 대한민국임시정부자료

집 편찬위원회, 『대한민국임시정부자료집』 1(국사편찬위원회, 2005. 12), 279~280쪽. 이하《大韓民國臨時政府公報》를《公報》, 『대한민국임시정부자료집』을 『자료집』으로 줄인다.

4   韓詩俊, 앞의 논문, 140~148쪽.

5   《公報》號外(1943. 12. 2), 『자료집』 1, 285~286쪽.

6   《大公報(重慶版)》(1943. 12. 3)〔『자료집』 40(2011. 6), 353쪽〕. 원문은 같은 책, 222쪽.

7   金學俊, 「分斷의 배경과 고정화 과정」, 宋建鎬 외 공저, 『解放前後史의 認識』(한길사, 1979. 10), 67쪽.

8   「카이로선언」에서 한국조항이 작성되는 세밀한 과정은 정병준, 「카이로회담의 한국 문제 논의와 카이로선언 한국조항의 작성 과정」, 《역사비평》 107(역사비평사, 2014. 5), 328~339쪽.

9   이동현, 『한국 신탁통치 연구』(평민사, 1990. 1), 40~41쪽.

10   정용욱, 『해방 전후 미국의 대한정책』(서울대학교출판부, 2003. 12), 20~23, 32~35쪽.

11   辛承權, 「美·蘇의 韓半島政策: 1945~1948」, 《정치외교사논총》 제14집(韓國政治外交史學會, 1996. 11), 294~295쪽.

12   이완범, 「한반도 신탁통치문제 1943~46」, 박현채 外著, 『解放前後史의 認識』 3(한길사, 1987. 12), 219~220쪽.

13   《新韓民報》(1943. 12. 9).

14   *The New York Times*(1943. 12. 6)〔『자료집』 41(2011. 6), 246~247쪽〕. 원문은 같은 책, 299쪽.

15   『자료집』 16(2007. 11), 66쪽. 원문은 같은 책, 136쪽.

16   李庭植 면담, 金學俊 편집·해설, 『혁명가들의 항일회상』(民音社, 1988. 10), 121쪽.

17   國史編纂委員會 編, 『韓國獨立運動史(資料22, 臨政篇Ⅶ)』 22(國史編纂委員會, 1993. 8), 236~237쪽.

18   홍선표, 「1945년 샌프란시스코회의를 둘러싼 미주한인의 대응과 활동」, 《한국독립운동사연구》 제25집(독립기념관 한국독립운동연구소, 2005. 12), 300~301쪽.

19   秋憲樹 編, 『資料韓國獨立運動』 1(延世大學校出版部, 1971. 5), 427쪽.

20   홍선표, 앞의 논문, 293쪽.

21   「外務部長對德宣戰聲明」(1945. 2. 28), 三均學會 編著, 『素昂先生文集』 上(횃불사, 1979. 7), 329쪽. 앞으로 『素昂先生文集』을 『文集』으로 줄임.

22   李喆珪 編, 『大韓民國臨時政府議政院文書』(大韓民國國會圖書館, 1974. 9), 818~819쪽.

23   「第三十七次臨時議會會議錄」(1945. 2. 28), 『자료집』 4(2005. 12), 39~42쪽; 李喆珪 編, 앞의 책, 854쪽.

24   「韓國對德宣戰-韓外長趙素昂發聲明」, 《大公報(重慶版)》(1945. 3. 1).

25   *The New York Times*(1945. 3. 1)[『자료집』 41, 269쪽. 원문은 같은 책, 322쪽].

26   《中央日報》(1945. 3. 14), 『자료집』 16, 88~89쪽.

27   李喆珪 編, 앞의 책, 827쪽.

28   위의 책, 854~855쪽.

29   韓國精神文化研究院 國學振興事業推進委員會 編, 『韓國獨立運動史 資料集: 趙素昂篇(三)』(韓國精神文化研究院, 1997. 3), 746~755쪽.

30   홍선표, 앞의 논문, 302쪽.

31   《大公報》(1945. 5. 22), 『자료집』 16, 95~96쪽.

32   3월 23일 국무회의 결정 이후, 원동대표에는 김규식·조소앙 이외에 정환범(鄭桓範)과 임의택(林義鐸)이 포함되었다. 『자료집』 16, 91~93쪽.

33   胡春惠 著, 辛勝夏 譯, 『中國안의 韓國獨立運動』(단대출판부, 1978. 2), 282~283쪽.

34   李喆珪 編, 앞의 책, 828쪽.

35   『자료집』 16, 91~93쪽.

36   『자료집』 16, 143쪽. 원문은 같은 책, 331쪽.

37   『자료집』22(2008. 12), 252쪽. 원문은 같은 책, 405쪽.

38   『자료집』13(2006. 12), 264~265쪽.

39   홍선표, 앞의 논문, 303~304쪽.

40   《독립》(1945. 5. 23)〔홍선표, 앞의 논문, 319쪽에서 다시 인용〕.

41   정병준, 『우남 이승만 연구』(역사비평사, 2005. 6), 261~267쪽.

42   이승만의 얄타밀약설이 미국·영국·소련 등 연합국에 부정 영향을 미
      친 결과는 고정휴, 「샌프란시스코회의(1945)와 얄타밀약설」, 연세대학
      교 국학연구원 편, 『미주 한인의 민족운동』(혜안, 2003. 6), 310~314쪽.

43   *The New York Times*(1945. 6. 9)〔『자료집』41, 275쪽. 원문은 같은 책, 328쪽〕.

44   구대열, 『한국 국제관계사 연구』2(역사비평사, 1995. 10), 255~256쪽.

45   *Christian Science Monitor*(1945. 6. 9)〔『자료집』41, 276~277쪽. 원문은
      같은 책, 329~330쪽〕.

46   정용욱, 앞의 책, 84~90쪽.

47   광복군의 훈련 과정은 金光載, 「韓國光復軍과 미 OSS의 合作訓練」,
      《軍事》第45號(국방부 군사편찬연구소, 2002. 4), 8~12쪽; 金光載, 「한국
      광복군의 한미공동작전과 의의」, 《軍事》第52號(2004. 8), 155~167쪽.

48   한시준, 『대한민국임시정부』(독립기념관 한국독립운동사연구소, 2009. 7),
      88~89쪽.

49   도진순 주해, 『백범일지』(돌베개, 1997. 7), 398~399쪽.

50   8·15해방을 보는 시각은 김인식, 『대한민국 정부수립』(대한민국역사박
      물관, 2014. 12), 13~43쪽.

51   「韓國獨立黨 創立紀念 宣言」(1940. 5. 9), 『文集』上, 264~265쪽.

52   이상 임시의정원 제39회 회의 「速記錄」과 「會議錄」은 『자료집』4, 367~
      470쪽.

53   國家報勳處, 『韓國獨立運動史料: 楊宇朝篇』(국가보훈처, 1999. 9), 491~
      498쪽; 『文集』上, 335~339쪽.

54   盧景彩, 『韓國獨立黨 硏究』(신서원, 1996. 12), 165쪽〕.

55 「國內外同胞에게告함」(1945. 9. 3), 김현식·정선태 편저, 『삐라로 듣는 해방 직후의 목소리』(소명출판, 2011. 8. 15), 41쪽.

56 「聲明書」(1948. 10. 11), 『文集』下, 110쪽; 「次期 總選擧와 余의 政局觀」, 《三千里》(1950. 4. 1), 『文集』下, 133쪽.

57 김인식, 『안재홍의 신국가건설운동(1944~1948)』(선인, 2005. 1), 218~219쪽.

58 胡春惠, 앞의 책, 288쪽.

59 이승억, 「임시정부의 귀국과 대미군정 관계(1945. 8~1946. 2)」, 《역사와 현실》 제24권(한국역사연구회, 1997. 6), 90~91쪽; 韓詩俊, 「대한민국임시정부의 환국」, 《한국근현대사연구》 제25집(2003. 6), 5쪽.

60 《大公報(重慶版)》(1945. 8. 25·26·28)[『자료집』 40, 473~476쪽. 원문은 같은 책, 331~336쪽].

61 宋南憲, 『解放三年史』 I (까치, 1985. 9), 88쪽; 高峻石 지음, 정범구 옮김, 『解放 1945~1950』(한겨레, 1989. 3), 32, 51~52쪽.

62 《每日新報》(1945. 8. 24).

63 《每日新報》(1945. 9. 3).

64 U.S. Department of State, *Foreign Relations of the United States*(Washington: United States Goverment Printing Office, 1971), p. 1036. 번역은 미국무성 비밀외교문서, 김국태 옮김, 『해방3년과 미국』 I (돌베개, 1984. 2), 38~39쪽.

65 앞의 *Foreign Relations of the United States*, pp. 1036~1037. 번역은 미국무성 비밀외교문서, 앞의 책 I, 41~42쪽.

66 이상의 임시정부의 대미 교섭 부분은 이승억, 앞의 논문, 95~97쪽을 참조.

67 國史編纂委員會 編, 『資料大韓民國史』1(探求堂, 1968. 12), 72~73쪽. 이하 『資料大韓民國史』를 『資料』로 줄인다.

68 《每日新報》(1945. 10. 11)[『資料』 1, 226~227쪽].

69 김인식, 앞의 책(2005. 1), 175~176쪽.

70 鄭秉峻,「남한진주를 전후한 주한미군의 對韓정보와 초기점령정책의
    수립」,《史學研究》第51號(韓國史學會, 1996. 5), 173, 179~180쪽.

71 鄭秉峻, 앞의 논문(1996. 5), 174쪽에서 다시 인용.

72 염인호,『김원봉연구』(창작과비평사, 1993. 1), 294~295쪽.

73 韓詩俊, 앞의 논문(2003. 6), 12~15쪽; 한시준, 앞의 책, 247~253쪽.

74 《中央新聞》(1945. 11. 24).

75 《新朝鮮報》(1945. 11. 25).

76 《서울신문》(1945. 12. 4)〔『資料』1, 512~513쪽〕.

77 《自由新聞》(1945. 12. 7).

78 金仁植,「송진우·한국민주당의 '중경임시정부 절대지지론'」,《한국근
    현대사연구》제24집(2003. 3).

79 김인식,「해방 후 安在鴻의 重慶臨政迎立補强 운동」,《한국독립운동
    사연구》제12집(1998. 12).

80 《新朝鮮報》(1945. 12. 13);《서울신문》(1945. 12. 13)〔『資料』1, 572~573쪽〕.

81 《自由新聞》(1945. 12. 14).

82 《東亞日報》(1945. 12. 15).

83 《自由新聞》(1945. 12. 13).

84 《東亞日報》·《朝鮮日報》(1945. 12. 13).

85 《東亞日報》(1945. 12. 20).

86 김인식, 앞의 책(2005. 1), 204~205쪽.

87 《東亞日報》(1945. 12. 24).

88 《東亞日報》(1945. 12. 25).

89 《東亞日報》(1945. 12. 27).

90 徐仲錫,「반탁투쟁과 자주적 통일민주국가 건설의 좌절」, 白樂晴·鄭
    昌烈 編,『한국민족민중운동연구』(두레, 1989. 12), 152, 158쪽.

91 김인식,『대한민국 정부수립』(대한민국역사박물관, 2014. 12), 102~103쪽.

92 이상은《東亞日報》(1945. 12. 28).

93 《東亞日報》·《朝鮮日報》(1945. 12. 30).

94 《東亞日報》·《新朝鮮報》·《朝鮮日報》(1945. 12. 30).

95 《東亞日報》(1945. 12. 30).

96 《自由新聞》(1945. 12. 30).

97 《東亞日報》(1945. 12. 30).

98 《自由新聞》(1945. 12. 31).

99 《東亞日報》(1945. 12. 31).

100 《自由新聞》(1945. 12. 31).

101 《東亞日報》(1945. 12. 31).

102 김인식, 앞의 책(2005. 1), 211~212쪽.

103 《東亞日報》(1945. 12. 30).

104 《東亞日報》(1945. 12. 30).

105 《中央新聞》(1946. 1. 1).

106 《新朝鮮報》·《東亞日報》·《中央新聞》(1946. 1. 1);《東亞日報》(1946. 1. 3).

107 김구의 장남 김인(金仁)의 부인으로, 안중근(安重根)의 동생 안정근(安定根)의 장녀이다. 김구의 비서를 역임했다.

108 《新朝鮮報》·《東亞日報》·《中央新聞》(1946. 1. 1).

109 《朝鮮日報》·《自由新聞》·《東亞日報》(1946. 1. 2).

110 《自由新聞》(1946. 1. 1);《朝鮮日報》(1946. 1. 2).

111 《東亞日報》(1946. 1. 2).

112 이완범, 앞의 논문, 244쪽.

113 이완범, 위의 논문, 245, 291쪽; 도진순,『한국민족주의와 남북관계』(서울대학교출판부, 1997. 7), 63~64쪽.

114 《自由新聞》(1946. 1. 2).

115 《東亞日報》(1946. 1. 3).

116 《朝鮮日報》·《自由新聞》(1946. 1. 2).

117 《서울신문》(1946. 1. 2)〔『資料』1, 749~751쪽〕;《自由新聞》·《朝鮮日報》
      (1946. 1. 3).

118 《서울신문》(1946. 1. 4)〔『資料』1, 758쪽〕.

119 《中央新聞》(1946. 1. 4).

120 《朝鮮日報》(1946. 1. 13).

121 《朝鮮日報》·《東亞日報》·《中央新聞》(1946. 1. 4).

122 《東亞日報》·《朝鮮日報》(1946. 1. 5);《서울신문》(1946. 1. 5)〔『資料』1,
      764~766쪽〕.

123 『資料』1, 792~797쪽.

124 《朝鮮日報》(1946. 1. 5).

125 《朝鮮日報》(1946. 1. 10).

126 《朝鮮日報》·《東亞日報》(1946. 1. 16);《서울신문》(1946. 1. 16)〔『資料』1,
      842~843쪽〕.

127 《朝鮮日報》·《東亞日報》(1946. 1. 15).

128 《朝鮮日報》·《東亞日報》·《中央新聞》(1946. 1. 4).

129 《東亞日報》·《朝鮮日報》(1946. 1. 13).

130 《朝鮮日報》·《東亞日報》(1946. 1. 18).

131 《朝鮮日報》(1946. 1. 21).

132 《中央新聞》(1946. 1. 23).

133 《朝鮮日報》·《東亞日報》(1946. 1. 26).

134 《朝鮮日報》(1946. 2. 1·2·4).

135 《東亞日報》·《朝鮮日報》(1946. 2. 14).

136 《朝鮮日報》·《東亞日報》(1946. 2. 15).

137 《朝鮮日報》(1946. 2. 17).

138 《朝鮮日報》(1946. 2. 16).

139 《朝鮮日報》(1946. 2. 19);《東亞日報》(1946. 2. 20).

140 《朝鮮日報》(1946. 2. 22).

141 김인식, 앞의 책(2005. 1), 235~244쪽.

142 김인식, 앞의 논문(2003. 3).

143 이 과정은 김인식, 앞의 책(2005. 1), 244~254쪽.

144 《漢城日報》·《朝鮮日報》(1946. 4. 19);《東亞日報》(1946. 4. 20).

145 《自由新聞》(1946. 4. 23);《東亞日報》(1946. 4. 23).

146 《中央新聞》(1946. 3. 23);《서울신문》(1946. 3. 24)〔『資料』2(1969. 12), 279쪽〕.

147 《漢城日報》(1946. 3. 29).

148 《서울신문》(1946. 4. 3)〔『資料』2, 325~326쪽〕.

149 《朝鮮日報》(1946. 4. 19).

150 《朝鮮日報》·《東亞日報》·《中央新聞》(1946. 4. 19).

151 《漢城日報》·《朝鮮人民報》(1946. 4. 20).

152 《朝鮮日報》(1946. 5. 3);《서울신문》(1946. 5. 3)〔『資料』2, 528쪽〕.

153 김인식, 앞의 책(2014. 12), 97~99쪽.

12 제2차 미소공동위원회의 결렬과 대한민국정부수립

1 정용욱, 『해방 전후 미국의 대한정책』(서울대학교 출판부, 2003. 12), 281~ 285쪽.

2 《漢城日報》(1946. 5. 25).

3 김인식, 『안재홍의 신국가건설운동(1944~1948)』(선인, 2005. 1), 359~ 360쪽.

4 《서울신문》(1946. 7. 14)〔國史編纂委員會 編, 『資料大韓民國史』2(探求堂, 1969. 12), 899쪽〕. 이하 『資料大韓民國史』를 「資料」로 줄인다.

5 《朝鮮日報》·《東亞日報》(1946. 10. 8).

6 《漢城日報》·《自由新聞》(1946. 10. 9).

7   《朝鮮日報》(1946. 10. 16).

8   《東亞日報》·《朝鮮日報》(1946. 10. 10).

9   《朝鮮日報》(1946. 8. 25).

10   《漢城日報》(1946. 12. 19);《京鄉新聞》(1946. 12. 21·22; 1947. 2. 1);《東亞
     日報》(1946. 12. 21).

11   《京鄉新聞》·《朝鮮日報》(1946. 12. 20).

12   《東亞日報》·《朝鮮日報》·《京鄉新聞》(1946. 12. 24).

13   《東亞日報》(1946. 12. 21).

14   《東亞日報》(1946. 12. 26);《朝鮮日報》(1946. 12. 27).

15   《朝鮮日報》(1946. 10 17);《서울신문》(1946. 10. 17)〔『資料』 3(1970. 12),
     547쪽〕.

16   《朝鮮日報》(1946. 10. 24).

17   《서울신문》(1946. 12. 14)〔『資料』 3, 1079쪽〕.

18   《漢城日報》·《朝鮮日報》(1946. 12. 19).

19   《東亞日報》(1947. 1. 12).

20   김인식, 앞의 책(2005. 1), 511~514쪽.

21   《京鄉新聞》(1947. 1. 15·17);《東亞日報》(1947. 1. 17).

22   《朝鮮日報》(1947. 1. 31).

23   《京鄉新聞》·《東亞日報》(1947. 2. 6).

24   《朝鮮日報》(1947. 2. 15);《東亞日報》(1947. 2. 15·16).

25   《京鄉新聞》·《東亞日報》·《朝鮮日報》(1947. 2. 15).

26   《京鄉新聞》·《朝鮮日報》(1947. 2. 15);《東亞日報》(1947. 2. 16).

27   《朝鮮日報》(1947. 2. 18);《京鄉新聞》(1947. 2. 19).

28   《朝鮮日報》(1947. 2. 27);《서울신문》(1947. 2. 27)〔『資料』4(1971. 12),
     334쪽〕.

29   《京鄉新聞》·《東亞日報》·《朝鮮日報》(1947. 3. 2).

30   《朝鮮日報》·《東亞日報》·《京鄉新聞》(1947. 3. 5).

31   《朝鮮日報》(1947. 3. 6).

32   《京鄉新聞》(1947. 3. 13); 《朝鮮日報》(1947. 3. 14).

33   《京鄉新聞》·《東亞日報》·《朝鮮日報》(1947. 3. 6).

34   서중석, 『한국현대민족운동연구』(역사비평사, 1991. 5), 529~532쪽.

35   《朝鮮日報》(1947. 4. 27).

36   《朝鮮日報》·《京鄉新聞》(1947. 4. 30).

37   《東亞日報》(1947. 4. 30).

38   《東亞日報》·《京鄉新聞》(1947. 4. 15).

39   《朝鮮日報》·《京鄉新聞》(1947. 5. 3).

40   《東亞日報》·《京鄉新聞》(1947. 5. 10).

41   《東亞日報》·《京鄉新聞》·《朝鮮日報》(1947. 5. 11).

42   《朝鮮日報》(1947. 5. 13·14); 《漢城日報》(1947. 5. 14); 《東亞日報》(1947.
      5. 15).

43   《東亞日報》(1947. 5. 21).

44   《東亞日報》(1947. 5. 23·28).

45   《京鄉新聞》(1947. 5. 28); 《서울신문》(1947. 5. 28)〔『資料』3, 761쪽〕.

46   《서울신문》(1947. 5. 27)〔『資料』4, 760쪽〕.

47   《朝鮮日報》(1947. 6. 8).

48   《朝鮮日報》·《東亞日報》·《漢城日報》(1947. 6. 22).

49   《東亞日報》(1947. 7. 11).

50   《東亞日報》(1947. 7. 13).

51   《朝鮮日報》(1947. 7. 15).

52   《東亞日報》(1947. 7. 19).

53   《京鄉新聞》·《朝鮮日報》(1947. 8. 1); 《東亞日報》(1947. 8. 2).

54   《京鄉新聞》(1947. 8. 1); 《東亞日報》(1947. 8. 2).

55   《京鄉新聞》(1947. 8. 10·12).

56   《東亞日報》(1947. 8. 12).

57 《東亞日報》·《京鄉新聞》(1947. 8. 13).

58 《東亞日報》(1947. 8. 12).

59 「國民議會」, 三均學會 編, 『素昻先生文集』下(햇불사, 1979. 7), 98~100쪽.
    이하『素昻先生文集』을『文集』으로 줄인다.

60 《東亞日報》(1947. 12. 11).

61 《京鄉新聞》·《朝鮮日報》(1947. 12. 14).

62 《朝鮮日報》(1948. 1. 16).

63 《朝鮮日報》·《京鄉新聞》(1947. 9. 2).

64 《京鄉新聞》(1947. 9. 5).

65 《朝鮮日報》(1947. 9. 5·7));《東亞日報》·《自由新聞》(1947. 9. 7).

66 《서울신문》(1947. 9. 9)〔『資料』5(1972. 12), 326쪽〕.

67 《東亞日報》·《朝鮮日報》(1947. 9. 4).

68 《東亞日報》(1947. 9. 17).

69 《서울신문》(1947. 9. 20)〔『資料』5, 380~381쪽〕.

70 《서울신문》(1947. 9. 20)〔『資料』5, 396쪽〕;《東亞日報》(1947. 9. 21).

71 《京鄉新聞》(1947. 10. 2).

72 「UN으로 向하는 韓國問題」, 『文集』下, 94~96쪽.

73 《東亞日報》·《京鄉新聞》·《朝鮮日報》(1947. 10. 7);《서울신문》(1947. 10.
    7)〔『資料』5, 466~468쪽〕.

74 이상의 글들은 『文集』下, 89~92쪽을 참조.

75 「兩斷과 託治를 決死로 反對(UN總會에 보내는 글)」(1947. 10. 5), 『文集』
    下, 90~91쪽.

76 《朝鮮中央日報》(1947. 12. 7);《獨立新報》(1947. 12. 16);《東亞日報》
    (1948. 1. 18).

77 《朝鮮日報》(1947. 11. 6);《京鄉新聞》(1947. 11. 7).

78 《朝鮮日報》(1947. 11. 7);《東亞日報》(1947. 11. 9).

79 《朝鮮日報》(1947. 11. 9).

80 　《朝鮮日報》·《京鄕新聞》(1947. 11. 19).

81 　《東亞日報》(1947. 11. 21);《서울신문》(1947. 11. 22)〔『資料』 5, 715~716쪽〕.

82 　《朝鮮日報》(1947. 11. 23);《서울신문》(1947. 11. 23)〔『資料』 5, 707~708쪽〕.

83 　《東亞日報》(1947. 11. 21);《서울신문》(1947. 11. 22)〔『資料』 5, 715~716쪽〕.

84 　《東亞日報》·《朝鮮日報》(1947. 9. 13);《京鄕新聞》(1947. 9. 14).

85 　《京鄕新聞》(1947. 11. 23).

86 　《京鄕新聞》(1947. 11. 21).

87 　《京鄕新聞》(1947. 11. 23).

88 　《朝鮮日報》(1947. 11. 23);《서울신문》(1947. 11. 23)〔『資料』 5, 707~708쪽〕.

89 　盧景彩,『韓國獨立黨 硏究』(신서원, 1996. 12), 233쪽; 도진순,『한국민족주의와 남북관계』(서울대학교출판부, 1997. 7), 186쪽.

90 　《朝鮮中央日報》(1947. 12. 7);《獨立新報》(1947. 12. 16);《東亞日報》(1948. 1. 18).

91 　《서울신문》(1947. 12. 9)〔『資料』 5, 795쪽〕;《獨立新報》(1947. 12. 16).

92 　《京鄕新聞》(1947. 12. 16).

93 　《朝鮮日報》(1947. 12. 23).

94 　《朝鮮日報》·《京鄕新聞》(1947. 12. 21);《서울신문》(1947. 12. 23)〔『資料』 5, 877~878쪽〕.

95 　《朝鮮中央日報》(1948. 1. 18).

96 　《東亞日報》·《朝鮮日報》(1947. 12. 26).

97 　《京鄕新聞》(1947. 12. 28).

98 　《朝鮮日報》(1948. 1. 9).

99 　《朝鮮日報》(1948. 1. 11).

100 　《京鄕新聞》(1948. 1. 8).

101 　《京鄕新聞》(1948. 1. 11).

102 　이상 UN에서 한국문제가 결정되는 과정은 김인식,『대한민국 정부수립』(대한민국역사박물관, 2014. 12), 127~133쪽.

103 《東亞日報》(1948. 3. 3).

104 《朝鮮日報》·《京鄕新聞》(1948. 3. 4).

105 《京鄕新聞》·《東亞日報》·《朝鮮日報》(1948. 3. 13).

106 「共同聲明書」(1948. 3. 12), 『文集』下, 103～105쪽.

107 《朝鮮日報》(1948. 3. 16);《京鄕新聞》(1948. 3. 17).

108 《朝鮮日報》(1948. 4. 4·6);《京鄕新聞》(1948. 4. 6).

109 《東亞日報》(1948. 4. 16).

110 《朝鮮日報》(1948. 4. 17).

111 《朝鮮日報》(1948. 4. 20);《서울신문》(1948. 4. 20)〔『資料』6(1973. 12), 812쪽〕.

112 도진순, 앞의 책, 245쪽.

113 《京鄕新聞》·《獨立新報》(1948. 4. 21);《朝鮮日報》(1948. 5. 7).

114 《朝鮮日報》·《東亞日報》(1948. 3. 31).

115 《漢城日報》·《朝鮮日報》(1948. 4. 21).

116 《朝鮮日報》(1948. 5. 3).

117 《京鄕新聞》·《朝鮮日報》·《東亞日報》(1948. 5. 7).

118 《朝鮮日報》(1948. 5. 7).

119 「南北會談에 觀한 決定書」, 『文集』下, 108～109쪽.

120 「次期 總選擧와 余의 政局觀」,《三千里》(1950. 4. 1), 『文集』下, 132쪽.

121 《京鄕新聞》·《朝鮮日報》(1948. 7. 11).

122 《朝鮮日報》(1948. 7. 14).

123 《東亞日報》·《朝鮮日報》(1948. 7. 23).

124 《東亞日報》(1948. 7. 23).

125 《京鄕新聞》·《朝鮮日報》(1948. 7. 23).

126 《朝鮮日報》(1948. 7. 24);《서울신문》(1948. 7. 23)〔『資料』7(1974. 12), 609～610쪽〕.

127 《自由新聞》(1948. 7. 28).

128　《京鄕新聞》(1948. 8. 10).

129　《朝鮮日報》(1948. 8. 10).

130　《京鄕新聞》(1948. 9. 17).

131　《漢城日報》(1948. 10 3).

132　《京鄕新聞》(1948. 10 13).

133　《朝鮮日報》·《東亞日報》(1948. 10. 13).

134　「聲明書」, 『文集』 下, 109~114쪽.

135　《서울신문》(1948. 8. 13)〔『資料』 7(1974. 12), 775쪽〕;《朝鮮日報》(1948. 8. 13).

136　《朝鮮日報》(1948. 10. 21);《서울신문》(1948. 10. 21)〔『資料』 8(1998. 12), 792쪽〕.

137　《東亞日報》(1948. 9. 5).

138　「解說: 新黨運動展望」,《自由新聞》(1948. 10. 4).

139　《朝鮮日報》(1948. 12. 11);《독립신문》(1948. 12. 11)〔『資料』 9(1998. 12), 506쪽〕.

140　《京鄕新聞》(1948. 12. 11·12);《朝鮮日報》·《漢城日報》(1948. 12. 12);《自由新聞》(1948. 12. 13).

141　《京鄕新聞》(1948. 12. 12).

142　「社會黨 結黨大會 宣言書」(1948. 12. 11), 『文集』 下, 114~116쪽.

143　《漢城日報》(1948. 12. 12).

144　《東亞日報》(1948. 12. 12).

145　《自由新聞》(1948. 12. 13).

146　《京鄕新聞》(1948. 12 16);「社會黨 第1次 中央執行委員會 決議案」, 『文集』 下, 116쪽.

147　《東亞日報》(1948. 12. 18);《朝鮮日報》(1948. 12. 19).

148　《서울신문》(1948. 12. 24)〔『資料』 9, 662~663쪽〕.

149　《漢城日報》(1949. 1. 16).

150　《漢城日報》(1949. 1. 19).

151 《서울신문》(1949. 7. 27)〔『資料』13(2000. 12), 269~270쪽〕.

152 《京鄕新聞》(1949. 8 22).

153 이상 민강위 4차 총회와 조소앙의 성명은 《서울신문》(1949. 9. 18)
〔『資料』14(2000. 12), 164~165쪽〕;「民國黨野望은무엇?」,《漢城日報》
(1949. 9. 20).

154 《東亞日報》(1949. 9. 19).

155 《漢城日報》(1949. 9. 29).

156 《京鄕新聞》(1949. 11. 9).

157 《漢城日報》(1949. 11. 26).

158 《서울신문》(1949. 12. 23)〔『資料』15(2001. 12), 615쪽〕.

159 《漢城日報》(1949. 12. 29).

160 《서울신문》(1950. 1. 18)〔『資料』16(2001. 12), 143~144쪽〕.

161 《漢城日報》(1949. 12. 24);《국도신문》(1949. 12. 24)〔『資料』15, 639~640쪽〕.

162 《서울신문》(1950. 2. 19)〔『資料』16, 465쪽〕.

163 이하 조소앙의 정견은「나의 出馬理由와 그리고 政見: 主로 經濟政策
에 對하여」,『文集』下, 126~131쪽.

164 《聯合新聞》(1950. 5. 10).

165 5 · 30총선거의 특징과 이승만이 중간파를 탄압한 양상은 서중석,『한
국현대민족운동연구』2(역사비평사, 1996. 9), 310~316쪽.

166 《서울신문》(1950. 5. 29)〔『資料』17(2001. 12), 494~496쪽〕.

167 김재명,『한국현대사의 비극』(선인, 2003. 4), 385~388쪽.

168 《聯合新聞》(1950. 5. 3).

169 《自由新聞》(1950. 6. 2).

170 《聯合新聞》(1950. 6. 1);《서울신문》(1950. 6. 2)〔『資料』17, 534~535쪽〕.

171 《京鄕新聞》(1950. 6. 2); 中央選擧管理委員會,『歷代國會議員選擧狀
況』(中央選擧管理委員會, 1963. 12), 102쪽.

172 《國都新聞》(1950. 6. 8);《서울신문》(1950. 6. 8)〔『資料』17, 592쪽〕.

173   《聯合新聞》(1950. 6. 11).

174   《漢城日報》(1950. 6. 11).

175   《서울신문》(1950. 6. 20)(『資料』17, 719~720쪽).

176   千寬宇, 「民世 安在鴻 年譜」, 《創作과批評》 50호(創作과批評社, 1978년 겨울), 252~253쪽.

177   《東亞日報》(1989. 1. 27).

178   애국열사릉은 평양 남쪽 신미리에 위치하며, 식민지시기의 독립운동가(납북 인사 포함)와 8·15해방 후 북한에 활동한 인사들의 묘가 배열되어 있다. 「北韓 문화기행(11)」, 《東亞日報》(1990. 11. 15).

179   김기승, 『조소앙이 꿈꾼 세계』(지영사, 2003. 8), 312~313쪽에서 조소앙의 묘비 사진을 참조.

180   이태호 著, 申敬完 증언, 『압록강변의 겨울』(다섯수레, 1991. 10). 조소앙과 죽음과 직간접 관련한 내용은 '39. 조소앙의 최후'로 400~433쪽에 서술되었다.

181   《京鄉新聞》(2001. 12. 29); 「러시아 외무성 대회정책 문서(1958. 11. 7)」, 《三均主義硏究論集》 第124輯(三均學會, 2003. 2), 168~172쪽.

182   조소앙의 임종 순간은 이태호 著, 앞의 책, 430~431, 440~441쪽.

183   국가보훈처 공훈전자사료관 인터넷 제공, 『獨立有功者功勳錄』 8권(1990년 간).

184   김기승, 앞의 책(2003. 1), 313쪽.

맺는말

1   '건국절 논쟁'이 일어나면서, 1948년 8월 '대한민국 수립'이냐 '대한민국정부 수립'이냐는 용어를 둘러싸고 쟁점이 되었다. 「제헌헌법」의 정신에 입각하면, 이를 '대한민국 재건'이라고 규정할 수 있다. 1948년 8월

15일 중앙청에서 초대 대통령 이승만을 중심으로 진행된 기념식 사진을 보면, 한자로 '대한민국정부수립 국민축하(大韓民國政府樹立國民祝賀)'라 고 쓴 현수막이 보인다.

2　「次期 總選擧와 余의 政局觀」,《三千里》(1950. 4. 1), 三均學會 編, 『素 昻先生文集』 下(횃불사, 1979. 7), 131~132, 134쪽. 이하 『素昻先生文 集』을 『文集』으로 줄인다.

3　「社會黨 結黨大會 宣言書」(1948. 12. 11), 『文集』 下, 115쪽.

4　「韓國獨立黨黨義研究方法」(1944. 5. 1), 『文集』 上, 196~203쪽. 상해한 국독립당 당의는 한글 문건이 현전하지 않고, 이후에도 당의는 바뀌지 않았으므로, 뒷날 조소앙이 작성한 자료에서 인용하였다.

5　필자가 인용한 번역문에서는 '동등함'이라 번역하였는데 원문은 '균 등(均等)'이고, 삼균주의에 입각한 글이므로 '균등'으로 바로잡았다.

6　「韓國之現狀及其革命趨勢」(1930. 4 탈고), 『素昻集』(1932)〔『文集』 上, 72 ~73쪽〕. 번역은 조소앙 지음, 김보성·임영길 옮김, 『소앙집』(한국고전 번역원, 2019. 4), 141쪽.

7　金俊燁, 『中國共産黨史』(文明社, 1973. 2), 117쪽.

8　毛澤東, 「新民主主義論」(1940. 1. 15), 日本國際問題研究所中國部會 編, 『中國共産黨史資料集』 10(勁草書房, 1974. 9), 173쪽.

9　「社會黨 結黨大會 宣言書」(1948. 12. 11), 『文集』 下, 115쪽.

해적이

5월 2일(음력 4월 10일): 경기도 교하군(현 파주시) 월롱면에서 부친 조
정규와 모친 박필양의 6남 1녀 중 차남으로 출생하다. 본관은 함양이
며, 본명은 용은(鏞殷)으로 소앙(素昻)은 아호이다.

1891년(5세)

아우 조용주(趙庸周) 출생하다.

1892년(6세)

경기도 양주군 남면 황방리 자택에서 할아버지 조성룡에게서 한학을
배우기 시작하다. 성균관에 입학하기 전까지 사서오경과 제자백가를
두루 익히다.

1894년(8세)

아우 조용한(趙鏞漢) 출생하다.

1898년(12세)

누이동생 조용제(趙鏞濟, 일명 慶順) 출생하다.

1901년(15세)

아우 조용진(趙鏞晉) 출생하다.

1902년(16세)

7월: 상경하여 성균관 경학과에 입학하다. 유학을 본격 배우면서 한국사·한국지리를 비롯해 세계사·세계지리·산술·작문 등을 수학하다. 신채호가 선배로 재학 중이었다.

1903년(17세)

해주부윤 오신묵(吳信默)의 차녀 오영선(吳英善)과 혼인하다.

1904년(18세)

2월:「한일의정서」체결에 분개하면서 일본 유학을 처음 결심하다.

6월: 신채호 등 성균관 유생들과 함께 장문의 항일성토문을 작성하여 대한제국정부에 보내다.

7월 21일: 이날을 전후하여 성균관을 자퇴하다.

7월 28~29일: 황실특파유학생 시험에 응시하다.

10월 9일: 황실특파유학생으로 일본 유학을 떠나는 이 날짜부터 일기를 쓰기 시작하여『동유약초』를 남기다. 이날 서울역에서 인천항으로 출발하여 시모노세키 등을 거쳐 10월 15일 도쿄에 도착하다.

11월 5일: 도쿄부립제일중학교에 입학하다.

친형 조용하(趙鏞夏)가 독일 베를린에서 보내 준『손문전』과 막심 고리키의 작품을 정독하다.

막내아우 조용원(趙鏞元, 일명 時元) 출생하다.

6월 1일: 도쿄부립제일중학교 내에 독서회 모임인 진수회를 조직·참여하다.

11월 19일: 일본 신문을 통하여 「을사늑약」 체결 소식을 알았으며, 24일 조약의 전문을 확인하고 통탄하다.

12월 5일: 도쿄부립제일중학교의 교장의 담화 내용에 항의하면서 동맹휴교를 결의하고 기숙사를 퇴거하다.

12월 16일: 상담생(甞膽生)이라는 필명으로 「비보비보라」를 《대한매일신보》에 발표하다.

12월 22일: 도쿄부립제일중학교가 한국인 유학생들에게 퇴학 처분을 내림으로써 퇴학 조치되다.

12월 30일: 대한유학생구락부를 조직하는 데 참여하다.

1월 6일: 대한유학생구락부 사무원 선거에 참여하여 3인의 총무 중 1인으로 피선되다.

1월 11일: 최린 등과 함께 메이지대학 법률과에 입학하다.

2월: 독일에서 귀국하는 조용하와 만나다.

3월 31일: 메이지대학을 퇴학하다.

3월 28일: 도쿄부립제일중학교가 위탁 기간 1년을 조건으로 조소앙을 비롯한 한국인 유학생 일부를 복교시키기로 결정하다.

4월 28일: 도쿄부립제일중학교에 복교(재입학)하다.

5월 6일: 동경기독교청년회 주최 강연회에 참석하다.

6월 25일: 대한유학생구락부의 서기로 선출되다.

8월: 여름방학을 맞아 귀국하다.

9월 2일: 대한유학생회의 창립총회에 참석하여 이후 회원으로 활동하다.

9월 9일: 관비유학생만의 별도 조직인 대한공수회(일명 공수학회)를 조직하는 데 참여하여 규칙 기초위원으로 선임되다.

10월 14일: 대한공수회의 서기로 선출되다.

11월 12일: 아은(亞隱)이라는 아호로 『동유약초』의 서문을 쓰다.

1907년(21세)

1월 1일: 관비유학생회 총대(總代)로 피선되다.

1월 13일: 대한공수회의 평의원으로 선임되고, 학회지인《공수학보》의 편찬위원·주필·발행인 등을 역임하다.《공수학보》에 「통고아3천만동포」(창간호 1월 발간), 「녹림시대를탄홈」(제2호, 4월 발간)을 게재하다.

2월 14일: 도쿄제국대학을 방문하여 규칙서를 열람하고 입학 요건 등을 확인하다.

3월 3일:《대한유학생회학보》창간호에 「신교론」을 게재하다.

3월 31일: 도쿄부립제일중학교를 졸업하다.

4월 6일: 한국 유학생 감독부 내에 보습과가 개설되자 수강하기 시작하다.

7월:《대한매일신보》에 상담생이라는 필명으로 「한일신협약」(「정미7조약」) 체결을 통탄하는 글을 기고하다.

9월 29일: 보습과를 수료하다.

11월 1일: 세이소쿠영어학교(야간)의 보통 2년급(級)에 입학하여 영어 공부에 전념하다.

1908년(22세)

3월 3일: 메이지대학 예과 1학기 과정에 무시험으로 입학하고 4월 10일에 개학하여 등교하다.

3월: 관비유학생 단체인 공수학회의 평의원 및《공수학보》편집위원으로 활동하다.

8월: 여름방학 중 일시 귀국하였다가 부인과 함께 도일하다.

10월 6일: 메이지대학 예과 법부에 입학하여 1909년 7월까지 기초 교육을 수학하다.

1909년(23세)

1월 10일: 재일본 한인 유학생 단체가 통합된 대한흥학회 창립총회에서 평의원으로 선임되고, 편찬부에 소속되다. 이후 학회지《대한흥학보》의 편집인으로 활동하다.

3월:《대한흥학보》의 편집인으로《대한흥학보》총 1호를 발간(3. 20 발행)하다.

4월 4일: 대한흥학회의 임원 선거에서 평의원으로 선출되다.

6월: 소앙(嘯印)·소해(嘯海)·소앙생(嘯印生) 등의 아호를 사용하다.

9월 12일: 재동경조선기독교청년회가 주최하는 예배에 참석하다.

9월 13일: 메이지대학 법학부 본과로 진급하다.

10월 3일: 대한흥학회의 평의원과《대한흥학보》의 편찬부장으로 피임되다.

12월 4일: 일진회가 「합방성명서」를 발표하다. 이에 반대하는 일진회 성토문 저술위원으로 선정되어 「토일진회문(討一進會文)」을 기초하다.

장남 조일제(趙日濟) 출생하다.

1910년(24세)

2월 7일:《대한흥학보》의 신임 편찬부장 이득년에게 업무를 이관하다.

5월 18일: 24세 생일을 맞이한 이날을 신기원일(新紀元日)로 삼아 정신을 새로이 하겠다고 결심하면서, 자신만의 정신세계를 구축하겠다는 목표를 세우다.

6월 6일: 《대한흥학보》가 강제 정간되다.

7월 3일: 대한흥학회 정기총회 시 보궐선거에서 총무로 선임되다.

7월 10일: 1학년 성적으로 61.9점을 받아 26명 중 25등을 하다.

7월 24일: 기독교청년회 내 교회 예배에 처음 참석하다.

8월 24일: 대한흥학회 총무로서 대한흥학회의 '합방' 반대운동을 주도하다. 25일 일본 경찰에 다른 회원 수명과 함께 연행되어 신문을 받고 풀려났으며, 이후 20여 일 가깝게 수시로 불려가 신문을 받았고, 이후에도 일본 경찰의 미행과 감시를 당하다. 이후 종교·철학 공부에 몰두하다.

8월 28일: 대한흥학회가 강제 해산당하다.

10월 2일: 대한흥학회의 청산보고회에 참석하여 잔무를 처리하고, 기독교청년회에서 집행한 예배에 참석하다. 이후 기독교청년회 내 교회의 일요예배에 정례 참석하다.

11월 4일: 기독교청년회교회에서 학습문답(교리문답) 시험을 치르다.

11월: 쿠로이와 루이코우의 『천인론(天人論)』을 번역하다.

12월 30일: 재동경조선기독교청년회의 편집부와 교육부 임원으로 선임되다.

1911년(25세)

1월 16일: 『노자도덕경』을 구입하다.

2월 5일: 관비유학생 의사회의 임원 개선 시 의장으로 선출되다.

3월 7일: 이날부터 수일 동안 '소앙왈(嘯卬曰)'로 시작하여 자신의 생각을 경구 형식의 단문으로 『동유약초』에 적다.

5월 21일: 재동경조선인유학생친목회 창립총회에서 회장으로 피선되어 활동하다. 이 무렵 안재홍·신익희·홍명희·문일평 등과 각별히 교유하다.

7월 10일: 2학년 성적으로 총점 76.7로 3등의 석차를 내어, 12일 성적 우수상을 받다.

9월: 국민영학회(國民英學會)의 야학부 회화전수과에 입학하여 영어 회화 공부를 시작하다.

10월 1일: 조선인유학생친목회 정기총회에서 평의원으로 선임되다.

10월 10일: 중국에서 신해혁명이 일어나다. 중국 망명의 계기가 되다.

10월 22일: 미국인 선교사 스웨어러(W. Swearer, 한국명 서원보)와 전 덕기 목사에게서 세례를 받다.

10월 27일:『석가모니 소전』과『선학(禪學)』등 불교 관련 서적을 구입 하다.

12월 26일: 조선인유학생친목회의 편찬부장으로 선임되었으나, 일 경의 감시와 미행이 혹심하였으므로 사임하다. 친목회의 학보인《학 계보》발간 등에 조언·조력하다.

12월: 이달 하순에서 1912년 2월 중순 사이 안재홍 등과 함께, 신해 혁명이 진행 중인 중국에 재일 한국인 유학생 대표를 파견할 자금을 모집하는 한편, 중국으로 망명할 계획을 구상하다.

1912년(26세)

1월 3일: 조선인유학생친목회 임시총회에서 인쇄기 수습위원의 1인 으로 피임되다.

2월 24일: 헌병 대위 다치카와(立川)에게로 강제 연행되어 신문을 받 고 풀려나다. 이후 갑종 배일자(甲種排日者)로 지목되어 일경의 상시 감시를 당하다.

3월 29일: 재동경조선기독교청년회관에서 개최된 이승만 등의 환영 회에서 기독교청년회의 총대로서 환영사를 행하다.

4월 1일:《학계보》창간호에 일본 유학 시절 마지막 투고인「부인론(婦 人論)」(필명 無名女史)과「도덕과 종교의 관계」(필명 嘯仰)를 게재하다.

4월 6일: 기독교청년회관 건축비 의연금 모집을 위한 연설회에 이승만 등과 함께 연설하여 즉석에서 1300여 원의 의연금을 모금하다.

4월 9일: 메이지대학 창시자이자 교장이었던 기시모토 다쓰오의 장례식에 참석하여 깊은 조의를 표하다.

4월 10일: 도미하는 이승만을 전송하다.

6월 15일: 이날부터 시작된 졸업시험에 응시한 뒤(27일 끝남) 졸업식에 참석하지도 않고, 7월 초입 곧바로 귀국하다.

7월: 귀국한 이후 경신학교·양정의숙·대동법률전문학원 등에서 교사로 활동하다.

1913년(27세)

8월: 이달 초순 이전에 중국 상하이로 망명하여, 신규식·박은식 등이 조직한 동제사에 가담하다. 이슬람교 등 세계의 종교와 철학을 탐구하다.

신규식과 천치메이(陳其美)가 조직한 비밀결사 신아동제사에 가담하여 쑹자오런(宋敎仁)·후한민(胡漢民)·다이지타오(戴季陶) 등 중국국민당 인사들과 교류하다.

1914년(28세)

1월 12일: 동제사가 교육기관 박달학원을 개원하다. 이후 이곳에서 신채호·문일평·홍명희 등과 함께 교사로 활동하다.

1월 15일: 일신교를 창도하여 「일신교령(一神敎令)」을 작성하다.

4월 8일: 일신교를 신교리로 선언한 글을 탈고하다.

1915년(29세)

2월 28일: 재일본 조선유학생학우회 기관지 《학지광》에, 일신교의 신교리를 선언한 「학지광에 기함」을 게재하다.

국내로 잠입하다 일제에 검거되었다가 석방되다.

경성에 소재한 중앙학교의 교장직을 제의받았으나 거절하다. 국내에서 이종소(이살음)·임용호 등과 함께, '한살림'을 제창하면서 노동평등을 주의로 삼는 비밀결사 무명단을 조직하다.

1916년(30세)

봄 무렵, 일본에서 신아동맹당을 결성한 직후 방한한 황줴와 연대하여, 안재홍과 함께 신아동맹당 조선지부를 조직하다.
김상옥 열사를 처음 만나, 말총모자를 선물 받다.
몸에 큰 종기가 나서 6개월간 입원·통원 치료한 후 다시 상하이로 망명하다.
이해 말 상하이에서 아우 조용주와 함께 황줴 등과 연대하여 아세아민족반일대동당을 결성하려 추진하다.

1917년(31세)

7월: 상하이에서 독립운동의 통일 지도기관으로서 임시정부 수립을 촉구하는 「대동단결선언」을 기초하여, 신규식·박용만 등 독립운동의 선배 등과 함께 14인 공동 명의로 해내외에 발표하다.
8월: 스웨덴의 스톡홀름에서 개최되는 국제사회당대회에, 상하이의 조선사회당 대표 명의로 한국독립을 청원하는 전문을 발송하는 한편, 참가를 시도하였으나 여권이 거절되어 출발하지 못하다.
8월 15일: 미주 지역의 안창호에게 편지를 보내 상하이 지역의 독립운동을 활성화하는 방안을 제시하다.
3남 조인제(趙仁濟) 출생하다.

1918년(32세)

제1차 세계대전 종전이 가까워지자 만주로 가서, 윤세복·이시영·윤기섭 등과 협의하여 상하이 지역에서 추진했던 임시정부 수립 운동을 재추진하다.

임시정부 수립 운동이 실패한 후 실의에 빠져 지린에서 책을 읽으며 자기 수양에 몰두하다.

1919년(33세)

1월 26일: 정원택이 신규식의 밀명을 받고 방문하다.

2월 27일: 만주 지린성에서 여준·박찬익 등과 함께 대한독립의군부를 조직하는 데 참여하여 부령(정령은 여준)으로 선임되다.

2월 28일: 대한독립의군부의 결의에 따라 「대한독립선언서」를 기초하기 시작하다.

3월 11일: 신규식·신채호 등과 함께 39인이 연서한 「대한독립선언서」 4000부가 석판으로 인쇄되어, 서북간도·러시아령과 구미 각국 및 베이징·상하이와 국내·일본에 우편으로 발송되다.

3월 18일: 대한독립의군부 대표로서 독립운동 자금 2000원을 갖고 상하이로 향하다.

3월 하순: 상하이에 도착한 뒤 독립임시사무소를 중심으로 임시정부를 건립하는 데 진력하다. 이 과정에서 「대한민국임시헌장」을 기초하다.

4월 8~9일: 준비 회의를 거쳐 10~11일의 제1차 임시의정원 회의까지 세 밤을 뜬눈으로 새우며 대한민국임시의정원·대한민국임시정부를 조직하는 데 참여하다.

4월 11일: 임시의정원 회의에서 「임시의정원법」의 기초위원으로 선임되다.

4월 19일: 제2차 임시의정원 회의에서 국무원 비서장으로 선출되다.

4월 21일: 정원택과 함께 중국인 기술자를 초빙하여, 상하이로 망명한 청년 9명에게 폭탄 제조 기술과 권술(拳術) 등을 가르치다.

4월 22일: 임시정부가 차장제를 폐지하고 위원 제도로 개편함에 따라, 국무원 비서장을 사임하고 조완구·조동호 등과 함께 5인의 국무원 위원 중 1인으로 선출되다.

4월 25일: 조소앙 등이 기초한「임시의정원법」이 임시의정원 제3차 회의에서 통과되다.

5월 초순: 파리강화회의 참석을 위해 상하이를 출발하다.

6월 그믐: 파리강화회의가 끝난 뒤 파리에 도착하여 파리한국대표부에 합류하다.

7월 17일: 이관용과 공동 명의로 루체른 국제사회주의자대회의 의장에게 서신을 보내어 대회 참가 의사를 전하다.

8월 1일: 스위스 루체른에서 국제사회주의자대회가 개최되어 9일에 종료되다.

8월 8일: '한국사회주의자 그룹의 대표' 명의로, 대한민국임시정부의 합법성과 한국독립의 당위성을 주장하는「한국의 독립」을 루체른 대회에 제출하다.

8월 9일: 루체른 대회가「한국의 독립」에 기초하여 만장일치로「한국민족독립결정서」를 채택하다.

8월: 루체른 대회에서 거둔 성과를 미주에서 활동하는 이살음(이종소)에게 보고하며 지원을 요청하다.

12월 2일: 북미 캘리포니아주 샌프란시스코에서 조소앙의 외교 활동을 지원할 목적으로 대한인노동사회개진당이 창립총회를 개최하다.

12월 3일: 대한노동사회개진당(수령은 이살음)의 대표로 선출되다.

12월 12일: 국제사회주의자들을 대상으로 한 독립외교 활동을 강화하기 위해, 파리에서 사회당의 기관지로《적자보》를 책임 편집·발행하다.

12월 20일:《적자보》제2호를 발행하여 무기명으로 다수의 글을 게재하다.

3월 1일: 프랑스 쉬프(Suippes)에서 재법한국민회가 주최하는 독립선언 기념 축하식에서 한국사회당 대표로 축사하다.

3월 23일: 네덜란드 로테르담에서 개최되는 제2인터내셔널 집행위원회(Aktionskomitee)에 참가하여 「한국독립문제실행요구안」을 제출하다.

4월: 영국으로 건너가 영국 노동당의 주요 인사들과 만나 한국의 독립을 호소하는 한편, 이달 27일 영국 의회에서 노동당 의원들로 하여금 4개 항의 대정부 질의를 통하여 일본의 침략상을 규탄하게 하다.

5월: 영국을 떠나 벨기에·덴마크·단치히·리투아니아·라트비아·에스토니아 등지를 거쳐, 11월 소련의 페트로그라드에 도착하여 공산당 본부를 방문하고 11월 혁명 기념대회에 참가하여 연설하다.

11월 11일: 한인사회당(일명 한살림당)으로 코민테른에 가입 신청을 하다.

11월 28일: 코민테른 집행위원회가 한살림당을 조건부 승인하다.

12월: 8개국 대표 25인으로 구성된 시찰단의 일원이 되어, 약 2개월간 러시아 각지를 돌아다니면서 소련의 공산주의혁명 과정을 시찰하다.

최형록이 조계림을 낳다.

2월 말: 모스크바에 도착하여 3월 초에 개최된 공산당 대회에 참관하다.

3월 말: 모스크바를 떠나 이르쿠츠크와 치타를 경유하다.

5월: 베이징에 도착하다. 이후 약 7개월여 동안 체류하면서 범한독립당을 조직하려 하였으나 실패하다.

6월 28일: 자유시참변이 발생하다.

12월 하순: 중국국민당 간부 장지에게 초청을 받아 상하이에 도착하다.

1922년(36세)

3월 1일: 임시정부가 주도한 독립기념일 축하회에서, 공산당 위원의 자격으로 임시정부 국무총리 신규식, 흥사단 안창호와 함께 축사를 행하다. 이날《독립신문》에「삼일절독립신고」를 게재하다.

3~4월경: 아나키즘을 표방한 한살임(韓薩任)당을 조직하다.「한살임요령」·「발해경」 등을 집필하여 한살임당의 강령·정책·당규 및 행동강령을 제시하다.

5월 6일:《독립신문》에「독립당과 공산당의 전도」를 발표하다.

5월: 김상옥 열사가 상하이로 망명하여 한살임당에 입당하다. 김상옥을 임시정부 재무총장 이시영, 내무총장 김구 등과 연결시키다.

6월 14일:《독립신문》에「독립당의 계급성」을 발표하다.

6월 26일: 제10회 임시의정원(1922년 2월 8일 개원)의 제60일 회의에서, 손정도의 보고로 의원 임명 동의가 가결되어 경기도의 신도의원으로 선임되다.

7월 13일: 여운형이 중심이 되어 각 방면의 독립운동가들이 연합하여 시사책진회를 조직하자, 이에 참여하였다가 28일 탈퇴하다.

8월 초 이후: 쑨원과 회담하다.

8월 말: 임시정부의 외무총장으로 선임되어 3기 내각의 각원이 되다.

1923년(37세)

1월 3일: 국민대표회의가 개최되자, 이에 대항하여 기호파의 선배들과 함께 임시정부를 옹호하는 태도를 취하다.

4월 26일: 제11회 임시의정원 회의에서「이대통령탄핵안(李大統領彈劾案)」이 제출되어 28일에 상정되다.

9월 1일: 간토대지진이 일어나다. 일본인들이 재일 한국인을 학살하는 만행을 저지르자, 이달 임시정부 외무총장 명의로 일본의 외무대신에게 항의하는 서한을 발송하다.

1924년(38세)

1월: 이승만의 통신원이 되다.

4월 16일: 임시정부 국무원 전원이 일괄 사임하면서 함께 사임하다.

6월 2일: 이동녕 내각에서 외무총장으로 유임되다.

6월 16일: 제12회 임시의정원에서 「임시대통령 유고안」이 가결되다.

9월 1일: 국무총리 이동녕으로 임시대통령의 직권을 대리케 한다는 「임시대통령령」에 국무원들과 함께 서명·공포하다.

12월 11일: 임시의정원이 박은식을 임시대통령 대리로 선거하다.

12월 17일: 박은식이 새 내각을 구성하자, 이시영과 함께 국무원(외무총장)을 사임하다. 이후 약 5년 6개월여 동안 임시정부를 떠나서 독립운동을 전개하다.

차녀 조소란(趙素蘭)이 출생하다.

1925년(39세)

1월 22일: 「열사김상옥전」·「발해경」·「한살임요령」을 묶어 『김상옥전』으로 출간하여, 아나키스트 단체 한살임당이 존재하였고, 김상옥의 종로경찰서 투탄 의거에 한살임당이 관계하였음을 선전하다.

3월 23일: 임시의정원이 이승만을 '심판 면직'시키다. 이승만이 탄핵당하자, 이후 이승만 체제의 복원을 시도하다.

4월: 동지회 상하이 지부가 결성되다.

4월 22일: 이승만에게 범한독립당 결성을 제안하다.

4~5월경: 동지회 상하이 지부의 기관보로《상해주간》을 창간하다.

5월 9일: 중국의 국치기념일을 맞아《상해주간》특별호를 발행하다.

중국인 단체가 개최하는 국치기념 집회에 참석하여 연설하고 《상해주간》 특별호를 배포하다.

5월 16일: 이승만에게 발송한 서신에서, 박은식 임시대통령 대리 체제를 향한 쿠데타 및 하와이에 신정부를 수립하는 방안 등을 제시하면서 이승만 체제의 복구를 제안하다.

1926년(40세)

7월 7일: 임시의정원에서 홍진을 임시정부의 국무령으로 선출하다.

8월 18일: 국무령 홍진 내각에서 국무원(외무장)으로 선임되었으나, 신병을 이유로 취임치 않았으므로 12월 9일 사직·해임되다.

10월 16일: 대독립당조직북경촉성회가 조직됨으로써 민족유일당운동이 촉발되다.

12월 9일: 홍진이 국무령에서 물러나고, 10일 김구가 국무령에 선임되다.

1927년(41세)

3월 5일: 3차 개헌에 해당하는 「대한민국임시약헌」이 공포되어 4월 11일 시행에 들어가다.

3월 21일: 한국유일독립당 상해촉성회가 조직되자, 25인의 집행위원 중 1인으로 선출되고 선언서에도 이름을 올리다. 이후 정당통합운동에 참여하다.

4월 11일: 「대한민국임시약헌」에 의거하여 이동녕 주석 체제가 출범하자 외무장으로 선임되었으나 내각이 성립되지 않아 취임하지 못하다.

8월 19일: 이동녕 주석 체제의 내각이 성립되었으나 참여하지 않다.

9월 24일: 한국독립당촉성회 각지대표연합회에 참석할 상해촉성회의 대표 5인 가운데 1인으로 선출되고, 집행위원으로 재선되다.

11월 14일: 상하이에서 개최된 한국독립당촉성회 각지대표연합회에 홍진·김두봉 등과 함께 상하이 측 대표로 참석하다. 이 연합회에서 15인 집행위원 중 1인으로 선정되다. 연합회(22일 폐회)의 잔무처리위원으로 선임되어 예산안 등을 처리하다.

장남 조일제가 상하이에서 사망하다.

1928년(42세)

전반기에 이승만의 통신원을 그만둔 듯하다.

난징에서 과거 2000여 년간 선조들이 남긴 명문들을 모아 『한국문원』을 편술하다.

칠순 노부모와 동생 조용한이 국내에서 선편으로 상하이에 도착하다.

3녀 조필제(趙弼濟) 출생하다.

1929년(43세)

2월 21일: 『한국문원』의 서(序)를 쓰다.

2월: 자신의 자제들을 중심으로 화랑사(花郎社)라는 소년운동 단체를 조직하다.

3월: 정(政)·경(經)·교(敎)의 '3평(平)' 사상을 전파할 목적으로 친동생인 조용주와 김철수·조동빈 등을 상하이에서 귀국시키다. 11월 삼평사에서 김철수를 발행인으로 월간 잡지《평론》창간호를 발행하다.

10월 27일: 한국유일독립당 상해촉성회가 해체되다. 이 자리에서 곧바로 사회·공산주의자들이 주도한 유호독립운동자동맹이 결성되다.

11월 3일: 광주학생운동이 일어나다.

12월: 「광주혁명의 진상」을 탈고하여 출간하고자 하였으나 여의치 못하였고, 1932년 9월 『소앙집』과 합본하여 발간하다.

1월 25일: 이동녕·안창호·김구 등과 함께 임시정부를 지지하기 위한 민족주의정당으로 한국독립당(이른바 상해한국독립당)을 결성하고 상무이사로 선임되다. 한국독립당의 당의·당강·당책 등을 기초함으로써, 삼균주의의 핵심이 독립운동의 이념으로 처음 명문화되다.

4월: 삼균주의 해설서라 할 「한국의 현상과 혁명추세」를 집필하다.

6월 6일: 이동녕 주석 체제하의 임시정부 외무장 오영선이 사임함에 따라 외무장으로 보선되다.

8월 1일: 화랑사가 상해한인척후대와 통합하여 상해한인소년동맹으로 발전하다.

10월 초순: 난징에서 열린 제4차 중국국민당 중앙집행위원회에 박찬익과 함께, 각각 임시정부와 한국독립당의 대표 자격으로 참석하다. 장제스와 장쉐량 등을 만나, '5·30폭동'에 참여했다가 구금된 한인들의 석방 등 7개 항의 '청원조건'을 제시하다. 중국국민당 인사들에게 한국독립당의 주의와 강령을 설명하다.

11월 8일: 이동녕 주석 체제하의 임시정부 외무장으로 재선되다.

12월 1~2일경: 난징에서 상하이로 돌아오다.

1월: 삼균주의의 이론체계를 다듬어 「한국독립당의 근상」을 집필하여, 현 단계의 정세 분석에 의거한 독립운동 방법론과 과제를 정립·제시하다.

4월: 임시정부와 한국독립당의 취지·목표를 중국 국민당정부에 알리기 위해 임시정부 외무장 자격으로 「대한민국임시정부 선언」(일명 「대외선언」)을 작성하여, 5월 난징에서 열린 중국 국민의회에 전달하다.

9월 18일: 일본 군부가 중국 평톈 교외에서 일어난 류탸오거우사건(이른바 '9·18사건')을 구실로 만주전쟁을 일으키다.

11월 중순경: 중국 인사들과 함께 중한항일대동맹을 결성하다.

1932년(46세)

1월 8일: 한인애국단원 이봉창이 도쿄에서 일왕 암살 의거를 거행하다.

4월 29일: 상하이 홍커우공원에서 한인애국단원 윤봉길이 투탄의거를 거행하다.

5월: 이봉창·윤봉길 의거로 상하이에서의 활동이 어렵게 되자 임시정부와 함께 항저우로 옮겨 활동하다.

5월 15~16일: 임시정부 국무회의에서 부서 담임을 일부 변경하였으나 외무장으로 유임되다.

5월 29일: 김구 측이 파견한 박창세·문일민 등이 임시정부 임시판공처에 난입하여 조소앙·김철 등을 구타한 항저우구타사건(임시정부판공처 습격사건)이 일어나다.

5월 30일: 항저우구타사건으로 임시정부 외무장직 사임서를 제출하다.

6월 2일: 항저우구타사건으로 임시정부의 국무위원 전원이 사표를 제출함으로써 국정 공백 사태가 발생하다.

6월 초: 항저우구타사건을 수습하기 위하여 임시정부 국무회의가 두 차례 열렸으나 대책을 세우지 못하다.

6월 하순: 항저우구타사건을 수습하기 위해 개최된 한국독립당 이사회에 참석하다. 이해 12월까지 한국독립당의 이사로 활동하다.

9월:『소앙집』상·하 편을 비매품으로 간행하다.

10월 1일:『한국문원』을 출간하다.

10월: 중국 내 한국혁명 단체 간의 대일전선(對日戰線) 통일을 확립할 목적으로 한국독립당·한국광복동지회·조선혁명당·한국혁명당·조선의열단이 연대하여 협의 기관으로서 한국대일전선통일동맹을 조직하자 참여하다.

1933년(47세)

1월 15일: 한국독립당 대회에 출석하지 않았으나 감사로 선출되다.

3월 6일: 제25회 임시의정원 회의에서 사표가 수리되어 임시정부 국무위원에서 의원면직되다.

5월 15일: 난징에서 『유방집』을 출간하다.

10월 23일: 한국독립당·의열단 등 단체가 참여하여 한국대일전선통일동맹을 결성하다. 11월 10일 「규약」과 「선언」을 발표하다.

1934년(48세)

1월 2일: 제26회 임시의정원 회의에서 임시정부의 국무위원으로 선임되다.

1월 20일: 국무회의에서 내무장을 맡다.(1935년 9월까지)

1월 25일: 한국독립당의 기관지《진광》발행을 주관하여 창간호를 발간하다. 「혁명단체연합문제」·「민족문제연구」·「각국혁명운동사요」 등을 게재하여 독립운동 단체의 연대와 통일 방안 등을 제시하다.

1월 말: 한국독립당의 내무장과 총무장을 겸하다.

3월 1일: 난징에서 '한국대일전선통일동맹 제2차 대회 및 한국혁명 각단체대표대회'가 개최되어 '대동단결체조성방침안'을 논의하다.

5월 25일:《진광》4호에 「대당(大黨)조직문제」를 게재하다.

10월 31일: 임시정부의 국무위원 7인 가운데 1인으로 연임되다.

1935년(49세)

2월 15일: 항저우에서 한국독립당 제7차 대표대회가 개최되어, 임시정부 존폐와 단일신당 참가 문제를 논의할 때 임시정부 지지파로 단일신당 참가를 반대하다.

5월 25일: 항저우에서 개최된 한국독립당 임시대표대회에서, 혁명단체대표대회에 참가하기로 결의함에 따라 3인의 (정)대표 가운데 1인으로 선임되다.

6월 19일: 신당조직(뒤에 민족혁명당으로 결당)에 한국독립당 대표 자격으로 참여하기 위해 사표를 제출하고 임시정부 국무위원직을 사임하다.

6월 20일: 한국대일전선통일동맹이 주도하여 난징에서 개회된 재중국각혁명단체대표대회(한국대일전선통일동맹 제3회대회)에 한국독립당의 대표로 참여하다. 이날 8인으로 구성된 신당창립 대표위원, 3인으로 구성된 신당규칙제정위원으로 선출되어, 신당(민족혁명당)의 당의·당강 등을 기초하다.

7월 5일: 한국독립당의 대표 자격으로 조선혁명당·의열단·신한독립당·대한독립당 5개 단체의 대표와 함께 한국대일전선통일동맹 산하의 5개 당을 해체하고, 단일신당으로 민족혁명당을 창립하다. 이날 15인으로 구성된 중앙집행위원회의 위원이 되다.

7월 12일: 민족혁명당 중앙집행위원회의 7개 부서 가운데 하나인 국민부(부장 김규식)의 부원으로 선정되다.

9월 25일: 민족혁명당을 탈당하고 한국독립당 재건을 선언하다.

10월 5일: 재건한국독립당원 7~8명과 모여, 민족혁명당을 탈당하고 한국독립당을 재건한 경위·방침을 구 한국독립당원에게 주지시키기로 결정하다. 이 날짜로 집필한 「고당원동지」를 '한국독립당 임시 당무위원회'의 명의로 인쇄하여 15~16일경 각 방면에 배포하다. 이 문건에 '신민주주의'와 '삼균주의'·'삼균제도'라는 용어가 처음 나타나다.

10월 9일: 민족혁명당 제4차 중앙집행위원회가 한국독립당 재건을 '내재적 음모'로 규정하고, 조소앙의 당직을 파면하여 당적에서 제명하다.

10월 22일: 조소앙·양기탁·김규식 등 5인의 임시정부 국무위원이 제출한 사직안이 임시의정원 상임위원회에서 수리되다.

10월 하순: 조완구·김붕준·양소벽(양우조)·송병조·차리석 등 임시의정원 의원과 김구·이동녕·안공근·안경근·엄항섭 등 임시의정원 원외 인사들이 비밀리에 모여, 이동녕·조완구·김구 등을 국무위원으로 선임하다. 이 과정에서 임시의정원 의원인 조소앙·박창세·문일민은 배제되다.

11월 3일: 임시의정원이 위헌의 방식으로 김구·이동녕·이시영·조성환·조완구(이상 보선)·차리석·송병조(이상 유임) 등 국무위원 7인을 선임하다.

11월 하순: 임시정부가 항저우에서 전장으로 이동하다. 의정원 소속 3인으로 구성된 상임위원으로 피선되다.

11월: 김구가 중심이 되어 한국국민당을 창당하고 임시정부의 여당을 표방하다.

1936년(50세)

8월 1일: 박승환 장군의 자결 순국을 기념하는 선언문을 한국독립당 명의로 발표하다.

8월 29일: 한국독립당 명의로 「한망(韓亡) 26주년 통언(痛言)」을 발표하여 한국과 중국의 공동 항일전선 구축의 필요성을 역설하다.

11월 10일: 제29회 임시의정원 회의가 개원하였으나 참석하지 않다.

1937년(51세)

3월 29일: 이청천·유동열·최동오·양기탁 등 민족혁명당 내 구 신한독립당계가 전당 비상 대표 회의를 열어 김원봉을 제명하고 당명으로 한국민족혁명당을 표명하다. 김원봉이 자파 세력으로 조선민족혁명당을 결성함에 따라, 민족혁명당은 한국계와 조선계로 양분되다.

4월 하순: 이청천이 중심이 되어 조선혁명당을 결성하다.

7월 7일: 루거우차오 사건이 발생하고 중일전쟁이 시작되다.

7월 초순: 재건한국독립당의 홍진, 한국국민당의 송병조, 조선혁명당의 이청천 3인이 난징에서 회동하여 3개 항에 합의하다.

8월 17일: 한국국민당·재건한국독립당·조선혁명당 3개 정당과 미주 지역의 6개 단체가 연합하여 한국광복운동단체연합회(일명 광복진선·광선으로 약칭됨)를 결성하다. 이날 발표한 「한국광복운동단체연합선언」을 작성하다.

9월: 중국에서 제2차 국공합작이 결성되다.

10월 16일: 제30회 임시의정원 회의가 개원하여 참석하다. 17일 회의에서 상임위원으로 재선출되다.

10월: 이달에 구성된 한국광복운동단체연합 선전위원회에 참여하여 선언문을 기초하는 등 선전위원회를 주도하다.

12월 초순: 조선민족혁명당·조선민족해방동맹·조선혁명자연맹 등 비민족주의 계열의 3개 정당이 조선민족전선연맹을 조직하다.

아우 조용주가 하얼빈에서 사망하다.

1939년(53세)

5월 10일: 김구와 김원봉이 공동 명의로 「동지·동포들에게 보내는 공개신(公開信)」을 발표하다.

8월 27일: 재건한국독립당을 대표하여 '한국혁명운동 통일7단체회의'(일명 7당통일회의)에 참여하여, 3인의 주석단 가운데 1인으로 선임되다.

9월 22일: 5당회의에서 결성한 전국연합진선협회에 참여하다.

10월 2일: 이날부터 12일까지 치장에서 열린 3당통일대표회의(한국국민당·한국독립당·조선혁명당)에 동생 조시원과 함께 한국독립당 대표로 참석하다.

10월 3일: 이날 개원한 제31회 임시의정원 정기 회의에 조시원(신도 의원)과 함께 경기도 의원으로 참여하다.

10월 12일(음력 8월 30일): 모친 박필양이 쓰촨성 치장현에서 타계하다.

10월 23일: 임시의정원 회의에서 11인의 국무위원 가운데 1인으로 선임되다.

10월 25일: 국무회의에서 외무장으로 선임된 뒤 8·15해방 때까지 줄곧 외무장(외무부장)직을 수행하다.

11월 1일(음력 9월 20일): 부친 조정규가 쓰촨성 치장현에서 작고하다.

11월 11일: 이날 국무회의에서 결정되고, 12일 임시의정원에서 의결·통과된 「독립운동방략」을 작성하여 건국방략을 제시하다.

12월 11일: 이날 국무회의에서 선전위원회 규정이 통과되었고, 이후 선전위원회의 주임위원으로 선임되다.

친형 조용하가 순국하다.

1940년(54세)

3월 24일: 이날부터 5월 8일까지 치장에서 열린 3당통합대표회의(한국국민당·재건한국독립당·조선혁명당)에 조시원과 함께 한국독립당 대표로 참석하다.

5월 8일: 「3당 해체 선언」을 작성·발표하다.

5월 9일: 한국독립당 창립 대표대회에 조시원과 더불어 창립대표로 참석하여, 조시원과 함께 15인 중앙집행위원의 1인으로 선출되다. 「한국독립당 창립기념 선언」과 「한국독립당 창립선언」을 작성하여 공포하다.

5월 11일: 이날 개최된 한국독립당 중앙집행위원회(조소앙은 결석)에서 5인의 중앙상무위원 중 1인, 조직부 주임으로 선출되다.

8월 4일: 임시정부의 군대인 한국광복군 총사령부가 성립하다.

9월: 임시정부가 충칭에 정착하다.

9월 15일: 임시정부가 「한국광복군 선언문」을 발표하여 광복군 창설을 공식 선언하다.

9월 17일: 충칭 자령빈관에서 '한국광복군 총사령부 성립 전례식'을 거행하다. 이 자리에서 광복군창설위원회 위원장 김구 주석의 대회사 다음으로 '한국광복군 총사령부 성립경과보고'를 하다.

9월 중순: 한국광복군 총사령부가 조직(총사령은 이청천)되자 정훈처장으로 임명되다.

10월 1일: 제32회 임시의정원 정기 회의 개원식에서, 국무위원 홍진의 축사에 이어 의원 자격으로 답사를 하다.

10월 8일: 임시의정원 회의에서 주석제를 골자로 하는 「대한민국임시약헌」 개정안이 통과되고, 10월 9일 임시정부 국무위원회에서 공포되다.

10월 10일: 개정된 임시약헌에 의거해 임시의정원에서 국무위원회의 주석(김구 당선)과 6인의 국무위원을 선출함에 따라 국무위원의 1인으로 선출되다. 국무위원회에서 외무부장으로 임명되다.

1941년(55세)

2월 25일: 임시정부 주석 김구가 성명서 형식으로 미국 대통령 루스벨트에게 임시정부 승인을 촉구하다.

5월 18일: 한국독립당 제1차 전당대표대회가 개최되다. 대회의 선언문을 작성하여 삼균주의에 입각한 '건국강령'을 제시하다.

6월 6일: 미국 국무장관 코델 헐에게 「항일전쟁에 대한 물적 지원 요청과 관련한 서신」을 발송하다.

8월 14일: 미국 대통령 루스벨트와 영국 수상 처칠이 전쟁의 목표와 전후 세계질서 구상 등을 합의한 8개 항목의 「대서양헌장」을 발표하다. 이 헌장은 이후 임시정부가 한국독립의 근거와 자주성을 주장하는 근거로 활용되다.

8월 29일: 「루우즈벨트·처어칠 선언에 대한 한국 임시정부의 성명서」를 발표하여 임시정부 승인과 군비 원조를 요구하다.

11월 15일: 중국 군사위원회 판공청이 광복군을 중국군사위원회에 예속시키려는 「한국광복군행동9개준승」을 광복군 총사령 이청천에게 일방 통보하다.

11월 19일: 임시정부 제18차 국무회의에서 「한국광복군행동9개준승」을 수용하다.

11월 28일: 임시정부 제19차 국무회의 결의로 「대한민국건국강령」을 통과시킨 뒤 '대한민국 임시정부 국무위원회'의 명의로 공포하다.

12월 7일(일본 시간은 12월 8일): 일제가 하와이 진주만에 정박한 미국 태평양 함대를 기습 공격함으로써 태평양전쟁이 발발하다.

12월 9일: 임시정부 제20차 국무회의에서 태평양전쟁에 참전하기로 결의하다.

12월 10일: 임시정부 주석 김구와 외무부장 조소앙 명의로 「대한민국 임시정부 대일선전 성명서」를 발표하고, 미·영·중·소 4개국에 발송하여, 임시정부가 연합국의 일원으로 하나의 '전투단위'임을 선언하다.

1942년(56세)

1월: 중국 측 인사들에게 중한문화협회를 조직하자고 처음 발의·제의하다.

4월 15일: 중한문화협회 제1차 주비회가 개회하자, 발기인으로 이름을 올리다.

6월 4일: 임시정부 외무부 산하에 주미외교위원부를 워싱턴에 설치하고, 주석 김구와 외무부장의 명의로 이승만에게 위원장 임명장과 전권대표의 신임장을 발부하다.

10월 11일: 400여 명의 한국과 중국 인사들이 참석한 가운데, 한중문화협회의 성립식이 개최되다. 이 자리에서 한국대표로 연설하였으며 한국 측의 명예이사로 추대되다.

10월 25일: 제34회 임시의정원이 개원하다. 임시정부 주석 김구의 고사(告辭)에 이어 답사를 하다.

10월 28일: 제34회 임시의정원 회기 중 18명의 의원이 연명·날인하여 「제의안 — 광복군에 관한 건」을 제출함으로써 「한국광복군행동 9개준승」 취소 문제가 공론화하다.

10월 31일: 제34회 임시의정원 회의에서 「건국강령」이 임시의정원의 의결을 거치지 않았다는 지적에, 「건국강령」이 약헌 26조에 의거해 국무위원회에서 건국방략으로 채택되었다고 답변하다.

11월 3일: 제34회 임시의정원 10일 차 회의에서 「한국광복군행동 9개준승」 취소를 위해 임시정부와 임시의정원의 '합작'을 강조하다.

11월 4일: 제34회 임시의정원 11일 차 회의에서 「현행 약헌 개정에 관한 건」이 상정·낭독되다.

11월: 임시의정원에서 약헌 개정 기초위원 9인 중 1인으로 선임되다.

11월 10일: 중한문화협회가 다과회를 개최하여 첫 활동을 개시하다. 이 자리에서 임시정부 외무부장 자격으로 참석하여 한국독립운동세력의 단결을 강조하다.

11월 27일: 약헌수개(修改)위원회 주석으로 선임되다. 1943년 6월 18일까지 22차에 걸쳐 한 번도 결석하지 않고 회의를 주재하면서 약헌 개정안의 초안을 완성하다.

1943년(57세)

1월 26일: 임시정부 국무회의에서 「한국광복군행동9개준승」을 교정하는 5인의 소조회에 선임되다. 이후 기초한 「한중호조군사협정초안」이 2월 1일 국무회의에서 통과되어 3인의 재교섭 위원 중 1인으로 임명되다.

2월 1일: 중칭과 톈진에서 발행되는 중국 일간지《대공보》에, 임시정부 외무부장 명의로 국제공동관리를 반대하는 성명서를 발표하다.

2월 20일: 임시정부 외무부장 명의로 중국 외교부장 쑹쯔원에게「한국광복군행동9개준승」을 폐지하자는 제의서를 송달하다.

3월: 국제공관안을 주장하는 '미국 일부 인사의 잘못된 의론을 논박'하는 성명서를 발표하다.

5월 3일: 임시정부 외무부장 명의로 전후문제 가운데 한국문제와 관련한 그릇된 의론을 반박하는 성명서를 발표하여, 연합국의 국제공동관리 방침을 비판하다.

5월 8일: 한국독립당 제3차 전당대표대회에서 '합작'과 '통일'을 주장하다. 15인의 중앙집행위원 중 1인으로서 중앙집행위원회 위원장에 선출되다. 전당대표대회 선언문을 작성하여 6월 한국독립당 명의로 발표하다.

5월 10일: 임시정부가 충칭에서 활동하는 한인 독립운동 단체와 연합하여 개최한 재중국자유한인대회에서 국제공동관리를 반대하는 연설을 하다.

6월 28일: 임시약헌수개위원 9인 명의로「대한민국임시헌장개정안본문(本文)」·「대한민국임시약헌개정안설명서」 등을 포함한「보고서」를 임시의정원 의장 홍진에게 제출하다.

7월 26일: 김구 주석 등과 함께 중국 국민정부 최고지도자 장제스를 만나, 11월에 개최될 카이로회담에서 전후 한국의 독립을 결의해 달라는 요청과 함께 임시정부 승인,「한국광복군행동9개준승」의 개정, 경제상 원조를 요구하다. 장제스는 카이로회담에서 '역쟁(力爭)'하겠다고 약속하다.

10월 14일: 임시의정원 제35회 정기 회의에서 이복원·조시원 등 6명의 의원이 연명하여,「한국광복군행동9개준승」 취소 교섭을 재추진하라는 제의안을 제출하다.

12월 1일: 「카이로선언」이 공표되다.

12월 2일: 임시정부 외무부장 명의로 「카이로선언」을 환영하는 성명을 발표하다.

12월 8일: 임시의정원에서 「한국광복군행동9개준승」 폐지를 재교섭하라는 수정 제의안을 통과시키다.

1944년(58세)

4월 22일: 제36회 임시의정원에서 「대한민국임시헌장」을 공포하다.

4월 24일: 임시의정원 회의에서 국무위원회의 주석으로 김구, 부주석으로 김규식을 선출하고, 14인의 국무위원을 선출하다. 국무위원으로 선임되다.

5월 8일: 임시정부 국무회의에서 주석 김구가 천거하여 외무부장으로 선임되다.

5월 26일: 「한국광복군행동9개준승」을 폐기하고 「한중호조군사협정초안」에 근거한 한중호조군사협정 체결에 관련한 사안을, 임시정부 국무회의에서 주석과 외무부장·군무부장에게 전담케 하여 교섭을 진행하기로 결의하다. 그 결과 중국 측에서 임시정부의 요구를 수용하는 방침이 정해지다.

6월: 임시정부를 대표하여 「한중호조군사협정초안」을 중국국민당 중앙에 제출하다.

6월 22일: 「한국광복군행동9개준승」을 취소하기 위해 임시정부와 중국정부의 실무 회담이 시작되어, 7월 10일까지 4차례에 걸쳐 개최되다. 한국 대표로 참석하다.

7월: 임시정부 국무위원 전체의 이름으로 임시정부 승인을 요청하는 공문을 장제스에게 보내다.

8월 23일: 중국군사위원회 최고 책임자인 참모총장 허잉친이 「한국광복군행동9개준승」을 취소한다는 공함을 임시정부에 보내다.

9월 8일: 장제스가 「한국광복군행동9개준승」을 취소하라고 지시하다.

9월 15일: 중국 국민참정회 제3기 3차 대회에서 '정부에 조속한 한국임시정부 승인을 촉구하는 결의안'을 만장일치로 통과시키고, 중국정부에 실행을 요청하다. 당일 임시정부 외무부장 명의로 참정회에 지급 전보로 감사의 뜻을 전달하다.

10월: 건국강령수개(修改)위원회 위원으로 활동하면서 수개에 반대하는 태도를 취하다.

1945년(59세)

1월 29일: 임시정부 국무회의에서 한중 간의 새로운 군사협정을 요구하는 「관어한국광복군중한양방상정판법」을 통과시키고, 2월 1일자로 주석 김구 명의로 중국국민당에 제출하다.

2월 23일: 임시정부 외무부장 자격으로 충칭의 미국대사관을 방문하여 샌프란시스코회의에 한국대표들을 파견하도록 협조해 주기를 요청하다.

2월 28일: 오후 3시에 임시정부 국무회의에 대독일선전포고안을 제출하다. 국무회의에서 「대덕(對德)선전포고」를 결의하고, 당일 하오 8시에 개최한 임시의정원의 승인을 얻어 대독일 선전포고를 발포하다. 기자회견을 통하여 임시정부가 대독일 선전포고를 발하였으며, 샌프란시스코회의에 임시정부가 참가하기를 희망한다는 성명을 발표하다.

3월 5일: 국무회의에서 외무부장 명의로 샌프란시스코회의 주관국에 한국 대표가 참가함을 조회하는 외에, 제출할 자료들을 준비하는 위원회를 외무부장 주관 아래 설치하기로 결의함에 따라 각종 문서를 작성하다.

3월 13일: 충칭의 기자들을 초청한 간담회에서, 샌프란시스코회의에 한국 대표의 참가를 허락하기를 연합국에 호소하다.

3월 23일: 국무회의에서 김규식과 함께 샌프란시스코회의에 참가할 원동 대표로 선임되다. 4월 25일 개최되는 회의에 참가하기 위해 노력했으나, 주중국 미국대사관에서 비자를 내주지 않아 참가하지 못하다.

4월 4일: 중국국민당 측이 「관어한국광복군중한양방상정판법」을 수용한 「원조한국광복군판법」을 통보하여, 5월 1일부로 실행하다. 이로써 광복군이 임시정부에 소속되었고, 차관 형식으로 원조를 받게 되다.

7월 1일: 이날부터 11일 사이 개최된 한국독립당 제4차 전당대표대회에서 중앙집행위원으로 선출되고, 17일 부중앙집행위원장(위원장은 김구)으로 선임되다.

8월 10일: 충칭에서 방송과 호외를 통하여 일제가 「포츠담선언」을 수락한다는 소식을 듣다.

8월 14일: 주중 미국대사를 방문하여, 한국 상륙에서 미군과 협력하기를 원함 등 임시정부의 요구 사항을 전달하다.

8월 17일: 임시의정원 회의에서 현 임시정부 요인의 총사직을 반대하다. 주석 김구와 공동 명의로 미국 대통령 트루먼에게 메시지를 발송하다.

8월 23일: 속개한 임시의정원 회의에서 정부 개조와 총사직을 다시 반대하면서, 임시정부가 조속히 환국해야 한다고 주장하다. 임시정부 환국 전 임시의정원의 마지막 회의가 되다.

8월 28일: 한국독립당 제5차 임시대표대회에서 채택한 당강·당책을 신익희와 함께 기초하고 선언문을 작성하다.

9월 3일: 임시정부 주석 김구의 명의로 이 날짜에 공표된 「임시정부 당면정책」을 기초·작성하다.

11월 19일: 임시정부 주석 김구가 개인 자격으로 귀국하여 미군정과 협력한다는 서약서를 중국 전구 미군사령관 웨더마이어에게 제출하다.

11월 23일: 주석 김구와 부주석 김규식 등이 임시정부 요인 제1진으로 배정되어, 미군정이 제공한 군용기로 상하이를 출발하여 입국하다.

12월 1일: 임시정부 요인 제2진에 속하여, 상하이에서 미군이 제공한 수송기를 탑승하고 입국하였으나, 날씨 사정으로 2일에 서울에 도착하다.

12월 3일: 김구와 공동으로 입국 후 첫 기자회견을 하다.

12월 6일: 임시정부 외무부장으로서 첫 단독 기자회견을 하면서, 임시정부의 성격과 사상체계 등을 피력하다.

12월 11일: 임시정부의 진로를 표명할 구체안을 작성하는 5인 소위원회의 1인으로 선임되다.

12월 12일: 조선공산당 박헌영이 임시정부를 망명 집단으로 비난하는 성명을 발표하자, 당일 즉시 이를 반박하는 기자회견을 갖다. 13일에도 같은 내용의 기자회견을 갖다.

12월 16일: 이날부터 27일까지 모스크바에서 미국·영국·소련 3국의 외무장관 회담(모스크바 삼상회의)이 진행되다.

12월 27일: 《동아일보》가 「소련은 신탁통치주장 소련의 구실은 삼팔선 분할 점령 — 미국은 즉시 독립 주장」이라는 기사로 모스크바 삼상회의 결정을 왜곡 보도하다.

12월 27일: 임시정부 외무부장의 명의로 《동아일보》의 보도가 '허보'이기를 바란다는 요지의 담화를 발표하다.

12월 28일: 모스크바 시각 오전 6시(한국 시각은 12월 28일 낮 12시)에 모스크바 삼상회의 결정서가 공표되다.

12월 28일: 신탁통치 문제로 임시정부의 긴급 국무회의가 열려 '불합작운동 단행' 등 4개 항의 결의를 채택하다. 주석 김구와 함께 서명한 전문(電文)을 미국·영국·소련·중국 4개국에 발송하다.

12월 28일: 임시정부가 소집한 각 정당·종교단체·신문사 대표들을 초청·소집한 비상대책회의에서 신탁통치반대국민총동원위원회를 결성하고 불합작운동을 제창하다. 장정위원의 1인으로 선출되다.

12월 30일: 「모스크바 삼상회의 결정서」 한국 조항의 전문이 국내 신문에 보도되다.

12월 31일: 임시정부가 내무부장 명의로 한국어 「포고문 국자(國字) 제1호」와 「포고문 국자 제2호」를 공포하여 '정부'를 자처하고, 미군정을 접수하려 하다.

12월 31일: 오전 미군정 사령관 하지 중장을 방문하여 이날 시위에 무력 간섭하지 말라고 통고하다. 오후 2시 시내에서 신탁통치를 반대하는 대규모 시위가 시작되다. 시위대의 일원으로 참석하여 시위대를 격려하는 연설을 하다.

1946년(60세)

1월 1일: 하지 중장이 김구를 호출하여, 미군정을 접수하려는 '쿠데타'와 반탁 파업에 경고하다. 당일 밤 김구는 선전부장 엄항섭이 대리한 방송에서 복업 및 격한 반탁 시위의 자제를 촉구하다.

1월 1일: 인민공화국이 중앙위원회 명의로 임시정부 국무위원회에 통일전선 결성을 제안한 공문을 발송하다. 임시정부는 인민공화국이 '정부'를 칭하였다는 '서식상'의 이유를 들어, 비서처 명의로 이 공문을 반환하다.

1월 4일: 임시정부 주석 김구 명의로, 임시정부를 중심으로 과도정권을 세우기 위하여 비상정치회의를 소집하자는 성명을 발표하다.

1월 13일: 기자회견을 통하여, 16일부터 서울에서 개최되는 미소공동위원회 예비회담에 불합작 방침으로 일관하겠다는 방침을 천명하다.

1월 16일: 민족통일전선 결성을 위한 5당회의가 결렬되다. 미소공동위원회 예비회담이 서울에서 개최되어 2월 6일까지 지속되다.

1월 17일: 임시정부 외무부장으로 비상정치회의를 소집하기로 결정한 방침을 발표하다.

1월 20일: 비상정치회의 주비회에서 임시정부의 의견 5개 항을 제시하다.

1월 21일: 비상정치회의 주비회가 독립촉성중앙협의회를 합류시켜 비상국민회의로 확대되다.

2월 1일: 비상국민회의가 개회하자, 대의원 자격으로 참석하다. 2일차 회의에서 김규식과 함께 외무위원의 책임위원으로 선임되다.

2월 13일: 비상국민회의의 외교위원장으로 선출되고, 28명의 최고정무위원 중 1인으로 임명되다.

2월 14일: 최고정무위원이 미군정의 자문기관인 남조선국민대표민주의원으로 변환되어 대표의원으로 선임되다.

2월 21일: 기자회견에서 미군정과 합작할 필요성을 제기하면서 남조선국민대표민주의원에 참가할 의사를 내비치다.

3월 18일: 남조선국민대표민주의원에서 삼균주의에 근거한 전문 27조의「임시정책대강」을 공표하다.

3월 20일: 제1차 미소공동위원회가 개회하다. 이 무렵 미소공동위원회에 파견될 남조선국민대표민주의원의 대표 5인 중 1인으로 선정되었고, 25일 5인이 긴급 파견 대표회의를 열어서 미소공위에 임할 대책을 숙의하다.

3월 22일: 국민당이 한국독립당에 합류하여 합동하다.

4월 2일: 남조선국민대표민주의원은 이날까지 전문 소위원회를 결의하였는데, 임시정부수립예비방안위원회·시구급도로명칭개정위원회·선전위원회·재외동포원호위원회 등에 속하여 활동하다.

4월 18일: 신한민족당의 일부와 4개 군소 정당이 한국독립당에 통합되다. 재편성된 한국독립당의 중앙집행위원으로서 부위원장(위원장 김구)에 선출되다.

4월 18일: 미소공동위원회가 「공동성명 제5호」를 발표하자, 이를 강경하게 반대하는 태도를 표명하다.

4월 22일: 한국독립당의 중앙 간부와 부서가 결정되어, 부위원장으로서 중앙상무위원과 외교정책위원회 위원장을 겸임하다.

5월 6일: 미소공동위원회가 무기 휴회를 선언하다.

7월: 좌우합작위원회가 성립되다.

7월 8일: 좌우합작의 우익 대표가 선정되고, 12일 좌익 대표가 결정되다.

7월 13일: 비상국민회의 의원 자격으로 신탁통치 반대가 전제되지 않는 좌우합작을 반대한다는 의견을 밝히다.

8월 23일: 8월 12일 개회한 한국독립당 중앙집행위원회 5일 차 회의에서 중앙집행위원회 부위원장 겸 중앙상무위원으로 선임되다.

10월 4일: 좌우합작위원회에서 「좌우합작7원칙」을 결정하고, 7일 「입법기구에 관하여 하지장군에게 대한 요망」과 함께 발표하다.

10월 5일: 비상국민회의 임시상임위원회에서 「좌우합작7원칙」을 반대하여 거부케 하다.

12월 12일: 남조선과도입법의원이 개원하다.

12월 19일: 서울시 동회연합회가 남조선과도입법의원 서울시 대의원의 재선거에서 전(全)서울 구역의 후보로 추천하여, 이날 실시된 예비선거에서 1위를 차지하다.

12월 20일: 남조선과도입법의원 대의원 입후보 자격을 포기하겠다는 성명을 발표하다.

12월 23일: 남조선과도입법의원 서울시 대의원의 재선거 최종 선거에서 한국독립당 당적으로 전(全)서울 구역에서 당선되다.

12월 3일: 아우 조시원 등과 함께 삼균주의청년동맹을 결성하고, 종로YMCA대강당에서 결성대회를 거행하다.

12월 25일: 남조선과도입법의원 서울시 대의원의 당선을 거부하는 성명을 발표하다.

12월 27일:《독립신문》의 사장에 취임(발행인 김승학)하다.

1947년(61세)

1월 11일: 미·소 양군 사령관이 미소공동위원회를 재개하기 위하여 주고받은 서한 내용을 공보부 특별발표로 공개하다. 이 서한이 제2차 반탁운동이 발단하는 계기가 된다.

1월 14일: 김구 등과 함께 하지 사령관을 방문하여 신탁통치의 불필요함을 주장하다.

1월 16일: 우익 진영 35개 정당·사회단체가 모인 반탁운동 관련 협의회에서 9인의 준비위원 중 1인으로 선정되다.

1월 21일: 준비위원 9인의 1인으로 참여하여 반탁독립투쟁위원회를 조직하기로 결정하다.

1월 24일: 우익 43개 단체가 조직한 반탁독립투쟁위원회에서 부위원장(위원장 김구)으로 추대되다.

1월 29일: 반탁독립투쟁위원회 참가단체 선서식 및 동 중앙집행위원회에서 규약을 제정하는 일을 주도하다.

2월 14일: 오전 비상국민회의 제2차 전국대의원대회가 개최되어 의장으로 선출되다. 오후 반탁독립투쟁위원회가 주도한 반탁 궐기 대회에서 연설하다.

2월 17일: 비상국민회의 전국대의원대회 3일 차 회의에서 회의 명칭을 국민의회로 개칭하다.

2월 26일: 국민의회 의장 자격으로 국민의회의 성격을 천명하다.

3월 1일: 독립촉성국민회가 전국국민대표자대회를 개최하여 임시정부봉대를 국민의회에 건의하다.

3월 3일: 국민의회가 전국국민대표자대회의 건의를 접수하여 임시정부 확대·강화의 방안을 논의하고, 임시정부 주석에 이승만, 부주석에 김구를 추대한 뒤 결원인 국무위원 6인을 보선하여 임시정부에 통보하다.

3월 12일: 국민의회 명의로 장문의 성명을 발표하여 임시정부 개조의 이유를 설명하다.

4월 12일: 한국독립당 내 갈등으로 김구와 함께 중앙집행위원을 사임하였으나 보류되다.

4월 28일: 국민의회의 교섭위원으로 이승만을 찾아가 임시정부 주석 취임을 요구하였으나, 29일 이승만이 정식으로 거부하다.

5월 12일: 한국독립당 제6회 전당(全黨)대표자대회 3일 차 회의에서 중앙집행위원으로 선임되다. 이날 회의에서 임시정부봉대안이 부결되고, 모스크바 삼상회의 결정을 지지하는 신한민족당계의 권태석·김일청이 제명되다.

5월 13일: 한국독립당 중앙집행위원회에서 부위원장(위원장 김구)으로 선출되다.

5월 19일: 한국독립당 중앙상무위원의 1인으로 선임되다.

5월 25일: 한국독립당이 미소공동위원회에 참가하지 않는다는 성명을 발표하다. 이날 김구·이승만 및 한국민주당 인사들과 회동한 자리에서 김구와 함께 미소공동위원회 참가 보류를 강하게 주장하다.

6월 19일: 한국독립당 중앙당부에서 미소공동위원회 참가를 주장하는 안재홍 등 중앙위원 46명을 일방으로 제명함으로써, 합당 이전의 3당으로 분립되다.

7월 13일: 국민의회의 긴급 상임위원회를 개최하여 한국민족대표자회의와 통합하기로 가결하다.

7월 17일: 국민의회의 의장으로 한국민족대표자회의의 대표 및 남조선과도입법의원 의원 20여 명과 통합을 논의하다.

7월 31일: 국민의회와 한국민족대표자회의가 각각 통합이 결렬된 이유를 성명으로 발표하다.

8월 8일: 국민의회 임시회의의 형식으로 국민의회와 한국민족대표자회의의 대의원 연석회의에서 통합을 논의하였으나 최종 결렬되다.

8월 11일: 정국을 타개하기 위하여 김구와 함께 이승만을 방문하다.

8월 12일: 남조선과도입법의원 제128차 본회의에서 보통선거법안을 가결하여 군정장관에게 송부하다.

8월 중순: 「국민의회」라는 장문의 성명서를 발표하다.

9월 1일: 국민의회 제43차 임시회의가 시작되어 5일까지 지속되다. 이날 보통선거법에 의거한 남조선총선거를 반대하는 긴급제의안을 결의하다. 4일 회의에서 이승만과 김구를 임시정부의 정·부주석으로 재선임하였으며 국무위원으로 유임되다.

9월 17일: 미 국무장관 마셜이 한국문제를 유엔에 부의하겠다고 제의하다.

9월 26일: 미소공동위원회 제61차 본회의에서 소련 측 대표 시티코프 중장이, 1948년 초까지 미소 양군이 조선에서 공동 철퇴하고, 한국인 스스로 정부를 수립할 수 있는 가능성을 부여하자는 성명서를 발표하다.

9월 27일: 한국독립당 중앙상무위원회에서 미소 양군 철수 및 단독선거·단독정부 반대를 결정하다.

10월 5일: 국민의회가 주도하여 '한국독립문제에 대한 미국 마셜 국무장관의 신제안(新提案) 달성 국민대회'를 개최하다. 대회의 회장을 맡아 「UN총회에 보내는 글」 등을 작성하다.

10월 16일: 한국독립당 중앙집행위원회에서 김구에 이어 상무위원회의 결정을 지지하는 훈시를 한 후, 조경한·엄항섭 등과 함께 남북요인회담을 긴급 공동 제안하여 만장일치로 가결되다.

10월 21일: 제2차 미소공동위원회가 최종 결렬되다.

11월 2일: 유엔한국임시위원단이 입국함에 대비하여, 남북총선거를 통한 독립정부수립을 목표로 한국독립당 명의로 각 정당들을 초청하다. 5일 중간좌우파 정당들이 회합하여 각정당협의회를 구성하기로 합의하다.

11월 8일: 모든 정당에게 각정당협의회에 참여하기를 호소하는 설명을 발표하다.

11월 19일: 한국독립당 위원장 김구가 각정당협의회 추진을 보류하라고 지시하고, 22일에는 성명을 발표하다.

12월 2일: 한국민주당 정치부장 장덕수가 피살되다. 조소앙의 측근으로 각정당협의회 협의회 추진파였던 김경태 등이 김구 측의 측근에게 감금·폭행당하다.

12월 13일: 장덕수 피살 사건의 배후로 경찰에서 취조를 받았으며, 이후 몇 차례 더 신문을 받다.

12월 20일: 정당·사회단체 등의 일체 간부와 명예직에서 사퇴한다는 성명서를 발표하고, 이후 독서와 개인 수양에 몰두하다.

12월 말: 돈암동 자택에 괴한이 침입하다.

1948년(62세)

1월 7일: 한국독립당이 공석 중인 부서를 결정하기 위하여 재출마를 요청하다.

1월 8일: 유엔한국임시위원단이 입국하기 시작하다.

1월 8일: 국민의회와 한국민족대표자대회의 합동대회 대체 회의가 열리다. 10일 권한을 위임받은 소위원회에서 의장으로 재신임되다.

1월 중순경: 돈암동 자택에 괴한이 침입하다.

2월 26일: UN소총회가 '가능 지역 총선거'를 결정하다.

3월 2일: 자택에서 개최된 한국독립당 상무위원회에서 남북요인회담 추진위원회를 설치하기로 결의하고, 조소앙·조완구·조경한 등 6명을 위원으로 선정하다.

3월 12일: 김구·김규식·김창숙·조성환·조완구·홍명희 등 6인과 함께 7인 공동성명서, 이른바 '7거두 성명'을 발표하다.

3월 26일: 남북협상을 추진하고자 통일독립운동자협의회를 결성하다.

3월 28일: 북조선민주주의민족전선이 남북정치요인 예비회담에 초청하는 정식 서한이 개인 명의로 전달되다.

3월: 삼균주의학생동맹을 결성하다.

4월 3일: 통일독립운동자협의회 결성대회에서 홍명희·유림과 함께 간사로 선임되다.

4월 16일: 남북협상을 위해 북행하겠으며, 타 인사에게도 참가를 권고하는 담화를 발표하다.

4월 19일: 남북협상에 개인 자격으로 참가하면서, 「남북동포에 고함」이라는 성명을 발표하여 남북협상 7원칙을 제시하다. 이날부터 30일까지 평양에서 남북요인회담이 진행되다.

4월 20일: 38선을 건너 북행하여 남북협상에 참여하다.

4월 30일: 평양에서 「남북조선제(諸)정당·사회단체 공동성명서」 4개 항이 발표되다.

5월 5일: 김구·김규식 일행과 함께 5월 4일 평양을 떠나 5일 밤 서울로 귀환하다.

5월 6일: 기자의 질문에 남북협상의 성과를 긍정 평가하다. 이후 칭병하면서 60여 일 동안 칩거하다.

5월 10일: 5·10총선거가 실시되다.

7월 20일: 국회에서 정·부통령으로 이승만과 이시영을 선출하다.

7월 22일: 무소속구락부 국회의원 20여 명이 앞장서 조소앙을 총리로 추대하기 위하여, 국회의원 120여 명이 참여한 연명건의서(連名建議書)를 대통령에게 제출하다. 이날 기자회견에서 대한민국이 한국민 다수의 지지 기반 위에 수립되었다고 주장하다.

8월 8일: 이동녕 등의 유해를 영접하기 위해 인천을 방문하다.

9월 15일: 한국독립당 상무위원회에서 남북통일은 남북 두 정권의 접촉 이외에 지름길이 없으며, 대한민국 정권에 참가해야 한다고 주장하다.

10월 1일: 한국독립당이 조소앙 중심의 신당 조직과 무관하다는 성명을 발표하다.

10월 6일: 조소앙 중심의 신당 조직에 참여한 조시원 등 6명이 한국독립당에서 제명되다.

10월 12일: 장문의 성명을 발표하여 대한민국정부수립의 정당성을 주장하면서, 신당 결성과 한국독립당 탈당 의사를 밝히다.

10월 19일: 한국독립당 중앙상무위원회에서 신당 추진파의 제명을 결정함으로써 한국독립당의 당적에서 제명당하다.

12월 10일: 명제세와 함께 사회당 창당을 준비한 끝에 발기인 대회를 개최하다.

12월 11일: 사회당 결당식을 개최하여 당의·당강·선언을 발표하고, 만장일치로 위원장(당수)에 추대되다.

12월 14일: 사회당 제1차 중앙집행위원회를 개최한 뒤, 사회당의 노선을 재천명하는 결의문을 발표하다.

12월 17일: 사회당의 조직부서와 부서장을 최종 확정하여 발표하다.

1949년(63세)

1월 14일: 5당대표회의(일명 '5거두회담')를 개최하여 '대한민국정부의 육성강화' 등을 포함한 2개 항을 합의하고 공동성명서를 발표하다.

3월 8일: 김상옥열사사업기념회가 발족하고 위원장으로 선임되다.

6월 26일: 김구가 안두희에게 피살되다.

7월 25일: 10개 정당·사회단체의 소속인 조완구·안재홍 등과 회합하여 민족진영강화대책위원회(약칭 민강위)를 구성하다.

8월 20일: 12정당·사회단체의 대표자 31명이 출석하여 민족진영강화대책위원회 창립총회를 개최하다. 24명의 상무위원 중 1인으로 선임되다.

9월 16일: 민족진영강화대책위원회 제4차 총회에서 부의장 3명 중 1인으로 선출되었으나, 즉석에서 사퇴를 성명하다.

1950년(64세)

1월 17일: 민족진영의 통합정당으로 추진된 평민당 결성운동이 최종 결렬되다.

3월: 5·30총선거에 참여할 의사를 밝히다.

5월 30일: 제2대 국회의원 선거에서 성북구에 출마하여 전국 최다 득표로 당선되다.

6월 2일: 제헌국회가 임기 2년의 의정 활동을 마치고 폐원식을 거행하다.

6월 10일: 국회의원 당선 소감을 성명으로 발표하다.

6월 19일: 임기 4년의 제2대 국회가 209명의 의원이 참석하여 개원식을 거행하고 20일부터 제1차 본회의를 개회하다.

9월 26일: 안재홍·김용무 등과 함께 연금되었다가, 북한국 정치보위부에 연행되어 평양으로 납치되다.

1958년(72세)

9월 10일: 평양 남산 중앙병원에서 영면하다.

1989년

대한민국정부가 건국훈장 대한민국장을 추서하다.

조선민주주의인민공화국이 조국통일상을 추서하다.

참고 문헌

조소앙 관련 자료

姜萬吉 編,『趙素昻: 韓國近代思想家選集⑥』(한길사, 1982. 5).

三均學會 編著,『素昻先生文集』上·下(횃불사, 1979. 7).

조소앙 지음, 김보성·임영길 옮김,『소앙집』(한국고전번역원, 2019. 4).

조소앙 지음, 이정원 옮김,『유방집: 독립운동가 82인의 열전』(한국고전번역원, 2019. 8).

趙素印 編,『韓國文苑』(槿花學社, 1932. 10. 1 발행, 1929 己巳. 2. 21 自序)〔亞細亞文化社, 1994. 2 影印〕.

韓國精神文化硏究院 國學振興事業推進委員會 編,『韓國獨立運動史資料集: 趙素昻篇(一)·(二)·(三)·(四)』(韓國精神文化硏究院, 1995. 5, 1996. 1, 1997. 3, 1997. 3).

韓國趙素印,『遺芳集』(大同學會, 南京東南印刷所, 民國二十二年五月十五日初版; 1933. 5. 15)〔亞細亞文化社, 1992. 11 影印〕.

武井一 譯·著,『趙素昻と東京留學:「東遊略抄」を中心として』(波田野硏究室,

2009. 3).

趙鏞殷, 「(영인) 〈나고야수학여행기〉」,《근대서지》제10호(근대서지학회 2014. 12;
　　조용은·황호덕 옮김, 「(자료2) 현대 한국어역 〈나고야 수학여행기〉」,《근대
　　서지》제10호.

기타 자료

剛齋 申肅, 『나의 一生』(日新社, 1963. 1).

慶尙北道警察部, 『高等警察要史』(1934. 3), 류시중·박병원·김희곤 역주, 『국역
　　고등경찰요사』(선인, 2010. 1).

國家報勳處, 『韓國獨立運動史料: 楊宇朝篇』(국가보훈처, 1999. 9).

국가보훈처 공훈관리과 기획·편집, 『미주한인 민족운동 잡지(해외의 한국독립운
　　동 사료 42 미주편⑬)』(국가보훈처, 2019. 12).

高等法院檢事局思想部, 《思想彙報》第五號, 第七號(1935. 12, 1936. 6)〔高麗書林,
　　1988. 6 복간〕.

國史編纂委員會 編, 『資料大韓民國史』1(探求堂, 1968. 12); 『資料大韓民國史』
　　2(1969. 12); 『資料大韓民國史』3(1970. 12); 『資料大韓民國史』4(1971.
　　12); 『資料大韓民國史』5(1972. 12); 『資料大韓民國史』6(1973. 12); 『資
　　料大韓民國史』7(1974. 12); 『資料大韓民國史』8·9(國史編纂委員會, 1998.
　　12); 『資料大韓民國史』10·11·12(1999. 12); 『資料大韓民國史』13·
　　14(2000. 12); 『資料大韓民國史』15·16·17(2001. 12).

國史編纂委員會 編, 『韓國獨立運動史(資料1, 臨政篇Ⅰ)』(探求堂, 1970. 12); 『韓國
　　獨立運動史(資料2, 臨政篇Ⅱ)』(1971. 12); 『韓國獨立運動史(資料3, 臨政篇
　　Ⅲ)』(1973. 12); 『韓國獨立運動史(資料22, 臨政篇Ⅶ)』22(1993. 8).

金根洙 編著, 『韓國雜誌槪觀 및 號別總目次(韓國學資料叢書 第1輯)』(永信아카데미

韓國學硏究所, 1973. 9).

金元容, 『在美韓人五十年史』(1959. 3)〔독립운동사편찬위원회, 『獨立運動史資料集: 臨時政府史資料集』第8輯(고려서림, 1984. 9) 所收〕.

김현식·정선태 편저, 『삐라로 듣는 해방 직후의 목소리(근대서지총서02)』(소명출판, 2011. 8).

丹齋申采浩先生紀念事業會, 『丹齋申采浩全集(改訂版)』下卷(螢雪出版社, 1987. 10).

대한민국임시정부자료집 편찬위원회, 『대한민국임시정부자료집: 헌법·공보』 1(국사편찬위원회, 2005. 12); 『대한민국임시정부자료집: 임시의정원 I · II · III · IV』 2 · 3 · 4 · 5(2005. 12); 『대한민국임시정부자료집 별책: 독립신문』 1(2005. 12); 『대한민국임시정부자료집: 외무부』 16(2007. 11); 『대한민국임시정부자료집: 주미외교위원부 II』 20(2007. 11); 『대한민국임시정부자료집: 대중국 외교활동』 22(2008. 12); 『대한민국임시정부자료집: 한국독립당 II』 34(2009. 12); 『대한민국임시정부자료집: 중국보도기사 II』 40(2011. 6); 『대한민국임시정부자료집: 일본·미국보도기사』 41(2011. 6); 『대한민국임시정부자료집: 서한집 II』 43(2011. 12).

도진순 주해, 『백범일지: 백범 김구 자서전』(돌베개, 1997. 7).

독립기념관 한국독립운동사연구소, 『震光·朝鮮民族戰線·朝鮮義勇隊(通訊)(韓國獨立運動史 資料叢書 第2輯)』(독립기념관 한국독립운동연구소, 1988. 11).

독립기념관 한국독립운동연구소, 『大韓民國臨時政府公報(한국독립운동사자료총서 제19집)』(독립기념관 한국독립운동연구소, 2004. 12).

夢陽呂運亨先生全集發刊委員會 編, 『夢陽呂運亨全集』 1(한울, 1991. 11).

미국무성 비밀외교문서, 김국태 옮김, 『해방3년과 미국: 미국의 대한정책 1945 ～1948』 I (돌베개, 1984. 2).

朴殷植, 『韓國獨立運動之血史』下(維新社. 1920. 12)〔檀國大學校附設 東洋學硏究所 編, 『朴殷植全書』上(檀國大學校 出版部, 1975. 8)〕.

白凡金九先生全集編纂委員會 編, 『白凡金九全集: 第六卷 대한민국임시정부 III』

(대한매일신보사, 1999. 6).

백범 사상 연구소 엮음,『백범어록: 38선을 베고 쓰러질지언정』(사상사, 1973. 8;
　　사계절, 1995. 12 복간).

宋建鎬 編,『金九(韓國近代思想家選集3)』(한길사, 1980. 3).

宋炳基 外 編著,『韓末近代法令資料集』Ⅰ(大韓民國國會圖書館, 1970. 10);『韓末
　　近代法令資料集』Ⅱ(1971. 4).

實是學舍 고전문학연구회 역주,『변영만전집: 山康齋文鈔原文』(성균관대대동문
　　화연구원, 2006. 6).

安在鴻選集刊行委員會 編,『民世安在鴻選集』2·3·5(知識産業社, 1983. 2, 1991.
　　12, 1999. 12).

엄순천 역,『러시아문서 번역집: 러시아국립사회정치사문서보관소』XX(도서출
　　판선인, 2015. 6).

呂運弘,『夢陽 呂運亨』(靑廈閣, 1967. 5).

柳永益·宋炳基·李明來·吳瑛燮 編,『李承晚 東文 書翰集(현대한국학연구소 자료총
　　서9)』上·下(연세대학교 출판부, 2009. 2).

延世大學校國際學大學院附設現代韓國學硏究所 雩南李承晚文書編纂委員會 編,
　　『雩南李承晚文書: 東文編(梨花莊 所藏)』第9卷·歐美委員部 關聯文書1(延
　　世大學校 現代韓國學硏究所, 1998. 8).

李萬珪,『呂運亨先生鬪爭史』(民主文化社, 1946. 5).

李庭植 면담, 金學俊 편집·해설,『혁명가들의 항일회상: 金星淑·張建相·鄭華岩·
　　李康勳의 독립투쟁』(民音社, 1988. 10).

李喆珪 編,『大韓民國臨時政府議政院文書』(大韓民國國會圖書館, 1974. 9).

李喆珪 編,『韓國民族運動史料(中國篇)(日本外務省陸海軍省文書)』第二輯(大韓民
　　國國會圖書館, 1976. 9).

中央選擧管理委員會,『曆代國會議員選擧狀況』(中央選擧管理委員會, 1963. 12).

崔麟,『如菴文集』上(如菴先生文集編纂委員會, 1971. 6).

鄭元澤 著, 洪淳鈺 編, 『志山外遊日誌』(探求堂, 1983. 12)〔정원택 지음, 홍순옥 엮음, 『지산외유일지: 지방 사대부 청년의 독립지사 성장기』(탐구당, 2018. 8 개정판 1쇄)〕.

鄭元澤, 『志山外遊日誌』〔독립운동사편찬위원회, 『獨立運動史資料集: 臨時政府史資料集』第8輯(고려서림, 1984. 9)〕.

崔鍾健 譯編, 『大韓民國臨時政府文書輯覽』(知人社, 1976. 8).

秋憲樹 編, 『資料韓國獨立運動』1(延世大學校出版部, 1971. 5); 『資料韓國獨立運動』2(1972. 3); 『資料韓國獨立運動』3(1973. 8).

春園 李光洙, 『나의 告白』(春秋社, 1948. 12).

韓國臨時政府宣傳委員會 編, 趙一文 譯註, 『韓國獨立運動文類』(建國大學校出版部, 1976. 8).

韓詩俊 編, 『大韓民國臨時政府法令集』(國家報勳處, 1999. 4).

韓嬰 撰, 林東錫 譯註, 『韓詩外傳』1·3(동서문화사, 2009. 12).

姜德相 編(解說), 『現代史資料: 朝鮮(二)·三一運動(一)』25(みすず書房, 1977. 8).

金正明 編, 『朝鮮獨立運動: 民族主義運動篇』Ⅱ(原書房, 1967. 3).

金正柱 編, 『朝鮮統治史料』第十卷(東京: 韓國史料研究所, 1971. 12).

梶村秀樹·姜德相 編, 『現代史資料: 朝鮮(五)·共産主義運動(一)』29(みすず書房, 1972. 8).

社會問題資料研究會 編, 『思想情勢視察報告集(其の二): 中華民國在留不逞鮮人の昭和十一年二月以降の動靜(社會問題資料叢書第1輯)(思想研究資料特輯第36號)』(京都: 東洋文化社, 1976. 9).

上海日本總領事館 在警察部第二課, 『朝鮮民族運動年鑑』(1932. 4. 30)〔金正明 編, 『朝鮮獨立運動民族主義運動篇』Ⅱ 所收〕.

日本國際問題研究所中國部會 編, 『中國共産黨史資料集』10(勁草書房, 1974. 9).

朝鮮總督府警務局, 『高等警察關係年表』(1930. 1).

朝鮮總督府警務局保安課, 《高等警察報》第五號.

朝鮮總督府警務局 編, 『最近に於ける朝鮮治安狀況』(一九三三年·一九三八年合本;

巖南堂書店, 1966. 12 復刻).

U.S. Department of State, *Foreign Relations of the United States*(Washington:
United States Goverment Printing Office, 1971)〔『미국외교문서: 한국편 1942~
1948』 I (原主文化社, 1992. 3)〕.

조소앙 관련 연구 논저

저서

金教植 編著,『趙素昂(韓國의 人物 5)』(啓星出版社, 1984. 5).

김기승,『조소앙이 꿈꾼 세계: 육성교에서 삼균주의까지』(지영사, 2003. 8).

독립기념관 한국독립운동사연구소 기획, 김기승 지음,『대한민국임시정부의 이
론가 조소앙(한국의 독립운동가들 065)』(역사공간, 2015. 12).

三均學會 編,『三均主義論選』(삼성출판사, 1990. 9).

趙萬濟 編,『三均主義論選』 II (三均學會, 2003. 4).

洪善熹,『理性과 現實: 헤겔哲學硏究』(太極出版社, 1973. 10)의「(附錄) 趙素昂의
三均主義研究」〔洪善熹,『趙素昂思想三均主義의 定立과 理論體系』(太極出版社,
1975. 4)로 단행본 간행; 洪善熹,『趙素昂의 三均主義 연구(한길아카데미 3)』(한
길사, 1982. 7)로 재간행〕.

논문

姜萬吉,「民族運動, 三均主義, 趙素昂」(1982),『韓國民族運動史論』(한길사, 1985. 3).

權寧建,「趙素昂의 民族革命論」,『論文集』第5輯(安東大學, 1983).

權寧建,「大韓民國臨時政府와 三均主義: 채택배경 및 과정과 한계성을 중심으
로」,《三均主義研究論集》第12輯(三均學會, 1992. 2).

김기승,「조소앙의 사상적 변천과정: 청년기 수학과정을 중심으로」,《韓國史學

報》3·4합(高麗史學會, 1998. 3).

김기승, 「대한독립선언서의 사상적 구조」, 《한국민족운동사연구》 22(한국민족운동사연구회, 1999. 9).

김기승, 「조소앙의 육성교 구상에 나타난 민족주의와 세계주의」, 《國史館論叢》 第99輯(國史編纂委員會, 2002. 9).

김기승, 「1940년대 조소앙의 정세인식과 삼균주의: 삼균주의 실천 전략의 시기별 변화」, 《三均主義研究論集》 第24輯(2003. 2).

김기승, 「해방 후 조소앙의 국가건설운동」, 《한국민족운동사연구》 39(2004. 6).

김기승, 「조소앙과 대한민국 정부수립」, 《東洋政治思想史》 第8卷1號(韓國·東洋政治思想史學會, 2009. 3).

김기승, 「조소앙: 독립운동의 이념적 좌표를 제시한 사상가·외교가」, 《韓國史市民講座》 제47집(一潮閣, 2010. 8).

김기승, 「도산 안창호의 대공주의와 조소앙의 삼균주의 비교 연구」, 《도산학연구》 제14·15집(도산학회, 2015. 1).

김기승, 「조소앙」, 한국독립운동인명사전 편찬위원회 편, 『한국독립운동인명사전』 특별판2(독립기념관, 2019. 1).

김기승, 「조소앙과 《적자보》 연구」, 《순천향 인문과학논총》 제39권 1호(순천향대학교 인문학연구소, 2020. 3).

김기승, 「조소앙의 사회주의 수용과 공화주의 국가 구상」, 김현철 편, 『3·1운동과 대한민국 임시정부의 재조명: 공화주의의 세계사적 의미와 동아시아 독립운동의 전개』 Ⅱ(동북아역사재단, 2020. 3).

김보성, 「해제: 문필 혁명가의 자화상, 《소앙집》」, 조소앙 지음, 김보성·임영길 옮김, 『소앙집』(한국고전번역원, 2019. 4).

金容浩, 「趙素昻의 三均主義 研究: 그 形成·展開過程과 內容 및 評價」(서울大學校 大學院 政治學科 碩士學位論文, 1979. 2).

김인식, 「삼균주의·〈대한민국 건국강령〉과 임시정부 절대옹호론」, 《한국민족운동사연구》66(2011. 3).

김인식, 「조소앙의 삼균주의와 민족혁명론」, 《韓國人物史硏究》 제16호(한국인물

　　사연구소, 2011. 9).

김인식, 「素昻 趙鏞殷의 아호·필명 詳考」, 《한국민족운동사연구》108(2021. 9).

김재명, 「조소앙: 삼균주의 선각자, 이념대립 극복 '제3의 길' 모색」, 『한국현대

　　사의 비극: 중간파의 이상과 좌절』(선인, 2003. 4).

金鎬逸, 「大韓民國臨時政府의 敎育思想: 建國綱領에 나타난 三均主義를 中心으

　　로」, 『韓國史論: 大韓民國臨時政府』10(國史編纂委員會, 1981. 12).

金鎬逸, 「趙素昻의 敎育思想三均主義에 나타난 敎育均等論을 中心으로」, 《三均

　　主義硏究論集》 Ⅶ(1986. 5)

盧景彩, 「8·15후 趙素昻의 정치활동과 그 노선」, 『史叢』第50輯(高大史學會, 1999.

　　12)〔《三均主義硏究論集》第22輯(2001. 2)에 재수록〕.

노경채, 「해방 후 조소앙의 정치노선의 현대사적 의미」, 《三均主義硏究論集》第

　　24輯.

다케이 하지메(武井一) 지음, 황호덕 옮김, 「조소앙의 〈나고야수학여행기〉에 대

　　하여: 소앙 선생이 남긴 현존 유일의 일본어 문장을 소개하며」, 《근대서

　　지》제10호(근대서지학회 2014. 12).

朴萬圭, 「三均主義 定立의 民族運動史的 背景 考察: 安昌浩와 趙素昻을 중심으

　　로」, 邊太燮博士華甲紀念史學論叢刊行委員會 編, 『邊太燮博士 華甲紀念

　　史學論叢』(三英社, 1985. 10).

裵京漢, 「三均主義와 三民主義」, 《中國近現代史硏究》第15輯(韓國中國近現代史學

　　會, 2002. 6).

변은진, 「대한민국건국강령: 통일민족국가를 향한 하나의 기초」, 《내일을 여는

　　역사》18(서해문집, 2004. 12).

徐紘一, 「趙素昻의 六聖敎와 21世紀 文明」, 《三均主義硏究論集》第19輯(1999. 2).

徐紘一, 「趙素昻의 六聖敎의 文化史的 의의」, 《三均主義硏究論集》第22輯.

申宇澈,「건국강령(1941. 10. 28) 연구: '조소앙 헌법사상'의 헌법사적 의미를 되새기며」,《中央法學》제10집 제1호(中央法學會, 2008. 4).

李炫熙,「건국강령에 나타난 홍익인간정신: 대한민국 임시정부의 지도이념」,《三均主義研究論集》Ⅱ(1984. 3).

장원륭,「항일전쟁 시기, 한중 건국강령의 비교」, 상해대한민국임시정부 옛청사 관리처 편, 김승일 역,『중국항일전쟁과 한국독립운동(대한민국임시정부 수립 85주년 기념학술대회논문집)』(시대의창, 2005. 5).

鄭用大,「趙素昂의 유럽 外交活動의 研究」,《三均主義研究論集》第10輯(1988. 11)〔三均學會 編,『三均主義論選』(삼성출판사, 1990. 9)에 재수록〕.

鄭用大,「대한민국임시정부의 파리강화회의 및 유럽 외교활동」, 한국근현대사학회 편,『대한민국임시정부 수립 80주년 기념논문집』하(國家報勳處, 1999. 12)〔정용대,「임시정부의 파리강화회의 및 유럽외교활동」,《三均主義研究論集》第23輯(2002. 2)에 재수록〕.

鄭用大,「解放政局에서의 趙素昂과 三均主義」,《三均主義研究論集》第22輯.

鄭泰秀,「臨時政府의 建國綱領이 韓國敎育法制에 미친 影響: 韓國敎育法의 正統性의 論證을 中心으로」,『論文集』20(서울敎育大學, 1987. 1).

趙東杰,「臨時政府 樹立을 위한 1917년의〈大同團結宣言〉」,《韓國學論叢》第9輯(國民大學校 韓國學研究所, 1987. 2)〔趙東杰,『韓國民族主義의 成立과 獨立運動史研究』(지식산업사, 1989. 12)에 재수록〕.

趙東杰,「大韓民國臨時政府의 建國綱領」,《三均主義研究論集》第16輯(1996. 2).

趙萬濟,「임정의 건국강령과 삼균주의: 정치·경제·교육의 균등사상」,《三均主義研究論集》Ⅵ(1985. 12).

조동걸,「조소앙의 생애와 민족운동: 삼균주의와 사회민주주의 사상의 형성을 중심으로」, 한국정신문화연구원 편,『한국현대사인물연구』2(백산서당, 1999. 11).

조동걸,「임시정부의 建國綱領」,『대한민국임시정부수립 80주년 기념논문집』

하[조동걸, 『한국근현대사의 이상과 형상』(푸른역사, 2001. 3)에 재수록].

趙恒來, 「(紀念講演) 戊午獨立宣言書의 民族獨立運動史的 意義」, 《三均主義研究論集》第10輯(1988. 11).

趙恒來, 「戊午大韓獨立宣言書의 發表經緯와 그 意義에 관한 檢討」, 『尹炳奭教授華甲紀念韓國近代史論叢』(尹炳奭教授華甲紀念韓國近代史論叢刊行委員會, 1990. 12).

趙恒來, 「抗日獨立運動史에서의 大韓獨立宣言의 位相」, 『韓國獨立運動史의 認識(朴成壽教授華甲紀念論叢)』(白山朴成壽教授華甲紀念論叢刊行委員, 1991. 12).

趙恒來, 「大韓獨立宣言書 發表時期의 經緯」, 『韓民族獨立運動史論叢(水邨朴永錫教授華甲紀念)』(水邨朴永錫教授華甲紀念論叢刊行委員會, 1992. 6).

趙恒來, 「解題」, 韓國趙素卬, 『遺芳集』(大同學會, 1933. 5)[亞細亞文化社, 1992. 11 影印本].

趙恒來, 「解題」, 趙素卬 編, 『韓國文苑』(槿花學社, 1932. 10)[亞細亞文化社, 1994. 2 影印本].

崔忠植, 「三均主義와 三民主義」, 《三均主義研究論集》Ⅶ(1986. 5).

韓詩俊, 「趙素昻研究: 獨立運動을 중심으로」, 《史學志》第18輯(檀國大學校 史學會, 1984. 11).

韓詩俊, 「大韓民國臨時政府의 光復후 民族國家 建設論: 大韓民國建國綱領을 중심으로」, 《한국독립운동사연구》제3집(한국독립운동사연구소, 1989. 11).

韓詩俊, 「趙素昻의 三均主義」, 《韓國史 市民講座》제10집(1992. 2).

韓詩俊, 「重慶時代 臨時政府의 活動: 體制의 정비 강화와 軍事活動을 중심으로」, 《仁荷史學》第3輯(仁荷歷史學會, 1995. 12).

韓詩俊, 「趙素昻의 民族問題에 대한 인식」, 《한국근현대사연구》제5집(한국근현대사학회, 1996. 12).

한시준, 「대한민국임시정부의 건국강령」, 《三均主義研究論集》第27輯(2006. 2).

한시준, 「중경시기 대한민국임시정부의 위상과 역할」, 《한국독립운동사연구》

제33집(2009. 9).

한시준, 「趙素昻의 『素昻集』 간행과 역사관」, 《史學志》 第42輯(檀國史學會, 2011. 6).

韓鎔源, 「환국후 趙素昻의 統一運動과 統一國家 建設論」, 《三均主義研究論集》
第22輯.

홍호선, 「조소앙의 교육균등론」, 三均學會 編, 『三均主義論選』(1990. 9).

洪皓善, 「趙素昻의 敎育均等思想에 對한 理解와 照明」, 趙萬濟 編, 『三均主義論
選』 II (三均學會, 2003. 4).

황호덕, 「해제-독립운동가 약사, 혁명가의 열전, 한중 연대의 기념비」, 조소앙
지음, 이정원 옮김, 『유방집: 독립운동가 82인의 열전』(한국고전번역원,
2019. 8).

기타 연구 논저

저서

강만길, 『고쳐 쓴 한국현대사』(창작과비평사, 1994. 2).

강만길, 『20세기 우리 역사』(창작과비평사, 1999. 1).

강만길, 『조선민족혁명당과 통일전선』(和平社, 1991. 2).

강영심·김도훈·정혜경, 『1910년대 국외항일운동: 중국·미주·일본』 II (독립기념
관 한국독립운동사연구소, 2008. 4).

강영주, 『벽초 홍명희 연구』(창작과비평사, 1999. 11).

강영주, 『벽초 홍명희 평전』(사계절, 2004. 10).

高峻石 지음, 정범구 옮김, 『解放 1945~1950: 공산주의운동사의 증언』(한겨레,
1989. 3).

구대열, 『한국 국제관계사 연구: 해방과 분단』2(역사비평사, 1995. 10).

國史編纂委員會 編, 『韓國獨立運動史』 三(國史編纂委員會, 1967. 12); 『韓國獨立

運動史』五(1968. 12).

國史編纂委員會 編,『日帝侵略下韓國三十六年史』四(1969. 12);『日帝侵略下韓
　　國三十六年史』六(1971. 12).

국사편찬위원회 편,『한민족독립운동사: 3·1운동』3(국사편찬위원회, 1988. 12);
　　『한민족독립운동사: 대한민국임시정부』7(1990. 12);『한민족독립운동
　　사: 한민족독립운동의 기본흐름』11(1992. 10).

권영민 편저,『한국현대문학대사전』(서울대학교출판부, 2004. 2).

김병기·반병률,『국외 3·1운동』(독립기념관 한국독립운동사연구소, 2009. 9).

김기주,『한말 재일 한국유학생의 민족운동』(느티나무, 1993. 9).

김삼웅,『조소앙 평전: 삼균 사상가』(채륜, 2017. 6).

金素眞,『韓國獨立宣言書硏究』(國學資料院, 1999. 3).

김영범,『한국 근대민족운동과 의열단』(창작과비평사, 1997. 11).

김영범,『의열투쟁』Ⅰ(독립기념관 한국독립운동사연구소, 2009. 9).

金榮秀,『大韓民國臨時政府憲法論』(三英社, 1980. 10).

김인식,『안재홍의 신국가건설운동 1944～1948』(선인, 2005. 1).

김인식,『광복 전후 국가건설론』(독립기념관 한국독립운동사연구소, 2008. 8).

김인식,『대한민국 정부수립』(대한민국역사박물관, 2014. 12).

金俊燁,『中國共産黨史』(文明社, 1973. 2).

金俊燁·金昌順 共著,『韓國共産主義運動史』1(청계연구소, 1986. 7).

金喜坤,『中國關內 韓國獨立運動團體硏究』(지식산업사, 1995. 2).

김희곤,『대한민국임시정부 연구』(지식산업사, 2004. 8).

김희곤,『대한민국임시정부: 상해시기』Ⅰ(독립기념관 한국독립운동사연구소,
　　2008. 12).

나영균,『일제시대 우리가족은』(황소자리, 2004. 9).

南坡 朴贊翊 傳記 刊行委員會,『南坡 朴贊翊 傳記』(乙酉文化社, 1989. 10).

盧景彩,『韓國獨立黨 硏究』(신서원, 1996. 12).

도진순,『한국민족주의와 남북관계: 이승만·김구 시대의 정치사』(서울대학교출판부, 1997. 7).

독립기념관 한국독립운동사연구소 기획, 이호룡 지음,『영원한 자유인을 추구한 민족해방운동가 신채호(한국의 독립운동가들 050)』(역사공간, 2013. 12).

독립운동사편찬위원회 편,『독립운동사: 임시정부사』제4권(독립유공자사업기금운용위원회, 1972. 12).

W. 레온하르트 지음, 강재륜 옮김,『소비에트 이데올로기』(한울, 1986. 10).

류시현,『최남선 평전: 우리 근대와 민족주의자가 담긴 판도라의 상자』(한겨레출판, 2011. 5).

無政府主義運動史編纂委員會 編,『韓國아나키즘運動史: 前篇·民族解放鬪爭』(螢雪出版社, 1978. 8).

朴成壽,『獨立運動史硏究』(創作과批評社, 1980. 3).

박성순,『'조선심'을 주창한 민족사학자 문일평』(독립기념관 한국독립운동사연구소, 2014. 12).

朴永錫,『韓民族獨立運動史硏究: 滿洲地域을 中心으로』(一潮閣, 1982. 1).

朴桓,『滿洲韓人民族運動史硏究』(一潮閣, 1991. 9).

반병률,『통합임시정부와 안창호, 이동휘, 이승만: 삼각정부의 세 지도자』(신서원, 2019. 2).

사단법인 한국잡지협회 편,『한국잡지 100년』(사단법인 한국잡지협회, 1995. 1).

上垣外憲一 지음, 김성환 옮김,『일본유학과 혁명운동』(進興文化社, 1983. 9).

서중석,『한국현대민족운동연구: 해방후 민족국가 건설운동과 통일전선』(역사비평사, 1991. 5).

서중석,『한국현대민족운동연구: 1948~1950 민주주의·민족주의 그리고 반공주의』2(역사비평사, 1996. 9).

성씨이야기편찬실,『함안 조씨 이야기』(올린피플스토리, 2014. 10).

소련과학아카데미 편, 강종수 옮김,『현대 마르크스-레닌주의 사전』(백산서당,

1989. 6).

宋南憲,『解放三年史』Ⅰ(까치, 1985. 9).

스칼라피노·이정식 공저, 한홍구 옮김,『한국공산주의운동사: 식민지시대 편』
　　　1(돌베개, 1986. 6).

愼鏞廈,『申采浩의 社會思想研究』(한길사, 1894. 2).

신주백,『청렴결백한 대한민국 임시정부의 지킴이 이시영』(독립기념관 한국독립
　　　운동사연구소, 2014. 12).

염인호,『김원봉연구: 의열단, 민족혁명당 40년사』(창작과비평사, 1993. 1).

우사연구회 엮음, 강만길·심지연 지음,『尤史 金奎植 생애와 사상 1: 항일독립투
　　　쟁과 좌우합작』(한울, 2000. 8).

우사연구회 엮음, 송남헌 외 지음,『尤史 金奎植 생애와 사상 3: 몸으로 쓴 통일
　　　독립운동사』(한울, 2000. 8).

윤대원,『상해시기 대한민국임시정부 연구』(서울대학교출판부, 2006. 7).

尹炳奭·愼鏞廈·安秉直 編,『韓國近代史論』Ⅱ(知識産業社, 1977. 8).

윤우 엮어 지음, 사단법인 김상옥·나석주 의사기념사업회,『서울 한복판 항일시
　　　가전의 용장 김상옥 의사』(백산서당, 2003. 10).

이동현,『한국 신탁통치 연구』(평민사, 1990. 1).

李相玉 譯著,『禮記(新完譯)』上(明文堂, 1985. 7).

李丁奎·李觀植 著,『右堂 李會榮 略傳』(乙酉文化社, 1985. 11).

이정은,『김상옥평전: 소년 노동자에서 불멸의 독립운동가로』(민속원, 2014. 12).

이현주,『한국 사회주의세력의 형성 1919~1923』(일조각, 2003. 10).

李炫熙,『大韓民國臨時政府史』(集文堂, 1982. 6).

李炫熙,『臨政과 李東寧研究』(一潮閣, 1989. 3).

李炫熙,『趙東祜 抗日鬪爭史: 급진적 항일투쟁가의 일생』(청아출판사, 1992. 8).

이호룡,『영원한 자유인을 추구한 민족해방운동가 신채호』(역사공간, 2013. 12).

이호룡,『한국의 아나키즘: 인물편』(지식산업사, 2020. 1).

임종욱 편저, 김해명 감수,『중국역대인명사전』(이회문화사, 2010. 1).

장석흥,『임시정부 버팀목 차리석 평전』(역사공간, 2005. 9).

정병준,『우남 이승만 연구: 한국 근대국가의 형성과 우파의 길』(역사비평사, 2005. 6).

정용욱,『해방 전후 미국의 대한정책』(서울대학교출판부, 2003. 12).

趙東杰,『韓國民族主義의 成立과 獨立運動史硏究』(지식산업사, 1989. 12).

조동걸,『한국근현대사의 이상과 형상』(푸른역사, 2001. 3).

조범래,『韓國獨立黨硏究 1930～1945』(선인, 2011. 1).

崔德敎 編著,『韓國雜誌百年』1·2·3(玄岩社, 2004. 05).

崔洪奎,『申采浩의 民族主義思想: 生涯와 思想』(丹齋 申采浩先生 紀念事業會, 螢雪出版社, 1983. 6).

平洲 李昇馥先生 望九頌壽紀念會,『三千百日紅: 平洲 李昇馥先生八旬記』(人物硏究所, 1974. 7).

한국근현대사학회 편,『대한민국임시정부 수립 80주년 기념논문집』상·하(國家報勳處, 1999. 12).

한국독립운동사연구소 편,『한국독립운동사사전: 운동·단체 편(Ⅱ)』4(독립기념관, 2004. 5).

한국일보社 編, 李炫熙·朴成壽 執筆,『再發掘 한국獨立運動史: 中國本土에서의 鬪爭』第Ⅱ篇(한국일보社, 1988. 5).

한상도,『대한민국임시정부: 장정시기』Ⅱ(독립기념관 한국독립운동사연구소, 2008. 12).

韓詩俊,『韓國光復軍硏究』(一潮閣, 1993. 12).

한시준,『대한민국임시정부: 중경시기』Ⅲ(독립기념관 한국독립운동사연구소, 2009. 7).

한정주,『호(號), 조선 선비의 자존심: 조선 500년 명문가 탄생의 비밀』(다산초당, 2015. 5).

胡春惠 著, 辛勝夏 譯,『中國안의 韓國獨立運動』(단대출판부, 1978. 2).

洪泰植,『韓國共産主義運動硏究와 批判: 解放前篇』(三星出版社, 1969. 9).

황묘희,『重慶 大韓民國臨時政府史』(景仁文化社, 2002. 2).

논문

姜萬吉,「獨立運動의 歷史的 성격」(1978. 1),『分斷時代의 歷史認識』(創作과 批評
        社, (1978. 8).

姜萬吉,「독립운동과정의 民族國家建設論」(1982),『韓國民族運動史論』(한길사,
        1985. 3).

姜萬吉,「朝鮮民族革命黨 成立의 背景」,《韓國史硏究》61·62(한국사연구회, 1988. 10).

姜明淑,「갑오개혁 이후(1894~1910) 성균관의 변화」,《敎育史學硏究》第10集
        (敎育史學會, 2000. 6).

姜英心,「申圭植의 생애와 독립운동」,《한국독립운동사연구》제1집(독립기념관
        한국독립운동사연구소, 1987. 8).

高柄翊,「儒敎思想에 있어서의 進步觀」(1969), 車河淳 편저,『史觀이란 무엇인
        가』(청람, 1980. 5).

고정휴,「샌프란시스코회의(1945)와 얄타밀약설」, 연세대학교 국학연구원 편,
        『미주 한인의 민족운동(미주 한인 이민 100주년 기념논집)』(혜안, 2003. 6).

고정휴,「해제」, 대한민국임시정부자료집 편찬위원회,『대한민국임시정부자료
        집: 임시의정원1』2(국사편찬위원회, 2005. 12).

김경남,「1910년대 재일 한·중 유학생의 비밀결사활동과 '민족혁명' 기획: 신아
        동맹당을 중심으로」,《지역과 역사》49권(부경역사연구소, 2019. 10).

金光涉,「于蒼 申錫雨」,『韓國言論人物史話: 가시밭길 헤쳐온 先人들의 발자취』
        8·15前篇上(社團法人 大韓言論人會, 1992. 12).

金光載,「韓國光復軍과 미 OSS의 合作訓練」,《軍事》第45號(국방부 군사편찬연구
        소, 2002. 4).

金光載, 「한국광복군의 한미공동작전과 의의」, 《軍事》 第52號 (국방부 군사편찬연
　　구소, 2004. 8),

金淇周, 「大韓興學會에 관한 考察」, 『全南史學』 (全南史學會, 1987. 12).

김도형, 「프랑스 최초의 한인단체 '在法韓國民會' 연구」, 《한국독립운동사연구》
　　제60집 (2017. 11).

金東錫, 「변영만이 본 신채호: 〈단재전〉을 통하여」, 《漢文學報》 第10輯 (우리한문
　　학회, 2004. 6).

金素伶, 「한말 도일유학생들의 현실 인식과 근대국가론: 《共修學報》와 《洛東親
　　睦會學報》 분석을 중심으로」, 《한국근현대사연구》 제84집 (한국근현대사학
　　회, 2018. 3).

金榮範, 「대한민국임시정부와 민족유일당운동」, 한국근현대사학회 편, 『대한민
　　국임시정부 수립 80주년 기념논문집』 하 (國家報勳處, 1999. 12).

김영범, 「독립운동가 백민 황상규의 생애와 초상」, 《지역과 역사》 40권 (부경역사
　　연구소, 2017. 4).

김용국, 「지산외유일기 해제」, 金泳鎬 編, 『抗日運動家의 日記』 (瑞文堂, 1975. 8).

金仁植, 「安在鴻의 新民族主義 思想과 運動」 (中央大學校 史學科 博士學位論文,
　　1997. 12).

김인식, 「해방 후 安在鴻의 重慶臨政迎立補强 운동」, 《한국독립운동사연구》 제
　　12집 (1998. 12).

金仁植, 「송진우·한국민주당의 '중경임시정부 절대지지론'」, 《한국근현대사연
　　구》 제24집 (2003. 3).

김인식, 「8·15해방 후 우익 계열의 '중경임시정부 추대론'」, 《韓國史學報》 제20호
　　(高麗史學會, 2005. 7).

김인식, 「안재홍의 '己未運動'과 임정법통성의 역사의식」, 《韓國人物史研究》 제
　　18호 (한국인물사연구회, 2012. 9).

김인식, 「한국근현대인물평전의 略史와 전망」, 《中央史論》 第39輯 (中央史學研究

所, 2014. 6).

金學俊,「分斷의 배경과 고정화 과정」, 宋建鎬 외 공저,『解放前後史의 認識』(한
    길사, 1979. 10).

김효경,「조선후기 능 참봉에 관한 연구:『頤齋亂藁』莊陵參奉 자료를 중심으
    로」,《古文書硏究》20(한국고문서학회, 2002. 2)

金喜坤,「同濟社의 結成과 活動」,《韓國史硏究》제48호(한국사연구회, 1985. 3).

金喜坤,「新韓靑年黨의 結成과 活動」,《한국민족운동사연구》1(한국민족운동사학
    회, 1986. 8).

김정의,「유정 조동호와 조선건국동맹」,《문명연지》제19집·제8권 1호(한국문명
    학회, 2007. 6).

노경채,「한국독립당의 결성과 그 변천(1930~1945)」,《역사와 현실》창간호(한
    국역사연구회, 1989. 5).

문미라,「중국인 독립유공자의 한국 독립운동 지원 사례 분석: 황쥐(黃覺), 두쥔
    훼이(杜君慧), 쓰투더(司徒德)를 중심으로」,《인문논총》77권2호(서울대학
    교 인문학연구원, 2020. 5).

朴萬圭,「島山 安昌浩의 大公主義에 대한 一考察」,《韓國史論》26(서울大學校 人
    文大學 國史學科 1991. 12).

박만규,「안창호의 대공주의에 관한 두 가지 쟁점」,《한국독립운동사연구》제61집
    (2018. 2).

박성순,「항일투쟁기 한국독립당의《震光》발간과 한중 연대」,《東洋學》第61輯
    (檀國大學校 東洋學硏究院, 2015. 10).

박성순,「1919년 大韓獨立義軍府와 吉林軍政司 연구-呂準을 중심으로 한 신
    흥무관학교 세력의 활동상에 주목하여」,《한국독립운동사연구》제68집
    (2019. 11).

朴永錫,「大韓民國臨時政府와 國民代表會議」, 國史編纂委員會 編,『韓國史論:
    大韓民國臨時政府』10(國史編纂委員會, 1981. 12).

박영석,「대한독립선언서」, 국사편찬위원회 편,『한민족독립운동사: 3·1운동』 3(국사편찬위원회, 1988. 12).

朴永錫,「大韓獨立宣言書 硏究」,《汕耘史學》第3輯(汕耘學術文化財團, 1989. 5).

朴永錫,「晩悟 洪震 硏究」,《國史館論叢》第18輯(國史編纂委員會, 1990. 12).

朴贊勝,「1904년 황실 파견 도일유학생 연구」,《한국근현대사연구》제51집 (2009. 12).

반병률,「한인사회당의 조직과 활동(1918~1920)」,《한국학연구》5(仁荷大學校韓 國學硏究所, 1993. 7).

방선주,「3·1운동과 재미한인」, 국사편찬위원회 편,『한민족독립운동사: 3·1운 동』3.

서동일,「파리長書運動의 기원과 在京儒林」,《한국독립운동사연구》제30집 (2008. 6).

徐仲錫,「반탁투쟁과 자주적 통일민주국가 건설의 좌절: 자주적 통일민주국가 건설의 걸림돌이 되고 만 반탁투쟁의 허실」, 白樂晴·鄭昌烈 編,『한국민 족민중운동연구』(두레, 1989. 12).

孫世一,「大韓民國臨時政府의 政治指導體系」(1969), 尹炳奭·愼鏞廈·安秉直 編, 『韓國近代史論』II(知識産業社, 1977. 8).

송우혜,「〈대한독립선언서〉(세칭 〈무오독립선언서〉)의 실체: 발표시기의 규명과 내용 분석」,《역사비평》통권 3호(역사문제연구소, 1988여름호).

申圭秀,「大韓獨立義軍府에 대하여」, 邊太燮博士華甲紀念史學論叢刊行委員會 編,『邊太燮博士 華甲紀念 史學論叢』(三英社, 1985. 10).

辛承權,「美·蘇의 韓半島政策: 1945~1948」,《정치외교사논총》제14집(韓國政治 外交史學會, 1996. 11).

愼鏞廈,「3·1獨立運動의 社會史」(1983),『韓國民族獨立運動史硏究』(乙酉文化社, 1985. 3).

愼鏞廈,「新韓靑年黨의 獨立運動」,《韓國學報》第44輯(一志社, 1986. 9).

慎鏞廈,「윤봉길의 상해홍구공원 의거」,『대한민국임시정부 수립 80주년 기념 논문집』하.

申載洪,「大韓民國臨時政府와 歐美와의 關係」,『韓國史論: 大韓民國臨時政府』 10(國史編纂委員會, 1981. 12).

신재홍,「초기 임정의 활동」, 국사편찬위원회 편,『한민족독립운동사: 대한민국 임시정부』7(1990. 12).

신재홍,「제2차 세계대전과 대한민국 임시정부」, 국사편찬위원 편,『한민족독립 운동사: 한민족독립운동의 기본흐름』11(1992. 10).

안남일,「1910년 이전의 재일본 한국유학생 잡지 연구」,《한국학연구》제58집 (고려대학교 한국학연구소, 2016. 9).

양영석,「1940년대 조선민족혁명당의 활동」,《한국독립운동사연구》제3집 (1989. 11).

여현덕,「8·15 직후 민주주의 논쟁」, 박현채 外著,『解放前後史의 認識』3(한길 사, 1987. 12).

오영섭,「상해 임정내 이승만 통신원들의 활동」,《한국민족운동사연구》52(한국 민족운동사학회, 2007. 9).

오영섭,「대한민국임시정부 초기 위임통치 청원논쟁」,《한국독립운동사연구》 제41집(2012. 4).

俞炳勇,「大公主義 정치사상 연구」,《한국근현대사연구》제2집(1995. 2).

유병용,「한국의 중도파 정치사상에 관한 일고찰: 안창호의 정치사상을 중심으 로」,《한국정치학회보》제29집 제4호(한국정치학회, 1996. 2).

유영옥,「陵參奉職 수행을 통해 본 頤齋 黃胤錫의 仕宦의식」,《東洋漢文學研究》 제24집(東洋漢文學會, 2007. 2).

尹大遠,「임시정부와 국민대표회의」,『신편한국사』48(국사편찬위원회, 2002. 12).

尹善子,「1919〜1922년 황기환의 유럽에서의 한국독립운동」,《한국근현대사연 구》제78집(2016. 9).

李明花,「대한민국임시정부와 국민대표회의」,『대한민국임시정부 수립 80주년 기념논문집』하.

이승억,「임시정부의 귀국과 대미군정 관계(1945. 8~1946. 2)」,《역사와 현실》 제24권(1997. 6).

李延馥,「大韓民國臨時政府와 丹齋」, 丹齋申采浩先生紀念事業會 編,『申采浩의 思想과 民族獨立運動(丹齋 申采浩先生 殉國50周年 追慕論叢)』(螢雪出版社, 1986. 10).

이완범,「한반도 신탁통치문제 1943~46」,『解放前後史의 認識』3.

이장규,「1919년 대한민국 임시정부 '파리한국대표부'의 외교활동: 김규식의 활동을 중심으로」,《한국독립운동사연구》제70집(2020. 5).

이재호,「대한민국 임시정부의 국제공동관리안 반대운동(1942~1943)」,《한국독립운동사연구》제48집(2014. 08).

李卓,「求心 趙鏞夏의 略傳」,《三均主義研究論集》第14輯(三均學會, 1994. 2).

李賢周,「3·1運動 직후 국내 臨時政府 樹立運動의 두 類型: '共和主義' 및 '復辟主義' 운동에 대한 一考察」,《仁荷史學》第8輯(仁荷歷史學會, 2000. 12).

李賢周,「임시정부 수립과 초기 활동」,『신편한국사』48.

이호룡,「일제강점기 재중국 한국인 아나키스트들의 민족해방운동: 테러활동을 중심으로」,《한국민족운동사연구》35(2003. 6).

임경석,「유교 지식인의 독립운동: 1919년 파리장서의 작성 경위와 문안 변동」,《大東文化研究》37권(성균관대학교 대동문화연구원, 2000. 12).

장석흥,「차리석의 〈한국독립당 당의의 이론체계 초안(1942)〉과 안창호의 대공주의」,《한국독립운동사연구》제49집(2014. 12).

張世胤,「中日戰爭期 大韓民國 臨時政府의 對中國外交: 光復軍 問題를 中心으로」,《한국독립운동사연구》제2집(1988. 11).

全海宗,「中國人의 傳統的 歷史觀」(1975),『史觀이란 무엇인가』.

鄭秉峻,「남한진주를 전후한 주한미군의 對韓정보와 초기점령정책의 수립」,《史

學研究》第51號(韓國史學會, 1996. 5).

정병준, 「해제」, 국사편찬위원회 대한민국임시정부자료집 편찬위원회, 『대한민
국임시정부자료집: 한국독립당Ⅱ』34(국사편찬위원회, 2009. 12).

정병준, 「카이로회담의 한국 문제 논의와 카이로선언 한국조항의 작성 과정」,
《역사비평》107(역사비평사, 2014. 5).

정병준, 「1919년, 파리로 가는 김규식」,《한국독립운동사연구》제60집(2017. 11).

정병준, 「중국 관내 신한청년당과 3·1운동」,《한국독립운동사연구》제65집
(2019. 2).

鄭用大, 「대한민국임시정부의 파리강화회의 및 유럽 외교활동」, 『대한민국임시
정부 수립 80주년 기념논문집』하(정용대, 「임시정부의 파리강화회의 및 유럽
외교활동」,《三均主義研究論集》第23輯(2002. 2)에 재수록).

鄭容郁, 「태평양전쟁기 임시정부의 대미외교」, 『대한민국임시정부 수립 80주년
기념논문집』하.

정태욱, 「변영만의 삶과 뜻」,《법철학연구》제15권 제3호(한국법철학회, 2012. 12).

鄭惠瓊, 「대한민국임시정부 각원·의정원 의원 명단과 약력」, 『대한민국임시정
부수립80주년기념논문집』하.

趙東杰, 「대한민국임시정부의 역사적 의의와 평가」, 『대한민국임시정부 수립
80주년 기념논문집』상.

趙凡來, 「韓國獨立黨 研究(1929~1945)」,《한국민족운동사연구》2(한국민족운동
사연구회, 1988. 2).

趙德天, 「카이로회담의 교섭과 진행에 관한 연구」,《한국근현대사연구》제70집
(2014. 9).

趙芝薫, 「한국민족운동사」, 高麗大學校民族文化研究所 篇, 『韓國文化史大系』
Ⅰ(高大 民族文化研究所出版部, 1964. 11).

千寛宇, 「民世 安在鴻 年譜」,《創作과批評》통권 50호(創作과批評社, 1978년 겨울).

崔起榮, 「한말 法官養成所의 운영과 교육」,《한국근현대사연구》제16집(2001. 3).

최기영, 「해제」, 국가보훈처 공훈관리과 기획·편집, 『미주한인 민족운동 잡지(해외의 한국독립운동 사료 42 미주편⑬)』(국가보훈처, 2019. 12).

추헌수, 「중국 국민당정부와 한국독립운동」, 국사편찬위원회 편, 『한민족독립운동사: 열강과 한국독립운동』6(국사편찬위원회, 1989. 12).

한시준, 「1940년대 전반기 독립운동의 특성」, 《한국독립운동사연구》 제8집 (1994. 12).

韓詩俊, 「1940년대 전반기의 민족통일전선운동」, 金喜坤·韓相禱·韓詩俊·俞炳勇 공저, 『대한민국임시정부의 좌우합작운동』(한울아카데미, 1995. 10).

韓詩俊, 「중국 관내 독립운동과 신문 잡지」, 《한국독립운동사연구》 제12집 (1998. 12).

韓詩俊, 「대한민국임시정부의 환국」, 《한국근현대사연구》 제25집(2003. 6).

한시준, 「중한문화협회의 성립과 활동」, 《한국독립운동사연구》 제35집(2010. 4).

韓詩俊, 「카이로선언과 대한민국 임시정부」, 《한국근현대사연구》 제71집(2014. 12).

홍선표, 「1945년 샌프란시스코회의를 둘러싼 미주한인의 대응과 활동」, 《한국독립운동사연구》 제25집(2005. 12).

洪淳鎬, 「(제4장) 임시정부의 외교활동(1919~1945)」, 한국정치외교사학회 편, 『한국외교사』Ⅱ(집문당, 1995. 2).

黃苗嬉, 「重慶臨時政府의 建國構想」, 竹堂李炫熙教授華甲紀念韓國史學論叢刊行委員會, 『竹堂李炫熙教授華甲紀念韓國史學論叢』(東方圖書株式會社, 1997. 3).

姜德相, 「海外における朝鮮獨立運動の展望」, 《朝鮮民族運動史研究》第2號(朝鮮民族運動史研究會, 1985. 6).

水野直樹, 「コミンテルンと朝鮮」, 《朝鮮民族運動史研究》No.1(1984. 6)〔水野直樹, 「코민테른 大會와 朝鮮人」, 임영태 編, 『植民地時代 韓國社會와 運動』(사계절, 1985. 8)〕.

찾아보기*

---

* 조소앙의 생애를 일목요연하게 파악할 수 있도록, 조소앙과 직접 관련이 있
   는 인물·사건·단체 등에 한정하여 목록을 선정하였음을 밝힌다.

조소앙 평전

1판 1쇄 찍음	2022년 2월 18일
1판 1쇄 펴냄	2022년 2월 25일

지은이	김인식
발행인	박근섭 · 박상준
펴낸곳	(주)민음사

출판등록	1966. 5. 19. 제16-490호
주소	서울특별시 강남구 도산대로1길 62(신사동)
	강남출판문화센터 5층
	(우편번호 06027)
대표전화	515-2000	팩시밀리 515-2007
홈페이지	www.minumsa.com

ⓒ 김인식, 2022. Printed in Seoul, Korea
ISBN 978-89-374-4252-0 03990